唐刺史考全编

（增訂本）

③

郁賢皓 著

鳳凰出版社

第七编

河北道

卷九八　魏州（冀州、魏郡）

隋武陽郡。武德初改爲魏州，置總管府。七年置都督府。貞觀元年罷都督府。龍朔二年更名冀州，置大都督府。咸亨三年復爲魏州，罷都督府。天寶元年改爲魏郡。乾元元年復爲魏州。領縣十：貴鄉、元城、魏、館陶、冠氏、莘、朝城、臨黃、昌樂、頓丘。

元寶藏　　武德二年（619）

《姓纂》卷四河南洛陽元氏：“寶藏，魏州總管，武陽公。”《通鑑·武德二年》：正月，“宇文化及攻魏州總管元寶藏，四旬不克。魏徵往説之，丁未，寶藏舉州來降……〔二月，〕隋吏部侍郎楊恭仁，從宇文化及至河北；化及敗，魏州總管元寶藏獲之，己巳，送長安”。又見《元龜》卷一二六、卷一六四。《中州遺文·元温墓誌》：“祖寶藏，唐銀青光禄大夫、魏州諸軍事魏州刺史，河北道行軍大總管，武陽郡開國公。”

權　威　　武德四年（621）

《通鑑·武德四年》：八月“丁酉，劉黑闥陷鄃縣，魏州刺史權威、貝州刺史戴元祥與戰，皆敗死”。《新書·高祖紀》同。又見兩《唐書·劉黑闥傳》，《元龜》卷四二五。

潘道毅　　武德四年（621）

《新書·高祖紀》：武德四年十二月“庚午，〔劉黑闥〕陷魏州，總管潘道毅死之”。《通鑑·武德四年》同。

田留安 　武德五年（622）

《通鑑・武德五年》：十一月，"劉黑闥擁兵而南，自相州以北州縣皆附之，唯魏州總管田留安勒兵拒守"。又見《御覽》卷二五一，《元龜》卷四二二。

鄧暠 　約貞觀初期

《姓纂》卷九南陽鄧氏："暠，唐魏州刺史、臨川公。"上圖藏拓片《大唐故開州司馬鄧府君（賓）誌石銘并序》（開元十二年四月二十日）："高祖暠，隋開府儀同三司、華州刺史，燕郡、襄平二太守，禦衛大將軍。皇家受命，拜金紫光禄大夫、營州總管，累遷散騎常侍，冀、魏二州刺史。"賓開元十年卒，年四十二。按大業末有遼西太守鄧暠，見《隋書・李景傳》。【補遺】《大唐故忠武將軍右衛率鄧府君（溫）墓誌之銘並序》（延和元年七月十五日）："公諱溫，字恭，南陽新野人也。……曾祖暠，隋任銀青光禄大夫、營州刺史，皇朝右庶子兼散騎常侍，遷冀州刺史、臨川郡開國公，食邑三千户。"（李思宇、樊維岳《藍田縣出土唐故忠武將軍右衛率鄧溫墓誌銘》，《文博》1993 年第 3 期）

辛君昌 　貞觀中

《姓纂》卷三隴西狄道辛氏："君昌，魏州刺史。"《會要》卷七九："魏州刺史辛君昌。"按貞觀九年前辛君昌在潤州刺史任，貞觀七年在邛州刺史任。

王波利（王濤） 　貞觀中？

《寶刻叢編》卷九引《集古録目》有《唐魏州刺史王波利碑》，"不著書撰人名氏，忠公姓王氏，名濤，字波利，越巂邛都人，仕唐爲内給事，官至魏州刺史、真定縣公，諡曰忠。碑以永徽中立。"

李靈龜 　永徽中

《舊書・李智雲傳》："以太宗子寬爲嗣。寬薨，貞觀二年，復以濟南公世都子靈龜嗣焉。靈龜，永徽中歷魏州刺史，政尚清嚴，姦盜屏迹……卒官。"《新書·李智雲傳》同。又見《元龜》卷六七八、卷六八三。按《元龜》卷四九七作"靈夔"，誤。

李乾祐　　　永徽中

《舊書·李昭德傳》："父乾祐……永徽初，繼爲邢、魏等州刺史。"《新書》本傳略同。又見《元龜》卷九四七。拓本《大唐故銀青光禄大夫守司刑太常伯李公墓誌銘》："公諱爽，字乾祐……〔褚〕遂良出爲同州，尋而緣隙興嫌，厚成譖毁。君坐遷邢州刺史，尋除魏州……顯慶之初，言歸京洛。"

王弘直　　　約顯慶中

《新表二中》琅邪王氏："弘直，字長宗，魏州刺史。"乃中書舍人王弘讓之弟，隋安都通守王𧆑之子。《舊書·王方慶傳》稱："父弘直，爲漢王元昌友……轉荆王友，龍朔中卒。"未及爲魏州刺史事。《新書·王綝傳》略同。

＊李　旦(李旭輪)　　　龍朔二年—咸亨三年(662—672)

《舊書·地理志二》魏州："龍朔二年，改爲冀州大都督府，以冀王爲都督……咸亨三年，依舊爲魏州，罷都督府。"又《睿宗紀》："龍朔二年……生於長安，其年封殷王，遥領冀州大都督。"《新書·睿宗紀》略同。《大詔令集》卷三四《册冀王輪文》："維總章二年歲次己巳十二月景午朔二十二日丁卯……惟爾冀州大都督、單于大都護、右金吾衛大將軍、上柱國豫王輪……命爾爲冀王，餘官勳如故。"又卷三七上官儀《册殷王旭輪爲單于大都護文》："維麟德元年歲次甲子二月己卯朔九日丁亥，皇帝若曰……冀州大都督上柱國殷王旭輪……是用命爾爲單于大都護，大都督、勳封並如故。"又見《全文》卷一四、卷一五四。按"輪""旭輪"皆睿宗李旦原名。

劉伯英　　　龍朔三年—乾封元年(663—666)

《新書·高宗紀》：龍朔三年"五月壬午，柳州蠻叛，冀州都督長史劉伯英以嶺南兵伐之”。《通鑑·龍朔三年》略同。按劉伯英永徽二年十一月在桂州都督任。《嘉泰會稽志》：“劉伯英，乾封元年五月自冀州長史授；總章元年終於官。”按“冀州”當爲“冀州”之訛誤。

楊 越　　龍朔中

《全文》卷二一四陳子昂《唐故朝議大夫梓州長史楊府君碑銘》：“君諱越，字復珪……龍朔中，天子將觀兵於東夷……是歲，授公朝散大夫，除冀州司馬，又轉魏州司馬，皆知州事……麟德初，兼梓州長史。”

裴 某　　約乾封—咸亨間

《全文》卷七八四穆員《監察御史裴府君墓誌銘》：“曾祖某，冀州都督府長史……〔公〕以貞元六年秋八月庚申終於立德里之第，享年四十有五。”按冀州（魏州）龍朔二年至咸亨三年置都督府。乾封元年前劉伯英爲冀州都督府長史，則裴某爲冀州都督府長史當在乾封至咸亨間。

趙 璀　　約尚宗時

《姓纂》卷七下邠趙氏：“璀，屯田郎中、魏州刺史。”按其父趙綽，武德九年爲護送突厥之將軍。其弟趙瓌，垂拱三年爲壽州刺史。

元義端　　儀鳳二年？（677？）

《姓纂》卷四河南洛陽元氏：“義端，魏州刺史。”《新表五下》元氏同。《白居易集》卷七〇《唐故武昌軍節度處置等使正議大夫檢校户部尚書鄂州刺史兼御史大夫元公（稹）墓誌銘并序》：“五代祖弘，隋北平太守。高祖義端，魏州刺史。”《唐長安城郊隋唐墓·大周定王掾獨孤公故夫人元氏墓誌銘并序》（長安三年二月十七日）：“父義端，唐尚乘、尚食二奉御，唐、易、魏三州刺史。”夫人卒儀鳳二年八月三日，春秋二十七。頗疑夫人卒時其父正在魏州刺史任。

皇甫文亮　　約高宗時

《千唐誌·□唐□□監門衛長史安定皇甫公（慎）墓誌銘并叙》

（開元十九年四月七日）："祖文亮，皇鸞臺侍郎，楊、魏等四州刺史。"
慎卒開元十九年三月二日。按儀鳳中皇甫文亮爲給事中，見《舊書·
郭正一傳》。

蘇　幹　　垂拱中

《舊書》本傳："垂拱中，歷遷魏州刺史。"《新書》本傳同。又見《元
龜》卷六七八。

成大辨　　約天授中

《楊炯集》卷七《唐贈荆州刺史成公神道碑》："我〔大〕周叙洪範，
作武成……制贈荆州刺史……長子司衛少卿兼檢校魏州刺史大辨。"
《全文》卷二一八崔融有《爲魏州成使君賀白狼表》，疑即成大辨。又
卷六二六吕温有《爲成魏州賀瑞雪慶雲日抱戴表》，按吕温中唐時人，
其時魏州刺史無姓成者，與成大辨時代亦不相及，疑作者名誤。

楊元琰　　約長壽中

《舊書》本傳："載初中，累遷安南副都護，又歷蘄、蒲、晉、魏、宣、
許六州刺史。"又見《元龜》卷六七七。《全文》卷二四〇宋之問《爲楊
許州讓右羽林將軍表》："未盈一紀，連刺九州……蒲藩關左之重鎮，
魏郡山東之奧區，宣城襟帶於吳郊，許昌密邇於周室。""楊許州"當即
楊元琰。

武懿宗　　約延載、證聖間

《姓纂》卷六沛國武氏："懿宗，河内王，殿中監，汴、魏州刺史，神
兵道大總管。"按神功元年懿宗爲神兵道大總管，見《新書》本傳。其
爲魏州刺史當在此前。又按兩《唐書》本傳未及魏州刺史。《隋唐五
代墓誌匯編·陝西卷》第三册《大唐故懷州刺史贈特進耿國公武府君
（懿宗）墓誌銘并序》（景龍元年十一月廿六日）："天授建元之初……
封河内郡王……三爲洛州長史，歷魏、汴、同、許四州長史，三爲懷州
刺史。"神龍二年卒，春秋六十六。

孔昌寓　　武后時

《新書·孔述睿傳》："曾祖昌寓，字廣成，貞觀中對策高第，歷魏州司馬，有治狀，帝爲不置刺史。爲政三年，璽書褒美，進膳部郎中。"《舊書·孔述睿傳》未及。按《金石錄》有《周都官郎中孔昌寓碑》，盧藏用撰并八分書，長安三年二月。

獨孤思莊　　天册萬歲元年—萬歲通天元年（695—696）

《舊書·狄仁傑傳》："萬歲通天年，契丹寇陷冀州，河北震動，徵仁傑爲魏州刺史。前刺史獨孤思莊懼賊至，盡驅百姓入城，繕修守具。仁傑既至，悉放歸農畝。"又見《通鑑·萬歲通天元年》十月。《全文》卷三一三孫逖《太子舍人王公（無競）墓誌銘》："初，天册中，公與故人魏州牧獨孤莊書，忿林胡之猖狂。"按《全文》卷三八五獨孤及有《代獨孤將軍讓魏州刺史表》稱"臣莊言，伏奉今月十九日制書以臣爲中大夫持節魏州諸軍事守魏州刺史"云云，獨孤及仕於天寶至大曆間，與獨孤莊時代不相接，疑此表作者名誤。

狄仁傑　　萬歲通天元年—神功元年（696—697）

《舊書》本傳："萬歲通天年……徵仁傑爲魏州刺史……俄轉幽州都督。神功元年，入爲鸞臺侍郎、同鳳閣鸞臺平章事。"《新書》本傳略同。《通鑑·萬歲通天元年》：十月，"制起彭澤令狄仁傑爲魏州刺史"。又《神功元年》：六月"辛卯，制以契丹初平，命河內王武懿宗、婁師德及魏州刺史狄仁傑分道安撫河北"。《會要》卷五六同。《元和郡縣志》卷一六魏州貴鄉縣："狄仁傑祠在縣東南四里，爲魏州刺史，百姓爲立生祠。"又見《元龜》卷四五九、卷六八八、卷八二〇，《大唐新語》卷四，《廣記》卷三一三引《玉堂閑話》。《全文》卷六二四馮宿有《魏府狄梁公祠堂碑》，《寶刻叢編》卷六引《金石錄》有《唐魏州刺史狄仁傑生祠碑》。《全詩》卷二一二高適《三君詠并序》："開元中，適遊於魏郡……邑外又有故太守狄祠焉。"

王及善　　神功元年（697）

《新書》本傳："神功元年，契丹擾山東，擢魏州刺史……因延問朝政得失,及善陳治亂所宜……留拜内史。"《舊書》本傳未及。《通鑑·神功元年》四月作"滑州刺史",未知孰是,姑兩存之。

劉仁景　　約聖曆中

《全文》卷二五七蘇頲《司農卿劉公神道碑》:"戎羯之縱暴也……令公馳傳檢校魏州刺史以威之。寇平,召之,猶領本職,復加將作大匠。長安東幸洛陽,拜公爲右衛將軍,司農卿。轉右金吾大將軍,副京師留守。"景龍三年卒,年七十七。按《舊書·劉弘基傳》稱:"從子仁景,神龍初宮至司農卿",又按《碑》稱節愍太子發難時官羽林將軍,與《舊書·節愍太子從俊傳》稱"召左羽林將軍劉仁景"合,證知此"司農卿劉公"即仁景。

薛季昶　　長安中

《舊書》本傳:"久視元年,季昶自定州刺史入爲雍州長史……俄遷文昌左丞,歷魏、陝二州刺史。長安末,爲洛州長史。"《新書》本傳未及。又見《元龜》卷六七七、卷六八九。嚴氏《僕尚丞郎表》謂長安二年爲文昌左丞。

韋嗣立　　長安四年(704)

《舊書》本傳:"長安中……嗣立兄承慶入知政事,嗣立轉成均祭酒,兼檢校魏州刺史,又徙洛州刺史。"《新書》本傳略同,無"檢校"二字。又《宰相表上》:長安四年十月"乙亥,嗣立檢校魏州刺史。"《通鑑·長安四年》同。

張　潛　　中宗時

《舊書·張文瓘傳》:"四子:潛、沛、洽、涉。中宗時,潛官至魏州刺史。"《新書·張文瓘傳》略同。又見《太平寰宇記》卷五八。

張知泰　　約景龍元年—二年(約707—708)

《舊書·張知謇傳》:"知泰以忤武三思,出爲并州刺史、天平軍使,仍帶本官。尋又爲魏州刺史。景龍二年卒。"《新書·張知謇傳》略同。《元龜》卷一〇五:"景龍二年二月,以河朔諸州多饑乏,命魏州刺史張知泰攝右御史臺大夫巡問賑恤。"證知張知泰景龍二年在任。

宋　璟　　景雲二年(711)

《舊書》本傳:"時太平公主謀不利於玄宗……乃貶璟爲楚州刺史。無幾,歷魏充冀三州刺史、河北按察使。遷幽州都督、兼御史大夫。"《新書》本傳作"貶楚州刺史,歷充冀魏三州、河北按察使,進幽州都督"。

陽　嶠　　景雲二年(711)

《舊書》本傳:"睿宗即位,拜尚書右丞。時分建都督府以統外臺,精擇良吏,以嶠爲涇州都督府,尋停不行。又歷魏州刺史。"《新書》本傳略同。又見《元龜》卷六八三。

單思遠　　先天元年—二年(712—713)

《元龜》卷六七三:"先天二年……魏州刺史單思遠……等各賜物一百段。"

宋　璟　　約開元元年(約 713)

《全文》卷三四三顏真卿《有唐開府儀同三司行尚書右丞相廣平文貞公宋公(璟)神道碑銘》:"太平公主潛謀廢立……公盛氣詰之……繇是貶楚州刺史……復拜銀青,歷魏、充、冀州……尋遷幽州都督……復爲魏州,入爲國子祭酒,東都留守。開元二年,尋拜御史大夫兼京兆尹。"又見《金石録》卷二八《唐宋璟碑跋》。按兩《唐書》本傳記刺魏州僅一次。

陽　嶠(楊嶠)　　約開元二年—三年(約 714—715)

《舊書》本傳:"又歷魏州刺史,充充州都督,荆州長史,爲本道按察使,所在以清白聞。魏州人詣闕割耳,請嶠重臨其郡,又除魏州刺

史。"《新書》本傳略同。又見《元龜》卷六八三。《全文》卷二五一蘇頲
《授楊嶠國子祭酒制》："魏州刺史上柱國北平縣開國子楊嶠……可國
子祭酒。"

王志愔　　開元三年（715）

　　《舊書》本傳："太極元年，又令以本官兼御史中丞、内供奉……拜
户部侍郎，出爲魏州刺史，轉揚州大都督府長史，俱充本道按察使。"
《新書》本傳略同。

楊茂謙　　開元四年（716）

　　《舊書》本傳："開元初，出爲魏州刺史、河北道按察使。與司馬張
懷玉本同鄉曲，初善而末隙，遂相糾訐，坐貶桂州都督。"《新書》附《韋
景駿傳》，事迹略同。《大詔令集》卷一〇四蘇頲《遣王志愔等各巡察
本管内制》："魏州刺史楊茂謙、靈州都督强循……宜令各巡本管内
人……開元四年七月六日。"又見《全文》卷二五三。

張　洽　　約開元五年（約717）

　　《新表二下》清河張氏："洽，魏州刺史。"《嘉泰吳興志》卷一四郡
守題名："張洽，大足元年自濮州刺史授；遷魏州刺史。《統記》云：開
元三年。"按兩《唐書・張文瓘傳》並未及洽爲魏州刺史。今據《統
記》，開元三年自濮州遷湖州，約五年遷魏州。

崔子源　　約開元七年（約719）

　　上圖藏拓片《唐故魏州貴鄉縣尉隴西李府君墓誌銘》（貞元五年
十二月廿三日）："夫人清河崔氏，父子源，禮部侍郎，魏、同、懷三州
牧。"按子源開元十年四月爲懷州刺史，其刺魏當在此之前。

張廷珪（張庭珪）　　約開元九年（約721）

　　《舊書》本傳："又歷蘇、宋、魏三州刺史。"《新書》本傳略同。拓本
《唐故贈工部尚書張公（庭珪）墓誌銘并序》（天寶十載十月）："〔歷〕中

書舍人，禮部侍郎，尚書左丞，黃門侍郎，少府監，持節潁、洪、沔、蘇、宋、魏、汴、饒、同等州刺史，前後充河北宣勞、江西按察、河南溝渠三使……九典外郡。"開元二十二年卒，年七十七（《文物》1980 年第3 期）。按開元五年廷珪在蘇州刺史任，七年在宋州刺史任，十七年在同州刺史任。

崔志廉　　約開元十一年（約 723）

《千唐誌・唐故信王府士曹崔君（傑）墓誌銘》（大曆十三年十月十二日）："父志廉，銀青光祿大夫、太子左庶子，歷洺、魏、襄、澤、仙等五州刺史……公即仙州之長子也。"崔傑天寶十一年卒，享年五十一。按開元十三年崔志廉爲襄州刺史。

崔　沔　　開元十二年—十四年（724—726）

《元龜》卷六七一："開元十二年……崔沔以中書侍郎爲魏州刺史。"北圖藏拓片《有唐守太子賓客贈尚書左僕射崔孝公（沔）墓誌》："特詔公魏州刺史，皇上有事泰山，又見大禮，加朝散大夫，因上計，掌吏部選事，未幾，入爲左散騎常侍兼判國子祭酒。"《全文》卷三三八顏真卿《通議大夫守太子賓客東都副留守崔孝公宅陋室銘記》："丁太夫人憂，徵拜中書侍郎，出爲魏州刺史……乙丑歲，玄宗東封，知頓使奏課第一……明年入朝……還州，以理有異績，御史大夫崔隱甫、中丞宇文融朝服表薦……無何，徵拜左散騎常侍。"又見卷三一五李華《贈禮部尚書清河孝公崔沔集序》，兩《唐書》本傳，《通鑑・開元十三年》十一月，《新書・裴耀卿傳》《宇文融傳》，《會要》卷七四。

宇文融　　開元十五年—十六年（727—728）

《舊書・玄宗紀》：開元十五年二月己巳，"〔宇文〕融左遷魏州刺史"。《通鑑・開元十五年》同。又《開元十六年》：正月丙寅，"以魏州刺史宇文融檢校汴州刺史，充河南北溝渠堤堰決九河使"。又見兩《唐書》本傳，《元龜》卷一五二、卷一六二、卷四九七，《全文》卷二九玄宗《遣使宣撫河北詔》。

蔣欽緒　　開元十七年(729)

　　《新書》本傳:"開元十三年,以御史中丞録河南囚,宣尉百姓,振窮乏。徙吏部侍郎,歷汴、魏二州刺史,卒。"《廣記》卷二八三引《定命録》:"唐曾勤任魏州館陶縣尉,敕捕妖書人王直,縣界藏失,刺史蔣欽緒奏請……會十一月二十二日,巡陵恩赦,遂得無事。"按《舊書·玄宗紀上》:開元十七年十一月丙申,謁橋陵;戊戌,謁定陵;己亥,謁獻陵;壬寅,謁昭陵;乙巳,謁乾陵。戊申,車駕還宫,大赦天下。此即《定命録》所云"十一月二十二日巡陵恩赦",由此知開元十七年蔣欽緒在魏州刺史任。《全文》卷二七〇蔣欽緒《朝集使等上尊號表》稱"朝集使魏州刺史蔣欽緒等"。

杜　暹　　約開元十八、十九年間(約 730、731)

　　《舊書》本傳:開元十七年,"出爲荆州大都督府長史,又歷魏州刺史、太原尹。二十年,上幸北都,拜暹爲户部尚書,使令扈從入京"。《新書》本傳略同。

蘇　晉　　約開元二十一年(733)

　　《舊書》本傳:"開元十四年,遷吏部侍郎……俄而侍中裴光庭知尚書事……晉遂榜選院云:'門下點頭者,更引注擬。'光庭以爲侮己,甚不悦,遂出爲汝州刺史。三遷魏州刺史、加銀青光禄大夫,入爲太子左庶子,二十二年卒。"《新書》本傳略同。按裴光庭開元十八年知吏部尚書事,蘇晉出刺汝州約開元十九年,則其三遷魏州刺史約在開元二十一年。

【李道堅　　開元二十二年(734)(未之任)】

　　《舊書·李靈夔傳》:次子藹。藹子道堅,"開元二十二年,兼檢校魏州刺史,未行,改汴州刺史、河南道採訪使"。又見《元龜》卷二八一。

宋　遥　　開元二十二年—二十三年(734—735)

　　《姓纂》卷八扶風宋氏:"遥,禮、户、吏侍郎,左丞,魏、汴州刺史。"

《元龜》卷一六二：開元二十三年二月“辛亥，初置十道採訪處置使，命……禮部侍郎兼魏州刺史宋遙爲河北道採訪使”。《千唐誌·上黨郡大都督府長史宋公（遙）墓誌銘并序》（天寶七載正月十一日）：“拜中書舍人，除御史中丞……户部、禮部、吏部、再户部四侍郎，左丞，出博平、滎陽、絳、魏、陳留、襄陽，貶武當七郡太守，河北、河南、山南三採訪，上黨郡大都督府長史。”天寶六載卒於上黨，年六十五。

盧成務　　約開元中

《新表三上》盧氏：“成務，壽、杭、濮、洺、魏五州刺史。”乃盧齊卿之孫。《全文》卷五一九梁肅《京兆府司録西廳盧氏世官記》：“開元初嗣公諱成務……其後作牧於壽、於杭、於濮、於洺、於魏，繼承元社，以處太原，咸有嘉績。”

韋　銑　　約開元中

《新表四上》東眷韋氏彭城公房：“銑，魏州刺史、河北採訪。”按景雲至開元初韋銑在潤州刺史任，見兩《唐書·裴寬傳》及《全文》卷二六六《重修順祐王廟碑》、卷三二〇《徑山大師碑》。

嚴挺之　　約開元中

《廣記》卷四五七引《廣異記》：“嚴挺之爲魏州刺史，初到官，臨廳事，有小蛇從門入。”兩《唐書》本傳未及。

李適之　　約開元中

《千唐誌·唐故淮南道採訪支使河東郡河東縣尉滎陽鄭府君（宇）墓誌銘并序》（天寶十二載十二月二十四日）：“遂授信都郡録事參軍……本部採訪使李適之差攝常山郡録事參軍。”天寶十二載卒，春秋四十五。兩《唐書》本傳未及。

臧懷恪　　約開元中

《全文》卷三六四張孚《金紫光禄大夫左金吾衛將軍臧府君（希

晏）神道碑銘》："有唐廣德二年八月五日朔，左金吾將軍臧公薨……
享年五十有三……父懷恪……魏州刺史。"

盧　暉　　開元二十八年—二十九年（740—741）

《舊書·玄宗紀》：開元二十八年九月，"魏州刺史盧暉開通濟
渠"。又見《通典》卷一八〇，《舊書·地理志二》《新書·地理志三》，
《太平寰宇記》卷五四，《元龜》卷四九七，《會要》卷八七。《新表三上》
盧氏："暉，魏州刺史。"《元龜》卷七六〇："盧暉爲魏州刺史，開元二十
九年坐贓，詔曰……可長流富州。"

崔　璘　　約開元末

《全文》卷三〇九孫逖《授孟温太子賓客崔璘太子右庶子制》稱：
"朝請大夫使持節魏州諸軍事守魏州刺史……崔璘……可太子右庶
子。"《新表二下》博陵安平大房崔氏："璘，馮翊郡太守兼採訪使。"知
天寶中崔璘爲馮翊太守。

盧見義　　天寶初

《新表三上》盧氏："見義，魏郡太守。"乃亳州刺史盧重明弟。《全
文》卷三三五萬齊融《法華寺戒壇院碑》："開元二十六載……採訪使
盧見義等無不停旟净境，稟承法訓。"

苗晉卿　　天寶三載—六載（744—749）

《舊書》本傳："天寶三載閏二月，轉魏郡太守，充河北採訪處置
使。居職三年。"《新書》本傳略同。又見《元龜》卷六七七、卷六八三、
卷八二〇。《全詩》卷二一二高適有《送虞城劉明府謁魏郡苗太守》。
《全文》卷三二六王維有《魏郡太守河北採訪處置使上黨苗公（晉
卿）德政碑》。《寶刻叢編》卷六引《訪碑録》稱："《唐魏郡太守苗晉卿
德政碑》，唐王維撰，天寶七載立。"

王　象　　天寶中

《千唐誌·唐故處士太原王府君（修本）墓誌銘并序》（開成二年

十月十日）："曾祖象，銀青光禄大夫、京兆少尹、右金吾將軍，懷、魏等七郡太守。"修本卒開成二年五月十三日。按《新書·藝文志三》有"王象畫《鹵簿圖》"。又見《歷代名畫記》卷一〇，《圖繪寶鑑》卷二。

韋虛舟　　約天寶九載（約 750）

《舊書·韋虛心傳》："季弟虛舟……自御史累至户部、司勳、左司郎中，歷荆州長史，洪、魏州刺史兼採訪使，多著能政，入爲刑部侍郎。"《新書·韋虛心傳》略同。按天寶元年韋虛舟在左司郎中任，見《全文》卷三一三孫逖《韋虛心神道碑》。天寶十年在刑侍任，見《全文》卷三一九李華《荆州南泉大雲寺故蘭若和尚碑》。則其刺魏約在天寶十載前。

吉　温　　天寶十一載（752）

《舊書》本傳："〔天寶〕十載，〔安〕禄山加河東節度，因奏温爲河東節度副使，并知節度營田及管内採訪監察留後事，其載，又加兼雁門太守……及丁所生憂，禄山又奏起復爲本官。尋復奏爲魏郡太守兼侍御史。楊國忠入相，素與温交通，追入爲御史中丞，仍充京畿、關内採訪處置使。"《新書》本傳略同。《通鑑·天寶十一載》：十一月，"徵魏郡太守吉温爲御史中丞，充京畿、關内採訪等使"。

李　峴　　天寶十二載（753）

《舊書》本傳："特遷萬年令、河南少尹、魏郡太守；入爲金吾將軍，遷將作監，改京兆府尹，所在皆著聲績。"又《李峴傳》："楊國忠秉政，郎官不附己者悉出於外，峴自考功郎中出爲睢陽太守，尋而弟峴出爲魏郡太守，兄弟夾河典郡。"又見《新書·李栖筠傳》，《元龜》卷六七七、卷六八七。《新書》本傳未及。《全詩》卷一二五王維有《送魏郡李太守赴任》。《全文》卷三二一李華《故相國兵部尚書梁國公李峴傳》："五遷爲魏州刺史，化行河朔；再遷爲京兆尹。"按天寶十三載由京兆尹貶零陵太守，其爲魏郡太守當在天寶十二載。

司馬垂（司馬錘）　　天寶十四載(755)

《姓纂》卷二河内温縣司馬氏：“錘，魏郡太守。”《千唐誌·大燕故朝議郎前行大理寺丞司馬府君(望)墓誌銘并序》(燕顯聖元年六月十九日)：“次兄垂，魏郡太守……時未幾也，前後云亡。”司馬望卒顯聖元年(上元二年)，春秋五十七。《舊書·顔真卿傳》謂李萼對顔真卿云：“今若先伐魏郡，斬袁知泰，太守司馬垂使爲西南主。”《通鑑·至德元載》三月同。

袁知泰　　天寶十四載(755)

《通鑑·至德元載》：三月，“先是清河客李萼，年二十餘，爲郡人乞師於真卿……萼曰：‘……今當引兵先擊魏郡，執禄山所署太守袁知泰，納舊太守司馬垂，使爲西南主人’”。又見《元龜》卷四五〇，《全文》卷五一四殷亮《顔魯公行狀》。

能元皓　　天寶十五載(756)

《舊書·崔光遠傳》：“魏州城自禄山反，袁知泰、能元皓等皆繕完之，甚爲堅峻。”又見《元龜》卷四五〇。《新書·崔光遠傳》略同。

李光弼　　至德元載(756)

《舊書》本傳：“〔天寶〕十五載正月，以光弼爲雲中太守……二月，轉魏郡太守，河北道採訪使。”《新書》本傳略同。《通鑑·至德元載》：二月“丙戌，加李光弼魏郡太守，河北道採訪使”。《全文》卷三四二顔真卿《唐故開府儀同三司太尉兼侍中河南副元帥臨淮武穆王李公(光弼)神道碑銘》：“〔天寶〕十四載冬十一月，安禄山反范陽……明年春……二月，拜攝御史大夫魏郡太守……俄除范陽郡大都督府長史。”

蕭　華　　至德元載—乾元元年(756—758)

《舊書》本傳：“禄山之亂，從駕不及，陷賊，僞署魏州刺史。乾元元年，郭子儀與九節度之師渡河攻安慶緒於相州，華潛通表疏，俟官軍至爲内應。賊伺知之，禁錮華於獄。崔光遠收魏州，破械出華。魏人美華之惠政，詣光遠請留，朝廷正授魏州刺史。既而史思明率衆南下，子儀懼華復陷，乃表崔光遠代華，召至軍中。”《新書》本傳略同。《舊書·肅宗紀》：乾元元年十一月，“郭子儀收魏州，得僞署刺史蕭華於州獄，詔復以華爲刺史”。又見《通鑑·乾元元年》十月，《元龜》卷四六六。《全文》卷四三肅宗有《授蕭華魏州刺史詔》。

崔光遠　　乾元元年（758）

《舊書·肅宗紀》：乾元元年“十二月癸卯，以河南節度使崔光遠爲魏州刺史，遣蕭華赴相州行營……丁卯，〔史〕思明復陷魏州，刺史崔光遠出奔”。兩《唐書》本傳略同。《通鑑·乾元元年》：“十二月癸卯，敕以光遠領魏州刺史。”又見《元龜》卷四五〇、卷四五二。

田承嗣　　乾元二年—寶應元年（759—762）

《舊書》本傳：“禄山敗，史朝義再陷洛陽，承嗣爲前導，僞授魏州刺史。代宗遣朔方節度使僕固懷恩引迴紇軍討平河朔……時懷恩陰圖不軌，慮賊平寵衰，欲留賊將爲援，乃奏承嗣及李懷仙、張忠志、薛嵩等四人分帥河北諸部。乃以承嗣檢校户部尚書、鄭（鄴）州刺史。”

田承嗣　　寶應二年—大曆十三年（763—778）

《舊書·代宗紀》：寶應二年“閏月戊申，以史朝義下降將……田承嗣檢校户部尚書、魏州刺史、雁門郡王、魏博等州都防禦使”。大曆十四年“二月癸未，魏博七州節度使、太尉、檢校尚書左僕射、同中書門下平章事、魏州大都督府長史田承嗣卒”。又見兩《唐書》本傳。《全文》卷四四四裴抗《魏博節度使田公（承嗣）神道碑》稱：“大曆十三年春二月……薨於戎府。”《新書》本傳稱大曆十四年死，疑誤。《全文》卷四七代宗有《貶田承嗣永州刺史詔》及《復田承嗣官爵詔》，《大詔令集》卷一一九、卷一二一同。《全文》卷四一四常袞有《加田承嗣實封制》。又見《全文》卷六一五邱絳《常山郡王田緒神道碑》，《元龜》卷一七六，《唐語林》卷八，《寶刻叢編》卷六。

田　維　　大曆十三年(778)

《舊書·田承嗣傳》："〔大曆〕十三年九月卒，時年七十五。有子十一人……維爲魏州刺史。"《全文》卷四四四裴抗《魏博節度使田公(承嗣)神道碑》："長子維，皇魏州刺史。"又見《新表五下》田氏。

田　悦　　大曆十四年—興元元年(779—784)

《舊書·代宗紀》：大曆十四年二月"甲申，以魏博中軍兵馬使、左司馬田悦兼御史中丞，充魏博節度留後"。又本傳："大曆十三年，承嗣卒，朝廷用悦爲節度留後……尋拜檢校工部尚書、御史大夫，充魏博七州節度使。"《新書》本傳略同。按建中三年十一月，田悦稱魏王，朝廷討之。見兩《唐書》本傳及《通鑑》。興元元年正月癸酉，復田悦等官爵，見兩《唐書·德宗紀》。興元元年四月，"魏博行軍司馬田緒殺其帥田悦，詔贈悦太尉"，見《舊書·德宗紀上》。

【馬　燧　　建中三年(782)(未之任)】

《舊書》本傳：建中三年七月，"詔加燧魏州大都督府長史"。《新書》本傳略同。又見《元龜》卷三八五、卷四三八。《全文》卷五〇七權德輿《司徒兼侍中北平郡王贈太傅馬公(燧)行狀》："加魏州大都督府長史……四年二月，又敗之於成安，魏軍退於館陶。"按其時因田悦叛，朝廷削其官爵，故授馬燧魏州，實際魏州仍爲田悦控制。次年正月又復田悦官、爵。故馬燧未赴任。

田　緒　　興元元年—貞元十二年(784—796)

《舊書·德宗紀上》：興元元年四月，"以〔田〕緒爲魏州長史、魏博節度觀察使"。又《德宗紀下》：貞元十二年四月"庚午，魏博節度使、度支營田觀察使、檢校左僕射、平章事、魏州長史、駙馬都尉、雁門郡王田緒卒"。《舊書》本傳同。《新書》本傳未記年月。又見《元龜》卷一七六。《全文》卷六一五邱絳《常山郡王田緒神道碑》："未幾而降優詔，拜魏博節度……魏州大都督府長史兼御史大夫……尋遷尚書右僕射。"貞元十二年四月十日卒，年六十三。《金石錄》卷九有《唐魏博田緒遺愛碑》，裴垍撰，張弘靖正書，元和六年四月。又見《寶刻叢編》卷六。

田季安　　貞元十二年—元和七年（796—812）

《舊書·德宗紀下》：貞元十二年八月“己巳，以前魏博節度副使田季安爲魏州長史、魏博節度觀察等使”。又《憲宗紀下》：元和七年八月“戊戌，魏博節度使田季安卒”。又見兩《唐書》本傳。《全文》卷六一五邱絳《常山郡王田緒神道碑》：“銀青光禄大夫、檢校工部尚書兼魏州大都督府長史、御史大夫、充魏博相貝澶衛等六州節度管内支度營田觀察處置等使季安，公之次子也。”又見《因話録》卷四。

田弘正（田興）　　元和七年—十五年（812—820）

《舊書·憲宗紀下》：元和七年十月“甲辰，以魏博都知兵馬使、兼御史中丞、沂國公田興爲銀青光禄大夫、檢校工部尚書，兼魏州大都督府長史，充魏博節度使”。八年二月“辛卯，田興改名弘正”。又《穆宗紀》：元和十五年十月“乙酉，以魏博等州節度觀察等使、光禄大夫、檢校司徒、兼侍中、魏博大都督府長史……田弘正可檢校司徒、兼中書令、鎮州大都督府長史、成德軍節度、鎮冀深趙等州觀察處置等使”。又見兩《唐書》本傳，《元龜》卷七八，《全文》卷六五五元稹《故中書令贈太尉沂國公（田興）墓誌銘》，卷六四七《贈田弘正等父制》，卷六五一《進田弘正碑文狀》《田弘正魏博德政文》，卷七一七張述《代魏博田僕射辭官表》。《全詩補逸》卷一○張祜有《投魏博田司空二十韻》，即指田弘正。《全文》卷五七、《元龜》卷一七七有元和七年十月甲辰《授田興魏博節度使制》，《大詔令集》卷六○、《全文》卷五九有《田弘正兼侍中制》。《韓昌黎集》卷二六有《魏博節度觀察使沂國公（田弘正）先廟碑銘》，又見《寶刻叢編》卷七。《隋唐五代墓誌匯編·洛陽卷》第十三冊《王汶墓誌》（寶曆元年四月十一日）：“〔元和〕十四年冬，福建廉使裴公乂、魏博節制田公弘正繼以穆生之醴，將置公於席。”可證元和十四年正在任。

李　愬　　元和十五年—長慶元年（820—821）

　　《舊書·穆宗紀》：元和十五年十月乙酉，"以昭義節度使、檢校尚書左僕射、同中書門下平章事李愬可本官，爲魏州大都督府長史，充魏博等州節度、觀察等使"。長慶元年九月"癸丑，以前魏博節度使李愬爲太子少保"。又見兩《唐書》本傳，《元龜》卷三八五，《唐語林》卷四，《全詩補逸》卷一○張祜有《投魏博李相國三十二韻》。

田　布　　長慶元年（821）

　　《舊書·穆宗紀》：長慶元年八月"乙亥，以前涇原節度使田布起復檢校工部尚書，兼魏州大都督府長史，充魏博節度使"。二年正月"戊申，魏博牙將史憲誠奪師，田布伏劍而卒"。本傳作長慶元年十二月卒。《新書》本傳略同。《元龜》卷六四八元稹有《起復田布魏博節度等使制》。又卷六五五《故中書令贈太尉沂國公（田興）墓誌銘》："子布，終魏博節度使。"又見《舊書》本傳，《新表五下》田氏。《元龜》卷一四○："〔長慶〕二年正月詔曰：故魏博節度使、起復寧遠將軍、檢校工部尚書、兼魏州大都督府長史、御史大夫、賜紫金魚袋田布……可贈尚書右僕射。"《全文》卷六五穆宗《贈田布尚書右僕射詔》同。

史憲誠　　長慶二年—大和三年（822—829）

　　《舊書·穆宗紀》：長慶二年正月"己酉，以魏博中軍先鋒兵馬使史憲誠檢校工部尚書，兼魏州大都督府長史，充魏博節度使"。《元龜》卷一七七作長慶元年十二月。《舊書·文宗紀》：大和三年六月"辛亥，以魏博節度使史憲誠檢校司徒、兼侍中、河中尹，充河中晉絳節度使"。又見兩《唐書》本傳。《全文》卷七五六杜牧《唐故銀青光禄大夫檢校禮部尚書御史大夫充浙江西道都團練觀察處置等使崔公（鄖）行狀》："高承簡罷鄭滑節度使，滑人叩闕，乞爲承簡樹德政碑……居數月，魏博節度使史憲誠拜章乞爲故帥田季安樹神道碑。"

李　聽　　大和三年（829）

《舊書·文宗紀上》：大和三年六月辛亥，“以義成軍節度使李聽兼充魏博節度使”。七月“癸未，中使劉弘逸送史憲誠旌節自魏州還，稱六月二十六日夜，魏博軍亂，殺史憲誠，立大將何進滔爲留後，其新節度使李聽入城不得”。又見兩《唐書》本傳。《唐語林》卷四：“〔李〕聽爲夏州、靈武、河東、鄭滑、魏博、邠寧七州節度。”

何進滔　　大和三年—開成五年（829—840）

《舊書·文宗紀上》：大和三年七月“壬子，詔以魏博衙內都知兵馬使何進滔檢校左散騎常侍，充魏博節度使”。又《武宗紀》：開成五年十一月，“魏博節度使何進滔卒”。又見兩《唐書》本傳。《全文》卷七四五李輔《魏州開元寺琉璃戒壇碑》：“我僕射廬江何公，在藩之達者也……去大和七年四月十九日，因公行寺，自有琉璃壇法，請公爲地。”按“何公”當即何進滔。《金石録》卷一〇：“《唐魏博何進滔德政碑一》，柳公權撰并書，開成五年正月。”《寶刻叢編》卷六《集古録目》同。

＊李　綰　　開成五年（840）

《會要》卷七八：“開成五年十一月，以福王綰爲開府儀同三司，行魏州大都督，充魏博等州節度觀察處置等使。”《新書》本傳：“歷魏博節度大使。咸通元年，進拜司空……二年薨。”《舊書》本傳未及。

何弘敬（何重霸、何重順）　　開成五年—咸通六年（840—865）

《舊書·武宗紀》：開成五年十一月，“魏博節度使何進滔卒，三軍推其子重霸知留後事”。會昌元年六月，“制以魏博兵馬留後何重霸檢校工部尚書、魏州大都督府長史，充天雄軍節度使，仍賜名重順”。《新書》本傳：“帝（武宗）新即位，重起兵，乃授福王綰〔魏博〕節度大使，以重順自副，賜名弘敬……懿宗初，兼中書令，封楚國公。咸通七年死。”《舊書》本傳稱咸通初卒，誤。《大詔令集》卷一二〇李德裕《討潞州劉稹制》：“魏博等州節度觀察處置等使……檢校户部尚書、兼鎮

（魏）州大都督府長史、御史中丞、上柱國何弘敬，宜守本官，充東面招
討澤潞使……會昌三年七月。”《全文》卷六九七同。又見《通鑑·會
昌三年》二月，《舊書·宣宗紀》，《東觀奏記》卷下。按《隋唐五代墓誌
彙編·河北卷·魏博節度使魏州大都督府長史充魏博觀察處置等使
贈太師廬江何公（弘敬）墓誌》：“開成五年十月丁先太師憂……武宗
皇帝屢降明詔……奉詔起復……潞既平，詔加金紫、左僕射、平章事、
封公開國……咸通六年……拜公檢校太尉兼中書令，三月辛巳下詔，
乙丑，公薨於位。”享年六十。證知何弘敬咸通六年三月已卒。

何全皞　　咸通六年—十一年（865—870）

《通鑑·咸通七年》：“六月，魏博節度使何弘敬薨，軍中立其子左
司馬全皞爲留後。”《咸通八年》：“正月，以魏博留後何全皞爲節度
使。”《新書·懿宗紀》：咸通十一年六月，“魏博軍亂，殺其節度使何全
皞”。又見《何進滔傳》。按《何弘敬墓誌》，何弘敬咸通六年已卒，見
上條。《誌》云：“有子五人，長曰全皞，起復雲麾將守金吾將軍檢校右
僕射兼御史大夫，充魏博節度觀察處置等使。”證知咸通六年已接任。

韓允忠（韓君雄）　　咸通十一年—乾符元年（870—874）

《舊書》本傳：“咸通十一年，何全皞爲軍衆所殺，推允忠爲帥……
不數月，轉檢校工部尚書、魏州大都督府長史，充魏博節度觀察等使。
累加檢校司空、同平章事。乾符元年十一月卒。”《新書》本傳略同。
《新書·懿宗紀》《通鑑·咸通十一年》九月庚戌皆作“韓君雄”。《全
文》卷八○五吳畦《唐贈左散騎常侍汝南韓公（國昌）神道碑》：“有子
三人：長曰君雄，魏博節度觀察處置等使、檢校尚書右僕射、兼御史大
夫。”國昌卒大中六年七月十二日，年六十六。

韓　簡　　乾符元年—中和三年（874—883）

《通鑑·乾符元年》：十二月，“以韓簡爲魏博留後”。《乾符二年》
三月，以魏博留後韓簡爲節度使。”《中和三年》：二月，“〔韓簡〕引兵擊
河陽，〔諸葛〕爽遣罕之逆戰於武陟，魏軍大敗而還……簡爲部下所

殺”。又見兩《唐書·韓允忠傳》。《新書·僖宗紀》：中和三年六月，魏博軍亂，殺其節度使韓簡。

樂彥禎（樂行達）　　中和三年—文德元年（883—888）

《通鑑·中和三年》：二月，“魏軍大敗而還，大將澶州刺史樂行達先歸，據魏州，軍中共立行達爲留後……己未，以行達爲魏博留後”。《中和四年》：正月，“賜魏博節度使樂行達名彥禎”。《新書·僖宗紀》：文德元年二月，“魏博軍亂，殺其節度使樂彥禎”。《通鑑·文德元年》二月同。又見兩《唐書》本傳。

羅弘信　　文德元年—光化元年（888—898）

《通鑑·文德元年》：四月，“詔以羅弘信權知魏博留後”。七月，“以權知魏博留後羅弘信爲節度使”。《光化元年》：九月，“魏博節度使羅弘信薨”。《新書·僖宗紀》作文德元年二月。又見兩《唐書》本傳。

羅紹威（羅威）　　光化元年—天祐四年（898—907）

《通鑑·光化元年》：九月，“魏博節度使羅弘信薨，軍中推其子節度副使紹威知留後”。十一月，“以魏博留後羅紹威爲節度使”。《天祐元年》：閏月，“更命魏博曰天雄軍。癸亥，進天雄節度使長沙郡王羅紹威爲鄴王”。又見兩《唐書》本傳。《隋唐五代墓誌匯編·洛陽卷》第十五册《特進檢校太保右金吾衛上將軍兼御史大夫上柱國長沙郡開國公羅公（周敬）墓誌銘并序》（天福二年十月六日）：“祖諱弘信，皇天雄軍節度使，檢校太師兼中書令，長沙王，累贈守太師，累封趙王，謚曰莊肅……烈考諱紹威，皇天雄軍節度使，守太師兼中書令，鄴王，贈守尚書令，謚曰貞莊。”

待考録

朱　髙

《隋唐五代墓誌匯編·河南卷·朱清墓誌》（大中十年十月十二

日）："祖卨，皇正議大夫檢校户部郎中、昭義行軍司馬，魏、相、洺等州刺史。"朱清卒大中十年，享年八十，其祖或仕大曆、貞元中。然貞元中魏州皆由節度使兼任大都督府長史，無刺史；大曆中魏州刺史亦由節度使兼任；且大曆至元和，歷任節度使均歷歷可考，不容插入。未知《朱清墓誌》誤否。

卷九九 博州(博平郡)

隋武陽郡之聊城縣。武德四年平竇建德，置博州。天寶元年改爲博平郡。乾元元年復爲博州。領縣六：聊城、博平、武水、清平、堂邑、高唐。

王 羨 武德四年(621)

《元龜》卷一二六：武德四年五月，"竇建德博州刺史王羨來降"。

達奚恕 武德中

《舊書·馬周傳》："武德中，補博州助教，日飲醇酎，不以講授爲事。刺史達奚恕屢加咎責，周乃拂衣遊於曹、汴。"《新書·馬周傳》略同。又見《元龜》卷七七二，《唐詩紀事》卷四馬周，《廣記》卷二二四引《定命錄》。

崔 同 貞觀初？

《新表二下》崔氏清河大房："同，博州刺史。"乃後魏東莞太守崔子聿之孫。按武德初崔同在齊州刺史任。

閻立德 約貞觀十一年—十三年(約 637—639)

《舊書》本傳："貞觀十年，文德皇后崩，又令攝司空，營昭陵。坐怠慢解職，俄起爲博州刺史。十三年，復爲將作大匠。"《新書》本傳略同。

【補遺】韋　師　　貞觀中

《唐故洺州録事參軍京兆韋君（崇禮）墓誌銘並序》（乾封三年正月十八日）：“父師，皇朝洋、博二州刺史。”（周紹良、趙超《唐代墓誌匯編續集》，上海古籍出版社 2001 年版）據此，其爲博州刺史約在貞觀中。

韋世師　　約貞觀中

《姓纂》卷二東眷韋氏閬公房：“世師，唐博州刺史。”《新表四上》同。乃户部侍郎真泰之父。按《姓纂》真泰作“太真”。太真咸亨元年爲通事舍人，見《元龜》卷一〇五。從弟月將，以直諫死中宗朝。《隋唐五代墓誌匯編・洛陽卷》第六册《大唐故使持節懷州諸軍事懷州刺史上柱國臨都縣開國男京兆韋公（泰真）墓誌銘并序》（垂拱四年一月十三日）：“父師，皇朝度支、倉部郎中，虢王府司馬兼虢州别駕，漢王府長史，洺州都督府司馬，洋、博二州刺史。”泰真卒垂拱三年，春秋六十一。其父刺博州約在貞觀中。

權知讓　　貞觀末？

《舊書・權懷恩傳》：“祖弘壽……從平王世充，拜太僕卿，累封盧國公卒，謚曰恭。父知讓，襲爵，官至博州刺史。”

盧寶胤　　高宗時

《新表三上》盧氏：“寶胤，博州刺史。”乃隋太子左庶子昌衡子。《千唐誌・大唐故永平府録事參軍盧府君（自省）墓誌銘并序》（天寶十三載閏十一月十一日）：“周左庶子昌衡，衡生皇博州刺史寶胤，胤生絳州稷山令元規，規生滑州衛南令遜……公即衛南府君三子也。”自省卒天寶十三載，春秋五十四。按盧寶胤麟德元年在盧刺任。

王守真　　高宗時

上圖藏拓片《唐故滑州匡城縣令王公（虔暢）墓誌銘并序》（咸通八年二月一日）：“秦漢已降，代光史册。及國朝，則材冠群英、名高華省曰守真，歷倉部、膳部、左司郎中，出爲萊、渝、博、潤、滄、洪六州刺史。實生希儒，官隨、遂、綿、相、越五州刺史。”又《唐故潞府參軍博陵崔公夫人琅耶王氏墓誌銘并序》（元和十四年四月二十六日）：“高祖守真，皇倉部、膳部、左司郎中，博、潤、滄、洪等五州刺史；曾王父希儒。”按王希儒景雲元年爲越州都督，則其父當仕於高宗時。

沈 悦　　約高宗時

《隋唐五代墓誌匯編·洛陽卷》第七册《周故朝散大夫洛州永寧縣令杜府君（謐）墓誌銘并序》（神功元年十月二十二日）：“夫人吳興縣君，唐故黎、博二州刺史、將作監少匠沈悦第六女也。”夫人卒垂拱二年，春秋五十五。按武德四年沈悦爲王世充鄭州司馬，以武牢降唐，見《舊書·太宗紀上》及《李勣傳》。則其刺博州當在貞觀中。

李 冲　　垂拱四年（688）

《舊書》本傳：“歷密、濟、博三州刺史，皆有能名。”《新書》本傳略同。《舊書·則天皇后紀》：垂拱四年“八月壬寅，博州刺史、琅邪王冲據博州起兵”。九月“丙寅，斬〔李〕貞及冲等”。《新書·則天皇后紀》《通鑑·垂拱四年》同。又見兩《唐書·李貞傳》、《丘神勣傳》、《新書·徐有功傳》，《元龜》卷二六六、卷二八一、卷二八九、卷六一七、卷九五一，《會要》卷五。

獨孤敬同　　約武后初期

《姓纂》卷一〇獨孤氏（岑仲勉補）：“敬同，博州刺史。”按《元龜》卷六一六謂：徐有功稱准逆人獨孤敬同輩身先殞歿、不許推尋。徐有功載初元年爲司刑丞。

崔 挹　　武后時

《全文》卷二四二李嶠《授崔挹成均司業制》：“大中大夫使持節博州諸軍事守博州刺史崔挹……可行成均司業。”按《舊書·崔仁師傳》稱：“永徽初，起授簡州刺史，尋卒，年六十餘。神龍初，以子挹爲國子祭酒，恩例贈同州刺史。”

李　愿　　約武后末

《芒洛四編》卷五《趙郡李府君（迪）墓誌并序》（天寶六載十一月二十五日）：“父愿，倉部員外，給事中，博、陳二州刺史，朝請大夫，襲贊皇縣上柱國開國男。”迪卒天寶六載，年六十五。

楊元裕　　神龍初？

《新表一下》楊氏越公房：“元裕，博州刺史。”乃高宗時宰相楊弘武之子，睦州刺史元亨之弟，台州刺史元禧、宣州刺史元禕、安州都督元咸之兄。按《舊書·楊元亨傳》謂：“忤張易之意……於是左貶元亨爲睦州刺史，元禧爲資州長史……張易之誅後，元亨等皆復任京職，元亨至齊州刺史，元禧台州刺史，元禕宣州刺史。”又按久視元年，元亨貶睦刺。神龍元年，張易之伏誅。元裕爲博刺疑在其時。

韋　璋　　神龍三年（707）

《嘉泰吳興志》卷一四郡守題名：“韋璋，顯慶五年自少府監授，卒官。《統記》云：神龍三年自博州刺史授。”今從《統記》。

崔祐之　　中宗時？

《新表二下》崔氏許州鄢陵房：“祐之，博州刺史。”乃户部尚書知悌子。按知悌調露元年四月由左丞遷户尚，見《舊紀》，開耀元年八月卒官。

張承訓　　中宗時？

《新表二下》吳郡張氏：“承訓，博州刺史。”乃泗州刺史繼本、邢州刺史義方之弟。

李尚貞　　開元五年—十年（717—722）

《舊書·李乂傳》：“〔兄〕尚貞，官至博州刺史。”《新書·李乂傳》略同。又見《新表二上》趙郡李氏西祖房。按李乂本名尚真，景龍中，累遷中書舍人，知制誥數載，景雲元年遷吏侍。按北圖藏拓片《唐故銀青光禄大夫博州刺史柱國李君（尚貞）墓誌銘并序》（開元十年十二月九日）："積勳授柱國，時開元五載也……出守外臺，拜博州刺史。視事五載，郡乃大康。"開元十年□冬卒，享年七十五。又《唐故銀青光禄大夫博州刺史趙郡李府君故夫人彭城郡夫人劉氏墓誌銘并序》（開元十二年正月十六日）："維開元十有一年季秋壬午，彭城郡夫人劉氏薨於河南□私第，春秋知命……及笄之歲歸於府君……洎府君即世，殆不勝喪，比斂，將絕，幾至於再。"此李府君當即李尚貞。

李　畲（李玉田）　　開元十年（722）

《元龜》卷四九七："〔開元〕十年六月，博州黄河堤壞，湍悍洋溢，不可禁止，詔博州刺史李畲、冀州刺史裴子餘、趙州刺史柳儒乘傳旁午分理。"兩《唐書》本傳未及。

宋　遥　　約開元十六年（約728）

《千唐誌·故上黨郡大都督府長史宋公（遥）墓誌銘并序》（天寶七載正月十一日）："除御史中丞……户部、禮部、吏部、再户部侍郎，左丞，出博平、滎陽、絳、魏、陳留、襄陽，貶武當七郡太守，河北、河南、山南三採訪，上黨郡大都督府長史……天寶六載二月五日終於上黨，公享齡六十有五。"按開元二十三年在魏州刺史任。天寶二年自吏侍貶武當太守。

鄭　繇　　開元十八年？（730?）

《嘉泰吳興志》卷一四郡守題名："鄭繇，開元九年自陳州刺史授；遷博州刺史。《統記》云：十七年。"疑《統記》近是。

范弘頤　　開元中

《姓纂》卷七錢塘范氏："弘頤，祕書監、博州刺史。"按《全文》卷三一三孫逖《韋虛心碑》稱："國子博士范頤嘗與均禮。"虛心卒開元廿九年，享年七十。范頤疑即范弘頤。

吕元璨　　約開元中

《姓纂》卷六諸郡吕氏："元璨，博州刺史。"按其兄元晤開元十七年爲酈州刺史。

劉　凱　　開元中？

《全文》卷六一〇劉禹錫《子劉子自傳》："曾祖凱，官至博州刺史。"按《姓纂》卷五廬陵劉氏稱禹錫曾祖"行昌，左司員外"，與《自傳》異。

李成裕　　開元二十九年(741)

《金石萃編》卷八四《夢真容敕》："右博州刺史李成裕奏⋯⋯開元廿九年六月一日。"

鄭　某　　玄宗時

《李太白文集》卷一〇有《博平鄭太守自廬山千里相尋入江夏北市門見訪却之武陵立馬贈別》詩。年代不可考，姑繫於玄宗時。

張獻直　　天寶十四載(755)

《全文》卷五一四殷亮《顔魯公行狀》："〔天寶十四載〕十一月，〔安〕禄山反於范陽⋯⋯乃榜公，令以平原、博平兵七千人防河，以博平太守張獻直爲副。"《舊書·顔真卿傳》："〔安〕禄山初尚移牒真卿，令以平原、博平軍屯七千人防河津，以博平太守張獻直爲副。"

馬　冀　　天寶十四載(755)

《通鑑·天寶十四載》：十二月，"殺〔安〕禄山所署博平太守馬冀"。《全文》卷五一四殷亮《顔魯公行狀》："禄山之發范陽也⋯⋯濟南太守李隨下遊奕將訾嗣賢渡河，得博平僞太守馬冀，據其郡，各有衆數千，或至萬人，相次於平原，共推公爲盟主。"

令狐彰　　至德二載(757)

《舊書》本傳："安禄山叛逆⋯⋯隨〔張〕通儒等遁走河朔，又陷逆賊史思明，僞署爲博州刺史及滑州刺史，令統數千兵鎮滑臺。彰感激忠義，思立名節，乃潛謀歸順。”《新書》本傳、《史思明傳》略同。又見《元龜》卷七六二。《通鑑·至德二載》：十二月，“先是，〔安〕慶緒以張忠志爲常山太守，〔史〕思明召忠志還范陽……以其將令狐彰爲博州刺史”。《上元二年》：五月，“初，史思明以其博州刺史令狐彰爲滑鄭汴節度使，將數千兵戍滑臺。彰密因中使楊萬定通表請降……因隨萬定入朝。甲午，以彰爲滑、衛等六州節度使”。

李再春　　建中三年前（762 前）

《元龜》卷一六五：“〔建中三年〕二月，以田悦降將爲（僞）博州刺史兼御史中丞李再春檢校右常侍兼本官。”《通鑑·建中三年》：正月，“〔李〕瑶父再春以博州降”。

田　融　　元和七年（812）

《通鑑·元和八年》：“春正月癸亥，以博州刺史田融爲相州刺史。”《元龜》卷八五二：“田興（弘正）爲魏博節度，其兄融爲博州刺史。興幼孤，睦友而教道之。及興之節制六州，請融爲支郡守，朝廷察其切誠，不忍離其兄也，故特授焉。”按田興（弘正）元和七年十月爲魏博節度使。

樂少寂　　約大中時

《舊書·樂彥禎傳》：“父少寂，歷澶、博、貝三州刺史，贈工部尚書。”

樂彥禎　　約乾符二年—中和二年（約 875—882）

《舊書》本傳：“韓簡之領節旄也，以彥禎爲馬步軍都虞候，轉博州刺史。下河陽，走諸葛爽，有功，遷澶州刺史。簡再討河陽之敗也，彥禎以一軍先歸，魏人遂共立之。”《新書》本傳略同。按韓簡乾符元年十二月爲魏博留後，次年三月爲節度使，中和二年八月，魏博節度韓簡率軍三萬攻河陽，僞署節度使諸葛爽棄城而去。

卷一〇〇　相州（鄴郡）

隋魏郡。武德元年改爲相州，置總管府。四年廢總管府。六年復置總管府。後改都督府。九年廢都督府。貞觀十年復置都督府。十六年罷都督府。天寶元年改爲鄴郡。乾元元年復爲相州。領縣十一：安陽、鄴、湯陰、林慮、堯城、洹水、臨漳、成安、内黄、臨河、滏陽。

吕　珉　　武德元年—二年(618—619)

《元龜》卷一六四：義寧二年"六月，隋安陽令吕珉以相州來降，拜相州刺史"。《新書·高祖紀》：武德二年九月"庚辰，竇建德陷相州，總管吕珉死之"。又見兩《唐書·竇建德傳》，《通鑑·武德元年》《武德二年》。

雙士洛　　武德二年?—四年? (619?—621?)

《乾道臨安志三》："雙士洛，右武衛大將軍，定、相二州總管，杭州刺史。"《全文》卷一五六李君政《宣霧山鐫經像碑》："遠邑争來，德士褰衣，他方並至，於是使持節上柱國本州諸軍事定州刺史、定州都督、相州總管、杭州刺史、光禄大夫吕國公士洛，佐命心膂，幹國爪牙。"又見《唐文續拾》卷一二《定州刺史吕國公□□洛法華經頌》。按武德五至六年雙士洛在定州刺史任，其爲相州總管疑在四年前。

房　晃　　武德四年(621)

《新書·高祖紀》：武德五年正月"乙酉，劉黑闥陷相州，刺史房晃死之"。《通鑑·武德四年》：十二月，"〔劉黑闥〕引兵攻拔相州，執刺史房晃"。又《武德五年》：正月"丙申，〔李〕世民復取相州"。《考異》曰："按劉黑闥攻拔相州，執刺史房晃，秦王兵至，乃棄相州，故秦王復取之。《新書·帝紀》拔相州、殺房晃在正月乙酉，相州人殺獨孤徹叛附黑闥在丙申，其誤明矣……然黑闥之拔相州，與秦王之復相州，本末甚明……而《新書》所書殺房晃、拔相州，月日亦誤。"

獨孤徹　　武德五年（622）

《新書·高祖紀》：武德五年正月"丙申，相州人殺其刺史獨孤徹，以其州叛附於〔劉〕黑闥"。《通鑑考異》："《實錄》云：'禄州人殺刺史獨孤徹，以城應黑闥。'按《地理志》無禄州，蓋字誤耳。《新書》作'相州'，尤誤也。"《新舊唐書互證》引黃緗庭曰："考《劉黑闥傳》，棣州人復殺刺史，叛歸黑闥，《實錄》'禄'字或是'棣'字之誤。"趙紹祖案："緗庭考此甚精。今案《新黑闥傳》：五年，陷相州，秦王率兵次汲，數困賊，進下相州，棣州人復殺刺史，叛歸黑闥。《新紀》失書秦王下相州，竊疑下相州後復置刺史，而棣州人又殺之以叛，故云復殺刺史。《通鑑》以《地理志》無禄州，遂刪棄此事，致獨孤徹之名不見於書，亦過矣。蓋殺刺史者，棣州人；而所殺則相州復置之刺史獨孤徹也。《新紀》特未分明其辭耳。"

張道源（張河）　　武德七年前（624前）

《舊書》本傳："尋轉太僕卿，後歷相州都督。武德七年卒官。"《元龜》卷八〇四、卷八四三稱："張河，字道源……後至相州都督。"《新書》本傳作"拜綿州刺史，卒"。未知孰是，姑兩存之。

唐懿　　武德中？

《新表四下》唐氏："懿，字君德，隋、相二州刺史。"乃後周儀同三司唐永之孫。岑仲勉《貞石證史·新唐書世系表之唐貞休》謂懿當仕於唐初。

李道彥　　貞觀初

《舊書》本傳："貞觀初，轉相州都督，例爵爲公，拜岷州都督。"《新書》本傳同。又見《元龜》卷二八一。

李厚德　　貞觀五年(631)

《舊書·刑法志》："其後河內人李好德，風疾瞀亂，有妖妄之言，詔按其事。大理丞張蘊古奏，好德癲病有徵，法不當坐。治書侍御史權萬紀，劾蘊古貫相州，好德之兄厚德，爲其刺史，情在阿縱，奏事不實。"《新書·刑法志》稱"〔貞觀〕五年，河內人李好德坐妖言下獄"。又見《新書·張蘊古傳》，《會要》卷四〇，《元龜》卷一七五，《通鑑·貞觀五年》。

＊李　泰　　貞觀十年—十七年(636—643)

《舊書》本傳："〔貞觀〕十年，徙封魏王，遙領相州刺史。"按《舊書·張亮傳》謂：貞觀七年李泰爲相州都督。《通鑑·貞觀十年》：二月乙丑，"〔魏王〕泰爲相州都督……泰不之官，以金紫光禄大夫張亮行都督事"。又《貞觀十七年》：四月"癸巳，詔解魏王泰雍州牧、相州都督、左武候大將軍，降爵爲東萊郡王"。拓本《大唐故新安郡王墓誌銘并序》："王諱徽，字玄祺……祖太宗文武聖皇帝……父泰，濮恭王……貞觀二年封越王……十年改封魏王，相衛等七州諸軍事相州刺史，又除雍州牧、左武候大將軍。"（《文物》1987 年第 8 期）又見兩《唐書·李元景傳》，《新書》本傳，《會要》卷四六，《元龜》卷二八一，《全文》卷六太宗《荆王元景等子孫代襲刺史詔》，卷七《賜魏王泰詔》、《黜魏王泰詔》，卷九及卷一五〇《册越王泰改封魏王文》，《大詔令集》卷三五《相州都督魏王泰雍州牧制》、卷三四《册雍州牧左武候大將軍越王泰改封魏王文》。《金石萃編》卷四五《伊闕龕碑》稱"左武候大將軍相州都督、雍州牧魏王"，貞觀十五年立。《廣記》卷一五九引《續幽怪錄》訂婚店條敘貞觀十六年時相州刺史王泰，當爲"魏王泰"之誤。

張　亮　　貞觀七年—十一年(633—637)

《舊書》本傳：“〔貞觀〕七年，魏王泰爲相州都督而不之部，進亮金紫光禄大夫、行相州大都督府長史。”又《長孫無忌傳》：貞觀十一年功臣世襲刺史詔：“相州都督府長史、鄖國公張亮可澧州刺史，改封鄖國公。”《全文》卷六同。《新書》本傳：“歷邠、夏、鄜三州都督，相州長史。”《通鑑》稱貞觀十年二月張亮爲相州大都督府長史。

杜　某　　貞觀中

《楊炯集》卷七《原州百泉縣令李君(楚才)神道碑》：“大業末年，皇綱漸紊。不掃一室，自懷包括之心；獨守大玄，且忘名利之境。於時魏特進、房僕射、杜相州等，並以江海相期，煙霞相許，付同心之雅會，訖刎頸之良遊。”楚才顯慶元年卒，春秋七十一。按魏特進指魏徵，貞觀十年爲特進；房僕射指房玄齡，貞觀三年爲左僕射。杜相州未知何人。

侯莫陳肅　　貞觀中

《姓纂》卷五河南侯莫陳氏：“肅，字虔會，唐考功郎中、相州刺史，昇平縣男。”《金石録》卷三：“《唐相州刺史侯莫陳肅碑》，正書，無書撰人姓名，貞觀二十一年。”又見《寶刻叢編》卷八引。

路德準　　貞觀中？

《姓纂》卷八平陽路氏：“德準，唐相州刺史。”《新表五下》路氏同。乃北齊員外郎路君儒子。

【補遺】薛德充　　約貞觀時

拓本《唐銀青光禄大夫駙馬都尉上柱國汾陰郡開國公贈兗州都督薛君(徽)墓誌銘》(開元九年七月)：“曾太父德充，盧奴侯，相州刺史。……君……遘疾於郡，來朝鎬都，開元八年十二月七日，春秋卅二，薨於安業里，命也。”(山西省考古研究所《唐代薛徽墓發掘報告》，科學出版社2000年版)據此，其爲相州刺史約當貞觀時。

李　貞　　貞觀十七年—永徽四年（643—653）

《舊書》本傳：“〔貞觀〕十七年，轉相州刺史……永徽四年，授安州都督。”《元龜》卷二八一同。又卷二六八：“〔貞觀〕二十二年十月……相州刺史越王貞來朝。”《新書》本傳未及。昭陵博物館藏《唐故太子少保豫州刺史越王（貞）墓誌銘》（開元六年正月二十六日）：“歷安、徐、揚三州都督，相州刺史，遷絳州刺史兼太子少保。”【補遺】《慈潤寺故大慧□法師灰身塔》（貞觀廿一年四月八日）：“使持節相州都督□相州刺史越王貞□開士，乃佛法之棟樑。”（周紹良、趙超《唐代墓誌匯編續集》，上海古籍出版社 2001 年版）

許圉師　　乾封元年（666）

《舊書》本傳：“又爲李義府所擠，左遷虔州刺史。尋轉相州刺史。”《御覽》卷二五八及《新書》本傳略同。《元龜》卷一五五：“高宗乾封元年十一月，帝引朝集使相州刺史許圉師等謂曰……圉師等引咎而退。”《金石録》卷四：“《唐相州刺史許圉師德政碑》，正書，無書撰人姓名，乾封二年。”又見《寶刻叢編》卷六引。

李　惲　　約總章、咸亨間

《舊書》本傳：“永徽三年，除梁州都督……後歷遂、相二州刺史。上元年，有人詣闕誣告惲謀反，惶懼自殺。”《新書》本傳未及。《元龜》卷二八一同。

李景恒　　咸亨三年（672）

《舊書·李道宗傳》：“道宗子景恒，降封盧國公，官至相州刺史。”《新書·李道宗》略同。《元龜》卷二八一作“李景嘗”，《新書·宗室世系表上》雍王房作“景愷”，“嘗”“愷”皆爲“恒”之諱改。《新書·地理志三》相州安陽縣注：“西二十里有高平渠，刺史李景引安陽水東流溉田，入廣潤陂，咸亨三年開。”此“李景”當即“李景恒”，亦爲避諱省字。

李　貞　　咸亨中—弘道元年（?—683）

《舊書》本傳：“咸亨中，復轉相州刺史……則天臨朝，加太子太傅，除蔡州刺史。”又《則天皇后紀》：弘道元年十二月，“相州刺史、越王貞爲太子太傅”。又見《會要》卷五，《元龜》卷二八一、卷二九九。《新書》本傳未及。昭陵博物館藏《太子少保豫州刺史越王（貞）墓誌》：“歷安、徐、揚三州都督，相州刺史，遷絳州刺史……乃授綿州刺史，又遷豫州刺史。”《寶刻叢編》卷一〇引《集古録目》：“《唐大興國寺舍利塔碑》，唐相州刺史越王貞撰……碑以儀鳳四年三月立。”

楊德幹　　高宗末

《舊書·楊炯傳》：“〔楊〕虔威子德幹，高宗末，歷澤、齊、汴、相四州刺史，治有威名。”又見《新書》本傳，《御覽》卷二五八，《元龜》卷六八九。

陶大舉　　垂拱四年（688）

《全文》卷九一二靈廓《唐宣州刺史陶府君德政碑》：“垂拱四年轉授使持節相州諸軍事相州刺史……其年十月□□□（懷）州刺史。”又見《江蘇金石志》卷四。

弓志元　　永昌元年（689）

《姓纂》卷一太原弓氏：“志元，右金吾將軍，相州刺史，陽國公。”《新書·則天皇后紀》：永昌元年八月“丁未，殺相州刺史弓志元”。

于敏直　　約武后前期

《姓纂》卷二河南洛陽于氏：“敏直，相州刺史。”《新表二下》于氏同。按兩《唐書·列女傳》皆有《于敏直妻張氏傳》，謂張氏乃張儉女，儉死，一慟而卒，高宗懿其行。又按《嘉泰吳興志》卷一四郡守題名：“于敏直，永徽五年自宋州別駕授，遷德州刺史。”《統記》以爲則天時。則其爲相州刺史約在武后前期。

來同敏　　長壽二年(693)

《新書·則天皇后紀》：長壽二年五月“乙未，殺……相州刺史來同敏”。

吉　項　　聖曆元年(698)

《舊書》本傳：“萬歲通天二年……明年，突厥寇陷趙、定等州，則天召項檢校相州刺史，以斷賊南侵之路。”《新書》本傳略同。又見《大唐新語》卷一。

房穎叔　　聖曆中？

《元龜》卷六七三：“房穎叔爲相州刺史，大曆中以善政聞。”按《舊書·蘇晉傳》有“吏部侍郎房穎叔”，《新書·蘇晉傳》同。《廣記》卷三二九引《朝野僉載》：“周地官郎中房穎叔，除天官侍郎……房果病，兩日而卒。所司奏狀下，即除李迥秀爲侍郎。”疑《元龜》之“大曆”爲“聖曆”之誤。

獨孤思莊　　武后時

《廣記》卷三八一引《廣異記》：“安定皇甫恂，以開元中，初爲相州參軍，有疾暴卒，數食頃而蘇。刺史獨孤思莊，好名士也，聞其重生，親至恂所，問其冥中所見。”按萬歲通天元年獨孤思莊在魏州刺史任。又按《廣記》卷二六七引《朝野僉載》稱：“周瀛州刺史獨孤莊酷虐……後莊左降施州刺史……歲餘卒。”則其爲相州刺史似不能遲至開元中。疑《廣異記》誤。

源修業　　武后時

北圖藏拓片《唐故殿中侍御史張府君夫人河南源氏墓誌》（貞元十三年二月四日）：“夫人皇相州刺史諱修業之曾孫，同州刺史諱光乘之孫。”按修業延載元年在涇州刺史任。

蕭元禮　　武后時？

《全文》卷七八五穆員《成都功曹蕭公墓誌銘》：“祖元禮，湘州刺史。”蕭公卒貞元八年，享年五十八。《新表一下》蕭氏齊梁房：“元禮，湘州刺史。”乃湖州司馬文憬子，鄂州刺史蕭諓之父。按唐無湘州，疑爲“相州”之訛。

李玄挺　武后時？

《新表二上》隴西李氏姑臧房：“玄挺，相州刺史。”乃邛州刺史李行師子。其子尚詞，疑即尚辭，約開元中爲申州刺史。

裴懷古　長安中

《舊書》本傳：“復歷相州刺史、并州大都督府長史，所在爲人吏所慕。神龍中，遷左羽林大將軍，行未達都，復授并州長史。”《新書》本傳略同。

韋嗣立　神龍二年（706）

《舊書》本傳：“神龍二年，爲相州刺史。及承慶卒，代爲黃門侍郎。”《新書》本傳及《韋承慶傳》略同。

柳　沖　中宗時

《隋唐嘉話》下：“後柳常侍沖亦明於族姓，中宗朝爲相州刺史。”又見《大唐新語》卷九，《唐語林》卷一，《廣記》卷一八四引《國史補》。兩《唐書》本傳未及。

采泰眷　中宗時？

《姓纂》卷六北平采氏：“泰眷，右金吾將軍，相州刺史。”按其父公敏，黃門侍郎。其伯父宣明，嚴氏《僕尚丞郎表》謂約貞觀末高宗初爲刑部侍郎。其同祖從兄懷敬約武后中期在吏部郎中任。疑泰眷刺相在中宗時。

尹正義　景龍三年（709）

《會稽掇英總集・唐太守題名》：“尹正義，景龍三年六月自宋州刺史授；其年便除相州刺史。”《嘉泰會稽志》同。《全文》卷四九八權德輿《唐故成德軍節度營田副使正議大夫趙州別駕尹府君神道碑銘并序》：“禰曰本古，仕至常州武進尉。武進之父曰正義，歷許、相、宋三州刺史，司農少卿。”

宋　璟　　約景龍三、四年（約 709、710）

《舊書》本傳：“中宗幸西京，令璟權檢校并州長史，未行，又帶本官檢校貝州刺史……又歷杭、相二州刺史……中宗晏駕，拜洛州長史。”《新書》本傳略同。《全文》卷三四三顏真卿《有唐開府儀同三司行尚書右丞相廣平文貞公宋公（璟）神道碑銘》：“轉杭州，又復遷相州，尋入爲洛州長史，唐隆初拜吏部尚書。”

王希儁　　景龍四年（710）

《會稽掇英總集·唐太守題名》：“王希儁，景龍四年六月自相州刺史授；召拜京兆少尹。”《嘉泰會稽志》同。《全文》卷二九三張九齡《故太僕卿上柱國華容縣男王府君墓誌銘并序》：“乃拜相州刺史。先是景雲歲，我唐雖舊，儀制維新……於是歷選列辟，專謀用賢，且有後命。而公爲稱首，遂作越州都督。”當即希儁。上圖藏拓片《唐故滑州匡城縣令王公（虔暢）墓誌銘并序》（咸通八年二月一日）：“及國朝，則材冠群英，名高華省曰守真……實生希儁，官隨、遂、綿、相、越五州刺史。”又《唐故潞府參軍博陵崔公夫人琅邪王氏墓誌銘并序》（元和十四年四月二十六日）：“曾王父希儁，皇銀青光禄大夫，隨、遂、綿、相、越五州刺史，京兆〔少〕尹，太僕卿，華容縣開國男，謚曰貞公。”

屈突季將　　景雲中？

《姓纂》卷一○昌黎屈突氏：“季將，婺、相二州刺史。”乃神龍中瀛州刺史仲翔弟。其刺相州疑在景雲中。

張　説　　開元元年（713）

《舊書·玄宗紀》：開元元年十二月，“紫微令張説爲相州刺史”。

又見兩《唐書》本傳、《李憕傳》，《新書・玄宗紀》《宰相表中》，《元龜》卷三三三，《通鑑・開元元年》十二月癸丑。

徐孟嘗　　約開元初

《姓纂》卷二東海郯州徐氏："孟嘗，越、相州刺史致仕。"按其父徐昭，乾封元年與蘇瓌、解琬等同榜登幽素科。

賀蘭務温　　開元九年前（721 前）

《千唐誌・唐故正議大夫使持節相州諸軍事守相州刺史上柱國河南賀蘭公（務温）墓誌銘并序》（開元九年十月二十三日）："拜儀州刺史，未幾，除揚州司馬……拜相州諸軍事相州刺史……享年不永，終於官舍，春秋六十五。"上圖藏拓片《大唐□四從姑故正議大夫使持節鄭郡諸軍事守鄭郡太守上柱國賀蘭府君夫人金城郡君隴西李氏墓誌銘并序》（天寶四載十月二十五日）之"賀蘭府君"，當即務温。《隋唐五代墓誌匯編・洛陽卷》第十二册《唐故銀青光禄大夫兵部尚書上柱國漢陽郡公贈太子少保馬公（炫）墓誌銘并序》（貞元八年二月十七日）："夫人河南賀蘭氏，相州刺史侍御史温之孫，大理司直兼金部員外郎賁之女。"

竇思仁　　約開元九年—十一年（約 721—723）

《寶刻叢編》卷一〇引《集古録目》有《唐相州刺史竇忠仁碑》云："唐國子祭酒徐堅撰，八分，不著書人名氏，忠仁，字恕，扶風平陵人，位至相州刺史。碑以開元十一年立。"按《新表一下》竇氏有"思仁，字恕，殿中監，扶風郡公"。則《集古録》之"忠仁"，當即《新表》之"思仁"。又按思仁開元八年在華州刺史任。則其刺相州約在開元九年至十一年間。

崔玄同　　約開元十三年（約 725）

《新表二下》清河崔氏青州房："玄同，相州刺史。"《韓昌黎集》卷二四《崔評事（翰）墓銘》："大父玄同，爲刑部侍郎，出刺徐、相州；父倚，舉進士，天寶之亂，隱居而終。"按開元十一年二月在刑部侍郎任，見《舊書·音樂志三》玄宗開元十一年祭皇地祇於汾陰樂章十一首，又見《全詩》卷一二。則其刺相州約在開元十三年前後。

【李　暢　　開元十八年(730)（未之任）】

《新表二上》趙郡李氏東祖房："暢，相州刺史。"乃武后時宰相李嶠子。按李暢開元元年爲虔州刺史，其父隨子赴任，見《舊書·李嶠傳》。《隋唐五代墓誌匯編·洛陽卷》第九册《唐正議大夫使持節相州諸軍事守相州刺史上柱國贊皇縣開國子李公(暢)墓誌銘并序》(開元十八年七月九日)："又除公爲相州刺史，未到官，寢疾。"開元十八年六月十八日卒，春秋五十二。

鄭　溥　　開元中

《金石補正》卷七二《□故右内率府兵曹鄭君(準)墓誌銘并序》："王父溥，尚書右部郎中，歷青、邢、相、衛、□、幽、懷七州刺史，入爲左庶子。皇考華，駕部郎中，吉州刺史……君即吉州之少子也。"大和四年正月卒，享年六十三。又見《全文》卷七四四。按《英華》卷三九五蘇頲有《授鄭溥殿中侍御史等制》。

李擇言　　開元中

《舊書·李勉傳》："父擇言，爲漢、褒、相、岐四州刺史，安德郡公。所歷皆以嚴幹稱。在漢州，張嘉貞爲益州長史、判都督事。"又見《御覽》卷二五五，《元龜》卷六八九。《新書》本傳未及相州。按張嘉貞開元十二年爲益州長史。

崔　珪　　約開元中

《新表二下》大房崔氏："珪，汾、相等州刺史。"按其父崔玄暐，相武后、中宗。

王休名　　約開元中

《新表二中》琅邪王氏："休名，相州刺史。"乃武后時宰相王璿子。

按其兄王同人，開元十六年前爲泗州刺史。則休名刺相亦約在開元中。

侯莫陳涉　　開元二十三年前（735 前）

《姓纂》卷五河南侯莫陳氏：“涉，相州刺史。”《金石録》卷六：“《唐相州刺史侯莫陳涉墓誌》，鄭同昇撰，盧自勸正書，開元二十三年十一月。”又見《寶刻叢編》卷二〇引《復齋碑録》。

張嘉祐　　開元二十五年—二十九年（737—741）

《舊書》本傳：“〔開元〕二十五年，爲相州刺史……經三考，改左金吾將軍。”《新書》本傳、《新表二下》河東張氏略同。《全文》卷三五八柳賁《唐故左金吾將軍范陽張公（嘉祐）墓誌銘并序》：“除相州刺史……廿九年十月甲辰終於安邑里私第。”又卷三九五閭伯璵《周太師蜀國公尉遲公祠廟碑》：“開元丁丑歲，上選建衆哲，輯寧庶邦。相州刺史張公嘉祐，先相國河東恭肅公之介弟，作時膏雨，爲廟瑚璉。”又見《金石萃編》卷八二。按丁丑歲爲開元二十五年。《寶刻叢編》卷六及《中州金石記》卷二稱：開元二十六年相州刺史張嘉祐立此碑。又見《尚書故實》，《廣記》卷三〇〇引《廣異記》。

吳　兢　　天寶初

《舊書》本傳：“累遷台、洪、饒、蘄四州刺史，加銀青光禄大夫，遷相州長史，封襄垣縣子。天寶初改官名，爲鄴郡太守，入爲恒王傅。”又《張嘉祐傳》：“嘉祐訪知尉遲迥周末爲相州總管，身死國難，乃立其神祠以邀福。經三考，改左金吾將軍。後吳兢爲鄴郡守，又加尉遲神冕服。”又見《新書·張嘉祐傳》，《元龜》卷八四三。《新書》本傳未及。

王　琚　　天寶五載（746）

《舊書》本傳：“天寶後，又爲廣平、鄴郡二太守。”《通鑑·天寶五載》：十二月“乙亥，鄴郡太守王琚坐贓貶江華司馬”。又見《元龜》卷七〇〇。

房　琯　約天寶十載前後（約 751 前後）

《舊書》本傳：“坐與李適之、韋堅善，貶宜春太守。歷琅邪、鄴郡、扶風三太守。”《新書》本傳略同。《封氏聞見記》卷一〇：“宋昌藻，考功員外郎之問之子也。天寶中爲滏陽尉，刺史房琯以其名父之子，常接通之。”又見《唐語林》卷五。按房琯天寶五載貶宜春太守。十三載在扶風太守任。

王　燾　天寶十一載—十四載（752—755）

《新書》本傳：“歷給事中、鄴郡大守。”《直齋書録解題》卷一三：“《外臺祕要方》四十卷，唐鄴郡太守王燾撰，自爲序，天寶十一載也。”《新書・顏真卿傳》：“禄山反，河朔盡陷，獨平原城守具備……饒陽太守盧全誠、濟南太守李隨……鄴郡太守王燾各以衆歸。”《全文》卷三九四令狐峘《光禄大夫太子太師上柱國魯郡開國公顏真卿墓誌銘》：“鄴郡太守王燾，被禄山移攝河間，燾俾掾吏李兊斬僞署河間長史杜暮睦，以河間衆歸於公。”

薛　嵩　約至德中—大曆八年（約 757—773）

《舊書》本傳：“嵩爲賊守相州，聞朝義兵潰，王師至，嵩惶惑迎拜於〔僕固〕懷恩馬前，懷恩釋之，令守舊職……詔遂以嵩爲相州刺史，充相、衞、洺、邢等州節度觀察使。”《新書》本傳略同。《舊書・代宗紀》：寶應二年“閏月戊申，以史朝義下降將……薛嵩爲檢校刑部尚書、相州刺史、相衞等州節度使”。《元龜》卷一七六同。《通鑑・大曆八年》：“正月，昭義節度使、相州刺史薛嵩薨。”又見《舊書・田承嗣傳》《史朝義傳》。《新書・方鎮表三》：廣德元年，“置相衞節度使，治相州”。大曆元年，“相衞六州節度賜號昭義軍節度”。《寶刻叢編》卷一〇引《集古録目》有《唐昭義節度薛嵩神道碑》。《封氏聞見記》卷六及《唐語林》卷八記有薛嵩事。

薛　崿（薛崿）　大曆八年—十年（773—775）

《通鑑・大曆八年》：“正月，昭義軍節度使、相州刺史薛嵩薨。子平,年十二,將士脅以爲帥,平僞許之;既而讓其叔父崿,夜奉父喪,逃歸鄉里。壬午,制以崿知留後。"又《大曆十年》:"春正月丁酉,昭義兵馬使裴志清逐留後薛崿,帥其衆歸〔田〕承嗣。承嗣聲言救援,引兵襲相州,取之。崿奔洺州,上表請入朝,許之。"又見兩《唐書·薛嵩傳》,並作"薛崿"。

薛　擇　　大曆十年(775)

《舊書·代宗紀》:大曆十年正月,"以昭義將薛擇爲相州刺史"。又見《新書·薛嵩傳》,《通鑑·大曆十年》正月。

李承昭　　大曆十年—十一年(775—776)

《舊書·代宗紀》:大曆十年二月"丙子,以華州刺史李承昭爲相州刺史,知昭義兵馬留後"。十一年十二月,"昭義節度使李承昭抗表稱疾,以澤潞行軍司馬李抱真權知磁邢兵馬留後"。又見《新書·田承嗣傳》,《通鑑·大曆十年》《大曆十一年》。

田廷玠(田庭玠)　　大曆末—建中三年(?—782)

《新表五下》田氏:"庭玠,相州刺史。"《舊書·田弘正傳》:父廷玠,"遷洺州刺史,又改相州。屬薛崿之亂,承嗣蠶食薛嵩所部;廷玠守正字民,不以宗門回避而改節。建中初,族姪悅代承嗣領軍政,志圖凶逆……建中三年,鬱憤而卒。"《新書·田弘正傳》略同。又見《元龜》卷六七四、卷七九六。《全文》卷六五五元稹《故中書令贈太尉沂國公墓誌銘》稱:"父庭玠,官至銀青光禄大夫相州刺史。"又卷六一五庾承宣《魏博節度使田布碑》稱:"王父曰玠,相州刺史。"

吳子晃　　貞元初?

《唐語林》卷六:"顔真卿爲平原太守,立三碑,皆自撰書……及真卿南渡,蕃寇陷城,州人埋匿此碑。河朔克平,別駕吳子晃,好事者也,掘碑使立於廟所……時顔任撫州,子晃拓三碑本寄之……子晃後至相州刺史,兼御史大夫。"又見《封氏聞見記》。

薛　揖　　貞元中?

《新表三下》薛氏:"揖,相州刺史。"乃玄宗時將軍薛訥孫。

朱　禼　　貞元中?

《隋唐五代墓誌匯編·河南卷·朱清墓誌》(大中十年十月十二日):"祖諱禼,皇正議大夫檢校户部郎中,昭義行軍司馬,魏、相、洺等州刺史。列考諱□,皇尚衣奉御。"朱清卒大中十年二月七日,年八十。

王　澤　　貞元中

《廣記》卷四二二引《傳奇》:"貞元中,有處士周邯……後數年,邯有友人王澤,牧相州,邯適河北而訪之。"

田　融　　元和八年—十四年(813—819)

《通鑑·元和八年》:"春正月癸亥,以博州刺史田融爲相州刺史。"《舊書·憲宗紀下》:元和十四年九月"辛丑,以田弘正兄相州刺史田融檢校刑部尚書,兼太子賓客,分司東都"。又見兩《唐書·田弘正傳》,《元龜》卷一三一。《金石録》卷二九有《唐檢校太子少保田公碑》,謂即融碑。又見《寶刻叢編》卷二〇引。

崔弘禮　　元和十四年—十五年(819—820)

《新書》本傳:"伐李師道,〔田〕弘正多所咨逮。還魏博,又表爲相州刺史。"《千唐誌·唐故東都留守東都畿汝州都防禦使銀青光禄大夫檢校尚書左僕射判東都尚書省事兼御史大夫崔公(弘禮)墓誌銘并序》(大和五年四月二十八日):"俄改相州,兼中丞,充本州防禦使……十五年秋拜鄭州。"《全文》卷六四九元稹《授崔弘禮鄭州刺史制》稱:相州刺史崔弘禮,可使持節鄭州刺史。

邢　濋(邢楚)　　長慶元年(821)

《舊書·穆宗紀》:長慶元年九月"乙巳,相州兵亂,殺刺史邢楚"。按《新書·穆宗紀》《通鑑·長慶元年》並作"邢濋"。

王承林　　約長慶元年—二年（約 821—822）

《白居易集》卷五二《王承林可安州刺史制》稱："前相州刺史王承林……可安州刺史。"

韓　某　　寶曆、大和間？

《全文》卷八一三紇干濬《贈太尉韓允忠神道碑》："曾王父朝，皇魏博臨清鎮都知兵馬使。□度奇表巋然□殊不器之（下闕）雲（下闕）夫檢校太子賓客使持節相州諸軍事守相州刺史，充本州防禦使，御史中丞……相州府（下闕）以公追孝，贈工部尚□□□祖妣張氏……"按韓允忠咸通十一年爲魏博節度，乾符元年卒，年六十一。其父國昌，會昌中爲貝州刺史、兼御史中丞。疑允忠祖刺相州在寶曆或大和中。

樂從訓　　文德元年（888）

《舊書·樂彥禎傳》："又其子從訓天資悖逆……軍人籍籍，各有異議。從訓聞而忌之，易服遁出，止於近縣，彥禎因命爲六州都指揮使。未幾，又兼相州刺史。"又《僖宗紀》：文德元年二月，"魏博軍亂，逐其帥樂彥禎。彥禎子相州刺史從訓率衆攻魏州"。又見《新五代史·梁太祖紀上》《新書·樂彥禎傳》《通鑑·文德元年》《舊五代史·羅紹威傳》。

待考録

王道堅

《廣記》卷三二九引《紀聞》："唐王道堅爲相州刺史，州人造板籍，畢則失之。"

李　某

《廣記》卷三二九引《紀聞》："又有李使君在〔相〕州，明早將祀社，夜潔齋，臥於廳事，夢其父母盡來迎己，覺而惡之。具告其妻。因疾，數日卒。"

朱希玉

　　《廣記》卷三二九引《紀聞》："朱希玉爲〔相州〕刺史,宅西院恒閉之。希玉退衙,忽一人紫服,戴高鬟,乘馬直入……二年而希玉卒。"

卷一〇一　衛州（汲郡）

　　隋汲郡。武德元年改爲衛州，治衛縣。二年陷竇建德。四年平，仍舊名。貞觀元年移治汲縣。天寶元年改爲汲郡。乾元元年復爲衛州。領縣五：汲、新鄉、衛、共城、黎陽。

裴萬頃　　貞觀四年（630）

　　《續高僧傳》卷二〇《衛州霖落泉釋僧倫傳》：“貞觀四年，衛州刺史裴萬頃，與諸官人請令下山，日日受戒，大有弘利。”按《新表一上》洗馬裴氏有“萬頃，冀州刺史”。

李　某　　貞觀中

　　《隋唐五代墓誌匯編·陝西卷》第三冊《唐故使持節衛州刺史李君楊夫人墓誌銘并序》（貞觀十九年正月十三日）：“〔夫人〕以貞觀十八年十二月十日終於長安之太平里第，春秋五十八。”

薛懷昱　　約貞觀中

　　北圖藏拓片《大唐故萬泉縣主薛氏墓誌銘并序》（景雲元年十一月廿五日）：“鎮國太平長公主之第二女也……曾祖懷昱，司衛卿，絳、衛二州刺史。”縣主景雲元年八月二十一日卒，年二十四。按《新表三下》薛氏西祖房有“懷昱，饒州刺史”。

鄭懷節　　約貞觀中

　　上圖藏拓片《大唐故贈博州刺史鄭府君（進思）墓誌銘并序》：“父

懷節，皇朝澧州司□、衛州刺史。府君即衛州之長子也。"高宗上元二年二月卒，年五十。《千唐誌・唐故淮南道採訪支使河東郡河東縣尉滎陽鄭府君（宇）墓誌銘并序》（天寶十二載十二月二十四日）："曾祖懷節，皇朝衛州刺史。"鄭宇卒天寶十二載，春秋四十五。

柴令武　　永徽三年（652）

《舊書・柴紹傳》：子令武，"尚巴陵公主，累除太僕少卿、衛州刺史，封襄陽郡公。永徽中，坐與公主及房遺愛謀反，遣使收之。行至華陰，自殺"。《新書》本傳略同。《通鑑・永徽三年》："先是……駙馬都尉柴令武，紹之子也，尚巴陵公主，除衛州刺史，託以主疾留京師求醫，因與遺愛謀議相結。"

豆盧懷讓　　顯慶初？

《隋唐五代墓誌匯編・北京卷》第一冊《唐故駙馬都尉衛尉少卿息豆盧君（遜）墓誌銘并序》（顯慶四年八月二十八日）："〔父〕懷讓，駙馬都尉、尚輦奉御、衛州刺史、太府衛尉少卿……君即衛尉第三子也。"顯慶四年卒，春秋一十七。疑豆盧遜卒時懷讓正在衛尉少卿任，則其為衛刺約在顯慶初。

李元慶　　龍朔中—麟德元年（?—664）

《舊書》本傳："永徽四年，歷滑州刺史……後歷徐、沁、衛三州刺史。"又《高宗紀》：麟德元年"四月，衛州刺史道王元慶薨"。又見《新書》本傳，《元龜》卷二八一，《會要》卷五，《通鑑・麟德元年》。

慕容正言　　乾封中

《千唐誌・河南慕容府君（曉）墓誌銘并序》（乾元元年三月十三日）："高祖三藏，隨上將軍開府儀同三司、尚書令、右僕射。曾祖正言，皇朝衛州刺史。祖知廉，皇朝左臺侍御史。"曉卒時年四十二，乾元元年葬。按曲石藏《大周故左肅政臺侍御史慕容知廉誌》《唐故河南府澠池丞慕容瑾誌》《芒洛三編・慕容知禮誌》皆稱：正言，兗州都督府司馬。上圖藏拓片《絳州司户參軍慕容知敬墓誌》:"父□□……□□長史,兗州都督府司馬……〔知敬〕龍朔三年補右奉□衛兵曹參軍,秩滿改授絳州司户參軍……司馬公時爲衛州長史。君久隔晨昏……冒兹炎鬱,遂積疲痾……以總章□年八月十□日終於宣陽里,春秋三十有二。"曲石藏《大周洛州泌鄉縣尉慕容昇誌》:"祖正言,唐朝請大夫、行衛州長史、兗州都督府司馬……父知敬,唐絳州録事參軍。"由此知正言爲衛州長史,約在乾封中。《慕容曉誌》稱"衛州刺史",疑其時衛州無刺史,以長史知州事乎?

蕭　業(蕭鄴)　　總章二年前(669 前)

《寶刻叢編》卷九引《京兆金石録》有"《唐衛州刺史蕭業墓誌》,總章二年"。《長安志》卷一六昭陵陪葬丞郎三品五十三有"衛州刺史蕭業"。《會要》卷二一昭陵陪葬名氏作"衛州刺史蕭鄴"。

權懷恩　　高宗時

《舊書》本傳:"咸亨初,累轉尚乘奉御……後歷慶、萊、衛、邢四州刺史。"又見《元龜》卷六八九。《新書》本傳稱"更慶、萊、衛、邢、宋五州刺史,洛州長史"。

鄭玄昇　　高宗時?

《新表五上》滄州鄭氏:"玄昇,衛州刺史。"按其子愔,相中宗。《全文》卷三一八李華《唐贈太子少師崔公(景睡)神道碑》:"夫人滎陽鄭氏,皇朝兵部郎中、衛州刺史元昇之子,吏部侍郎平章事愔之女弟。"夫人卒天寶十二年,年六十九。又卷三二○李華《太子少師崔公墓誌銘》作"衛州長史元昇之女"。

鄭　某　　高宗時?

《白居易集》卷四二《故滁州刺史贈刑部尚書滎陽鄭公(旷)墓誌銘并序》:"五代祖諱某,北齊尚書令,是爲平簡公。曾祖諱某,下邳郡太守。王父諱某,衛州刺史。"

盧少儒　　約高宗、武后間

《金石補正》卷五六《有唐薛氏故夫人實信優婆夷未曾有功德塔銘并序》："優婆夷諱未曾有，俗姓盧氏，范陽人。曾祖義恭，皇朝工部侍郎。祖少儒，衛州刺史。父廣慶，魏州司馬。"優婆夷乃季女，開元六年卒，年二十二。按盧義恭貞觀十一年在工部侍郎任。少儒刺衛約在高宗武后間。【補遺】《唐故河南府伊闕縣丞盧公（甫）墓誌銘並序》（貞元十七年十一月二日）："五代祖兵、禮、吏尚書、容城侯愷……尚書生工部侍郎義恭，生衛州刺史少儒。"（周紹良、趙超《唐代墓誌匯編續集》，上海古籍出版社 2001 年版）

李　琨　　武后前期

《新書·宗室世系表下》吳王房："淄、衛、宋、鄭、梁、幽六州刺史贈吳王琨。"《舊書·李恪傳》："有子四人：仁、瑋、琨、璄……琨，則天朝歷淄、衛、宋、鄭、梁、幽六州刺史，有能名。聖曆中，嶺南獠反，敕琨爲招慰使……長安二年卒官。"又見《元龜》卷二八一。《新書》本傳唯云"武后時歷六州刺史"，未列州名。

【劉如璿（劉璿）　　神功元年（697）（未之任）】

《隋唐五代墓誌匯編·洛陽卷》第七册《大周故兗州都督彭城劉府君（璿字如璿）墓誌銘并序》（長安二年十一月二十七日）："守司僕少卿，十日轉司農少卿，一月攝文昌秋官侍郎，尋而正授……以風疾出爲衛州刺史。陛辭之後，改授中大夫使持節都督兗州諸軍事守兗州刺史。"長安元年卒，年七十二。

敬　暉　　聖曆初

《舊書》本傳："聖曆初，累除衛州刺史。"《新書》本傳同。《通鑑·聖曆元年》：八月，"時諸州聞突厥入寇，方秋，爭發民脩城。衛州刺史太平敬暉……悉罷之，使歸田，百姓大悦"。又見《御覽》卷二五八，《元龜》卷六九一。

李千里（李仁） 約聖曆中

《舊書·李恪傳》：“有子四人：仁、瑋、琨、璄……又封仁爲鬱林縣侯。永昌元年，授襄州刺史，不知州事。後改名千里。天授後，歷唐、盧、許、衛、蒲五州刺史。”又見《元龜》卷二八一。《隋唐五代墓誌匯編·陝西卷》第三册《大唐故左金吾衛大將軍廣益二州大都督上柱國成王（千里）墓誌銘并序》（景雲元年十一月廿五日）：“累遷許、衛二州刺史……改牧蒲坂。”神龍四年遇害，春秋六十二。按長安二年在蒲州刺史任。

岑景倩 約武后時

《新表二中》岑氏：“景倩，麟臺少監、衛州刺史。”按其父文本，相太宗。

李嘉祚 約武后時

《新表二上》趙郡李氏東祖房：“嘉祚，衛州刺史。”乃隋清池令李孝俊曾孫。《全文》卷五三〇顧況《饒州刺史趙郡李府君（端）墓誌銘》：“衛州刺史嘉祚曾孫、榮州刺史璿孫、贈尚書郎銛子。”貞元八年七月卒，年六十一。

孔若思 神龍中

《舊書》本傳：“中宗即位，敬暉、桓彦範等知國政，以若思多識故事，所有改革大事及疑議多訪於若思。再轉禮部侍郎，出衛州刺史。”《新書》本傳略同。《御覽》卷二五五及《元龜》卷六九五皆作“衡州刺史”，疑爲“衛州刺史”之形訛。

畢 構 約景龍初

《新書》本傳：“出爲潤州刺史，政有惠愛。徙衛、同、陝三州，遷益州府長史。景龍末，召爲左御史大夫。”《舊書》本傳未及衛州。按畢構神龍元年五月出爲潤州刺史。

徐彦伯 約景龍二年—三年（約 708—709）

《舊書》本傳：“神龍元年，遷太常少卿……未幾，出爲衛州刺史……俄轉蒲州刺史。”《新書》本傳略同。按景龍三年至四年在蒲州刺史任。

蕭守業　　睿宗時？

《新表一下》蕭氏齊梁房：“守業，衛州刺史。”其祖瑀，相高祖。父銳，汾州刺史，駙馬都尉。

韋岳子（韋嶽、韋岳）　　約開元初

《全文》卷四九七權德輿《唐故光禄大夫檢校太尉兼中書令成都尹劍南西川節度副使知節度使南康郡王韋公（皋）先廟碑銘并序》：“坊州生贈太子少保諱嶽……在武后時……由太原令移佐睢陽，出入四紀，績宣中外，歷殿中監，剖符八州：盧、海、潮、虢、眉、徐、衛、陝，所至之邦，有威有懷。”

李　業　　約開元五年—六年（約 717—718）

《舊書》本傳：“開元初，歷太子少保，同、涇、幽、衛、虢等州刺史。八年，遷太子太保。”《新書》本傳未列州名。《舊書·玄宗紀》：開元六年十二月，“以太子少保兼衛州刺史、薛王業爲虢州刺史”。《大詔令集》卷三五《邠王守禮等兼晉州刺史制》：“太子少保兼衛州刺史薛王業……可使持節虢州諸軍事兼虢州刺史……開元元年十二月。”按“元年”疑爲“六年”之誤。

李津容（李津客）　　開元中

《新書·宗室世系表上》蔡王房：“隴西郡公、青衛慈邢汝五州刺史、永王傅津客。”《全文》卷五〇二權德輿《金紫光禄大夫司農卿邵州長史李公（紹）墓誌銘并序》：“隴西郡公津容，公之王父也……隴西仕至慈、衛、汝、邢、青五州刺史，終永王傅。”

鄭　溥　　開元中

《金石補正》卷七二《故右内率府兵曹鄭君（準）墓誌銘并序》：“王

父溥，尚書右部郎中，歷青、邢、相、衛、兖、幽、懷七州刺史，入爲左庶子。皇考華，駕部郎中，吉州刺史……君即吉州之少子也。"鄭準大和四年正月二日卒，年六十三。又見《全文》卷七四四。

鄭神則　開元中？

北圖藏拓片《唐故天平軍左廂營田兵馬使銀青光禄大夫檢校太子賓客上柱國鄭公（恭楚）墓誌》（大中七年十二月四日）："曾祖神則，皇衛州刺史。祖穆，皇磁州滏陽縣令。父晏，皇右率府羽林將軍騎都尉。公即都尉之元子。"大中七年七月十八日卒，享年五十六。

苗延嗣　開元二十年（732）

《千唐誌·唐故泗州司馬叔苗善物墓誌銘并序》稱："姪衛州刺史延嗣撰"，開元二十年十一月十日。

裴　鼎　開元二十二年（734）

《會稽掇英總集·唐太守題名》："裴鼎，開元二十一年自金吾將軍授；二十二年移衛州刺史。"《嘉泰會稽志》同。

元彦冲　開元二十六年（738）

《會稽掇英總集·唐太守題名》："元彦冲，開元二十二年自襄州刺史授；二十六年移衛州刺史。"《嘉泰會稽志》同。

段崇簡　開元末

《廣記》卷三八一引《廣異記》："開元末，霍有鄰爲汲縣尉，在州直刺史，刺史段崇簡嚴酷。"

李　邕　約天寶元年—三載（約742—744）

《舊書》本傳："天寶初，爲汲郡、北海二太守。"《新書》本傳略同。又見《元龜》卷六九七，《廣記》卷二〇一引《譚賓録》。《千唐誌·唐故北海郡守贈祕書監江夏李公（邕）墓誌銘并序》（大曆三年十一月二十日）："季年理衛州，便人反謗，移青州，又遭所佞謬旨陰中……年七十三,卒於强死。"

茹　璋?　　約天寶中

《舊書·崔寧傳》:"崔寧,衛州人,本名旰……衛州刺史茹璋授旰符離令……既罷,久不調,遂客遊劍南,從軍爲步卒,事鮮于仲通,又隨李苾討雲南。"按符離縣屬徐州,不屬衛州,疑有誤。

韓　澄　　天寶中

《姓纂》卷四南陽堵（赭陽）縣韓氏:"澄,汲郡太守。"《新表三上》韓氏同。乃高宗時宰相韓瑗之曾孫。

鄭遵意　　天寶十載(751)

《新書·甄濟傳》:"天寶十載,以左拾遺召,未至而安禄山入朝,求濟於玄宗,授范陽掌書記。禄山至衛,使太守鄭遵意致謁山中。"《全文》卷六五三元稹《與使館韓侍郎書》:"稹與前襄州文學掾甄逢遊善。逢,故刑部員外郎濟之子。濟,天寶中隱於衛之青巖山……適值禄山朝京師,懇於上前,求爲賓介,玄宗可其奏,禄山還至衛縣,遣太守鄭遵意詣山致命。"

薛　雄　　約大曆初—十年(?—775)

《舊書·薛嵩傳》:"嵩族子雄,初爲嵩屬吏,知衛州事,嵩没,特詔授衛州刺史。魏博節度田承嗣誘爲亂,雄不從,承嗣遣刺客盜殺之。"又《代宗紀》:大曆十年春正月,"以昭義將薛擇爲相州刺史,薛雄爲衛州刺史……二月乙丑,盜殺衛州刺史薛雄"。又見兩《唐書·田承嗣傳》,《新書·代宗紀》《薛嵩傳》,《新表三下》薛氏,《元龜》卷六八六,《通鑑·大曆十年》。《大詔令集》卷一一九及《全文》卷四七《貶田承嗣永州刺史詔》稱:"薛雄乃衛州刺史,固守本藩。忿其不附,横加凌虐。"上圖藏拓片《唐故殿中侍御史淄州長史知軍州事崔府君(澹)墓誌銘并序》(元和四年正月):"始居鄉黨,汲郡守薛公雄聞其賢,以其□□□□□□薛公以忠正不附,潛師致害。公脱其難……代宗奇之，傳護薛公喪事。”

楊　某　　約大曆十年—十二年（約 775—777）

北圖藏拓片《大唐故衛州新鄉縣令王府君（希晏）墓誌銘并序》（大曆十二年六月四日卒）：“州牧楊公擇不羈之才，訪詢謀之士，舉公爲新鄉縣令。”

李進超　　大曆十三年前（778 前）

上圖藏拓片《贈祕書少監趙郡李府君（休）墓誌銘并序》（大曆十三年七月二十七日）稱：“長子進超，皇朝鄧、衛二州刺史，開府儀同三司行左金吾衛大將軍。”

任履虛　　建中三年（782）

《通鑑·建中三年》：“正月，河陽節度使李芃引兵逼衛州，田悦守將任履虛詐降，既而復叛。”又見《元龜》卷一六五。

李　憲　　元和八年（813）

《舊書》本傳：“元和八年，田弘正以魏博奉朝旨，辟憲爲從事，授衛州刺史，遷絳州，所至以理行稱。”《新書》本傳略同。又見《元龜》卷六九〇。《寶刻叢編》卷七引《京兆金石録》：“《唐衛州刺史李公妻馬氏墓誌》，元和十三年。”疑此李公即李憲。

崔弘禮　　約元和十三年—十四年（約 818—819）

《舊書》本傳：“會田弘正請入覲，請副使，乃授弘禮衛州刺史，充魏博節度副使。”《新書》本傳略同。又見《元龜》卷七一六。《千唐誌·唐故東都畿汝州都防禦使銀青光禄大夫檢校尚書左僕射判東都尚書省事兼御史大夫贈司空崔公（弘禮）墓誌銘并序》（大和五年四月二十八日）：“元和十三年改守棣州，尋拜衛州，充本州防禦使，次加侍御史兼魏博節度副使，再加檢校兵部郎中，俄改相州，兼中丞，充本州防禦使。”

邵 同　　長慶初

《白居易集》卷五二《邵同貶連州司馬制》："敕：朝議大夫、守衛州刺史兼御史中丞邵同……不承制命，擅赴闕庭，違越詔條，叛離官次……可連州司馬，仍馳驛發遣。"

徐迿文　　咸通三、四年（862、863）

《隋唐五代墓誌匯編·河北卷·何弘敬墓誌》（咸通六年三月卒）："又有故衛州刺史徐迿文，三任河北刺史，嘗有戰功，前年卒於所任。即以其子用賓爲館驛巡官。迿文幼子懼不得克終喪制，退而廬墓，以避奪情。"

杜庭堅　　咸通末？

《新表二上》京兆杜氏："庭堅字輔堯，衛州刺史。"乃憲宗時宰相杜黃裳之孫，大中末天平節度使杜勝之子。

薛　璠　　乾符二年（875）

《舊書·僖宗紀》：乾符二年五月，"以殿中少監薛璠爲衛州刺史"。按《新書·藝文志二》有"薛璠《唐聖運圖》二卷"。

李　瓚　　乾符中

《唐語林》卷六："李瓚，故相宗閔之子。自桂州失守，貶昭州司户，後量移衛州刺史。給事中柳韜疏之，復貶。"兩《唐書》本傳未及。按桂管觀察使李瓚被逐事在乾符三年十二月。

謝希圖　　昭宗時？

《歐陽文忠公集》卷六二《太子賓客分司西京謝公（濤）墓誌銘》："高祖希圖，仕至衛州刺史。曾祖延徽，處州麗水縣主簿。"謝濤卒景祐元年，享年七十四。

待考録

柳　謨

　　《姓纂》卷七河東解縣柳氏：“謨，衛州刺史。”乃蘄州刺史柳懷素之子。

卷一〇二　貝州(清河郡)

隋清河郡。武德初改爲貝州。天寶元年改爲清河郡。乾元元年復爲貝州。領縣九:清陽、清河、武城、宗城、臨清、經城、漳南、歷亭、鄃(夏津)。

趙君德　　武德元年—二年(618—619)

《舊書‧李神通傳》:“武德元年……爲山東道安撫大使。擊宇文化及於魏縣……貝州刺史趙君德攀堞而上,神通心害其功,因止軍不戰,君德大詬而下。”《元龜》卷四三七、《新書‧李神通傳》、《通鑑‧武德二年》二月略同。

戴元祥　　武德四年(621)

《新書‧高祖紀》:武德四年八月“丁酉,劉黑闥陷鄃縣,魏州刺史權威、貝州刺史戴元祥死之”。又見兩《唐書‧劉黑闥傳》、《通鑑‧武德四年》、《元龜》卷四二五。

許善護　　武德五年(622)

《新書‧高祖紀》:武德五年十月“癸丑,貝州刺史許善護及〔劉〕黑闥戰於鄃縣,死之”。又見《元龜》卷四四四、《通鑑‧武德五年》。

許文寶(許太寶)　　約武德中

《姓纂》卷六太原許氏:“唐太僕少卿、貝州刺史許太寶,狀云,許

邵之後，因官居太原。"按《廣記》卷一三七引《太原事迹》云："唐武士
彟，太原文水縣人，微時與邑人許文寶以鬻材爲事⋯⋯及士彟貴
達，文寶依之，位終刺史。"又按上圖藏拓片《故□□□□龍州刺史
上柱國許君（觀）墓誌銘》："祖諱□，字文寶，皇朝啓運，授通議大
夫、絳郡通守、太僕卿。"觀卒開元七年，年八十二。知《姓纂》之"太
寶"爲"文寶"之誤。

郭孝恪　　約貞觀初

《舊書》本傳："及破〔竇〕建德，平〔王〕世充，歷遷貝、趙、江、涇四
州刺史。"《新書》本傳略同。

李孝義　　貞觀中

《全文》卷三七一李輇《泗州刺史李君（孟犨）神道碑》："烈祖諱孝
義，武德初，封安永郡王，貞觀中改封膠西郡公，銀青光禄大夫，司農
卿，上柱國，冀、貝等州刺史。"

郎知運　　約貞觀中

《舊書·郎餘令傳》："餘令父知運，貝州刺史。"按知運父楚之，貞
觀初卒。知運子餘慶、餘令均仕高宗時。

劉翁勃　　約貞觀中

《隋唐五代墓誌匯編·河南卷·大唐故蘄州録事參軍崔君（素
臣）墓誌銘并序》（景雲二年四月九日）："夫人沛國劉氏，曾祖翁勃，
銀青光禄大夫貝州刺史。父懷道，朝散大夫徐州長史。"夫人卒景
雲二年，年五十。按貞觀二十年正月在户部郎中任，見《元龜》卷一
六一。

蕭　欽　　貞觀中？

《新表一下》蕭氏齊梁房："欽，貝州刺史。"乃晉陵王琢子，隋莒國
公蕭琮姪。

薛大鼎　　貞觀、永徽間

《新表三下》薛氏：“大鼎，貝州刺史。”兩《唐書》本傳未及。

薛元嗣　　約高宗時

《千唐誌·大唐故右領軍衛將軍上柱國新城縣開國伯薛府君（璿）墓誌文并序》：“大父元嗣，司農、太常卿，岐、貝州刺史，洛州長史。”璿卒開元二十年，年五十二。

李　慎　　文明元年—永昌元年（684—689）

《舊書》本傳：“文明元年，加授太子太師，轉貝州刺史。”《新書》本傳略同。《通鑑·垂拱四年》：“八月壬寅，〔李〕沖召長史蕭德琮等令募兵，分告韓、霍、魯、越及貝州刺史紀王慎，令各起兵共趣神都。”又《永昌元年》：六月，“諸王之起兵也，貝州刺史紀王慎獨不預謀，亦坐繫獄；秋七月丁巳，檻車徙巴州，更姓虺氏，行及蒲州而卒”。又見《御覽》卷一五一。《元龜》卷二八作“貞州”，乃“貝州”之誤。

畢　憬　　武后時

《韓昌黎集》卷二五《唐故河南府王屋縣尉畢君墓誌銘》：“入國朝有爲司衛少卿、貝邢廬許州刺史者曰憬。憬之子構……是爲景公。景公生抗，爲廣平太守，抗安禄山，陷覆其宗。”

鄭愛客　　約武后時

《新表五上》鄭氏：“愛客，貝州刺史。”按《金石萃編》卷六八及《全文》卷二二〇崔融《唐故密亳二州刺史鄭公（仁愷）碑》云：“有子十人，長曰愛客，萬州刺史，贈□州刺史。”《碑》文中又提到“垂拱中，貝州父老相與謀”云云，疑愛客垂拱中刺貝歟？

李崇嗣　　約武后時

《新書·宗室世系表上》蔡王房：“平原王崇嗣，丹、冀、貝三州刺史。”

安玄暉 約武后時

《姓纂》卷四姑臧涼州安氏：“元暉，殿中御史、貝州刺史。”《新表五下》武威李氏（本安氏）作“玄暉”。乃武德二年涼州刺史安脩仁之孫。其姪孫抱真、從姪孫抱玉時賜姓李。

鄭孝本 證聖元年？（695？）

《全文》卷三一三孫逖《滄州刺史鄭公（孝本）墓誌銘》：“尋除貝州刺史，轉安西都護……聖曆元年九月以致仕，終於東郡之敦行里。”享年六十七。

楊元禧 久視元年（700）

《通鑑·久視元年》：八月，“左遷〔楊〕元亨睦州刺史，元禧貝州刺史”。按《舊書》本傳謂元禧貶爲資州長史。

李 瑓 約長安中

《千唐誌·大唐故使持節亳州諸軍事亳州刺史李府君（瑓）墓誌銘并序》（神龍二年正月二十一日）：“以中表之累，出爲洪州都督府長史……累遷泗州刺史，歲餘除揚州大都督府司馬，又遷貝州刺史，亳州刺史……粵神龍元年，國朝中興之始，公自亳還都。”《大唐新語》卷六：“季瑓爲貝州刺史，甘露遍於庭中樹。”“季瑓”當爲“李瑓”之誤。《御覽》卷四二二正作“李瑓”。【補遺】《大唐故中散大夫守少府鹽（監）上柱國趙郡李府君（述）墓誌銘並序》（開元十八年十一月十日）：“父瑓，侍御史、駕部員外郎、度支郎中，泗、貝、亳三州刺史。”（周紹良、趙超《唐代墓誌匯編續集》，上海古籍出版社 2001 年版）

盧 玢 約長安中

《新表三上》盧氏：“玢，貝、絳二州刺史。”《芒洛四編》卷五《大唐故左屯衛將軍盧府君（玢）墓誌銘》：“出爲鄜州刺史……拜虢州刺史……累遷貝州刺史，絳州刺史……又徵拜左驍衛將軍，俄除并州大都督府長史……拜左屯衛將軍東都留守，兼判左衛及太常卿事……

春秋五十有四,景雲元年十一月廿九日遘疾終於東都官舍。"又見《千唐誌·大中大夫使持節房州□□□□州刺史上柱國魏縣開國子盧府君(全操)誌銘》(開元二十三年九月十八日)、《唐故兗州鄒縣尉盧君(仲容)墓誌銘并序》(乾元二年二月十二日)、拓片《唐故朝議郎平原郡長河縣令盧府君(全貞)墓誌銘并序》(天寶十年十月二十四日)。

【補遺】《唐代墓誌匯編·唐故朝議郎平原郡長河縣令盧府君(全貞)墓誌銘並序》(天寶十載十月廿四日):"祖銀青光禄大夫、尚書左右丞、雍洛州長史承業;父銀青光禄大夫、虢貝絳州刺史、并州大都督府長史玢。……公即絳州先府君之第四子也。"

【補遺】鄧　温　　武后時

《大唐故忠武將軍右衛率鄧府君(温)墓誌之銘並序》(延和元年七月十五日):"公諱温,字恭,南陽新野人也。……除使持節杭州諸軍事、杭州刺史。……除使持節貝州諸軍事、貝州刺史。……除使持節秦州諸軍事、秦州刺史。……以太極元年五月十二日遘疾薨於萬年縣之安興里第,春秋五十有六。"(李思宇、樊維岳《藍田縣出土唐故忠武將軍右衛率鄧温墓誌銘》,《文博》1993年第3期)

張知謇　　長安末—神龍元年(?—705)

《舊書》本傳:"天授後歷房、和、舒、延、德、定、稷、晉、洛、宣、貝十一州刺史……及神龍元年,中宗踐極,自貝州追知謇爲左衛將軍,加雲麾將軍,封范陽郡公。"《通鑑·神龍元年》:九月,"擢知謇自貝州刺史爲左衛將軍,賜爵范陽公"。又見《元龜》卷六八九。

宋　璟　　神龍二年(706)

《舊書》本傳:"中宗幸西京,令璟權檢校并州長史,未行,又帶本官檢校貝州刺史。"《新書》本傳同。《通鑑·神龍二年》:四月,"武三思惡宋璟,出之檢校貝州刺史"。又見兩《唐書·韋巨源傳》,《元龜》卷六七四。《全文》卷三四三顏真卿《有唐開府儀同三司行尚書右丞相上柱國贈太尉廣平文貞公宋公(璟)神道碑銘》:"中宗將幸西蜀……乃兼檢校并州大都督府長史，又改兼貝州刺史，與數人同辭……俄而真拜，轉杭州。”

姜師度 神龍三年（707）

《新書·地理志三》貝州經城縣注：“西南四十里有張甲河，神龍三年，姜師度因故瀆開。”兩《唐書》本傳未及。

韋 湊 景龍三年—景雲元年（709—710）

《舊書》本傳：“景龍中歷遷將作少匠、司農少卿。嘗以公事忤宗楚客，出爲貝州刺史。”《新書》本傳略同。《全文》卷九九三闕名《唐太原節度使韋湊神道碑》：“〔景龍〕三年，除貝州刺史……景雲元年復入爲鴻臚少卿。”

狄光嗣 景雲中

《舊書》本傳：“仁傑薦光嗣，由是拜地官員外郎，以稱職聞。后曰：‘祁奚内舉，果得人。’歷淄、許、貝三州刺史。母喪，奪爲太府少卿，固讓，睿宗嘉其誠，許之。”《大唐新語》卷一二：“狄光嗣，仁傑長子也，歷淄、許、貝等州刺史。”

裴仲將 約開元五年（約 717）

《千唐誌·唐故沂州承縣令賈君（欽惠）墓誌銘并序》（天寶十二載十月十七日）：“夫人河東裴氏，隋御史大夫藴之玄孫，皇貝州刺史聞喜公之第三女也……先君即世。”賈君開元二年卒，年四十一。又《故原城府別將裴君（銑）墓誌銘并序》（天寶十三載閏十一月十一日）：“河東聞喜人也……祖諱仲將，皇貝州刺史。”銑卒天寶十三載。又《河東裴鎬墓誌銘并序》（天寶三載十一月三十日）：“祖仲將……累遷至陽城郡太守，右領軍將軍，銀青光禄大夫上柱國聞喜縣開國伯、清河郡太守，國之器也。”又《唐故朝議郎行太原府文水縣尉裴君（誼）墓誌銘并序》（大和三年十二月九日）：“曾祖仲將，皇貝州刺史。”誼大和三年卒，年六十七。按《隋唐五代墓誌匯編·洛陽卷》第九册

《故銀青光禄大夫貝州刺史上柱國聞喜縣開國公裴君（仲將）墓誌》（開元九年四月九日）：“神龍開泰……擢拜太子司議郎，尋除洗馬，衛州長史，遷沁州刺史……遷左衛中郎將，右虞候率，左宗衛率，又遷右領軍將軍、右驍衛將軍，東都副留守。天子在鎬，迺春洛師……加銀青光禄大夫貝州刺史……無何以疾去職……更賜懸車之禮。”開元七年卒，年七十四。按《舊書·玄宗紀上》：開元五年春正月“辛亥，幸東都”。證知是年除仲將貝州刺史。又《陝西卷》第四册《大唐故朝議郎左金吾衛長史河東裴公（利物）墓銘》（天寶十一載六月）：“大父洗幀任貝州刺史諱仲將……烈考諱進，時揖清英，紀國王之外孫，河南尹之元兄。”利物卒天寶十一載，享年耳順。

宋慶禮　　開元五年（717）

《姓纂》卷八諸郡宋氏：“貝州刺史宋慶禮，邯鄲人。”《舊書》本傳：“開元中，累遷貝州刺史。”《新書》本傳略同。《通鑑·開元五年》：二月，“貝州刺史宋慶禮建議，請復營州”。又見《元龜》卷六八九、卷六九二、卷九九二。《全文》卷二七玄宗《命柳城復置營州詔》稱：“貝州刺史宋慶禮。”

【補遺】李　邕　　約開元十年（約722）

《唐研究》第十二卷（2006年版）《唐故贈荆州大都督嗣虢王（李邕）墓誌並序》（開元十五年十二月廿九日）：“中宗竟以毒禍而崩。……緣累出爲沁州刺史。迨天保已定，朝命克宣……是用復階三品，增封百户。除隴州刺史，遷宗正卿，移虢州刺史，改太僕卿，轉衛尉卿，出守貝州刺史，入爲秘書監，又拜衛尉卿。……開元十五年七月八日薨於東都嘉善里之私第，春秋五十。”

嚴正誨（嚴正晦）　　約開元中

《全文》卷六三八李翱《皇祖實録》：“公諱楚金，諸議詔第二子……及在貝州，刺史嚴正晦禁官吏於其界市易所無……及正晦黜官，百姓舊不樂其政……後刺史至，委政於公……貝州於是大理。”又

見《韓昌黎集》卷三四《故貝州司法參軍李君墓誌銘》。據《新書·嚴
郢傳》："父正誨，以才吏更七郡，終江南西道採訪使。"郢仕肅宗時，則
正誨約仕開元中。

柳 弼　　開元中？

《姓纂》卷七河東解縣柳氏："弼，貝州刺史。"《新表三上》柳氏同。
乃辰州刺史柳愻之兄。按《金石補正》卷五九《唐故朝議郎行忻州司
馬柳君（真召）墓誌銘并序》稱："父愻，朝請大夫辰州都督。"真召卒乾
元二年十二月，年六十五。則其父愻約仕開元中。其伯父弼疑亦仕
開元中。

李 憕　　天寶初

《舊書》本傳："天寶初，出爲清河太守。十一載，累轉河東太守，
本道採訪。"《新書》本傳同。《封氏聞見記》卷九："熊曜爲臨清尉，以
幹蠱聞……避近失囚……太守李憕不之罪也。"

薛 融　　天寶中

《新表三下》薛氏："融，清河太守。"《千唐誌·唐故河南府密縣丞
河東薛府君（迅）墓誌銘并叙》（貞元十七年十一月十二日）："先考諱
融，皇中大夫，淄川、上洛、淮安、清河郡四太守……公即清河府君
之第五子也……天寶十三載州舉孝廉，弱冠擢第，俄及家艱，哀過
於禮。屬幽燕叛換……"薛迅貞元十七年卒，年七十九。則生於開
元十一年（723），天寶十三載時已三十二歲，不可謂"弱冠"，疑年齡
有誤。

崔審交　　天寶十四載（755）

《全文》卷三四一顏真卿《攝常山郡太守衛尉卿兼御史中丞顏公
神道碑銘》：天寶十四載十二月，"以中官領御騎六十，徇以南諸郡。
於是趙郡殺賊刺史馬道貞……曲州殺清河太守崔審交，皆以
其首至"。

王懷忠　　天寶末

《舊書·史思明傳》：天寶十五載，"〔思明〕攻清河，糧盡城陷，擒太守王懷忠以獻禄山"。《新書·史思明傳》同，《顏真卿傳》作"清河長史王懷忠"。

宇文寬　　至德、乾元間

《舊書·安慶緒傳》："明年，改乾元元年，僞德州刺史王暕、貝州刺史宇文寬等皆歸順。"《新書·安禄山傳》同。又見《通鑑·乾元元年》三月。

能元皓　　乾元元年（758）

《舊書·肅宗紀》：乾元元年九月，"貝州刺史能元皓爲齊州刺史"。按《姓纂》卷九京兆能氏："上元中真州刺史、檢校刑部尚書、河北招討使能元皓。"岑仲勉《姓纂四校記》云：唐真州屬劍南道，此處"真"乃"貝"之訛。

徐璜玉　　乾元二年（759）

《通鑑·乾元二年》：十月，"〔李〕光弼連颺其旗，諸將齊進致死，呼聲動天地，賊衆大潰……擒其大將徐璜玉、李秦授"。《考異》引《實録》云："擒僞懷州節度使安太清并男朝俊，僞貝州刺史徐璜玉。"

崔遵義　　約大曆中

《隋唐五代墓誌匯編·陝西卷》第四册《唐故通直郎前京兆府好畤縣尉博陵崔府君（葛）墓誌銘并序》（貞元十五年二月十日）："祖餘慶，皇兵部尚書。列考遵義，貝州刺史。公，兵部尚書之孫，貝州刺史第四子也。"貞元十四年卒，春秋四十三。

田廷琳　　大曆中？

《全文》卷四四〇封演《魏州開元寺新建三門樓碑》："公令弟御史大夫兼貝州刺史北平郡王廷琳雅量沖遠。"

邢曹俊　　建中二年—興元元年（781—784）

《通鑑·建中二年》：五月，"貝州刺史邢曹俊，田承嗣舊將也，老而有謀，〔田〕悦寵信牙官扈崿而疏之"。又《興元元年》：正月，"朱滔引兵北圍貝州，引水環之，刺史邢曹俊嬰城拒守"。又見兩《唐書·田悦傳》，《新書·朱滔傳》。

陽惠元　　興元元年（784）

《新書》本傳："及朱泚反，自河朔赴難，解奉天圍，加檢校工部尚書，攝貝州刺史。"《舊書》本傳稱"攝貝州刺史"在"解奉天之圍"前，即建中四年。

崔　鴻　　約元和末

《白居易集》卷五三有《前貝州刺史崔鴻可重授貝州刺史制》。

裴弘泰　　元和末—長慶初

《白居易集》卷五一有《河北榷鹽使檢校刑部郎中裴弘泰可權知貝州刺史依前榷鹽使制》。又卷五三《裴弘泰可太府少卿知左藏庫出納制》稱"前度支河北榷鹽使、朝議郎、檢校尚書刑部郎中、使持節貝州諸軍事兼權知貝州刺史、侍御史、充本州防禦使、上柱國、賜紫金魚袋裴弘泰"。

崔　鴻　　長慶初

《白居易集》卷五三《前貝州刺史崔鴻可重授貝州刺史制》："前貝州刺史崔鴻，嘗牧貝丘……及辭印綬，頗有去思……俾新換命，再臨舊部。"

史憲忠　　約長慶中—大和三年（?—829）

《新書》本傳："田弘正討齊、蔡，常爲先鋒，閱三十戰，中流矢，酣鬪不解，由是著名。憲誠表爲貝州刺史。魏亂，奔京師，加累檢校右散騎常侍、隨州刺史。"按史憲誠長慶二年正月爲魏博節度。大和三年魏博軍亂，殺史憲誠，見《舊書・穆宗紀》及《文宗紀上》，《全文》卷七四四周太元《彈義成軍節度使李聽疏》。

孫復禮　　大和中？

《新表三下》孫氏：陸澤丞公輔子"復禮，貝州刺史"。按《千唐誌・唐詹事司直孫夫人李氏墓誌》稱：第十三姪承議郎行河南府陸渾縣丞公輔撰并書，貞元五年五月二十日。知公輔仕貞元中，《新書》之"陸澤丞"當爲"陸渾丞"之訛誤。則公輔子復禮刺貝疑在大和中。

韓國昌　　會昌中

《舊書・韓允忠傳》："父國昌，歷本州右職。會昌中，從何弘敬破劉積，以功爲貝州刺史、兼御史中丞。"《全文》卷八○五吳畦《唐贈左散騎常侍汝南韓公（國昌）神道碑》："武宗涖祚初年……常從廬江公以剿叛……卒成大功……遂遷攝貝州刺史。"又卷八一三紇干潪《贈太尉韓允忠神道碑》："皇考□，銀青光禄大夫檢校國子祭酒使持節□州□軍事守□州刺□□□□防禦使……公則貝州府君之元子也。"

樂少寂　　約大中間

《舊書・樂彦禎傳》："父少寂，歷澶、博、貝三州刺史，贈工部尚書。"

李承約　　約唐末

《舊五代史》本傳："時屬唐武皇召募英豪，方開霸業，乃以所部二千歸於并州，即補匡霸都指揮使、檢校右僕射兼領貝州刺史。"又見《元龜》卷七六六。

卷一〇三　邢州（鉅鹿郡）

隋襄國郡。武德元年改爲邢州，置總管府。二年陷竇建德，四年討平之，又爲劉黑闥所陷，五年擒之，依舊爲邢州。罷總管府。天寶元年改爲鉅鹿郡。乾元元年復爲邢州。領縣九：龍岡、沙河、南和、鉅鹿、平鄉、任、柏仁（堯山）、内丘、青山。

陳君賓　　*武德元年—二年（618—619）*

《舊書》本傳：“仕隋爲襄國太守。武德初，以郡歸款，封東陽公，拜邢州刺史。貞觀元年，累轉鄧州刺史。”《通鑑·武德元年》：九月，“隋襄國通守陳君賓來降，拜邢州刺史”。又《武德二年》：二月，“竇建德陷邢州，執總管陳君賓”。又見《新書·高祖紀》、本傳，兩《唐書·竇建德傳》，《元龜》卷八三二，《通鑑·武德二年》九月。

房仁裕？　　*貞觀中？*

《唐文續拾》卷二崔融《贈兵部尚書房忠公神道碑并序》：“是以建德受縛，王充請降（缺），擯徙授公濰州刺史……遷使持節都督澤道（缺）……遷邢州刺史，屬河洛建都，周漢光宅。”按《金石補正》卷三六作“遷鄭州刺史”。

裴　勣　　*約貞觀中*

《金石補正》卷三七《大唐故左親衛裴君（可久）墓誌銘并序》：“祖勣，衛尉少卿，邢州刺史，翼城公。父居業，梁州都督府司馬。”可久卒咸亨三年，年二十五。

長孫義莊　　貞觀中？

《新表二上》長孫氏：“義莊，邢州刺史。”乃長孫敞弟，長孫無忌叔。按《姓纂》卷七河南洛縣（陽）長孫氏作“義莊，荆州刺史”，未知孰是，姑兩存之。

崔思默　　貞觀中？

《新表二下》鄭州崔氏：“思默，邢州刺史。”乃隋黃門侍郎君肅子，和州刺史思約兄。

李　寬　　貞觀二十年（646）

《畿輔通志》卷一五二隆平縣有《光業寺大佛堂碑》稱：“貞觀二十年，遣左驍衛府長史長孫無忌與邢州刺史李寬、趙州刺史杜敖等僉謁塋域，畫圖進上。”

李乾祐（李爽）　　永徽初

《舊書·李昭德傳》：“父乾祐……永徽初，繼爲邢、魏等州刺史。”《新書·李昭德傳》略同。拓本《大唐故銀青光禄大夫守司刑太常伯李公（爽字乾祐）墓誌銘并序》：“〔褚〕遂良出爲同州，尋而緣隙興嫌，厚成諄毀，君坐遷邢州刺史，尋除魏州……顯慶之初，言歸東洛。”（《文物》1959 年第 3 期）

盧承業　　約顯慶、龍朔間

《芒洛四編》卷三《大唐故銀青光禄大夫行揚州大都督府長史魏縣子盧公（承業）墓誌銘并序》：“今上嗣曆，拜雍州司馬，仍遷長史……出爲忠州刺史……復爲雍州司馬，頃除長史……又兼邢州刺史……尋爲淮南道大使，仍拜同州刺史……久之，除陝州刺史……又詔爲銀青光禄大夫，行揚州大都督府長史……以咸亨二年龍集辛未八月廿四日薨於官舍，春秋七十有一。”兩《唐書》本傳未及邢刺，《舊書》本傳謂“顯慶初復爲雍州長史”。

鄭　湛　　高宗前期？

《千唐誌・大唐故濟州司户參軍鄭府君（攝）墓誌銘并述》（開元二十七年正月二十八日）：“大父湛，皇朝邢州刺史……父知道，皇朝中大夫義清縣令……公即義清府君之元子。”鄭攝卒開元二十六年十二月，年七十。

李　慎　　總章二年—上元元年（669—674）

《舊書》本傳：“〔永徽〕二年，授荆州都督，累除邢州刺史。文明元年，加授太子太師，轉貝州刺史。”《元龜》卷二八一同。《新書》本傳未及。《大詔令集》卷三七《册紀王慎邢州刺史文》：“維總章二年歲次己巳□月庚寅朔十二日辛丑，皇帝若曰……惟爾使持節澤州諸軍事澤州刺史上柱國紀王慎……是用命爾爲使持節邢州諸軍事邢州刺史。”《全文》卷一四同。《金石補正》卷三八《紀王造無量壽佛經》：“碑主邢州刺史上柱國紀王慎敬造石經一部，上元元年七月六日奉教建。”《廣記》卷二六三引《朝野僉載》：“〔宗〕玄成性粗猛，稟氣凶豪，凌轢鄉村，橫行州縣。紀王爲邢州刺史，玄成與之抗行。”

權懷恩　　高宗時

《舊書》本傳：“咸亨初，累轉尚乘奉御……後歷慶、萊、衛、邢四州刺史，洛州長史……俄出爲宋州刺史。時汴州刺史楊德幹亦以嚴肅與懷恩齊名。”《新書》本傳略同。又見《廣記》卷二六三引《朝野僉載》。

韋玄儼　　高宗時

《新表四上》韋氏駙馬房：“玄儼，邢州刺史，博城縣公。”按《舊書・韋温傳》稱：“父玄儼，高宗末官至許州刺史。”《姓纂》卷二東眷韋氏韋庶人房：“元儼，工部郎中。”

陳　宏　　高宗時？

《新表一下》陳氏：“宏，邢州刺史。”乃隋鴻臚少卿陳叔明之孫。《姓纂》卷二長城陳氏作“弘，荆州刺史”，未知孰是，姑兩存之。

李靈夔　　垂拱元年—四年（685—688）

《舊書》本傳：“垂拱元年，授邢州刺史。四年，與兄元嘉子黃公譔結謀，欲起兵應接越王貞父子，事泄，配流振州，自縊而死。”《元龜》卷二八一同。又見《通鑑·垂拱四年》。《新書》本傳作“相州”，疑誤。

畢　憬　　武后時

《韓昌黎集》卷二五《唐故河南府王屋縣尉畢君墓誌銘》：“入國朝有爲司衛少卿，貝、邢、廬、許州刺史者曰憬，憬之子構……是爲景公，景公生抗，爲廣平太守，抗安禄山，陷覆其宗。”《舊書·畢構傳》唯云：“父憬，則天時爲司衛少卿。”

徐　瑩　　武后時

《嘉泰吴興志》卷一四郡守題名：“徐瑩，貞觀十一年自括州刺史授；《統記》云：遷邢州刺史。”按《統記》以爲武后時。今從《統記》。

杜知謙　　武后時

《姓纂》卷六京兆杜氏：“知謙，天官員外，邢州刺史。”《新表二上》襄陽杜氏同。《郎官柱》吏部員外有杜知謙，在司馬鍠、杜承志後，李崇基、宋璟前。

【李懷遠　　武后時（未之任）】

《舊書》本傳：“應四科舉擢第，累除司禮少卿。出爲邢州刺史，以其本鄉，固辭不就，改授冀州刺史。”《新書》本傳略同。

黃文軌　　聖曆元年（698）

《全文》卷三三八顏真卿《唐故太尉廣平文貞公宋公神道碑側

記》："初公任監察御史，持服於沙河縣，屬突厥寇趙定州，河朔凶懼，邢州刺史黃文軌投艱於公。"又見《金石録》卷二八。按突厥陷趙定州在聖曆元年。

馮昭泰　　景龍元年(707)

《嚴州圖經》卷一題名："馮昭泰，景龍元年十月十九日自邢州刺史拜。"《姓纂》卷一京兆馮氏："昭泰，刑部刺史，安昌公。"按"刑部"當爲"邢州"之誤。《全文》卷二二九張説《故括州刺史贈工部尚書馮公(昭泰)神道碑》："俾公檢校邢州刺史。"景龍三年六月十三日卒，年六十五。

張義方　　中宗時？

《新表二下》吳郡張氏："義方字儀，邢州刺史。"按其子府上(齊丘)，天寶九、十載間爲東都留守，其祖後胤，顯慶中爲睦州刺史，則義方刺邢疑在中宗時。

榮元卿　　睿宗時？

《千唐誌·有唐左武衛翊衛中郎將兼試殿中監隴西李君夫人玉田榮氏墓誌銘并序》(貞元二十年十一月二十五日)："曾祖元卿，皇朝散大夫行邢州刺史。祖玄沼，皇撫州司馬。父昇誼，皇開府儀同三司檢校太子賓客，玉田郡開國公……夫人國公之孟女也。"夫人卒貞元二十年，年五十二。

史承節　　玄宗初

《金石萃編》卷七六《後漢大司農鄭公(康成)之碑》："唐銀青光禄大夫使持節邢州諸軍事邢州刺史上柱國琅邪郡開國男史承節撰……承節以萬歲通天元年奉敕於河南道訪察，觀風省俗，激濁揚清，行至州界，見高密父老云……遂託爲文……今者罷職含香，忝居分竹，屬以間隙，乃加修撰……文先成訖，石又精磨，碑未建而承節卒。"《全文》卷三三○史承節小傳稱："萬歲通天元年充河南道察訪使。玄宗初官邢州刺史。”

薛　瑩　　開元七年（719）

《嚴州圖經》卷一題名：“薛瑩，開元七年四月十六日自邢州刺史拜。”

李昇期　　開元十三年（725）

《新書·許景先傳》：“〔開元〕十三年帝自擇刺史……衛尉少卿李昇期邢州。”《元龜》卷六七一：“開元十三年……李昇以宗正卿爲邢州刺史。”奪“期”字。《唐詩紀事》卷二明皇作“開元十六年”，疑誤。

【補遺】孫　俊　　開元中

《洛陽新獲墓誌54·故荆州大都督府長史上柱國樂安縣開國伯孫公（俊）之碑並序》（開元二十九年正月十日）：“……改靈州都督。……又授公邢州刺史。……頃以荆州申奏，令公力疾卧理荆州。……行未達於□部，疾將□□，恩制追還……以其年八月丁□日薨於河南寬政里之私第也，春秋六十有三。”

鄭　溥　　約開元中

《全文》卷七四四陳齊之《故右内率府兵曹鄭君（準）墓誌銘》：“王父溥，尚書右部郎中，歷青、邢、相、衛、兗、幽、懷七州刺史，入爲左庶子。皇考華，駕部郎中，吉州刺史……君即吉州之少子也。”鄭準卒大和四年正月二日，年六十三。按《英華》卷三九五有蘇頲《授鄭溥殿中侍御史制》，知開元初鄭溥已入仕，其刺邢州約在開元中。

李津容（李津客）　　約開元中

《新書·宗室世系表上》蔡王房：“隴西郡公、青衛慈邢汝五州刺史、永王傅津客。”《全文》卷五〇二權德輿《金紫光禄大夫司農卿邵州長史李公（紹）墓誌銘并序》：“隴西郡公津容，公之王父也……隴西仕至慈、衛、汝、邢、青五州刺史，終永王傅。”

李 質　　開元二十七年（739）

《龍興觀唐道德經石臺題字》："開元二十七年歲在單閼月中南吕五日乙丑皇五從弟中散大夫使持節邢州諸軍事守邢州刺史上柱國質建。"（《文物》1963 年第 5 期《河北邢臺地上文物調查記》）歸有光《震川集》卷五《跋唐石臺道德經》："右唐玄宗注老子《道德經》，開元二十三年用道門威儀司馬秀言，令天下應修官齋等州，皆於一大觀立石臺刊勒。邢州故有龍興觀。開元二十七年刺史李質立石，摹勒如制，至宋端拱初觀臺已廢没。"

李 某　　天寶中

《全文》卷三二三蕭穎士《陪李採訪泛舟蓬池宴李文部序》："若乃池梁虛，城浚都……方域之雄也，牧守之任，循良之選，豈易人哉！今茲春歲聿旱，人咨荒歉，朝廷慮東方之耗斁也，慎簡大賢而臨蒞之，明詔乃下，俾鉅鹿守李公往焉。"

李 暐　　天寶十四載（755）

《全文》卷三二三蕭穎士《陪李採訪泛舟蓬池宴李文部序》："今茲春歲……明詔乃下，俾鉅鹿守李公往〔汴州〕焉……已而襄國士女，結去思之怨，大君慗然，又命公族之良前文部侍郎東陽繼焉。"按《新書·宗室世系表上》大鄭王房有"文部侍郎暐"。考《舊書·玄宗紀下》，天寶十一年三月，"改吏部爲文部"。李暐天寶九載、十載爲禮部侍郎知貢舉，證知乃是時人。此"李文部"當即李暐。

康 節　　天寶十四載（755）

《全文》卷三四二顏真卿《特進行左金吾衛大將軍上柱國清河郡開國公康公神道碑銘》："〔天寶〕十四載冬十一月九日甲子，安禄山反范陽，公……欲與諸子逃歸國家，爲賊邢州刺史康節所告，遂被收繫。"

劉 杯　　天寶十四載（755）

《全文》卷三四一顏真卿《攝常山郡太守衛尉卿兼御史中丞顏公

神道碑銘》："天寶十四載冬十一月禄山反范陽……冬十二月……以中官領御騎六十，徇以南諸郡。於是趙郡殺賊刺史馬道貞，鉅鹿殺劉杯。"

李庭訓（李廷訓）　　乾元元年（758）

《元龜》卷一六四："乾元元年三月丁巳，逆賊軍將……李庭訓……等使人賫表狀歸順，詔曰……庭訓可邢州刺史。"《新書·安禄山傳》作"李廷訓"。

周　贄　　上元中？

北圖藏拓片《故幽州盧龍節度都押衙銀青光禄大夫檢校太子賓客使持節檀州諸軍事檀州刺史周府君（元長）墓誌銘》（開成三年四月十三日）："祖贄，皇銀青光禄大夫祕書少監、邢洺二州刺史。"按史思明部將有周摯（贄），乾元二年史思明僭稱大號，以周贄爲相，見《舊書·史思明傳》。曾被李光弼擒獲，見兩《唐書·李光弼傳》《李抱玉傳》。《通鑑考異》謂摯上元二年三月被史思明所殺。未知即其人否？

封　演　　大曆中

《全文》卷三三八顏真卿《唐故太尉廣平文貞公宋公神道碑側記》："公孫儼泣請真卿論撰之……乃命屯田郎中權邢州刺史封演購他山石，曳以百牛，僝刻字之工，成乎半歲，磨礱既畢，建立斯崇……真卿刺湖州之日，因成文請儼刻其側而志之。"按顏真卿大曆七年爲湖州刺史。《封氏聞見記》卷八："邢州内丘縣西古中丘寺有碑，後趙石勒光初五年所立也……大曆中，予因行縣憩於此寺，讀碑見之，寫寄陸長源，長源大喜，復書致謝。"

薛　堅？　　大曆中

《新表三下》薛氏："堅，邢州刺史。"按薛堅大曆十年正月爲洺州刺史，見《舊書·代宗紀》《新書·薛嵩傳》《通鑑·大曆十年》。今《新表》謂其爲邢州刺史，其弟幹爲洺州刺史，未知《新表》誤否？

李 洪　　建中二年（781）

《舊書·田悅傳》：“建中二年……邢州刺史李洪、臨洺將張伾爲賊所攻，禦備將竭，詔河東節度使馬燧、河陽李芃與昭義軍討悅。”又見《元龜》卷一二八、卷四〇〇。《通鑑·建中二年》作“李共”，乃“李洪”之誤。

元 誼　　貞元中

《新書·地理志三》邢州平鄉縣注：“貞元中，刺史元誼徙漳水，自州東二十里出，至鉅鹿北十里入故河。”按元誼貞元十一年七月權知洺州，十二年正月率衆奔田緒，見《舊書·德宗紀》；《姓纂》卷四河南洛陽元氏稱：“誼，饒州刺史。”

李 康　　約貞元十二年（約796）

《全文》卷六八九符載《江州錄事參軍廳壁記》：“是時郡守李公以鉅鹿超異之政來領此郡。”按李康貞元十四年在江州刺史任。《全詩》卷二七一竇牟有《奉使至邢州贈李八使君》，疑即李康。

陽 旻　　元和五年（810）

《新書》本傳：“歷邢州刺史。盧從史既縛，潞軍潰，有驍卒五千……奔於旻，旻閉城不納……旻開諭禍福遣之，衆感悟，遂還軍。憲宗嘉之，遷易州刺史。”按昭義節度使盧從史被執送京師，事在元和五年四月，見《舊書·憲宗紀》。

王士則　　元和十年（815）

《舊書》本傳：“諸鎮兵討承宗，裴度言士則武俊子，其軍中必有懷之者，乃用士則爲邢州刺史，兼本州團練使，從昭義節度使郗士美討賊……士美惡之，密以狀聞，乃以張遵代還。”又見《新書·王士真傳》，《元龜》卷一四〇、卷四五四。

張　遵　　約元和十二年（約 817）

《舊書·王士則傳》：“士則不能平，見於辭氣。〔郗〕士美惡之，密以狀聞，乃以張遵代還。”按郗士美元和六年至十二年爲昭義節度。又按大和元年四月張遵由亳州刺史遷邕管經略使。《隋唐五代墓誌匯編·洛陽卷》第十三册《邕州本管經略招□□□□邕州刺史兼御史大夫張公（遵）墓誌》（大和五年二月三日）：“時澤潞用兵，詔選文武中外無阻者授之，優詔授邢州刺史，廉使奏加御史中丞，改洺州刺史。”大和四年卒，年六十二。

高承簡　　約元和十三年—長慶元年（約 818—821）

《舊書》本傳：“淮西平，詔以郾城、上蔡、遂平三縣爲溵州，治郾城，用承簡爲刺史。尋轉邢州刺史……遷宋州刺史，屬汴州逐其帥，以部將李齐行帥事。”《新書》本傳略同。按汴州軍亂，逐節度使李愿，立牙將李齐爲留後事在長慶二年七月，見《舊書·穆宗紀》。《全文》卷七二四崔郾《唐義成軍節度鄭滑穎等州觀察處置等使持節滑州諸軍事兼滑州刺史高公（承簡）德政碑并序》：“及上蔡削平……詔以郾城之地析置溵州……晉國乃表公之材，請受符命……詔嘉其功，移守鉅鹿……俾以善課，嘉績如溵政焉，復以高第，遂遷於宋。”又見《元龜》卷六七五。

薛常觓　　長慶元年（821）

《白居易集》卷五三有《薛常觓可邢州刺史本州團練使制》。

李行循　　約大和、開成間

《全文》卷七〇二李德裕《論邢州狀》：“右邢州城門盧宏指稱：劉從諫安置昭義軍額，龍罡（岡）縣安置邢州額，刺史李行循見在縣中安置……臣等商量，邢州額望依前於城安置，刺史便勒移入州内。”

崔　嘏　　會昌四年（844）

《新書·劉積傳》：“〔劉〕從諫妻弟裴問守邢州……與刺史崔嘏斬

大將，自歸成德軍。”又《武宗紀》：會昌四年七月“丙子，昭義軍將裴問及邢州刺史崔碬以城降”。又見《新書·李德裕傳》《藝文志四》，《通鑑·會昌四年》，《唐詩紀事》卷五〇。按《舊書·武宗紀》作“邢州刺史裴問”，疑誤。

崔　骈　　約大中初

《唐語林》卷七：“李衛公性簡傲……遣馬屈白員外（敏中）至，曰：‘……今翰林有闕，三兩日行出。’尋以本官充學士；出崔〔骈〕爲申州，又徙邢、洛（洺）、汾三州，後以疾廢洛下。”按白敏中會昌二年九月十三日自右司員外郎爲翰林學士，見《重修承旨學士壁記》。又按崔骈開成四年在坊州刺史任，大中十年在汾州刺史任。

支　竦　　大中五年（851）

上圖藏拓片《唐故鄉貢三傳支府君（詢）墓誌銘》（大中十年五月十八日）：“父竦，皇任雲、瀘、齊、光、邢五郡刺史，鄆王傅，鴻臚卿致仕……公年十七，以會昌二年八月三日終瀘州。”由此知支竦會昌二年在瀘州任。《千唐誌·唐故贈隨州刺史太子少詹事殿中監支公（成）墓誌銘并序》（大中十年五月十八日）：“太君生子三人……次子竦，皇任雲、瀘、齊、光、邢五州刺史，鄆王傅，鴻臚卿致仕。”《芒洛續編》卷下《唐故鄂州司士參軍支府君（叔向）墓誌銘并序》：“顯考竦，歷典雲、瀘、齊、光、邢五州刺史。”《全文》卷七四九杜牧《支某除鄆王傅盧賓除融州刺史等制》稱：“前使持節邢州諸軍事守邢州刺史兼侍御史充本州團練使上柱國支某等”，此“支某”當即支竦。按杜牧大中五年爲考功郎中知制誥。則支竦大中五年在邢州刺史任。

王　縱　　大中時

《全文》卷八一〇司空圖《故鹽州防禦使王縱追述碑》：“授沁州刺史……殊庸既顯，善政亦聞，擢邢州刺史、充本州團練使……宣宗皇帝以河隴陷戎，祖宗遺憤……仍授鹽州防禦使。”咸通三年三月三日卒。

李 肱 咸通四年前（863 前）

《千唐誌·前邢州刺史李肱兒母大儀墓誌》（咸通四年六月五日）：“前邢州刺史賜緋魚袋李肱撰。”大儀咸通四年四月十二日卒。

盧 某 咸通、乾符間？

《全詩》卷六四三李山甫有《賀邢州盧員外》。

王 回 乾符三年（876）

《舊書·僖宗紀》：乾符三年六月敕：“〔邢州刺史〕王回等三人到郡無政，惟務貪求。實污方州，並宜停任。”又見《全文》卷八八僖宗《停福建觀察使李播等任敕》。

孟方立 中和三年—龍紀元年（883—889）

《通鑑·中和三年》：九月，“昭義節度使孟方立，以潞州地險人勁，屢篡主帥，欲漸弱之，乃遷治所於邢州”。《龍紀元年》：六月，“〔李〕克用乘勝進攻邢州。方立性猜忌，諸將多怨，至是皆不爲方立用，方立慚懼，飲藥死”。《新五代史》：“唐廣明中……方立聞亂，引兵自天井關入據潞州，唐因以爲昭義軍節度使……方立以謂潞州山川高險……且己邢人也，因徙其軍於邢州……晉遣李克修爲澤潞節度使，方立以邢洺磁三州自爲昭義軍。”又見《舊五代史·唐武皇紀上》，《孟知祥傳》。

安金俊 光啓二年—三年（886—887）

《舊五代史·唐武皇紀上》：光啓二年九月，“以大將安金俊爲邢州刺史，以撫其降人……光啓三年……七月，武皇以安金俊爲澤州刺史”。又見《新書·孟方立傳》，《通鑑·光啓二年》，《元龜》卷七。

孟 遷 龍紀元年—大順元年（889—890）

《通鑑·龍紀元年》：六月，“〔孟〕方立慚懼，飲藥死。弟攝洺州刺史遷，素得人心，衆奉之爲留後”。又《大順元年》：正月，“李克用急攻邢州,孟遷食竭力盡,執王虔裕及汴兵以降。克用以安金俊爲邢洺團練使"。

安金俊　　大順元年（890）

《舊五代史·唐武皇紀上》:"大順元年……以安金俊爲邢洺團練使。"《通鑑·大順元年》:二月"丙子,邢洺團練使安金俊中流矢死"。

李罕之　　大順元年（890）

《大詔令集》卷一二〇《削奪李罕之官爵制》:"邢磁洺等州節度觀察處置等使金紫光禄大夫檢校司徒同中書門下平章事守邢州刺史上柱國隴西郡王食邑三千户李罕之……在身官爵,並宜削奪注毁……大順元年五月。"《全文》卷九〇同。《通鑑·大順元年》:五月"癸丑,削奪李罕之官爵"。注:"以附李克用也。"又《大順二年》:二月,"復李罕之官爵"。

安知建　　大順元年—二年（890—891）

《通鑑·大順二年》:三月,"邢洺節度使安知建潛通朱全忠"。注:"安金俊既死,李克用以安知建代鎮邢洺。"

李存孝　　大順二年—乾寧元年（891—894）

《舊五代史·唐武皇紀上》:大順二年"三月,邢州節度使安知建叛……鄆州朱瑄邀斬於河上,傳首晉陽,以李存孝爲邢州節度使"。又《唐武皇紀下》:景福元年"十月,邢州李存孝叛……乾寧元年三月,邢州李存孝出城首罪……邢、洺、磁三州平"。又見《康君立傳》,《通鑑·景福元年》。《新書·昭宗紀》:乾寧元年"三月甲申,李克用寇邢州,執李存孝殺之"。按《舊書·昭宗紀》:大順元年"十一月癸丑朔,太原將邢州刺史李存孝自恃擒孫揆功,合爲昭義帥,怨克用授康君立,存孝自晉州率行營兵歸邢州,據城上表歸朝"。疑"大順元年"有誤。

馬師素　　乾寧元年—光化元年（894—898）

《舊五代史·唐武皇紀下》:乾寧元年三月,"武皇表馬師素爲邢

州節度使”。又《梁太祖紀二》：光化元年“五月己巳，邢州刺史馬師素
棄城遁去”。又見《元龜》卷一八七，《新書·羅弘信傳》，《新五代史·
葛從周傳》，《通鑑·光化元年》。

葛從周　　光化元年—二年（898—899）

《舊五代史·唐武皇紀下》：光化元年“四月，汴將葛從周寇邢、
洺、磁等州，旬日之內，三州連陷，汴人以葛從周爲邢州節度使”。《通
鑑·光化元年》：五月，“〔朱〕全忠以〔葛〕從周爲昭義留後，守邢洺磁
三州而還”。《舊五代史·梁太祖紀二》略同。

張歸霸　　光化二年—天復三年（899—903）

《舊五代史》本傳：“光化二年，權知邢州事……天祐初，遷萊州刺
史。”《新五代史》本傳及《元龜》卷三四六略同。

寇彦卿　　天復三年（903）

《舊五代史》本傳：“昭宗還京，改邢州刺史，尋遷亳州團練使。”又
見《元龜》卷三四六。

牛存節　　約天復三年—天祐四年（約903—907）

《舊五代史》本傳：“天復元年，授潞州馬步都指揮使……改滑州
左衙步軍指揮使，知邢州軍州事。天祐元年，授邢州團練使。”又《梁
太祖紀二》：天祐三年四月，“是時晉人圍邢州，刺史牛存節堅壁固守，
帝遣道昭帥師救之，晉人乃遁去”。又見《新五代史》本傳，《元龜》卷
一八六、卷三四六，《通鑑·天祐三年》等。

待考録

張　瓛

《唐文續拾》卷五盧從儉《唐沔王府諮議參軍張公（伴）墓誌銘并
序》：“大父瓛，皇龍岡節度邢洺觀察使。邢洺生道晏，皇左散騎常侍

兼御史大夫涿州刺史……公即涿州第三子……以大和三年八月十一日終於沔王府諮議參軍,年四十四。"按邢洺自中和二年孟方立始從昭義分出爲節度。張瓛約仕大曆貞元間,其時不當有邢洺觀察使。未知誤否。

卷一〇四　洺州（廣平郡）

隋武安郡。武德元年改爲洺州。二年陷竇建德。四年建德平，立山東道大行臺。五年罷行臺，置洺州大總管府。六年罷總管府。天寶元年改爲廣平郡。乾元元年復爲洺州。領縣十：永年、洺水、平恩、臨洺、鷄澤、肥鄉、清漳、曲周、邯鄲、武安。

裴之隱　　*武德元年（618）*

《英華》卷九二五李迥秀《唐齊州長史裴府君（希惇）神道碑》："父之隱，隋侍御史……皇太僕、司農二少卿，武安郡太守，始州刺史，通直散騎常侍，益州長史。"希惇卒永徽元年三月，年六十三。

袁子幹　　*武德二年（619）*

《新書·高祖紀》：武德二年八月"甲子，竇建德陷洺州，執總管袁子幹"。《通鑑·武德二年》同，兩《唐書·竇建德傳》作"陷洺州，虜刺史袁子幹"。

陳君賓　　*武德四年（621）*

《通鑑·武德四年》：七月，"河北既平，上以陳君賓爲洺州刺史"。十二月，"〔劉〕黑闥南取黎、衛二州，半歲之間，盡復建德舊境……右武衛將軍秦武通、洺州刺史陳君賓、永寧（年）令程名振皆自河北遁歸長安"。又見《舊書·程務挺傳》。兩《唐書》本傳未及。

李　瑗　　武德五年（622）

《通鑑·武德五年》：十月，"淮陽王道玄之敗也，山東震駭，洺州總管廬江王瑗棄城西走。州縣皆叛附於黑闥，旬日間，黑闥盡復故地，乙亥，進據洺州"。兩《唐書》本傳未及。

李　惲　　貞觀八年—十年（634—636）

《舊書》本傳："〔貞觀〕八年，授洺州刺史。十年，改封蔣王，安州都督。"《元龜》卷二八一同。《新書》本傳未及。《大詔令集》卷三四、《全文》卷一五〇岑文本有《册洺州刺史郯王惲改封蔣王文》。

長孫操　　貞觀中

《舊書》本傳："貞觀中，歷洺州刺史、益揚二州都督府長史，並有善政。二十三年，以子詮尚太宗女新城公主，拜岐州刺史。"《元龜》卷三〇一同。《新書》本傳謂"爲齊、揚、益三州刺史"，未及洺州。

程名振　　貞觀十八年（644）

《舊書·程務挺傳》："父名振，棄〔竇〕建德歸國……名振以功拜營州都督府長史……累轉洺州刺史。"《新書·程務挺傳》略同。《通鑑·貞觀十八年》：十一月，"上聞洺州刺史程名振善用兵，召問方略……即日拜右驍衛將軍"。按《元龜》卷九七誤作"雒州刺史"。

張士貴　　貞觀十八年—十九年（644—645）

拓本《大唐故輔國大將軍荆州都督虢國公張公（士貴）墓誌銘并序》："〔貞觀〕十八年以譴去官……敕爲遼東道行軍總管，授金紫光禄大夫洺州刺史。十九年率師渡遼，破玄菟等數城。"（《考古》1978年第3期）

辛偃武　　貞觀中？

《千唐誌·唐故鼎州三原縣令盧府君夫人辛氏墓誌銘》（開元六年十月廿三日）："曾祖亶，隋吏部侍郎……祖偃武，唐太常卿，洺州刺史……父義同，屯田郎中、鄧州刺史……夫人即使君之第七女也。"夫人開元五年卒，年六十五。疑其祖仕於貞觀中。按金陵書局本《姓纂》卷三天水辛氏："偃武，唐洺州刺史。"誤。四庫全書本作"洺州刺史"，是。

李昭貴　　貞觀中？

《千唐誌·唐故國子監丞李公（濟）墓誌銘并序》（天寶八載十一月十八日）："今上四從之叔、廣平郡太守諱昭貴之曾孫，博陵郡太守諱文德之孫，祕書省丞諱元璋之子。"李濟天寶八載卒，年七十四，則其曾祖疑仕貞觀中。

劉行範　　高宗前期？

拓本《朔方縣令劉府君墓誌銘并序》（天寶十三載十二月十三日）："曾祖□，隋民部尚書。祖行範，皇朝洺州刺史、□□都督，封和義郡公。父嘉德，累遷爲榮州司馬。公則和義公之孫，司馬公之子……以天寶四載授朔方郡朔方縣令，未之官，寢疾，終於長安之客舍，春秋六十有三。"（《考古與文物》1982 年第 3 期）按劉行範未見其他史料。

李虔緒　　約高宗時

《新表二上》隴西李氏武陽房："虔緒，洺州刺史。"乃武德七年蘇州刺史李嘉之子。

藺仁基　　約高宗後期

《千唐誌·大唐并州大都督府祁縣陳明府故藺夫人墓誌銘并序》（景龍二年十一月十二日）："祖仁基……唐□、□、翼、洺四州刺史，上柱國、并州長史、原、代二州都督，殿中監。"按仁基儀鳳元年前在并州長史任。

于士俊　　武后初期

《隋唐五代墓誌匯編·洛陽卷》第九冊《河南于府君（□莊）墓誌

銘并序》（開元十五年八月二日）：“祖士俊，延、洺二州刺史。”

竇孝謙　　約武后時

《新表一下》竇氏三祖房：“孝謙，洺州刺史。”《芒洛四編》卷五《大唐前漢中郡都督府西□李少府公故夫人扶風竇氏墓誌銘并序》：“祖孝謙，丹、坊、鄜、恒、定、洺六州刺史。”竇氏卒天寶二載，年二十五。按《姓纂》卷九河南洛陽竇氏：“孝謙，洺州刺史。”岑仲勉《姓纂四校記》云：“洺殆洺之訛。”

尹思貞　　萬歲登封元年（696）

《舊書》本傳：“三遷殿中少監，檢校洺州刺史。會契丹孫萬榮作亂，河朔不安，思貞善於綏撫，境内獨無驚擾，則天降璽書褒美之。長安中，七遷秋官侍郎。”《新書》本傳略同。按孫萬榮作亂在萬歲登封元年五月。

張知謇　　約久視、大足間（約 700、701）

《舊書》本傳：“天授後歷房、和、舒、延、德、定、稷、晉、洺、宣、貝十一州刺史……及神龍元年，中宗踐極，自貝州追知謇爲左衛將軍。”《新書》本傳未列州名。

韋嗣立　　約長安末—神龍元年（約 704—705）

《舊書》本傳：“檢校魏州刺史，又徙洺州刺史。尋坐承慶左授饒州長史。”《新書》本傳略同。按嗣立長安四年十月檢校魏州刺史；韋承慶神龍元年二月貶高安尉。並見《新書·宰相表上》。

桓彦範　　神龍二年（706）

《舊書》本傳：神龍元年，“及彦範罷知政事……尋出爲洺州刺史，轉濠州刺史。二年，光禄卿、駙馬都尉王同皎以武三思與韋氏姦通，潛謀誅之”。《新書》本傳略同。又見兩《唐書·蕭嵩傳》。《元龜》卷八四三稱“桓彦範爲雒州刺史”，誤。《通鑑·神龍二年》：閏正月，“武

三思以敬暉、桓彦範、袁恕己尚在京師，忌之，乙卯，出爲滑、洺、豫三
州刺史”。

崔泰之　　神龍、景龍間

《千唐誌·大唐故銀青光禄大夫守工部尚書崔公（泰之）墓誌銘
并序》（開元十一年十月五日）：“乃與桓彦範等共圖匡復，中興之際，
公有力焉。中宗嘉之，拜太僕少卿，封安平縣開國男兼衛王長史。居
無何，姦臣武三思竊弄國柄，稍斥朝賢，出公爲洺州刺史。”

元行冲　　景龍中

《舊書·韋述傳》：“景龍中，〔韋〕景駿爲肥鄉令，述從父至任。洺
州刺史元行冲，景駿之姑子。爲時大儒。”又《李元愷傳》：“景龍中，元
行冲爲洺州刺史，邀元愷至州，問以經義。”《新書·李元愷傳》略同。
按兩《唐書》本傳未及。

程伯獻　　景雲中

拓本《唐故鎮軍大將軍行右衛大將軍贈户部尚書廣平公（程伯
獻）墓誌銘并序》（開元二十七年正月二十七日）：“今上芟夷逆命，睿
宗克復配天……乃特詔馳傳召見，拜右羽林將軍，以防遏功，加雲麾
將軍，轉左威衛將軍，換右衛將軍兼檢校洺州刺史。金印入懷，朱軒
即路……以課連最，手詔慰勉。”（《文物》1973 年第 7 期）

李　湛　　約景雲、先天中

《新書》本傳：“〔武〕三思惡之，貶果州刺史。歷洺、絳二州，累遷
左領軍大將軍。開元十年卒。”《舊書》本傳未及。

李　岳　　開元初？

北圖藏拓片《唐故慶州長史趙郡李府君（肅）墓誌》（永貞元年十二
月）：“曾祖諱岳，皇洺州刺史。祖諱獻，皇汝州郟城縣丞。烈考諱益，皇
懷州河内縣尉。公即河内之冢子也。”貞元廿年卒，享年四十四。

慕容珣　　約開元三、四年（約 715、716）

《隋唐五代墓誌匯編·洛陽卷》第十册《唐中散大夫守祕書監致仕上柱國慕容公（珣）墓誌銘并序》（開元二十四年十月二十六日）："出爲海州刺史，俄遷洺州刺史……徵拜刑部侍郎，俄□户部侍郎。"開元二十四年卒，春秋六十八。按景雲中在殿中侍御史任，開元六年在吏部侍郎任。

崔志廉　　約開元八年（約 720）

《千唐誌·唐故信王府士曹崔君（傑）墓誌銘》（大曆十三年十月十二日）："父志廉，銀青光禄大夫、太子左庶子，歷洺、魏、襄、澤、仙等五州刺史……公即仙州之長子也。"傑卒天寶十一載，年五十一。按開元十三年崔志廉爲襄州刺史。

李道堅　　開元中

《舊書·李靈夔傳》："次子藹……神龍初，追復靈夔官爵，仍令以禮改葬。封藹子道堅爲嗣魯王……景龍四年，加〔道堅〕銀青光禄大夫，歷果、隴、吉、冀、洺、汾、滄等七州刺史，國子祭酒。開元二十二年，兼檢校魏州刺史，未行，改汴州刺史、河南道採訪使。"又見《元龜》卷二八一。《新書·李靈夔傳》未列州名。

盧成務　　開元中

《全文》卷五一九梁肅《京兆府司録西廳盧氏世官記》："開元初嗣公諱成務……其後作牧於壽、於杭、於濮、於洺、於魏。繼受元社以處太原，咸有嘉績。"《新表三上》盧氏："成務，壽、杭、濮、洺、魏五州刺史。"

鄭詥　　開元二十三年（735）

《千唐誌·唐故通議大夫持節開州諸軍事開州刺史上柱國滎陽鄭公（詥）墓誌銘并序》（開元二十四年十一月七日）："開元廿三年四月七日終于故任之公第，春秋七十有六……公與兄銀青光禄大夫洺州刺史諝……通議大夫青州刺史諶、銀青光禄大夫婺州刺史諤，咸以清公直道，俱踐通秩，時人榮之。"

徐嶠之　　開元二十三年—二十四年(735—736)

《古刻叢鈔·唐徐氏山口碣石題刻》："廣德元年八月廿一日制復贈公嗣子故銀青光禄大夫洺州刺史上柱國嶠之左散騎常侍。洺州府君歷典趙、衢、豫、吉、湖、洺六州，開元廿四年薨。"《全文》卷三三五萬齊融《法華寺戒壇院碑》："故洺州刺史徐嶠之……咸以宗室，設道友之敬。"《嘉泰吴興志》卷一四郡守題名："徐嶠之，開元十三年自吉州刺史授，遷洺州刺史。"按"十三年"當爲"二十三年"之奪誤。《元龜》卷一二八："〔開元〕二十三年十二月，命十道採訪使舉良刺史縣令，以……洺州刺史徐嶠之……等聞上。"按"洛州"爲"洺州"之誤。由此知開元二十三年嶠之在洺州任。按《山口碣石題刻》以任職次序排列，亦可證知開元二十四年薨於洺州刺史任。又按《宋高僧傳》卷一四《唐越州法華山寺玄儼傳》作"故洺州刺史徐嶠"，《舊書·徐浩傳》稱："父嶠，官至洺州刺史"，《姓纂》卷二諸郡徐氏亦謂"嶠之，洺州刺史"，"洛州"皆爲"洺州"之訛。徐嶠之爲洺州刺史，又見《全文》卷二六七徐嶠《洺州帖》，卷四四〇徐浩《古蹟記》《唐徐氏山口碣石題刻》，卷四四五張式《大唐故銀青光禄大夫彭王傅徐公(浩)神道碑銘》(《金石補正》卷六七同)，《宋高僧傳》卷一五《唐越州稱心寺大義傳》，《宣和書譜》卷一八，《書史會要》卷五，《書小史》卷一〇。

嚴挺之　　開元二十四年(736)

《舊書》本傳："及挺之囑蔚州刺史王元琰，〔李〕林甫使人詰於禁中，以此九齡罷相，挺之出爲洺州刺史。〔開元〕二十九年，移絳郡太守。"《新書》本傳、《舊書·李林甫傳》略同。《通鑑·開元二十四年》：十一月，"嚴挺之貶洺州刺史"。

李元慎　　開元中?

《新表二上》隴西李氏丹楊房："元慎，洺州刺史。"乃隋趙郡太守李詮曾孫。疑仕於開元中。

盧 渙 開元中？

《廣記》卷三九○引《玄怪録》："黄門侍郎盧渙，爲洺州刺史。"《全文》卷三三○盧渙小傳稱："開元十三年官告成尉。"收其文《大唐河南府陽翟縣善才寺文蕩律師塔碑銘》一篇。文云："開元十一年十月十七日己酉，奉迎律師全身寧於兹塔。"

王 琚 天寶初

《舊書》本傳："天寶後，又爲廣平、鄴郡二太守。"《新書》本傳未及，唯云"天寶五載卒，年九十"。

寇 洋 約天寶四載—七載（約 745—748）

《千唐誌·唐故廣平郡太守恒王府長史上谷寇府君（洋）墓誌銘并序》（天寶七載十一月三十日）："歷吉、舒二州刺史，南陽、廣平二郡太守……晚加衰疾，屢表懇辭，由是除恒王府長史。將行，以天寶七載六月十五日薨於外館，春秋八十有四。"

庫成防 天寶中？

《姓纂》卷八庫成氏："防，廣平太守。"

李 浦（李俌） 約天寶十一載（約 752）

《李太白文集》卷三○《虞城縣令李公去思頌碑并序》："父浦，鄆、海、淄、唐、陳五州刺史，魯郡都督，廣平太守。"按天寶八載李浦在魯郡都督任。

畢 抗（畢炕） 天寶十四載（755）

《新書·畢構傳》："構子炕，天寶末爲廣平太守，拒安禄山，城陷，覆其家。"《韓昌黎集》卷二五《唐故河南府王屋縣尉畢君墓誌銘》："憬之子構……是爲景公，景公生抗，爲廣平太守，抗安禄山，城陷，覆其宗。"

郭子昂　　天寶十四載（755）

《全文》卷三四一顏真卿《攝常山郡太守衛尉卿兼御史中丞顏公神道碑銘》：“天寶十四載冬十一月祿山反……冬十二月……以中官領御騎六十，徇以南諸郡，於是趙郡殺賊刺史馬道貞……廣平殺郭子昂。”

烏知洽　　乾元元年（758）

《元龜》卷一六四：“〔至德〕三年正月庚子，滄州刺史烏知洽……背逆歸順，知洽爲雒州刺史。”按是時無“雒州”，當爲“洺州”之誤。

符敬超　　乾元元年（758）

《新書·安祿山傳》：“〔安〕慶緒懼人之貳己，設壇加載書、杵血與群臣盟。然〔阿史那〕承慶等十餘人送密款，有詔以承慶爲太保、定襄郡王……符敬超洺州刺史。”《元龜》卷一六四：“乾元元年三月丁巳，逆賊軍將……符敬等使人賫表狀歸順，詔曰……敬可雒州刺史。”“符敬”當即“符敬超”，“雒州”當爲“洺州”之誤。

周　贄　　上元中？

北圖藏拓片《故幽州盧龍節度都押衙銀青光禄大夫檢校太子賓客使持節檀州諸軍事檀州刺史周府君（元長）墓誌銘》（開成三年四月十三日）：“祖贄，皇銀青光禄大夫祕書少監，邢、洺二州刺史。”按史思明部將有周摯（贄），乾元二年史思明僭稱大號，以周贄爲相，見《舊書·史思明傳》。曾被李光弼擒獲，見兩《唐書·李光弼傳》《李抱玉傳》。《通鑑考異》謂摯上元二年三月被史思明所殺。未知即其人否？

魏　凌　　約大曆八年（約773）

《封氏聞見記》卷八：“洺州人掘漳河古堤，於甕中所得〔大骨〕，刺史魏凌知尊（相衛留後薛崿）愛奇，故封寄焉。”按薛崿大曆八年爲相衛節度留後，十年正月，被逐奔洺州，見《通鑑》。疑魏凌爲洺刺即在此時。“薛尊”當即“薛崿”。

薛 堅　　大曆十年(775)

《舊書·代宗紀》:大曆十年正月,"以昭義將薛擇爲相州刺史,薛雄爲衛州刺史,薛堅爲洺州刺史,皆〔薛〕嵩之族人也"。又見《新書·薛嵩傳》,《通鑑·大曆十年》正月。

薛 幹　　大曆中

《新表三下》薛氏:"幹,洺州刺史。"即薛堅之弟。以弟代兄,抑《新表》誤耶?

薛 洽　　大曆中?

《隋唐五代墓誌匯編·陝西卷》第四册《唐故坊州中部縣令柳君夫人河東薛氏合祔墓誌銘并序》(丁卯歲十一月四日):"夫人同郡薛氏,綿州刺史贈禮部尚書光之孫,銀青光禄大夫洺州刺史衛尉卿洽之女。"按洽兄雄,大曆中爲衛州刺史。

田廷玠　　約大曆十二年(約777)

《舊書·田弘正傳》:"祖延惲……延惲生廷玠……大曆中,累官至太府卿、滄州別駕,遷滄州刺史、兼御史中丞,充橫海軍使。承嗣與淄青李正己、恒州李寶臣不協,承嗣既令廷玠守滄州,而寶臣、朱滔聯兵攻擊,欲兼其土宇。廷玠嬰城固守……朝廷嘉之,遷洺州刺史,又改相州。"《新書·田弘正傳》未及。

田 昂　　建中三年前(782前)

《舊書·德宗紀上》:建中三年三月"戊戌,田悦洺州刺史田昂以城降"。《新書·建中三年》:正月,"〔田〕悅從兄昂以洺州降"。《元龜》卷一六五誤作"雒州",卷四二二誤作"周昂"。

盧玄卿　　建中三年(782)

《通鑑·建中三年》:四月"甲戌,以昭義節度副使、磁州刺史盧玄卿爲洺州刺史兼魏博招討副使。初,李抱真爲澤潞節度使,馬燧領河陽三城……會洺州刺史田昂請入朝,燧奏以洺州隸抱真,請玄卿爲刺史,兼充招討之副"。又見《新書·馬燧傳》、《元龜》卷四二三。

徐　濟?　　貞元初?

《姓纂》卷二諸郡徐氏:"濟,洺州刺史。"按其子徐復永貞元年爲太常博士,見《會要》卷八〇,元和中爲祠部郎中兼御史中丞,見《白居易集》卷三九。則其父徐濟當仕於貞元初,其時無洺州,疑洺州之誤。

朱　峕　　貞元中?

《隋唐五代墓誌匯編·河南卷·朱清墓誌》(大中十年十月十二日):"祖諱峕,皇正議大夫檢校户部郎中、昭義行軍司馬、魏相洺等州刺史。列考諱□,皇尚衣奉御。"朱清卒大中十年二月七日,年八十。

元　誼　　貞元十年—十二年(794—796)

《舊書·德宗紀下》:貞元十年七月壬申朔,"以昭義軍押衙王延貴爲潞府左司馬,充昭義節度留後,賜名虔休。抱真别將權知洺州事元誼不悦虔休爲留後,據洺州叛,陰結田緒"。十二年正月"庚子,元誼、李文通率洺州兵五千、民五萬家東奔田緒"。又見《新書·德宗紀》《通鑑·貞元十年》。《元龜》卷一六五、卷一七七誤作"雒州刺史"。《全文》卷四四五王行先《爲王大夫奏表》作"洛州",亦誤。

盧　項　　貞元十一年—元和二年(795—807)

《御覽》卷二六三:"德宗命王虔休幕客昭義軍節度掌書記盧項爲洺州别駕、知州事,賜緋魚袋,掌(賞)有功也。時元誼據洺州,項白虔休,請入城説下之。項見誼爲陳利害,誼請隨項歸朝,故項不次授官。"《寶刻叢編》卷六引《集古録目》:"《唐禱聰明山記》,唐洺州刺史盧項撰,不著書人名氏,昭義軍節度使盧從史禱於聰明山祠,作此記,從史并其官屬皆題名於後,以元和二年七月立。"又見《廣記》卷三八六引《玄怪録》。《元龜》卷一六五:"〔貞元〕十一年九月,昭義軍節度掌書記試祕書郎盧項爲洺州别駕知州事,賜緋魚袋,賞有功也。時元詣據洺州，項白於節度王虔休，請入城，説下之。"據此知貞元十一年盧項已知州事。《白居易集》卷一五《贈楊祕書巨源》詩注："楊嘗有《贈盧洺州》詩云：'三刀夢益州，一箭取遼城。'由是知名。"此"盧洺州"即盧項。

李光顔　　元和六年—九年（811—814）

《舊書·憲宗紀上》：元和六年五月"壬子，以振武節度阿跌光進夙彰誠節，久立茂勳，宜賜姓李氏。弟洺州刺史光顔，已從別敕處分"。元和九年"九月甲戌朔，以洺州刺史李光顔爲陳州刺史、忠武軍都知兵馬使"。又見兩《唐書》本傳、《李光進傳》，《通鑑·元和九年》。《全詩》卷三七八孟郊有《寄洺州李大夫》，當即李光顔。

田　穎　　約元和末

《白居易集》卷五三《田穎可亳州刺史制》稱：正議大夫、前檢校右散騎常侍、使持節洺州諸軍事兼洺州刺史田穎。

盧元輔　　約長慶初

《白居易集》外集卷下有《盧元輔吏部郎中制》稱："洛州刺史盧元輔……可尚書吏部郎中。"按其時洛州稱河南府，"洛州"當爲"洺州"之訛誤。

張　遵　　約長慶中

《隋唐五代墓誌匯編·洛陽卷》第十三册《邕州本管經略招□□□□邕州刺史兼御史大夫張公（遵）墓誌》（大和五年二月三日）："詔授邢州刺史，廉使奏加御史中丞，改洺州刺史。追入拜右龍武將軍知軍事。不數月，授楚州刺史。"大和四年八月六日卒，年六十二。按大和元年四月由前亳州刺史爲邕管經略使，見《舊書·文宗紀上》。

劉　軻　　開成二年—四年（837—839）

《新書·藝文志二》："劉軻《帝王曆數歌》一卷。"注："字希仁，元和末進士第，洺州刺史。"《廬山記》卷二："〔劉〕軻，元和十四年進士登第，大和初歷監察御史，四年轉殿中，開成中遷祕書丞，史館修撰學士，出爲洺州刺史。二林碑志多其手筆焉。"按"洛州"當爲"洺州"之訛誤。劉軻爲洺州刺史，又見《唐詩紀事》卷四六，《直齋書録解題》卷四。北圖藏拓片《大唐三藏遍覺法師塔銘并序》（開成四年五月十六日）："使持節洺州諸軍事守洺州刺史兼侍御史上柱國賜緋魚袋劉軻撰。""歲丁巳，開成紀元之明年，有具壽沙門曰令檢……開成四年五月十六日馮翊沙門令檢修建。""開成丁巳"，爲開成二年。

李　恬　　會昌三年（843）

《新書·劉積傳》："李石代〔劉〕沔領河東，〔劉〕積因石兄洺州刺史恬移書乞降。"《通鑑·會昌三年》：十二月，"洺州刺史李恬，石之從兄也"。

王　釗（王劍）　　會昌四年（844）

《舊書·武宗紀》：會昌四年七月，"王元逵奏邢州刺史裴問、別將高元武以城降。洺州刺史王釗、磁州刺史安玉以城降何弘敬"。《新書·武宗紀》同。

李　琢　　大中三年前（849 前）

《通鑑考異·大中十二年》云："《實録》及《新書》皆有《李琢傳》，聽之子也。大中三年，自洺州刺史除義昌節度使。九年九月，自金吾將軍除平盧節度使。"按今本《新書》本傳未及。

崔　騑　　大中時

《唐語林》卷七："李衞公性簡傲……遣馬屈白員外（敏中）至，曰：'……今翰林有闕，三兩日行出。'尋以本官充學士；出崔〔騑〕爲申州，又徙邢、洺（洺）、汾三州，後以疾廢洺下。"《廣記》卷二六五引《芝田録》："李德裕退朝歸第，多與親表裴璟無間破體笑……既而白授翰林學士；崔騑汾州刺史，續改洺州刺史，流落外任，不復更遊郎署。"按白敏中會昌二年九月十三日自右司員外郎爲翰林學士，見《重修承旨學士壁記》；又按崔駢大中十年在汾州刺史任。

楊 諲　　中和時

《隋唐五代墓誌匯編·洛陽卷》第十四册《大唐故天平軍節度副大使知節度事鄆曹濮等州觀察處置等使使持節鄆州諸軍事兼鄆州刺史楊公（漢公）夫人韋氏墓誌銘并序》（中和三年十一月二十一日）："孤子篆泣血撰奉……次兄諲，前洺州刺史。"夫人廣明二年卒。

馬 爽　　光啓元年（885）

《新書·僖宗紀》：光啓元年八月，"樂彥禎殺洺州刺史馬爽"。又見《通鑑·光啓元年》八月。

孟 遷　　龍紀元年（889）

《舊書·昭宗紀》：龍紀元年"六月辛酉朔，邢洺節度使孟方立卒，三軍推其弟洺州刺史遷爲留後"。《通鑑·龍紀元年》六月同。又見兩《五代史》本傳。

李承嗣　　約大順、景福間

《舊五代史》本傳："孟方立之襲遼州也，武皇遣承嗣設伏……獲其將奚忠信，以功授洺州刺史。"又見《元龜》卷三四七。

閻 寶　　乾寧中？

《舊五代史》本傳："自梁祖陳師河朔，争霸關西，寶與葛從周、丁會、賀德倫、李思安各爲大將，統兵四出，所至立功，歷洺、隨、宿、鄭四州刺史。天祐六年，梁祖以寶爲邢洺節度使。"

邢善益（邢行恭）　　光化元年（898）

《新書·昭宗紀》：光化元年五月"辛未，朱全忠陷洺州，刺史邢善益死之"。又《羅弘信傳》稱："光化元年……〔朱全忠〕拔洺州，執其刺史邢行恭。""行恭"即"善益"歟？又見《元龜》卷一八七，《舊五代史·梁太祖紀二》，《新五代史·葛從周傳》，《通鑑·光化元年》四月。

朱紹宗　　光化三年（900）

《新書·昭宗紀》：光化三年"八月庚辰，李克用陷洺州，執刺史朱紹宗"。又見《元龜》卷一八七，《舊五代史·梁太祖紀二》，《通鑑·光化三年》八月。

張歸厚　　天復元年（901）

《舊五代史》本傳："〔梁〕太祖録其勳，命權知洺州事……天復元年冬，真拜洺州刺史……尋授絳州刺史。"又見《梁太祖紀二》，《新五代史·張歸霸傳》，《元龜》卷一八七、卷三八六，《通鑑·天復元年》三月。

寇彦卿　　天復中

《舊五代史》本傳："累奏授檢校司徒，領洺州刺史……天復中……爲諸道馬步軍都排陣使……昭宗還京……改邢州刺史。"《新五代史》本傳略同。

袁象先　　天復三年—天祐三年（903—906）

《舊五代史》本傳："〔天復〕三年，權知洺州軍州事。天祐三年，授陳州刺史、檢校司空。"《新五代史》本傳略同。

卷一〇五　趙州(趙郡)

隋趙郡。武德元年改爲趙州。天寶元年改爲趙郡。乾元元年復爲趙州。領縣九:平棘、瘿陶(寧晉)、象城(昭慶)、柏鄉、高邑、房子(臨城)、贊皇、元氏、欒城。

張志昂　　武德元年—二年(618—619)

《元和郡縣志》卷一七趙州:"武德元年,張志昂舉城歸國,又改爲趙州。"《元龜》卷一二六:武德元年"八月,隋趙郡通守張志昂以郡來降"。《新書·高祖紀》:武德二年九月,"寶建德陷趙州,執總管張志昂"。又見兩《唐書·寶建德傳》,《通鑑·武德二年》,《元龜》卷八三二。

張道源　　武德四年(621)

《新書》本傳:"淮安王神通略定山東,令守趙州,爲寶建德所執……俄而賊平,還,拜大理卿。"《舊書》本傳未及。

郭孝恪　　約貞觀初

《舊書》本傳:"及破建德,平世充……歷遷貝、趙、江、涇四州刺史。"《新書》本傳略同。

李元慶　　貞觀九年—十年(635—636)

《舊書》本傳:"貞觀九年,拜趙州刺史……十年改封道王,授豫州刺史。"《新書》本傳略同。又見《元龜》卷二八一,《會要》卷五。

長孫無忌　　貞觀十一年—十三年（637—639）

《舊書》本傳:"〔貞觀〕十一年,令與諸功臣世襲刺史……無忌可趙州刺史,改封趙國公。"《全文》卷六太宗《功臣世襲刺史詔》同。《會要》卷四七:"貞觀十一年六月十五日,又以司空長孫無忌爲趙州刺史,改封趙國公。"《通鑑·貞觀十三年》:二月,"上既詔宗室群臣襲封刺史,左庶子于志寧以爲古今事殊,恐非久安之道,上疏争之……會司空、趙州刺史長孫無忌等皆不願之國,上表固讓……庚子,詔停世封刺史"。

杜　敖　　貞觀二十年（646）

《畿輔通志》卷一五二隆平縣有《光業寺大佛堂碑》稱:"貞觀二十年,遣左驍衛府長史長孫無忌與邢州刺史李寬、趙州刺史杜敖等僉謁塋域,畫圖進上。"

李　震（李振）　　顯慶二年—龍朔二年（657—662）

昭陵博物館藏《大唐故梓州刺史李公（震）墓誌銘并序》（麟德二年十一月）:公諱震,父今司空英國公。"永徽四年出爲使持節澤州諸軍事澤州刺史……顯慶二年,轉趙州諸軍事趙州刺史……龍朔二年,授使持節梓州諸軍事梓州刺史。"麟德二年薨。《金石補正》卷三六《信法寺彌陀像碑》:"趙州刺史李振,長史潘祐……并衣冠胄冑。"顯慶三年立。《唐文拾遺》卷一七同。此"李振"當即"李震"之誤。按兩《唐書·李勣傳》謂"長子震"。

李休烈　　高宗時

《白居易集》卷六八《海州刺史裴君夫人李氏墓誌銘并序》:"五代祖休烈,趙州刺史。高祖諱至遠,天官侍郎。"按《新書·李至遠傳》稱:父休烈,終郟令,年四十九。《新表二上》趙郡李氏亦謂"休烈,郟令",乃永徽初蒲州刺史李素立子,武后時壁州刺史李鵬（字至遠）之父。

馮 義 垂拱元年（685）

《唐文拾遺》卷五二□元質《八都壇神君實録》："昔唐堯氏作，奄有冀方。晉卿族興，裂爲趙國……八都壇者，都望八山之始壇也……刺史馮義，故御史大夫安昌公之子也……以垂拱元年十月一日依洪洞故事而興版築……其漢碑之建立也，方伯馮公在位。"按《寶刻叢編》卷六引《集古録目》稱此爲垂拱三年立，《金石補正》卷三九同。

豆盧欽望 天册萬歲元年（695）

《新書・則天皇后紀》：天册萬歲元年正月"戊子，貶豆盧欽望爲趙州刺史"。《通鑑・天册萬歲元年》同。又見兩《唐書》本傳，《新書・宰相表上》。

高 叡 聖曆元年（698）

《舊書・則天皇后紀》：聖曆元年九月，"默啜攻陷趙州，刺史高叡遇害"。《新書・則天皇后紀》《通鑑・聖曆元年》同。又見兩《唐書》本傳，《舊書・突厥傳上》，《元龜》卷六八六，《太平寰宇記》卷一九六，《廣記》卷二七一引《朝野僉載》，《全文》卷九五武皇后《誅唐波若制》。

鄭慈明？ 中宗時？

《全文》卷二二〇崔融《唐故密亳二州刺史鄭公（仁愷）碑》："有子十人……次子固忠……次子慈明，趙□□□，□□□卿，曹州刺史。"疑爲趙州刺史，約在中宗時。

張之輔 開元初

《舊書・張仁愿傳》："子之輔，開元初爲趙州刺史。"《新書・張仁愿傳》同。

韋利賓 約開元前期

《千唐誌・唐故滑州韋城縣尉孫府君（令名）墓誌銘》（殘）："中書侍郎處約之猶子……夫人京兆韋氏……趙州刺史利賓、河南府士曹利涉,並夫人之弟……夫人元子庭諤、次子庭言……相繼淪没。"無卒年、葬年。按開元三年《韋利器等造像銘》稱:前祕書少監韋利器、前遂州刺史利賓、前藍田尉利涉爲亡姊造像。

柳　儒　　開元十年(722)

《元龜》卷四九七:"〔開元〕十年六月,博州黄河堤壞……詔博州刺史李畬、冀州刺史裴子餘、趙州刺史柳儒乘傳旁午分理。"《郎官柱》户部郎中有柳儒,在韋維後,崔琳前。倉部員外有柳儒,在閻知微後,馮光嗣前。

徐嶠之　　開元十一年(723)

《全文》卷四四〇徐浩《唐徐氏山口碣石題刻》:"廣德元年八月二十一日制,復贈公嗣子故銀青光禄大夫洺州刺史上柱國嶠之左散騎常侍。洺州府君歷典趙、衢、豫、吉、湖、洺六州,開元二十四年薨。"《寶刻叢編》卷一三:"《唐香嚴寺碑》,唐銀青光禄大夫康希銑撰,趙州刺史東海徐嶠之書……碑以開元十一年六月立。"

田再思　　開元十二年(724)

《畿輔通志》卷一五二隆平縣有《光業寺大佛堂碑》,楊晉撰,行書,開元十三年六月立。稱:"玄宗時持節趙州諸軍事趙州刺史上柱國田再思……共於陵次建寺立石,楊晉爲文。"《文物》1988年第4期《隆堯唐陵·光業寺碑與李唐祖籍》稱:"開元十二年,趙州刺史上柱國田再思、象城縣令宗文素率邢、趙二州之象城、任、柏仁三縣士民將寺院整修擴建。"

李　暹　　約開元十九年—二十年(約731—732)

葉夢得《避暑録話》卷下:"余在建康,有李氏子自言唐宗室後,持其五代而上告五通,援赦書求官,縑素雖弊,字畫猶如新。其最上'廣川郡公汾州刺史李暹'一告尤精好。其初書舊銜'趙州刺史',次云'右可汾州刺史'云云。然後書告詞:先言'門下',末言'主者施行',

猶今之麻詞也。'開元二十年七月六日下'。後低項列'銀青光禄大夫守兵部尚書兼中書令集賢殿學士'云云，'蕭嵩宣，中書侍郎闕，知制誥王邱奉行'。此中書省官也……"

李　某　　約開元二十年（約 732）

《千唐誌・故泉州龍溪縣尉李君墓誌并序》（開元二十五年二月二十八日）："君，趙郡人也……陽□太守之玄孫……趙州使君之少子……丁趙州使君憂，喪過於哀……調補德州平昌丞……廿三年冬……左授泉州龍溪縣尉。"

韋明皎　　約開元二十六年（約 738）

《嘉泰吳興志》卷一四郡守題名："韋明皎，開元十八年右清道府率授，遷趙州刺史。《統記》云：二十四年。"

馮　某　　天寶四載（745）

《千唐誌・大唐故趙郡司户參軍庾公（若訥）墓誌銘并序》（天寶五載二月三十日）："初命北海郡參軍，再命新定郡司兵參軍，三命趙郡司户參軍……因白郡守馮公曰……居無何，以天寶四載八月八日遇疾，十八日終於官舍。"

馬道貞　　天寶十四載（755）

《全文》卷三四一顔真卿《攝常山郡太守衛尉卿兼御史中丞顔公神道碑銘》："天寶十四載冬十一月，禄山反……冬十二月……以中官領御騎六十，徇以南諸郡，於是趙郡殺賊刺史馬道貞，鉅鹿殺劉杯，廣平殺郭子昂，曲州殺清河太守崔審。"

郭獻璆　　天寶十五載（756）

《舊書・郭子儀傳》：天寶十五載二月，"〔子儀〕南攻趙郡……斬僞太守郭獻璆"。《新書・郭子儀傳》及《元龜》卷三五八略同。又見《通鑑・至德元載》。

陸　濟　　至德二載(757)

《新書·史思明傳》:"有詔思明爲歸義郡王、范陽長史、河北節度使……思明乃遣張忠志守幽州,假薛崿以恒州刺史,招趙州刺史陸濟使降。"又見《通鑑·至德二載》十二月。

盧　俶(盧淑)　　約乾元中—永泰中

《舊書·史朝義傳》:寶應二年正月,"又以僞官以城降者……趙州刺史盧淑、定州程元勝……並加封爵,領舊職"。《新書·史朝義傳》作"趙州刺史盧俶"。《新表三上》盧氏:"俶,趙州刺史。"乃開元中杭州、魏州刺史盧成務之姪。當即此人。《舊書·李寶臣傳》:"寶臣暮年……即殺大將辛忠義、盧俶。"按寶臣建中二年正月卒。

段慶瑀　　永泰二年(766)

《常山貞石志》卷一〇《李寶臣碑》(永泰二年七月一日立)碑陰題名有"銀青光禄大夫試太常卿權知趙州刺史兼本州團□守捉使上柱國段慶瑀"。

何　某　　大曆六年—九年(771—774)

《全文》卷四四三齊論《趙州刺史何公德政碑》:"惟六祀,大鴻臚何公再踐諸侯,奉若明命,尹兹趙人。"又見《金石補正》卷六三。末署"大曆九年七月廿七日判官通直郎行昭慶縣承(丞)齊論述并書"。

張彭老　　約大曆末

《舊書·李寶臣傳》:"寶臣暮年,益多猜忌……即殺大將辛忠義、盧俶、定州刺史張南容、趙州刺史張彭老、許崇俊等二十餘人。"按李寶臣建中二年春卒。

康日知　　約建中二年—興元元年(約781—784)

《新書》本傳:"日知少事李惟岳,擢累趙州刺史。"《舊書·李惟岳傳》:建中三年正月,"惟岳人將趙州刺史康日知以郡歸國"。又見《王武俊傳》《田承嗣傳》。又《德宗紀上》：建中三年二月，"康日知爲趙州刺史、深趙都團練觀察使"。《元龜》卷七八："〔康〕志睦父日知興元初爲趙州刺史。"又見《元龜》卷六八六、《新書·五行志三》、《酉陽雜俎》前集卷一〇及《廣記》卷四七二引。按《新書·方鎮表三》：建中三年，"置恒冀都團練觀察使，治恒州；深趙都團練觀察使，治趙州"。興元元年，"廢恒冀、深趙二觀察"。《隋唐五代墓誌匯編·陝西卷》第四册《唐故幽州盧龍軍節度衙前兵馬使朝散大夫檢校光禄卿兼監察御史會稽康公（志達）墓誌銘并序》（長慶元年五月二十五日）："考曰日知，皇朝兵部尚書、左威衛上將軍，贈尚書左僕射。以忠信奉上竭誠，建中三年將趙州拔城赴闕，拜晉慈隰等州節度使。公即僕射第四子也。"志達長慶元年卒，春秋五十四。

鄭 瓚　　貞元十四年（798）

《千唐誌·唐故朝議郎使持節光州諸軍事守光州刺史賜緋魚袋李公（潘）墓誌銘并序》（開成五年十二月廿四日）："先世趙郡贊皇人……家於常山。太守鄭公瓚性樂善，喜後進，目之爲奇童，薦於帥，特表奏聞……敕同孝廉登第，時纔年八歲。"開成五年八月三日殁於弋陽之官舍，享年五十。由此知李潘生貞元七年（791），八歲時當貞元十四年。

王 怡　　元和中

《元龜》卷一四〇："〔元和〕十二年三月，贈故冀州刺史正（王）怡尚書左僕射……怡，武俊從子，以戰功歷深、冀、趙三州刺史。承宗之叛，怡守南宫縣以當王師。及王士則爲邢州刺史，怡誠款通之。及士則去邢州，怡情頗泄於賊，遂遇害。"

王紹烈　　大中八年（854）

《唐故成德軍節度王元逵墓誌銘并序》："以大中八年十二月四日，棄邦國萬人而薨背，時年四十有三……貽厥有子三人……次曰紹烈，右散騎常侍、趙州刺史。"（《考古與文物》1983 年第 1 期）

李守宏　　咸通前

《光緒畿輔通志》卷一四四引《金石分域編》有《趙州防禦使李守宏太原王氏墓誌》，王成則撰，劉師易正書，咸通九年十月。

待考録

李士衡

《新表二上》趙郡李氏西祖房：“士衡，趙州刺史。”乃後魏散騎侍郎李休五世孫。

李嗣璘

《新書·宗室世系表上》蜀王房：“左金吾大將軍、趙州刺史嗣璘。”乃蜀王李湛玄孫。

李　靶

《新表二上》趙郡李氏東祖房：“靶，趙州刺史。”乃隋左親仗李素王曾孫。

盧士弘

《姓纂》卷三濮陽盧氏：“士弘，度支郎中、趙州刺史。”

卷一〇六　恒州（常山郡、鎮州）

　　武德元年，於石邑置恒州，尋陷。四年平竇建德，徙治所於真定。天寶元年改爲常山郡。至德元年改爲平山郡，尋復舊。乾元元年復爲恒州。興元元年升爲都督府。元和十五年改爲鎮州。領縣九：真定、稾城、九門、石邑、靈壽、行唐、井陘、鹿泉（獲鹿）、房山（平山）。

王公政　　武德五年（622）
　　《新書·高祖紀》：武德五年十二月"戊午，劉黑闥陷恒州，刺史王公政死之"。《通鑑·武德五年》同。

【補遺】趙　寵　　武德中？
　　《趙寵墓誌》（永徽三年）："君姓趙氏，名寵，字廷貴，平昌人。……仕唐至恒、濟二州刺史。永徽三年，年百有六歲而卒。"（周紹良、趙超《唐代墓誌匯編續集》，上海古籍出版社 2001 年版）

王義童　　貞觀七年（633）
　　《楊炯集》卷七《唐恒州刺史建昌公王公（義童）神道碑》："武德四年……詔除泉州都督……貞觀三年，詔遷散騎，行果州刺史……七年，詔遷銀青光禄大夫，行恒州刺史。"

李　義　　貞觀中？
　　《全文》卷二九九張嘉貞《趙州瘿陶令李懷仁德政碑》："父義，持節丹松商恒四州長史,使持節都督丹州、松州、商州、恒州等州諸軍事恒州刺史……〔懷仁〕永徽元年,以宗室子弟敕授朝議郎,行癭陶縣令。"按恒州初唐時未嘗置都督,丹、松、商三州與恒州相距遥遠,疑先後任丹州、松州、商州、恒州四州刺史歟?

于德行　　貞觀中?

《姓纂》卷二河南洛陽于氏:"德行,恒州刺史。"《新表二下》于氏同。乃隋驃騎大將軍于象賢子;永徽五年越州都督于德方兄。

裴　某　　貞觀中?

《金石補正》卷四六《經幢八種》有"常山郡守孫、河東裴君心妻胡"字樣。又神龍時立《本願寺曾慶善等造幢題名》有"幢主常山郡守孫、河東裴思禮……幢主常山郡守孫、騎都尉河東裴義全、妻李,考君心,母胡氏"。則其祖疑仕於貞觀中。

蕭　鋭　　永徽二年(651)

《大慈恩寺三藏法師傳》卷七:"〔永徽〕二年春正月壬寅,瀛州刺史賈敦頤、蒲州刺史李道裕、穀州刺史杜正倫、恒州刺史蕭鋭因朝集在京,公事之暇,相命參法師請授菩薩戒。"兩《唐書》附《蕭瑀傳》,未及恒州刺史。

李安仁　　高宗時

《舊書·李綱傳》:"子少植……少植子安仁,永徽中爲太子左庶子……後卒於恒州刺史。"《新書·李綱傳》同。又見《御覽》卷四二一。

王　某　　約高宗時

《千唐誌·大唐故郴州司士參軍王公(公度)墓誌銘并序》(天寶二載十二月壬申):"皇祖恒州刺史,皇考雲安令。"王公度天寶二年仲冬卒,年六十二。

楊德裔 高宗時

《楊炯集》卷九《常州刺史伯父東平楊公（德裔）墓誌銘》：“遷棣、曹、恒、常四州刺史，歷政清白，爲當時所重……罷歸初服，告老私庭……維文明元年夏四月某日薨於正寢，春秋八十有五。”又見補遺《伯母東平郡夫人李氏墓誌銘》。

陶大舉（陶雲） 調露元年—弘道元年（679—683）

《全文》卷九一二靈廓《唐宣州刺史陶府君德政碑》：“至調露元年授使持節恒州諸軍事守恒州刺史……至弘道元年轉授使持節宣州諸軍事守宣州刺史。”《金石録》卷四：“《唐恒州刺史陶雲德政碑》，張義咸撰，行書無名，永淳三年。”《集古録目跋尾》五：“《唐陶雲德政碑》……雲字大舉，河南伊闕人，高宗時爲恒州刺史，碑永淳三年立。”

裴　貞 天授元年（690）

《舊書·侯思止傳》：“侯思止，雍州醴泉人也……性無賴詭譎。時恒州刺史裴貞杖一判司……判司教思止説遊擊將軍高元禮，因請狀乃告舒王元名及裴貞反，周興按之，並族滅。”《新書·侯思止傳》略同。又見《通鑑·天授元年》四月，《廣記》卷二四〇引《譚賓録》。

于知微 神功元年（697）

《全文》卷二〇六姚崇《兗州都督于知微碑》：“神功之歲，復除恒、閬二州刺史……久視元年，又改授揚州大都督府長史。”

竇孝謙 約武后時

《芒洛四編》卷五《大唐前漢中郡都督府西□李少府公故夫人扶風竇氏墓誌銘并序》（天寶七載十一月二十四日）：“祖孝謙，丹、坊、鄜、恒、定、洺六州刺史。”竇氏卒天寶二載，年二十五。按《姓纂》卷九河南洛陽竇氏稱：“孝謙，洛州刺史。”“洛”殆“洺”之訛。

樊　某　　約武后時

《唐故鎮軍大將軍行右衛大將軍贈户部尚書廣平公(程伯獻)墓誌銘并序》:"夫人南陽樊氏,諱周,字大雅,司宗卿□□□□恒州刺史□之仲女……年五十四先公而□。"程伯獻卒開元十七年(《文物》1973年第3期)。

孫履中　　長安二年?(702?)

《姓纂》卷四清河孫氏:"履中,恒州刺史。"按其祖伏伽,仕貞觀中,顯慶三年卒。又按《光緒畿輔通志》卷一四五引《常山貞石志》有《常山郡守孫□等題名》,後題"長安二年歲次壬寅",未知是否孫履中。

崔　攝　　中宗時?

《新表二下》博陵安平崔氏:"攝,恒州刺史。"按其父仁師,相太宗、高宗。其兄揣,亳州刺史。

盧　盛　　開元初?

《新表三上》盧氏:"盛,恒州刺史。"乃鸞臺侍郎盧獻之子。按盧獻永昌元年在文昌左丞任,見《會要》卷五八;長壽元年貶西鄉令,見《通鑑》。則其子盧盛刺恒疑在開元初。

房光庭　　約開元前期

上圖藏拓片《唐故中大夫澧州刺史范陽盧府君(昂)墓誌銘并序》(大和三年十月二十六日):"夫人清河郡君房氏,吏部侍郎穎□之孫,恒州刺史光庭之女。"寶應二年九月卒,年六十二。

仇克義　　開元十三年後(725後)

《唐文拾遺》卷四九沙門邈《大唐本願寺三門之碑》:"本願寺者……在趙之鹿泉……常山爲鎮,俯仰形勝……太宗位天,光復釋舊,開皇福地,盡舉而存……天子將有事東夷,誅有罪也……秀師俗姓閻氏，燕趙之松柏也……（下缺）秋七月哉生魄，刺史仇克義布政施仁，鎮撫（下闕）。"《常山貞石志》卷八以《碑》稱"邠"不稱"幽"，以爲開元十三年後立。《金石補正》卷五六謂《碑》稱"獫狁之故，其業中斷"，似指安史之亂。以爲立碑在天寶之後。又以《碑》稱"鹿泉"，鹿泉天寶十五載改爲獲鹿，故又以爲在未改獲鹿前。按《姓纂》卷五有開元左衛將軍仇克義，滄州刺史。岑仲勉《姓纂四校記》謂"立碑之年，克義其殆非刺滄州乎"？考鹿泉屬恒州，疑立碑之年刺恒州，之後移刺滄州。

蕭　譧　　開元十五年（727）

《常山貞石志》卷八《花塔寺玉石佛座題字》稱："朝請大夫使持節恒州諸軍事檢校恒州刺史仍充恒陽軍使蕭譧。"文中提及開元十五年、十六年。

杜希望　　約開元二十年前（約 732 前）

《全文》卷四九六權德輿《大唐銀青光禄大夫檢校司徒同中書門下平章事太清宮及度支諸道鹽鐵轉運等使崇文館大學士岐國公（杜佑）淮南遺愛碑銘并序》："烈考諱希望，歷鴻臚卿、御史中丞，再爲恒州刺史，代、鄯二州都督，西河郡太守。"知杜希望兩任恒刺，其首次約在爲代州都督前。

韋　濟　　開元二十一年—二十四年（733—736）

《舊書·張果傳》："開元二十一年，恒州刺史韋濟以狀奏聞。"《新書·張果傳》略同。《通鑑·開元二十二年》：二月，"方士張果自言有神仙術……恒州刺史韋濟薦之，上遣中書舍人徐嶠齎璽書迎之"。《元龜》卷五三記此事稱開元二十年二月，《大唐新語》卷一〇作"開元二十三年"。《金石補正》卷五五《白鹿泉神君祠碑》稱："恒州刺史韋濟文。"《常山貞石志》卷九謂《碑》立於開元二十四年三月。《全詩》卷二一四高適有《真定即事奉贈韋使君二十八韻》，當指韋濟。按《通鑑·開元二十二年》二月作"相州刺史韋濟"，誤。詳見岑仲勉《通鑑隋唐紀比事質疑·相州刺史韋濟》條。《隋唐五代墓誌匯編·陝西卷》第三册《唐故彭城縣君劉氏墓誌銘并序》（開元二十四年四月二十三日）：“朝散大夫守京兆少尹韋濟撰……開元廿有一年……秋六月，余自幽府司馬剖符於常山，三歲徵京兆少尹。夫人歷殯所任，後克同歸。”證知開元二十一年始爲恒州刺史，二十四年遷京兆少尹。又《大唐故正議大夫行儀王傅上柱國奉明縣開國子賜紫金魚袋京兆韋府君（濟）墓誌銘并序》（天寶十三載閏十一月十一日）：“除幽州大都督府司馬，遷恒州刺史，入爲京兆少尹，未幾，又遷户部侍郎。”

李　璀　　開元中？

《新表二上》隴西李氏武陽房：“璀，恒州刺史。”乃武后相迴秀同祖從弟。

杜希望　　約開元二十七年—二十九年（約 739—741）

《舊書·杜佑傳》：“父希望，歷鴻臚卿、恒州刺史、西河太守，贈右僕射。”《新書·杜佑傳》：“父希望……右相李林甫方領隴西節度，故拜希望鄯州都督，知留後……〔牛〕仙童還奏希望不職，下遷恒州刺史，徙西河。”《全文》卷五〇五權德輿《唐丞相金紫光禄大夫守太保致仕岐國公杜公（佑）墓誌銘并序》：“父希望……恒州刺史，西河郡太守。”按杜希望開元二十六、二十七年在鄯州都督任，天寶初在西河郡太守任。

秦昌舜　　約天寶初

《全文》卷三〇九孫逖《授秦昌舜等諸州刺史制》：“敕中散大夫守常山郡太守秦昌舜等……可依前件。”按孫逖開元二十四年至天寶三載爲中書舍人，掌誥八年。見《舊書·孫逖傳》。又按昌舜天寶元年由通川郡太守移會稽太守，六載除江華太守。

張　愿　　天寶六載（747）

《千唐誌·唐齊州豐齊縣令程府君（俊）墓誌銘并序》（貞元六年

十月二十八日）："解褐恒州參軍，刺史張公愿居上不覓，惟公□任。遷青州司戶。會天寶九年冬，詔下□□□□縣令。時張移密州，公膺首舉。"程俊天寶十二載卒，享年五十七。

嚴損之　　天寶中？

《廣記》卷一四七引《定命録》："王超者，嘗爲（謂）汜水縣令嚴損之曰：'公從此爲京官訖，即爲河北二太守。'後果入爲著作郎，出爲真定太守，又改爲京（景？）城守。"按嚴損之天寶九載任會稽太守。又按《全文》卷三九二《唐故銀青光禄大夫太子左庶子嚴公（損之）墓誌銘》："其後歷太原、上谷、弋陽、餘杭、丹陽，雖風俗殊異，治效如一。"銘云："公七剖符，七著成績。"未及真定太守事。

顏杲卿　　天寶十四載（755）

《舊書》本傳："天寶十四載，攝常山太守。"《新書》本傳同。《舊書·玄宗紀》：天寶十四載十二月，"常山太守顏杲卿與長史袁履謙、賈深等殺賊將……送京師"。又《郭子儀傳》："〔天寶〕十五載正月……〔安禄山〕陷常山郡，執顏杲卿。"又見《姓纂》卷四琅邪江都顏氏，兩《唐書·顏真卿傳》，《通鑑·天寶十四載》，《元龜》卷六八六，《全文》卷三三六顏真卿《讓憲部尚書表》、卷三四一《祕書省著作郎夔州都督長史上護軍顏公神道碑》、《朝議大夫守華州刺史上柱國顏君神道碑銘》、《攝常山郡太守衛尉卿兼御史中丞顏公（杲卿）神道碑銘》、卷三三九《晉侍中右光禄大夫本州大中正西平靖侯顏公大宗碑》、卷三四〇《唐故通議大夫行薛王友顏君碑銘》、卷三四四《祭伯父豪州刺史文》、卷三九四令狐峘《光禄大夫太子太師顏真卿墓誌銘》等。《全文》卷四二蕭宗《追贈顏杲卿太子太保詔》稱："故衛尉卿兼御史中丞恒州刺史顏杲卿……可贈太子太保。"

袁履謙　　天寶十四載—十五載（755—756）

《舊書·顏杲卿傳》：天寶十四載十二月二十二日夜，杲卿、履謙殺賊，"杲卿遣子安平尉泉明及賈深、張萬幽、翟萬德，函欽湊之首，械二賊，送於京師……玄宗尋知杲卿之功，乃加衛尉卿、兼御史大夫，以袁履謙爲常山太守，賈深爲司馬”。《新書·顏杲卿傳》略同。《全文》卷三四一顏真卿《攝常山郡太守衛尉卿兼御史中丞顏公(杲卿)神道碑銘》：“天寶十四載……冬十二月……拜公衛尉卿兼御史中丞，追赴京，以履謙爲太守……制書未至，春正月……史思明寇諸郡。”《元龜》卷一三九：建中四年三月，“又贈……故常山郡太守袁履謙左散騎常侍”。

王　備　　天寶十五載(756)

《新書》本傳：“安禄山叛，拜博陵、常山太守，副河北招討。”《通鑑·至德元載》：六月，“〔李光弼〕留常山太守王備將景城、河間團練兵守常山”。七月，“河北諸郡猶爲唐守，常山太守王備欲降賊，諸將怒，因擊毬，縱馬踐殺之”。

李寶臣(張忠志)　　至德二載(757)

《舊書》本傳：“安慶緒僞署爲恒州刺史。九節度之師圍慶緒於相州，忠志懼，獻章歸國，肅宗因授恒州刺史。”又見《新書》本傳，《通鑑·至德二載》二月。

薛　崿　　至德二載(757)

《新書·史思明傳》：“有詔〔史〕思明爲歸義郡王、范陽長史、河北節度使……思明乃遣張忠志守幽州，假薛崿以恒州刺史。”《通鑑·至德二載》：十二月，“先是，慶緒以張忠志爲常山太守，思明召忠志還范陽，以其將薛崿攝恒州刺史”。

李寶臣(張忠志)　　上元元年—建中二年(760—781)

《舊書》本傳：“及史思明復渡河，僞授忠志工部尚書、恒州刺史、恒趙節度使，統衆三萬守常山。及思明敗，不受朝義之命，乃開土門路以内王師。”《新書》本傳略同。《舊書·代宗紀》：寶應元年十月“丁酉，僞恒州節度使張忠志以趙、定、深、恒、易五州歸順，以忠志檢校禮部尚書、恒州刺史，充成德軍節度使，賜姓名曰李寶臣”。又《德宗紀》

上》：建中二年正月"戊辰，成德軍節度、恒定等州觀察使、司空、兼太子太傅、同中書門下平章事、恒州刺史、隴西郡王李寶臣卒"。《金石補正》卷六〇有《成德軍節度使李寶臣碑》，永泰二年七月一日立。《全文》卷四四〇王佑有《成德軍節度使開府儀同三司檢校尚書右僕射兼御史大夫恒州刺史清河郡王李公紀功載政頌并序》。又見《舊書·王武俊傳》，《元龜》卷一六四、卷一七六，《唐語林》卷三，《全文》卷四二七于邵《送盧侍御赴恒州使幕序》。

李惟岳　　建中二年（781）

《舊書》本傳："寶臣卒時，惟岳爲行軍司馬，三軍推爲留後，仍遣使上表求襲父任，朝旨不允。"又《德宗紀上》：建中二年十一月"己巳，詔：'成德軍節度都知兵馬使、恒州刺史、襲隴西郡王李惟岳……不孝不忠，宜肆原野，削爾在身官爵。'"《新書》本傳："惟岳，少爲行軍司馬，恒州刺史。"

張孝忠　　建中二年—三年（781—782）

《舊書·德宗紀上》：建中二年"九月辛酉，以易州刺史張孝忠爲恒州刺史，充成德軍節度觀察使"。三年二月，"以張孝忠檢校兵部尚書，易定滄三州節度使"。又見兩《唐書》本傳。《全文》卷四九六權德輿《唐故義武軍使營田易定等州觀察處置使開府儀同三司檢校司空同中書門下平章事范陽郡王張公（孝忠）遺愛碑銘并序》："尋拜易州刺史……詔拜工部尚書兼御史大夫恒州刺史。"

王武俊　　建中三年—貞元十七年（782—801）

《舊書·德宗紀上》：建中三年二月，"以檢校太子賓客王武俊檢校祕書監、恒州刺史、恒冀都團練觀察使"。興元元年"六月庚子朔，升恒州爲大都督府"。又《德宗紀下》：貞元十七年六月"丁巳，成德軍節度使、恒冀深趙德棣觀察等使、恒州大都督府長史、檢校太尉、中書令、琅邪郡王王武俊薨"。又見兩《唐書》本傳，《舊書·田悦傳》，《元龜》卷一七六，《大詔令集》卷一一八、《全文》卷四六三《授王武俊司徒李抱真司空招諭朱滔制》。《寶刻叢編》卷七引《京兆金石録》有《唐成德節度王武俊先廟碑》，貞元十九年立。上圖藏拓片《唐故鳳翔節度押衙兼太子賓客弘農楊公(瞻)墓誌銘并序》稱：貞元初常山連帥太師王公，當即王武俊。《舊五代史・王鎔傳》：“遠祖没諾干，唐至德中，事鎮州節度使王武俊爲騎將。”按“至德”誤。北圖藏拓片《唐故山南東道節度押衙光禄大夫檢校太子賓客前行鄧州長史兼侍御史弘農縣開國男楊公(孝直)墓誌銘并序》（大和九年四月二十五日）：“故王令公武俊臨鎮之歲，從軍戎旃……自令公至司空，服事三代，始終如一。”孝直卒大和九年，年八十五。所謂“三代”，當指王武俊、王士真、王承宗。

王士真　　貞元十七年—元和四年(801—809)

《舊書・德宗紀下》：貞元十七年七月“辛巳，以前成德軍節度副使、檢校工部尚書、知恒府事、清河郡王王士真起復授恒州長史，充成德軍節度使”。又本傳略同。《通鑑・元和四年》：三月，“成德節度使王士真薨，其子副大使承宗自爲留後”。

王承宗　　元和四年—十五年(809—820)

《舊書・憲宗紀上》：元和四年九月“庚戌，以成德軍都知兵馬使、鎮府左司馬王承宗起復檢校工部尚書，充成德軍節度使”。又《穆宗紀》：元和十五年十月，“成德軍節度使王承宗卒，其弟承元上表請朝廷命帥”。又見本傳，《通鑑・元和十五年》，《大詔令集》卷一一九《王承宗絶朝貢敕》稱：“檢校吏部尚書兼恒州大都督府長史御史大夫上柱國王承宗。”《全文》卷六一、《元龜》卷一七七同。《全文》卷五六憲宗有《復王承宗官爵制》、卷六○有《赦王承宗詔》。《大詔令集》卷一二二作《雪王承宗詔》。《白居易集》卷五六有《與王承宗詔》。《全文》卷六四七元稹有《王承宗母吳氏封齊國太夫人制》。

田弘正　　元和十五年—長慶元年(820—821)

《舊書・穆宗紀》：元和十五年十月“乙酉，以魏博等州節度觀察等使、光禄大夫、檢校司徒兼侍中、魏博大都督府長史……田弘正可檢校司徒兼中書令、鎮州大都督府長史、成德軍節度、鎮冀深趙等州觀察處置等使"。長慶元年八月"己巳，鎮州監軍宋惟澄奏：七月二十八日夜軍亂，節度使田弘正并家屬將佐三百餘口並遇害。軍人推衙將王廷湊爲留後"。本傳略同。又見《新書·李愬傳》，《舊五代史·王鎔傳》。《元氏長慶集》卷五三有《田弘正墓誌》。

牛元翼 長慶元年—二年（821—822）

《舊書·穆宗紀》：長慶元年十月"戊辰，以深冀節度使牛元翼爲鎮州大都督府長史，充成德軍節度、鎮冀深趙等州節度使"。二年二月"丙寅，以前成德軍節度使牛元翼檢校工部尚書、襄州刺史，充山南東道節度觀察、臨漢監牧等使"。《元龜》卷一二〇、卷一七七同。又見《新書》本傳。《全文》卷六四八元稹有《授牛元翼成德軍節度使制》。

王廷湊（王庭湊） 長慶二年—大和八年（822—834）

《舊書·穆宗紀》：長慶二年二月"甲子，詔雪王廷湊，仍授鎮州大都督府長史、御史大夫，充成德軍節度、鎮冀深趙等州觀察等使"。又《文宗紀下》：大和八年十一月，"成德軍節度使王廷湊卒"。又見兩《唐書》本傳，《元龜》卷一七七，拓本《王元逵墓誌》等。《大詔令集》卷一二二有《赦鎮州德音》，卷六五二有《雪王廷湊詔》。《全文》卷六七、卷七一同。《唐語林》卷六有"鎮州王庭湊始生"時事。《白居易集》卷五一有《王庭湊曾祖祖父贈官制》。〔日〕圓仁《入唐求法巡禮行記》：開成五年，"此莊即趙州前節度使王大尉之莊"。按自元和至開成年間，趙州未設節度使。時趙州屬成德節度使管轄，所謂"趙州前節度使王大尉"當指前成德節度使兼鎮州大都督府長史王廷湊。王廷湊死後，"册贈太尉"，見《舊書》本傳。

王元逵 大和八年—大中八年（834—854）

《舊書》本傳："廷湊卒……乃起復檢校工部尚書、鎮州大都督府長史。"又《文宗紀下》：大和九年正月"乙卯，以鎮州左司馬王元逵起復定遠將軍、守左金吾衛大將軍、檢校工部尚書，充成德軍節度使、鎮冀深趙觀察等使”。《通鑑·大中九年》：“正月甲申，成德軍奏節度使王元逵薨，軍中立其子節度副使紹鼎。”又見兩《五代史·王鎔傳》。《大詔令集》卷一二○李德裕會昌三年七月《討潞州劉稹制》稱王元逵爲“成德軍節度鎮冀深趙等州觀察處置等使金紫光禄大夫檢校司徒兼鎮州大都督府長史”，卷六○《王元逵同中書門下平章事》同。又見《全文》卷六九七、卷六九八。《唐故成德軍節度鎮冀深趙等州觀察處置等使光禄大夫檢校司徒兼太傅同中書門下平章事兼鎮州大都督府長史贈太師王公(元逵)墓誌銘并序》：“以大中八年十二月四日棄邦國萬人而薨背，時年四十有三。”(《考古與文物》1983年第1期《唐成德軍節度使王元逵墓清理簡報》)

＊李　澤　　大中九年(855)

《全文》卷七九宣宗《授濮王澤成德軍節度使制》：“濮王澤……可開府儀同三司守鎮州大都督充成德軍節度、鎮冀深趙等州觀察處置等使，封如故。”《大詔令集》卷三六注此制爲“大中九年正月二十四日”，唯“鎮州”誤作“潁州”。按兩《唐書》本傳未及。

王紹鼎　　大中九年—十一年(855—857)

《舊書》本傳：“時爲鎮州大都督府左司馬、知府事、節度副使、都知兵馬使。起復授檢校工部尚書、鎮府長史、成德軍節度、鎮深冀趙觀察等使。”《通鑑·大中九年》：正月“癸卯，以〔王〕紹鼎爲成德留後。”《大中十一年》：“八月，成德節度使王紹鼎薨。”又見兩《五代史·王鎔傳》。《王元逵墓誌》：“貽厥有子三人……伯曰紹鼎，起復成德軍節度，鎮冀深趙等州觀察處置等使，雲麾將軍，守左金吾衛大將軍員外置同正員，檢校兵部尚書，兼鎮州大都督府長史，御史大夫。”

＊李　汭　　大中十一年(857)

《大詔令集》卷三六《昭王汭成德軍節度制》：“昭王汭……可開府儀同三司守鎮州大都督、充成德軍節度、鎮冀深趙等州觀察處置

等使……大中十一年八月二十日。"《全文》卷八〇同。兩《唐書》本
傳未及。《舊書·王紹鼎傳》："紹鼎卒，宣宗以昭王汭爲鎮州大都
督、成德軍節度使。"按《舊書·宣宗紀》稱汭爲"守鎮州大都督府長
史"，誤。

王紹懿　　大中十一年—咸通七年（857—866）

《舊書·宣宗紀》：大中十一年八月，"以成德軍節度副使、都知兵
馬使、左司馬、知府事、御史中丞王紹懿爲成德軍副使留後"。又《懿
宗紀》：咸通七年"三月，成德軍節度、鎮冀深趙等州觀察處置等使、金
紫光禄大夫、檢校司空、鎮州大都督府長史、御史大夫……王紹懿卒，
贈司徒……三軍推紹鼎子景崇知兵馬留後事"。又見《舊書·王紹鼎
傳》《新五代史·王鎔傳》。

王景崇　　咸通七年—中和三年（866—883）

《舊書·懿宗紀》：咸通七年"八月，鎮州王景崇起復忠武將軍、左
金吾衛將軍同正、檢校右散騎常侍，兼鎮州大都督府左司馬、知府事、
御史中丞，充成德軍節度觀察留後"。本傳同。《通鑑·中和三年》：
正月，"成德節度使常山忠穆王王景崇薨，軍中立其子節度副使鎔知
留後事，時鎔生十年矣"。《全文》卷八九僖宗《册王景崇常山郡王
文》："維乾符五年歲次戊戌十二月壬戌三日甲子皇帝若曰……成德
軍節度使鎮冀深趙等州觀察處置等使開府儀同三司檢校太尉兼中書
令、鎮州大都督府長史、上柱國……王景崇……册爾爲常山郡王。"
《大詔令集》卷六一同。又見《舊五代史·唐武皇紀上》，兩《五代史·
王鎔傳》。

王　鎔　　中和三年—天祐四年（883—907）

《通鑑·中和三年》：二月，"以王鎔爲成德留後"。七月，"以成德
留後王鎔、魏博留後樂行達、天平留後朱瑄爲本道節度使"。又見《舊
書》本傳，《舊五代史·梁太祖紀二》，兩《五代史》本傳，《廣記》卷二〇
〇引《北夢瑣言》。

待考録

王奇哲

《全文》卷五○○權德輿《故鄜州伏陸縣令贈左散騎常侍王府君(崇術)神道碑銘》:"天寶八年春正月考終命於濮陽縣,享年七十二……有子三人:長曰奇哲……積功勞至恒州刺史,蹈難以没,不害於仁。"

李迴秀

《廣記》卷二三六引《朝野僉載》:"張易之爲母阿臧造七寶帳……阿臧與鳳閣侍郎李迴秀私通,逼之也……出爲恒州刺史。易之敗,阿臧入官,迴秀被坐,降爲衛州長史。"按《朝野僉載》卷三作"衡州刺史",兩《唐書·李迴秀傳》謂坐贓貶廬州刺史,均未及恒州刺史。《舊書·五行志》謂出爲定州刺史。

卷一〇七 冀州（魏州、信都郡）

隋信都郡。武德初改爲冀州。六年置總管府，移治所於下博。後改都督府。貞觀元年廢都督府，移州治於信都。龍朔二年改爲魏州都督府。咸亨三年復爲冀州。天寶元年改爲信都郡。乾元元年復爲冀州。領縣九：信都、南宫、堂陽、棗强、武邑、衡水、阜城、下博、武强。

麴　稜（鞠稜）　　*武德元年—四年（618—621）*

《姓纂》卷一〇東萊鞠氏："唐有冀州刺史鞠稜。"《通鑑·武德元年》：六月"丙申，隋信都郡丞東萊麴稜來降，拜冀州刺史"。又《武德四年》："十二月乙卯，劉黑闥陷冀州，殺刺史麴稜。"又見《新書·高祖紀》《竇建德傳》，《通鑑·武德元年》十一月，《元龜》卷一二六、卷九二二。

齊善行（齊若行）　　*約武德六、七年（約623、624）*

《姓纂》卷三清河齊氏："唐冀州總管齊若行，狀云：齊受之後。"按《通鑑·武德四年》：六月"壬申，齊善行以洺、相、魏等州來降"。作"善行"。《文館詞林》殘簡《與馮盎敕》亦稱齊善行貞觀初代劉感爲廣州都督。則《姓纂》之"若行"當爲"善行"之誤。其爲冀州總管當在武德六、七年間。

丘師利　　*約武德末*

《姓纂》卷五河南丘氏："師利，左監門大將軍，冀州刺史、都督，譚國公。"按《舊書·高祖紀》：大業十三年九月，"鄡縣賊帥丘師利、李仲文……等，合衆數萬來降"。《會要》卷四五武德九年九月叙論功封爵稱"初，將軍丘師利等咸自矜其功"云云。

鄧　暠　　約貞觀初

上圖藏拓片《大唐故開州司馬鄧府君（賓）誌石銘并序》（開元十二年四月二十日）："高祖暠……皇家受命，拜金紫光禄大夫、營州總管，累遷散騎常侍，冀魏二州刺史。"賓開元十年卒，年四十二。按大業末有遼西大守鄧暠，見《隋書·李景傳》。其刺冀約在貞觀初。

許　某　　貞觀七年（633）

《唐文拾遺》卷六三《大唐孝昌公許君墓碑》："（缺）七年入朝，加授大中大夫，使持節冀州刺史。""二年，有詔追遷太僕少卿"，"長史公以儀鳳三年正月薨於汾州之官舍，春秋六十有二（缺）。嗣孫崇藝，易州司馬"。按儀鳳之前唯貞觀有七年。又按王得臣《麈史》卷中碑碣定碑主爲許智仁，岑仲勉《姓纂四校記》以爲非，應存疑。

李興公　　貞觀十一年（637）

《新書·地理志三》冀州信都縣注："東二里有葛榮陂，貞觀十一年，刺史李興公開，引趙照渠水以注之。"

李孝義　　貞觀中

《全文》卷三七一李軫《泗州刺史李君（孟犨）神道碑》："烈祖諱孝義，武德初，封安永郡王；貞觀中改封膠西郡公，銀青光禄大夫，司農卿，上柱國，冀、貝等州刺史。"

裴萬頃　　貞觀中

《新表一上》洗馬裴氏："萬頃，冀州刺史。"按貞觀四年萬頃爲衛州刺史。

李君平　　貞觀中？

《新表二上》隴西李氏姑臧房：“君平，冀州刺史。”按其父疑之，字惠堅，光州中從事；其伯父行之，字義通，隋唐州下溠郡太守。其同祖從兄玄道，唐初秦府學士，常州刺史。

鄭德本　　貞觀二十三年—永徽元年（649—650）

《元龜》卷六七七：“薛大鼎貞觀中爲滄州刺史，大鼎與瀛州刺史賈敦頤、冀州刺史鄭德本俱有美政，河北號鐺腳刺史。”按《新書·薛大鼎傳》謂“鄭德本在瀛州，賈敦頤爲冀州”，乃兩州名誤倒。《舊書·薛大鼎傳》稱“曹州刺史鄭德本”，疑誤。按賈敦頤貞觀二十三年至永徽元年在瀛州刺史任，則鄭德本亦當同時在冀州刺史任。

王　湛　　約永徽、顯慶間

《楊炯集》卷八《瀘州都督王湛神道碑》：“高祖受禪……稍遷虞部郎中。丁烈侯艱，去職。尋起爲隴西別駕、商郿二州刺史、上柱國、荆州大都督府司馬、冀州刺史……龍朔三年，遷使持節都督瀘榮溱珍四州諸軍事瀘州刺史。”《全文》卷二一五陳子昂《申州司馬王府君墓誌》：“祖儉，隋離石郡守、唐石州刺史……父湛，唐虞部郎中，荆州大都督府司馬，商、壁、郿、許、冀五州刺史，加銀青光禄大夫、瀘州都督。”

丘行恭　　約顯慶時

《舊書》本傳：“高宗嗣位，歷遷右武候大將軍、冀陝二州刺史，尋請致仕，拜光禄大夫。麟德二年卒，年八十。”《新書》本傳略同。

楊　越　　龍朔中

《全文》卷二一四陳子昂《唐故朝散大夫梓州長史楊府君（越）碑銘》：“龍朔中，天子將觀兵於東夷……是歲授公朝散大夫，除冀州司馬，又轉魏州司馬，皆知州事……麟德初，兼梓州長史。”

李孝協　　龍朔末—麟德元年(?—664)

《舊書》本傳:"貞觀初,以屬疏例降封郇國公,累遷魏州刺史。麟德中,坐受贓賜死。"《通鑑·麟德元年》:四月,"魏州刺史郇公孝協坐贓,賜死"。《元龜》卷五八作"麟德元年二月丙午"。又見《新書》本傳,《元龜》卷二八一。

蘇良嗣　　高宗時

《新書》本傳:"始,良嗣爲洛州長史,坐僚婿累,下遷冀州刺史。"又見《大唐新語》卷七,《元龜》卷八五〇。《舊書》本傳未及。唯云:"遷荊州大都督府長史……永淳中,爲雍州長史。"

李思文　　垂拱四年(688)

北圖藏拓片《大唐冀州刺史息武君(欽載)墓誌銘并序》(垂拱四年十二月廿八日):"本姓徐氏,皇運肇興,□□□佐經綸之業,賜以國姓。洎聖母神皇之臨天下,其父思文表忠貞之節,又賜同□聖氏,仍編貫帝鄉……祖勣,司空、上柱國、英國公,贈太尉、揚州大都督,諡貞武公……□(父)歷任嵐、饒、潤等州刺史,再除太僕少卿兼知隴西事,又加銀青光禄大夫、上柱國、衛縣開國公,檢校并州大都督府長史、清源道總管,除冀州刺史。"息調露元年八月四日卒于隴西大使之館,春秋十五。垂拱四年改葬,時思文當在冀刺任。

陳　璲　　約武后時

《姓纂》卷三洛陽陳氏:"夏官郎中、冀州刺史璲。"按《英華》卷四一四李嶠有《授陳璲涼州都督府長史制》。

李崇嗣　　約武后時

《新書·宗室世系表上》蔡王房:"平原王崇嗣,丹、冀、貝三州刺史,宗正卿,諡曰懿。"乃隋右領軍大將軍李安(玄德)孫。

李懷遠　　武后時

《舊書》本傳:"出爲邢州刺史,以其本鄉,固辭不就,改授冀州刺史。俄歷揚、益等州大都督府長史,未行,又授同州刺史……入爲太子左庶子,兼太子賓客,歷遷右散騎常侍、春官侍郎。大足年,遷鸞臺侍郎,尋同鳳閣鸞臺平章事。"《新書》本傳略同。

蘇　瓌　　武后時

《全文》卷二三八盧藏用《太子少傅蘇瓌神道碑》:"出爲朗州刺史,轉歙州刺史……檢校冀州刺史,累遷汾、鼎、同、汴、揚、陝……九爲牧,而循良之績著於州郡。"景雲元年十一月卒。兩《唐書》本傳未及,唯云:長安中,累遷揚州大都督府長史。神龍初,入爲尚書右丞。

陸寶積　　萬歲通天元年(696)

《姓纂》卷一〇河南洛陽陸氏:"寶積,屯田郎中,冀州刺史。"《舊書·則天皇后紀》:萬歲通天元年十月,"孫萬斬攻陷冀州,刺史陸寶積死之"。又見《新書·則天皇后紀》,兩《唐書·北狄傳》,《通鑑·萬歲通天元年》,《太平寰宇記》卷一九九,《全文》卷二三三張説有《爲河内王作祭陸冀州文》。"陸冀州"當即寶積。

馬行慰　　萬歲通天元年(696)

《全文》卷二二五張説《爲河内郡王武懿宗平冀州賊契丹等露布》稱:"斬獲……逆賊河北道招慰大使冀州刺史馬行慰……逆賊冀州長史王宏允……等魁首巨蠹三百餘人。"當爲契丹陷冀州、殺陸寶積後所授者。

房先質　　約武后、中宗時

《隋唐五代墓誌匯編·陝西卷》第四册《大唐法雲寺尼辨惠禪師神道誌銘并序》(天寶十四載二月十二日):"曾祖父皇金紫光禄大夫衛尉卿贈兵部尚書清河忠公諱仁裕,王父皇銀青光禄大夫冀州刺史膠東成公諱先質。"禪師卒天寶十三載,年五十三。按房仁裕永徽四年爲揚州大都督府長史,見《舊書·高宗紀上》,其子先質約仕武后至中宗時。

王 瑱　　中宗時？

《廣記》卷一二一引《朝野僉載》:"唐冀州刺史王瑱,性酷烈。"

李 晄　　中宗、睿宗時？

《新表二上》趙郡李氏:"晄,冀州刺史。"按其叔李嶠,相武后。

宋 璟　　約先天元年(約712)

《舊書》本傳:"太平公主謀不利於玄宗……乃貶璟爲楚州刺史。無幾,歷魏、兗、冀三州刺史,河北按察使。遷幽州都督、兼御史大夫。"《新書》本傳稱"歷兗冀魏三州"。《全文》卷三四三顏真卿《有唐開府儀同三司行尚書右丞相廣平文貞公宋公(璟)神道碑銘》:"繇是貶楚州刺史。主亦竟以凶終。無何,復拜銀青,歷魏、兗、冀三州兼河北按察使,尋遷幽州都督。"又見《金石録》卷二八《唐宋璟碑跋》。

平嗣先(平嗣光)　　開元二年(714)

《元龜》卷一五二:"先天三年正月……冀州刺史平嗣先久闕温清之禮,并解見任。"按先天無三年,疑即開元二年。《全文》卷七五○杜牧《李玕貶撫州司馬制》:"昔開元致理之初,冀州刺史平嗣光闕温清之禮,遂奪其官,放歸田里。"

韋 玢　　開元三年(715)

《通鑑·開元三年》:十二月,"尚書左丞韋玢……乃除冀州刺史"。

趙 通　　開元五年(717)

《金石補正》卷五二《開業寺石佛堂碑》(唐開元十二年三月立):"五年,天水公衛尉卿冀州刺史趙郡侯趙通靈根入净……"又見卷七八《净土石佛堂記》。

田 宏　　約開元前期

《金石補正》卷六六《唐故淮南節度討擊副使光禄大夫試殿中監

兼泗州長史田府君（佚）墓誌銘并序》：“高祖宏，皇光禄大夫、靈冀等州刺史。”佚貞元三年七月七日卒，春秋五十一。又貞元十一年八月廿七日合祔誌稱“曾祖宏”。《唐文拾遺》卷二三田益《唐故泗州長史試殿中監京兆田府君墓誌銘并序》亦作“曾祖宏，唐故光禄大夫、驃騎大將軍、靈冀等州刺史”。

李　澄（李鐵誠）　　約開元前期

《舊書·李慎傳》：“中興初，追復官爵，令以禮改葬。封慎少子鐵誠爲嗣紀王，後改名澄……開元初，歷德、瀛、冀三州刺史，左驍衛將軍，薨。”又見《元龜》卷二八一、卷二八四。

裴子餘　　開元十年（722）

《舊書》本傳：“開元初，累遷冀州刺史，政存寬惠，人吏稱之。又爲岐王府長史，加銀青光禄大夫。十四年卒。”《新書》本傳略同。《元龜》卷四九七：“〔開元〕十年六月，博州黄河堤壞……詔博州刺史李畬、冀州刺史裴子餘、趙州刺史柳儒乘傳旁午分理。”《芒洛四編》卷六《唐故太子司議郎盧府君（寂）墓誌銘并序》：“夫人河東裴氏，祖守忠，寧州刺史。父子餘，銀青光禄大夫，給事中，冀州刺史。”又見《全文》卷三一二孫逖《唐齊州刺史裴公（耀卿）德政碑》。

張九齡　　開元十四年（726）

《舊書》本傳：“〔張〕說果爲〔宇文〕融所劾，罷知政事，九齡亦改太常少卿，尋出爲冀州刺史。九齡以母老在鄉，而河北道里遼遠，上疏固請換江南一州……優制許之，改爲洪州都督。”《新書》本傳略同。《全文》卷四四〇徐浩《唐尚書右丞相中書令張公（九齡）神道碑》：“出冀州刺史……改洪州都督，徙桂州都督。”叢刊本《曲江集》附録有《授冀州刺史制》，末署“開元十四年五月十四日”。

裴耀卿　　開元十六、十七年（728、729）

《舊書》本傳：“〔開元〕十三年，爲濟州刺史……又歷宣、冀二州刺史，皆有善政，入爲户部侍郎。二十年，禮部尚書、信安王禕受詔討契丹，詔以耀卿爲副。"《新書》本傳略同。《全文》卷三一二孫逖《唐齊州刺史裴公（耀卿）德政碑》："自宣城守改授冀州……入拜户部侍郎。"又見卷四七九許孟容《唐故侍中尚書右僕射裴公（耀卿）神道碑銘并序》、卷二九七裴耀卿《請緣河置倉納運疏》、《元龜》卷四九八。按開元十四、十五年在宣州刺史任。

李道堅　　開元中

《舊書·李靈夔傳》："次子藹……神龍初，追復靈夔官爵，仍令以禮改葬。封藹子道堅爲嗣魯王……景龍四年，加〔道堅〕銀青光禄大夫，歷果、隴、吉、冀、洺、汾、滄等七州刺史，國子祭酒。開元二十二年，兼檢校魏州刺史，未行，改汴州刺史、河南道採訪使。"又見《元龜》卷二八一。《新書·李靈夔傳》唯云"七爲州刺史"。

張　據　　開元中

北圖藏拓片《故范陽張君（謡）墓誌銘并序》（開元二十七年十月十一日）："故冀州刺史據，即君之大門也。今營府録事淳，即君之嚴父也。"謡卒時年十四。無卒年。

崔庭玉　　開元中

《新表二下》崔氏清河大房："庭玉，右驍衛將軍，冀州刺史。"乃延載時杭州刺史崔元獎子，天寶十二載濮州刺史孝童（季重）父。《廣記》卷三七九引《廣異記》："崔明達，小字漢子，清河東武城人也。祖元獎，吏部侍郎、杭州刺史。父庭玉，金吾將軍，冀州刺史。"北圖藏拓片《故壽安縣主簿鄭君夫人崔氏墓誌銘并序》（天寶十二載十一月二十九日）："祖元獎府君，皇吏部侍郎、杭州刺史。父庭玉府君，皇冀州刺史兼右金吾將軍……夫人即冀州府君之長女也。"天寶十二載卒，年六十一。

王上客　　開元中

《全文》卷六〇九劉禹錫《唐故監察御史贈尚書右僕射王公

（俊）神道碑》："大父上客,高宗封嶽,進士及第……累遷……冀州刺史、靈州都督。"按開元十六年王上客在婺州刺史任。

源　復　　開元二十七年(739)

《寶刻叢編》卷六引《訪碑録》："《唐敕冀州刺史源復詔》,唐明皇書,在州治。"又云："《唐述刊勒手詔碑》,唐王端撰,田琦八分書并題額,開元二十七年。"《全文》卷三二玄宗有《敕冀州刺史原復邊仙觀修齋詔》,"原"當爲"源"之誤。《廣記》卷六三引《廣異記》："唐開元末,冀州棗强縣女道士邊洞玄……與諸弟子及法侣等辭訣。時刺史源復,與官吏百姓等數萬人,皆遥瞻禮。"

蘇有德(蘇遏)　　天寶中

《廣記》卷四〇〇引《博異志》謂:天寶中,有扶風蘇遏,改名有德,"遂閉户讀書,三年,爲范陽請入幕。七年内,獲冀州刺史"。

徐　琇(徐秀)　　天寶十二載(753)

《姓纂》卷二東海郯州徐氏："琇,冀州刺史。"《新表五下》北祖上房徐氏："琇,冀州長史。"《顔魯公集》卷八《朝議大夫贈梁州都督上柱國徐府君(秀)神道碑銘》稱:"〔天寶〕十二載春三月拜信都郡長史,不幸感疾,天寶十三載秋七月九日終於郡之官舍,春秋七十。"徐秀,疑即徐琇,則當爲長史,《姓纂》誤。然猶疑其以長史知州事乎? 姑存之。

烏承恩　　至德元載—二載(756—757)

《通鑑·至德元載》:七月,"時信都太守烏承恩麾下有朔方兵三千人……承恩,承玼之族兄也"。十一月,"〔史〕思明引兵圍烏承恩於信都,承恩降……思明送承恩詣洛陽,禄山復其官爵"。又《乾元元年》:六月,"及安慶緒敗,承恩勸思明降唐……〔思明〕遂榜殺承恩父子,連坐死者二百餘人"。《新書·烏承玼傳》："始,承恩爲冀州刺史,失守,思明護送東都,故肅宗使自雲中趨幽州開説思明,與承玼謀投斆殺之，不克，死。"又見《新書·史思明傳》。

史朝義　　至德二載—乾元元年(757—758)

《通鑑·至德二載》：史思明降唐，"命其子朝義將兵五千人攝冀州刺史……烏承恩所至宣布詔旨……雖相州未下，河北率爲唐有矣"。

柳良器　　肅宗時？

《姓纂》卷七河東解縣柳氏："良器，冀州刺史。"《新表三上》柳氏同。其曾祖柳亨，永徽五年爲岐州刺史。其從兄柳渙、柳澤皆仕開元中，則良器爲冀州刺史不能遲過肅宗時。

源　恒　　永泰中—約建中初

《常山貞石志》卷一〇《李寶臣碑》(永泰二年七月一日立)碑陰題名有"金紫光禄大夫、試祕書監、使持節冀州諸軍事兼冀州刺史、充本州團練守捉使、同成德軍節度副使、上柱國、臨汝郡開國公源恒"。

鄭　詵　　建中二年(781)

《通鑑·建中三年》："正月丙寅，李惟岳遣兵與孟祐守束鹿，朱滔、張孝忠攻拔之，進圍深州，惟岳憂懼……使妻父冀州刺史鄭詵權知節度事，以待朝命。"

王士清　　元和元年(806)

《舊書》本傳："元和初，爲冀州刺史、御史大夫，封北海郡王，早卒。"按《元龜》卷一二九謂"貞元初，封士貞弟冀州刺史士清爲北海郡王"。《隋唐五代墓誌匯編·洛陽卷》第十四册《唐故定州節度使檢校尚書右僕射贈太子少保陳公(君賞)夫人王氏墓誌銘并序》(咸通八年十月十四日)："〔武俊〕生冀州刺史刑部尚書諱士清。"

王　怡　　元和中

《元龜》卷一四〇："〔元和〕十二年三月，贈故冀州刺史正(王)怡尚書左僕射……恰，武俊從子，以戰功歷深、冀、趙三州刺史。承宗之叛，怡守南宮縣以當王師。及王士則爲邢州刺史，怡誠款通之。及士則去邢州，怡情頗泄於賊，遂遇害。"

楊孝直　元和十四年(819)

上圖藏拓片《唐故山南東道節度押衙光禄大夫檢校太子賓客前行鄧州長史兼侍御史楊公(孝直)墓誌銘并序》(大和九年四月二十五日)："元和十二年權深州刺史，至十四年改攝冀州刺史。"大和九年三月卒。又見《襄陽冢墓遺文》。

王進岌　元和十五年—長慶元年(820—821)

《全文》卷六四九元稹《授王進岌冀州刺史制》："敕元從奉天定難功臣行右羽林大將軍兼御史大夫王進岌……可開府儀同三司使持節行冀州刺史兼御史大夫充本州團練守捉使。"《舊書·穆宗紀》：長慶元年八月"癸酉，王廷湊遣盜殺冀州刺史王進岌，據其郡"。又見《新書·穆宗紀》《王庭湊傳》，《通鑑·長慶元年》。

吳暐潛　長慶元年(821)

《舊書·穆宗紀》：長慶元年八月辛巳，"冀州刺史吳暐潛爲幽州兵所逐"。又見《元龜》卷一二三。

王景儒　約乾符中

《闕史》卷下《盧相國指揮鎮州事》："先是常山帥王景崇者……乃上表，其略曰……臣弟冀州刺史檢校工部尚書景儒，自委郡符，亟聞美政……請回臣官，榮授景儒一鎮。"

梁公儒　唐末

歐陽修《集古録跋尾·唐梁公儒碑》稱：公儒當王鎔時爲冀州刺史以卒。

待考録

王　頊　　約開元中

《新表二中》太原王氏：“頊，冀州刺史。”乃北齊膠州刺史王野文玄孫。

李元恪

《新表二上》隴西李氏姑臧房：“元恪，冀州刺史。”乃都官員外郎李尚德弟。

竇靈獎

《新表一下》竇氏：“靈獎，信都郡太守。”乃竇德藏之子。《姓纂》卷九河南洛陽竇氏作“虛獎，右屯田將軍”。又按竇德藏乃唐初人，其子不能遲至天寶中爲信都郡太守。疑《新表》誤。

沈從道

《姓纂》卷七吳興武康縣沈氏：“從道，右司郎中，冀州刺史。”乃沈士衡孫，沈餘慶子。

柳　贊

《姓纂》卷七河東解縣東眷柳氏：“贊，冀州刺史。”按《新表三上》柳氏作“贊，翼州刺史”。未知孰是。又按，據《新表》，贊乃江州刺史柳貞望從祖。

卷一○八　深州(饒陽郡)

武德四年以定州之安平、瀛州之饒陽置深州。貞觀十七年州廢，縣還故屬。先天元年復置。天寶元年改爲饒陽郡。乾元元年復爲深州。領縣四:陸澤、饒陽、安平、鹿城(束鹿)。

裴　晞　　武德四年(621)

《新書·高祖紀》:武德四年八月"辛亥，深州人崔元遜殺其刺史裴晞，叛附於劉黑闥"。又見《劉黑闥傳》,《通鑑·武德四年》八月。

崔元遜　　武德四年—六年(621—623)

《通鑑·武德四年》:"初，竇建德以鄱陽崔元遜爲深州刺史，及劉黑闥反，元遜與其黨數十人謀於野……執刺史裴晞殺之，傳首黑闥。"《新書·劉黑闥傳》:"饒陽賊崔元遜攻陷深州，殺刺史裴晞應之(黑闥)……五年……明年正月，〔黑闥〕馳至饒陽……黑闥所署總管崔元遜迎拜，延之入……車騎諸葛德威勒兵前……遂執詣皇太子所斬之。德威舉郡降，山東遂定。"

諸葛德威　　武德六年(623)

《舊書·劉黑闥傳》:武德六年二月，"黑闥爲王師所蹙……比至饒陽……黑闥所署饒(深)州刺史諸葛德威出門迎拜，延之入城……黑闥乃進至城傍，德威勒兵執之，送於〔李〕建成，斬於洺州，山東復定"。又見《通鑑·武德六年》正月。按《新書·劉黑闥傳》謂諸葛德威爲"車騎"，謂崔元遜爲"〔深州〕總管"。

成君綽（成綽）　　武德中

孫思邈《千金翼方》卷二六："安康公李襲譽稱：'武德中出鎮潞州……時有深州刺史成君綽，忽患頸腫……'"（《文獻》1987 年第 1 期馮漢鏞《從兩部千金看醫書中的史料》）《楊炯集》卷七《唐贈荆州刺史成公（知禮）神道碑》："父綽，隋金紫光禄大夫，唐深州刺史、上柱國，天子大夫，金章紫綬；天王使者，皁蓋朱輪。"疑成綽即成君綽。

張士儒　　約貞觀初

洛陽關林藏《大周故朝散大夫□□大都督府郲縣令張君（愃）墓誌銘》（神功元年十月二十二日）："曾祖士儒，唐使持節深州諸軍事深州刺史。"上圖藏拓片《唐潞州潞城縣令張忱墓誌》（天册萬歲元年十月廿八日）："曾祖士儒，唐持節深州刺史，定遠郡公。"乃唐初張公謹之父。北圖藏拓片《故荆州大都督郲襄公孫女（張無量）墓誌》（咸亨二年四月廿二日）："曾祖士儒，皇朝深州刺史，定遠郡公。祖公謹，荆州大都督郲襄公。"公謹貞觀中卒，享年三十九，見《舊書·張公謹傳》。則其父爲深州刺史當在貞觀初。又按《舊書·經籍志上》有《演孝經》十二卷，張士儒撰。

韋　璉　　開元初？

《姓纂》卷二東眷韋氏大雍州房："璉，深州刺史。"按其從姪韋利賓，開元三年爲遂州刺史；韋利器，開元八年爲睦州刺史。韋璉刺深州計其時似應在武后時。然其時無深州，則疑在開元初。《郎官柱》祠部員外有韋璉，在韋顏後，蕭槀前，時代不合。

許欽淡（許欽澹）　　開元中

《姓纂》卷六安陸許氏："欽淡，深州刺史。"《新表三上》安陸許氏同。按欽淡開元八年爲營州都督、除平盧節度，見《舊書·契丹傳》及《會要》卷七八。

崔 恪　　開元中

《千唐誌・故齊州禹城縣令隴西李府君（庭訓）夫人清河崔氏墓誌銘并序》（燕順天二年十一月十日）："夫人諱上真，故深州刺史恪之長女。"李庭訓卒開元廿三年。崔夫人卒開元十年，春秋五十六。

段崇簡　　約開元二十一年（約 733）

《朝野僉載》卷三："深州刺史段崇簡性貪暴，到任令里正括客，云不得稱無。"北圖藏拓片《段使君德政頌》（開元二十三年閏十月二十三日）："無何轉□府□□，原州刺史……遂□京兆少尹……轉代、深□貳州刺史……定州刺史上柱國。"按開元十九年段崇簡爲代州都督，開元二十三年在定州刺史任，則其刺深州約在開元二十一年。

宋庭璘　　約開元中

《姓纂》卷八廣平宋氏："庭璘，兵部郎中、深州刺史。"按其兄庭瑜，開元中爲慶州都督、廣州都督。

戴休琁　　天寶中

《千唐誌・唐齊州豐齊縣令程府君（俊）墓誌銘并序》（貞元六年十月二十八日）："妣譙縣君戴氏，倉部郎中、饒陽潁川二太守休琁之伯姊也。"

林萬寵　　天寶中

《直齋書録解題》卷一六："《林蘊集》一卷，唐邵州刺史林蘊復夢撰……蘊父披，蘇州別駕……而披之父爲饒陽郡守，祖爲瀛州刺史。"《閩書》卷一○五《林披傳》："父萬寵，饒陽太守。"

盧全誠　　天寶十四載—至德元載（755—756）

《新表三上》盧氏："全誠，饒陽太守。"《新書・玄宗紀》：天寶十四載十二月，"饒陽郡太守盧全誠……以兵討安禄山"。又見《舊書・顔杲卿傳》,《新書・顔真卿傳》,《通鑑・天寶十四載》,《全文》卷五一四殷亮《顏魯公行狀》。《通鑑·至德元載》：正月，“於是鄴、廣平……等郡復爲賊守。饒陽太守盧全誠獨不從，〔史〕思明等圍之”。《元龜》卷七六三作“饒州”，當爲“饒陽”之誤。

李　系　　至德元載(756)

《通鑑·至德元載》：十一月，“賊攻饒陽，彌年不能下。及諸郡皆陷，思明并力圍之，外救俱絕，太守李系窘迫，赴火死，城遂陷”。又見《舊書·史思明傳》。《元龜》卷六八六作“饒州太守”，當爲“饒陽太守”之誤。

李獻誠　　永泰二年—建中二年前(766—781 前)

《常山貞石志》卷一〇《李寶臣碑》碑陰題名有“開府儀同三司使持節深州諸軍事行深州刺史充本州團練守捉使同成德軍節度副使上柱國漁陽郡王李獻誠”。永泰二年七月一日立。《通鑑·建中二年》：“正月戊辰，成德節度使李寶臣薨。寶臣欲以軍府傳其子行軍司馬惟岳，以其年少闇弱，豫誅諸將之難制者深州刺史張獻誠等，至有十餘人同日死者。”按兩《唐書·張孝忠傳》皆作“李獻誠”。

楊榮國　　建中二年—三年(781—782)

《通鑑·建中三年》：正月，“深州刺史楊榮國，惟岳姊夫也，降於朱滔，滔使復其位”。《舊書·王武俊傳》：建中三年，“時惟岳僞定州刺史楊政義以州順命，深州刺史楊榮國降，朱滔分兵鎮之”。

王巨源　　建中三年(782)

《舊書·田承嗣傳》：“〔王〕武俊大喜，即令判官王巨源報滔，仍知深州事。”《通鑑·建中三年》：二月，“〔王武俊〕即遣判官王巨源使於〔朱〕滔，且令知深州事”。四月，“〔朱〕滔反謀益甚，分兵營於趙州以逼康日知，以深州授王巨源，武俊以其子士真爲恒、冀、深三州留後，將兵圍趙州”。

王 怡　　元和中

《元龜》卷一四〇：“〔元和〕十二年三月，贈故冀州刺史正（王）怡尚書左僕射……怡，武俊從子，以戰功歷深、冀、趙三州刺史。承宗之叛，怡守南宮縣以當王師，及王士則爲邢州刺史，怡誠款通之，及士則去邢州，怡情頗泄於賊，遂遇害。”

楊孝直　　元和十二年—十四年（817—819）

《襄陽冢墓遺文·唐故山南東道節度押衙光禄大夫檢校太子賓客前行鄧州長史兼侍御史楊公（孝直）墓誌銘并序》：“元和十二年權深州刺史，至十四年改攝冀州刺史。”大和九年三月廿五日卒，年八十五。又見上圖藏拓片（大和九年四月二十五日）。

薛常翽　　元和十五年（820）

《白居易集》卷五三《薛常翽可邢州刺史本州團練使制》：“敕：新授深州刺史薛常翽：平蔡之役，常領偏師；實立勳勞，遂膺寵任。”

牛元翼　　長慶元年—二年（821—822）

《舊書·王廷湊傳》：長慶元年七月，“又以〔王〕承宗故將深州刺史牛元翼爲成德軍節度使，下詔購誅廷湊”。又《穆宗紀》：長慶元年八月“己卯，以深州刺史、本州團練使牛元翼充深冀節度使”。又見《新書》本傳，《通鑑·長慶元年》，《元龜》卷四〇〇、卷九五五，《全文》卷六四三王起《銀青光禄大夫使持節梓州諸軍事兼梓州刺史馮公神道碑銘并序》。《白居易集》卷五三有《牛元翼可檢校左散騎常侍深州刺史御史大夫制》，《全文》卷六四八元稹有《授牛元翼深冀等州節度使制》，又見《授牛元翼成德軍節度使制》。北圖藏拓片《唐故山南東道節度押衙光禄大夫檢校太子賓客前行鄧州長史兼侍御史弘農縣開國男楊公（孝直）墓誌銘并序》（大和九年四月二十五日）：“長慶二年，牛尚書元翼□深州圍歸闕，路出於滑，與公舊知，此日相遇，何歡如之。泊鎮漢南，即日奏公鄧州長史，仍隸軍府。”孝直卒大和九年，年八十五。證知長慶二年離任。

王紹懿　　大中八年（854）

　　《唐故成德軍節度王元逵墓誌銘并序》（大中九年八月十四日）：
"以大中八年十二月四日，棄邦國萬人而薨背，時年四十有三……貽
厥有子三人……季曰紹懿，御史中丞、深州刺史。"（《考古與文物》
1983 年第 1 期）

王景胤　　大中十一年（857）

　　《舊書·宣宗紀》：大中十一年三月，"以成德軍中軍兵馬使、銀青
光禄大夫、檢校太子賓客、兼監察御史、上柱國王景胤可本官、深州刺
史、本州團練守捉使"。《新表五下》安東王氏："景胤，深州刺史。"《舊
書·王紹鼎傳》：大中十一年七月卒。子景胤，"紹鼎卒，出爲深州刺
史、兼殿中侍御史，充本州團練守捉使"。

卷一〇九　滄州（景城郡）

隋渤海郡。武德元年改爲滄州，移治饒安。二年陷竇建德，四年平建德，州仍舊。六年徙治胡蘇，貞觀元年移治清池。天寶元年改爲景城郡。乾元元年復爲滄州。領縣十二：清池、鹽山、南皮、長蘆、樂陵、饒安、無棣、東光、胡蘇、弓高、景城、魯城（乾符）。

盛彦師　　武德元年？（618？）

《姓纂》卷九廣陵盛氏：“唐驍衛將軍滄州總管盛彦師。”按彦師武德四年六月拜宋州總管，五年卒。

王孝師　　武德二年（619）

《通鑑·武德二年》：四月，“隋將帥、郡縣及賊帥前後繼有降者，詔以王薄爲齊州總管……王孝師爲滄州總管”。

程大買　　武德五年（622）

《通鑑·武德五年》：“十一月庚辰，滄州刺史程大買爲〔劉〕黑闥所迫，棄城走。”《元龜》卷四五〇同。

獨孤機　　約貞觀中

上圖藏拓片《河南獨孤氏墓誌并序》（景龍二年九月十三日）：“夫人諱□，河南人也。曾祖藏，隋通議大夫金州刺史，武平郡開國公。祖機，皇朝滄州刺史、上柱國、滕國公。”墓主卒景龍二年八月二十六日，年七十。

席　辨（席辯）　　貞觀十八年（644）

《通鑑·貞觀十九年》：“滄州刺史席辯（辨）坐贓污，二月庚子，詔朝集使臨觀而戮之。”又見《元龜》卷七〇〇。

賈敦頤　　貞觀中

《舊書》本傳：“貞觀中，歷遷滄州刺史。”《新書》本傳未及州名。又見《御覽》卷二五八。《姓纂》卷七宛句賈氏：“遜，滄、洛等州刺史。”按“遜”即“頤”字，指敦頤。

薛大鼎　　貞觀二十三年—永徽元年（649—650）

《舊書》本傳：“貞觀中，累轉鴻臚少卿，滄州刺史……時與瀛州刺史賈敦頤、曹（冀）州刺史鄭德本，俱有美政，河北稱爲‘鐺腳刺史’。”又《食貨志下》：“永徽元年，薛大鼎爲滄州刺史。”又見《新書》本傳、《地理志三》滄州無棣縣注，《會要》卷八七，《元龜》卷四九七、卷六七七，《太平寰宇記》卷六五，《大唐新語》卷四，《全詩》卷八七四《滄州百姓歌》注。

垣　濬　　約高宗前期

《千唐誌·大唐故右衛勳衛弘農楊公夫人故垣氏墓誌并序》（景龍四年六月十日）：“父濬，唐使持節滄州諸軍事滄州刺史。”夫人卒景龍四年五月十三日，年七十八。

李乾祐（李爽）　　乾封元年（666）

《新書·李昭德傳》：“父乾祐……永徽初，擢御史大夫，爲褚遂良所惡，出爲邢、魏二州刺史……坐流巂州。召拜滄州刺史。入爲司刑太常伯。”《舊書·李昭德傳》未及。《大唐故銀青光禄大夫司刑太常伯李公（爽字乾祐）墓誌銘并序》：“授中大夫使持節守都督交峰愛三州巂州都督府等諸軍事交州刺史……恩詔遠臨，馳傳歸闕，尋除滄州刺史……乾封二年，特崇綸璽，授銀青光禄大夫守司刑太常伯。"（《文物》1959 年第 3 期）按總章二年前，乾祐在刑部尚書（司刑太常伯）任，見《舊書·盧承慶傳》。其爲滄州刺史當在此前。

王守真　　高宗時

上圖藏拓片《唐故滑州匡城縣令王公（虔暢）墓誌銘并序》（咸通八年二月一日）："守真，歷倉部、膳部、左司郎中，出爲萊（萊）、渝、博、潤、滄、洪六州刺史；實生希儔，官隨、遂、綿、相、越五州刺史。"虔暢咸通七年六月二十二日卒，享年六十六。又見《唐故潞府參軍博陵崔公夫人琅邪王氏墓誌銘并序》（元和十四年四月二十六日）。

白大威　　約高宗、武后間

《千唐誌·唐故中大夫行太子内直監白府君（羨言）墓誌銘并序》（開元二十三年八月十九日）："皇考大威，持節滄、綿、梓三州刺史。公則梓州府君之第二子也。"享齡七十，先天二年正月二十七日卒。

李　某　　約武后前期

《全文》卷一七四張鷟《滄州弓高縣實性寺釋迦像碑》："調露之初……植此豐碑……奉爲高宗大帝。星珠斂耀，斗電潛輝。御鸞鳳於金輿，邃攀龍於鼎嶠。媧皇誕裔，姬姒降生，斷鼇立極之神功，乘龍御天之大業，凝情三昧，早慧六通……使持節滄州諸軍事滄州刺史李公（闕）庭堅之雅操，列馬喙之殊姿。"

于玄徹　　約武后時

《姓纂》卷二河南洛陽于氏："元徹，滄州刺史。"《新表二下》于氏作"玄徹"。乃恒州刺史德行子，永徽五年越州都督德方姪。

姚　珽　　武后時

《舊書》本傳："累除定、汴、滄、虢、幽等五州刺史。"《新書》本傳未列州名。

鄭孝本　　武后時

《全文》卷三一三孫逖《滄州刺史鄭公（孝本）墓誌銘》："轉安西都護，以疾不堪詣部，改授滄州刺史……聖曆元年九月以致仕，終於東都……春秋六十有七。"

權龍襄（權龍褒）　　萬歲通天元年（696）

《朝野僉載》卷四："唐左衛將軍權龍襄性褊急，常自矜能詩。通天年中，爲滄州刺史，初到，乃爲詩呈州官。"又見《廣記》卷二五八引。《唐詩紀事》卷八○、《全詩》卷八六九作"權龍褒"。

解　琬　　神龍中

《舊書》本傳："琬素與郭元振同官相善，遂爲宗楚客所毀，由是左遷滄州刺史……景龍中，遷右臺御史大夫。"《新書》本傳略同。

姜師度　　神龍三年（707）

《舊書·食貨志下》："神龍三年，滄州刺史姜師度於薊州之北，漲水爲溝，以備奚、契丹之寇。"又《新書·地理志三》，《元龜》卷四九七，《朝野命載》卷二，《廣記》卷二五八，《會要》卷八七，《全詩》卷八七四引《魯城民歌》注。兩《唐書》本傳未及滄州刺史。

李　某　　開元四年（716）

《千唐誌·故潞州屯留縣令溫府君李夫人墓誌銘并序》（開元五年二月十三日）："祖勔……父思文……季弟滄州刺史友于伯姊，何日忘之，頃者剖符海壖，跋予洛汭……夫人知年命之將盡，而篤愛天倫，扶病言歸，不捨晝夜，以開元四年閏十二月三日至于滄州……以其月十九日辛卯終于滄州之官舍，春秋六十有三。"按《新書·李思文傳》稱"子欽憲，開元中，仕至國子祭酒"，未知此滄州刺史是否欽憲？

裴　觀　　開元十三年（725）

《新書·許景先傳》："〔開元〕十三年，帝自擇刺史，景先由吏部侍郎爲刺史治虢州……左衛將軍裴觀滄州……凡十一人。治行，詔宰相、諸王、御史以上祖道洛濱。"《元龜》卷六七一同。《唐詩紀事》卷二明皇帝作"開元十六年"，《全詩》卷三因之，誤。

仇克義　　開元中

《姓纂》卷五遼西仇氏："開元左衛將軍仇克義，滄州刺史。"《金石補正》卷五六《大唐本願寺三門之碑》："秋七月哉生魄，刺史仇公克義布政施仁。"岑仲勉《姓纂四校記》謂："立碑之年，克義其殆非刺滄州乎？"按岑疑未允，碑立於鹿泉，時當爲恒州刺史，後移刺滄州。

李道堅　　約開元二十年（約 732）

《舊書·李靈夔傳》："次子藹……神龍初，追復靈夔官爵，仍令以禮改葬。封藹子道堅爲嗣魯王……景龍四年，加〔道堅〕銀青光禄大夫，歷果、隴、吉、冀、洺、汾、滄等七州刺史，國子祭酒。開元二十二年，兼檢校魏州刺史，未行，改汴州刺史、河南道採訪使。"又見《元龜》卷二八一。《新書·李靈夔傳》未列州名。

李　偓　　天寶元年（742）

《金石萃編》卷八五《唐故雲麾將軍左豹韜衛翊府中郎將遼西郡開國公上柱國李府君（秀）神道碑并序》："以天寶元載合葬於范陽福禄鄉原，禮也。胤子朝議大夫使持節景城郡諸軍事守景城郡太守兼横海軍使、仍充河北海運副使、賜紫金魚袋、上柱國偓，智員謀長，體大心正。"

嚴損之　　天寶十三載（754）

《廣記》卷一四七引《定命録》："王超者，嘗爲（謂）氾水縣令嚴損之曰：'公從此爲京官訖，即爲河北二太守。'後果入爲著作郎，出爲真定太守，又改爲京城守。"按"京城守"疑爲"景城守"之誤。又按《全文》卷三九二獨孤及《唐故銀青光禄大夫太子左庶子嚴公（損之）墓誌銘》："公在清池，會安禄山與當國者交惡，公曰：'難作矣！'遂移疾請告，奸黨惡之,是以有弋陽之貶。貶之明年,河北爲戎。"清池,即指滄州。

劉道玄　　天寶十四載(755)

《通鑑·天寶十四載》:十二月,"〔安〕禄山以海運使劉道玄攝景城太守,清池尉賈載、鹽山尉河内穆寧共斬道玄,得其甲仗五十餘船;攜道玄首謁長史李暐"。又見《元龜》卷七〇五,《全文》卷七八四穆員《祕書監致仕穆寧元堂誌》。又卷三七二李暐《拒賊盟詞》:"……安禄山棄恩負德……所遣僞景城守劉道元已縛斬之。"

李　暐　　至德元載(756)

《通鑑·至德元載》:十月,"尹子奇……遂陷河間……又陷景城,太守李暐赴湛水死"。又見《舊書·史思明傳》。

烏知洽　　至德二載(757)

《元龜》卷一六四:"〔至德〕三年正月庚子,滄州刺史烏知洽……背逆歸順,知洽爲雒(洺)州刺史。"按《姓纂》卷三河南烏氏有烏洽,兼御史大夫,未知是否此人?

田廷玠　　大曆前期

《舊書·田弘正傳》:廷玠,"大曆中,累官至太府卿、滄州別駕,遷滄州刺史、兼御史中丞,充横海軍使……朝廷嘉之,遷洺州刺史"。《新書·田弘正傳》略同。又見《元龜》卷四〇〇。按《新書·方鎮表三》,廣德元年至大曆九年,滄州屬魏博節度,十年始屬成德節度。則廷玠刺滄州當在大曆九年前。

李固烈　　約大曆十年—興元元年(約775—784)

《舊書·張孝忠傳》:"興元元年正月,詔以本官同平章事。滄州本隸成德軍,既移隸義武,其刺史李固烈者,惟岳妻兄也,請還恒州。是歲,孝忠遣牙將程華往滄州交檢府藏,固烈輜車數十乘上路,滄州軍士……殺固烈而剽之。"又見《新書·程日華傳》,《通鑑·興元元

年》，《元龜》卷一七六。光緒《畿輔通志》卷一四四引《金石分域編》有
《太子詹事滄州刺史李固烈墓誌》。《全文》卷五〇五權德輿《唐故河
中晉絳慈隰等州節度使河中尹張公（茂昭）墓誌銘并序》：“夫人衛國
夫人李氏，滄州刺史兼御史中丞陵川郡王固烈之女。”按《新書·方鎮
表三》：大曆十年，“成德軍節度增領滄州”。建中三年，“置義武軍”。

程日華（程華）　興元元年—貞元二年（784—786）

《舊書》本傳：“軍人怒，殺〔李〕固烈……〔張〕孝忠因授華知滄州
事……德宗深嘉之，拜華御史中丞、滄州刺史。復置橫海軍，以華爲
使。尋加工部尚書、御史大夫，賜名日華……貞元四年卒。”又見《張
孝忠傳》，《新書》本傳，《通鑑·興元元年》，《元龜》卷三七四。《新
書·德宗紀》：貞元二年“六月癸未，滄州刺史程日華卒”。

＊李　運　貞元二年？（786？）

《大詔令集》卷三六陸贄《嘉王運橫海軍節度制》：“開府儀同三司
嘉王運……可橫海軍節度大使滄景觀察處置，開府如故。”兩《唐書》
本傳未及。

程懷直　貞元二年—十一年（786—795）

《舊書·德宗紀上》：貞元二年六月“癸未，橫海軍使、滄州刺史程
日華卒，以其子懷直權知軍州事”。五年二月“戊戌，以滄景留後程懷
直爲滄景觀察使”。又《德宗紀下》：貞元十一年九月，“滄州大將程懷
信逐其帥程懷直”。又見兩《唐書》本傳，《元龜》卷四三六。

＊李　諒　貞元十一年（795）

《舊書·德宗紀下》：貞元十一年“冬十月丁丑，以虔王諒爲橫海
軍節度大使”。又見本傳，《新書·程懷直傳》。

程懷信　貞元十一年—二十一年（795—805）

《舊書·德宗紀下》：貞元十一年十月丁丑，“以〔滄州〕兵馬使程

懷信爲〔節度〕留後"。又《順宗紀》：貞元二十一年七月"癸巳，橫海軍節度使、滄州刺史程懷信卒"。《元龜》卷一七六："〔貞元〕十一年九月……以橫海節度兵馬使試殿中監程懷信起復左武衛大將軍同正兼滄州刺史、橫海軍節度營田滄景觀察留後，依前兼御史大夫。虔王諒不出閣故也。"又見《新書・程懷直傳》，《元龜》卷四三六。

程　權（程執恭）　　貞元二十一年—元和十三年（805—818）

《舊書・順宗紀》：貞元二十一年七月"癸巳，橫海軍節度使、滄州刺史程懷信卒，以其子副使執恭起復滄州刺史、橫海節度使"。又本傳："執恭代襲父位，朝廷因而授之。元和六年入朝……遂奏請改名權……十三年，至京師，表辭戎帥，因命華州刺史鄭權代之。"又見《新書・憲宗紀》《程懷直傳》，《元龜》卷四三六，《南部新書》己。《白居易集》卷五四有《加程執恭檢校尚書右僕射制》《除程執恭檢校右僕射制》，並稱："使持節滄州諸軍事兼滄州刺史御史大夫……程執恭。"

李宗奭　　元和十三年（818）

《舊書・鄭權傳》："〔元和〕十三年，遷德州刺史、德棣滄景節度使……滄州刺史李宗奭與權不協，每事多違，不稟節制。權奏之，上令中使追之。宗奭諷州兵留己，上言懼亂，未敢離郡，乃以烏重胤鎮橫海，代權，〔權〕歸朝。滄州將吏懼，共逐宗奭。宗奭方奔歸京師。詔以悖慢之罪，斬於獨柳樹下。"《新書・鄭權傳》略同。又見《舊書・憲宗紀下》，《元龜》卷一五○，《通鑑・元和十四年》正月。

烏重胤　　元和十三年—長慶元年（818—821）

《舊書・憲宗紀下》：元和十三年十一月"壬寅，以河陽節度使烏重胤爲滄州刺史、橫海軍節度、滄景德棣觀察等使"。《通鑑・元和十三年》同。《舊書》本傳："元和十三年，代鄭權爲橫海軍節度使……穆宗急於誅叛，遂以杜叔良代之，以重胤檢校司徒，兼興元尹，充山南西道節度使。"《新書》本傳略同。又見《全文》卷六四八元稹《加烏重允（胤）檢校司徒制》、卷六四七元稹《贈烏重允等父制》。《唐文拾遺》卷三一劉南仲《唐故馮府君（廣清）墓誌銘并序》稱："長慶之初，廉使烏公擁旄橫海。"

杜叔良　　長慶元年—二年（821—822）

《舊書·穆宗紀》：長慶元年十月"丙戌，以深冀行營節度使杜叔良爲滄州刺史、橫海軍節度使，以代烏重胤"。二年正月"壬子，貶叔良爲歸州刺史，以獻計誅幽鎮無功，而兵敗喪所持旄節也"。又見《元龜》卷一二〇。《通鑑·長慶二年》同。

李全略（王日簡）　　長慶二年（822）

《舊書·穆宗紀》：長慶二年正月"庚戌，以德州刺史王日簡爲滄州刺史，充橫海軍節度、滄德棣觀察等使，以代叔良"。二月，"滄州節度使王日簡賜姓名李全略……癸未，以橫海軍節度使李全略爲德州刺史、德棣等州節度"。《通鑑·長慶二年》同。

李光顏　　長慶二年（822）

《舊書·穆宗紀》：長慶二年二月"癸未，以深冀行營諸軍節度、忠武軍節度使李光顏爲滄州刺史、橫海軍節度使，兼忠武軍節度、深冀行營並如故"。三月，"李光顏還鎮許州"。又見兩《唐書》本傳，《通鑑·長慶二年》。

李全略　　長慶二年—寶曆二年（822—826）

《舊書·穆宗紀》：長慶二年三月己未，"以德棣節度使李全略復爲滄州節度使，仍合滄景德棣爲一鎮"。又見《通鑑·長慶二年》三月。《舊書·敬宗紀》：寶曆二年"四月戊午朔，橫海軍節度使李全略卒"。

李同捷　　寶曆二年—大和三年（826—829）

《舊書·李全略傳》："逾歲，同捷歸覲，乃奏請授滄州長史、知州事，兼主中軍兵馬。"又本傳："初爲副大使，居喪，擅留後事……文宗

即位……詔授同捷檢校左散騎常侍,兗州刺史、兗海節度使……詔
下,同捷託以三軍乞留,拒命。乃命烏重胤率鄆、齊兵加討。"《新書·
李全略傳》,本傳略同。《舊書·文宗紀上》:大和三年"五月己卯朔。
甲中,柏耆斬李同捷於將陵,滄景平"。

【烏重胤　　大和元年(827)(未之任)】

《舊書·文宗紀上》:大和元年五月"丙子,以天平軍節度使、守司
徒、同中書門下平章事烏重胤爲橫海節度使"。十一月,"天平橫海等
軍節度使、守司徒、同中書門下平章事烏重胤卒"。《舊書》本傳:"李
同捷據滄州,請襲父位,朝廷不從。議者慮狡童拒命,欲以重臣
代……加太子太師、平章事,俾兼領滄景節度……制出旬日,重胤
卒。"《新書》本傳略同。又見《元龜》卷一二〇、卷一七七。

【李　寰　　大和元年—二年(827—828)(未之任)】

《舊書·文宗紀上》:大和元年十一月"庚辰,以保義軍節度、晉慈
等州觀察處置等使李寰爲橫海軍節度使"。二年九月,"以新除橫海
軍節度使李寰爲夏州節度使"。又見《新書·傅良弼傳》。按是時滄
州仍在李同捷控制下,李寰實際未赴滄州。

【傅良弼　　大和二年(828)(未之任)】

《舊書·文宗紀上》:大和二年九月,"以前夏州節度使傅良弼爲
橫海軍節度使"。十一月乙酉,"新除傅良弼赴鎮,卒於陝州"。《新
書》本傳:"終橫海節度使。"

李　祐　　大和二年—三年(828—829)

《舊書·文宗紀上》:大和二年十一月"乙酉,以右金吾衛大將軍
李祐爲橫海軍節度使"。三年五月甲申,"滄景平,李祐入滄州……丙
申,橫海軍節度使李祐卒"。又見兩《唐書》本傳,《金石錄》卷二九《唐
李祐墓誌跋》。

萬　洪　　大和三年(829)

《通鑑·大和三年》:四月,"及李同捷請降於〔李〕祐,祐遣大將萬洪代守滄州。〔柏〕耆疑同捷之詐,自將數百騎馳入滄州,以事誅洪,取同捷及其家屬詣京師"。按萬洪雖未被任命,然李同捷降後,李祐未入滄州前,乃實際守滄州者。

傅　毅　　大和三年(829)

《舊書·文宗紀上》:大和三年五月"丁酉,以前義武軍節度使傅毅爲滄州刺史、橫海軍節度使"。

殷　侑　　大和三年—六年(829—832)

《舊書·文宗紀上》:大和三年八月"癸丑,以衛尉卿殷侑檢校工部尚書,爲齊德滄節度使"。又《文宗紀下》:大和六年"二月甲子朔,以前義昌軍節度使殷侑檢校吏部尚書,充天平軍節度、鄆曹濮等州觀察使"。又見兩《唐書》本傳。《新書·方鎮表三》:大和五年,"齊滄德節度使賜號義昌軍節度"。

李彦佐　　大和六年—開成三年(832—838)

《通鑑·開成三年》:九月,"朝廷以義昌節度使李彦佐在鎮久"。注:"大和六年,李彦佐代殷侑鎮義昌。"《闕史》:"李彦佐在滄景,唐大和九年,有詔浮陽兵北渡黃河。"又見《酉陽雜俎》前集卷九。《舊書·文宗紀下》:開成三年十一月壬戌,"以滄州節度使李彦佐爲鄆曹濮節度使"。

劉　約　　開成三年—會昌四年(838—844)

《舊書·文宗紀下》:開成三年十一月壬戌,"以德州刺史、滄景節度副使劉約爲義昌軍節度使"。又見《通鑑·開成三年》十一月。按《新書·盧鈞傳》稱:宣宗即位,"劉約自天平徙宣武,未至,暴卒"。則劉約當由義昌徙天平,吳氏《唐方鎮年表》會昌四年起列劉約於天平。姑從之。

李　琢　　大中三年—九年（849—855）

《新書·李聽傳》：“聽子琢，以家閥擢累義昌、平盧、鎮海三節度使。”《通鑑考異·大中十二年》云：“《實錄》及《新書》皆有《李琢傳》，聽之子也。大中三年，自洺州刺史除義昌節度使。九年九月，自金吾將軍除平盧節度使。”

杜中立　　約大中九年—十四年（約855—860）

《玉泉子》：“〔杜〕中立後尚真源公主，竟爲滄州節度使。”《寶刻叢編》卷二〇引《金石錄》：“《義昌軍節度使杜中立碑》，裴坦撰，杜宣猷正書，大中十四年八月。”按《新書》本傳及《新表二上》洹水杜氏作“義武節度使”，當爲“義昌節度使”之誤。《新書》本傳謂大中十二年大水時在任。

渾　侃　　咸通二年—五年（861—864）

《英華》卷九一六路巖《義昌軍節度使渾公（侃）神道碑》：“今天子即位，謀檢海帥，視公曰：‘無以易爾。’咸通二年，遂授義昌軍節度使……五年秋，受代，朝廷方圖其功，會其冬以疾聞，明年三月二日薨於大寧里私第，享年六十九。”

盧簡方　　咸通五年—十年（864—869）

《舊書·懿宗紀》：咸通五年“十一月乙酉，以大同軍防禦使盧簡方檢校工部尚書、滄州刺史、御史大夫，充義昌軍節度、滄濟（齊）德觀察等使”。

荊從皋　　咸通十年—十一年（869—870）

《隋唐五代墓誌匯編·陝西卷》第二册《大唐故銀青光禄大夫檢校右散騎常侍使持節滄州諸軍事兼滄州刺史御史大夫贈工部尚書汝陽郡荊公（從皋字澤卿）墓誌銘并序》（咸通十一年十一月二十四日）：“十年仲秋，表制公以銀青光禄大夫、檢校右散騎常侍、使持節滄州諸軍事兼滄州刺史、御史大夫、充義昌軍節度滄齊德等州觀察處置使、上柱國、始平縣開國伯,食邑七百户。"明年正月廿八日薨,春秋五十八。按吴氏《方鎮年表》失載。

盧簡方 咸通十一年—十三年(870—872)

此當爲第二次。荆從皋死後,簡方當續任。《舊書·懿宗紀》:咸通十三年"七月,以前義昌軍節度使盧簡方爲太僕卿"。《新書》本傳:"擢義昌節度使,入拜太僕卿,領大同節度。"唯未言兩任義昌軍節度。

鄭漢卿 咸通十三年?—乾符元年? (872?—874?)

《新書·鄭光傳》:"子漢卿,終義昌軍節度使。"吴氏《方鎮年表》列於咸通十三年至乾符元年,今從之。按吴氏《年表考證》誤作"漢昌"。

成君賞 乾符中

朱玉麒云,《道教靈驗記》卷六賴處士説老君降生事驗:"賴處士者,江湖人也,在楊公去默門館爲客……楊公時爲左軍,有小判官數人,有王有梁……梁則謙默謹静,慎重寡言,人多疏之,必謂其不肖也。唯使宅成君賞與梁稍狎……咸通十四年秋,梁爲内樞密,成爲軍使。僖宗即位……自是成持節滄州,皆如賴處士之説。"又見宋張君房集《雲笈七籖》卷一一八"賴處士預言老君降生作幼主驗","賞"作"常"。

楊全玫 中和初—光啓元年(?—885)

《元龜》卷四五四:"盧彦威本浮陽牙將,中和初,節度使楊全玫遣以本軍二千人入援京師。"《通鑑·光啓元年》:七月,"滄州軍亂,逐節度使楊全玫,立牙將盧彦威爲留後,全玫奔幽州"。又見《新書·僖宗紀》。

【王 鐸 中和四年(884)(未之任)】

《舊書·僖宗紀》:中和四年十一月,"制以義成軍節度、檢校太師、中書令、上柱國、晉國公王鐸爲滄州刺史、義昌軍節度、滄德觀察處置等使”。十二月，“新除滄德節度使王鐸，爲魏博節度使樂彦禎害之於漳南縣之高雞泊，行從三百餘人皆遇害”。《通鑑·中和四年》略同。又見兩《唐書》本傳，《舊書》本傳誤作“光啓四年”。

【**曹　誠**　　光啓元年(885)（未之任）】

《舊書·僖宗紀》：光啓元年七月，“制以保鑾都將、檢校司徒、兼黔州刺史、黔中節度觀察等使曹誠檢校太保，兼滄州刺史，充義昌軍節度、滄德觀察等使”。《通鑑·光啓元年》七月略同。

盧彦威　　大順元年—光化元年(890—898)

《舊書·昭宗紀》：大順元年六月，“制以德州刺史、權知滄州兵馬留後盧彦威檢校尚書右僕射，兼滄州刺史、御史大夫，充義昌軍節度、滄德觀察處置等使”。《元龜》卷一七八、《通鑑·大順元年》六月略同。《新書·昭宗紀》：光化元年“三月，幽州盧龍軍節度使劉仁恭之子守文陷滄州，義昌軍節度使盧彦威奔於汴州”。

劉守文　　光化元年—天祐四年(898—907)

《通鑑·光化元年》：三月，“〔劉〕仁恭遂取滄、景、德三州，以守文爲義昌留後”。《舊書·昭宗紀》：光化元年，“〔劉仁恭〕遣其子守文將兵襲滄州，節度使盧彦威棄城而遁，守文遂據之，自稱留後”。《新五代史·劉守光傳》：“昭宗卒以守文爲橫海軍節度使。”《舊五代史·梁太祖紀二》：天祐三年閏十二月，“滄帥劉守文以城中絕食，因致書於帝，乞留餘糧以救饑民，帝爲留十餘囷以與之”。又《梁太祖紀四》開平二年五月制：“義昌軍節度使劉守文加中書令，封大彭王。”

待考録

張歡用

《山右冢墓遺文·張氏殯記》：“張氏第五房：曾安封，爲貝州清河侯,守汝州刺史。祖歡用,爲登仕郎,守滄州刺史。夫人太原王氏……孫仲平,本貫趙州寧進縣樂邑鄉中蘄村,去開成二年到沁州沁源縣長寧鄉雕巢村,婚惠氏爲妻,生五子,去光啓四年二月廿七日身亡,三月十二日殯,買得此墓。”

夏侯義

《光緒畿輔通志》卷一四三引《金石分域編》著録《義昌軍節度使夏侯義墓誌》云:“在〔南皮縣〕城東北里許。”

卷一一〇　德州（平原郡）

隋平原郡。武德四年平竇建德，置德州，設總管府。後改都督府。貞觀元年廢都督府。天寶元年改爲平原郡。乾元元年復爲德州。領縣七：安德、平原、長河、將陵、平昌、安陵、蓨。

元白澤　　*武德中*

《元龜》卷七七五：“元萬頃，河南人，德州總管白澤之孫也。”按《舊書·元萬頃傳》云：“祖白澤，武德中總管。”《新書·元萬頃傳》云：“祖白澤，武德中，仕至梁、利十一州都督。”

李　遷　　*武德中？*

《新表二上》趙郡李氏南祖房：“遷，德州刺史。”其父顯達，隋穎州刺史；其子孝卿，穀州治中；其孫敬玄，相高宗。

陸善宗　　*約貞觀初*

《千唐誌·大唐故韓王府兵曹參軍延陵縣開國公陸君（紹）墓誌銘并序》：“祖善宗，皇朝駕部郎中，使持節德、光、懷三州刺史，洛州長史，上柱國、延陵縣開國公。考仁徵，隨尚衣直長。”陸紹卒顯慶四年，年四十四。按《姓纂》卷一〇陸氏：“善宋，駕部郎中，德州刺史。”隋光禄少卿陸讓子，當即此人。“宋”乃“宗”之訛。又按武德四年二月乙卯，“王世充懷州刺史陸善宗以城降”，見《通鑑》。

宇文定及 貞觀中？

《姓纂》卷六濮陽宇文氏："定及，唐德州刺史。"《新表一下》宇文氏同。乃隋宇文歸子，宇文化及堂兄。

李 亮 貞觀中？

《唐故興元元從雲麾將軍右神威將軍知軍事兼御史中丞上柱國順政郡王李公（良）墓誌銘并序》（貞元十七年二月十四日）："高祖亮，皇德州刺史。曾王父簡，汝州長史。王父灌，許州別駕。烈考羽客，泗州別駕。公即泗州之仲子。"貞元庚辰歲（十六年）十二月十一日卒，年六十四（《考古學報》1956 年第 3 期）。

沈士衡 約高宗初

《舊書·后妃·代宗睿真皇后沈氏傳》："德宗敦崇外族，贈太后父易直太師，易直父庫部員外郎介福贈太傅，介福父德州刺史士衡贈太保。"《新書·后妃傳下》略同。又見《元龜》卷三〇三。按《姓纂》卷七吳興武康縣沈氏："士衡，唐陝令。"乃周司水大夫沈弘孫。據《舊書·后妃傳》，士衡之父琳，爲隋陝縣令。則士衡約仕至高宗初期。

李沖寂 咸亨二年前？（671 前？）

《楊炯集》卷九《李懷州墓誌銘》："公諱沖寂，字廣德……服闋，歷青、德、齊、徐四州刺史。"永淳元年卒。按《寶刻叢編》卷八引《京兆金石錄》有《唐德州刺史李公碑》，咸亨二年立。疑即李沖寂。又按李沖寂乾封元年及上元二年兩任蒲州刺史，則其刺德州似應在乾封前。

盧承泰 高宗時？

《隋唐五代墓誌匯編·洛陽卷》第十一册《故范陽郡君盧尊師（起信）墓誌銘并序》（天寶十三載十一月十八日）："曾祖諱承泰，皇德州刺史。祖齊卿，皇銀青光禄大夫、太子詹事。父成節，皇陝郡陝縣主簿。"

楊思止　　南宗時

《大唐故金紫光禄大夫行鄜州刺史河東忠公楊府君（執一）墓誌銘并序》（開元十五年九月三日）：“考思止，皇司馭、司衛二寺卿，德、潞二州刺史，湖城公。”執一卒開元十四年，六十五歲（《文物》1961年第8期）。按《全文》卷二二九張説《贈户部尚書河東公楊公（執一）神道碑》稱“潞州胡城公思止之子”。

于敏直　　高宗時

《嘉泰吳興志》卷一四郡守題名：“于敏直，永徽五年自宋州别駕授；遷德州刺史。《統記》云：武后時。”未知孰是，姑繫高宗時。

長孫憲　　約武后時

《姓纂》卷七河南洛縣（陽）長孫氏：“憲，屯田郎中、德州刺史。”按《新表二上》作屯田員外郎。其父長孫操仕武德、貞觀中，卒永徽初。

弓義之（弓義）　　武后時？

《姓纂》卷一太原弓氏：“義，德州刺史，離石公。”岑仲勉《姓纂四校記》謂“義”當爲“義之”之訛脱，乃唐陳倉令弓逸子。

竇孝慈　　約武后時

《姓纂》卷九河南洛陽竇氏：“孝慈，工部郎中、德州刺史。”按《新表一下》竇氏誤爲“孝德慈州刺史”，岑仲勉《姓纂四校記》云，“德慈”二字應乙。又按其父仕武德貞觀間。

李直瓘　　約武后時

《新表二上》隴西李氏武陽房：“直瓘，德州刺史。”乃隋朔州刺史李充節之孫，大辯之子。

張知謇　　萬歲通天元年（696）

《舊書》本傳：“知謇，天授後歷房、和、舒、延、德、定、稷、晉、洺、宣、貝十一州刺史。”《新書》本傳：“萬歲通天中，自德州刺史入計。”又見《元龜》卷六八九。

韋安石　　約聖曆初

《舊書》本傳：“俄拜并州刺史，又歷德、鄭二州刺史……久視年，遷文昌右丞。”《新書》本傳略同。

武大冲（武太中）　　約武后末

《千唐誌·唐故深州司戶參軍武府君（幼範）墓誌》（開元二十五年五月十二日）：“父大冲，北海郡開國公，蜀、德、湖三州刺史。”大冲卒開元廿五年四月十六日，享年五十。按《嘉泰吳興志》卷一四郡守題名稱：“武太中，弘道二年自海州刺史授，卒官。《統記》云：中宗時。”據《誌》，似以《統記》爲是。其爲德州約在武后末。

竇懷讓　　中宗時？

《姓纂》卷九河南洛陽竇氏：“懷讓，德州刺史。”按《新表一下》竇氏三祖房稱“懷讓，密州刺史”。其父德玄，相高宗。

崔泰之　　神龍、景龍間

《千唐誌·大唐故銀青光祿大夫守工部尚書崔君（泰之）墓誌銘》（開元十一年十月五日）：“乃與桓彥範等共圖匡復，中興之際，公有力焉。中宗嘉之，拜太僕少卿，封安平縣開國男兼衛王長史。居無何，姦臣武三思竊弄國柄，稍斥朝賢，出公爲洺州刺史……轉德州刺史，又換梓州刺史，左遷開州刺史，降爲資州司馬……今天子肇揚天光……起爲濟州刺史。”開元十一年卒，年五十七。

張訥之　　約景龍中

《朝野僉載》卷五：“德州刺史張訥之一白馬，其色如練，父雄爲荊州刺史常乘。雄薨，子敬之爲考功郎中，改壽州刺史，又乘此馬。敬之薨，弟訥之從給事中、相府司馬改德州刺史，入爲國子祭酒，出爲常州刺史，至今猶在。計八十餘年，極肥健，行驟腳不散。”又見《廣記》卷四三五引。按《匋齋藏石記》卷二一神龍二年四月五日門下省行尚書省文刻石，有“正議大夫行給事中、柱國、文安縣開國男臣訥之”。則訥之爲德州刺史約在景龍中。

李　褘　　景雲元年（710）

《舊書》本傳：“景雲元年，復爲德、蔡、衢等州刺史。”又見《元龜》卷二八一。《新書》本傳未及。

宋慶禮　　先天中？

《新書·杜佑傳》：“父希望……爲安陵令，都督宋慶禮表其異政。坐小累去官。”按安陵屬德州，則宋慶禮當爲德州刺史。然兩《唐書》本傳皆未及爲德州刺史事，唯云開元中累遷貝州刺史。據《通鑑》，開元五年慶禮在貝州刺史任。

李　澄（李鐵誠）　　開元初

《舊書·李慎傳》：“中興初，追復官爵，令以禮改葬。封慎少子鐵誠爲嗣紀王，後改名澄……開元初，歷德、瀛、冀三州刺史、左驍衛將軍，薨。”又見《元龜》卷二八一、卷二八四。

韓思復　　開元八年（720）

《舊書》本傳：“開元初，爲諫議大夫。時山東蝗蟲大起……思復以爲蝗蟲是天災……思復遂爲〔姚〕崇所擠，出爲德州刺史，轉絳州刺史。”《新書》本傳、《元龜》卷五四六略同。《全文》卷三三八顏真卿《東方先生畫贊碑陰記》：“郡嘗爲德州，其贊開元八年刺史韓公思復刻於石碑。”又見《寶刻叢編》卷六引《集古録目》。

李仲宣　　開元十三年（725）

《新表二上》趙郡李氏東祖房：“仲宣，德州刺史。”《嚴州圖經》卷一題名：“李仲宣，開元十三年九月十三日自德州刺史拜。”

尹中庸 天寶中

《姓纂》卷六天水尹氏:"中庸,平原、安定等三郡太守,信王傅司(同?)正。"

宋 渾 天寶中

《舊書·宋璟傳》:次子渾,"與右相李林甫善,引爲諫議大夫、平原太守、御史中丞、東京採訪使"。《新書·宋璟傳》同。

上官經野 天寶中

《新表三下》上官氏:"經野,德州刺史。"按天寶九載經野在鄱陽太守任,見《容齋三筆》卷一二《紫極觀鐘》。

顏真卿 天寶十二載—至德元載(753—756)

《全文》卷五一四殷亮《顏魯公行狀》:"〔天寶〕十二載,〔楊〕國忠以前事銜之,謬稱精擇,乃遂出公爲平原太守,其實去之也。"又卷三三八顏真卿《東方先生畫贊碑陰記》:"郡嘗爲德州……真卿去歲拜此郡……天寶十三載……建。"《全詩》卷一九八岑參《送顏平原并序》:"十二年春,有詔補尚書十數公爲郡守……參美顏公是行,爲寵別章句。"證知真卿天寶十二載春出守。《舊書·玄宗紀》:天寶十五載正月"乙巳,加平原太守顏真卿户部侍郎,獎守城也"。又《肅宗紀》:至德元載十月,"平原太守顏真卿以食盡援絶,棄城渡河"。又見兩《唐書》本傳,《舊書·顏杲卿傳》《穆寧傳》,《新書·玄宗紀》《溫佶傳》《封常清傳》《劉全諒傳》《卓行傳》,《元龜》卷六九四,《通鑑·天寶十四載》,《全文》卷三九四令狐峘《光禄大夫太子太師上柱國魯郡開國公顏真卿墓誌銘》、卷三四一顏真卿《攝常山郡太守衛尉卿兼御史中丞顏公(杲卿)神道碑銘》、卷三三九《湖州烏程縣杼山妙喜寺碑銘》、卷六三八李翱《唐故特進左領軍衛上將軍兼御史大夫平原郡王贈司空柏公(良器)神道碑》、卷七八四穆員《祕書監致仕穆寧元堂誌》,《唐語林》卷六等。

李忠臣（董秦）　　至德二載（757）

《舊書》本傳：“至德二載，復與大將田神功率兵討平原、樂安郡，下之，擒僞刺史臧瑜等，防河招討使李銑承制以忠臣爲德州刺史。屬史思明歸順，河南節度使張鎬令忠臣以兵赴鄆州，與諸軍使收河南州縣。”《新書》本傳略同。《通鑑·至德二載》：正月，“防河招討使李銑承制以〔董〕秦爲平原太守”。又見《元龜》卷三五八。

王　暕　　乾元元年（758）

《舊書·安慶緒傳》：“明年，改乾元元年，僞德州刺史王暕、貝州刺史宇文寬等皆歸順，河北諸軍各以城守累月，賊使蔡希德、安太清急擊，復陷於賊，虜之以歸，臠食其肉。”《新書·安慶緒傳》略同。《通鑑·乾元元年》：三月，“安慶緒之北走也，其平原太守王暕、清河太守宇文寬皆殺其使者來降”。

蔡希德　　乾元元年（758）

《新書·安慶緒傳》：“〔安〕慶緒懼人之貳己，設壇加載書、歃血與群臣盟。然〔阿史那〕承慶等十餘人送密款，有詔以承慶爲太保、定襄郡王……蔡希德德州刺史。”《元龜》卷一六四：“乾元元年三月丁巳，逆賊軍將……蔡希德……等使人齎表狀歸順。詔曰……希德可德州刺史。”

李西華　　建中二年（781）

《通鑑·建中三年》：三月，“李納之初反也，其所署德州刺史李西華備守甚嚴，都虞候李士真密毀西華於納，納召西華還府，以士真代之”。按李納於建中二年八月請襲父位，不許，所謂“初反”當指此時。

李士真　　建中三年（782）

《通鑑·建中三年》：三月，“〔李〕納召西華還府，以士真代之。士真又詐召棣州刺史李長卿，長卿過德州，士真劫之，與同歸國。夏四月戊午，以士真、長卿爲二州刺史”。《元龜》卷一六五：建中三年“四

月,李納將、攝德州刺史李士真……皆以州降,因授士真兼御史中丞、
德州刺史”。

李濟時　　建中三年(782)

《通鑑·建中三年》:四月,“士真求援於朱滔,滔已有異志,遣大
將李濟時將三千人聲言助士真守德州,且召士真詣深州議軍事,至則
留之,使濟時領州事”。

王士真　　興元元年—貞元十七年(784—801)

《舊書》本傳:“德宗還京,進位檢校兵部尚書,充德州刺史、德棣
觀察使,封清河郡王。十七年,武俊卒,起復授左金吾衛大將軍同正、
恒州大都督府長史,充成德軍節度、恒冀深趙德棣等州觀察等使。”
《新書》本傳未及。《新書·方鎮表三》:貞元元年,“置德、棣二州都團
練守捉使”。

薛昌朝　　元和四年(809)

《舊書·憲宗紀》:元和四年九月庚戌,“以德州刺史薛昌朝檢校
左常侍,充保信軍節度、德棣等州觀察等使。昌朝,薛嵩之子,婚於王
氏,時爲德州刺史。朝廷以承宗難制,乃割二州爲節度,以授昌朝。
制纔下,承宗以兵虜昌朝歸鎮州”。五年十一月,“以前保信軍節度
使、德州刺史薛昌朝爲右武衛將軍,前爲王承宗虜之,囚於鎮州,至是
歸朝故也”。又見兩《唐書·王承宗傳》,《元龜》卷一七七,《通鑑·元
和四年》九月,《白居易集》卷五六《〔與〕王承宗詔》。按《新書·方鎮
表三》:元和四年,“置保信軍節度使,領德棣二州,治德州”。五年,
“廢保信軍節度,以德棣二州隸成德軍節度”。

宋　迪　　元和中?

《隋唐五代墓誌匯編·北京卷·唐故前薊州刺史幽州節度押衙
上柱國宋府君(再初)夫人蔡氏合祔墓誌銘并序》(大中十三年正月十
五日):“大父畠,守景州刺史。列考迪,守德州刺史。”再初卒大中十

二年，享年八十二。

鄭　權　　元和十三年(818)

《舊書・憲宗紀下》：元和十三年三月庚辰，"以華州刺史鄭權爲德州刺史、橫海軍節度、德棣滄景等州觀察使"。又見兩《唐書》本傳。《元龜》卷一六五作"十三年正月一日"。《韓昌黎集》卷二一《送鄭尚書序》："鄭公嘗以節鎮襄陽，又帥滄景德棣，歷河南尹、華州刺史。"按《新書・方鎮表三》：元和十三年，"以德棣二州隸橫海節度"。

李全略（王日簡）　　長慶元年—二年(821—822)

《舊書》本傳："及長慶初，鎮州軍亂，殺田弘正……日簡遂於御前極言利害，兼願有以自效，因授德州刺史，經略其事。明年，擢拜橫海軍節度使，賜姓李氏，名全略，以崇樹之。"《元龜》卷八二五、《新書》本傳略同。《舊書・穆宗紀》：長慶二年正月"庚戌，以德州刺史王日簡爲滄州刺史，充橫海軍節度、滄德棣觀察等使，以代〔杜〕叔良"。《通鑑・長慶二年》同。《白居易集》卷五二有《王日簡可朝散大夫德州刺史制》。

李全略（王日簡）　　長慶二年(822)

《舊書・穆宗紀》：長慶二年二月癸未，"以橫海軍節度使李全略爲德州刺史、德棣等州節度使"。三月己未，"以德棣節度使李全略復爲滄州節度使，仍合滄景德棣爲一鎮"。《新書・方鎮表三》：長慶元年，"置德、棣二州觀察處置使"。二年，"罷德、棣二州觀察處置使"。

王　稷　　長慶二年(822)

《舊書》本傳："稷長慶二年爲德州刺史，廣齎金寶僕妾以行。節度使李全略利其貨而圖之，故致本州軍亂，殺稷。"《新書・穆宗紀》：長慶二年九月"丙申，德州軍亂，殺其刺史王稷"。《舊書・穆宗紀》、《新書》本傳略同。又見《通鑑・長慶二年》，《元龜》卷一三一、卷六六四，《全文》卷七六〇劉約《請王叔泰歸宗奏》。兩《唐書・李全略傳》

稱"棣州刺史王稷"。按其時王稷當由棣州徙德州。

李　岵（李有裕）　　大和三年—四年(829—830)

《舊書·文宗紀上》:大和三年五月丙申,"以涇原節度使李岵爲齊德等州節度使,改名有裕"。《元龜》卷八二五誤作"李祐"。《舊書·文宗紀下》:大和四年四月"丁巳,貶前齊德滄景等州節度使李有裕爲永州刺史,馳驛赴任"。按《新書·方鎮表三》:大和三年,"罷橫海節度,更置齊德節度使,治德州,尋廢,復置,更號齊滄德節度使"。

劉　約　　開成三年(838)

《舊書·文宗紀下》:開成三年十一月壬戌,"以德州刺史、滄景節度副使劉約爲義昌軍節度使"。又見《通鑑·開成三年》九月、十一月。

竇　濔　　約廣明前後

《全文》卷八二九竇濔《池州重建大廳壁記》:"黄巢虐池之二年,濔自平原郡得此郡。"

【吳昌嗣　　中和時(未之任)】

《元龜》卷四五四:"盧彦威本浮陽牙將,中和初,節度使楊全玫遣以本軍二千人援京師……光啓中,會魏博韓允中糾合滄海同攻鄆州……全玫歸行在,殺〔吳〕昌嗣以徇衆。昌嗣,全玫之嬖吏也,奏爲德州刺史,不之任,專掌軍政,故致其害焉。"

盧彦威　　光啓元年—大順元年(885—890)

《通鑑·光啓元年》:七月,"滄州軍亂,逐節度使楊全玫,立牙將盧彦威爲留後,全玫奔幽州。以保鑾都將曹誠爲義昌節度使,以彦威爲德州刺史"。又《大順元年》:六月,"光啓末(初),德州刺史盧彦威逐義昌節度使楊全玫,自稱留後,求旌節,朝廷未許。至是,王鎔、羅弘信因張濬用兵,爲之請,乃以彦威爲義昌節度使"。《舊書·昭宗紀》：大順元年六月，“以德州刺史權知滄州兵馬留後盧彥威檢校尚書右僕射，兼滄州刺史、御史大夫，充義昌軍節度、滄德觀察處置等使”。又見《元龜》卷一七八。

傅公和　　光化三年（900）

《舊五代史・梁太祖紀二》：光化三年“五月庚寅，攻德州，拔之，梟刺史傅公和於城上”。又見《通鑑・光化三年》，《元龜》卷一八七。

周知裕　　天祐中

《舊五代史》本傳：“少事燕帥劉仁恭爲騎將，表爲嬀州刺史。久之，移刺德州。天祐四年，劉守光既平滄州，乃以其幼子繼威爲留後……知裕佐之。”

待考録

王　倚（王椅）

《圖畫見聞志》卷五《故事拾遺》：“唐德州刺史王倚家有筆一管，稍粗於常用筆管，兩頭各出半寸。”又見《續本事詩》，《全詩續補逸》卷一九引《詩話總龜》。《廣記》卷二一四引《盧氏雜説》作“王椅”。

鄧　某

《廣記》卷一三三引《奇聞録》：“德州刺史鄧某曾任考城令。”

卷一一一 棣州（樂安郡）

武德四年，析滄州之陽信、滴河、樂陵、厭次置棣州，六年州廢，縣併入滄州。貞觀十七年復置棣州，移治厭次。天寶元年改爲樂安郡。上元元年復爲棣州。領縣五：厭次、滴河、渤海、陽信、蒲臺。

崔　樞　　武德中？

《新書·任希古傳》："任敬臣字希古，棣州人……〔年〕十六，刺史崔樞欲舉秀才，自以學未廣，遁去。"又見《唐詩紀事》卷六任希古。按《新表二下》崔氏許州鄢陵房有"樞，利州刺史"，乃隋許州主簿子今之子，高宗時宰相知溫之祖父。

王　積　　貞觀中？

《千唐誌·大唐故右衛率府親府親衛上騎都尉王君（傑）墓誌銘并序》（先天元年十月二十五日）："曾祖積，皇棣州刺史。祖鼎，皇任平州長史。父山輝，鄂、利、吉三州諸軍事三州刺史。"王傑以景雲二年八月廿一日卒，年十七。

相里玄奬（相里元將）　　約高宗時

《姓纂》卷五魏郡冠氏縣相里氏："元將，唐棣州刺史。"按《舊書·高麗傳》作"玄奬"，貞觀十七年爲司農丞。

楊德裔　　高宗時

《楊炯集》卷九《常州刺史伯父東平楊公（德裔）墓誌銘》："遷棣、

1488

曹、恒、常四州刺史，歷政清白，爲當時所重……罷歸初服，告老私庭……維文明元年夏四月某日薨於正寢，春秋八十有五。”又見《楊炯集補遺·伯母東平郡夫人李氏墓誌銘》。按其龍朔二年爲司憲大夫，見《元龜》卷五二〇。

柳　俊　　約武后時

《姓纂》卷七河東解縣柳氏：“俊，棣州刺史。”《新表三上》柳氏同。乃鄆州刺史柳震子，高宗時尚書右丞柳範姪。

李延宗　　約武后時

《新表二上》趙郡李氏：“延宗，棣州刺史。”乃隋左親仗素王孫。

董文昱　　武后時？

《舊書·李忠臣傳》：“本姓董，名秦……自云曾祖文昱，棣州刺史。”忠臣卒興元元年，年六十九。

武　方　　武后時？

《隋唐五代墓誌匯編·山西卷·唐故昭武校尉延州金明府折衝上柱國武君（龍賓）墓誌銘并序》（貞元十二年十一月二十七日）：“曾祖方，皇大中大夫棣州刺史，追封南平郡王，食邑五千户。大周祚胤，繼體承祧，列□□□，榮寵王家。祖敬道，皇贈朝散大夫沁州刺史，追封宣城郡王……父隱，皇高道不仕……開元初，三辟不起……君即徵君第三子也。”龍賓卒貞元十二年，年七十八。

楊志本　　武后時

《全文》卷二六七嚴識元《潭州都督楊志本碑》：“轉始州長史……制公檢校棣州刺史。俄而東胡叛换，北狄猖狂……則天皇后有命分麾，置懷撲燎……公拜書雨泣，杖節雷驅……賊平，授使持節蘄州刺史。”

員半千　　長安中

《新書》本傳：“會詔擇牧守，除棣州刺史。復入弘文館學士。武三思用事，以賢見忌，出豪、蘄二州刺史。”開元九年卒，年九十四。按《舊書》本傳：“長安中，五遷正諫大夫，兼右控鶴內供奉……忤旨，左遷水部郎中，預修《三教珠英》。中宗時，爲濠州刺史。”

劉無得　　先天元年（712）

榮新江云，敦煌寫本 P2799《智達禪師頓悟真宗要訣》：“先天元年十一月五日，棣州刺史劉無得叙録。”（見田中良昭《敦煌禪宗文獻的研究》，254 頁，東京，1983 年）

李　澄　　開元初

《元龜》卷二八四：“紀王慎……以少子鐵誠爲嗣紀王，後改名澄，開元初，歷德、棣、冀三州刺史。”按《舊書》本傳作“德、瀛、冀三州刺史”。未知孰是，姑兩存之。

郭　某　　約開元初

《隋唐五代墓誌匯編・河南卷・大唐故通議大夫上柱國劍州刺史晉陽縣開國男郭府君夫人新鄭郡君河南元氏權殯墓誌》（天寶五年二月三日）：“〔夫人〕年將及笄，歸我府君，府君時爲監察御史，後轉著作郎……除主客郎中……府君歷棣、泗、劍三州刺史，開元七年即世。”

徐　堅　　約開元五、六年（約 717、718）

《全文》卷二九一張九齡《大唐故光禄大夫右散騎常侍集賢院學士贈太子少保東海徐文公（堅）神道碑銘并序》：“以親累出爲絳州，歷永、蘄、棣、衢四郡……開元中……遷祕書監。”開元十七年五月丁酉薨。按《舊書》本傳云：“出爲絳州刺史，五轉復入爲祕書監。開元十三年，再遷左散騎常侍。”

【韋　濟　　開元十八年(730)（未之任）】

《隋唐五代墓誌匯編・陝西卷》第四册《大唐故正議大夫行儀王傅上柱國奉明縣開國子賜紫金魚袋京兆韋府君（濟）墓誌銘并序》（天寶十三載閏十一月十一日）：“尋而宇文失位，君亦以此不遷，歲餘出爲棣州刺史，未及之任，又以内憂免官。禮闋，除幽州大都督府司馬，遷恒州刺史。”天寶十三載卒，春秋六十七。

薛鄭賓　　開元中？

《隋唐五代墓誌匯編・洛陽卷》第十二册《唐前滑州白馬縣尉柳公夫人河東薛氏墓誌》（大曆五年正月二十一日）：“祖鄭賓，皇棣州刺史。父家丘，皇汝南郡參軍。”夫人大曆三年卒，春秋二十。

韋　晟　　開元中？

《新表四上》韋氏郎公房：“晟，棣州刺史。”按其從兄弟紹等皆仕於開元中。

鄭　毓　　至德初

《全文》卷三三六顏真卿《讓憲部尚書表》：“屬逆賊安禄山背叛聖恩，擾犯河洛……逆賊史思明、尹子奇等乘其未至，悉力急攻，諸郡無援，相次陷没……又恩敕先超授吳郡司士鄭毓樂安郡太守，令於江淮南兩道度僧道，取錢與臣召募士馬。”

臧　瑜　　至德二載(757)

《全文》卷三三九顏真卿《東莞臧氏紀宗碑銘》：“開元天寶間，宗族之紆青紫佐麾幢者，已數十百人。迨乎今上當宁，而諸孫……銀青棣州刺史瑜……”《舊書・李忠臣傳》：至德二載，“復與大將田神功率兵討平原、樂安郡，下之，擒僞刺史臧瑜等”。又見《元龜》卷三五八。

李長卿　　建中三年(782)

《通鑑・建中三年》：三月，“〔李〕士真又以詐召棣州刺史李長卿，長卿過德州，士真劫之，與同歸國。夏四月戊午，以士真、長卿爲二州刺史”。又見《舊書·李師古傳》。

趙　鎬　興元元年—貞元六年(784—790)

《通鑑·貞元六年》：“初，朱滔敗於貝州，其棣州刺史趙鎬以州降於王武俊。既而得罪於武俊，召之不至……〔二月〕丁酉，鎬以棣州降於〔李〕納。”

崔　漸　貞元中？

《千唐誌·唐故冀州阜城縣令兼□□□史賜緋魚袋榮陽鄭府君夫人博陵崔氏合祔墓誌銘并序》（大和六年七月七日）：夫人博陵崔氏，“棣州刺史兼御史中丞贈光禄卿漸之次女”。夫人大和六年五月九日卒，年六十七。

田　渙　元和四年(809)

《舊書·王承宗傳》：“元和四年，〔王〕士真卒，三軍推爲留後……至八月……承宗既獻二州，朝廷不欲别命將帥，且授其親將……加棣州刺史田渙充本州團練守捉使，冀漸離之。”《新書·王承宗傳》略同。

崔弘禮　元和十三年(818)

《舊書》本傳：“元和中，吕元膺爲東都留守，以弘禮爲從事……累除汾州、棣州刺史。會田弘正請入覲，請副使，乃授弘禮衛州刺史，充魏博節度副使。”又見《元龜》卷七一六。《新書》本傳未及。《千唐誌·唐故東都留守東都畿汝州都防禦使銀青光禄大夫檢校尚書左僕射判東都尚書省事兼御史大夫崔公(弘禮)墓誌銘并序》（大和五年四月二十八日）：“〔元和〕十三年，改守棣州。”

曹　華　元和十三年—十四年(818—819)

《通鑑·元和十三年》：五月，“以河陽都知兵馬使曹華爲棣州刺史……詔加横海節度副使”。《元和十四年》：七月“甲辰，以棣州刺史曹華爲沂、海、兖、密觀察使”。又見《舊書·憲宗紀下》，兩《唐書》本傳，《元龜》卷四〇一、卷四二二。

劉　約　　長慶元年（821）

《白居易集》卷五〇《劉約授棣州刺史制》：“敕：前齊州刺史、兼御史中丞劉約……可持節棣州諸軍事、棣州刺史，依前御史中丞”按《舊書·穆宗紀》稱：長慶元年四月，“授劉總弟約及男等一十一人官，内五人爲刺史”。疑即指此制。

王　稷　　長慶元年（821）

《通鑑·長慶元年》：十一月辛酉，“時幽、鎮兵攻棣州，〔薛〕平遣大將李叔佐將兵救之。刺史王稷供饋稍薄，軍士怨怒，宵潰”。又見兩《唐書·薛平傳》，《元龜》卷三五九。《舊書·李全略傳》：“棣州刺史王稷善撫衆，且得其心，全略忌而殺之。”

欒　濛　　大和初

《新書·李同捷傳》：“〔王〕智興攻棣州……凡七月，其將張叔連降。始，刺史欒濛以同捷叛，密上變，事泄，爲所害，贈工部尚書。”《元龜》卷一四〇：“大和二年九月詔曰……故棣州刺史……欒濛……可贈工部尚書。”《全文》卷七一文宗《贈欒濛尚書詔》同。又見《元龜》卷一三一。

唐弘實　　大和二年（828）

《元龜》卷九八〇：“文宗大和二年十二月，以前棣州刺史唐弘實爲莒王傅，兼御史大夫，持節充入吐蕃答賀正使。”

韓　威　　大和八年（834）

《舊書·文宗紀下》：大和八年十二月“辛巳，以棣州刺史韓威爲安南都護”。

田　早　　大和九年（835）

《舊書・文宗紀下》：大和九年正月癸酉，“以前棣州刺史田早爲安南都護”。按《舊書・田群傳》：“大和八年爲少府少監，充入吐蕃使。歷棣州刺史、安南都護。”疑有誤。《元龜》卷八九〇：“〔大和〕六年十一月，以少府少監田早守本官兼御史中丞，持節充入吐蕃答賀正使。”

令狐梅　　大中七年—八年（853—854）

《隋唐五代墓誌匯編・洛陽卷》第十四册《唐故棣州刺史兼侍御史燉煌令狐公（梅）墓誌銘并序》（大中十年四月二十二日）：“大中七年夏四月，今相公彭陽公以宗黨且舊故，亟言於上，得授棣州刺史充本州鎮遏兵馬使，兼官如故。”八年六月二十九日因瘵恚薨於郡宅，享年六十有二。

張　蟾　　龍紀元年—大順二年（889—891）

《通鑑・龍紀元年》：十月，“平盧節度使王敬武薨；子師範，年十六，軍中推爲留後，棣州刺史張蟾不從”。《大順二年》：三月，“〔王師範〕自將以攻棣州，執張蟾，斬之”。又見《舊書・昭宗紀》《崔安潛傳》，《新書・王師範傳》，兩《五代史・王師範傳》《劉鄩傳》，《元龜》卷一七八。《新書・昭宗紀》稱：龍紀元年十月，“陷棣州，刺史張蟾死之”，誤。

邵　播　　天復三年（903）

《新書・昭宗紀》：天復三年九月“辛亥，朱全忠陷棣州，刺史邵播死之”。又見《王師範傳》，《舊五代史・梁太祖紀》，《元龜》卷一八七，《通鑑・天復三年》九月。

史　太　　天祐元年（904）

《舊書・哀帝紀》：天祐元年八月，“尋用史太爲棣州刺史，以酬弑逆之功”。

劉仁遇　　天祐二年(905)

《舊書·哀帝紀》：天祐二年四月"丙午，前棣州刺史劉仁遇檢校司空兼兗州刺史、御史大夫、充泰寧軍節度使"。

獨孤損　　天祐二年(905)

《舊書·哀帝紀》：天祐二年五月"壬申，制新除静海軍節度使、銀青光禄大夫、檢校尚書左僕射、同平章事、兼安南都護、河南郡開國侯、食邑一千户獨孤損可責授朝散大夫、棣州刺史"。辛巳，"責授棣州刺史獨孤損可瓊州司户"。《通鑑·天祐二年》五月略同。

卷一一二 定州(博陵郡)

隋高陽郡(博陵郡)。武德四年平竇建德,改定州。其年置總管府。六年升爲大總管府。七年改爲都督府。貞觀五年廢都督府。天寶元年改爲博陵郡。乾元元年復爲定州。領縣十一:安喜、義豐、北平、望都、恒陽(曲陽)、唐昌(陘邑)、唐、新樂、無極、深澤、鼓城。

王公政　　武德初

北圖藏拓片《大唐故正議大夫行光禄寺少卿太原王府君(子麟)墓誌銘并序》(開元六年正月十四日):"祖公政,定州刺史,柱國,陵川公。父元綱,朝散大夫、離狐縣令,襲爵臨川公……君臨川公第貳子也。"子麟卒開元五年,春秋五十八。按王公政武德五年卒於恒州刺史任。

獨孤修德(獨孤修)　　武德四年(621)

《通鑑·武德四年》:七月,"獨孤機之子定州刺史修德帥兄弟至其(王世充)所,矯稱敕呼鄭王;世充與兄世惲趨出,修德等殺之。詔免修德官"。《考異》曰:"《舊傳》作'獨孤修',今從《河洛記》。"按《舊書·王世充傳》稱:"〔世充〕爲仇人定州刺史獨孤修所殺。"又按《元龜》卷八九六作"宣州",疑誤。

李玄通　　武德四年(621)

《舊書》本傳:"義兵入關,率所部歸國,累除定州總管。劉黑闥反

叛,攻之,城陷被擒……因潰腹而死。"《新書》本傳略同。又見《御覽》
卷八四四,《元龜》卷六八六,《大唐新語》卷五。《通鑑·武德四年》:
八月"丁酉,劉黑闥陷鄃縣……使將軍秦武通、定州總管藍田李玄通
擊之"。十一月"壬寅,劉黑闥陷定州,執總管李玄通"。又見《新書·
高祖紀》,《元龜》卷一二二。

雙士洛　　武德五年—六年(622—623)

《新書·高祖紀》:武德五年九月"壬寅,定州總管雙士洛、驃騎將
軍魏道仁又敗之(突厥)於恒山之陽"。又《劉黑闥傳》:"〔武德六年正
月〕,餘黨及突厥兵間道亡,定州總管雙士洛邀戰,破平之。"《通鑑·
武德五年》九月同。《乾道臨安志三》:"雙士洛,右武衛大將軍,定、相
二州總管,杭州刺史,呂國公,天水郡人。"《全文》卷一五六李君政《宣
霧山鐫經像碑》稱:"使持節上柱國本州諸軍事定州刺史、定州都督、
相州總管、杭州刺史、光禄大夫、呂國公〔雙〕士洛佐命心膂,幹國爪
牙。"又見《唐文拾遺》卷一二。

耿　静　　約武德中

《千唐誌·大周故朝請大夫行陳州司馬上輕車都尉公士成□夫
人平陽縣君耿氏(慈愛)墓誌銘》(長安三年二月十七日):"祖静,隋任
馮翊通守,唐任定州大總管府長史、上開府儀同三司。"

郭　某?　　武德中?

上圖藏拓片《大唐故宣義郎行邢州柏仁縣丞太原郭君(承亨)墓
誌銘并序》:"高祖定州刺史、鄔城侯、食邑三百户。"承亨卒開元十年
七月十六日,春秋六十七。

齊士員　　貞觀間

《唐文拾遺》卷一二齊士員《太武皇帝穆皇后供養石像之碑》稱:"右
監門中郎將右勳衛郎將、檢校左右領府郎將、長樂宮大監、定州刺史、上
柱國、延陵縣開國子齊士員……義旗之始,即授正議大夫左一軍領。帷

幄之中,決勝千里……太武皇帝壽極升霞,即奉敕於獻陵供奉。"

薛　獻　　貞觀十五年(641)

《元龜》卷一〇四:貞觀十五年"九月癸酉,詔集刺史以上升殿親問之曰:卿等在州何以撫教? 定州刺史薛獻對曰……"。又見《御覽》卷二五八。《唐文拾遺》卷六四闕名《大唐太子左衛杜長史故妻薛氏(瑤華)墓誌銘并序》:"曾祖冑……祖獻,工部侍郎,泉、資、定、隴四州刺史,贈洪州都督,内陽穆公。"夫人卒顯慶二年十一月十六日,年二十六。又見《金石補正》卷三六。按《新表三下》薛氏:"獻,工部侍郎。"嚴氏《僕尚丞郎表》以爲貞觀初爲工侍。

李元軌　　貞觀二十三年(649)

《舊書》本傳:"〔貞觀〕二十三年,加實封滿千户,爲定州刺史。"《新書》本傳略同。又見《元龜》卷二七三、卷二八一,《會要》卷五。

張萬福　　永徽五年前(654 前)

《金石錄》卷四:"《唐定州刺史張萬福墓誌》,正書,無書撰人姓名,永徽五年四月。"

爾朱義琛　　約乾封時

《千唐誌·大唐故銀青光禄大夫定州刺史上柱國爾朱府君(義琛)墓誌》(上元三年十月十五日):"以龍朔三年詔使持節隴右道巡撫……使還,蒙授詳刑正卿……復以三韓尚梗,邊隅有事……乃除定州刺史。後□計入朝……仍聽致仕。"上元三年卒,年八十五。又《唐故宋州録事爾朱府君(旻)墓誌銘并序》(垂拱元年十月十三日):"父義琛,唐同州長史、太僕少卿、工部侍郎、大理正卿、定州刺史。"按嚴氏《僕尚丞郎表》工侍失載。

趙　璥　　上元二年(675)

《新書·中宗和思順聖皇后趙氏傳》:"父璥,尚高祖常樂公主……

〔武后〕幽妃内侍省。瓛自定州刺史、駙馬都尉貶括州，絶主朝謁，隨瓛之官。"《通鑑·上元二年》：五月，"〔趙〕瓛自定州刺史貶栝（括）州刺史"。

李文德　　約高宗時

《千唐誌·唐故國子監丞李公（濟）墓誌銘并序》（天寶八載十一月十八日）："今上四從之叔，廣平郡太守諱昭貴之曾孫，博陵郡太守諱文德之孫，祕書省丞諱元璋之子。"濟卒天寶八載閏六月十日，年六十四。

李靈夔　　高宗時

《舊書》本傳："永徽六年，轉隆州刺史，後歷絳、滑、定等州刺史，太子太師。垂拱元年，授邢州刺史。"又見《元龜》卷二八一。《新書》本傳未及。按弘道元年在絳州刺史任。

李元軌　　調露元年—光宅元年（679—684）

《通鑑·調露元年》：十月，"突厥寇定州，刺史霍王元軌命閉門偃旗，虜疑有伏，懼而宵遁"。《弘道元年》："二月庚午，突厥寇定州，刺史霍王元軌擊却之。"《新書·高宗紀》略同。《舊書·李元嘉傳》："及天后臨朝攝政，欲順物情，乃進授元嘉爲太尉，定州刺史、霍王元軌爲司徒。"按《舊書》本傳謂："垂拱元年，加位司徒，尋出爲襄州刺史。"

李元嘉　　約光宅元年（約 684）

《新書》本傳："武后得政，進授太尉，徙定州刺史。"又見《元龜》卷二八一。《舊書》本傳未及。

裴休貞　　高宗、武后間

《新表一上》中眷裴氏："休貞，定州刺史。"乃襄武道大總管裴行儉從父兄。按其祖父德操，唐初爲寧州刺史、秦州刺史，則休貞當仕於高宗、武后間。

姚　璹　　約垂拱初

《金石録》卷二五《唐工部尚書姚璹碑跋》："碑云，自兵部侍郎以〔族弟〕敬節犯法，改授司府少卿、檢校定州刺史，尋即眞。轉都督廣循等二十三州諸軍事、廣州刺史，後替還，仍以前累重貶桂州。"《舊書·姚珽傳》："珽與兄璹，數年間俱爲定州刺史、户部尚書，時人榮之。"《新書·姚珽傳》略同。又見《元龜》卷七七一。兩《唐書》本傳未及。

獨孤思莊（獨孤莊）　　約天授中

《全文》卷二二七張説《唐故廣州都督甄公（亶）碑》："君諱亶，字道一，中山無極人也……天后臨朝，再加辟命，皆辭以親老不赴，逮疾革易簀，骨立廬基，復有制徵焉。刺史獨孤莊率府僚敦諭，起於墳左，乃授左金吾中候。"按思莊萬歲通天元年在魏州刺史任。《全文》卷三一三孫逖《太子舍人王公（無競）墓誌銘》謂："天册中，公與故人魏州牧獨孤莊書。"由是知獨孤莊即思莊。

姚　珽（姚班）　　武后時

《舊書》本傳："累除定、汴、滄、虢、幽等五州刺史，加銀青光禄大夫，轉秦州刺史……神龍元年，累封宣城郡公，三遷太子詹事……珽與兄璹，數年間俱爲定州刺史、户部尚書，時人榮之。"《新書》本傳略同。《元龜》卷七七一作"姚班"。

竇孝謙　　約武后時

《芒洛四編》卷五《大唐前漢中郡都督府西□李少府公故夫人扶風竇氏墓誌銘并序》（天寶七載十一月二十四日）："祖孝謙，丹、坊、鄜、恒、定、洺六州刺史。"夫人卒天寶二年七月六日，年二十五。按《新表一下》竇氏："孝謙，洺州刺史。"乃晉州總管琮之子，濟州刺史孝仁之兄。《姓纂》"洺"誤作"洺"。

孫彦高　　聖曆元年（698）

《舊書·則天皇后紀》：聖曆元年八月"己丑，默啜攻陷定州，刺史孫彦高死之”。又見《突厥傳上》,《新書·則天皇后紀》,《太平寰宇記》卷一九六《突厥下》,《通鑑·聖曆元年》八月,《朝野僉載》卷二,《廣記》卷二五九。

張知謇　約聖曆中

《舊書》本傳:“天授後歷房、和、舒、延、德、定、稷、晉、洺、宣、貝十一州刺史……〔通天中,〕知謇自德州入計……及神龍元年,中宗踐極,自貝州追知謇爲左衛將軍。”又見《元龜》卷六八九。《新書》本傳未及。按聖曆中知謇爲稷州刺史,則其爲定刺亦約在聖曆中。

薛季昶　久視元年(700)

《舊書》本傳:“久視元年,季昶自定州刺史入爲雍州長史。”《新書》本傳未及。

尹思貞　長安中

《舊書》本傳:“長安中,七遷秋官侍郎,以忤張昌宗被構,出爲定州刺史,轉晉州刺史。”《新書》本傳略同。

鄭固忠(鄭越客)　武后時

《全文》卷二二○崔融《唐故密亳二州刺史贈安州都督鄭公(仁愷)碑》:“次子固忠,定、潞、許三州刺史。”又見《金石萃編》卷六八。按《新表五上》鄭氏:仁愷子“越客,一名固忠,工部侍郎”。《僕尚丞郎表》以爲中宗時爲工侍。

陳　遂　中宗時?

《隋唐五代墓誌匯編·陝西卷》第四册《大唐故濟陽郡東阿縣主簿陳府君(添)墓誌銘并序》(天寶十三載閏十一月):“大父遂,皇朝定州刺史、土門軍大使,華州刺史。”添卒天寶十三載,享年五十八。

崔宣道　開元二年(714)

《舊書·薛訥傳》:“開元二年夏,詔與左監門將軍杜賓客、定州刺史崔宣道等率衆二萬，出檀州道以討契丹等……六月，師至灤河……盡爲契丹等所覆。訥脱身走免，歸罪於崔宣道及蕃將李思敬等八人，詔盡令斬之。"《新書·薛訥傳》略同。又見《元龜》卷四四三，《通鑑·開元二年》七月。

李　澄(李鐵誠)　　約開元前期

《新書·宗室世系表下》紀王房："嗣紀王定州刺史澄，初名鐵誠。"乃紀王慎少子。按《舊書·李慎傳》稱：中興初，"封慎少子鐵誠爲嗣紀王，後改名澄……開元初，歷德、瀛、冀三州刺史，左驍衛將軍，薨"。未及定州刺史。

高　豫　　開元九年—十年(721—722)

《元龜》卷六二六："〔開元十年，〕定州刺史高豫兼判左右衛將軍。"《金石萃編》卷七三："《大唐北嶽府君碑》……刺史高豫……長史嚴德珪、司馬董□……開元九年三月廿六日立。"又見《全文》卷二六九韋虛心《北岳府君碑》。

鄭　放　　開元十三年(725)

《新書·許景先傳》："〔開元〕十三年，帝自擇刺史……太僕少卿鄭放定州。"《唐詩紀事》作"開元十六年"，《全詩》卷三明皇帝《賜諸州刺史以題座右》注同，皆誤。《金石萃編》卷七三《大唐北嶽府君碑碑陰題記》有"刺史鄭放、別駕李克嗣"等。又卷七六《北嶽恒山寺碑》："開元丁卯歲仲秋□望立……太中大夫行定州別駕上騎都尉盧國公李克嗣題。"按丁卯爲開元十五年。

王　晙　　開元十四年前(726 前)

《新書》本傳："貶蘄州刺史，遷定州。復以户部尚書爲朔方軍節度使。"按《舊書》本傳唯云：開元十一年冬，"會許州刺史王喬家奴告喬與晙潛謀構逆……左遷蘄州刺史。十四年，累遷户部尚書，復爲朔方軍節度使"。未及定州刺史。

張嘉貞　　開元十四年—十七年(726—729)

《舊書》本傳:"〔開元十二年,〕左轉台州刺史。復代盧從愿爲工部尚書、定州刺史,知北平軍事……至州,於恒嶽廟中立頌……十七年,嘉貞以疾請就醫東都,制從之。"《新書》本傳略同。又見《元龜》卷七〇〇、卷六七三,《廣記》卷一四七引《定命錄》。按盧從愿開元十四年八、九月間由工尚代韋抗爲刑尚,見《盧從愿傳》;則嘉貞代盧從愿爲工尚,亦在其時。《全文》卷七二一張權有《代定州張令公賀老人星表》,卷二二五張說有《送工部尚書弟赴定州詩序》。《金石萃編》卷七六《北嶽恒山祠碑》:"(闕九字)尚書兼(闕五字)北平軍使、上柱國、河東縣開國侯張嘉貞文幷書……開元丁卯(闕四字)望立。"按丁卯乃開元十五年。文云:"景(丙)寅歲,乃命菲才謬兼軍郡。"丙寅爲開元十四年,則嘉貞始刺定在開元十四年。《寶刻叢編》卷六引《集古錄目》有《唐盧舍那珉像碑》稱:"定州刺史張嘉貞所造,碑以開元十六年二月立。"

【補遺】裴仙先　　約開元十七年—十八年(約729—730)

《唐研究》第五卷(1999年版)《西安新發現唐裴仙先墓誌考述》引《故銀青光禄大夫、守工部尚書、上柱國、翼城縣開國公贈江陵郡大都督裴府君(仙先)墓誌銘並序》(天寶三載閏二月八日):"尋安南反叛,邊荒告急,即加公雲麾將軍兼廣州都督。……會親累,出秦州都督。……貶雅州名山丞,久之,上知無罪,乃盡還封爵,拜右驍衛將軍,尋改定州刺史,遷京兆尹。……轉太僕卿、右金吾大將軍、太府卿,進爵爲子。……出爲絳州刺史,改蒲州刺史,進爵爲伯。俄遷太原尹,兼河東道節度等副使,使停,即授本道采訪處置使。……遷工部尚書,東京留守,兼判省事。……以天寶二載九月廿二日薨於永寧里第,春秋八十。"

段崇簡(段愔)　　約開元二十二年(約734)

《全文》卷三二九鄭子春《北嶽廟碑》:"我唐列聖重光,再造區宇……使持節刺史段公,字崇簡,學古入官,政貴清凈。"又卷九一四

釋具《大忍寺門樓碑》：“唐開元十有八年，定之深澤大忍寺尼修巨靈
分守……刺史段公崇簡。”《畿輔通志》卷一五二有《定州刺史段愔祈
雨頌幢》。又卷一五三有《定州刺史段愔德記》，《金石録補》及《授堂
金石考》謂開元二十三年立。按開元十九年段崇簡爲代州都督。北
圖藏拓片《段使君德政頌》（開元二十三年閏十一月二十三日）：“無何
轉□府□□、原州刺史……遂□京兆少尹……轉代、深□貳州刺
史……定州刺史上柱國。”證知崇簡爲定州刺史當在開元二十三年閏
十一月前，《德政頌》即歌頌在定州政績，至遲開元二十二年當在任。

寇　泚　　開元中

上圖藏拓片《唐故河南府告成縣主簿上谷縣開國子寇公（鐈）墓
誌銘并序》（天寶二年三月六日）：“烈考連率定州府君諱泚。”鐈卒天
寶二年二月二十七日，年四十二。《千唐誌・有唐朝議郎守尚書工部
郎中寇公（錫）墓誌銘并序》（大曆十三年四月二十七日）：“皇朝中書
舍人、兵部侍郎、宋定等四州刺史上谷子泚之仲子。”錫卒大曆十二
年，享年七十七。按泚開元十三年自兵侍爲宋州刺史。又按拓本《唐
故孝廉寇君（鈞）墓誌銘并序》（開元十五年二月廿九日）云：“宋州刺
史上谷公泚之元子也。”鈞卒開元十年，年二十三。

鄭宏之　　天寶中？

《新表五上》鄭氏：“宏之，定州刺史。”《廣記》卷四四九引《紀聞》：
“唐定州刺史鄭宏之解褐爲尉……宏之自寧州刺史改定州，神與宏之
訣去。”《精舍碑》殿中侍御史兼内供奉有鄭宏之，在裴歆後，李昂前。
碑左側題名在康雲開後，王璿前。

賈　循　　天寶五載—約十一載（746—約752）

《新書》本傳：“安祿山兼平盧節度，表爲副，遷博陵太守。祿山欲
擊奚、契丹，復奏循光禄卿自副，使知留後。九姓叛，祿山兼節度河
東，而循亦兼雁門副之。”《金石萃編》卷八八《北嶽恒山安天王銘》：
“明威將軍守右威衛將軍、使持節博陵郡諸軍事兼博陵郡太守、北平

軍使、上柱國、賜紫金魚袋武威賈公曰循，時之傑也。"天寶七載五月二十五日建。又碑陰："天寶丙戌歲，博陵太守九門賈公名循，字良紹。"又見《全文》卷三六四李荃《大唐博陵郡北嶽恒山封安天王銘并序》。按丙戌歲爲天寶五載。《全詩》卷二一一高適《酬祕書弟兼寄幕下諸公并序》："今年適自封丘尉統吏卒於青夷，途經博陵，得太守賈公之政，相見如舊，他日之意存焉。"賈太守即賈循。周勳初《高適年譜》繫此詩於天寶九載。

張萬頃　　天寶十四載(755)

《元龜》卷一四九："博陵太守張萬頃陷賊，僞授河南尹。"《光緒曲陽縣志》卷一一《金石錄上》有《博陵太守張萬頃題名》稱："天寶十四載十月十六日使持節博陵郡諸軍事守太守北平軍使張萬頃奉(以下泐)。"

王　佁　　天寶十四載(755)

《新書》本傳："安禄山叛，拜博陵、常山二太守，副河北招討。"《新表二中》琅邪王氏："佁字靈龜，定州刺史。"

張獻誠　　天寶十四載(755)

《新書·安禄山傳》：天寶十四載十一月，"以張獻誠守定州"。《通鑑·天寶十四載》：十一月，"禄山使其將安忠志將精兵軍土門……又以張獻誠攝博陵太守"。兩《唐書》本傳未及。

程元皓　　約乾元二年—寶應元年(約 759—762)

《舊書·程日華傳》："父元皓，事安禄山爲帳下將，從陷兩京，頗稱勇力，史思明時爲定州刺史。"《新書·程日華傳》略同。《唐文拾遺》卷三三韓義賓《唐定州別駕程君(士庸)墓誌銘》："高祖〔元〕皓，定州刺史；曾祖日華，橫海軍使。"《隋唐五代墓誌匯編·北京大學卷》第二册《使持節定州諸軍事定州刺史程府君墓誌銘并序》(殘)稱墓主寶應元年十二月二十五日卒，當即程元皓，由此知元皓寶應元年十二月卒於任。

程元勝　　寶應元年—二年(762—763)

《舊書·史朝義傳》：寶應二年正月，"以僞官以城降者恒州刺史、成德軍節度張忠志爲禮部尚書……趙州刺史盧淑、定州程元勝、徐州劉如伶……並加封爵，領舊職"。《新書·史思明傳》："僞恒州刺史張忠志、趙州刺史盧俶、定州刺史程元勝……等皆舉其地以歸。思明父子僭號凡四歲滅。"程元勝似爲元皓弟，元皓卒於寶應元年十二月，元勝當爲繼任。

谷從政　　永泰中—建中初

《新書·谷崇義傳》：子從政，"事李寶臣，歷定州刺史，封清江郡王……寶臣初倚任，晚稍疏忌，從政乃闔門謝交遊不事。及惟岳知節度……從政塞門移疾不出"。又見《通鑑·建中二年》。按李寶臣寶應元年爲恒州刺史、成德軍節度使，建中二年卒於任，子惟岳知節度留後，見《舊紀》。《全文》卷五〇一權德輿《唐故義武軍節度支度營田易定等州觀察處置使檢校司空同中書門下平章事張公(孝忠)夫人鄧國夫人谷氏神道碑銘并序》："初，夫人之兄從政，實傳戎韜之訓，以中執法，剖符定州。"《常山貞石志》卷一〇《李寶臣碑》(永泰二年七月一日)碑陰題名有"銀青光禄大夫試鴻臚卿使持節定州諸軍事兼定州刺史充北平軍使本州團練守捉使同成德軍節度副使上柱國陳留縣開國男谷從政"。

張南容　　約建中初

《舊書·李寶臣傳》："寶臣暮年，益多猜忌，以〔李〕惟岳暗懦諸將不服，即殺大將辛忠義、盧俶、定州刺史張南容、趙州刺史張彭老、許崇俊等二十餘人。"按李寶臣卒建中二年春。

楊政義　　建中二年—三年(781—782)

《舊書·德宗紀上》：建中三年"二月戊午，〔李〕惟岳將定州刺史楊政義以州降"。《通鑑·建中三年》二月同。《舊書·張孝忠傳》："定州刺史楊政義以州降，孝忠遂有易、定之地。"《王武俊傳》《新書·張孝忠傳》略同。又見《元龜》卷三七三。

張孝忠　建中三年—貞元七年(782—791)

《舊書·德宗紀上》:建中三年二月戊午,"以張孝忠檢校兵部尚書、易定滄三州節度使"。又《德宗紀下》:貞元七年三月"癸未,義武軍節度使、檢校司空、平章事張孝忠卒"。又見兩《唐書》本傳。《全文》卷四九六權德輿《唐故義武軍節度使營田易定等州觀察處置使開府儀同三司檢校司空同中書門下平章事張公(孝忠)遺愛碑銘并序》:"拜工部尚書、兼御史大夫、恒州刺史……轉兵部尚書、易州刺史、易定滄等州節度觀察使,錫軍號曰義武。時三分恒陽之地。"按義武節度治定州,疑"易州"爲"定州"之誤。

張茂昭(張昇雲)　貞元七年—元和五年(791—810)

《舊書·德宗紀下》:貞元七年七月"戊寅,以邕王調爲義武節度使、易定觀察等大使,以定州刺史張昇雲爲留後"。九年二月庚戌朔,"易定留守張昇雲爲義武節度使"。十年九月"戊戌,定州張昇雲改名茂昭"。《憲宗紀上》:元和五年十月"甲午,以前義武軍節度、檢校太尉、兼太子太傅、同平章事張茂昭檢校太尉、兼中書令、河中尹,充河中晉絳慈隰節度使"。又見兩《唐書》本傳,《通鑑·貞元七年》,《元龜》卷一七六、卷四三六、卷八二五、卷八六二,《全文》卷五〇一權德輿《唐故義武軍節度支度營田易定等州觀察處置等使檢校司空同中書門下平章事張公(孝章)夫人鄧國夫人谷氏神道碑并序》,卷五〇四《鄧國夫人谷氏墓誌銘》。又卷五〇五《唐故河中晉絳慈隰等州節度使支度營田觀察處置等使開府儀同三司檢校太尉兼中書令河中尹張公(茂昭)墓誌銘并序》:貞元七年,"繇定州刺史起領留府……始公割符,三年而分閫,又四年而進律,以州爲都府而爲長吏"。按《全文》卷六九一符載有《爲杜相公祭易棣張相公太夫人文》。岑仲勉《唐方鎮年表正補》謂茂昭貞元十八年丁母憂起復。

李　卓　約貞元十五年—約十七年(約 799—約 801)

《宋高僧傳》卷一〇《唐定州大像山定真院石藏傳》:"會州帥李公卓翹仰之切,命入城住……卓躬登山訪問,款密交談,深開昏昧,遂奏院題額曰定真焉。藏預白衆訣別，明日坐亡，春秋八十三……貞元十六年正月入塔，立碑頌德云。”疑李卓於張茂昭丁憂時爲定刺。

任迪簡　　元和五年—八年(810—813)

《舊書·憲宗紀上》：元和五年十月“壬辰，制以〔任〕迪簡檢校工部尚書、定州長史，充義武軍節度觀察、北平軍等使”。本傳：“尋加檢校工部尚書，充〔義武〕節度使……三年，以疾代，除工部侍郎。”《新書》本傳略同。按嚴氏《僕尚丞郎表》以爲其除工部侍郎不能遲過元和八年。《姓纂》卷五渭州任氏：“迪簡，真定節度使。”

渾　鎬　　元和八年—十一年(813—816)

《舊書》本傳：“元和中，諸道出師討王承宗，屬義武軍節度使任迪簡病不能軍，以鎬藉父威名，足以鎮定，乃以鎬檢校左散騎常侍，充義武軍節度副使。九月(年)六日(月)，加檢校工部尚書，代迪簡爲節度使……〔元和十一年冬，〕鎬爲亂兵所劫。”《新書》本傳略同。《舊書·憲宗紀下》：元和九年六月“庚辰，以義武軍節度副使渾鎬檢校工部尚書，兼定州大都督府長史，充義武軍節度使、易定觀察使、北平軍等使”。《全文》卷七九二路巖《義昌軍節度使渾公(侃)神道碑》：“父諱鎬，義武軍節度、易定觀察使。”又卷七五六杜牧《唐故灞陵駱處士(峻)墓誌銘》：“大梁渾尚書鎬在易定，潘侍郎孟陽在蜀之東川，司徒薛公苹(平)在鄭滑，皆挈卑詞幣馬至門。”

陳　楚　　元和十一年—長慶二年(816—822)

《舊書·憲宗紀下》：元和十一年“十二月丙午，以易州刺史陳楚爲定州刺史、義武軍節度使”。又《穆宗紀》：長慶二年七月乙卯，“以前義武節度使陳楚爲東都留守、判尚書省事、東畿汝防禦使”。又《渾鎬傳》稱：元和十一年冬，“朝廷乃除陳楚代之(渾鎬)”。本傳稱元和十二年，《新書》本傳謂元和末，皆誤。《全文》卷六四八元稹《加陳楚檢校左僕射義武軍節度使制》：“義成(武)軍節度使、檢校工部尚書陳楚……可檢校左僕射、使持節定州諸軍事兼定州刺史，充義武軍節度使。"

柳公濟　　長慶二年—大和三年(822—829)

《舊書·穆宗紀》：長慶二年六月"丁卯，以易州刺史柳公濟爲定州刺史、義武軍節度使"。又《文宗紀上》：大和三年三月"壬辰，易定節度使柳公濟卒"。《千唐誌·唐宣武軍節度押衙兼侍御史河東柳公(延宗)墓誌銘并序》(廣明元年十月十四日)："祖公濟，易定節度使、檢校司空、上谷郡王，贈司徒……司徒出刺易州，幽薊作叛……賊既大潰，詔加殊絶，建節義武郡(軍)。一帥巨藩，十換圭律。"又《唐故陳州宛丘縣尉河東柳府君(正封)墓誌》："公祖諱濟……官至定州節度使。"正封卒開成三年。

【傅　毅　　大和三年(829)(未之任)】

《舊書·文宗紀》：大和三年三月"乙巳，以太原兵馬使傅毅爲義武軍節度使，義武軍不受命"。《舊書·文宗紀上》：大和三年五月"丁酉，以前義武軍節度使傅毅爲滄州刺史、橫海軍節度使"。

張　璠　　大和三年—開成三年(829—838)

《新書·文宗紀》：大和三年三月，"義武軍不受命，都知兵馬使張璠自稱節度使。戊申，以璠爲義武軍節度使"。《舊書·文宗紀下》：開成三年九月"辛未，易定節度使張璠卒"。

【李仲遷　　開成三年(838)(未之任)】

《舊書·文宗紀下》：開成三年九月"壬申，以易州刺史李仲遷爲定州刺史，充義武軍節度使"。十月，"易定軍亂，不納新使李仲遷"。又見《通鑑·開成三年》十月。

張元益　　開成三年(838)

《舊書·文宗紀下》：開成三年十月，"易定軍亂，不納新使李仲遷，立張璠子元益爲留後"。又見《元龜》卷四五、《通鑑·開成三年》

十月。

【韓　威　　開成三年(838)（未之任）】

《舊書·文宗紀下》：開成三年十一月"壬申，以蔡州刺史韓威爲定州刺史、義武軍節度、北平軍等使"。又見《通鑑·開成三年》十一月。岑仲勉《方鎮年表正補》據李商隱《祭韓氏老姑文》以爲未之任。

陳君賞　　開成三年——會昌三年(838—843)

《通鑑考異·開成三年》十一月引《補國史》曰："易定張公璠卒……詔以神策軍使陳君賞爲帥。"《通鑑·開成五年》：八月，"義武軍亂，逐節度使陳君賞。君賞募勇士數百人，復入軍城，誅亂者"。《千唐誌·唐故權知沂州長史銀青光禄大夫檢校太子賓客兼殿中御史潁川郡陳公(諭)墓誌》(大中十一年八月六日)："父〔君〕賞，義武軍節度使、檢校尚書右僕射、兼御史大夫，贈太子少保。"諭乃君賞第二子，卒大中十年三月四日，年四十二。又見《陳公夫人王氏誌》(咸通八年十月十四日)。

李執方　　會昌三年——四年(843—844)

《光緒曲陽縣志》卷一一《金石録上》有《定州刺史李執方等題名》："(上闕)檢校吏部尚書(闕)定州刺史、御史大夫李執方，(上闕)行華州(闕)榷官前(闕)前晉州參軍行(闕)會昌三年十月十日(下闕)。"《英華》卷四五五封敕《授李執方陳許節度使盧弘宣易定節度使制》稱"義武軍易定節度使、銀青光禄大夫、檢校吏部尚書上柱國李執方"。《樊南文集補編》卷六有《上易定李尚書狀》。"李尚書"即李執方。

鄭　孜　　會昌四年(844)

《寰宇訪碑録》卷四："《北嶽廟刺史鄭孜等題名》，行書，會昌四年。直隸曲陽。"按曲陽爲定州屬縣，鄭孜當爲定州刺史。

陳去疾　　會昌四年(844)

《寰宇訪碑録》卷四:"《權知州事陳去疾題名》,正書,會昌四年,直隸曲陽。"《光緒曲陽縣志》卷一一《權知州事陳去疾題名》:"攝節度判官、權知州事、給事郎、前守蔡州司馬陳去疾,會昌四年春仲月,幕府率由舊章,去疾承命有事於安天大王。廿一日題。"按《新書·地理志三》定州曲陽縣:"本恒陽,元和十五年更名,是年,又更恒山曰鎮嶽,有嶽祠。"《通典》卷四六山川:"天寶五載,封……北嶽神爲安天王。"由此知陳去疾爲義武節度使幕中攝節度判官,權知定州事,依舊章承命祭祀北嶽恒山神安天王。

盧弘宣　　會昌五年—大中元年(845—847)

《新書》本傳:"徙義武節度使……歷工部尚書、祕書監,以太子少傅致仕。"《通鑑·會昌五年》:正月,"以祕書監盧弘宣爲義武節度使"。《英華》卷四五五封敖有《授李執方陳許節度使盧弘宣易定節度使制》。《全文》卷七二六崔嘏《授盧弘宣工部尚書制》稱:"前易定節度使盧弘宣。"卷七六六薛逢有《上前易定盧尚書啓》,盧尚書當即盧弘宣。嚴氏《僕尚丞郎表》謂盧弘宣由易定入爲工尚不早於大中元年秋,不遲於大中元年冬。《千唐誌·唐故朝請大夫尚書刑部郎中上柱國范陽盧府君(就)墓誌銘并序》(大中六年二月二十三日):"會昌初,刑部侍郎弘宣出爲東川節度使,即君之從高祖兄也,奏假殿中侍御史,充支使。及盧公移鎮易定,改侍御史,充觀察判官。"

韋　損　　大中元年—二年(847—848)

《寰宇訪碑録》卷四:"《北嶽廟義武軍節度使韋損等題名》,正書,大中二年二月。"《曲陽縣志》卷一一《金石録上》有《義武軍節度使韋損等題名》,稱"大中二年二月十三日節度使韋損爲初獻"。北圖藏拓片《韋損題名》:"敕大中二年二月十三日准制祭。初獻義武軍節度易定等州觀察處置北平軍等使、□議大夫檢校禮部尚書、使持節定州諸軍事□定州刺史、御史大夫、上柱國、彭城縣開國男、食邑三百户、賜紫金魚袋韋損。"

李公度　　大中二年—六年（848—852）

《寰宇訪碑録》卷四：“《北嶽廟義武軍節度使李公度題名》，正書，大中二年二月。”又：“《北嶽廟義武軍節度使李公度等題名》，正書，大中六年九月。”又見《曲陽縣志》卷一一《金石録上》。北圖藏拓片《李公度題名》：“敕大中二年十二月廿一日准制祭。初獻銀青光禄大夫檢校工部尚書、使持節定州諸軍事兼定州刺史、充義武軍節度易定等州觀察處置北平軍等使、御史大夫、上柱國李公度。”《芒洛四編》卷六《唐故朝議郎前守蓬州刺史樂安孫府君（讜）墓誌銘并序》（某年七月三十日）：“蒙特恩除京兆府櫟陽縣尉，滿秩未幾，復爲故易定節度使李公公度奏職轉銜，兼監察御史，不赴命，蓋避賢也。”《英華》卷四一三杜牧《授石賀義武軍書記崔涓東川推官制》稱“守臣公度、仲郢所請賀等”。

鄭　涯　　大中九年—十一年（855—857）

《舊書·宣宗紀》：大中九年三月，“以吏部侍郎鄭涯檢校禮部尚書，兼定州刺史、御史大夫，充義武軍節度、易定觀察處置、北平軍等使”。十一年八月，“以義武軍節度、易定觀察等使、檢校禮部尚書、定州刺史、上柱國、滎陽縣開國男、食邑三百户鄭涯檢校户部尚書、汴州刺史、上柱國，充宣武軍節度副大使、知節度事、宋亳觀察、亳州太清宮等使”。《英華》卷四五二有《授鄭涯義武軍節度使制》（大中九年九月十四日）。

盧簡求　　大中十一年—十三年（857—859）

《舊書·宣宗紀》：大中十一年八月，“以四鎮北庭行軍、涇原渭武節度使、銀青光禄大夫、檢校右散騎常侍、涇州刺史、御史大夫、上柱國、范陽縣開國男、食邑三百户盧簡求可檢校工部尚書、定州刺史、義武節度使、易定觀察、北平軍等使”。本傳：“〔大中〕十一年，遷檢校工部尚書、定州刺史、御史大夫、義武軍節度、北平軍等使。十三年，檢校刑部尚書、鳳翔尹、鳳翔隴西節度觀察等使。”《新書》本傳略同。

康承訓　　約咸通二年—四年(約 861—863)

　　《新書》本傳:"宣宗擢爲天德軍防禦使……詔檢校工部尚書,封會稽縣男,擢義武節度。會南詔攻安南,詔徙嶺南西道。"《通鑑·咸通四年》:三月,"朝廷召義武節度使康承訓詣闕"。四月,"康承訓至京師,以爲嶺南西道節度使"。

韋　絢　　咸通四年—七年(863—866)

　　《新書·藝文志三》:"韋絢《劉公嘉話録》一卷。"注:"絢,字文明,執誼子也,咸通義武軍節度使。"《寰宇訪碑録》卷四:"《北嶽廟易定觀察使韋絢題名》,正書,咸通六年二月。"又見《曲陽縣志》卷一一《金石録上》。

侯　固　　咸通十年? (869?)

　　《閩書》卷七二:"侯固,字子重,操履仁厚,具有準律,官至鄜坊、靈武、易定節度使、同平章事。"

崔季康　　約咸通十四年—約乾符四年(約 873—約 877)

　　《曲陽縣志》卷一一《金石録上》有《北嶽真君叙聖兼再修廟碑》,末題"乾符四年歲次丁酉七月庚子朔二十五日甲子建"。文云:"咸通十五年,方鎮主公刑部尚書崔季康,支本廟錢一百三十貫。乾符二年,復發給人匠物料……三年五月十八日斤斧事畢。"

王處存　　乾符六年—乾寧二年(879—895)

　　《舊書》本傳:"乾符六年十月,檢校刑部尚書、義武軍節度使……乾寧二年九月卒。"《新書》本傳、《新五代史·王處直傳》略同。《舊書·僖宗紀》作乾符六年十一月,《通鑑·乾符六年》亦作十一月。又見《舊五代史·唐武皇紀上》,《全文》卷八四一裴廷裕《大唐故内樞密使吳公(承泌)墓誌銘并序》,上圖藏拓片《唐故朝議郎前行宣州南陵縣尉柱國張府君(師儒)墓誌銘并序》。《金石萃編》卷一一七《李克用題名》:"河東節度使、檢校太保同中書門下平章事、隴西郡王李克用,

以幽鎮侵擾中山，領蕃漢步騎五十萬衆，親來救援，與易定司空同申
祈禱。翌日，過常山問罪，時中和五年二月二十二日，克用記。易定
節度使、檢校司空王處存看題。至三月十七日以幽州請就和斷，遂却
班師，再謁眸容，兼申賽謝，便取飛狐路却歸河東。廿一日克用重記。”
《通鑑·乾寧二年》：十月，“義武節度使王處存薨”。《舊書·地理志二》
祁州：“景福二年，定州節度使王處存，奏請於本部無極縣置祁州。”

【齊克讓　　光啓元年(885)(未之任)】

《舊書·僖宗紀》：光啓元年五月，“以〔齊〕克讓檢校司徒，兼定州
刺史、御史大夫，充義武節度觀察、北平軍等使，代王處存”。按同制
以王處存代王重榮鎮河中。王重榮不受代，王處存仍鎮易定。

王　郜　　乾寧二年—光化三年(895—900)

《通鑑·乾寧二年》：十月，“義武節度使王處存薨，軍中推其子節
度副使郜爲留後”。《乾寧四年》：八月，“加義武節度使王郜同平章
事”。《光化三年》：十月，“張存敬攻定州，義武節度使王郜遣後院都
知兵馬使王處直將兵數萬拒之……易定兵大敗，死者過半，餘衆擁處
直奔還。甲申，王郜棄城奔晉陽”。《新書·昭宗紀》：光化三年十月
“甲申，陷定州，義武軍節度使王郜奔於太原”。又見兩《唐書·王處
存傳》，《舊五代史·梁太祖紀二》《唐武皇紀下》。

王處直　　光化三年—天祐四年(900—907)

《舊書》本傳：“初爲定州後院軍都知兵馬使。汴人入寇，處直拒
戰不利而退，三軍大譟，推處直爲帥。及郜出奔，乃權留後事……牛
酒以犒汴軍，〔張〕存敬修盟而退。〔朱〕溫因表授旌鉞，檢校左僕
射。天祐元年，加太保，封太原王。後仕僞梁，授北平王。”《新書》本傳、
《新五代史》本傳略同。《舊五代史·梁太祖紀二》：光化三年十一月，
“遂移軍以攻定州……帝即以處直代郜領其鎮焉”。《通鑑》作“十
月”。《曲陽縣志》卷一一《金石錄上》有北嶽廟《王處□等題名》，正
書，天祐三年十月十二日，當即王處直。

待考録

李迥秀

　　《舊書·五行志》："張易之爲母阿臧爲七寶帳……則天令鳳閣侍郎李迥秀妻之，迥秀不獲已，然心惡其老，薄之。阿臧怒，出迥秀爲定州刺史。"兩《唐書》本傳未及。《朝野僉載》卷三謂"出爲衡州刺史"，《廣記》卷二三六引作"恒州刺史"，《新書》本傳稱"貶廬州刺史"，未知孰是。

卷一一三 易州(上谷郡)

隋上谷郡。武德四年討平竇建德,改爲易州。天寶元年改爲上谷郡。乾元元年復爲易州。領縣八:易、遒(容城)、遂城、淶水、永樂(滿城)、五迴、樓亭、板城。

慕容孝幹　武德四年—五年(621—622)

《新書·高祖紀》:武德五年三月,"蔚州總管高開道反,寇易州,刺史慕容孝幹死之。"《通鑑·武德五年》同。

藺　衡　武德中?

《千唐誌·大唐并州大都督府祁縣陳明府故藺夫人墓誌銘并序》(景龍二年十一月十二日):"曾祖衡,隋春宮右千牛備身,唐易州刺史、上柱國、永富縣開國男。"

劉弘基　約貞觀三年(約629)

《舊書》本傳:"太宗即位,顧待益隆。李孝常、長孫安業之謀逆也,坐與交遊除名。歲餘,起爲易州刺史,復其封爵,徵拜衛尉卿。九年,改封夔國公,世襲朗州刺史,例停不行。"《新書》本傳略同。按利州都督李孝常與長孫安業謀反事在貞觀元年十二月,見《通鑑》。

元仁觀　貞觀中?

《姓纂》卷四河南洛陽元氏:"〔仁〕觀,易州刺史,右武衛將軍。"乃隋黄門侍郎元弘嗣之子。

劉玄育　約高宗前期

《姓纂》卷五東郡劉氏："元（玄）育，易州刺史。"《新表一上》河南劉氏："玄育，易州刺史。"按其長兄玄意永徽元年爲汝州刺史，顯慶二年爲齊州刺史。

元義端　高宗時

《唐長安城郊隋唐墓·大周定王掾獨孤公故夫人元氏墓誌銘并序》："父義端，唐尚乘、尚食二奉御，唐、易、魏三州刺史。"元氏儀鳳二年卒，廿七歲。長安二年遷窆。

李　瑒　約高宗時

《千唐誌·大唐河南府河陽縣丞上柱國龐夷遠妻李氏墓誌銘并序》（開元十年十月五日）："高祖神通，出自太祖光皇帝後……祖瑒，歷房、忠、易三州刺史，封狄道郡公。"按《新書·宗室世系表上》大鄭王房神通孫之名並從"王"旁，然未見名瑒者，當爲失載。

崔恭禮　約高宗時

《全文》卷三九一獨孤及《唐前楚州司馬河南獨孤公故夫人博陵崔氏墓誌銘》："曾祖恭禮，國朝駙馬都尉，延、齊、易三州刺史。"夫人卒大曆八年。按兩《唐書·崔器傳》皆謂：曾祖恭禮，"貞觀中，拜駙馬都尉，尚神堯館陶公主"。

杜愛同　高宗時？

《姓纂》卷六京兆杜氏："愛同，兵部員外，易州刺史。"《新表二上》杜氏略同。乃太宗相杜淹子，中書舍人敬同之弟。

蕭　鍇　高宗時？

《芒洛四編》卷五《大唐故董府君（守貞）墓誌銘并序》（開元十一

年二月一日):"夫人蘭陵縣君蕭氏,即皇唐武、易、蘄、陵四州刺史鐥之第六女也。"府君卒開元十年八月七日。按《新表一下》蕭氏齊梁房:"鐥,虞部郎中。"乃高祖相蕭瑀之子,駙馬都尉、太常卿蕭鋭之弟。

吉　哲　　武后時

《新書·吉頊傳》:"父哲爲易州刺史,坐贓當死,頊往見武承嗣⋯⋯承嗣爲表貸哲死,遷頊龍馬監。"《姓纂》卷一○洛陽吉氏:"唐易州刺史吉哲。"《新表四下》吉氏同。《千唐誌·大唐故朝請大夫尚書司勳郎中吉公(渾)墓誌銘并序》:"祖哲,忠、歸、易三州刺史。"《朝野僉載》卷五:"天后時,太常博士吉頊之父晢(哲),易州刺史,以贓坐死。"又見《廣記》卷二四○引。

趙履温　　神龍元年(705)

《通鑑·神龍元年》:五月,"易州刺史趙履温,桓彦範之妻兄也。彦範之誅二張,稱履温預其謀,召爲司農少卿"。又見《舊書·桓彦範傳》、《元龜》卷九四三。履温景龍三年爲司農卿,見《會要》卷八六;四年被誅,見《舊紀》。

姜師度　　約神龍元年—景龍初(約705—約707)

《舊書》本傳:"神龍初,累遷易州刺史、兼御史中丞,爲河北道監察兼支度營田使⋯⋯累遷大理卿。景雲二年,轉司農卿。"《新書》本傳略同。《通鑑·神龍二年》:二月,"選左、右臺及内外五品以上官二十餘人爲十道巡察使⋯⋯易州刺史姜師度⋯⋯衛尉少卿滏陽李傑皆豫焉。"又見《元龜》卷一六二。

王　晙　　景龍三年(709)

《千唐誌·唐故王府君(行果)墓誌銘》(景龍三年十月二十六日):"嗣子晙,易州刺史。"按兩《唐書》本傳皆謂景龍末,累轉桂州都督,未及易刺事。

龐貞素　　睿宗時？

　　《姓纂》卷一代郡龐氏：“貞素，易州刺史，右屯田將軍。”按龐貞素，神龍元年五月自右衛將軍授越州刺史。

魏　靖　　開元初

　　北圖藏拓片《大唐故右金吾將軍魏公（靖）墓誌銘并序》（開元十五年正月二十四日）：“〔歷〕慶、沁、易、涇四州刺史，靈、慶、秦三州都督，入爲右金吾將軍。”開元十四年八月廿四日卒，春秋六十八。

【田仁琬（田琬）　　約開元二十一年（約733）（未之任）】

　　《全文》卷三〇五徐安貞《正議大夫使持節易州諸軍事易州刺史田公（琬）德政之碑并序》：“除安北都護……尋以將軍兼靈州刺史……會遭家艱，奔喪州里……明年，林胡寇邊，天子震怒，起公除易州刺史……公聞命驚殞，以死讓請……恩爲中停。”

盧　暉　　開元二十二年—二十四年（734—736）

　　《舊書·地理志二》易州五迴縣：“開元二十三年，刺史盧暉奏分易縣置城於五迴山下，因名之。二十四年，遷於五公城。暉又奏置樓亭、板城二縣。”又見《元和郡縣志》卷五，《太平寰宇記》卷六七。《元龜》卷一二八：“〔開元〕二十三年十二月，命十道採訪使舉良刺史、縣令，以……易州刺史盧暉……聞上。”《全文》卷三六二王端《唐鐵像頌》：“瞻彼朔易，有大像焉……則我前太守盧君之所立。盧君諱暉字子晃，自尚書郎保釐我郡……間一歲，使臣以君政尤異聞於帝……君遷於瀛田……戊寅歲，易人思邵父美杜母……是用託頌於端。”《全詩》卷二一四高適有《同朱五題盧使君義井》，盧使君當即盧暉。據周勳初《高適年譜》，其時高適正過易州。

田仁琬（田琬）　　開元二十四年—二十八年（736—740）

　　《全文》卷三〇五徐安貞《正議大夫使持節易州諸軍事守易州刺史田公（琬）德政之碑并序》：“〔開元〕廿四年，禮終復除易州刺史……

廿七年,公次會計朝於京師。廿八年春二月,制攝御史中丞,遷安西都護。"《寶刻叢編》卷六引《集古錄目》:"《唐易州刺史田琬德政頌》……琬字正勤,自易州刺史遷爲安西都護,此易州人所立德政碑也。以開元二十八年十月立。"按《金石錄》卷六作"田仁琬",《元龜》卷四五〇亦作"田仁琬"。《太平寰宇記》卷六七易州滿城縣:"〔開元〕二十四年,刺史田琬以舊縣所居險隘,遂東遷於五谷城。"《金石萃編》卷八三《玄宗御注道德經》:"開元廿六年歲次戊寅十月乙丑朔八日壬申奉敕建。正議大夫、使持節易州諸軍事守易州刺史、兼高陽軍使……上柱國田仁琬奉敕立。"

郭明蕭　　開元二十八年—二十九年(740—741)

《寶刻叢編》卷六引《集古錄目》:"《唐候臺記》,唐前左監門率府兵曹參軍梁德裕撰,蘇靈芝書……易州刺史郭明蕭,於其四壁,畫爲郭隗、劇辛、孝子、烈婦等像,碑以開元二十九年十月立。"《全文》卷三五六梁德裕《重建易縣候臺記》:"洎我良牧郭公……公名明蕭,字晉容,太原郡人也,監門將軍之孫,御史大夫之子……故能受明主之詔,剖太守之符……未三年而政教已成,雖一日而牆宇必葺……時建崇元學之歲秋八月旬有九日,其從事參佐等,學富今古,材堪經濟……並勒石於後,以克永代。"

盧同宰　　天寶元年(742)

《嚴州圖經》卷一題名:"盧同宰,天寶元年六月二十八日自易州刺史拜。"

裴　某　　天寶四載(745)

《千唐誌·大唐故上谷郡司功參軍張府君(蕭珪)墓誌銘并序》(天寶四載四月二十二日):"拜上谷郡司功參軍……遘疾卒……郡守裴公聞而輟飧。"此"裴公"未知是否裴倩。

裴　倩　　天寶中

北圖藏拓片《大唐大開元天寶觀題名碑》:"遊騎將軍守左金吾衛

將軍、使持節上谷郡諸軍事兼上谷郡太守、充高陽軍使□都知范陽節度兵馬賜紫金魚袋上柱國裴倩。”

嚴損之　　天寶中

《毗陵集》卷一一《唐故銀青光禄大夫太子左庶子嚴公（損之）墓誌銘并序》：“其後歷太原、上谷、弋陽、餘杭、丹陽。”銘云：“公七剖竹，七著成績。”

鄭遵意　　肅宗時？

《新表五上》鄭氏：“遵意，易州刺史。”按天寶十載鄭遵意在衛州刺史任。

杜　俾　　約肅宗時

《新表二上》杜氏：“俾，易州刺史。”乃中宗時蒲州刺史、工部侍郎杜從則之孫。

張孝忠　　大曆十年—建中二年（775—781）

《通鑑·大曆十年》：十月，“〔李〕寶臣既與朱滔有隙，以張孝忠爲易州刺史”。《舊書·德宗紀上》：建中二年“九月辛酉，以易州刺史張孝忠爲恒州刺史，充成德軍節度觀察使”。又見兩《唐書》本傳，《舊書·王武俊傳》，《元龜》卷四二二。《金石補正》卷六五《大唐光禄大夫試太子賓客使持節易州諸軍事兼易州刺史充高陽軍使兼御史中丞符陽郡王張公（孝忠）再葺池亭記》（建中二年辛酉）：“張公曰孝忠，剖符於兹，逮今三祀。戊午歲（大曆十三年）天作霪雨，害於粢盛……王之來也……比及三年，兵自戢，民自安。”又見《唐文續拾》卷四。《全文》卷四九六權德輿《唐故義武軍節度使營田易定等州觀察處置使開府儀同三司檢校司空同中書門下平章事張公（孝忠）遺愛碑銘并序》：“尋拜易州刺史……拜工部尚書、兼御史大夫、恒州刺史。”按《元龜》卷三七三稱：“張孝忠，肅宗上元中爲李寶臣易州刺史。”卷七九〇稱：“張孝忠，德宗貞元中事李寶臣爲易州刺史。”年代皆誤。

鄭景濟 建中四年(783)

《通鑑·建中四年》：五月，"〔李晟〕與張孝忠之子升雲圍朱滔所署易州刺史鄭景濟於清苑，累月不下……〔朱滔〕自將步騎萬五千救清苑。李晟軍大敗，退保易州"。

張庭光 興元元年(784)

北圖藏拓片《唐故河陽軍節度押衙兼修武鎮遏兵馬使張府君(亮)墓誌銘并序》(大中元年七月十九日)："皇祖庭光，易州刺史兼御史大夫。"亮卒大中元年，享年六十。又《唐故上谷郡張府君(鋒)墓誌銘并序》(大中三年二月十七日)："曾祖庭光……興元年拜上谷郡太守。"鋒卒大中二年，年四十一。

陳　愃 貞元前期

《千唐誌·唐故權知沂州長史銀青光祿大夫檢校太子賓客兼殿中御史潁川郡陳公(諭)墓誌》(大中十一年八月六日)："曾祖易州刺史、兼御史大夫……祖楚，河陽軍節度使、檢校左僕射、兼御史大夫……父〔君〕賞，義武軍節度使。"諭為君賞第二子，卒大中三年三月四日，年四十三。按陳楚元和十一年由易刺為義武節度，長慶三年卒於河陽；陳君賞開成五年至會昌三年為義武節度。《隋唐五代墓誌匯編·陝西卷》第四冊《唐故銀青光祿大夫檢校太子賓客使持節寧州諸軍事守寧州刺史陳府君(諷)墓誌銘并序》(廣明元年二月十二日)："曾祖愃，皇任易州刺史……仲父君弈，皇任鳳翔節度使。次曰君賞，皇任易定節度使。"陳諷卒乾符六年，享年五十一。證知《陳諭誌》之曾祖陳某即陳愃，陳諭與陳諷當為從兄弟。又《山東卷·唐故潁川陳夫人墓誌銘并序》(咸通十四年十一月十三日)："曾祖愃，皇易州刺史、檢校工部尚書兼御史大夫，贈太子太保。"

王殷任 約貞元中

《新表二中》太原王氏："殷任，太原少尹、易州刺史。"其祖晙，相玄宗。

鄧　泳　　貞元中

《元龜》卷五一六：“憲宗永貞元年十月，武元衡爲御史中丞，奏：貞元二年御史中丞竇參所奏，凡諸使兼憲官者，除元帥都統節度觀察……餘並在本官之位。其後，蘇弁、于頎以度支郎中兼御史中丞，鄧泳以易州刺史兼御史大夫，皆奉進旨，令在同類之上。”又見《全文》卷五三一武元衡《議朝參官班序奏》。按《御覽》卷二二六引《唐書》作“鄧求”。

高　述　　元和三年前（808 前）

《金石萃編》卷七三《大唐北嶽府君碑·碑陰題記》：“義武支度副使、檢校祕書少監、前易州刺史、兼御史大夫高述，弟左贊善大夫、兼御史中丞遇，元和三年四月三日同來禱祀。”

陽　旻　　約元和五年—八年（約 810—813）

《新書》本傳：“歷邢州刺史。盧從史既縛，潞軍潰，有驍卒五千……奔於旻，旻閉城不内。衆皆哭……旻開諭禍福遣之，衆感悟，遂還軍。憲宗嘉之，遷易州刺史。王師討吳元濟，以唐州刺史提兵深入二百里。”按盧從史元和五年四月爲吐突承璀執送京師，見《舊紀》。

陳　楚　　約元和九年—十一年（約 814—816）

《舊書·憲宗紀下》：元和十一年“十二月丙午，以易州刺史陳楚爲定州刺史、義武軍節度使”。《通鑑·元和十一年》十二月同。按兩《唐書》本傳未及易刺；《舊書》本傳謂：“事〔張〕茂昭，每出征伐，必令典精卒。隨茂昭入朝，授諸衛大將軍。元和十二年，義武軍節度使渾鎬喪師，定州兵亂，乃除楚易定節度。”

史明涉　　元和中？

北圖藏拓片《易定節度押衙充知軍兼監察御史上柱國張公（鋒）故夫人（史氏）墓誌并序》（大中元年四月十五日）：“祖明涉，皇御史大夫行易州刺史。”夫人卒大中元年，年廿七。

柳公濟　　長慶元年—二年(821—822)

《舊書·穆宗紀》：長慶元年十月戊寅，"易州刺史柳公濟奏，於白石嶺破燕軍三千"。二年六月"丁卯，以易州刺史柳公濟爲定州刺史、義武軍節度使"。又見《新書·穆宗紀》《朱克融傳》，《通鑑·長慶元年》。《千唐誌·唐宣武軍節度押衙兼侍御史河東柳公(延宗)墓誌并序》："祖公濟，易定節度使、檢校司空、上谷郡王，贈司徒……司徒出刺易州，幽薊作叛……賊既大潰，詔加殊絶，建節義武郡。"

李仲遷　　開成三年(838)

《舊書·文宗紀下》：開成三年九月"壬申，以易州刺史李仲遷爲定州刺史，充義武軍節度使"。《通鑑·開成三年》同。

李　綖　　廣明二年(881)

《金石續編》卷一二《開元寺隴西公經幢贊》："唐廣明二祀孟夏九月記……銀青光禄大夫檢校國子祭酒使持節易州諸軍事守易州刺史兼御史中丞充高陽軍使上柱國李綖。"

王　都　　天祐中

《舊五代史·劉昫傳》："唐天祐中，契丹陷其郡，昫被俘至新州，逃而獲免……會定州連帥王處直以其子都爲易州刺史，署昫爲軍事衙推。"

卷一一四　瀛州（河間郡）

隋河間郡。武德四年平竇建德，改爲瀛州。天寶元年改爲河間郡。乾元元年復爲瀛州。領縣六：河間、高陽、博野、束城、樂壽、平舒。

盧士叡　　武德四年（621）

《新書》本傳："高祖與之舊，及兵興，率數百人上謁汾陰……擢累右光禄大夫，爲瀛州刺史。"《新書·高祖紀》：武德四年十月"庚寅，劉黑闥陷瀛州，執刺史盧士叡"。《通鑑·武德四年》、《元龜》卷四二五同。

馬匡武　　武德五年（622）

《新書·高祖紀》：武德五年九月，"劉黑闥陷瀛州，刺史馬匡武死之"。《通鑑·武德五年》同。《姓纂》卷七扶風茂陵馬氏："匡武，瀛州刺史，襄城公。"《新表二下》馬氏同。《千唐誌·唐故白州龍豪縣令呼延府君（章）墓誌銘并序》（神功元年十月二十二日）："夫人馬氏，扶風縣太君，唐瀛州刺史襄城公匡武之姪孫，絳州别駕漣水男恪之女。"

雙子符　　約武德中

《姓纂》卷一東郡白馬縣雙氏："唐瀛、莒二州刺史雙子符。"按兩《唐書·地理志》沂州沂水縣稱：武德五年置莒州，貞觀八年州廢。則雙子符當爲武德貞觀間人，其爲瀛州刺史約在武德中。

程　婁　　武德中？

《丙寅稿·清河公主碑跋》："此碑述處亮先世有'使持節瀛州諸軍事瀛州刺史之孫'語，得知知節之父名婁，官瀛州刺史，足補知節碑之闕文。"未知爲隋官，抑唐官？

盧祖尚　　貞觀二年（628）

《舊書》本傳："武德六年……以功授蔣州刺史，又歷壽州都督、瀛州刺史。"又《太宗紀》：貞觀二年十月"戊子，殺瀛州刺史盧祖尚"。又見《新書》本傳、《太宗紀》、《通鑑·貞觀二年》、《元龜》卷一七五、卷六七七。《會要》卷五二作"貞觀元年"，誤。

杜楚客　　約貞觀八年（約 634）

《新書》本傳："貞觀四年，召爲給事中……進蒲州刺史，政有能名，徙瀛州。後爲魏王府長史，遷工部尚書，攝府事。"《舊書》本傳未及瀛州。按貞觀四年爲蒲州刺史。十五年在工部尚書任，見《元龜》卷一五七。

党仁弘　　貞觀中

《姓纂》卷七馮翊党氏："仁弘，唐陝、瀛等州刺史。"按仁弘唐初官左武候將軍、檢校陝州總管，見《元龜》卷四九八。貞觀初爲南寧州都督，見《元龜》卷六九二。貞觀十四年爲賨州道行軍總管，見《元龜》卷九八五。貞觀十六年廣州都督党仁弘坐賕，黜爲庶人，徙欽州，見《元龜》卷一五〇。

楊　峻　　約貞觀中

《千唐誌·故朝議大夫守國子祭酒致仕上騎都尉楊府君（寧）墓誌銘并序》（元和十二年八月十五日）："公而上六代隋内史令曰文异；五代皇銀青光禄大夫瀛州刺史曰峻；高祖賀州臨賀令諱德立；大王父檀州長史諱餘慶；大父同州郃陽令隱朝；王考汝州臨汝令贈華州刺史諱燕客。公實臨汝府君之少子也。"寧卒元和丁酉四月丁卯，年七十四。

朱　潭　　貞觀二十一年(647)

《新書·地理志三》瀛州河間縣注："西北百里有長豐渠,〔貞觀〕二十一年,刺史朱潭開。"

賈敦頤　　貞觀二十三年—永徽二年(649—651)

《舊書》本傳："〔貞觀〕二十三年,轉瀛州刺史……永徽五年,累遷洛州刺史。"又《薛大鼎傳》："貞觀中,累轉鴻臚少卿、滄州刺史……時與瀛州刺史賈敦頤、曹(冀)州刺史鄭德本,俱有美政,河北稱爲鐺腳刺史。"又見《元龜》卷六七七,《御覽》卷二五八。《新書》本傳未及,《薛大鼎傳》稱"鄭德本在瀛州,賈敦頤爲冀州",應正作"鄭德本在冀州,賈敦頤爲瀛州"。《大慈恩寺三藏法師傳》卷七："〔永徽〕二年春正月壬寅,瀛州刺史賈敦頤、蒲州刺史李道裕……因朝集在京,公事之暇,相命參法師請授菩薩戒。"

温無隱　　約高宗時

《千唐誌·故太中大夫泗州刺史趙質妻温氏晉陽郡君墓誌》(景龍二年十月二十六日)："郡君祖大雅,禮部尚書;父無隱,瀛州刺史。"按《舊書·温大雅傳》稱："子無隱,官至工部侍郎。"《姓纂》卷四太原祁縣温氏及《新表二中》温氏同。

屈突詮　　約高宗時

《舊書·屈突通傳》:少子詮,"官至瀛州刺史"。《新書·屈突通傳》同。《千唐誌·故朝議郎行辰州司倉參軍屈突府君(伯起)墓誌銘并序》(天授二年十月十八日)："父詮,營州都督、瀛州刺史,大周銀青光禄大夫行籠(?)州刺史、上柱國、燕郡開國公。"伯起卒永昌元年,年三十九。

于士俊　　約高宗時

《全文》卷二六八許景先《唐朝議大夫行聞喜縣令上柱國臨淄縣開國男于君請移置唐興寺碑》："于公名光庭,即銀青光禄大夫瀛州刺史東海郡公士俊之孫。"《金石萃編》卷七一同。開元六年九月二日建。《千唐誌・大唐故凉王府功曹參軍于公（偃）墓誌銘》（天寶九年十一月四日）："曾祖士俊，銀青光禄大夫瀛州刺史。"按《姓纂》卷二江陵于氏有"子俊，唐延州刺史"，其子惟謙，神龍二年入相。"子俊"爲"士俊"之誤。

裴　基　　高宗時？

北圖藏拓片《唐故潞府參軍裴府君（蕭）夫人北平陽氏合祔志銘并序》（天寶十載十月二十四日）："曾祖爽，皇禮部員外郎。祖基，瀛州刺史。父璹，恒州長史。"蕭卒開元廿二年，春秋三十四。

竇希瓛　　約武后時

《全文》卷二九二張九齡《故河南少尹竇府君墓碑銘并序》："自後魏大將軍侍中永富公至烈考瀛州刺史贈刑部尚書莘國公，六葉矣。"墓主卒開元九年，年五十六。按《姓纂》卷九河南洛陽竇氏："希瓛，蓬州刺史。"岑仲勉《姓纂四校記》謂張九齡文中之瀛州刺史應即蓬州刺史希瓛。

叔孫文懷　　武后時？

《姓纂》卷一〇河南叔孫氏："金毗，隋太府少卿；曾孫文懷，唐瀛州刺史。"

盧弘惲　　武后時

《全文》卷七八四穆員《刑部郎中李府君墓誌銘》："有唐趙郡李府君春秋四十有三……上元元年秋八月十三日遘疾終於揚州官舍之次。夫人范陽盧氏，先府君三年而少六歲，至德二年九月乙亥捐於吳興郡長史之館……夫人皇朝刑部郎中、瀛汝二州刺史宏（弘）惲之孫，吏部員外郎汝州刺史僎之子。"按弘惲約聖曆中在汝州刺史任。

武重規　　萬歲通天元年（696）

《千唐誌・大周故瀛州文安縣令王府縣（德表）墓誌銘并序》（聖

曆二年三月二十九日）："屬狂寇孫萬斬等作梗燕垂……遂首陳謀議，唱導官軍廓清巨孽，公之力也。清邊道大總管建安郡王奏公忠□……瀛州刺史高平郡王、神兵軍大總管河內郡王等……咸嘉其事，時即奏聞。"按高平郡王乃武后時武重規封爵，見兩《唐書·外戚傳》，然兩《傳》皆未及瀛州刺史。又按孫萬斬等反乃萬歲通天元年五月事。

獨孤思莊（獨孤莊）　　武后時

《朝野僉載》卷二："周瀛州刺史獨孤莊酷虐……後莊左降施州刺史，染病，唯憶人肉……歲餘卒。"又見《廣記》卷二六七引。按萬歲通天元年獨孤思莊爲魏州刺史。當即其人。

林玄泰　　武后時？

《直齋書錄解題》卷一六：《林蘊集》一卷，唐邵州刺史林蘊復夢撰。"蘊父披，蘇州別駕……而披之父爲饒陽郡守，祖爲瀛州刺史"。《閩書》卷一○五《林披傳》："祖元泰，瀛州刺史。父萬寵，饒陽太守。"按《林邵州集·續慶圖》："玄泰，字履貞，唐永昌元年舉茂才對策第三人，拜內校文章博士，遷瀛州刺史。子萬寵。"

權龍襄（權龍褒）　　神龍中

《朝野僉載》卷四："唐左衛將軍權龍襄性褊急……通天年中，爲滄州刺史……襄以張易之事，出爲容山府折衝。神龍中追入……爲瀛州刺史日，新過歲，京中數人附書。"《廣記》卷二五八同。《唐詩紀事》卷八○及《全詩》卷八六九作"權龍褒"。

屈突仲翔　　神龍中

《舊書·屈突通傳》："詮子仲翔，神龍中亦爲瀛州刺史。"《新書·屈突通傳》同。

李　澄（李鐵誠）　　開元初

《舊書·李慎傳》："中興初，追復官爵，令以禮改葬。封慎少子鐵誠爲嗣紀王,後改名澄……開元初,歷德、瀛、冀三州刺史,左驍衛將軍,薨。"又見《元龜》卷二八一。

桓臣範 約開元六、七年(約 718、719)

《會稽掇英總集·唐太守題名》:"桓臣範,開元三年二月自殿中少監授;移瀛州刺史。"《嘉泰會稽志》同。《廣記》卷一四七引《定命錄》:"汝州刺史桓臣範自説……至東京,改瀛州刺史,方始信之……桓公自此信命。"

李 禕 約開元十二年(約 742)

《舊書》本傳:"丁母憂去官,起復授瀛州刺史,又上表固請終制,許之。〔開元〕十二年,改封信安郡王。十五年,服除。"又見《元龜》卷二六七、卷二八一。

高 懲 約開元十六年(約 728)

《千唐誌·唐故銀青光禄大夫行光禄少卿上柱國渤海郡開國公高府君(懲)墓誌銘并序》(開元十八年):"遷都水使者,兼判大理、衛尉兩卿,使持節隰州刺史……換雲麾將軍,左衛副率,判大理卿……歷澤、亳、曹、潞、瀛五州刺史,入爲光禄少卿。"開元十七年卒,年六十六。

李 暢 約開元十六年—十八年(約 728—730)

《隋唐五代墓誌匯編·洛陽卷》第九册《唐正議大夫使持節相州諸軍事守相州刺史上柱國贊皇縣開國子李公(暢)墓誌銘并序》(開元十八年七月九日):"外出爲虔州刺史……服闋拜吉州刺史,復如虔州之政;轉衢州刺史……又轉梁州刺史……又轉徐州刺史……轉瀛州刺史兼充高陽軍使……又除公爲相州刺史,未到官,寢疾。"開元十八年六月十八日卒,春秋五十二。按開元元年在虔州任。

盧 暉 開元二十五年—二十六年(737—738)

《新書·地理志三》瀛州河間縣注:"又西南五里有長豐渠,開元二十五年，刺史盧暉自束城、平舒引滹沱束入淇通漕，溉田五百餘頃。”《全文》卷三六二王端《唐鐵像頌》：“瞻彼朔易，有大像焉……則我前太守盧君之所立。盧君諱暉，字子晃，自尚書郎保釐我郡……間一歲，使臣以君政尤異聞於帝……君遷於瀛田……戊寅歲，易人思邵父，美杜母……是用託頌於端。”按戊寅歲爲開元二十六年。《唐文續拾》卷一〇《九塔寺記》：“（闕）年，河間太守盧暉識是真俗，遂歸本寺（闕），開元廿六年三月十六日滅度摧葬泰山（闕）。”

張　烈　　開元中？

《全文》卷七八八李儉《銀青光禄大夫太子中允清河張公（仁憲）神道碑銘》：“〔開元〕四年薨……祖諱烈，爲瀛州刺史，封清河伯，遂家於燕。”

馬　擇　　天寶中

《姓纂》卷七扶風茂陵馬氏：“擇，兵部員外郎，河間太守。”《新表二下》馬氏同。按《張説之集》卷一九《故洛陽尉馬府君碑》（永昌元年卒）稱：“厥子搆、據、擇，皆國之良也。”

朱玄泰　　天寶中

《千唐誌・唐故朝散大夫使持節龍溪郡諸軍事守龍溪郡太守上柱國梁府君（令直）墓誌銘并序》（天寶十四載三月一日）：“公涖事敬慎，冰壺任情。時河間太守朱玄泰奏公充河北海運判官兼充馬家城守捉使，再改樓煩郡嵐山府右果毅……河東採訪王翼奏公充岢嵐軍副使。”天寶十四載卒，年六十七。

王　燾　　天寶十四載（755）

《全文》卷三九四令狐峘《光禄大夫太子太師上柱國魯郡開國公顔真卿墓誌銘》：“禄山陷洛陽……鄴郡太守王燾被禄山移攝河間，燾俾掾吏李免斬僞署河間長史杜暮睦，以河間衆歸於公。”

李 奐　　至德元載（756）

《通鑑·至德元載》：十月，"尹子奇圍河間，四十餘日不下，史思明引兵會之……遂陷河間；執李奐送洛陽，殺之"。疑李奐其時知州事。

楊思齊　　肅宗時？

《新表一下》楊氏越公房："思齊，瀛州刺史。"乃鄜州刺史楊九思子。

張 嶠　　大曆中？

《新表二下》張氏："嶠，瀛州刺史。"乃張説孫，給事中張垓子。

吳希光　　大曆十年（775）

《舊書·代宗紀》：大曆十年十月"丁酉，田承嗣所署瀛州刺史吳希光以城降"。《元龜》卷一二六同。《全文》卷三三七顏真卿《劉中使帖》："近聞中使至瀛州，吳希光已降，足慰海隅。"

張 懿　　大曆中？

《白居易集》卷五一有《劉總外祖故瀛州刺史盧龍軍兵馬使張懿贈工部尚書制》。疑張懿仕大曆中。

劉 澭　　約貞元三年—十年（約 787—794）

《舊書》本傳："〔劉怦〕病將卒，澭在父側，即以父命召兄濟自漠（莫）州至，竟得授節度使。濟常感澭奉己，澭在瀛州刺史，亦許以澭代己任，其後濟以其子爲副大使。澭既怒濟，遂請以所部西捍隴塞……德宗寵遇，特授秦州刺史，以普潤縣爲理所。"《新書》本傳略同。《新書·德宗紀》：貞元八年十一月，"幽州盧龍軍節度使劉濟及其弟瀛州刺史澭戰於瀛州，澭敗，奔於京師"。《舊書·德宗紀下》：貞元十年"二月丙午，以瀛州刺史劉澭爲秦州刺史、隴右經略軍使"。又見《通鑑·貞元八年》《貞元十年》。《元龜》卷三八五同。《全文》卷六三〇呂溫《使持節都督秦州諸軍事兼秦州刺史劉公（澭）神道碑銘》：
“爲涿州刺史，未幾，轉領瀛州……丁越國夫人憂……德宗備禮勞
迎……即日拜秦州刺史。”

劉　總　　元和五年（810）

《舊書》本傳：“元和五年……時總爲瀛州刺史。”《通鑑·元和五
年》七月同。又見《新書·劉濟傳》。《舊書·憲宗紀上》：元和五年九
月“壬戌，以瀛州刺史劉總起復受幽州長史，充幽州盧龍軍節度使”。

東武公　　元和六年（811）

《全文》卷七一三尹悅《瀛州使府公宴記》：“元和六年秋，悅奉方
伯常山公命，致問於瀛州使府。使府東武公惠我方伯之好，於使者嘉
儀是隆。”

侯紹宗　　元和中？

《隋唐五代墓誌匯編·北京卷》第二册《大唐涿州范陽縣主簿蘭
陵蕭公夫人侯氏墓誌銘》（大中九年十月九日）：“皇曾祖諱惟謙，寧武
軍使、金紫光禄大夫、檢校國子祭酒兼侍御史。皇祖諱紹宗，使持節
瀛州諸軍事守瀛州刺史，充本州營田防禦等使，太子左贊善大夫兼御
史中丞。皇考諱証，登仕郎攝涿州固安縣令。”夫人卒大中九年，享年
二十四。

劉令璆　　約元和末

《白居易集》卷五二有《前幽州押衙瀛州刺史劉令璆除工部尚書
致仕制》。

盧士玫　　長慶元年（821）

《舊書》本傳：“〔劉總〕復請析瀛、莫兩州，用士玫爲帥，朝廷一皆
從之。士玫遂授檢校右常侍，充瀛、莫兩州都防禦觀察使。”《新書》本
傳略同。《舊書·穆宗紀》：長慶元年三月“乙卯，以權知京兆尹盧士

玫爲瀛州刺史,充瀛莫等州都團練觀察使,從劉總奏析置也"。又見
《元龜》卷一七七。《白居易集》卷五二有《京兆尹盧士玫除檢校右散
騎常侍兼〔御史〕中丞瀛漠(莫)二州觀察等使制》。北圖藏拓片《故幽
州盧龍節度都押衙銀青光禄大夫檢校太子賓客使持節檀州諸軍事檀
州刺史周府君(元長)墓誌銘》(開成三年四月十三日):"侍中入覲,因
劉瀛莫置觀察。廉使盧公以君才實見知,署爲衙將,兼永寧軍副……
長慶初,瀛莫既復……"《新書·穆宗紀》:長慶元年八月"丙子,瀛州
軍亂,執其觀察使盧士玫"。

閻好問　　咸通中

《唐文續拾》卷六閻周彦《嫣瀛莫三州刺史閻好問墓誌》:"中丞諱
好問,字子裕……以咸通十四年仲夏二十五日即世於嫣州官舍,壽六
十有四……咸通初,奏侍御史……授嫣州刺史,未逾期歲,授瀛州刺
史。今府僕射以貂蟬統戎之際,推以新恩,難膺舊秩,授莫州刺史,逾
數月授幽府司馬。"又見《金石補正》卷七七。

王敬柔　　唐末?

《舊五代史·王思同傳》:"父敬柔,歷瀛、平、儒、檀、營五州刺史。
思同母,即劉仁恭之女也。"

待考録

廉方實

《姓纂》卷五河東廉氏:"唐瀛州刺史廉方實,狀云:廉範之後。"

裴子儀

《新表一上》西眷裴氏:"子儀,瀛州刺史。"乃北齊中書舍人裴訥
之玄孫。

卷一一五　莫州(文安郡)

本瀛州之鄚縣。景雲二年於縣置鄚州。開元十三年以"鄚"字類"鄭"字,改爲"莫"。天寶元年改爲文安郡。乾元元年復爲莫州。領縣六:莫、清苑、文安、任丘、長豐、唐興。

梁昇卿　　開元二十年(732)

《會要》卷八二:"開元二十年九月二十一日,是中書舍人梁昇卿私忌,二十日晚欲還,即令傳制,報給事中元彥冲,令宿衛。會彥冲已出……由是,出昇卿爲莫州刺史。"

鄭倩之　　開元二十三年(735)

《元龜》卷一二八:"〔開元〕二十三年十二月,命十道採訪使舉良刺史、縣令,以……莫州刺史鄭倩之……聞上。"

王惟忠　　天寶中

《芒洛遺文》卷中《唐故蘇州司户參軍王府君(逖)墓誌銘并序》(大和四年二月二十七日):"高祖扰,金紫光禄大夫、殿中監、陝州刺史。曾祖惟忠,銀青光禄大夫登州刺史,河南、河北租庸使兼新羅、渤海諸蕃等使,文安郡太守。"

臧希莊　　約天寶中

《全文》卷三三九顏真卿《東莞臧氏糺宗碑銘》:"懷亮五子:曰勝

州都督朔方節度副使敬廉；金紫文安太守范陽節度副使希莊。"

田承嗣 寶應元年—廣德元年（762—763）

《新書》本傳："朝廷以〔安、史〕二賊繼亂，州縣殘析，數大赦，凡爲賊誑誤，一切不問……拜承嗣莫州刺史，三遷至貝博滄瀛等州節度使，檢校太尉。"《全文》卷四四四裴抗《魏博節度使田公（承嗣）神道碑》："代宗在宥……除户部尚書、御史大夫、莫州刺史。復以莫州地褊不足安衆，特遷魏州刺史。"按寶應二年（即廣德元年）閏月承嗣爲魏州刺史。又按《舊書》本傳稱"檢校户部尚書、鄭州刺史"，"鄭州"乃"鄚（莫）州"之訛誤。《舊書·史朝義傳》亦誤作"鄭州"。

馬　實 約大曆末

《全文》卷五九八歐陽詹《大唐故輔國大將軍兼左驍衛將軍御史中丞馬公（實）墓誌銘》："拜御史中丞莫州刺史，俄薊州之患如莫州，移薊州……攝州刺史。貞元初……天子異其議……留近侍。"

劉　濟 興元元年—貞元元年（784—785）

《新書》本傳："歷莫州刺史。怦病，詔濟假州事。及怦卒，嗣節度。"《舊書》本傳未及。《全文》卷五〇五權德輿《故幽州盧龍節度副大使知節度事檢校司徒兼中書令幽州大都督府長史上柱國彭城郡王贈太師劉公（濟）墓誌銘并序》："興元初，以太子家令爲莫州刺史。"又見卷六三〇呂温《唐金紫光禄大夫檢校兵部尚書使持節都督秦州諸軍事兼秦州刺史劉公（濉）神道碑銘》。按《寶刻叢編》卷六莫州引《諸道石刻録》有《唐刺史劉君德政碑》，疑即劉濟。又按劉怦卒貞元元年九月，見《舊書·德宗紀上》。

蔡　雄 貞元元年—三年（785—787）

北圖藏拓片《唐故銀青光禄大夫行瀛州別駕莫州刺史上柱國申國公蔡府君（雄）墓誌》（貞元十九年十月二十五日）："獲前連率朱公上賓待之，署幽州盧龍節度押牙……未幾，奏授莫州刺史、申國公……三載考績君最……以貞元三年二月十六日終於題輿之官舍，春秋五十有三。"按朱滔大曆九年至貞元元年爲幽州節度使。

吴　暉　　長慶元年(821)

《通鑑·長慶元年》：八月"壬申，莫州都虞候張良佐潛引朱克融兵入城，刺史吴暉不知所在"。

張慶初　　大和四年—五年(830—831)

《新書·文宗紀》："〔大和〕五年正月庚申，幽州盧龍軍亂，逐其節度使李載義，殺莫州刺史張慶初，兵馬使楊志誠自稱留後。"《通鑑·大和五年》、《元龜》卷一七七同。

張惟汎(張元汎)　　大和八年(834)

《新書·文宗紀》：大和八年十一月"丙子，莫州軍亂，逐其刺史張惟汎"。《通鑑·大和八年》十一月作"張元汎"，與《新書》異。

【補遺】張　嶠　　文宗時

《文物》1999年第1期《唐張弘宗墓誌考釋》引《唐故中大夫守汾州別駕柱國張府君(弘宗)墓誌銘並序》(咸通三年七月十八日)："皇考諱嶠，〔莫〕州刺史。府君即莫州府君第三子。"按墓主咸通三年三月二十七日卒，享年六十八。嶠爲唐玄宗時名相張説曾孫，則其父爲莫州刺史約在文宗時。

閻好問　　咸通中

《唐文續拾》卷六閻周彦《嬀瀛莫三州刺史閻好問墓誌》："咸通初，奏侍御史……授嬀州刺史，未逾期歲，授瀛州刺史。今府僕射以貂蟬統戎之際，推以新恩，難膺舊秩，授莫州刺史，逾數月授幽府司馬。"咸通十四年五月二十五日卒，年六十四。又見《金石補正》卷七七。

卷一一六　幽州（范陽郡）

隋涿郡。武德元年改爲幽州，置總管府。六年改總管爲大總管。七年改爲大都督府。九年改爲都督府。開元十三年升爲大都督府。天寶元年改爲范陽郡。乾元元年復爲幽州。領縣十六：薊、潞、雍奴（武清）、會昌（永清）、安次、良鄉、昌平、范陽、固安、歸義、遼西、孤竹、懷柔、威化、濱海、龍山。

羅　藝(李藝)　　*武德元年—六年(618—623)*

《通鑑·武德元年》：十二月“癸未，詔以〔羅〕藝爲幽州總管”。《武德二年》：十月己亥，“賜幽州總管燕公羅藝姓李氏，封燕郡王”。《武德六年》：二月，“幽州總管李藝請入朝；庚午，以藝爲左翊衛大將軍”。《舊書·高祖紀》略同。又見《元龜》卷一二二，《會要》卷六五。按《舊書》本傳稱武德三年以州降，《新書》本傳作武德二年，《通鑑考異·武德元年》以爲皆誤。《全文》卷一高祖有《燕公羅藝封燕郡王賜姓上籍宗正詔》。

喬　寬　　*約武德中*

《千唐誌·唐故梁郡喬公(崇敬)墓誌銘并序》(開元十五年二月二十九日)：“祖寬，左驍衛將軍，營、幽二州總管。”又見同日《唐故大理評事梁郡喬公(崇隱)墓誌》。

李　瑗　　*武德九年(626)*

《舊書》本傳：“〔武德〕九年，累遷幽州大都督……及〔李〕建成誅死,遣通事舍人崔敦禮召瑗入朝。"《新書·高祖紀》:武德九年六月"庚辰,幽州都督廬江王瑗反,伏誅"。《全文》卷一四五于志寧《崔敦禮碑》:"奉敕往幽州追都督廬江王李瑗,時瑗陰預庚園之謀,將據河朔之地,嘯命凶醜,肇爲亂階,公非理被囚。"又見《新書》本傳,《通鑑·武德九年》,《元龜》卷八三、卷二八一。

王君廓　　武德九年—貞觀元年(626—627)

《通鑑·武德九年》:六月"壬午,以王君廓爲左領軍大將軍兼幽州都督"。又《貞觀元年》:九月"辛未,幽州都督王君廓謀叛,道死"。《新書·太宗紀》略同。又見《舊書·李瑗傳》《李玄道傳》,《新書》本傳,《御覽》卷三七五,《元龜》卷五二〇。

李玄道　　貞觀元年(627)

《舊書》本傳:貞觀元年,"時王君廓爲幽州都督,朝廷以其武將不習時事,拜玄道爲幽州長史,以維持府事……〔君廓〕奔叛,玄道坐流嶲州"。《新書》本傳略同。又見《元龜》卷五〇〇,《通鑑·貞觀元年》十一月。

張允濟　　貞觀初

《舊書》本傳:"貞觀初,累遷刑部侍郎,封武城縣男,出爲幽州刺史,尋卒。"《新書》本傳略同。

衛孝節　　貞觀三年(629)

《新書·太宗紀》:貞觀三年十一月庚申,"幽州都督衛孝節爲恒安道行軍總管……以伐突厥"。又見《突厥傳上》,《元龜》卷九八五。按《舊書·突厥傳上》作"左武衛大將軍衛孝節"。

李靈夔　　貞觀十年—十四年(636—640)

《舊書》本傳:"〔貞觀〕十年,改封燕王,賜實封八百户,授幽州都督。十四年,改封魯王,授兖州都督。"《通鑑·貞觀十年》:二月乙丑,

"〔燕王〕靈虁爲幽州都督"。又見《新書》本傳，《舊書·張士衡傳》，兩《唐書·李元景傳》，《會要》卷四六，《元龜》卷二八一，《全文》卷六太宗《荆王元景等子孫代襲刺史詔》。

程知節　　貞觀十四年？（640？）

《隋唐五代墓誌匯編·陝西卷》第一册《大唐〔贈〕驃騎大將軍益州大都督上柱國盧國公程使君（知節）墓誌銘并序》（麟德二年十月二十二日）："拜使持節都督幽易檀平燕嫣六州諸軍事幽州刺史……明年追授左屯衛大將軍。"

張士貴　　貞觀十七年—十八年（643—644）

《大唐故輔國大將軍荆州都督虢國公張公（士貴）墓誌銘并序》："〔貞觀〕十五年從幸洛陽宫，會薛延陀犯塞，奉敕於慶州鎮守，後檢校夏州都督。十六年四月，追還，領屯兵如故。十一月授蘭州都督，又遷幽州都督。十八年以譴去官。"（《考古》1978年第3期）《元龜》卷一一七："唐太宗貞觀十八年十月，帝欲親總六軍，以渡遼海……〔十一月，〕以前幽州都督虢國公張士貴……爲行軍總管。"按兩《唐書》本傳未及。

獨孤彦雲　　約貞觀中

《新書·忠義傳上》："幽州都督、歷陽郡公獨孤彦雲。"《會要》卷四五："總章元年三月六日詔：太原元從、西府舊臣，今親詳覽，具爲等級……幽州都督獨孤彦雲。"按《全文》卷二四五李嶠《爲獨孤氏請陪昭陵合葬母表》稱："臣亡祖右衛大將軍溧陽縣公彦雲。"當即此人。《新書》之"歷陽"或爲"溧陽"之誤。

郭振武　　貞觀中？

《唐文拾遺》卷一六郭漢章（貞觀中人）《唐故（贈）銀青光禄大夫涼州刺史定遠縣開國子郭公（雲）墓誌銘》："祖慶，隨驃騎大將軍、右光禄大夫、相州長史。父振武，開府儀同、金紫光禄大夫，幽、并二州刺史。"

崔　幹　　貞觀中？

《元龜》卷六七七：“崔幹歷宋、幽二州刺史，爲下所懷。”按《新表二下》崔氏第二房：“幹字道貞，黄門侍郎、博陵元公。”乃隋虞部侍郎、固安縣公叔重之子。疑即此人。

李　緯　　約貞觀中

《全文》卷二〇一李尚一《開業寺碑并序》：“開業寺者，李公捨山第之所立也……曾孫緯，皇朝宗正、衛尉、司農三寺卿，金紫光禄大夫，荆州大都督府長史，幽州都督……懷、洛、蒲三州刺史。”

裴行方　　永徽中

《新表一上》洗馬裴氏：“行方字德備，茂州道行軍總管、清丘道行軍副總管、右衛將軍、檢校幽州都督，襲懷義平公。”《元龜》卷四九七：“裴行方，永徽中爲檢校幽州都督。”又見卷六七八。

＊李　賢　　顯慶元年—龍朔元年（656—661）

《舊書》本傳：“顯慶元年，遷授岐州刺史。其年，加雍州牧、幽州都督……龍朔元年，徙封沛王，加揚州都督，兼左武衛大將軍，雍州牧如故。”《新書》本傳略同。《舊書·高宗紀》：龍朔元年九月壬子，“以雍州牧、幽州都督、沛王賢爲揚州都督、左武候大將軍，牧如故”。《全文》卷一四高宗《册潞王賢爲揚州都督仍徙封沛王文》作“龍朔元年歲次辛酉十月癸亥朔十七日己卯”。《大詔令集》卷三四同。

靳　帥(靳師)　　顯慶、龍朔間？

《全文》卷二九一張九齡《故襄州刺史靳公(恒)遺愛碑銘》：“祖帥，幽州長史。”《金石補正》卷五二《唐故襄州刺史靳公(恒)遺愛幢》稱“祖師”，開元十一年立碑。

李　晦　　約龍朔、麟德年間

《全文》卷九九二闕名《大唐故秋官尚書河間公(李晦)碑》：“貞觀

末,授通事舍人,轉尚太常卿……以本官檢校幽、營二州都督……累遷□□衞將軍、右金吾將軍,加忠武將軍、檢校雍州長史……尋檢校洛州長史兼知東都留守……及高宗晏駕,水漿不入口者數日。"永昌元年卒。兩《唐書》本傳皆未及檢校幽州都督事。

李崇義　　高宗時

《新書・宗室世系表上》蔡王房:"蒲、同、絳、陝、幽、夏六州刺史,益州長史,譙國公崇義。"按《舊書・李孝恭傳》謂:"子崇義嗣,降爵爲譙國公,歷蒲、同二州刺史,益州大都督府長史,甚有威名,後卒於宗正卿。"《新書・李孝恭傳》略同。皆未及幽刺。

李文暕　　調露元年—開耀元年(679—681)

《舊書》本傳:"歷幽州都督、魏郡公。垂拱中,坐事貶爲滕州別駕,尋被誅。"《新書》本傳略同。又見《元龜》卷二八一。《新書・宗室世系表上》大鄭王房:"魏國公、幽州大總管文暕。"《通鑑・調露元年》:十一月"甲辰,以〔裴〕行儉爲定襄道行軍大總管……西軍檢校豐州都督程務挺、東軍幽州都督李文暕……並受行儉節度"。又《開耀元年》:正月,"裴行儉軍還,突厥阿史那伏念復自立爲可汗,與阿史德溫傅連兵爲寇。癸巳,以行儉爲定襄道大總管,以右武衞將軍曹懷舜、幽州都督李文暕爲副,將兵討之"。《新書・突厥傳上》略同。又見《元龜》卷九八六。

李　琬　　約高宗、武后間

《新書・宗室世系表上》大鄭王房:"幽州都督琬。"乃靈州都督孝節子。

梁　亶　　武后時?

《全文》卷一七三張鷟《兵部奏默啜賊入趙定却取幽州居庸程出都督梁亶牢城自守不敢遮截請付法依問得款古之用兵全軍爲上亶既全幽州城不合有罪》:"梁亶忝司金鼓,謬掌銅符,既典軍容,兼知州務。"

陳令英　　武后時

《全文》卷二一〇陳子昂《爲金吾將軍陳令英請免官表》："臣祖父（一作父）兄弟一門五人，皆伏節盡忠，身死王事，遂超臣不次授原州都督，臣時年三十二……不以臣駑怯，更加寵命，授以青紫，遣督幽州。"

李　琨　　武后時

《舊書》本傳："則天朝歷淄、衛、宋、鄭、梁、幽六州刺史，有能名。聖曆中，嶺南獠反，敕琨爲招慰使……長安二年卒官。"又見《元龜》卷二八一。《新書·宗室世系表下》吳王房："淄、衛、宋、鄭、梁、幽六州刺史、贈吳王琨。"本傳未及。

王方平　　天册萬歲元年（695）

《千唐誌·大唐故蔚州刺史兼橫野軍使上柱國王府君（元琰）墓誌并序》（開元廿七年二月十日）："考方平，幽州刺史。"元琰卒開元廿四年，年六十六。《全文》卷九八六闕名《太原鄉牒》："幽州都督壽陽公方平，更稱太原王氏。"又卷三一二孫逖《唐故幽州都督河北節度使燕國文貞張公（説）遺愛頌并序》："夫渤碣之北，有山戎焉……鎮之以大府，府有都督。威之以大軍，軍有節度……曩者天册之初，王尚書不反命，則我天后以納言狄公領之。"按狄公即狄仁傑。疑王尚書爲王方平。《隋唐五代墓誌匯編·洛陽卷》第十册《唐故幽州都督壽陽縣男王府君（方字平）墓誌》（開元二十七年二月十日）："公諱方，字平，除袁州刺史，轉道州刺史……登司府少卿，遷幽州都督……長安元年二月三日終於東都……春秋七十八。"此人當即王方平。

狄仁傑　　萬歲通天二年（697）

《舊書》本傳："萬歲通天年，契丹寇陷冀州，河北震動，徵仁傑爲魏州刺史……俄轉幽州都督。神功元年，入爲鸞臺侍郎、同鳳閣鸞臺平章事。"《新書》本傳略同。《舊書·則天皇后紀》：萬歲通天二年"十月，前幽州都督狄仁傑爲鸞臺侍郎……同鳳閣鸞臺平章事"。《新書·則天皇后紀》、《通鑑·神功元年》十月同。

張仁愿(張仁亶)　　萬歲通天二年—長安二年(697—702)

《舊書》本傳:萬歲通天二年,"擢仁愿爲肅政臺中丞、檢校幽州都督……累遷并州大都督府長史"。《新書》本傳略同。《通鑑·長安二年》:"四月,以幽州刺史張仁愿專知幽、平、檀防禦。"又見兩《唐書·則天皇后紀》,《舊書·突厥傳上》,《通鑑·聖曆元年》,《元龜》卷四二九、卷五二○、卷九八六,《太平寰宇記》卷一九六。《宋高僧傳》卷二五《唐幽州華嚴和尚傳》:"萬歲通天年中,韓國公張仁愿爲幽州都督也,夜聞經聲品次歷歷然。"《全文》卷一六中宗《封張仁愿韓國公制》:"持節朔方道總管、右屯衛大將軍張仁愿……累司文武,歷參邊鎮。薊州作牧,既紓東顧之憂,榆塞總兵,方釋北垂之慮。"按其時無薊州,所謂"薊州作牧"即指爲幽州都督。

李多祚　　長安二年(702)

《通鑑·長安二年》:十二月甲午,"羽林衛大將軍李多祚檢校幽州都督"。兩《唐書》本傳未及。按《通鑑》稱"檢校",未知是否實際赴任。

唐休璟(唐璿)　　長安四年(704)

《新書·則天皇后紀》:長安四年八月"庚申,唐休璟兼幽、營二州都督,安東都護"。《新書·宰相表上》、《通鑑·長安四年》八月同。又見兩《唐書》本傳,《元龜》卷七一四。《全文》卷二五七蘇頲《右僕射太子少師唐璿神道碑》:"復公爲夏官尚書,兼幽營二州都督、安東都護……神功(龍)初,徵拜輔國大將軍、同中書門下三品。"卷二六八武平一《東門頌并序》:"東門者,前刺史崔(霍)公庭玉……所創構也……使君名璵,字庭玉……授幽州戶曹參軍,都督右僕射唐公、大將軍薛公並引置幕府。"唐公即唐休璟。

屈突仲翔　　長安四年(704)

《通鑑·長安四年》:十二月,"尋敕〔宋〕璟揚州推按,又敕璟按幽州都督屈突仲翔贓污……璟皆不行"。兩《唐書·張行成傳》、《新書·宋璟傳》略同。又見《大唐新語》卷二。按《姓纂》卷一○昌黎屈突氏：“仲翔，幽州都督。”幽州未嘗設都督，當是幽州之訛。兩《唐書》本傳唯稱：神龍初爲瀛州刺史；未及爲幽州事。

封思業　　神龍二年（706）

《新表一下》封氏：“思業，户部郎中、幽州都督。”《千唐誌·唐中大夫安南都護府長史杜府君（忠良）墓誌銘并序》：“敕差充幽州經略□□軍兼知□練兵馬營田使，去神龍二年閏正月十二日……於時持節大使封思業、副使御史中丞姜師度……”忠良卒先天二年。

薛　訥　　景雲元年（710）

《舊書》本傳：“則天深然其言。尋拜幽州都督，兼安東都護；轉并州大都督府長史。”《新書》本傳略同。《通鑑·景雲元年》：十月“丁酉，以幽州鎮守經略節度大使薛訥爲左武衛大將軍兼幽州都督”。《通鑑·先天元年》：二月，“幽州大都督薛訥鎮幽州二十餘年，吏民安之……〔李〕瑝毁之於劉幽求，幽求薦左羽林將軍孫佺代之”。又見《元龜》卷三三七、卷三九七。岑仲勉《通鑑隋唐紀比事質疑》“薛訥鎮幽及孫佺代訥”條云：“〔孫〕佺代〔裴〕懷古，厥證尚多……李瑝之毁，舊、新《薛訥傳》、《魏知古傳》、《孫佺傳》均不載，蓋《通鑑》因孫佺除授，雜採他書之説，誤以爲佺代薛訥。”

裴懷古　　景雲二年—太極元年（711—712）

《舊書》本傳：“俄轉幽州都督，徵爲左威衛大將軍，尋卒。”《新書》本傳：“俄轉幽州都督……會以左威衛大將軍召，而孫佺代之，佺不知兵，遂敗其師。”又見《唐詩紀事》卷一二。《元龜》卷二五九：“睿宗太極元年二月，命皇太子送金仙公主往并州，令幽州都督裴懷古節度内發三萬兵赴天武軍。”

孫　佺（孫儉）　　先天元年（712）

《通鑑·先天元年》：“三月丁丑，以〔孫〕佺爲幽州大都督。”《新書》本傳：“延和初，爲羽林將軍、幽州都督，率兵十二萬討奚李大醯……大敗，死者數萬。佺、〔周〕以悌同見獲，送默啜所殺之。"又見《睿宗紀》先天元年六月、《天文志二》、《五行志三》、《裴懷古傳》、《裴旻傳》、《北狄·奚國傳》，《通鑑·先天元年》六月，《朝野僉載》卷一，《廣記》卷一六三。《舊書·睿宗紀》《北狄傳》作"孫儉"。《姓纂》卷四清河孫氏："佺，幽州都督、會稽公。"《新表三下》孫氏同。《寶刻叢編》卷四引《訪碑錄》有《唐幽州都督孫公碑》，唐徐彥伯撰，開元二年。孫公當即孫佺。

宋 璟　先天元年(712)

《舊書》本傳："歷魏、兗、冀三州刺史，河北按察使。遷幽州都督、兼御史大夫。尋拜國子祭酒，兼東都留守。"《新書》本傳略同。《新書·睿宗紀》：先天元年十一月"甲午，幽州都督宋璟爲左軍大總管"。《通鑑·先天元年》十一月同。又見《元龜》卷一一三。《全文》卷三一二孫逖《唐故幽州都督河北節度使燕國文貞張公遺愛頌并序》："先天之孫，孫將軍不振旅，則我睿宗以太尉宋公爲之。"又卷三四三顏真卿《有唐開府儀同三司行尚書右丞相宋公（璟）神道碑銘》："尋遷幽州都督。"

盧齊卿　開元元年(713)

《舊書·張守珪傳》：開元初，"再轉幽州良社府果毅……時盧齊卿爲幽州刺史，深禮遇之"。《新書·張守珪傳》《盧承慶傳》略同。《會要》卷七五作"開元元年"，又見《廣記》卷一八六引。按《舊書·盧承慶傳》謂："齊卿，開元初爲圖州刺史，時張守珪爲果毅。""圖州"當爲"幽州"之誤。

甄 亶(甄道一)　開元元年—三年(713—715)

《會要》卷七八："先天二年二月，甄道一除幽州節度經略鎮守使。"《全文》卷二二七張說《唐故廣州都督甄公（亶）碑》："除夏州都督……徵授幽州都督，衣之以紫，攝御史中丞……喪以去職，未幾，復除夏州都督。"按《新書·甄濟傳》稱："叔父爲幽、凉二州都督。"當謂甄宣。按《元龜》卷一一九稱：開元三年四月，詔左衛大將軍郭虔瓘充朔州鎮大總管，"并州以北緣邊州軍並受節度，仍與張知運、甄道一相知共爲掎角……幽州有事，即令虔瓘將和戎兵馬從嘗州土門與甄道一計會共討凶逆。"由此證知開元三年甄宣尚在幽州都督任，約於是年又任夏州。

劉　某　　開元初期？

《全文》卷九六二闕名《爲劉幽州請致仕表》題下注："開元時。"按開元六年後幽州都督歷歷可考，然無劉姓者。唯開元三年至六年間幽州都督闕，未知是否此劉姓者在任？姑列於此，以俟考。又頗疑此劉幽州實未赴任或題下注有誤歟？

張　説　　開元六年—八年（718—720）

《舊書》本傳："坐事左轉岳州刺史……遷右羽林將軍，兼檢校幽州都督。開元七年，檢校并州大都督府長史，兼天兵軍大使。"《新書》本傳略同，不著年月。按張嘉貞開元四年爲并州長史，八年正月同平章事；張説由幽州改并州不能早於此時。《全文》卷三一二孫逖《唐故幽州都督河北節度使燕國文貞張公（説）遺愛頌并序》："開元六祀宅於幽朔……徵其政理，幽州之良牧也。"又卷二二三張説《舉陳寡尤等表》云："以前幽州都督兼節度管內諸軍經略大使、攝御史大夫、燕國公張説奏稱，臣身任邊城，心在庭闕。"又卷二二四張説有《論幽州邊事書》。又卷二九二張九齡有《故開府儀同三司行尚書左丞相燕國公贈太師張公（説）墓誌銘并序》。

邵　寵　　開元八年（720）

《元龜》卷一二四："〔開元〕八年八月詔曰……仍敕幽州刺史邵寵於幽易兩州選二萬灼然驍勇者，充幽州經略軍健兒。"

王　晙　　開元八年（720）

《舊書·玄宗紀》：開元八年九月，"以御史大夫王晙爲兵部尚書兼幽州都督”。《新書·玄宗紀》同。《通鑑考異·開元八年》作“十一月”。兩《唐書》本傳未及。

裴仙先　　開元九年—十二年(721—724)

《舊書·王毛仲傳》：“〔開元〕九年，持節充朔方道防禦討擊大使……東與幽州節度裴仙先等計會。”《新書·王毛仲傳》略同。《新書》本傳：“遷秦、桂、廣三州都督。坐累且誅，賴宰相張説右之，免官。久乃擢范陽節度使，太原、京兆尹。”按開元十八年爲京兆尹，二十九年在太原尹任。《廣記》卷一四七引《紀聞》：“裴仙先……授詹事丞，歲中四遷，遂至秦州都督，再節制桂、廣，一任幽州帥，四爲執金吾，一兼御史大夫，太原、京兆尹。”【補遺】《唐研究》第五卷(1999年版)《西安新發現唐裴仙先墓誌考述》引《故銀青光禄大夫、守工部尚書、上柱國、翼城縣開國公贈江陵郡大都督裴府君(仙先)墓誌銘並序》(天寶三載閏二月八日)：“遷主客郎中，有頃加朝散大夫兼鴻臚少卿。將命西聘，公單車深入，結二國之信，一言慷慨，罷十萬之兵。……朝嘉其勛，檢校桂州都督。……遷廣州都督、五府節度、並本道按察等使。二年，加攝御史中丞，賜紫金魚袋，遷幽州都督、河北道節度使。無何，以飛語受謗，復授廣州都督。……以天寶二載九月廿二日薨於永寧里第，春秋八十。”

＊李　涓(李瑶)　　開元十二年—二十五年(724—737)

《舊書》本傳：“〔開元〕十二年，改名涓，遥領幽州都督、河北道節度大使……二十三年，改名瑶。二十五年，得罪廢。”《舊書·玄宗紀上》：開元十五年五月，“鄂王涓爲幽州都督、河北節度大使……並不出閣”。《大詔令集》卷三六《慶王潭凉州都督制》：“鄂王淯(涓)爲幽州大都督、兼河北諸州節度大使……開元十五年五月。”《全文》卷二二同。又見《新書》本傳，《元龜》卷二八一，《會要》卷七八，《全文》卷三六〇杜甫《唐故德儀贈淑妃皇甫氏神道碑》。《大詔令集》卷三八、《全文》卷二八三張九齡《諸王食封制》稱：“河北節度大使、幽州大都督鄂王涓。”

鄭　溥　　開元十三年？—十四年？（725？—726？）

《金石補正》卷七二《□故右内率府兵曹鄭府君（準）墓誌銘并序》：“王父溥，尚書右部郎中，歷青、邢、相、衛、□、幽、懷七州刺史，入爲左庶子。”鄭準卒大和四年正月二日，年六十三。又見《全文》卷七四四陳齊之《故右内率府兵曹鄭君墓誌銘》《吳郡金石目》。按《英華》卷三九五蘇頲有《授鄭溥殿中侍御史制》，知鄭溥開元初已任職憲臺。

李尚隱　　開元十五年—十七年（727—729）

《會要》卷七八：“甄道一除幽州節度經略鎮守使，至開元十五年二月，除李尚隱，又帶河北支度營田使。”《全文》卷三一二孫逖《伯樂川記》：“太原元帥黃門侍郎李公……戊辰歲（開元十六年）秋七月，公以疆場之事會幽州長史李公于伯樂川，王命也。”

趙含章　　開元十七年—二十年（729—732）

《舊書·玄宗紀上》：開元十八年五月，“制幽州長史趙含章率兵討之（突厥）”。二十年六月“庚寅，幽州長史趙含章坐盜用庫物……流瀼州”。又見兩《唐書·北狄·奚國傳》、《契丹傳》、《張守珪傳》，《姓纂》卷七諸郡趙氏，《元龜》卷一二、卷一五二、卷九八六，《通鑑·開元十八年》五月、《開元二十年》三月，《全文》卷七四九杜牧《朱叔明授右武衛大將軍制》、《千唐誌·大唐故靜塞軍司馬杜府君（孚）墓誌銘并序》（開元二十年十一月二十一日）。《隋唐五代墓誌匯編·北京卷》第一册《唐故雲麾將軍左威衛將軍兼青山州刺史上柱國隴西李公（永定）墓誌銘并序》（天寶十載八月十日）：“〔開元〕二十載，節度使趙含章差公統馬軍大入。”

薛楚玉　　開元二十年—二十一年（732—733）

《舊書·薛訥傳》：“訥弟楚玉，開元中，爲幽州大都督府長史，以不稱職見代而卒。”《新書·薛訥傳》、兩《唐書·張守珪傳》略同。《舊書·郭知運傳》：“開元二十一年，幽州長史薛楚玉遣〔郭〕英傑……討契丹，屯兵於榆關之外。”又見《通鑑·開元二十一年》閏月。《新書·

郭英傑傳》作開元二十三年,誤。又見兩《唐書‧北狄‧契丹傳》、《張守珪傳》、《會要》卷九六。《全文》卷三五二樊衡有《爲幽州長史薛楚玉破契丹露布》。《李永定墓誌》:"〔開元〕貳拾壹載,節度使薛楚玉差公領馬步大人。"

張守珪　　開元二十一年—二十七年(733—739)

《舊書》本傳:"〔開元〕二十一年,轉幽州長史兼御史中丞、營州都督、河北節度副大使,俄又加河北採訪處置使。"二十七年,"左遷括州刺史"。又見《舊書‧玄宗紀》,《新書》本傳,兩《唐書‧契丹傳》,《元龜》卷二四、卷三五八、卷三八四。《全文》卷二八三張九齡《開元紀功德頌并序》:"二十二年春,乃命右羽林大將軍、兼御史中丞、幽州長史張守珪將中軍。"又卷二八四、卷二八五有《敕幽州節度張守珪書》。又見卷三九二獨孤及《唐故虢州宏農縣令天水趙府君(令則)墓誌》,卷三二九鄭子春《北岳廟碑》,《唐語林》卷三、卷八。《李永定墓誌》:"〔開元〕貳十柒載,以盧龍塞下降奚内叛,節度使張守珪令公張皇陸師,斬刈梟孽。"《隋唐五代墓誌匯編‧洛陽卷》第十册《唐故輔國大將軍右羽林大將軍幽州長史兼御史大夫括州刺史(下闕)》(開元二十八年十月二十日):"廿一年復驛占至京,加御史中丞,改幽州長史、營府都督節度營田採訪海運等使……拜兼御史大夫加輔國大將軍、南陽郡開國公……廿七年乃貶公爲括州刺史。"又見第十二册《唐故開府儀同三司檢校户部尚書知省事御史大夫鄧國公張公(獻誠)墓誌銘并序》(大曆四年二月三日)。

李適之　　開元二十七年—二十九年(739—741)

《舊書》本傳:"開元二十七年,兼幽州大都督府長史,知節度事……俄拜刑部尚書……天寶元年,代牛仙客爲左相。"《新書》本傳略同。又見《會要》卷七八。《通鑑‧開元二十七年》:"六月癸酉,以御史大夫李適之兼幽州節度使。"《李永定墓誌》:"〔開元〕貳拾捌載,節度使李適之差公領馬騎討襲,大破奚軍。"

王斛斯　　開元二十九年(741)

《舊書·玄宗紀下》：開元二十九年七月，“北州刺史王斛斯爲幽州節度使”。《英華》卷四○一孫逖《授王斛斯兼左金吾衛大將軍制》：“左羽林大將軍、兼范陽大都督府長史，充范陽節度經略度支營田副大使王斛斯……久鎮幽朔，勤修訓練……可守左金吾衛大將軍、兼范陽大都督府長史。”又見《全文》卷三○九。

裴　寬　　開元二十九年—天寶三載(741—744)

《舊書》本傳：“天寶初，除陳留太守，兼採訪使。尋而范陽節度李適之入爲御史大夫，除寬范陽節度兼河北採訪使替之。其年，又加御史大夫……三載，以安禄山爲范陽節度，寬爲户部尚書、兼御史大夫。”《新書》本傳略同。《會要》卷七八：“天寶元年十月，除裴寬爲范陽節度經略、河北支度營田、河北海運使，遂爲定額。”又見《通鑑·天寶三載》，《圖繪寶鑑》卷二，《宣和畫譜》卷一三。《李永定墓誌》：“〔開元〕貳拾玖載，節度使裴寬以公達於兵謀，奏充范陽都知兵馬使。”證知開元二十九年已在任。

安禄山　　天寶三載—十四載(744—755)

《舊書》本傳：“〔天寶〕三載，代裴寬爲范陽節度，河北採訪、平盧軍等使如故。”十四載“十一月，反於范陽”。《新書》本傳略同。又見兩《唐書·裴寬傳》，《舊書·權德輿傳》，《通鑑·天寶三載》三月己巳、《天寶六載》正月戊寅、《天寶十四載》十一月甲子，《元龜》卷一二九，《全文》卷二五玄宗《封安禄山東平郡王制》、卷三六四李荃《大唐博陵郡北嶽恒山封安天王銘并序》，《金石萃編》卷八八《北嶽恒山安天王銘》。《李永定墓誌》：“至天寶伍載，節度使安公閑於撫理，差攝嬀川郡大守兼知雄武城使。”

賈　循　　天寶十四載(755)

《新書》本傳：“〔安〕禄山反，使循守幽州，故〔顔〕杲卿招之，以傾賊巢穴，循許可。”《馬燧傳》略同。《通鑑·天寶十四載》：十一月甲子，安禄山"反於范陽，命范陽節度副使賈循守范陽"。

【封常清　　天寶十四載(755)（未之任）】

《通鑑·天寶十四載》：十一月"壬申，以〔封〕常清爲范陽、平盧節度使"。十二月，"〔邊〕令誠入奏事，具言〔高〕仙芝、常清橈敗之狀……敕削其官爵，令還仙芝軍，白衣自效"。又見兩《唐書》本傳。

李光弼　　　至德元載(756)

《通鑑·至德元載》：三月"壬午，以河東節度使李光弼爲范陽長史、河北節度使"。《舊書·肅宗紀》：至德元載"八月壬午，朔方節度使郭子儀、范陽節度使李光弼破賊於常山郡之嘉山……〔詔〕光弼爲户部尚書，兼太原尹、北京留守、同中書門下平章事"。又見兩《唐書》本傳。《全文》卷三四二顏真卿《唐故開府儀同三司太尉兼侍中河南副元帥……臨淮武穆王李公（光弼）神道碑銘》："〔天寶十五載〕春二月，拜攝御史大夫、魏郡太守……俄除范陽郡大都督府長史……肅宗理兵於靈武……加公太原尹……至秋八月，拜户部尚書。"

史思明　　　至德元載(756)

《舊書》本傳："禄山以賈循爲范陽留後，謀歸順，爲副留守向潤客所殺，以思明代之。又以征戰在外，令向潤客代其任。"《新書》本傳略同。

向潤客　　　至德元載(756)

見上條。

史思明　　　至德二載—乾元二年(757—759)

《舊書·肅宗紀》：至德二載十二月"己丑，賊將僞范陽節度使史思明以其兵衆八萬之籍，與僞河東節度使高秀嚴並表送降"。《通鑑·至德二載》：十二月乙丑，"上大喜，以〔史〕思明爲歸義王、范陽節度使"。《新書·肅宗紀》：乾元元年四月，"史思明殺范陽節度副使烏承恩以反"。兩《唐書》本傳略同。《舊書·李光弼傳》：乾元二年八月，“與九節度兵圍安慶緒於相州，拔有日矣。史思明自范陽來救，屢絕糧道……史思明因殺安慶緒，即僞位”。《全文》卷三六三張不矜《唐愍忠寺無垢净光塔銘》：“范陽郡大都督府長史……史思明，碩量天假，宏謀神授。”

李光弼　　乾元二年(759)

《舊書·肅宗紀》：乾元二年八月丙辰，“副元帥李光弼兼幽州大都督府長史、河北節度等使”。又見兩《唐書》本傳，《通鑑·乾元二年》八月，《元龜》卷三八五。《大詔令集》卷六〇《李光弼太尉中書令制》：“司空兼侍中、幽州大都督府長史、河北節度支度營田經略等使……薊國公李光弼……可太尉兼中書令。乾元二年十二月。”《全文》卷四二同。按《顔魯公文集》卷四《開府儀同三司太尉兼侍中河南副元帥臨淮武穆王李公（光弼）神道碑銘》稱：“乾元元年八月拜侍中……明年……夏五月除范陽節度使，尋代汾陽王爲朔方節度使。”

張通儒　　約上元元年—二年(約 760—761)

《舊書·史朝義傳》：“使人往范陽，斬僞太子朝英等。僞留守張通儒覺之，戰於城中，數日，死者數千人，始斬之。”

李懷仙　　上元二年—大曆三年(761—768)

《通鑑·上元二年》：三月，“〔史〕朝義以其將柳城李懷仙爲范陽尹、燕京留守”。《舊書》本傳：“〔史〕朝義時，僞授爲燕京留守、范陽尹……朝義以餘孽數千奔范陽，懷仙誘而擒之，斬首來獻……代宗復授幽州大都督府長史、檢校侍中、幽州盧龍等軍節度使……大曆三年爲其麾下兵馬使朱希彩所殺。”又見《代宗紀》，《新書》本傳，《元龜》卷一七六，《大詔令集》卷九《廣德元年册尊號赦》，《唐語林》卷八，《杜陽雜編》卷上。

王　縉　　大曆三年(768)

《舊書·代宗紀》：大曆三年閏六月“庚申，宰臣充河南副元帥王縉兼幽州節度使”。八月庚午，“王縉兼太原尹、北都留守，充河東軍節度,餘官使並如故"。又見兩《唐書》本傳。《大詔令集》卷五二、《全文》卷四二一楊炎有《王縉兼幽州節度使制》,《中興間氣集》卷上皇甫冉有《送王相公赴幽州》,同卷韓翃亦有《奉送王相公赴幽州》。《全詩》卷二一○皇甫曾有《送王相公赴幽州》,《全詩補遺》卷一九張侶有《送王相公赴幽州》。王相公當即王縉。

朱希彩　　大曆三年—七年(768—772)

《舊書·代宗紀》:大曆三年閏六月"丁卯,以幽州節度副使、試太常卿朱希彩知幽州留後……十一月丁亥,幽州留後朱希彩爲幽州長史,充幽州盧龍節度使"。又本傳:"〔大曆三年〕十二月,加希彩幽州大都督府長史、幽州盧龍節度使。五年,封高密郡王……七年,孔目官李瑗因人之怒,侍隙斬之,軍人立其兵馬使朱泚爲留後。"《全文》卷四一三常袞有《加朱希彩幽州管内觀察使制》。

朱　泚　　大曆七年—九年(772—774)

《舊書·代宗紀》:大曆七年十月"辛未,以權知幽州盧龍節度留後朱泚檢校左散騎常侍,充幽州盧龍節度使"。八年二月"丁卯,幽州節度使朱泚加檢校户部尚書,封懷寧郡王"。九年"九月庚子,幽州節度使朱泚來朝"。又見兩《唐書》本傳,《元龜》卷一三六。

＊朱　泚　　大曆九年—建中三年(774—782)

《舊書》本傳:大曆九年"九月,泚至京師……請留京師,從之。因授其弟滔兼御史大夫、幽州節度留後……汴宋、淄青兵,俾泚統焉。十一年八月,加拜同平章事。尋令出鎮奉天行營……十二年,加檢校司空,代李抱玉爲隴右節度使……德宗嗣位,加太子太師、鳳翔尹"。《新書》本傳略同。《舊書·德宗紀》:建中二年七月"壬午,以幽州隴右節度使、中書令朱泚爲太尉"。

朱　滔　　大曆九年—貞元元年(774—785)

《舊書》本傳:"大曆九年,〔朱〕泚朝覲,因乞留西征吐蕃。以滔試殿中監,權知幽州盧龍節度留後、兼御史大夫。"建中二年,"大破〔李〕惟岳於束鹿……以功加檢校司徒,爲幽州盧龍節度使……三年十一月,滔僭稱大冀王"。興元元年六月,"滔還幽州,爲〔王〕武俊所攻,僅不能軍,上章待罪……貞元元年,尋卒於位"。又見《舊書·德宗紀上》,《新書》本傳、《王武俊傳》。

劉　怦　　建中三年(782)

《舊書》本傳:"〔朱滔〕凡出征伐,必以怦總留後事。"及僭稱大冀王,僞署怦爲右僕射、范陽留守。

【王武俊　　興元元年(784)(未之任)】

《舊書·德宗紀上》:興元元年二月戊寅,"王武俊效順,加中書門下平章事,兼幽州節度使,令討朱滔"。又本傳:興元元年"三月,加司空、同中書門下平章事,兼幽州、盧龍兩道節度使,琅邪郡王"。五月,"武俊班師,表讓幽州盧龍節度使,許之"。《新書》本傳略同。

劉　怦　　貞元元年(785)

《舊書·德宗紀上》:貞元元年七月"壬子,以前涿州刺史、兼御史中丞劉怦爲幽州長史、御史大夫、幽州盧龍節度副大使,兼知節度管理度支營田觀察、押奚契丹經略盧龍等軍使……九月己亥,幽州節度劉怦病,請以子濟權知軍州事,從之"。又見兩《唐書》本傳,《元龜》卷一七六。《全文》卷六三〇曰溫《唐故金紫光禄大夫使持節都督秦州諸軍事兼秦州刺史劉公(滁)神道碑銘》:"烈考開府儀同三司、幽州大都督府長史、帶正省兵吏刑户四尚書左右僕射平章事、兼御史大夫、幽州盧龍軍節度使、累贈太師太保諱怦……公即先太保之次子,今侍中之介弟。"北圖藏拓片《唐京兆府鄠縣丞安定張君亡妻中山劉氏夫人(冰)墓誌并序》(咸通十五年閏四月四日):"曾祖怦,幽州盧龍節度使,贈太傅,謚恭。"

劉　濟　　貞元元年—元和五年(785—810)

《舊書·德宗紀上》:貞元元年九月"辛巳,以權知幽州盧龍軍府

事劉濟爲幽州長史、兼御史大夫、幽州盧龍節度觀察、押奚契丹兩蕃
等使”。又《憲宗紀上》：元和五年秋七月“乙卯，幽州節度使劉濟爲其
子總鴆死”。又見兩《唐書》本傳，《元龜》卷一七六。《全文》卷五〇五
權德輿有《故幽州盧龍節度副大使知節度事幽州大都督府長史劉公
（濟）墓誌銘并序》。卷六三〇呂溫《唐故金紫光禄大夫檢校兵部尚書
使持節都督秦州諸軍事兼秦州刺史劉公（滋）神道碑銘》：“伯也嗣職
幽都，仲也揚威隴坻。”滋長兄即劉濟。《劉夫人（冰）墓誌》：“祖濟，幽
州節度使，司徒、兼中書令，贈太師，謚武。”

劉　總　　元和五年—長慶元年（810—821）

《舊書·憲宗紀》：元和五年九月“壬戌，以瀛州刺史劉總起復受
幽州長史，充幽州盧龍節度使”。又《穆宗紀》：長慶元年二月“己卯，
幽州節度使劉總奏請去位落髮爲僧”。三月癸丑，“劉總可檢校司徒、
兼侍中、天平軍節度、鄆曹濮等州觀察等使”。又見兩《唐書》本傳，
《元龜》卷一七七。

張弘靖　　長慶元年（821）

《舊書·穆宗紀》：長慶元年三月癸丑，“以宣武軍節度使、檢校右
僕射、同平章事張弘靖爲檢校司空、同平章事兼幽州大都督府長史，
充幽州盧龍軍節度使。從劉總所奏故也”。七月“甲寅，幽州監軍奏：
‘今月十日軍亂，囚節度使張弘靖別館……’丁巳，貶張弘靖爲太子賓
客分司”。又見兩《唐書》本傳。

【劉　悟　　長慶元年（821）（未之任）】

《舊書·穆宗紀》：長慶元年七月“庚申，以昭義軍節度使劉悟檢
校司空，兼幽州大都督府長史，充幽州盧龍軍節度副大使、知節度
事”。又見兩《唐書》本傳。《英華》卷四五四元稹有《授劉悟檢校司空
幽州節度使制》，又同卷《授劉悟昭義軍節度使制》稱：“幽州盧龍軍節
度使檢校司空劉悟……可依前檢校司空、兼潞州大都督府長史、兼御
史大夫、昭義軍節度副大使知節度事。”又見《全文》卷四六八。

朱克融　　長慶元年—寶曆二年（821—826）

《舊書・穆宗紀》：長慶元年七月“甲寅，幽州監軍使奏：‘……軍人取朱滔子洄爲留後。’……朱洄自以年老，令軍人立其子克融爲留後”。十二月“乙酉，以幽州都知兵馬使朱克融檢校右散騎常侍，充幽州盧龍軍節度使”。又《敬宗紀》：寶曆二年五月庚辰，“幽州軍亂，殺其帥朱克融及男延齡”。《通鑑・寶曆二年》五月同。又見兩《唐書・張弘靖傳》、本傳，《元龜》卷三八五，《唐語林》卷一。北圖藏拓片《故幽州盧龍節度都押衙銀青光禄大夫檢校太子賓客使持節檀州諸軍事檀州刺史周府君（元長）墓誌銘》（開成三年四月十三日）：“長慶初，瀛莫既復，節制朱公改授盧龍節度押衙。”

朱延嗣　　寶曆二年（826）

《舊書・敬宗紀》：寶曆二年五月庚辰，“幽州軍亂，殺其帥朱克融及男延齡，軍人立其第二子延嗣爲留後”。《通鑑・寶曆二年》五月同。又見兩《唐書・朱克融傳》。

李載義（李再義）　　寶曆二年—大和五年（826—831）

《舊書・敬宗紀》：寶曆二年十月“乙亥，以幽州衙前都知兵馬使李再義檢校户部尚書，充盧龍軍節度副大使、知節度事，仍賜名載義”。又《文宗紀下》：大和五年正月“庚申，幽州軍亂，逐其帥李載義，立後院兵馬使楊志誠爲留後”。又見本傳。《新書》本傳稱“大和四年，爲兵馬使楊志誠所逐”。《全文》卷七〇四李德裕《讓張仲武守信物狀》：“大和中，幽州刺史李載文撰碑，斂取太過，軍亂之際，怨詞頗甚。”按“載文”當爲“載義”之訛。

＊李　運　　大和五年（831）

《舊書・楊志誠傳》：大和五年，“尋以嘉王運遥領〔幽州〕節度”。

楊志誠　　大和五年—八年（831—834）

《舊書・文宗紀下》：大和五年四月己丑，“以幽州盧龍節度留後楊志誠檢校工部尚書,爲幽州盧龍節度使”。八年九月“辛巳,幽州節度使楊志誠、監軍李懷仵悉爲三軍所逐”。又見兩《唐書》本傳,《元龜》卷一七七。《新書·文宗紀》:大和八年“十月辛巳,幽州盧龍軍大將史元忠逐其節度楊志誠,自稱權句當節度兵馬”。

＊李　淳　　大和八年(834)

《舊書·文宗紀下》:大和八年十二月“癸未,以通王(淳)爲幽州盧龍節度使”。又見《史元忠傳》。

史元忠　　大和八年—會昌元年(834—841)

《舊書·文宗紀下》:大和八年十二月癸未,“以權勾當幽州兵馬史元忠爲留後”。又《武宗紀》:會昌元年“九月,幽州軍亂,逐其帥史元忠”。《通鑑·會昌元年》九月同。《舊書》本傳:“授元忠左散騎常侍、幽州大都督府左司馬、知府事,充節度留後。明年,轉檢校工部尚書、節度副大使、知節度事。後爲偏將陳行泰所殺。”《新書》本傳略同。《新書·李宗閔傳》:“開成初,幽州刺史〔史〕元忠、河陽李載義累表論洗,乃徙爲衢州司馬。”北圖藏拓片《周元長墓誌銘》(開成三年四月十三日):“大和九歲,□左僕射史公受鉞,特署兩節度都押衙。”《房山石經題記彙編》寇公嗣《司徒四月八日於西山上佛經銘并序》:“起復守左金吾衛上將軍員外置同正員幽州盧龍節度副大使知節度事觀察處置押奚契丹兩番經略盧龍軍等使檢校司徒兼幽州大都督府長史御史大夫史元忠……開成五年四月八日建造。”

陳行泰　　會昌元年(841)

《舊書·武宗紀》:會昌元年“九月,幽州軍亂,逐其帥史元忠,推牙將陳行泰爲留後。三軍上章請符節,朝旨未許……十月,誅行泰”。

張　絳　　會昌元年(841)

《通鑑·會昌元年》:閏月,“盧龍軍復亂,殺陳行泰,立牙將張絳……雄武軍使張仲武起兵擊絳”。《舊書·張仲武傳》略同。

*李　紘　　會昌二年(842)

《舊書·武宗紀》："〔會昌〕二年春正月丙申朔，以撫王紘爲開府儀同三司、幽州大都督府長史、充幽州盧龍節度大使。"又見《會要》卷七八。

張仲武　　會昌元年—大中三年(841—849)

《通鑑·會昌元年》：十月，"乃以〔張〕仲武知盧龍留後。仲武尋克幽州"。《會昌二年》："春正月，以張仲武爲盧龍節度使。"《舊書·宣宗紀》：大中三年"五月，幽州節度使、檢校司徒、平章事張仲武卒"。《通鑑·大中三年》作四月癸巳。又見兩《唐書》本傳，《元龜》卷三八五、卷九九四，《全文》卷六九八李德裕《授張仲武東面招撫回鶻使制》，《樊南文集》卷一《爲滎陽公賀幽州破奚寇表》。按《舊書·武宗紀》會昌二年春正月丙申朔誤以張絳與張仲武爲一人。《全文》卷七八八李儉《銀青光禄大夫太子中允清河張公（仁憲）神道碑》："嗣子仲武，今幽州盧龍節度副大使、知節度事……檢校司空、同中書門下平章事、兼幽州大都督府長史。"《金石補正》卷七四同。《全文》卷九八七闕名《重藏舍利記》："會昌乙丑歲（會昌五年），大法淪墜，佛寺廢毀，時節制司空清河張公准敕於封管八州内寺留一所，僧限八人。"按張公當即張仲武。

張直方　　大中三年(849)

《舊書·宣宗紀》：大中三年"五月，幽州節度使、檢校司徒、平章事張仲武卒，三軍以其子直方知留後事"。十一月，"幽州軍亂，逐其留後張直方"。《通鑑·大中三年》謂六月戊申爲幽州留後，閏十一月逃歸京師。又見兩《唐書》本傳。按《御覽》卷八一三引《嶺表異録》稱："咸通末，幽州張直方貶龔州刺史。"疑"咸通"與"幽州"之間有一誤。

周　綝　　大中三年—四年(849—850)

《舊書·宣宗紀》：大中三年十一月，"幽州軍亂，逐其留後張直方，軍人推其衙將周綝爲留後"。四年九月，"幽州節度使周綝卒"。

又見《通鑑·大中三年》閏十一月。

張允伸　　大中四年—咸通十三年(850—872)

《舊書·宣宗紀》：大中四年九月，"幽州節度使周綝卒，軍人立其牙將張允伸爲留後"。《通鑑·大中四年》：十一月，"以盧龍留後張允伸爲節度使"。《舊書·懿宗紀》：咸通十三年正月，"幽州盧龍等軍節度使、檢校司徒、同平章事、幽州大都督府長史……張允伸卒"。《通鑑·咸通十三年》正月同。又見兩《唐書》本傳，《新書·懿宗紀》。《全文》卷七八八蔣伸有《授幽州留後張允伸充節度使制》。又卷八一三公乘億《魏州故禪大德奬公塔碑》稱："大中五年，伏遇盧龍軍節度使張公奏置壇場……大中九年，再遇侍中張公，重起戒壇於涿郡。"房山雲居寺第八洞有"幽州盧龍節度使、檢校司空、同中書門下平章事張允伸"等題名(見《文物參考資料》1955年第9期)。

張簡會　　咸通十三年(872)

《通鑑·咸通十三年》："春正月，幽州節度使張允伸得風疾，請委軍政就醫，許之，以其子簡會知留後。"《舊書·懿宗紀》：咸通十三年"二月，幽州牙將張公素奪留後張簡會軍政，自稱留後"。又《張公素傳》："〔張〕允伸卒，子簡會權主留後事，公素領本郡兵赴焉……簡會知力不能制，即時出奔。"又見《新書·懿宗紀》。

張公素　　咸通十三年—乾符二年(872—875)

《通鑑·咸通十三年》：四月，"以張公素爲平盧(盧龍)留後……六月，以盧龍留後張公素爲節度使"。《乾符二年》：六月，"盧龍節度使張公素，性暴戾，不爲軍士所附。大將李茂勳……舉兵向薊，公素出戰而敗，奔京師"。兩《唐書》本傳略同。《新書·僖宗紀》：乾符二年六月，"幽州將李茂勳逐其節度使張公素，自稱留後"。

李茂勳　　乾符二年—三年(875—876)

《通鑑·乾符二年》：六月，"〔李〕茂勳入城……朝廷因以爲留後……八月，李茂勳爲盧龍節度使”。《乾符三年》：“三月，盧龍節度使李茂勳請以其子幽州左司馬可舉知留後，自求致仕。詔茂勳以左僕射致仕。”兩《唐書》本傳略同。

＊李　曄（李傑）　　乾符三年（876）

《新書・昭宗紀》：“乾符三年，領幽州盧龍軍節度使。”按《舊書・昭宗紀》：“〔咸通〕十三年四月，封壽王，名傑。乾符四年，授開府儀同三司、幽州大都督、幽州盧龍等軍節度、押奚契丹、管内觀察處置等使。”似以三年爲是。

李可舉　　乾符三年—光啓元年（876—885）

《通鑑・乾符三年》：三月，“以〔李〕可舉爲盧龍留後”。五月，“以盧龍留後李可舉爲節度使”。又《光啓元年》：“〔李全忠〕收餘衆還襲幽州。六月，李可舉窘迫，舉族登樓自焚死。”又見兩《舊書》本傳、《舊五代史・唐武皇紀上》《新五代史・唐莊宗紀上》。《新書・僖宗紀》：光啓元年“六月，幽州盧龍軍亂，殺其節度使李可舉，其將李全忠自稱留後”。

李全忠　　光啓元年—二年（885—886）

《通鑑・光啓元年》：“七月，以李全忠爲盧龍留後。”《舊書・僖宗紀》：光啓元年六月，“〔李〕全忠收合殘衆攻幽州，李可舉舉室登樓自焚而死，全忠自稱留後”。光啓二年“八月，幽州節度使李全忠卒，三軍立其子匡威爲留後”。又見兩《唐書》本傳。

李匡威　　光啓二年—景福二年（886—893）

《舊書・僖宗紀》：光啓二年“八月，幽州節度使李全忠卒，三軍立其子匡威爲留後”。又《昭宗紀》：景福二年三月，“幽州節度使李匡威弟匡籌據幽州，自稱留後……王鎔感匡威援助之惠，乃築第於恒州，迎匡威處之”。六月“乙卯，幽州節度使李匡威謀害王鎔而奪其帥，恒州三軍攻匡威，殺之”。《新書・僖宗紀》《昭宗紀》，《舊五代史・唐武皇紀上》，《新五代史・唐莊宗紀上》，《通鑑・光啓二年》八月略同。

又見兩《唐書》本傳。《元龜》卷三二三作"李威"。

李匡籌　景福二年—乾寧元年(893—894)

《舊書·昭宗紀》:景福二年三月,"幽州節度使李匡威弟匡籌據幽州,自稱留後"。六月,"幽州節度使李匡籌遣使檄王鎔,訊殺匡威之罪"。乾寧元年十月,"李克用以太原之衆進攻幽州。十二月,幽州節度使李匡籌潰圍而遁"。《新書·昭宗紀》同。又見兩《唐書·李匡威傳》。按《舊書·李匡威傳》作"乾寧元年冬",下文又作"二月",顯爲十二月之訛。《通鑑·乾寧元年》:正月,"以李匡籌爲盧龍節度使"。

劉仁恭　乾寧元年—天祐四年(894—907)

《舊書·昭宗紀》:乾寧元年十二月,"〔李〕克用陷幽州,以李匡威故將劉仁恭爲幽州兵馬留後"。二年八月,"以幽州兵馬留後劉仁恭檢校司空,兼幽州大都督府長史,充幽州盧龍軍節度、押奚契丹等使"。又《哀帝紀》:天祐四年三月,"〔李思安〕攻掠幽州……會仁恭子守光率兵赴援,思安乃還"。《新書》本傳略同。《通鑑》謂乾寧二年正月劉仁恭爲幽州留後。又見《乾寧二年》八月、《天祐四年》。《新書·哀帝紀》:天祐四年"三月,劉守光囚其父仁恭,自稱幽州盧龍軍節度使"。又見兩《五代史·劉守光傳》,《舊五代史·梁太祖紀二》,《宋高僧傳》卷三〇《唐幽州南瓦窰亡名傳》。

劉守光　天祐四年(907)

《舊五代史》本傳:天祐四年四月,"守光乃自爲幽州節度"。《通鑑·開平元年》四月同。又見《新書·哀帝紀》《劉仁恭傳》,《舊五代史·梁太祖紀四》,《新五代史》本傳。

待考録

韋知貞

《會要》卷七九:"謚法上……穆,贈同州刺史蘭陵縣公蕭德昭,幽州刺史韋知貞。”

杜德裕

《新表二上》襄陽杜氏：“德裕，幽州刺史、殿中少監、安衆公。”乃杭州刺史杜元志之祖父。

卷一一七　媯州（北燕州、媯川郡）

隋涿郡之懷戎縣。武德七年討平高開道，以幽州之懷戎縣置北燕州。貞觀八年改爲媯州。長安二年移治舊清夷軍城。天寶元年改名爲媯川郡。乾元元年復爲媯州。領縣一：懷戎。

張金樹　　武德七年(624)

《新書·高開道傳》："開道起兵凡八年滅。以其地爲媯州，詔以〔張〕金樹爲北燕州都督。"《通鑑·武德七年》：二月"壬戌，以〔張〕金樹爲北燕州都督"。

王　詵　　武德九年(626)

《舊書·李瑗傳》："及建成誅死，遣通事舍人崔敦禮召瑗入朝……瑗乃囚敦禮，舉兵反。召北燕州刺史王詵，將與計事。"《新書·李瑗傳》同。《通鑑·武德九年》：六月，"〔崔〕敦禮不屈，〔李〕瑗囚之。發驛徵兵，且召燕州刺史王詵赴薊，與之計事"。

李道彦　　貞觀中

《新書》本傳："貞觀初爲相州都督，徙岷州……從李靖擊吐谷渾……爲赤辭所乘，軍大敗……詔減死，謫戍邊。久之，召爲媯州都督。"按《舊書》本傳作"後起爲凉州都督"。媯州未嘗設都督，未知《新書》誤否。

【補遺】馬　遇　　中宗時？

《唐寧刹寺故大德惠空和尚墓誌銘並序》（大曆二年五月十六日）：“余嘗問其俗姓馬，扶風人也。曾祖遇，皇嬀、檀二州刺史。”（周紹良、趙超《唐代墓誌匯編續集》，上海古籍出版社 2001 年版）墓主卒大曆二年，年六十四。其曾祖馬遇爲嬀州刺史。

鄭崇古（鄭崇述）　　垂拱二年（686）

《通典》卷一七二清夷軍下原注：“嬀川郡城内。垂拱中刺史鄭崇述置。”《會要》卷七八稱：“垂拱二年，嬀州刺史鄭崇古奏置。”

王　佽　　聖曆二年（699）

《芒洛三編・大周故檢校勝州都督左衛大將軍全節縣開國公上柱國王君（佽）墓誌銘并序》：“聖曆元年制授明威將軍……二年制授壯武將軍，仍借紫及金魚袋，檢校嬀州刺史清夷軍經略大使。”

皇甫恌　　約武后時

《姓纂》卷五安定朝那縣皇甫氏：“恌，潙州刺史。”乃開元十年越州都督皇甫忠之父。按唐無“潙州”，疑爲“嬀州”之訛。又按岑仲勉《姓纂四校記》疑即《全文》卷四二〇宋之問《爲皇甫懷州讓官表》之“皇甫懷州”，按岑疑非。“皇甫懷州”乃“皇甫知常”，詳見“懷州”卷。

孫　獻　　武后時？

《隋唐五代墓誌匯編・北京大學卷》第二册《唐横海軍經略副使孫公墓誌銘并叙》（元和七年七月景寅）：“高祖獻，嬀州刺史。曾祖崇，□州長史。王父瑊，祕書少監、檀州刺史。父季賜，侍御史，攝景州刺史。”孫公卒元和七年，年四十八。

符　某　　開元中？

《全文》卷七一四李宗閔《輔國大將軍行左神策軍將軍知軍事符（符）公（璘）神道碑銘并序》：“曾祖諱□，嬀州刺史。”璘卒貞元十四年,年六十五。按兩《唐書·符璘傳》:父令奇,安史之亂時爲昭義節度使薛嵩軍副,後被田悅所殺,年七十九。則令奇祖爲嬀州刺史疑在開元中。

柳栖朝(柳栖)　　開元中?

《新表三上》柳氏:"栖,嬀州刺史。"《姓纂》卷七河東解縣柳氏作"栖朝,嬀州刺史"。乃隋黃門侍郎柳謇姪曾孫,肅州刺史柳存業子。按其三從兄弟柳弼、柳愨均仕開元中。疑栖朝爲嬀州刺史亦在開元中。

賈　循　　約開元末

《金石萃編》卷八八《北嶽恒山安天王銘》:"明威將軍守右威衛將軍使持節博陵郡諸軍事兼博陵郡太守北平軍使上柱國賜紫金魚袋武威賈公曰循,時之傑也。"天寶七載五月廿五日建。又碑陰:"昔剖符嬀川,化洽殊俗,授律遼海,皇明益暢。"又見《全文》卷四〇八。按《新書》本傳未及爲嬀川太守事。唯稱"以功擢游擊將軍、榆關守捉使……范陽節度使李適之薦爲安東副大都護"。按"榆關守捉使"當即"授律遼海",李適之節度幽州在開元末。其爲嬀川守在此前。

李永定　　天寶五載—約七載(746—約748)

《隋唐五代墓誌匯編·北京卷》第一册《唐故雲麾將軍左威衛將軍兼青山州刺史上柱國隴西李公(永定)墓誌銘并序》(天寶十載八月十日):"至天寶伍載,節度使安公以公閑於撫理,差攝嬀川郡太守兼知雄武城使。"

李　祐　　天寶中?

《韓昌黎集》卷二五《清邊郡王楊燕奇碑文》:"〔貞元〕十四年,年六十一,五月某日終於家……夫人李氏……清夷郡太守祐之孫,漁陽郡長史獻之女。"按唐無清夷郡,有清夷軍,駐嬀州。"清夷郡"疑指嬀川郡。

馬行琰(馬行炎)　　約肅宗、代宗間

《古刻叢鈔·唐故銀青光禄大夫使持節蔚州諸軍事行蔚州刺史兼御史中丞馬公(紓)墓誌銘并序》:"曾祖行琰,嬀州刺史;祖干龍,平州刺史;父寶,右驍騎將軍、御史中丞;並有功幽薊,書勳竹帛。公即中丞第廿五子。"會昌四年卒,年五十六。《全文》卷七二九收此文作"曾祖行炎""祖於龍"。

高霞寓　　約大和初

上圖藏拓片《唐故幽州節度押衙金紫光禄大夫檢校太子賓客攝嬀檀等州刺□□□□等使兼御史中丞東海郡高公(霞寓)玄堂銘并序》:"累加奏幽州節度押衙、金紫光禄大夫、檢校太子□□兼御史中丞,遇以境塵犯塞……改攝嬀州刺史,告勳如舊……暨周星,移防□□使兼知儒等州事。霜未幾變,攝廣邊軍使兼營田等使,終於位。"大和七年五月十三日卒,年六十六。

周　瑛　　會昌四年—六年(844—846)

拓本《唐故平州刺史盧龍節度留後周府君(瑛字道榮)墓誌銘并序》:"會昌四年,相國清河公授公嬀州刺史。居二歲……乃授涿州刺史、永泰軍營田團練等使……又二年……乃授平州刺史、盧龍節度留後、柳城軍等使。"(《文物》1992年第9期《北京近年發現的幾座唐墓》附)

闞好問　　咸通中

《唐文續拾》卷六闞周彦《嬀瀛莫三州刺史闞好問墓誌》:"以咸通十四年仲夏二十五日即世於嬀州官舍,壽六十有四……咸通初,奏侍御史……授嬀州刺史,未逾期歲,授瀛州刺史。今府僕射以貂蟬統戎之際,推以新恩,難膺舊秩,授莫州刺史。逾數月授幽府司馬。"又見《金石補正》卷七七。

劉　鈞　　光啓中—文德元年(?—888)

《隋唐五代墓誌匯編・北京卷》第二册《唐故嬀州刺史充清夷軍營田等使朝散大夫檢校尚書司封郎中攝御史中丞彭城劉公(鈞)墓誌銘并序》(文德元年五月壬寅)："文德元年春三月甲子以疾辭印綬，夏四月戊辰捐館舍於薊縣燕都坊之私第，春秋齒五十有二。"

高　某　　乾寧中

《舊五代史・高行周傳》："父思繼，昆仲三人，俱雄豪有武幹，聲馳朔方。唐武皇之平幽州也，表劉仁恭爲帥；仍留兵以戍之。以思繼兄爲先鋒都將、嬀州刺史；思繼爲中軍都將、順州刺史；思繼弟爲後軍都將；昆仲分掌燕兵。"按乾寧二年李克用表劉仁恭爲幽州節度。

周知裕　　約天復中

《舊五代史・周知裕傳》："少事燕帥劉仁恭爲騎將，表爲嬀州刺史。久之，移刺德州。天祐四年，劉守光既平滄州，乃以其幼子繼威爲留後，大將張萬進與知裕佐之。"

卷一一八 檀州(密雲郡)

隋安樂郡。武德元年改爲檀州。天寶元年改爲密雲郡。乾元元年復爲檀州。領縣二:密雲、燕樂。

匹婁武徹(婁武徹)　　約貞觀中

《千唐誌·大周唐故左戎衛右郎將古君夫人匹婁氏墓誌并序》:"父武徹,朝散大夫,唐秦府庫真,驃騎將軍,右衛中郎將,檀、雲、朔等州刺史,安西都護使持節,上柱國,濟源縣開國公。"夫人卒證聖元年,年六十六。按《姓纂》卷五河南婁氏稱:"武徹,唐崇道府統軍,武安公。"

韋弘機(韋機)　　顯慶中

《舊書·韋機傳》:"顯慶中,爲檀州刺史。"《新書·韋弘機傳》同。又見《圖畫見聞志》卷一《叙自古規鑑》。

李　琮　　約高宗末

《全文》卷二三〇張説《贈陳州刺史義陽王(琮)神道碑》:"文帝之孫,紀王之子……弱冠拜歸州刺史,又守檀州,又撫沂州。王運中微,投於南海。某年月日遘六道酷吏,薨於桂林之野。春秋五十。"

【補遺】馬　遇　　中宗時?

《唐寧刹寺故大德惠空和尚墓誌銘並序》(大曆二年五月十六日):"余嘗問其俗姓馬,扶風人也。曾祖遇,皇嬀、檀二州刺史。"(周紹良、趙超《唐代墓誌匯編續集》,上海古籍出版社 2001 年版)馬遇爲檀州刺史。

闔虔福(闔敬客)　　　約萬歲登封元年(約 696)

《芒洛三編・唐故雲麾將軍右金吾衛將軍上柱國漁陽縣開國子闔公(虔福字敬客)墓誌銘并序》:"有制起爲辰州刺史……尋轉檀州刺史,仍爲清邊西道前軍大總管。屬契丹賊帥李盡滅等作亂。"神龍三年四月八日卒,年五十二。《千唐誌・大周故唐州司馬上柱國闔君(基)墓誌并序》:"聖朝革命,猶未鳴舞。府君之子、辰州刺史敬客者……屬黃龍窮塞,密起林胡之氛;白兔運營,佇賢橫漢之力。乃回天眷,改授檀州,仍兼總管。"闔基聖曆二年八月三日卒,年七十五。

李重英　　　約武后時

《新表五下》柳城李氏:"重英,鴻臚卿兼檀州刺史。"《全文》卷三四二顏真卿《唐故開府儀同三司太尉兼侍中河南副元帥都督河南淮南淮西荊南山南東道五節度行營事東都留守臨淮武穆王李公(光弼)神道碑銘》:"祖鴻臚卿兼檀州刺史府君諱重英。"

韋　隱　　　約武后時

《隋唐五代墓誌匯編・江蘇卷・大唐故安化郡馬嶺□□韋公(元倩)墓誌銘》(天寶二年二月二十三日):"祖隱,檀州刺史。"元倩卒天寶元年,年三十八。

管元惠　　　開元十四年—十五年(726—727)

洛陽關林藏石刻《唐故中大夫福州刺史管府君(元惠)神道碑并序》(天寶元年二月十五日):"扈仙蹕,〔開元〕十四年拜朝散大夫使持節檀州諸軍事檀州刺史兼障塞軍使……十五年除使持節都督邕州諸軍事邕州刺史兼潯貴等三十六州。"

何　僧　　天寶初

《舊書·裴寬傳》："天寶初……檀州刺史何僧獻生口數十人，寬悉命歸之，故夷夏感悦。"《新書·裴寬傳》略同。

安慶緒　　天寶中

《舊書》本傳："慶緒，禄山第二子也……未二十，拜鴻臚卿，兼廣陽太守。"《全文》卷三三玄宗《授安慶緒衛尉卿詔》："銀青光禄大夫鴻臚卿員外置同正員兼廣陽郡太守同范陽節度副使上柱國柳城縣開國男安慶緒……可特進行衛尉卿兼廣陽太守，餘如故。"《元龜》卷一三一稱此爲天寶十二年十二月詔。按唐無廣陽郡。《舊書·地理志二》檀州燕樂縣稱："後魏於縣置廣陽郡，後廢。"疑天寶間檀州一度稱廣陽郡歟？

張獻誠　　天寶中

《隋唐五代墓誌匯編·洛陽卷》第十二册《唐故開府儀同三司檢校户部尚書知省事贈太子太師御史大夫鄧國公張公（獻誠）墓誌銘并序》（大曆四年二月三日）："時幽州節度使表請爲檀州刺史……頃者，禄山亂常，慶緒有毒，公所悲侯印猶在虜庭，乃於鄴中與王伷、邵説、崔澁等相約而言曰……潛歸聖代。"

孫　珹　　肅宗時？

《隋唐五代墓誌匯編·北京大學卷》第二册《唐横海軍經略副使孫公墓誌銘并叙》（元和七年七月景寅）："王父珹，祕書少監、檀州刺史。父季，賜侍御史攝景州刺史。"孫公卒元和七年，年四十八。

李承悦　　大曆中？

《舊書·李景略傳》："父承悦，檀州刺史、密雲軍使。"《新書·李景略傳》同。

張　秀　　貞元中？

《舊書·張允伸傳》："曾祖秀，檀州刺史。"按張允伸大中四年至咸通十三年爲幽州節度使，見《通鑑》。

高霞寓 約寶曆、大和間

上圖藏拓片《唐故幽州節度押衙金紫光禄大夫檢校太子賓客攝媯檀等州刺□□□□等使兼御史中丞東海郡高公（霞寓）玄堂銘并序》："特授檀州刺史兼營田團練等使□□御史……累加奏幽州節度押衙、金紫光禄大夫、檢校太子□□兼御史中丞，遇以境塵犯塞……改攝媯州□史，告勳如舊……暨周星，移防□□使兼知儒等州事。霜未幾轉，攝廣邊軍使兼營田等使，終於位。"大和七年卒，年六十六。

周元長 大和九年—開成二年(835—837)

北圖藏拓片《故幽州盧龍節度都押衙銀青光禄大夫檢校太子賓客使持節檀州諸軍事檀州刺史周府君（元長）墓誌銘》（開成三年四月十三日）："大和九載，□左僕射史公受鉞，特署兩節度都押衙，録勳勞，章表上請，恩除銀青光禄大夫檢校太子賓客使持節檀州諸軍事檀州刺史兼殿中侍御史，充威武軍團練等使。"開成二年十月廿日卒，享年六十四。

張允千 大中十一年(857)

《舊書·宣宗紀》：大中十一年四月，"以幽州節度使張允伸弟……允千〔爲〕檀州刺史"。

【補遺】論博言 咸通初

《全唐文被遺》第七輯141頁《有唐幽州盧龍節度左都衙銀青光禄大夫檢校國子祭酒攝檀州刺史充威武軍使兼御史中丞上柱國晋昌論公（博言）墓誌銘並序》（咸通六年十月廿五日）："咸通初，蠻陷交趾，兵湊海嶺，薊府相國清河公遞絹五萬。……惜委麾綱，添攝檀州刺史，優其俸也。……咸通乙酉重五，聘東垣回，暍疾於路，迄秋分永逝於蘇城南郭析津坊，壽六十一。"（師海軍提供）

李安仁　　約咸通中

《舊五代史·李承約傳》："祖安仁，檀州刺史，贈太子太保……父君操，平州刺史……承約……弱冠爲幽州牙門校，遷山後八軍巡檢使……時屬武皇召募英豪，方開霸業，乃以所部二千歸於并州。"

耿宗倚　　乾符中—廣明二年(?—881)

《隋唐五代墓誌匯編·北京卷》第二册《唐故幽州節度押衙遥攝檀州刺史知雄武軍營田等事兼御史中丞耿公(宗倚)墓誌銘并序》（廣明二年十月二十七日）："又遷節度押衙充檀州涿州團練使……又依前節度押衙遥攝檀州刺史知雄武軍事……廣明二年八月十七日卒於官舍，享年五十有九。"

王敬柔　　唐末?

《舊五代史·王思同傳》："父敬柔，歷瀛、平、儒、檀、營五州刺史。思同母，即劉仁恭之女也。"

卷一一九　薊州（漁陽郡）

開元十八年分幽州之三縣置薊州。天寶元年改爲漁陽郡。乾元元年復爲薊州。領縣三：漁陽、三河、玉田。

柳充庭（柳光庭）　　開元中？

《新表三上》柳氏："充庭，薊州都督。"乃祠部員外郎光庭弟。《姓纂》卷七河東解縣柳氏作"光庭，祠部員外，薊州都督"。未知孰是。

張　某　　約開元二十五年（約737）

《全詩》卷一六〇孟浩然《陪張丞相登荆城樓因寄薊州（一作蘇臺）張使君及浪泊戍主劉家》："薊門天北畔，銅柱日南端。出守聲彌遠，投荒法未寬。"按從詩意可知作"薊州"是，作"蘇臺"非。

李永定　　約天寶七載—八載（約748—749）

《隋唐五代墓誌匯編·北京卷》第一册《唐故雲麾將軍左威衛將軍兼青山州刺史上柱國隴西李公（永定）墓誌銘并序》（天寶十載八月十日）："至天寶伍載，節度使安公以公閑於撫理，差攝嬀川郡太守，兼知雄武城使……俄而轉攝漁陽郡太守兼知静塞軍使。"

高秀巖　　天寶中

《山右金石記》卷五："《河東節度使高秀巖碑》：幽州節度慕其嘉聲，表奏薊州刺史，續除河東節度留後。所言幽州節度，即安禄山，續除留後在禄山反時，文隱其事。”按至德二載，僞河東節度高秀巖降，見《舊書·史思明傳》。

朱懷珪　　寶應元年—大曆元年（762—766）

《舊書·朱沘傳》：“父懷珪……寶應中，李懷仙歸順，奏爲薊州刺史、平盧軍留後、柳城軍使。大曆元年卒。”

馬　實　　建中時

《全文》卷五九八歐陽詹《大唐故輔國大將軍兼左驍衛將軍御史中丞馬公（實）墓誌銘》：“拜御史中丞、莫州刺史，俄薊州之患如莫州，移薊州……攝州刺史。貞元初……天子異其議……留近侍。”

陸　峴　　元和七年—九年（812—814）

北圖藏拓片《唐故朝議大夫前行幽州大都督府録事參軍幽州節度押衙使持節薊州諸軍事守薊州刺史靜塞軍營田等使陸府君（峴）故夫人王氏墓誌銘并序》（大中十二年五月六日）：“以初笄之歲歸於幽州節度押衙使持節薊州諸軍事守薊州刺史靜塞軍營田等使銀青光禄大夫檢校國子祭酒兼侍御史上柱國吳郡陸公曰峴。”峴卒元和九年四月二十六日，享年四十八。夫人卒會昌二年，享年六十七。

李休祥　　元和中？

《新表五下》范陽李氏：“休祥，薊州刺史。”乃大和七年至九年河東節度使李載義之父。

周元長　　長慶四年（824）

北圖藏拓片《故幽州盧龍節度都押衙銀青光禄大夫檢校太子賓客使持節檀州諸軍事檀州刺史周府君（元長）墓誌銘》（開成三年四月十三日）：“長慶初，瀛、莫既復，節制朱公改授盧龍節度押衙。未幾，丁太夫人憂……乃終制，改攝薊州司馬……明年却復舊職，奏正議大夫檢校太子中允兼監察御史權知薊州軍州事，居守如真……寶曆歲，橫海阻命……"

張仲斌　　會昌末—大中二年(?—848)

《全文》卷七八八李儉《銀青光禄大夫太子中允清河張公(仁憲)神道碑》："貞元初敕授銀青光禄大夫、太子中允，四年薨……嗣子仲武……伯氏諱仲斌，薊州刺史。"《金石補正》卷七四稱此爲大中二年立。《南部新書》丙："張仲武，會昌末鎮漁陽，有政學。"張仲武，當爲張仲斌之誤。

張允中　　大中十一年(857)

《舊書·宣宗紀》：大中十一年四月，"以幽州節度使張允伸弟允中爲荆州刺史"。《校勘記》卷九云："以幽州所轄考之，或當爲薊，斷非荆也。"

宋再初　　約大中十二年(約858)

《隋唐五代墓誌匯編·北京卷》第二册《唐故前薊州刺史幽州節度押衙上柱國宋府君(再初)墓誌銘并序》(大中十三年正月十五日)："遂遷平、薊二郡。"大中十二年十一月十八日卒，享年八十二。

張建章　　咸通六年—七年(865—866)

北圖藏拓片《唐幽州盧龍節度押奚契丹兩蕃副使攝薊州刺史檢校太子左庶子兼御史大夫張公(建章)墓誌銘并序》(中和三年十月十六日)："〔咸通〕六年攝薊州刺史諸軍事……七年九月十日大病於官舍，享年六十一。"

唐彦謙　　約中和時

《唐文拾遺》卷三三鄭貽《鹿門詩集叙》："君諱彦謙，字茂業，咸通二年進士……晚從王重榮辟，從事河中，歷薊、絳諸州刺史。所至有能績。光啓七年隱居鹿門山。"

卷一二〇　平州(北平郡)

隋北平郡。武德二年改爲平州。天寶元年改爲北平郡。乾元元年復爲平州。領縣三:盧龍、石城、馬城。

周仲隱　　武德四年(621)

《姓纂》卷五潯陽周氏:"仲隱,唐平州刺史。"《通鑑·武德四年》:四月,"王世充平州刺史周仲隱以城來降。"《元龜》卷一二六同。上圖藏拓片《大唐故上柱國通直散騎常侍使持節唐州諸軍事唐州刺史平輿縣開國公周府君(仲隱)墓誌銘并序》(貞觀廿三年十月廿五日):"武德四年,蒙授柱國、平州刺史……其年又遷蓬州刺史……貞觀六年,改授浦州諸軍事浦州刺史。"貞觀二十三年卒,年六十九。

崔　順　　約武德末

北圖藏拓片《大唐故崔夫人墓誌銘》(天寶十□載九月十七日):"曾祖諱順,使持節松、渝、□、簡、平、湖等六郡太守,左散騎常侍,襲武康公。"夫人天寶十□載秋七月二十二日卒,年七十二。按武德五年崔順爲江南道簡州刺史。

路文昇　　貞觀初

《姓纂》卷八京兆三原路氏:"文昇,唐平、愛、秦三州刺史。"《新表五下》路氏同。按《全文》卷六二〇獨孤良弼《路太一碑》稱:"文皇之建極,大父文昇,仕至左光禄大夫、秦州刺史。"

田仁會　　永徽二年(651)

《舊書》本傳："永徽二年,授平州刺史。"《新書》本傳略同。又見《元龜》卷六七七。

李孝廉　　約永隆中

《會稽掇英總集·唐太守題名》："李孝謙,儀鳳三年二月自蘇州刺史授;貶平州刺史。"《嘉泰會稽志》同。

鄭孝本　　天授中？

《全文》卷三一三孫逖《滄州刺史鄭公(孝本)墓誌銘》："東表不寧也,命公爲平州刺史……爲洛陽令……尋除貝州刺史。轉安西都護,以疾不堪詣部,改授滄州刺史……聖曆元年九月以致仕,終於東都……春秋六十有七。"

于承範(于尚範)　　載初元年(689)

《新表二下》于氏："承範,平州刺史。"《姓纂》卷二河南洛陽于氏誤作"丞範"。《隋唐五代墓誌匯編·陝西卷》第一册《唐故平州刺史于府君(尚範)墓誌銘并序》(開元二年正月二十六日)："公諱尚範,字承範……遂遷平州刺史,封煦山公。"載初元年六月六日卒,享年七十七。

王　巖　　武后時？

《隋唐五代墓誌匯編·洛陽卷》第十册《唐故左武衛大將軍上柱國開陽縣開國公王府君(元措)墓誌銘并序》(開元二十四年三月四日)："父巖,體正心恭,□心履信,終於平州刺史諸軍節度使。"元措卒開元二十四年正月十五日。

鄒保英　　萬歲通天元年(696)

《舊書·列女傳》："鄒保英妻奚氏……萬歲通天年,契丹賊李盡忠來寇平州,保英時任刺史,領兵討擊……奚氏乃率家僮及城內女丁相助固守。”又見《御覽》卷二〇二，《新書·列女傳》。

張㧑巖　　開元中？

《唐文續拾》卷五盧從儉《唐沔王府諮議參軍張公（伾）墓誌銘并序》：“曾王父㧑巖，皇平州刺史。大父瓛，皇龍崗節度邢洺觀察使。”按憲宗子恂，封沔王。則伾之曾王父疑仕開元中。

裴　旻　　開元中

《新書·張旭傳》：“〔裴〕旻嘗與幽州都督孫佺北伐……後以龍華軍使守北平。”《全文》卷四三一李翰《裴將軍旻射虎圖贊并序》：“開元中，山戎寇邊，玄宗命將軍守北平州，且充龍苑軍使，以捍薊之北門。”

張　謐　　開元中

《全文》卷五〇五權德輿《唐故河中晉絳慈隰等州節度使河中尹張公（茂昭）墓誌銘并序》：“祖謐，皇開府儀同三司平州刺史。”按《舊書·張孝忠傳》稱：“父謐，開元中以衆歸國，授鴻臚卿同正。”《新書·張孝忠傳》略同，皆未及平州刺史。

臧希逸　　約天寶中

《全文》卷三三九顏真卿《東莞臧氏糺宗碑銘》謂銀州刺史贈太子少師諱善德三子：曰懷慶、懷亮、懷恪。懷慶五子：曰……“銀青北平太守仍充軍使希逸”。

史思明　　天寶十一載（752）

《舊書》本傳：“天寶初，頻立戰功，至將軍，知平盧軍事……遷入大將軍、北平太守。”《新書》本傳略同。《通鑑·天寶十一載》：十二月“甲申，以平盧兵馬使史思明兼北平太守，充盧龍軍使”。

周　釗　　天寶十四載（755）

北圖藏拓片《故幽州盧龍節度押衙銀青光禄大夫檢校太子賓客

使持節檀州諸軍事檀州刺史周府君（元長）墓誌銘》（開成三年四月十三日）：“曾祖釗，皇金紫光禄大夫大同軍使、平州刺史兼御史中丞、盧龍節度留後。”按安禄山反時，李忠臣（董秦）襲榆關、北平，擒周釗送京師，見兩《唐書·李忠臣傳》。

朱希彩　　約代宗初

《舊書·朱滔傳》：“平州刺史朱希彩爲幽州節度，以滔同姓，甚愛之。”按本傳未及，唯云：希彩大曆三年爲幽州節度。

馬干龍（馬於龍）　　貞元中？

《古刻叢鈔·唐故銀青光禄大夫使持節蔚州諸軍事行蔚州刺史兼御史中丞馬公（紓）墓誌銘并序》：“祖干龍，平州刺史。”紓卒會昌四年，五十六歲。《全文》卷七二九作“於龍”。

陳　雍　　元和中？

《隋唐五代墓誌匯編·山東卷·唐故潁川陳夫人墓誌銘并序》（咸通十四年十一月二十三日）：“曾祖愃，皇易州刺史……祖雍，皇平州刺史，檢校左散騎常侍，贈太子太師。烈考君佐，皇泰寧軍左厢都押衙兼青州長史。”夫人卒咸通十二年，享年二十九。

周　璵　　大中三年—八年（849—854）

拓本《唐故平州刺史盧龍節度留後周府君（璵）墓誌銘并序》：“會昌四年，相國清河公授公嬀州刺史，居二歲……乃授涿州刺史、永泰軍營田團練等使……又二年，公以藝務益煩，辭之疾，故乃授平州刺史、盧龍節度留後、柳城軍等使。居五年……以□□十年五月廿九日奄鐘殃罰於幽都縣遵化坊之私第，享齡七十。”（《文物》1990年第9期《北京近年發現的幾座唐墓》附）

宋再初　　約大中九年—十一年（855—857）

《隋唐五代墓誌匯編·北京卷》第二册《唐故前薊州刺史幽州節

度押衙上柱國宋府君（再初）夫人蔡氏合祔墓誌銘并序》（大中三年正月十五日）：“當即方申其驥足，遂遷平、薊二郡。”大中十二年卒，享年八十二。

張公素　　咸通中

《舊書》本傳：“咸通中，爲幽州軍校，事張允伸，累遷至平州刺史。允伸卒，子簡會權主留後事，公素領本郡兵赴焉。”《新書》本傳略同。《新書·僖宗紀》：咸通十三年三月“癸酉，平州刺史張公素逐簡會，自稱留後”。又見《通鑑·咸通十三年》。則公素刺平在咸通十三年前。

李君操　　約僖宗、昭宗間

《舊五代史·李承約傳》：“父君操，平州刺史，贈太子少師……〔承約〕弱冠爲幽州牙門校，遷山後八軍巡檢使……時屬武皇召募英豪，方開霸業，乃以所部二千歸於并州。”

王敬柔　　唐末？

《舊五代史·王思同傳》：“父敬柔，歷瀛、平、儒、檀、營五州刺史。思同母，即劉仁恭之女也。”

待考録

張行恭

《元龜》卷四五〇：“張行恭爲平州刺史，時太原軍犯州城，行恭不能守，因棄其城。”

卷一二一　營州（柳城郡）

隋柳城郡。武德元年改爲營州總管府。七年改爲都督府。萬歲通天二年爲契丹李萬榮所陷。聖曆二年僑治漁陽。神龍元年移府於幽州界置。開元四、五年間，復移還柳城。八年又往就漁陽。十一年又還柳城舊治。天寶元年改爲柳城郡。乾元元年復爲營州。領縣一：柳城。

楊林甫　　武德元年（618）

《新書・楊瑒傳》：“五世祖縉……〔子〕林甫字衛卿，爲柳城太守，高祖軍興，遣其子琮招之，挈郡以來，授檢校總管，足疾不能造朝。帝以絳州寒涼，拜刺史，累封宜春郡公。”《全文》卷二六七嚴識元《潭州都督楊志本碑》：“大父林甫……〔隋〕上郡北平等五郡太守，皇朝營州總管、絳州刺史。”

鄧　暠　　武德元年—二年（618—619）

《通鑑・武德元年》：十二月“丁酉，隋襄平太守鄧暠以柳城、北平二郡來降，以暠爲營州總管”。又見《元龜》卷一六四。《通鑑・武德二年》：三月“壬辰，營州總管鄧暠擊高開道，敗之”。上圖藏拓片《大唐故開州司馬鄧府君（賓）誌石銘并序》（開元十二年四月廿日）：“高祖暠，隋開府儀同三司、華州刺史，燕郡、襄平二太守，御衛大將軍；皇家受命，拜金紫光禄大夫、營州總管，累遷散騎常侍，冀、魏二州刺史。”《舊書・羅藝傳》：“藝黜柳城太守楊林甫，改郡爲營州，以襄平太

1582

守鄧暠爲總管。"

晉文衍　武德四年(621)

《新書·高祖紀》：武德四年六月"庚子，營州人石世則執其總管晉文衍，叛附於靺鞨"。《通鑑·武德四年》六月同。

喬寬　武德中

《千唐誌·唐故梁郡公喬公(崇敬)墓誌銘并序》(開元十五年二月廿九日)："祖寬，左驍衛將軍，營、幽二州總管。"崇敬卒長安元年十二月五日，年四十三。又見同日《唐故大理評事梁郡喬公(崇隱)墓誌》。

程名振　約武德七年(約624)

《舊書》本傳："及〔劉〕黑闥平……名振以功拜營州都督府長史……累轉洺州刺史。"《新書》本傳略同。又見《元龜》卷三八四。按劉黑闥武德六年二月伏誅。

薛萬淑　貞觀初—四年(約627—630)

《舊書·薛萬徹傳》："萬徹長兄萬淑，亦有戰功。貞觀初，至營州都督，檢校東夷校尉，封梁郡公。"《新書·薛萬徹傳》未及。《新書·高祖紀》：貞觀三年十月庚申，"營州都督薛萬淑爲暢武道行軍總管，以伐突厥"。《突厥傳上》同。《元龜》卷九八五作"管州"，當即營州之訛。《通鑑·貞觀四年》：八月，"突厥既亡，營州都督薛萬淑遣契丹酋長貪没折說諭東北諸夷"。《元龜》卷一三八："〔貞觀十二年〕十月，表通事舍人薛萬備之閒……萬備者，營州都督萬淑之季弟也。"

張植　貞觀中

《長安志》卷八安邑坊："西南隅左衛大將軍范陽公張延師宅。"注："延師兄太師，銀青光禄大夫、華州刺史；況兄植，金紫光禄大夫、營州都督；兄弟三人同時三品……號三戟張宅。"疑即下條之張儉。

張 儉 貞觀十四年—永徽四年（640—653）

《舊書》本傳：“檢校代州都督……遷營州都督，兼護東夷校尉。太宗將征遼東，遣儉率蕃兵先行抄掠……〔永徽〕四年，卒於官。”《元龜》卷二七一：“〔貞觀〕十四年，大軍討高麗。”注云：“太宗既親封（討？）高麗，初遣營州都督張儉統輕騎先渡遼觀賊形勢。”《舊書·太宗紀下》：貞觀十五年十一月“癸酉，薛延陀以同羅、僕骨、迴紇、靺鞨、霫之衆度漠，屯于白道川。命營州都督張儉統所部兵壓其東境”。《元龜》卷九八五、《通鑑·貞觀十五年》十一月同。又見《舊書·列女·于敏直妻張氏傳》，《新書》本傳、《太宗紀》、《李道宗傳》、《回鶻傳》、《東夷傳》，《元龜》卷一一七、卷三五七、卷九八五，《通鑑·貞觀十六年》十一月、《貞觀十八年》七月、《貞觀十九年》四月、《貞觀二十年》六月，《全文》卷七太宗《命張儉等征高麗詔》。北圖藏拓片韋述《大唐故少府監范陽縣伯張公（去奢）墓誌銘并序》（天寶六載十月七日）：“始公之伯曾祖華州刺史大師、營州都督儉、左衛大將軍延師，各以勳庸，荷斯寵禄。”

程名振 永徽六年—顯慶三年（655—658）

《舊書》本傳：“永徽六年，累除營州都督，兼東夷都護……後歷晉、蒲二州刺史。龍朔二年卒。”《新書》本傳略同。又見兩《唐書·高宗紀》，《元龜》卷九八六，《通鑑·永徽六年》。《通鑑·顯慶三年》：“六月，營州都督兼東夷都護程名振、右領軍中郎將薛仁貴將兵攻高麗之赤烽鎮，拔之。”又見《元龜》卷三五八、卷九八六。

管 某 高宗時

北圖藏拓片《大唐故營州都督上柱國漁陽郡開國公孫管俊墓誌》：“諱俊，城陽人也。乾封二年五月廿日終於私第，春秋一十有三。以調露元年十月十四日於鷗鳴埠禪師林左起塔。”又《大唐故營州都督上柱國漁陽郡開國公孫管真墓誌》：“諱真，城陽人也。麟德四年八月廿日終於私第，春秋三十有二。以調露元年十月十四日收骨於鷗鳴埠禪師林左起塔。”

李冲寂（李仲寂）　　約麟德初

《千唐誌・大周故瀛州文安縣令王府君（德表）墓誌銘并序》（聖曆二年三月二十九日）："麟德之歲，薄伐遼陽，支度使營州都督李冲寂、司□大夫楊守訥以公清白幹能，時議僉屬，乃奏公監河北一十五州。"《楊炯集》卷九《李懷州（冲寂）墓誌銘》："制曰，師出遼左，卿可爲北道主人，檢校營州都督……遼東平，以功遷蒲州刺史……又除蒲州刺史。"按《金石錄》卷四有"《唐蒲州刺史李公德政碑》，正書，無書撰人姓名，乾封元年九月"。蓋第一次刺蒲後立。

李謹行　　麟德中

《舊書・北狄・靺鞨傳》："酋帥突地稽……貞觀初拜右衛將軍，賜姓李氏，尋卒。子謹行……麟德中，歷遷營州都督……累拜右領軍大將軍。"《新書》本傳略同。又見《會要》卷九六。

高　侃（高偘）　　乾封元年（666）

《新書・高宗紀》：乾封元年六月，"營州都督高偘爲遼東道行軍總管，左武衛將軍薛仁貴、左監門將軍李謹行爲後援"。又見《東夷傳》、《通鑑・乾封元年》、《元龜》卷九八六。按《新書・高固傳》："四世祖侃，永徽中爲北庭安撫使，禽車鼻可汗，以功爲安東都護。"

李　晦　　乾封中

《舊書・李孝恭傳》："孝恭次子晦，乾封中，累除營州都督，以善政聞……轉右金吾將軍，兼檢校雍州長史。"《新書・李孝恭傳》略同。又見《元龜》卷二七七、卷二八一。《元龜》卷九九二闕名《大唐故秋官尚書河間公（李晦）碑》："貞觀末，授通事舍人，轉太常卿……檢校幽、營二州都督……累遷□□衛將軍、右金吾將軍，加忠武將軍，檢校雍州長史。"

周道務　　上元二年—調露元年（675—679）

《新書》本傳："歷營州都督，檢校左驍衛將軍。"《通鑑・調露元年》：十月，"突厥扇誘奚、契丹侵掠營州，都督周道務遣戶曹始平唐休璟將兵擊破之"。又見兩《唐書·突厥上·車鼻傳》《唐休璟傳》，《新書·裴行儉傳》，《太平寰宇記》卷一九六，《元龜》卷七二四、卷九八六。《寶刻叢編》卷九引《京兆金石録》有《唐駙馬都尉營州都督周道務碑》，高宗上元二年。又有《唐駙馬都尉周道務加上柱國告》，高宗上元二年。昭陵博物館石刻《大唐故臨川郡長公主墓誌銘并序》："駙馬周道務……纔臨薊壤，即涖燕郊，公主自屆邊垂，增動風疾……調露元年，駙馬以克清邊難，驛召入京。公主隨從□□□中大漸。恩敕便令於幽州安置……以永淳元年五月廿一日薨於幽州公館，春秋五十有九。"

屈突詮　　高宗時

《千唐誌·故朝議郎行辰州司倉參軍屈突府君（伯起）墓誌銘并序》（天授二年十月二十八日）："父詮，營州都督、瀛州刺史，大周銀青光禄大夫行籠（？）州刺史，上柱國，燕郡開國公。"伯起卒永昌元年，年三十九。

張定斌　　高宗時？

曲石藏《大唐故殿中省尚乘局直長清河張君（遊恪）墓誌銘并序》："父定斌，唐左金吾衛大將軍檢校營州都督，清河縣開國公，食邑三千户。"遊恪景雲二年卒，年四十九。

李道謙　　約高宗、武后間

上圖藏拓片《唐故朝議郎行河南府陸渾縣令上柱國李府君墓誌銘并序》（開元十年三月十三日）："弘節生道謙，營州都督、太府卿，別封清河郡公……公即清河府君少子。"開元十年卒。按《舊書·李若初傳》稱：曾祖貞觀中并州大都督府長史弘節；"祖道謙，太府卿"。

趙文翽　　萬歲通天元年（696）

《舊書·則天皇后紀》：萬歲通天元年"五月，營州城傍契丹首領松漠都督李盡忠與其妻兄歸誠州刺史孫萬榮殺都督趙文翽，舉兵反，攻陷營州。”又《宋慶禮傳》、《新書・則天皇后紀》、《通鑑・萬歲通天元年》五月同。又見《元龜》卷九八六，《會要》卷九六。兩《唐書・北狄傳》、《廣記》卷一六三引《朝野僉載》作“趙翽”。按《會要》卷七三稱萬歲通天五年五月殺營州都督趙文翽。“五年”當爲元年之訛。《姓纂》卷七酒泉趙氏：“文翽，營州都督。”又見《全文》卷二九〇張九齡《駁宋慶禮諡議》。

唐休璟（唐璿）　長安四年—神龍元年（704—705）

《舊書》本傳：“以契丹入寇，復拜夏官尚書，兼檢校幽、營州都督，兼安東都護……中宗即位，召拜輔國大將軍、同中書門下三品。”《新書》本傳略同。《新書・則天皇后紀》：長安四年八月“庚申，唐休璟兼幽、營二州都督”。《新書・宰相表上》《通鑑・長安四年》同。《全文》卷二五七蘇頲《右僕射太子少師唐璿神道碑》：“屬駕言北垂，薄伐東鄙，復公爲夏官尚書、兼幽營二州都督、安東都護……神功（龍）初，徵拜輔國大將軍、同中書門下三品。”

宋慶禮　開元五年—七年（717—719）

《舊書》本傳：開元五年，“玄宗欲復營州城……乃詔慶禮及太子詹事姜師度、左驍衛將軍邵宏等充使，更於柳城築營州城，興役三旬而畢。俄拜慶禮御史中丞，兼檢校營州都督……七年卒，贈工部尚書”。《新書》本傳略同。又見《元龜》卷六八九。《元龜》卷九七四：開元六年五月“甲子，以契丹松漠都督李失活卒……仍令左武衛將軍李玭持節充使弔祭，營州都督宋慶禮檢校喪葬”。

張敬忠　開元七年（719）

《新書》本傳：“自監察御史累遷吏部郎中，開元七年拜平盧節度使。”又見《唐詩紀事》卷一三。《會要》卷七八：“平盧軍節度使：開元七年閏七月，張敬忠除平盧節度使，自此始有節度之號。”《全文》卷二二四張說《與營州都督弟書》，當即指張敬忠。

許欽淡（許欽澹） 開元八年（720）

《會要》卷七八："平盧軍節度使……〔開元〕八年四月，除許欽淡，又帶管内諸軍諸蕃及支度營田等使。"《通鑑·開元八年》："是歲，可突于舉兵擊娑固，娑固敗奔營州。營州都督許欽澹遣安東都護薛泰率驍勇五百與奚王李大酺奉娑固以討之，戰敗……營州震恐，許欽澹移軍入渝關。"又見兩《唐書·契丹傳》，《元龜》卷九七三。《全文》卷四二四于邵《爲許卿謝表》稱："叔冀之父平盧節度使先臣某。"《考古》1964年第2期《内蒙古昭盟新發現大唐營州都督許公德政之碑碑額》，許公當即許欽澹。

臧懷亮 開元十年—十三年（722—725）

《英華》卷九〇七李邕《左羽林大將軍臧公（懷亮）碑》："復以本官兼勝〔州〕都督、東受降城大使、營田大使，兼朔方軍大總管，上蔡縣開國公。會六州九胡洊凶階亂……以功最拜羽林衛大將軍，復以本官兼安東大都護府都督，攝御史中丞、平盧軍節度、支度、營田、海運大使……拜冠軍大將軍復本任，東莞郡開國公……無何，以本官致仕。"開元十七年八月二十二日卒，年六十八。按蘭、池州叛胡攻陷六胡州在開元九年四月；封泰山在開元十三年十一月。《顏魯公文集》卷五《右武衛將軍臧公（懷恪）神道碑銘》稱：開元十二年二月二十六日薨於郡城之官舍，享年五十六。"公兄左羽林大將軍、平盧副持節懷亮"。《全文》卷三三九顏真卿《東莞臧氏紀宗碑銘》："〔善德〕三子：曰……冠軍左羽林大將軍兼營府都督……懷亮。"《隋唐五代墓誌匯編·陝西卷》第三册《大唐故冠軍大將軍左羽林軍大將軍上柱國東莞郡開國公臧府君（懷亮）墓誌并序》（開元十八年十月二十一日）："以功最拜左羽林軍大將軍，復以本官兼安東大都護營府都督攝御史中丞平盧軍節度大使支度營田海運大使。及神武登嶽，拜冠軍大將軍復本任、東莞郡開國公。"開元十七年卒，春秋六十八。

馬穎 開元中期？

《姓纂》卷七陝郡馬氏："穎，營州刺史。"乃開元二年左羽林將軍馬崇之姪。

薛楚玉　　開元十八年—二十年(730—732)

《舊書·薛嵩傳》:"父楚玉,爲范陽、平盧節度使。"又《劉全諒傳》:"父客奴……少有武藝,從平盧軍。開元中,有室韋首領段普恪,性驍勇,數苦邊,節度使薛楚玉以客奴有膽氣,令抗普恪。"按兩《唐書》本傳唯云幽州大都督府長史或范陽節度使,未及平盧。

張守珪　　開元二十一年(733)

《舊書》本傳:"〔開元〕二十一年,轉幽州長史,兼御史中丞、營州都督、河北節度副大使。"又見《元龜》卷三八四。《新書》本傳未及。《隋唐五代墓誌匯編·洛陽卷》第十册《唐故輔國大將軍右羽林大將軍幽州長史兼御史大夫括州刺史(下闕)》(開元二十八年十月二十日):"廿一年復驛占至京,加御史中丞,改幽州長史、營府都督、節度營田採訪海運等使。"

烏知義　　開元二十二年—二十六年(734—738)

《全文》卷二八五張九齡《敕平盧使烏知義書》之三稱:"敕平盧節度、營州都督烏知義。"《舊書·史思明傳》:"初,〔烏〕承恩父知義爲〔平盧〕節度,思明常事知義。"又《張守珪傳》:"〔開元〕二十六年,守珪裨將趙堪、白真陀羅等假以守珪之命,逼平盧軍使烏知義令率騎邀叛奚餘燼於潢水之北。"

王斛斯　　開元二十八年—二十九年(740—741)

《會要》卷七八:"平盧節度使……〔開元〕二十八年二月,除王斛斯,又加押兩蕃及渤海黑水等四府經略處置使,遂爲定額。"《舊書·玄宗紀》:開元二十九年七月,"北州刺史王斛斯爲幽州節度使"。吴廷燮謂"北州"當作"營州"。

安禄山　　開元二十九年—天寶十四載(741—755)

《舊書·玄宗紀》:開元二十九年七月,"幽州節度副使安禄山爲營州刺史,充平盧軍節度副使,押兩蕃、渤海、黑水四府經略使"。《通鑑・開元二十九年》作"八月乙未"。《舊書》本傳:"〔開元〕二十八年,爲平盧兵馬使……授營州都督、平盧軍使……天寶元年,以平盧爲節度,以禄山攝中丞爲使……三載,代裴寬爲范陽節度、河北採訪、平盧軍等使如故。"《新書》本傳略同。《金石萃編》卷八八《北嶽恒山封安天王銘并序》:"驃騎大將軍員外置同正員、兼范陽郡長史、柳城郡太守、平盧節度支度營田陸運兩蕃四府河北海運、兼范陽節度經略支度營田副大使、採訪處置使、兼御史大夫、上柱國、柳城縣開國伯、常樂安公曰禄山,國之英也。"天寶七載五月二十五日建。《全文》卷三六四稱李荃撰。又見《元龜》卷一二九、《全文》卷二五玄宗《封安禄山東平郡王制》。

呂知誨　　天寶十四載—至德元載(755—756)

《舊書・劉全諒傳》:"天寶末,安禄山反……以平盧節度副使呂知誨爲平盧節度……禄山既僭位於東都,遣腹心韓朝陽等招誘知誨,知誨遂受逆命,誘殺安東副都護、保定軍使馬靈詧,禄山遂署知誨爲平盧節度使。〔劉〕客奴與平盧諸將同議,取知誨殺之,仍遣與安東將王玄志遥相應援,馳以奏聞。十五載四月,授客奴柳城郡太守……"《新書・劉全諒傳》略同。《舊書・劉悟傳》誤作"柳知誨"。

劉正臣(劉客奴)　　至德元載(756)

《舊書・劉全諒傳》:"父客奴……〔天寶〕十五載四月,授客奴柳城郡太守,攝御史大夫、平盧節度支度營田陸運、押兩蕃渤海黑水四府、經略及平盧軍使,仍賜名正臣……正臣仍領兵平盧來襲范陽,未至,爲逆賊將史思明等大敗之。正臣奔歸,爲王玄志所酖而卒……大曆九年,追贈正臣工部尚書。"《新書・劉全諒傳》略同。又見《舊書・陽惠元傳》、《劉悟傳》,《元龜》卷一三九、卷八二五,《姓纂》卷五諸郡劉氏。《新書・忠義傳上》有"平盧節度使、柳城郡太守劉正臣"。

徐歸道　　至德元載—二載(756—757)

《舊書·劉全諒傳》：“〔劉〕正臣奔歸，爲王玄志所酖而卒。逆賊署徐歸道平盧節度，王玄志與平盧將侯希逸等又襲殺歸道。”又見兩《唐書·侯希逸傳》。《姓纂》卷二諸郡徐氏稱“范陽節度徐歸道”，“范陽”疑爲“平盧”之誤。

王玄志　　乾元元年(758)

《通鑑·乾元元年》：二月“庚午，以安東副大都護王玄志爲營州刺史，充平盧節度使”。十二月，“平盧節度使王玄志薨”。《舊書·侯希逸傳》：“〔希逸〕率兵與安東都護王玄志襲殺歸道，使以聞，詔以玄志爲平盧節度使。乾元元年冬，玄志病卒。”《新書·侯希逸傳》略同。

侯希逸　　乾元元年—寶應元年(758—762)

《通鑑·乾元元年》：十二月，“平盧節度使王玄志薨……高麗人李懷玉爲裨將，殺玄志之子，推侯希逸爲平盧軍使……朝廷因以希逸爲節度副使”。又《寶應元年》：五月“甲申，以平盧節度使侯希逸爲平盧、青淄等六州節度使，由是青州節度有平盧之號”。又見兩《唐書》本傳。

王敬柔　　唐末？

《舊五代史·王思同傳》：“父敬柔，歷瀛、平、儒、檀、營五州刺史。思同母，即劉仁恭之女也。”

卷一二二　安東都護府(安東都督府)

總章元年九月平高麗國，置安東都護府於平壤城。上元三年二月徙於遼東郡故城。儀鳳二年又移置新城。聖曆元年更名安東都督府。神龍元年復名安東都護府。開元二年徙於平州。天寶二年又徙於遼西故郡城。至德後廢。

【補遺】李　稽　　約貞觀時

《大唐故積石道經略使□□右衛員外大將軍檢校右羽林軍兼檢校廓州刺史上柱國燕國公贈鎮軍大將軍幽州刺史□□□□□□□》(垂拱元年七月十七日)："公諱謹行，字謹行。……父稽，左衛大將軍、燕州刺史、耆國公。……(謹行)累遷右驍衛、左監門、右衛、右領軍員外大將軍、檢校廓州刺史、積石道經略大使、檢校右羽林軍、右衛大將軍。……以永淳二年七月二日薨於鄯州河源軍，春秋六十有四。"(周紹良、趙超《唐代墓誌彙編續集》，上海古籍出版社 2001 年版)按下文有永淳二年詔李謹行語。謹行父爲燕州刺史。

薛仁貴　　總章元年(668)

《舊書》本傳："乾封初……詔仁貴率兵二萬人與劉仁軌於平壤留守，仍授右威衛大將軍……兼檢校安東都護。"《新書》本傳略同。《通鑑·總章元年》：十二月，"以右威衛大將軍薛仁貴檢校安東都護，總兵二萬人以鎮撫之"。《元龜》卷三九七同。

高　侃(高偘)　　約咸亨、上元間

《舊書・高固傳》：“高祖侃，永徽中爲北庭安撫使……官至安東都護。”《新書・高固傳》略同。按《新書・高宗紀》稱：咸亨元年四月，“高麗酋長鉗牟岑叛，寇邊，左監門衛大將軍高偘爲東州道行軍總管，右領軍衛大將軍李謹行爲燕山道行軍總管以伐之”。

高　藏　　儀鳳中

《舊書・東夷・高麗傳》：“儀鳳中，高宗授高藏開府儀同三司、遼東都督，封朝鮮王，居安東，鎮本蕃爲主。”《新書・東夷・高麗傳》略同。又見《會要》卷九五。

高寶元　　垂拱二年(686)

《舊書・東夷・高麗傳》：“垂拱二年，又封高藏孫寶元爲朝鮮郡王……委其統攝安東舊户，事竟不行。”《新書・東夷・高麗傳》略同。

裴玄珪　　萬歲通天元年(696)

《通鑑・萬歲通天元年》：九月“丁巳，突厥寇涼州，執都督許欽明……欽明兄欽寂，時爲龍山軍討擊副使，與契丹戰於崇州，軍敗，被擒。虜將圍安東，令欽寂説其屬城未下者。安東都護裴玄珪在城中。欽寂謂曰：‘狂賊天殃，滅在朝夕，公但勵兵謹守以全忠節。’虜殺之”。又見《新書・許欽寂傳》。《元龜》卷三七三作“裴元禮”，又誤“許欽寂”爲“許欽明”。

高德武　　聖曆二年(699)

《舊書・東夷・高麗傳》：“〔聖曆〕二年，又授高藏男德武爲安東都督，以領本蕃。”《新書・東夷・高麗傳》略同。又見《元龜》卷一〇〇〇，《會要》卷四九五。

唐休璟(唐璟)　　長安四年(704)

《舊書》本傳：“以契丹入寇，復拜夏官尚書，兼檢校幽營等州都

督,兼安東都護。"《新書》本傳略同。《新書·則天皇后紀》:長安四年
"八月庚申,唐休璟兼幽營二州都督、安東都護"。《新書·宰相表
上》、《通鑑·長安四年》八月同。又見《全文》卷二五七蘇頲《右僕射
太子少師唐璿（休璟）神道碑》。

薛　　訥　　約武后末—景雲元年（約 704—710）

《舊書》本傳:"尋拜幽州都督,兼安東都護。"《新書》本傳同。

單思敬　　開元初?

《姓纂》卷四濟陽單氏:"思敬,安東都護。"乃單雄信孫,開元四年
河南尹單思遠之兄。

薛　　泰　　開元八年—十三年（720—725）

《通鑑·開元八年》:十二月,"營州都督許欽澹遣安東都護薛泰
帥驍勇五百與奚王李大酺奉娑固以討之"。《舊書·北狄·靺鞨傳》:
"開元十三年,安東都護薛泰請於黑水靺鞨內置黑水軍。"《太平寰宇
記》卷一七五、《元龜》卷一七〇同。《新書·北狄·靺鞨傳》及《會要》
卷一〇作"開元十年"。

＊李　　澐（李璬）　　開元十五年（727）

《舊書》本傳:"〔開元〕十五年,遙領安東都護、平盧軍節度大使。"
《新書》本傳略同。《大詔令集》卷三六《慶王潭涼州都督制》:"潁王澐
爲安東都護平盧軍節度大使……開元十五年五月。"又見《全文》卷二
二,《元龜》卷二八一。

臧懷亮　　約開元十五年（約 727）

《全文》卷二六五李邕《右羽林大將軍臧公（懷亮）神道碑》:"以功
最拜羽林衛大將軍,復以本官兼安東大都護府都督……以開元十七
年八月二十二日薨於京師……春秋六十有八。"又《羽林大將軍臧公
神道碑》:"茲歷單于、安北、靈、勝、洮、鄯、安東七州都督。"

裴 旻　　開元中

《全文》卷三五二樊衡《爲幽州長史薛楚玉破契丹露布》："節度副使右羽林軍大將軍烏知義，即令都護裴旻理兵述職，大閱於松林。"

王玄志　　天寶末—至德二載（755—757）

《舊書·侯希逸傳》："天寶末，安禄山反，署其腹心徐歸道爲平盧節度。希逸時爲平盧裨將，率兵與安東都護王玄志襲殺歸道，使以聞，詔以玄志爲平盧節度使。"又《李忠臣傳》："正臣卒，又與衆議以安東都護王玄志爲節度使。"《通鑑·至德二載》："初，平盧節度使劉正臣自范陽敗歸，安東都護王玄志鴆殺之。"又見《新書·侯希逸傳》，《元龜》卷三五八。

附　燕州（歸德郡）

隋遼西郡，寄治於營州。武德元年改爲燕州總管府；六年自營州南遷，寄治於幽州城内。貞觀元年廢都督府。開元二十五年移治所於幽州北桃谷山。天寶元年改爲歸德郡。乾元元年復爲燕州。舊領遼西一縣，無實土户。

李元正　　約貞觀十八年（約644）

《全文》卷七太宗《命將征高麗詔》："行軍總管執失思力、行軍總管契苾何力，率其種落，隨機進討。契丹蕃長於勾折、奚蕃長蘇支、燕州刺史李元正等，各率其衆，絶其走伏。"

李 稽　　高宗時？

《金石萃編》卷八五《唐故雲麾將軍左豹韜衛翊府中郎將遼西郡開國公上柱國李府君（秀）神道碑并序》："祖諱稽府君，左衛大將軍持節燕州刺史。"李秀卒開元四年，六十二歲。天寶元年立。

李　某　　咸通十五年(874)

　　《房山石經題記彙編·〔大唐〕雲〔居〕寺石〔經〕堂碑》：“經主正議大夫行太子率更令兼燕州刺史上柱國□□□借紫金魚袋李□□上經□條……咸通十五年四月八日送大般若第四百七十五卷。”

淮南道

卷一二三　揚州（兗州、邗州、廣陵郡）

隋江都郡。武德三年改爲兗州。七年改兗州爲邗州。九年省江寧之揚州，改邗州爲揚州，置大都督。貞觀十年改大都督爲都督。龍朔二年升爲大都督府。天寶元年改爲廣陵郡，依舊大都督府。乾元元年復爲揚州。自後置淮南節度使，親王爲都督，領使；長史爲節度副大使，知節度事。常以此爲治所。領縣六：江都、江陽、六合、海陵、高郵、揚子。

陳　稜　　武德二年(619)

《新書·李子通傳》：“宇文化及殺煬帝，以右禦衛將軍陳稜爲江都太守。已而稜降，高祖授以總管，即守其郡……子通，得悉力取江都，遂據之。稜奔而免。”《通鑑·武德二年》：四月“丁未，隋禦衛將軍陳稜以江都來降；以稜爲揚州總管”。

程　樓?　　武德三年? (620?)

北圖藏拓片《周故朝議大夫兗州龔業縣令上柱國程府君（思義）墓誌銘并序》（長安三年二月廿八日）：“南兗州刺史樓之孫也。”長安三年正月廿日卒，春秋七十五。未知爲隋官，抑唐官。

盧祖尚　　武德六年(623)

《元龜》卷三五七：“盧祖尚，武德六年以兗州刺史從趙郡王孝恭討輔公祏，爲前軍總管……賊平，以功授蔣州刺史。”兩《唐書》本傳未

1599

及。按此"兗州"疑爲淮南道之"兗州"，故命祖尚爲討輔公祏之前軍總管。

任　璥　　武德七年（624）

《新書》本傳："輔公祏反，詔以兵自揚子津濟江討之。公祏平，拜邢州都督，遷陝州。"按《舊書》本傳稱："及輔公祏平，拜邢州都督。""邢州"當爲"邠州"之訛誤。

李神符　　武德九年—貞觀元年（626—627）

《舊書》本傳："〔武德〕九年，遷揚州大都督……貞觀初，再遷宗正卿。"《新書》本傳略同。又見《元龜》卷二八一。《通鑑·武德八年》：十二月，"以襄邑王神符檢校揚州大都督。始自丹楊徙州府及居民於江北"。《唐文續拾》卷一四《大唐司空開府儀同三司揚州荊州二大都督并州大總管上柱國襄邑恭王之碑銘》："王諱神符……〔武德〕九年除使持節大都督揚潤常和楚方滁七州、壽蘇越括歙宣舒循巢九州都督諸軍事揚州刺史……貞觀元年入爲將作大匠兼散□常侍。"又見《全文》卷九一三承遠《大唐□□寺故比邱尼法琬法師碑文》。

＊李　泰　　貞觀二年—七年（628—633）

《舊書·太宗紀》：貞觀二年正月，"越王泰爲揚州大都督"。《元龜》卷二八一："濮王泰……貞觀二年授揚州大都督，七年轉鄜州大都督，並不之官。"又見兩《唐書》本傳，《會要》卷七八。《全文》卷四太宗《授魏王泰雍州牧制》稱："揚州大都督魏王泰……可雍州牧。"按李泰貞觀八年爲雍州牧。

楊恭仁　　貞觀二年—七年（628—633）

《舊書》本傳："貞觀初，拜雍州牧，加左光禄大夫，行揚州大都督府長史。五年，遷洛州都督。"《新書》本傳略同。《元龜》卷八九九："楊恭仁爲洛州都督，太宗貞觀七年正月戊申詔曰……左光禄大夫行揚州大都督府長史觀國公恭仁……可特進。時恭仁以疾乞骸骨，故有此授。”又見《全文》卷五太宗《加楊恭仁特進詔》。

李襲譽　貞觀八年—十三年（634—639）

《舊書》本傳：“後歷光禄卿，蒲州刺史，轉揚州大都督府長史，爲江南道巡察大使……尋轉涼州都督。”《新書》本傳略同。《舊書·太宗紀》：貞觀八年正月“壬寅，命尚書右僕射李靖……揚州大都督府長史李襲譽……使於四方，觀省風俗”。又見兩《唐書·曹憲傳》，《大唐新語》卷九。《元龜》卷六〇七：“李襲譽爲揚州總管長史，撰《忠孝圖》二十卷，貞觀十三年十一月奏之，太宗覽而稱善。”又卷九七、《會要》卷三六同。《太平寰宇記》卷一二三：“貞觀十八年，李襲譽爲揚州長史，引雷塘水，又築句城塘以溉田八百餘頃。”按《會要》卷八九記此事爲“貞觀十一年”。疑《寰宇記》誤。《元龜》卷六七八未注年月。

李　貞　貞觀十年—十六年（636—642）

《舊書》本傳：“〔貞觀〕十年，改封原王，尋徙封越王，拜揚州都督……十七年，轉相州刺史。”又見兩《唐書·李元景傳》，《通鑑·貞觀十年》，《元龜》卷二八一、卷二九九，《會要》卷四六，《全文》卷六太宗《荆王元景等子孫代襲刺史詔》。昭陵博物館藏《唐故太子少保豫州刺史越王（貞）墓誌銘》（開元六年正月二十六日）：“歷安、徐、揚三州都督，相州刺史，遷絳州刺史……乃授綿州刺史，又遷豫州刺史。”《元龜》卷二六八：“〔貞觀〕十六年十一月癸丑朔……揚州都督越王元貞來朝。”

裴懷節　貞觀十三年—十六年（639—642）

《全文》卷五〇一權德輿《唐故朝議郎使持節温州諸軍事温州刺史充静海軍使賜緋魚袋河東裴府君（希先）神道碑銘并序》：“四代祖懷節，皇給事中、工部侍郎，荆揚二州大都督府長史，洛州刺史。”按貞觀十七年爲洛州刺史。《隋唐五代墓誌匯編·山西卷·大唐故宫府大夫兼檢校司馭少卿裴君（皓）墓誌銘并序》（龍朔三年十月五日）：“父懷節，隨舉孝廉，釋褐太僕丞……皇朝授秦王府録事參軍，轉太子詹事丞，門下給事中，爲揚、荆二大都督府司馬，遷荆州長史，徵拜工部侍郎、太子少詹事、太常少卿，銀青光禄大夫行揚州大都督府長史兼越王府長史，除洛州諸軍事洛州刺史。"皓卒龍朔二年四月十九日，年五十五。由此證知裴懷節爲揚州大都督府長史時兼越王府長史，則當與越王李貞任揚州都督同時。

馮長命　　貞觀中

《全文》卷二二九張説《故括州刺史贈工部尚書馮公神道碑》："大父尚書左丞檢校御史大夫、少府監、揚州長史、安昌公長命。"按貞觀十三、十四年長命在少府監任，見《法書要録》卷四，《法苑珠林》卷七九引《冥報記》。

長孫操　　貞觀中

《舊書》本傳："貞觀中，歷洛州刺史、益揚二州都督府長史，並有善政。二十三年，以子詮尚太宗女新城公主，拜岐州刺史。"《元龜》卷三〇一同。《新書》本傳謂"爲齊、揚、益三州刺史"。

＊長孫無忌　　貞觀二十一年—顯慶四年(647—659)

《舊書·太宗紀》：貞觀二十一年"六月癸亥，司徒、趙國公無忌加授揚州都督"。又本傳："〔貞觀〕二十一年，遥領揚州都督……高宗即位，進拜太尉，兼揚州都督。"《新書》本傳略同。又見《元龜》卷七二，《通鑑·貞觀二十一年》。又《顯慶四年》：四月"戊辰，下詔削無忌太尉及封邑，以爲揚州都督，於黔州安置"。《新書·宰相表上》同。《全文》卷一三六長孫無忌《進五經正義表》稱："永徽四年二月二十四日太尉、揚州都督上柱國趙國公臣無忌等上。"又見《新書·藝文志一》"《尚書正義》二十卷"注，《新書·忠義傳上》，《全文》卷一一高宗《詳定刑名詔》，卷一八六孔志約《本草序》。

張士貴　　貞觀二十二年—永徽二年(648—651)

《大唐輔國大將軍荆州都督虢國公張公(士貴)墓誌銘并序》：

"〔貞觀〕十九年率師渡遼……凱旋之日,令公後殿……授茂州都督。雅邛等州山獠亂,以爲雅州道行軍總管……事平,拜金紫光祿大夫揚州都督府長史……永徽二年召拜左領軍大將軍。"顯慶二年六月三日卒(《考古》1978年第3期)。按"眉、邛、雅三州獠反,茂州都督張士貴討之",事在貞觀二十二年九月壬寅,見《新書·太宗紀》及《通鑑》,《舊書·太宗紀下》稱十一月戊戌討平之。

房仁裕　　永徽四年(653)

《舊書·高宗紀》:永徽四年十月"戊申,睦州女子陳碩貞舉兵反……婺州刺史崔義玄、揚州都督府長史房仁裕各率衆討平之"。又見《通鑑·永徽四年》十月,《元龜》卷一三六。《金石補正》卷三六《房仁裕母清河太夫人李氏碑并陰》:"太夫人八女一男。洎乎弱冠,位□方嶽,□□鄜、坊、秦、陝五州諸軍事□□□史,潯□□□□□□□七州諸軍事□州都督,左領軍將軍,又轉左□□大將軍,□授金紫光祿大夫行揚、潤、宣、常、滁、和六州諸軍事、揚州都督府長□□太原王氏,五女十男。"

＊李　賢　　龍朔元年—咸亨三年(661—672)

《舊書·高宗紀》:龍朔元年九月壬子,"以雍州牧、幽州都督、沛王賢爲揚州都督"。又本傳稱:"咸亨三年,改名德,徙封雍王,授涼州大都督,雍州牧、右衛大將軍如故……上元元年,又依舊名賢。"《新書》本傳略同。《大詔令集》卷三四《册揚州都督沛王賢文》:"維龍朔元年歲次辛酉十月癸亥朔十七日己卯,皇帝若曰……雍州牧、幽州都督、上柱國、潞王賢……是用命爾爲沛王,使持節都督揚、和、滁、潤、常、宣、歙等七州諸軍事揚州刺史兼左武侯大將軍,牧及勳官並如故。"《全文》卷一四同。又見拓本《大唐故雍王墓誌銘并序》。

李君球　　約麟德、乾封間

《舊書》本傳:"龍朔三年,高宗將伐高麗,君球上疏諫……尋遷蔚州刺史。未行,改爲興州刺史。累遷揚州大都督府長史。"又見《元龜》卷六七三。按高宗伐高麗及蔚州刺史李君球諫伐高麗，乃龍朔元年事，見《舊書・高宗紀》、《新書・高麗傳》、《元龜》卷五四三、《會要》卷九五，《舊傳》誤。其爲揚州長史約在麟德、乾封間。

盧承業　　約總章二年—咸亨二年（約 669—671）

《芒洛四編》卷三《大唐故銀青光禄大夫行揚州大都督府長史魏縣子盧公（承業）墓誌銘并序》：“詔爲銀青光禄大夫，行右丞，俄轉左丞……久之，除陝州刺史……又詔爲銀青光禄大夫，行揚州大都督府長史……以咸亨二年龍集辛未八月廿四日薨於官舍，春秋七十有一。”由此知《舊書》本傳稱“總章中，卒於揚州大都督府長史”誤。又見《婁師德傳》，《元龜》卷八四三，《新表三上》盧氏。

柳　範　　高宗時

《舊書》本傳：“貞觀中爲侍御史……高宗時歷位尚書右丞、揚州大都督府長史。”《新書》本傳略同。《芒洛遺文・故薛府君夫人河東郡君柳氏墓誌銘并序》：“考範，皇朝尚書右丞，商、蔚、淄、雅、婺五州刺史，揚州大都督府長史。”夫人卒開元六年，年七十六。又見《唐文拾遺》卷六五。按貞觀十一年爲侍御史，見《會要》卷六一。

皇甫文亮　　約高宗時

《千唐誌・□唐□□監門衛長史安定皇甫公（慎）墓誌銘并叙》（開元十九年四月七日）：“祖文亮，皇鸞臺侍郎、揚魏等四州刺史。”慎卒開元十九年三月二日。按《新表五下》皇甫氏：“文亮，高陵令。”乃洛州、揚州長史知常之父。按儀鳳中皇甫文亮在給事中任，見《舊書・吐蕃傳》。

李敬玄　　約開耀元年—永淳元年（約 681—682）

《舊書》本傳：調露二年，“貶授衡州刺史。稍遷揚州大都督府長史。永淳元年卒”。《新書》本傳略同。又見《元龜》卷六〇七。

趙道興？　　約高宗末

《寶刻叢編》卷八引《京兆金石録》："《唐揚府都督趙道興碑》，唐李至遠撰，永昌元年立。"按《舊書》本傳未及；唯稱："儀鳳中，累遷左金吾衛大將軍。文明年，以老病致仕於家。"或揚府都督爲贈官歟？

陳敬之　　光宅元年(684)

《舊書·則天皇后紀》：光宅元年九月，"故司空李勣孫柳州司馬徐敬業僞稱揚州司馬，殺長史陳敬之，據揚州起兵"。《通鑑·光宅元年》九月同。兩《唐書·李敬業傳》、《新書·后妃·高宗則天順聖皇后武氏傳》略同。《姓纂》卷三京兆陳氏有"唐揚州長史陳敬之"。拓本永貞元年十二月《唐故慶州長史趙郡李府君(肅)墓誌》云："夫人潁川陳氏，即故揚府長史、採訪本道敬之之曾孫，饒州紀綱掾邕之女也。"

徐敬業(李敬業)　　光宅元年(684)

《通鑑·光宅元年》：九月，"〔李〕敬業自稱匡復府上將，領揚州大都督"。十月"丁酉，追削李敬業祖考官爵……復姓徐氏"。十一月，"其將王那相斬敬業、敬猷及駱賓王首來降"。兩《唐書》本傳略同。

弓彭祖　　約垂拱中

《姓纂》卷一太原弓氏："彭祖，揚府長史、蒲州刺史、晉陽公。"按《新書·則天皇后紀》稱：永昌元年，殺蒲州刺史弓彭祖。

薛寶積　　長壽前

《全文》卷四九七權德輿《大唐浙江西道都團練觀察等使潤州刺史兼御史大夫河東郡公薛公先廟碑銘并序》："隋禮部尚書道實，道實生皇尚書議曹郎德儒，德儒生寶積，濟、齊、潤三州刺史，揚州大都督府長史。"《山右金石記十》："《唐揚州長史薛寶積碑》，周長壽二年。"

李上義　　約武后時

《新表二上》隴西李氏姑臧房：“上義，右庶子、揚州長史。”乃貞觀中潤州刺史玄义之子。北圖藏拓片《唐故承務郎行瀛州平舒縣主簿知薊州漁陽縣事賞緋魚袋隴西李府君(弘亮)墓誌銘并序》(元和十四年二月二十四日)：“烈考曰子武，懷州武陟縣丞……武陟府君之父曰真玉，朝散大夫累任至常州無錫縣令。無錫府君之父曰上義，銀青光禄大夫，涇、隴、汾、晉、岐、曹等七州刺史，揚府長史，右庶子，隴西縣開國公。”弘亮卒元和十三年，享年四十四。

竇懷恪　　武后時

《嘉泰吳興志》卷一四郡守題名：“貞觀十七年自户部郎中授；遷揚州刺史。”《統記》謂則天時。按《新表一下》竇氏：“懷恪，天水都督。”乃高宗相德玄之子，中宗、睿宗相懷貞之兄，約仕於則天時，《統記》近是。

李懷遠　　武后時

《舊書》本傳：“出爲邢州刺史……改授冀州刺史。俄歷揚、益等州大都督府長史，未行，又授同州刺史……歷遷右散騎常侍、春官侍郎。大足年，遷鸞臺侍郎。”《新書》本傳略同。

武攸宜　　武后時

《全文》卷二四五李嶠有《爲武攸宜讓揚州都督府長史表》。《新書》本傳未及揚州長史。

宋元爽(宋玄爽)　　約證聖中(約695)

《姓纂》卷八扶風宋氏：“元爽，尚書左丞、秋官侍郎，揚、洛二州長史。”按聖曆元年，玄爽官文昌右丞，見《新書·突厥傳上》；神功初，官洛州長史，見《舊書·姚璹傳》。又按《舊書·姚璹傳》、《元龜》卷六一九、《通鑑·聖曆元年》九月均作元爽。《全文》卷二四二李嶠行制：朝請大夫守司僕少卿宋元爽可兼檢校司膳少卿。

武攸緒　　聖曆前

《全文》卷八一五顧雲《題致仕武賓客（攸緒）嵩山舊隱詩序》：“天授中封安平郡王，遷殿中監，出爲揚州大都督府長史，聖曆中棄官隱居嵩山。”又見兩《唐書》本傳，《元龜》卷九八，《姓纂》卷六沛國武氏，《新表四上》武氏。

柳秀誠（柳季誠）　　約武后時

《姓纂》卷七河東解縣東眷柳氏：“季誠，金部郎中、揚州刺史。”《新表三上》柳氏作“秀誠，揚州長史”。按《郎官柱》金部郎中有柳秀誠，在盧師立、杜從則後，梁皓、盧萬石前。約武后時人。《姓纂》之“季誠”當爲“秀誠”之訛。

張　潛　　約聖曆中

《新書二下》清河張氏：“潛，揚州長史。”《舊書·蘇瓌傳》：“長安中，累遷揚州大都督府長史。揚州地當衝要，多富商大賈，珠翠珍怪之産，前長史張潛、于辯機皆致之數萬，唯瓌挺身而去。”《新書·蘇瓌傳》略同。兩《唐書·韋湊傳》謂湊爲揚府法曹參軍，時張潛爲長史。又見《廣記》卷二六三引《朝野僉載》。按潛中宗時官至魏州刺史，見《舊書·張文瓘傳》。

于知微　　久視元年—長安二年（700—702）

《全文》卷二○六姚崇《兗州都督于知微（字辯機）碑》：“久視元年，又改授揚州大都督府長史……長安二年，改授常州刺史。”《姓纂》卷二河南洛陽于氏：“辯機，揚府長史、左庶子、常絳二州刺史。”又見兩《唐書·蘇瓌傳》。

蘇　瓌　　長安二年—四年（702—704）

《舊書》本傳：“長安中，累遷揚州大都督府長史……神龍初，入爲尚書右丞。”《新書》本傳略同。《全文》卷二三八盧藏用《太子少傅蘇瓌神道碑》：“累遷汾、鼎、同、汴、揚、陝，以累最入爲尚書右丞。”景雲元年卒。《元龜》卷六七九:"蘇瓌爲揚州大都督府長史,歲時轉陝州刺史。"

韋安石　　長安四年(704)

《舊書·則天皇后紀》:長安四年八月,"韋安石檢校揚州大都督府長史"。《新書·宰相表上》、《通鑑·長安四年》八月同。《舊書》本傳:"〔長安〕四年,出爲揚州大都督府長史。神龍初,徵拜刑部尚書。"《新書》本傳略同。

尹　某　　武后時?

《千唐誌·故皇朝史府君(庭)墓誌銘并序》(天寶七載十一月□日):"夫人尹氏,故揚州刺史之女也。"開元二十七年卒。

楊再思　　神龍元年(705)

《舊書·中宗紀》:神龍元年四月,"右庶子、西留守、户部尚書、弘農郡公楊再思爲檢校揚州大都督府長史、判都督事"。《新書·宰相表上》、《通鑑·神龍元年》四月同。又見兩《唐書》本傳、《元龜》卷七二、卷一七二。

＊李重俊　　神龍元年(705)

《舊書·中宗紀》:神龍元年十一月"辛丑,衛王重俊爲左衛大將軍,遥領揚州大都督"。又見《新書》本傳。

竇懷貞　　約神龍元年—二年(約705—706)

《舊書》本傳:"歷越州都督、揚州大都督府長史,所在皆以清幹著稱。神龍二年,累遷御史大夫,兼檢校雍州長史。"《新書》本傳略同。《嘉泰會稽志》:"竇懷貞,長安四年自尚方監授,移揚州刺史。"

＊韋　温　　景龍中

《舊書·中宗紀》:景龍三年二月"戊寅,禮部尚書兼揚州大都督、曹國公韋温爲太子少保、兼揚州大都督，同中書門下三品”。又《本傳》：“景龍三年，温遷太子少保、同中書門下三品，仍遥授揚州大都督……及中宗崩，后令温總知内外兵馬。”《新書》本傳略同。

陸　某　　景龍三年（709）

《全詩》卷五一宋之問有《傷王七祕書監寄呈揚州陸長史通簡府僚廣陵以廣好事》：“我行會稽郡，路出廣陵東。”按宋之問約景龍三年轉越州長史。此詩當爲是年路過揚州時作。王七乃王紹宗。

盧萬石　　約中宗時

《新書・姚紹之傳》：“奉使江左，過汴州，廷辱録事參軍魏傳弓。久之，傳弓爲監察御史，而紹之坐贓，詔傳弓即按。紹之謂揚州長史盧萬石曰……”《舊書・姚紹之傳》稱：“傳弓初按紹之，紹之在揚州，色動，謂長吏萬石曰……”作“長吏”，疑爲“長史”之誤。

皇甫知常　　中宗時？

《新表五下》皇甫氏：“知常，洛州、揚州長史。”《千唐誌・監門衛長史安定皇甫公（慎）墓誌銘并叙》（開元十九年四月七日）：“父知常，汾、懷、汴等六州刺史，揚、洛二州刺（長）史。”慎卒開元十九年三月二日，年四十餘。

＊李　憲（李成器）　　景龍四年—景雲二年（710—711）

《舊書・中宗紀》：景龍四年六月，“左衛大將軍、宋王成器爲太子太師、雍州牧、揚州大都督”。又《睿宗紀》：景雲元年十一月“戊辰，宋王成器爲司徒，兼領揚州大都督”。又本傳：景雲二年，“時太平公主隱有異圖，姚元之、宋璟等請出成器及申王成義爲刺史，以絶謀者之心，由是成器以司徒兼蒲州刺史”。又見《新書》本傳、《宰相表上》，《通鑑・景雲元年》六月，《元龜》卷二七七，《全文》卷二五二蘇頲《授宋王成器太子太師制》。

崔日用　　約景雲元年（約710）

《舊書》本傳："爲相月餘，與中書侍郎薛稷不協，於中書忿競，由是轉雍州長史，停知政事。尋出爲揚州長史，歷婺、汴二州刺史、兗州都督、荆州長史。"《新書》本傳："罷政事，爲婺州長史。歷揚、汴、兗三州刺史。"按景雲元年七月"己巳，〔崔〕日用罷爲雍州刺（長）史"，見《新書·宰相表上》。

姚　崇（姚元之）　　先天元年（712）

《舊書》本傳："太平公主干預朝政……元之同侍中宋璟密奏請令公主往就東都，出成器等諸王爲刺史，以息人心。睿宗以告公主，公主大怒……乃貶元之爲申州刺史。再轉揚州長史、淮南按察使……俄除同州刺史。先天二年，玄宗講武在新豐驛，召元之代郭元振爲兵部尚書、同中書門下三品。"又見《新書》本傳，《元龜》卷六七七。《全文》卷二三〇張説《故開府儀同三司上柱國贈揚州大都督梁國公姚文貞公（崇）神道碑奉敕撰》："出典亳、宋、常、越、許、申、徐、潞、揚、同十郡。"

＊李　憲（李成器）　　先天二年（713）

《舊書》本傳："及玄宗討平蕭至忠、岑羲等，成器又進位太尉，依舊兼揚州大都督，加實封一千户。月餘，加授開府儀同三司，其太尉、揚州大都督並停。"《新書》本傳略同。《舊書·玄宗紀》：先天二年"九月，司空兼揚州大都督宋王成器爲太尉兼揚州大都督"。又見《大詔令集》卷三五、《元龜》卷二七七《宋王成器太尉等制》。

劉知柔　　約開元初期

《舊書》本傳："歷荆、揚、曹、益、宋、海、唐等州長史刺史，户部侍郎、國子司業、鴻臚卿、尚書右丞、工部尚書、東都留守。"按《新書》本傳未及。《全文》卷二六四李邕《唐贈太子少保劉知柔神道碑》："出荆府長史，復户部，徙同、宋二州，揚、益二府，一淮南廉察，再山東巡撫……春秋七十有五，以開元十一年六月十五日遇疾薨。"

王志愔　　開元四年(716)

《舊書》本傳:"出爲魏州刺史,轉揚州大都督府長史,俱充本道按察使。"《新書》本傳略同。《全文》卷二五三蘇頲《遣王志愔等各巡察本管内制》:"諸道按察使揚州長史王志愔、廣州都督宋璟、益州長史韋抗、博州都督程行諶……宜令各巡本管内。"按《大詔令集》卷一〇四載此制署"開元四年七月六日"。又按《大詔令集》稱"諸道按察使揚州都督宋璟","揚州"下奪"長史王志愔廣州"七字。

李　傑　　開元五、六年(717、718)

《舊書》本傳:"傑護作時,引侍御史王旭爲判官。旭貪冒受贓,傑將繩之而不得其實,反爲旭所構,出爲衢州刺史。俄轉揚州大都督府長史,又爲御史所劾,免官歸第。尋卒。"《新書》本傳:"遷揚州大都督府長史,復爲御史劾免。開元六年卒。"又見《元龜》卷八二五、《舊書·元行冲傳》。

程行諶(程則、程行謀)　　約開元六、七年(約718、719)

《全文》卷二五八蘇頲《御史大夫贈右丞相程行謀神道碑》:"公名則,字行謀……命公爲蒲州刺史……又遷揚州大都督府長史……徵拜鴻臚卿。"卒開元十四年,年八十二。按開元四年至六年爲蒲刺,則其爲揚州長史約在開元六、七年。又按《元龜》卷一一三、卷一五九、《全文》卷二五三皆作"行諶"。諶、謀形近,"謀"當爲"諶"之訛。《精舍碑》殿中侍御史兼内供奉有程行諶,在王守廉後,裴潅前。

狄光嗣　　開元七年(719)

《舊書·狄仁傑傳》:"長子光嗣……開元七年,自汴州刺史轉揚州大都督府長史。"《新書》本傳略同。

王　怡　　開元八年(720)

《元龜》卷一六二:"〔開元〕八年五月置十道按察使。八月,以御史大夫王晙充關内道按察使,揚州長史王怡充淮南道按察使。"

王易從　　開元十二年—十四年？（724—726？）

　　《新表二中》京兆王氏："易從，揚州刺史。"《元龜》卷六七一："開元十二年……王易從以吏部侍郎爲揚州大都督府長史。"《全文》卷二五八蘇頲《揚州大都督府長史王公（易從）神道碑》："出爲揚州大都督府長史……以年月日遘疾終於府之官舍，享年六十……〔開元十五年〕卜葬於京兆。"又見卷三六二薛季昶《屯留令薛僅善政碑》、卷五〇〇權德輿《故太子右庶子集賢院學士王公神道碑銘并序》。

李朝隱　　約開元十五、十六年（約727、728）

　　《舊書》本傳："〔開元〕十年，遷大理卿……俄轉岐州刺史，母憂去官，起爲揚州大都督府長史，抗疏固辭，制許之……明年，制又起爲揚州長史，不獲已而就職，復入爲大理卿……代崔隱甫爲御史大夫……俄轉太常卿。二十一年，兼判廣州事。"《新書》本傳略同。《全文》卷二三六李朝隱有《讓揚州長史起復表》。又見卷三六二薛季昶《屯留令薛僅善政碑》。

＊李　琦（李沐）　　開元十五年—二十三年（727—735）

　　《舊書·玄宗紀上》：開元十五年五月癸酉，"盛王沐爲揚州大都督，並不出閣"。《大詔令集》卷三六《慶王潭涼州都督制》："盛王沐（沐）爲揚州大都督。開元十五年五月。"《全文》卷二二同。《元龜》卷二七七謂："開元二十三年七月，以揚州大都督盛王沐……並加開府儀同三司。"又見兩《唐書》本傳，《會要》卷七八，《元龜》卷二八一。

陸象先　　約開元十七年後（約729後）

　　《新書》本傳："入爲太子詹事，歷户部尚書，知吏部選事，母喪免。起爲揚州大都督府長史。遷太子少保。卒，年七十二。"按《舊書》本傳未及；唯稱：十三年，起復同州刺史，尋遷太子少保。二十四年卒。又按《舊書·玄宗紀上》：開元十七年二月庚子，"同州刺史陸象先爲太子少保"。其爲揚州長史約在開元十七年後。

韋　銑　　約開元中期

《姓纂》卷二東眷韋氏彭城公房：“銑，給事中，揚府長史。”按《新表四上》東眷韋氏彭城公房：“銑，魏州刺史、河北採訪使。”又按景雲至開元初，韋銑在潤州刺史任。

李　頊　　約開元中期

《新書·李知本傳》：“開元中，孫頊爲給事中、揚州長史。”《新表二上》趙郡李氏東祖房：“頊，揚州長史。”《舊書·李知本傳》：“孫頊，開元中爲給事中、揚州刺史。”

李海通　　開元中？

《隋唐五代墓誌匯編·陝西卷》第一册《大唐故隴西李夫人墓誌銘并序》（大曆十年四月八日）：“族祖海通，揚府長史。父福延，唐元功臣。”夫人大曆十年卒，享年五十二。

韋虛心　　開元二十二年（734）

《舊書》本傳：“遷御史中丞、左右丞、兵部侍郎、荆揚潞長史兼採訪使。”《新書》本傳略同。又見《元龜》卷六八九。《元龜》卷一六二：“〔開元二十二年二月〕辛亥，初置十道採訪處置使，命……揚州長史韋虛心爲淮南採訪使。”又見《全文》卷三一三孫逖《東都留守韋虛心神道碑》。

李尚隱　　約開元二十四年（約736）

《新書》本傳：“改尚隱太子詹事。不閲旬，進户部尚書。前後更揚、益二州長史，東都留守，爵高邑伯。開元二十八年，以太子賓客卒。”按《舊書》本傳未及。

李知柔　　開元二十六年—二十八年（738—740）

《會要》卷六九：“〔開元〕二十八年六月，淮南道採訪使李知柔奏。”《白居易集》卷四一《唐故通議大夫和州刺史吴郡張公（無擇）神道碑銘并序》：“擢和州刺史，時李知柔爲本道採訪使，素不快公之剛直。”《全文》卷三二二蕭穎士有《爲揚州李長史賀立皇太子表》、《爲揚州李長史作千秋節進毛龜表》。按開元二十六年立李璵爲皇太子。此“李長史”當即知柔。

皇甫翼　　約開元末天寶初

《元龜》卷八六二：“皇甫翼爲潞州大都督府長史，家艱去職，起復爲揚州大都督府長史，充淮南道採訪使。”《千唐誌·大唐故廣陵郡海陵縣丞張府君（俊）墓誌銘并序》（天寶四載十月二十五日）：“調授廣陵郡海陵縣丞……復以揚子、江都咸闕毗贊，本道使皇甫翼刈楚屬城薦君，名聞九天，委君位攝二邑……〔府君〕以天寶三載十月十三日道疾終於陳留郡之客舍，春秋五十有九。”按皇甫翼開元二十一年官檢校尚書右丞，見《元龜》卷一六二。

李　遇（李遇及）　　約天寶初

《千唐誌·大唐故廣陵郡海陵縣丞張府君（俊）墓誌銘并序》（天寶四載十月二十五日）：“乃調授廣陵郡海陵縣丞……本道使皇甫翼刈楚屬城薦君，名聞九天，委君位攝二邑（揚子、江都）……時御史李遇廉問淮南，聞而多之。吁，天乎，與其才不輔其德；神乎，奪其壽不福其謙，以天寶三載十月十三日道疾終於陳留郡之客舍。”則李遇當爲皇甫翼之後任。按《舊書·李説傳》：“父遇，天寶中爲御史中丞。”《新書·李説傳》：“父遇及，天寶時爲御史中丞、東畿採訪使。”當即此人。

班景倩　　天寶二年（743）

（日）真人元開《唐大和上東征傳》：“天寶二年癸未……時淮南道採訪使班景倩聞即大駭，便令人將如海於獄推問。”按《通鑑·開元四年》記班景倩由揚州採訪使入爲大理少卿，疑誤。又按《舊書·班宏傳》謂：“父景倩，祕書監。”《新傳》作“國子祭酒”。

李　憕　　約天寶二、三載（約743、744）

《新書》本傳：“天寶初，除清河太守。舉美政，遷廣陵長史，民爲立祠賽祝，歲時不絕。以捕賊負，徙彭城太守……連徙襄陽、河東，並兼採訪處置使。”《舊書》本傳未及。《宋高僧傳》卷九《唐潤州幽棲寺玄素傳》：“天寶之初，吳越瞻仰如想下生。揚州僧希玄請至江北……禮部尚書李憕爲揚州牧，齋心虔虔，二時瞻近。未幾而京口道俗思渴法音，仍移牒渡江，再請還郡……以天寶十一載十一月十一日中夜無疾而化。”又見《全文》卷三二〇李華《潤州鶴林寺故徑山大師碑銘》。

趙居貞　　天寶九載前（750 前）

《全文》卷二九六趙居貞《新修春申君廟記》：“輶軒涖郡，十有一月矣。猥以薄材，謬承重寄。欻自淮服半刺，超爲江南方伯……唐天寶單閼歲除日，中散大夫守吳郡太守兼江南道採訪處置使柱國天水趙居貞記。”按天寶單閼歲爲天寶九載。《姑蘇志》卷三八：“趙居貞……天寶九載二月自揚州長史遷吳郡太守。”

魏方進　　天寶十二載（753）

《千唐誌·唐故淮南道採訪支使河東郡河東縣尉滎陽鄭府君（宇）墓誌銘并序》（天寶十二載十二月二十四日）：“復爲淮南支使，使主魏方進咨公成務如山南焉……以天寶十二載□月十一日卒於廣陵使院，春秋四十五……魏公謂反葬古道，遂北轅而祖之。”

竇崇道　　天寶中

《新表一下》竇氏三祖房：“崇道，廣陵郡太守。”

盧翹　　約天寶中

《新表三上》盧氏：“翹，兵部郎中、廣陵長史。”乃開元十九年鄂州刺史盧翊之弟。

竇庭蕙　　約天寶中

《新表一下》竇氏三祖房：“庭蕙，揚府長史。”乃青州刺史竇誠盈子，中書舍人竇庭華弟。

來 瑱 天寶中？

《全文》卷三一五李華《贈禮部尚書清河孝公崔沔集序》："薨於位，時開元二十四年冬仲月旬有七日……〔公〕權貢舉時，得陸尚書景融、來揚州瑱、宋上黨遥、宋兵部鼎等，僉爲國器。"按兩《唐書》本傳叙其歷官頗詳，並未及任揚州事。

張 宥 玄宗時？

《新表二下》清河張氏："宥，揚州長史。"其父張洽約開元五年終官魏州刺史。

＊李 琦 天寶十五載（756）

《舊書・玄宗紀》：天寶十五載七月，"盛王琦廣陵郡大都督，統江南東路、淮南、河南等路節度大使"。《新書・玄宗紀》、《通鑑・至德元載》七月同。又見兩《唐書》本傳，《元龜》卷二八一。《元龜》卷一二二："〔天寶十五載〕七月，幸蜀至普安郡，下詔曰……盛王琦，宜充廣陵大都督，仍領江南東路及淮南等道節度採訪等都使。"《全文》卷三六六賈至《玄宗幸普安郡制》同。

李成式 天寶十五載（756）

《舊書・李琦傳》："天寶十五年六月，玄宗幸蜀，在路除琦爲廣陵大都督……以廣陵長史李成式爲副大使。"《通鑑・天寶十五載》七月同。又見《元龜》卷一二二，《全文》卷三六六賈至《玄宗幸普安郡制》，《大詔令集》卷三六《命三王制》。《通鑑・至德元載》："十二月，"季廣琛襲廣陵長史淮南採訪使李成式於廣陵"。《全文》卷三六七賈至《授李成式大理卿薛景仙少府監制》稱："守廣陵長史李成式……可試大理卿。"又卷三九二獨孤及《唐故給事中贈吏部侍郎蕭公（直）墓誌銘》稱："所從之主則……揚州刺史李成式。"

高 適 至德元載—二載（756—757）

《舊書・肅宗紀》：至德元載十二月戊子，"諫議大夫高適爲廣陵長史、淮南節度兼採訪使”。《通鑑・至德元載》十二月略同。《舊書》本傳：“以適兼御史大夫、揚州大都督府長史、淮南節度使。詔與江東節度使來瑱率本部兵平江淮之亂……兵罷，李輔國惡適敢言，短於上前，乃左授太子少詹事。”《新書》本傳略同。又見《廣記》卷二七七引《定命録》。據周勛初《高適年譜》，高適於至德二載二月抵廣陵。

鄧景山　　至德二載—上元二年（757—761）

《舊書》本傳：“至德初，擢拜青齊節度使，遷揚州長史、淮南節度使……居職四年，會劉展作亂，引平盧副大使田神功兵馬討賊……上元二年十月，追入朝，拜尚書左丞。”《新書》本傳略同。《舊書・肅宗紀》：上元元年十一月乙巳，“宋州刺史劉展赴鎮揚州，揚州長史鄧景山以兵拒之，爲展所敗”。《全文》卷三七三蘇源明《諫幸東京疏》：“揚州長史鄧景山凌長淮。”又見《元龜》卷六八〇，《封氏聞見記》，《廣記》卷四〇三引《廣異記》。《姓纂》卷九安定鄧氏稱：“唐尚書右丞、揚州長史景山，代居洛陽。”

王　璵　　上元二年（761）

《舊書》本傳：“上元二年，兼揚州長史、御史大夫，充淮南節度使。肅宗南郊禮畢，以璵使持節都督越州諸軍事、越州刺史，充浙江東道節度觀察處置使。”《新書》本傳略同。《嘉泰會稽志》：“王璵，自揚州長史兼御史大夫授。”

崔　圓　　上元二年—大曆三年（761—768）

《舊書・肅宗紀》：上元二年二月癸亥，“以太子詹事、趙國公崔圓爲揚州大都督府長史、淮南節度觀察使”。又《代宗紀》：大曆三年六月“庚子，淮南節度使、檢校尚書左僕射知省事、揚州大都督府長史、趙國公崔圓卒”。又見兩《唐書》本傳，《金石録》卷八《唐淮南節度使崔圓頌德碑》，《全文》卷三一八李華《唐贈太子少師崔公（景晊）神道碑》、卷四一〇常袞《授崔圓左僕射制》、卷三八七獨孤及《送蔣員外奉事畢還揚州序》，《韓昌黎集》卷三七《贈太傅董公（晉）行狀》等。

韋元甫　　大曆三年—六年(768—771)

《舊書·代宗紀》：大曆三年閏六月庚申，“以尚書右丞韋元甫揚州大都督府長史、兼御史大夫，充淮南節度觀察等使”。六年“八月乙卯，淮南節度使韋元甫卒”。又見本傳，《元龜》卷三二四、卷六八〇，《姓纂》卷二東眷韋氏閬公房。《全文》卷三九三獨孤及有《祭揚州韋大夫文》。《千唐誌·唐故北海郡守贈祕書監江夏李公墓誌銘并序》稱“戊申之歲……御史大夫、揚州長史韋公”。大曆三年十一月二十日。戊申即大曆三年。

張延賞　　大曆六年—八年(771—773)

《舊書·代宗紀》：大曆六年八月“庚午，以御史大夫張延賞爲揚州大都督府長史、淮南節度使”。十一年四月“己卯，以前淮南節度使、揚州大都督府長史、御史大夫張延賞爲江陵尹兼御史大夫，充荊南節度使”。又見兩《唐書》本傳，《全文》卷三九〇獨孤及《舒州山谷寺覺寂塔隋故鏡智禪師碑銘并序》，卷三九二《舒州山谷寺上方禪門第三祖璨大師塔銘》，又卷四七九鄭雲逵《奏弟方逵不孝狀》，又卷五一八梁肅《送張三十昆季西上序》等。

陳少遊　　大曆八年—興元元年(773—784)

《舊書·代宗紀》：大曆八年十月乙丑，“以浙東觀察使、越州刺史陳少遊爲揚州大都督府長史，充淮南節度使”。又《德宗紀上》：興元元年“十二月乙亥，淮南節度使、檢校司空、平章事陳少遊卒”。又見兩《唐書》本傳，《元龜》卷六八八、卷六九七，《全文》卷三九五劉太真《爲陳大夫謝上淮南節鎮表》。《通鑑·建中三年》：“十一月己卯朔，加淮南節度使陳少遊同平章事。”北圖藏拓片《唐前揚州海陵縣令劉尚賓夫人范陽盧氏誌銘》(大和五年八月十四日)：“外族潁川陳氏，故淮南節度使檢校司徒同中書門下平章事贈太尉少遊，夫人外祖也。”夫人卒大和五年，享年三十。又見《隋唐五代墓誌匯編·江蘇卷·唐故淮南節度使司徒同平章事贈太尉陳公□婦竇氏墓誌銘并序》(貞元三年六月三日)。

＊李　誼(李謨)　　建中四年—興元元年(783—784)

《舊書》本傳：建中四年，"詔誼爲揚州大都督，持節荆襄、江西、沔鄂等道節度，兼諸軍行營兵馬元帥，改名誼……〔興元元年〕復封舒王，開府儀同三司，揚州大都督如故。永貞元年十月薨"。《新書》本傳略同。又見《元龜》卷二八一、卷七一六。《大詔令集》卷三六《普王誼荆襄江西等道兵馬都元帥制》："舒王謨……可揚州大都督，持節荆襄、江西、沔鄂等道節度及諸軍行營兵馬都元帥，餘如故。賜名誼，改封普王……建中四年九月二十六日。"又見《全文》卷四六二陸贄行制，《元龜》卷二六九，《會要》卷七八。

杜　亞　　興元元年—貞元五年(784—789)

《舊書·德宗紀上》：興元元年十二月"庚辰，以刑部侍郎杜亞爲揚州長史、淮南節度使"。又《德宗紀下》：貞元五年十二月"辛未，以〔前〕淮南節度使杜亞爲東都留守、畿汝州防禦使"。又見兩《唐書》本傳，《舊書·食貨志上》，《元龜》卷六九八，《全文》卷四六二陸贄《杜亞淮南節度使制》、卷五一八梁肅《送韋拾遺歸嵩陽舊居序》、卷五一九《通愛敬陂水門記》、卷七八三穆員《同德寺湊禪師院群公會集序》，《唐語林》卷一。

竇　覦　　貞元五年(789)

《舊書·德宗紀下》：貞元五年十月"癸巳，以户部侍郎竇覦爲揚州長史、兼御史大夫、淮南節度使"。又本傳："爲揚州大都督府長史、御史大夫、充淮南節度副大使、知節度事……赴鎮旬日，暴卒。"又見《杜亞傳》，《姓纂》卷九河南洛陽竇氏，《新表一下》竇氏三祖房。《全文》卷五〇一權德輿《唐故通議大夫守户部尚書兼御史大夫持節充朔方鎮西北庭興平陳鄭等州行營兵馬及河中節度都統處置使兼管内觀察使權知絳州刺史李公(國貞)神道碑銘并序》："夫人扶風郡君竇氏……揚府長史、御史大夫覦之妹也。"

杜　佑(杜祐)　　貞元五年—十九年(789—803)

《舊書·德宗紀下》：貞元五年十二月"壬申，以陝虢觀察使杜祐檢校禮部尚書，兼揚州長史、淮南節度使”。十九年“三月壬子朔，以杜祐檢校司空、同中書門下平章事、太清宮使”。又見兩《唐書》本傳，《新書·宰相表中》，《元龜》卷一七六。《全文》卷六〇〇劉禹錫《爲杜司徒讓淮南立去思碑表》稱：“頃鎮江都，十有四載。”又卷六〇一有《爲杜相公讓同平章事表》。又見卷六九〇符載《淮南節度使瀰陵公杜佑寫真贊》，卷七六一褚藏言《竇常傳》，《柳河東集》卷九《唐故朝散大夫永州刺史崔公墓誌》。

王　鍔　　貞元十九年—元和三年（803—808）

《舊書·德宗紀下》：貞元十九年三月壬子朔，“以淮南行軍司馬王鍔檢校尚書右僕射，兼揚州大都督府長史、淮南節度使”。又《憲宗紀上》：元和三年“九月己丑，淮南節度使王鍔來朝”。戊戌，“以淮南節度使王鍔檢校司徒、河中尹、河中晉絳慈隰節度使”。又見兩《唐書》本傳，《大詔令集》卷一一九《討李錡詔》。

李吉甫　　元和三年—五年（808—810）

《舊書·憲宗紀上》：元和三年九月“戊戌，以中書侍郎、平章事李吉甫檢校兵部尚書、兼中書侍郎、平章事、揚州大都督府長史、淮南節度使”。六年正月“庚申，以〔前〕淮南節度使、中書侍郎、同平章事、趙國公李吉甫復知政事、集賢殿大學士、監修國史”。又見兩《唐書》本傳，《舊書·李德裕傳》，《元龜》卷七三、卷三二二，《大詔令集》卷四六《李吉甫平章事制》（《全文》卷五六），《全文》卷七三一賈餗《揚州華林寺大悲禪師碑銘并序》。《柳河東集》卷三六有《上揚州李吉甫相公獻所著文啓》。

李　鄘　　元和五年—十二年（810—817）

《舊書·憲宗紀上》：元和五年十二月“癸酉，諸道鹽鐵轉運使、刑部尚書李鄘檢校吏部尚書，兼揚府長史，充淮南節度使”。《憲宗紀下》：元和十二年十月“甲申，以淮南節度使、檢校左僕射李鄘爲門下侍郎、同中書門下平章事”。又見兩《唐書》本傳，《新書·宰相表中》，

《元龜》卷七三,《大詔令集》卷四七《李鄘平章事制》,《全文》卷七一九
蔣防行制。《宋高僧傳》卷一〇《唐揚州華林寺靈坦傳》:"元和五年,
相國李公鄘之理廣陵也,以峻法操下。"

衛次公　　元和十二年—十三年(817—818)

《舊書·憲宗紀下》:元和十二年十月甲申,"以左丞衛次公代
〔李〕鄘爲淮南節度使"。十三年十月"癸亥,前淮南節度使衛次公
卒"。又見兩《唐書》本傳。

李夷簡　　元和十三年—長慶二年(818—822)

《舊書·憲宗紀下》:元和十三年七月"辛丑,以門下侍郎、同平章
事李夷簡檢校左僕射、同平章事、揚州大都督府長史、淮南節度使"。
又《穆宗紀》:長慶二年三月甲寅,"以前淮南節度使李夷簡爲右僕
射"。又見《新書》本傳、《宰相表中》。《全文》卷五八憲宗有《授李夷
簡淮南節度制》,《大詔令集》卷五三稱"元和十二年七月","十二"當
爲"十三"之訛。

【裴　度　　長慶二年(822)(未之任)】

《舊書·穆宗紀》:長慶二年三月"壬子,以新授東都留守裴度爲
揚州大都督府長史,充淮南節度使……戊午,司徒裴度復入中書知政
事"。又見兩《唐書》本傳,《元龜》卷七三,《大詔令集》卷三七,《全文》
卷六四穆宗《授裴度平章事制》。

王　播　　長慶二年—大和元年(822—827)

《舊書·穆宗紀》:長慶二年三月戊午,"以中書侍郎、平章事王播
檢校右僕射,兼揚州大都督府長史,充淮南節度使,依前兼諸道鹽鐵
轉運使"。又《文宗紀上》:大和元年六月"癸巳,以淮南節度副大使、
知節度事……揚州大都督府長史……王播,可尚書左僕射、同中書門
下平章事,依前充諸道鹽鐵轉運使"。又見兩《唐書》本傳,《新書·宰
相表下》,《大詔令集》卷四八、《全文》卷六九《王播平章事制》,《樊南

文集補編》卷一二《代諸郎中祭太尉王相國文》。《全文》卷七一四李宗閔《故丞相尚書左僕射贈太尉王公（播）神道碑銘并序》："〔長慶〕二年，公用相印爲淮南節度使，以其職隨之四年……今上踐祚，急召徵公。"又卷七三一賈餗《揚州華林寺大悲禪師碑銘》："寶曆元年……余因採其昭昭可述者載於碑。時丞相太原公總戎淮南之三年也。""丞相太原公"，即指王播。

段文昌　　大和元年—四年（827—830）

《舊書・文宗紀上》：大和元年六月癸巳，"以御史大夫段文昌代〔王〕播爲淮南節度使"。又《文宗紀下》：大和四年三月"癸卯，以淮南節度使段文昌檢校尚書左僕射、同中書門下平章事，兼江陵尹、充荊南節度使"。又見兩《唐書》本傳。

崔　從　　大和四年—六年（830—832）

《舊書・文宗紀下》：大和四年三月癸卯，"以前太子賓客崔從檢校右僕射、揚州大都督府長史、淮南節度使"。六年十一月"丁未，淮南節度使、檢校右僕射崔從卒"。《新書》本傳略同。《舊書》本傳稱：六年十月卒於鎮。又見《新表二下》南祖崔氏。《金石錄》卷一〇有《唐淮南節度使崔從碑》，蔣伸撰。上圖藏拓片《唐故右拾遺清河崔府君（艤）與滎陽鄭氏夫人合祔墓銘并序》（乾寧五年八月六日）："祖從，皇淮南節度使、檢校尚書右僕射、贈太師，謚曰貞。"艤卒乾寧四年八月，年三十三。北圖藏拓片《梁故清河崔府君（崇素）墓銘并序》（龍德二年十一月二十日）："曾祖從，唐淮南節度使，檢校尚書右僕射，謚曰貞。"【補遺】《洛陽新獲墓誌 100・唐故隴西郡夫人李氏墓誌銘》："皇唐大和四年閏十二月十五日，檢校右僕射淮南節度使清河崔公夫人隴西郡夫人李氏終於揚州官舍。……夫人年十七歸於清河崔公。……清河公由憲丞再遷廉察陝服，四遷制興元，由興元入爲尚書左丞，出拜鄜坊節度。凡三年，入除吏部侍郎，太常卿，東都留守。……大和二年罷留守。……明年徵詣長安，拜淮南節度使。"按此"崔公"當爲崔從。

牛僧孺　　大和六年—開成二年（832—837）

《舊書・文宗紀下》：大和六年十二月“乙丑，以中書侍郎、同平章事牛僧孺檢校右僕射、同平章事、揚州大都督府長史，充淮南節度使”。開成二年五月“辛未，詔以前淮南節度使牛僧孺爲檢校司空、東都留守”。又見兩《唐書》本傳，《新書・宰相表下》，《元龜》卷三二二，《全文》卷七二〇李珏《故丞相太子少師贈太尉牛公（僧孺）神道碑銘并序》，卷七五五杜牧《唐故太子少師奇章郡開國公贈太尉牛公墓誌銘并序》。北圖藏拓片《唐故太常丞贈諫議大夫溫府君（佶）神道碑并序》（大和七年）：“淮南節度副大使知節度事管内營田觀察處置等使金紫光禄大夫檢校尚書右僕射同中書門下平章事兼揚州大都督府長史上柱國奇章郡開國公（下泐）。”

李德裕　　開成二年—五年（837—840）

《舊書・文宗紀下》：開成二年五月丙寅，“以浙西觀察使李德裕檢校户部尚書，兼揚州大都督府長史，充淮南節度使”。又《武宗紀》：開成五年“九月，以淮南節度使、檢校尚書左僕射李德裕爲吏部尚書、同中書門下平章事，尋兼門下侍郎”。又見兩《唐書》本傳，《新書・宰相表下》，《全文》卷七〇八李德裕《平泉山居草木記》、卷七〇九《天性論》、卷六九七《大孤山賦并序》，卷六〇九劉禹錫《唐故宣歙池等州都團練處置使宣州刺史王公（質）神道碑》，卷七五五杜牧《唐故淮南支使試大理評事兼監察御史杜君（顗）墓誌銘》。《全詩補逸》卷一一張祜有《戊午年感事書懷二百韻謹寄獻太原裴令公淮南李相公漢南李僕射宣武李尚書》。按“戊午年”即開成三年，“裴令公”指裴度，“淮南李相公”即李德裕。

李　紳　　開成五年—會昌二年（840—842）

《舊書・武宗紀》：開成五年九月，“以宣武軍節度使、檢校吏部尚書、汴州刺史李紳代德裕鎮淮南”。《新書・宰相表下》：會昌二年“二月丁丑，檢校尚書右僕射、淮南節度使李紳爲中書侍郎、平章事”。《通鑑・會昌二年》二月同。按兩《唐書》本傳、《舊書・武宗紀》皆稱：

會昌元年二月李紳由淮南節度使入相。“元年”當爲“二年”之誤。又見《全文》卷九六八闕名《據三司推勘吳湘獄罪狀奏》，《唐文拾遺》卷三〇孔温業《李紳拜相制》，《宋高僧傳》卷一一《唐揚州慧照寺崇演傳》，《雲溪友議》卷上。

杜 悰　　會昌二年—四年（842—844）

《新書》本傳：“會昌初，爲淮南節度使……逾年，召拜檢校尚書右僕射、同中書門下平章事，仍判度支。”《舊書·武宗紀》：會昌四年“七月，以淮南節度使、檢校司空杜悰守尚書右僕射、兼門下侍郎、同平章事”。《通鑑·會昌四年》七月同。《新書·宰相表下》作“閏七月”。《大詔令集》卷四九《杜悰平章事制》作“會昌四年閏七月甲辰”。《舊書》本傳未及。《全文》卷七五三杜牧《上宰相求湖州第二啓》：“會昌元年四月，兄憕自江守蘄……〔某〕明年七月出守黄州……時西川相國兄始鎮揚州。”《唐語林》卷三記有杜悰在揚州事。

李 紳　　會昌四年—六年（844—846）

《舊書》本傳：會昌四年“十一月，守僕射、平章事，出爲淮南節度使。六年，卒”。《新書》本傳略同。《新書·宰相表下》：會昌四年閏七月壬戌，“〔李〕紳檢校尚書右僕射、同平章事、淮南節度使”。《通鑑·會昌四年》閏七月同。《舊書·武宗紀》、《元龜》卷三二二作會昌四年七月。《通鑑·會昌六年》：“七月壬寅，淮南節度使李紳薨。”《唐語林》卷四記有“淮南李相紳”事。《白居易集》卷七一有《淮南節度使檢校尚書右僕射趙郡李公家廟碑銘并序》。

李讓夷　　會昌六年—大中元年（846—847）

《新書》本傳：“宣宗立，進司空、門下侍郎，爲大行山陵使。未復土，拜淮南節度使。以疾願還，卒於道，贈司徒。”又《宰相表下》：“會昌六年……七月，讓夷檢校司空、同平章事、淮南節度使。”《樊南文集補編》卷三有《爲滎陽公上淮南李相公狀》，“李相公”即李讓夷。按《舊書·宣宗紀》稱：會昌六年“七月，以兵部尚書李讓夷爲劍南東川節度使”。“劍南東川”當爲“淮南”之誤。

崔　鄲　　大中元年—三年（847—849）

《新書》本傳：“宣宗初，以檢校尚書右僕射同平章事，節度淮南，卒於軍。”又見《東觀奏記》。

李　珏　　大中三年—六年（849—852）

《舊書》本傳：大中二年，“徵入朝爲户部尚書。出爲河陽節度使。入爲吏部尚書，累遷金紫光禄大夫、檢校尚書右僕射、揚州大都督府長史、淮南節度使……大中七年卒，贈司空”。《新書》本傳略同。《全文》卷七八八蔣伸有《授李珏揚州節度使制》。又卷七四八杜牧《李珏册贈司空制》：“維大中六年歲次壬申五月丁卯朔十六日壬午，皇帝若曰……咨爾故淮南節度副大使知節度事、管内營田觀察處置等使……檢校尚書右僕射、兼揚州大都督府長史……李珏……册贈爾爲司空。”又見《大詔令集》卷六三。《訪碑録》卷四（《中州金石目》卷四）有《淮南節度李珏神道碑》。按《舊紀》稱：大中六年七月丙辰，前淮南節度使李珏卒，《舊傳》謂七年卒，皆誤。又見《東觀奏記》、《唐語林》卷三。

杜　悰　　約大中六年—九年（約852—855）

《新書》本傳：“出爲劍南東川節度使，徙西川，復鎮淮南……罷，兼太子太傅，分司東都。逾歲，起爲留守，復節度劍南西川。”《舊書》本傳未及。按大中二年至六年杜悰在西川節度任。《全文》卷七六三沈詢有《授杜琮（悰）淮南節度使制》。《通鑑·大中九年》：七月，“淮南饑，民多流亡，節度使杜悰荒於遊宴，政事不治。上聞之……丁酉，以悰爲太子太傅、分司”。又見《北夢瑣言》卷三，《唐語林》卷六。

崔　鉉　　大中九年—咸通三年（855—862）

《舊書》本傳：“〔大中〕九年，檢校司徒、揚州大都督府長史，進封魏國公、淮南節度使……咸通初，移鎮襄州。”《新書》本傳：“出爲淮南節度使……居九年……咸通初,徙山南東道、荆南二鎮。”《大詔令集》卷五三、《全文》卷七九有《崔鉉淮南節度平章事制》。又見《新書·宰相表下》,《通鑑·大中九年》七月、《大中十二年》七月、八月、十月,《唐詩紀事》卷五一,《唐語林》卷二,《北夢瑣言》卷六,《廣記》卷三一一引《梁楮李琪作傳》。《全文》卷八一〇司空圖《故宣州觀察使檢校禮部王公（凝）行狀》。

令狐綯　　咸通三年—九年（862—868）

《舊書》本傳:“〔咸通〕三年冬,遷揚州大都督府長史、淮南節度副大使、知節度事……九年,徐州戍兵龐勛自桂州擅還……綯既喪師,朝廷以左衛大將軍、徐州西南面招討使馬舉代綯爲淮南節度使。”《新書》本傳略同。又見《舊書·懿宗紀》。

馬　舉　　咸通九年—十一年（868—870）

《通鑑考異·咸通九年》引《實録》:“〔咸通十年〕二月,以馬舉爲淮南節度使,充南面招討使。”按《舊書·懿宗紀》稱:咸通九年九月,馬舉檢校司空,兼揚州大都督府長史、淮南節度副大使、知節度事。又見兩《唐書·令狐綯傳》。

李　蔚　　咸通十一年—乾符元年（870—874）

《舊書·懿宗紀》:咸通十一年十二月,“以〔李〕蔚檢校吏部尚書、揚州大都督府長史,兼淮南節度副大使、知節度事”。又《僖宗紀》:乾符元年四月,“以前淮南節度使李蔚爲吏部尚書”。按劉鄴於乾符元年十月代李蔚爲淮南節度,見《新書·宰相表下》、《通鑑·乾符元年》,故此處不當謂“前淮南節度使李蔚”;或改置十月後。《新書》本傳:“出爲宣武節度使,徙淮南。代還,民詣闕請留,詔許一歲。僖宗乾符初,以吏部尚書同中書門下平章事。”按《舊書》本傳稱:“咸通十四年,轉揚州大都督府長史、淮南節度副大使知節度事。乾符三年受代,百姓詣闕乞留一年,從之。四年,復爲吏部尚書。”考《闕史》卷下《泗州風狂尼》:“丞相隴西公蔚,建大旆於廣陵日,時咸通十二年也。”

十二年蓋謂到任時間,則《舊紀》不誤;又按李蔚於乾符二年六月前已入爲吏部尚書,見《新書·宰相表下》。由此知《舊傳》起訖年代均誤。《唐語林》卷七有"李相蔚在淮南"事。

劉　鄴　　乾符元年—六年(874—879)

《新書·宰相表下》:乾符元年"十月丙辰,〔劉〕鄴檢校尚書左僕射、同平章事、淮南節度使"。《通鑑·乾符元年》十月同。《舊書》本傳:"僖宗即位,蕭倣、崔彥昭秉政,素惡鄴,乃罷鄴知政事,檢校尚書左僕射、同平章事、揚州大都督府長史、淮南節度使……黃巢渡淮而南,詔以浙西高駢代還。"《新書》本傳略同。又見《南部新書》癸,《元龜》卷三二二、卷三三三、卷九三一。按蕭倣咸通十四年十月入相,崔彥昭乾符元年八月入相,見《新書·宰相表下》,則《舊紀》稱咸通十四年十月劉鄴兼揚州大都督府長史知淮南節度事誤。

高　駢　　乾符六年—光啓三年(879—887)

《舊書·僖宗紀》:乾符六年"十月,制以鎮海軍節度、浙江西道觀察處置等使高駢檢校司徒、同平章事、揚州大都督府長史,充淮南節度副大使、知節度事、江淮鹽鐵轉運、江南行營招討等使"。光啓三年"九月辛未朔,淮南節度使高駢爲其牙將畢師鐸所殺"。又見《新書·僖宗紀》,兩《唐書》本傳、《劉鄴傳》,《元龜》卷一二〇,兩《五代史·梁太祖紀》、《雷滿傳》,《通鑑·乾符六年》、《中和元年》、《光啓二年》、《光啓三年》,《全文》卷七六七鄭畋《討巢賊檄》、《切責高駢詔》。《千唐誌·唐宣武軍節度押衙兼侍御史河東柳公(延宗)墓誌并序》(廣明元年十月十四日):"從舅淮南節度使燕公……乃署西川節度押衙。"廣明元年七月十三日卒,年四十一。

秦　彥　　光啓三年(887)

《舊書·僖宗紀》:光啓三年五月,"揚州牙將畢師鐸召宣州觀察使秦彥入揚州,推爲節度使"。九月,"楊行密急攻廣陵,蔡賊秦宗權遣其將孫儒將兵三萬渡淮,爭揚州,城中食盡。十一月,秦彥、畢師鐸潰圍奔於孫儒軍,行密入據揚州"。《通鑑·光啓三年》同。又見兩《唐書》本傳,《十國春秋·吳太祖世家》。

【朱全忠　　光啓三年—龍紀元年(887—889)(未之任)】

《舊書·僖宗紀》:光啓三年十一月,"制授〔朱〕全忠檢校太尉、侍中、兼揚州大都督府長史,充淮南節度觀察等使、行營兵馬都統"。又《昭宗紀》:龍紀元年"四月壬戌朔,以宣武淮南等節度副大使、知節度事、管內營田觀察處置等使、開府儀同三司、檢校太傅、兼侍中、揚州大都督府長史、汴州刺史……朱全忠爲檢校太尉、中書令,進封東平王"。《新五代史·梁太祖紀上》:光啓三年,"淮南節度使高駢死……天子以王兼淮南節度使……文德元年正月,王如淮南,至宋州而還"。《通鑑·文德元年》:"二月,朱全忠奏以楊行密爲淮南留後。"又見《舊五代史·梁太祖紀》、《郭言傳》,《十國春秋·吳太祖世家》。

楊行密　　光啓三年—文德元年(887—888)

《舊書·僖宗紀》:光啓三年九月,"楊行密急攻廣陵……十一月……行密入據揚州"。《昭宗紀》:文德元年四月"壬午,蔡賊孫儒陷揚州,楊行密潰圍而出,據宣州"。又見《新書》本傳,《通鑑·光啓三年》十月、《文德元年》二月、四月,《十國春秋·吳太祖世家》。

孫　儒　　文德元年—景福元年(888—892)

《通鑑·文德元年》:四月"壬午,孫儒襲揚州,克之,楊行密出走,儒自稱淮南節度使"。又《景福元年》:"六月,行密聞儒疾瘥,戊寅,縱兵擊之。會大雨,晦冥,儒軍大敗……斬之,傳首京師。"又見兩《唐書·昭宗紀》,《舊五代史·梁太祖紀一》,《十國春秋·吳太祖世家》。

楊行密　　景福元年—天祐二年(892—905)

《通鑑·景福元年》:六月"丁酉,楊行密帥衆歸揚州……八月,以

楊行密爲淮南節度使、同平章事”。又《天祐二年》：十月，“楊渥至廣
陵。辛丑，楊行密承制以渥爲淮南留後”。又見《新書》本傳，《新五代
史》本傳，《十國春秋・吳太祖世家》。《通鑑・天祐二年》：十一月“庚
辰，吳武忠王楊行密薨”。《舊五代史》本傳稱：“〔天祐〕三年，行密以
疾卒於廣陵。”《全文》卷八九五羅隱《東安鎮新築羅城記》：“起大順辛
亥年秋七月壬戌，訖於明年夏四月庚寅……不三四年，淮南節度楊氏
行密以稱盜豕突獝衝，擾我疆境，而東安尤爲其所忌。”

楊　渥　　天祐二年—四年（905—907）

《新書・哀帝紀》：天祐二年十一月“庚辰，淮南節度使楊行密卒，
以其子渥爲淮南節度副大使、東南諸道行營都統”。《通鑑・天祐二
年》：十一月“庚辰，吳武忠王楊行密薨。將佐共請宣諭使李儼承制授
楊渥淮南節度使、東南諸道行營都統、兼侍中、弘農郡王”。《開平元
年》：正月，“淮南節度使兼侍中、東面諸道行營都統楊渥既得江西，驕
侈益甚”。

待考録

褚仁規

《廣記》卷一二四引《稽神録》：“軍將劉璠性强直勇敢，坐法徙海
陵，郡守褚仁規嫌之，誣其謀叛，詔殺於海市。”

卷一二四　楚州（淮陰郡）

隋江都郡之山陽、安宜縣地，臧君相據之，號東楚州。武德四年君相降，因之。八年去"東"字。天寶元年改爲淮陰郡。乾元元年復爲楚州。領縣五：山陽、鹽城、安宜（寶應）、盱眙、淮陰。

寇　遑　　約貞觀中

北圖藏拓片《唐故河南府告成縣主簿上谷縣開國子寇公（鐈）墓誌銘并序》（天寶二年三月六日）："高祖牧楚州府君諱遑，曾祖牧歸州府君諱覽，大父題興曹州府君諱遠，烈考連率定州府君諱沘。"鐈卒天寶二年，年四十二。

劉胤之　　顯慶中？

《舊書》本傳："永徽初，累轉著作郎、弘文館學士，與國子祭酒令狐德棻、著作郎楊仁卿等，撰成國史及實録……尋以老，不堪著述，出爲楚州刺史，卒。"又見《劉子玄傳》，《新書·劉延祐傳》，《姓纂》卷五彭城劉氏，《新表一上》劉氏。按胤之貞觀二十年在著作郎任，顯慶元年時爲集賢學士，見《會要》卷六三。則其刺楚州疑在顯慶中。

崔　某（霍某）　　上元二年（675）

《全文》卷一八一王勃《秋日楚州郝司户宅餞崔使君序》："上元二載，高秋八月，人多汴北，地實淮南……新知滿目，飲崔公之盛德；果遇攀輪，慕郝氏之高風。"按卷子本"崔使君"作"霍使君"。

杜瓙之　　約高宗時

《姓纂》卷六京兆杜氏："瓙之，比部郎中，楚州刺史。"乃隋杜士峻孫。

劉行實　　光宅元年（684）

《新書·后妃·高宗則天順聖皇后武氏傳》："於是柳州司馬李敬業……乃募兵殺揚州大都督府長史陳敬之，據州欲迎廬陵王……盱眙人劉行舉嬰城不肯從，敬業攻之，不克。太后拜行舉游擊將軍，擢其弟行實楚州刺史。"《通鑑》記此事在光宅元年九月。按《舊書·史務滋傳》稱："天授中，雅州刺史劉行實及弟渠州刺史行瑜、尚衣奉御行感，并兄子左鷹揚將軍虔通，並爲侍御史來子珣誣以謀反誅。"

裴思訓　　約武后時

《歷代名畫記》卷九："釋脩然，俗姓裴氏，楚州刺史思訓子……卒年三十九。"注："開元中，嘗夜醉臥街犯禁。"又見《唐詩紀事》卷七五。按《新表一上》中眷裴氏有"思訓，巴州刺史"。其子皎然、脩然；皎然子周南，監察御史。

尹元徽　　約武后時

《姓纂》卷六河間尹氏："元徽，比部郎中、楚州刺史。"乃元貞、元凱同祖從兄弟。按元凱大足元年與修《三教珠英》。

趙謙光　　武后時？

《隋唐五代墓誌匯編·北京大學卷》第二册《唐故許州扶溝縣令天水趙府君（季康）隴西李氏合祔墓誌銘并序》（貞元十八年十一月二十九日）："王父孝舉，國初滑、鄭二州刺史。先考謙光，皇朝尚書户部郎中、楚州刺史……君即户部府君第十四子。"天寶初卒，未言享年。按謙光登咸亨進士第，見《唐詩紀事》卷二〇。

周伯瑜　　中宗時？

《姓纂》卷五永安周氏：“伯瑜，楚州刺史。”《新表四下》同。按其父道務，顯慶中爲桂州都督，永淳中卒。則伯瑜刺楚州疑在中宗時。

鄧　森　　景龍四年（710）

《千唐誌·大唐故中散大夫守荆州大都督府司馬上柱國南陽鄧府君（森）墓誌銘并序》（景雲二年二月七日）：“景龍四年三月，除使持節楚州諸軍事守楚州刺史，其年八月十二日除荆州大都督府司馬。”又見開元十三年五月二十七日《大唐中大夫故楚州刺史鄧府君夫人太原王氏太原郡君之銘誌》。

宋　璟　　景雲二年（711）

《舊書·睿宗紀》：景雲二年二月甲辰，“宋璟左授楚州刺史”。《新書·睿宗紀》作二月“甲申”，《通鑑·景雲二年》同。又見兩《唐書》本傳，《元龜》卷三一五、卷三二九，《金石録》卷二八《唐宋璟碑跋》，《全文》卷三四三顏真卿《有唐開府儀同三司行尚書右丞相上柱國贈太尉廣平文貞公宋公（璟）神道碑銘》。

秦守一　　約開元初

《全文》卷二五三蘇頲《授秦守一萬年縣令制》稱：“楚州刺史上柱國南安縣開國公秦守一……可通議大夫行萬年縣令。”按蘇頲開元初知制誥。

崔子儀　　約開元初

北圖藏拓片《大唐故越州諸暨縣主簿崔君（齊榮）墓誌銘并序》（開元十六年七月二十六日）：“曾祖大方，皇海州刺史……考子儀，太僕少卿，楚、陵、通三州刺史……君即通州君之次子也。”齊榮卒開元十六年六月廿七日，未言享年。

李仲康　　開元十一年(723)

　　《新書・宗室世系表上》畢王房："楚州刺史仲康。"《楚州金石録・楚州淮陰縣娑(婆)羅樹碑并序》："州牧宗子名仲康……播清政以主郡……開元十一年十月二日建。"《全文》卷二六三同。《全文》卷三九一獨孤及《唐故衢州司士參軍李府君(濤)墓誌銘》："父仲康,官至尚書主客郎中、楚州刺史。"濤乾元二年卒。又見卷五二一梁肅《衢州司士參軍李君夫人河南獨孤氏墓誌銘》(《千唐誌》有此二誌),卷三九〇獨孤及《唐故睢陽郡太守贈祕書監李公(少康)神道碑銘并序》,卷三九一獨孤及《唐萬年縣尉崔蕭洌故妻李氏墓誌銘》等。曲石藏《唐故隴西李氏廿四娘墓誌文》(大曆九年四月二十八日)："祖楚州刺史、主客郎中仲康。"李氏大曆三年卒,年十八。

姚　弈　　約開元中

　　《新書・姚閎傳》："父弈,楚州刺史。"按《舊書・姚閎傳》稱："父弈,開元初歷處州刺史",《新表四下》陝郡姚氏稱："弈,楚州長史",均與此異。

鄭　諶　　開元中

　　《芒洛四編》卷五《唐故太中大夫使持節青州諸軍事青州刺史上柱國滎陽鄭公(諶)墓誌銘并序》(開元二十三年二月二十三日)："佐徐、曹、許三州,守歸、楚、萊三郡……拜青州刺史,仍聽致仕……居數歲,以開元廿二年十一月十五日寢疾薨於河南洛陽審教里之第。"

李庭言　　開元中

　　《新表二上》隴西李氏姑藏房："庭言,楚州刺史。"乃潤州刺史玄義孫。按開元五年四月九日李廷(庭)言在兵部員外郎任,見《會要》卷五八。

高　利　　開元中?

　　《全詩》卷一三七儲光羲有《安宜園林獻高使君》。又卷一三九有

《獻高使君大酺作》。《封氏聞見記》卷九："高利自濠州改爲楚州，時江淮米貴，職田每得粳米，直數千貫。準例，替人五月五日以前到者，得職田。利欲以讓前人，發濠州，所在故爲淹泊，候過數日，然後到州，士子稱焉。"又見《唐語林》卷一。

李 諲　天寶元年（742）

《輿地碑記目》卷二《楚州碑記》有《開元聖像碑》，注云："此碑以天寶元年淮陰太守李諲所建。"

趙 悦　天寶十四載（755）

《李太白文集》卷二九《趙公西候新亭頌》："惟十有四載……伊四月孟夏，自淮陰遷我天水趙公作藩於宛陵。"《金石録》卷七："《唐淮陰太守趙悦遺愛碑》，張楚金撰，行書，無姓名……天寶十四載。"又見《輿地碑記目》卷二。

李藏用　上元二年（761）

《通鑑·肅宗上元二年》："冬十月，江淮都統崔圓署李藏用爲楚州刺史。"

崔 侁　寶應元年（762）

《舊書·肅宗紀》：寶應元年建巳月"壬子，楚州刺史崔侁獻定國寶玉十三枚"。又《五行志》同。又見《酉陽雜俎》前集卷一，《通鑑·寶應元年》，《元龜》卷二五，《廣記》卷四〇四引《杜陽雜編》。

韋幼章　寶應二年（763）

《姓纂》卷二東眷韋氏南皮公房："幼章，楚州刺史。"《新表四上》同。《全文》卷三九〇獨孤及《唐故朝議大夫申王府司馬上柱國贈太常卿韋公（縝）神道碑銘并序》："季子幼章……自兵部郎中持節典泗、楚二州……寶應二年春三月，以子爲大夫，故詔贈公太常卿……由是，楚州稽首於廟，見託撰德。"

李　湯（李陽）　　永泰中

《全文》卷三四六劉長卿《張僧繇畫僧記》：“天寶末遭禄山之亂，〔劉傑〕避地淮陰，與道士魏審交深相結納。無何，傑以老卒，傳於審交，審交傳楚州刺史李湯，湯傳睦州司馬劉長卿。”《廣記》卷四六七引《戎幕閑談》：“永泰中，李湯任楚州刺史。”《唐國史補》卷上“淮水無支奇”作“李陽”。《全詩》卷二〇七李嘉祐有《白田西憶楚州使君弟》，又卷一八九韋應物《送李二歸楚州》注：“時李季弟牧楚州，被訟赴急。”疑皆指李湯。

張緯之　　約大曆元年—三年（約 766—768）

《全文》卷三一六李華《壽州刺史廳壁記》：“工部郎中楚州張緯之代公（獨孤問俗）爲州牧，某部郎中韋延安代張典此州，僉有政聞。”按獨孤問俗約大曆元年至三年爲壽州刺史，時張緯之當在楚州任。

薛　珏　　大曆中

《舊書》本傳：“遷昭德令。縣人請立碑紀政，珏固讓不受。遷楚州刺史、本州營田使……爲觀察使誣奏，左授硤州刺史，遷陳州刺史。”《新書》本傳略同。《元龜》卷六七三：“薛珏，大曆中歷楚、硤、陳三州刺史。”又見卷六八九。

【李　泌　　大曆十四年（779）（未之任）】

《舊書》本傳：“元載誅，乃馳傳入謁……又爲宰相常衮所忌，出爲楚州刺史。及謝恩，具陳戀闕，上素重之，留京數月。會澧州刺史闕……遂輟泌理之。”《新書》本傳略同。《舊書·代宗紀》：大曆十四年正月“壬戌，以楚州刺史李泌爲澧州刺史”。

元　亘　　貞元二年（786）

《姓纂》卷四河南洛陽元氏：“亘，宣、楚等州刺史，將作監。”《會稽掇英總集·唐太守題名》：“元亘，貞元二年十二月自楚州刺史授。”《嘉泰會稽志》同。《全詩》卷三〇四劉商有《送元使君自楚移越》。

王　遘　　貞元九年前（793 前）

《千唐誌・唐故知鹽鐵福建院事監察御史裏行王府君（師正）墓誌銘并序》（大和二年十月十四日）：“皇銀青光禄大夫楚州刺史兼團練營田等使御史中丞贈衛尉卿遘，公之皇考也……年十四，中丞府君棄養。”師正卒大和二年，年四十九。由此推知師正生於建中元年（780），十四歲時爲貞元九年（793），遘卒於是年，其刺楚當在此前。上圖藏拓片《唐故鄂岳團練判官將仕郎試大理評事太原王公（譚）墓誌銘并序》：“王父諱遘，皇金部郎中，蘇、楚州刺史兼御史中丞。”譚咸通五年五月二十四日終於鄂州官舍，年五十二。

路　寰　　貞元十一年（795）

《舊書・德宗紀下》：貞元十一年八月“丙辰，以楚州刺史路寰爲洪州刺史、江西觀察使”。又見《元龜》卷八六二。

韋　覃　　約貞元中

《姓纂》卷二東眷韋氏郿城公房：“覃，楚州刺史。”上圖藏拓片《唐河南府洛陽縣尉孫嗣初妻京兆韋夫人墓誌銘并序》（大中十四年二月二十七日）：“大父府君諱覃，皇朝長安縣令，廬、楚等州刺史……夫人少丁延陵府君喪。”大中十三年十二月二十六日卒。岑仲勉《姓纂四校記》謂其父殆卒元和末，祖覃應仕德宗時。

達奚撫　　約貞元末

《全文》卷六三九李翱《故處士侯君（高）墓誌》：“達奚撫爲楚州，起攝盱眙；祭酒李公遜刺衢州，請治信安；其觀察浙東，又宰於剡；三縣皆有政。”按李遜元和初刺衢州，元和五年爲浙東觀察。達奚撫爲楚州當在此前。

鄭膺甫　　元和中

《舊書・鄭餘慶傳》：“弟膺甫，官至主客員外郎中，楚、懷、鄭三州刺史。”《新表五上》鄭氏：“膺甫，楚州刺史。”按膺甫元和四年爲睦州刺史，元和十二年在懷州刺史任。

顏　潁　　元和中？

《姓纂》卷四琅邪江都顏氏："潁，楚州刺史。"乃真卿弟允臧子，疑仕元和中。

賈　㻞　　元和中？

《新表五下》賈氏："㻞，楚州刺史。"按其父耽，相德宗。疑㻞仕元和中。

李　聽　　元和十三年—十四年（818—819）

《舊書》本傳："元和中，討李師道，聽爲楚州刺史，統淮南之師。"《新書》本傳略同。《舊書·憲宗紀下》：元和十四年五月"庚辰，以楚州刺史李聽爲夏州刺史、夏綏銀宥等州節度使"。又見《通鑑·元和十四年》正月，《元龜》卷一六五、卷三八五、卷六九四。《全文》卷六二三宋申錫《義成軍節度使持節滑州諸軍事兼滑州刺史李公（聽）德政碑銘并序》："自蔚州五遷至楚州刺史……公之牧山陽也，會鄆盜挺禍。"

衛文卿　　元和末？

《宋高僧傳》卷九《唐洛京龍興寺崇珪傳附全植傳》："淮南都梁山釋全植，姓芮，光州人也……至淮南都梁山建立茅舍，太守衛文卿命於州治長壽寺化徒……植終年九十三，門人建塔立碑。會昌四年甲子九月七日入浮圖焉。"按都梁山在楚州盱眙縣。

【李景儉　　長慶元年—二年（821—822）（未之任）】

《舊書·穆宗紀》：長慶元年十二月"丁卯，貶諫議大夫李景儉爲楚州刺史"。又本傳："景儉未至漳州而元稹作相，改授楚州刺史。議者以景儉使酒，凌忽宰臣，詔令纔行，遽遷大郡。稹懼其物議，追還，授少府少監。"《新書》本傳略同。《元龜》卷三三七："長慶二年，以新授楚州刺史李景儉爲少府少監，分司東都。"

蘇　遇　　長慶三年—四年（823—824）

《通鑑·長慶四年》：正月，"〔李〕逢吉與其黨快紳失勢，又恐上復用之，日夜謀議，思所以害紳者。楚州刺史蘇遇謂逢吉之黨曰……其黨以爲然。"

張　遵　　約寶曆元年—二年（約825—826）

《隋唐五代墓誌匯編·洛陽卷》第十三册《邕州本管經略招討處置等使邕州刺史張公（遵）墓誌》（大和五年二月三日）："授邢州刺史，廉使奏加御史中丞，改洺州刺史。追入拜龍武軍將軍知軍事。不數月授楚州刺史，又改亳州刺史……詔遷邕州刺史本管經略招討處置等使。"大和四年二月三日卒，享年六十二。

郭行餘　　寶曆二年—大和五年（826—831）

《舊書》本傳："大和初，累官至楚州刺史。五年，移刺汝州。"《新書》本傳略同。《全詩》卷三六〇劉禹錫《罷郡歸洛途次山陽留辭郭中丞使君》，當即郭行餘。又有《楚州開元寺北院枸杞臨井繁茂可觀群賢賦詩因以繼和》，卞孝萱《劉禹錫年譜》繫此二詩於寶曆二年冬。《白居易集》卷二五有《贈楚州郭使君》及《和郭使君題枸杞》詩："山陽太守政嚴明。"朱金城《白居易年譜》據此謂寶曆間郭行餘已刺楚州。《楚州金石録·楚州官屬題名幢》（以下簡稱《題名幢》）："使朝散大夫使持節楚州諸軍事守楚州刺史□□州團練使淮南營田副使驍騎尉郭行餘，團練判官韋塤：大和三年□月廿一日。"

李德脩　　大和五年—六年（831—832）

《新表二上》趙郡李氏西祖房："德脩，楚州刺史。"《嘉泰吳興志》卷一四郡守題名："李德脩，大和四年五月十日自淮南節度行軍司馬授；後遷楚州刺史。"《題名幢》："使太中大夫使持節楚州諸軍事守楚州刺史充本州團練使淮南營田副使上柱國襲趙國公食邑三千户賜紫金魚袋李德脩：大和五年四月十九日授。"《全詩》卷三五九劉禹錫《送李中丞赴楚州》，卞孝萱《劉禹錫年譜》繫於大和五年，謂李中丞即李德脩。上圖藏拓片《唐故潞州涉縣主簿李氏（同）墓誌》（咸通八年八月二十四日）："祖德脩，楚州刺史兼御史中丞。"《新書·李吉甫傳》："子德脩……出爲舒、湖、楚三州刺史，卒。"又見《東觀奏記》上，《唐語林》卷七。北圖藏拓片《唐故趙郡李氏女墓誌銘》（咸通十二年十二月十九日）："祖諱德脩，楚州刺史兼御史中丞，贈禮部尚書。"【補遺】《全編》卷一二四楚州 1697 頁："李德脩，大和五年。"按此爲始任時間，據《耕転論叢》（科學出版社 1999 年版 153 頁）引拓本《唐故楚州營田巡官將仕郎徐州彭城縣主簿范陽盧府君（處約）墓誌銘並序》（大和九年四月十日）："（大和）六年，李德脩刺楚州，以營田巡官召，遂如楚。德修卒，節度使多公之才，留纘其務。數月，人咸賴之。七年罷職。"可證李德脩大和六年卒於楚州刺史任。

鄭　復　　大和七年—九年（833—835）

《題名幢》："使朝議大夫使持節楚州諸軍事守楚州刺史兼御史中丞充本州團練使淮南營田副使上柱國榮陽縣開國男食邑三百户賜紫金魚袋鄭復：大和□□。"《全文》卷七一六呂讓《楚州刺史廳壁記》："大和七年，天子以大理少卿榮陽鄭公活無辜當刑者四十餘人，殊其績，命守於楚……八年夏予罷郡西歸，道出於此，而是廳新成……大和八年八月一日記。"

嚴　謩　　大和九年—開成二年（835—837）

《題名幢》："使朝散大夫使持節楚州諸軍事守楚州刺史兼御史中丞充本州團練使淮南營田副使上柱國賜紫金魚袋嚴謩：大和九年七月廿六日授。"《舊書·文宗紀下》：開成二年三月"壬午，以楚州刺史嚴譽爲桂管觀察使"。"嚴譽"當爲"嚴謩"之訛。

蕭　俶　　開成二年—四年（837—839）

《舊書》本傳："開成二年，出爲楚州刺史。四年三月，遷越州刺史、御史中丞、浙東都團練觀察使。"又見兩《唐書·蕭俛傳》、《元龜》卷七六、《舊書·文宗紀下》。《會稽掇英總集·唐太守題名》："蕭俶，開成四年三月自楚州團練使授。"《嘉泰會稽志》同。

李師稷　　開成四年—會昌二年（839—842）

《題名幢》："使朝請大夫使持節楚州諸軍事守楚州刺史（闕）充本（闕）金魚袋李師稷：開成四年三月□四日。"《會稽掇英總集·唐太守題名》："李師稷，會昌二年二月自楚州團練使授。"

李　拭　　會昌二年—三年（842—843）

《題名幢》："使朝議郎使持節楚州諸軍事守楚州刺史兼御史中丞充本州（闕）金魚袋李拭：會昌□年□月。"在李師稷後，盧弘正前。《新書》本傳未及，《舊書》作"李柱"，亦未及。按會昌二年正月李拭以兵部郎中爲巡邊使，三月，巡邊還，見《通鑑》。會昌五年在陝虢觀察使任。

盧弘止（盧弘正）　　會昌三年（843）

《題名幢》："使朝請大夫使持節楚州諸軍事守楚州刺（闕）金魚袋盧弘正：會昌三年六月十三日自吏部郎中拜，□□□□四日遷給事中。"《南部新書》乙："鄭滑盧宏正尚書《題柳泉驛》云：余……從吏部郎中除楚州刺史，以六月十四日宿湖城縣，今年從楚州刺史除給事中，計程亦合是六月十四日湖城縣宿。"又見《唐文拾遺》卷二九。兩《唐書》本傳未及。

崔　郎　　會昌中？

《新表二下》崔氏清河小房："郎字士則，楚州刺史、淮南營田副使。"按大和三年崔郎爲楚州團練判官，見《題名幢》。

韋　瑾　　會昌末—大中二年（?—848）

《新書》本傳："會昌末，累遷楚州刺史，終桂管觀察使。"《金石補正》卷六一《浯溪韋瓘題記》：“大中三年（各本作二年）十二月七日過此……余大和中以中書舍人謫宦康州，逮今十六年。去冬罷楚州刺史……今年三月有桂林之命。”《全詩》卷五一一張祜有《楚州韋中丞箜篌》，又《全詩補逸》卷一〇張祜有《陪楚州韋舍人北闉門遊宴》、《又陪韋舍人闉門遊宴次韻北闉門》，卷八張祜有《觀楚州韋舍人新築河堤兼建兩闉門》，《全詩》卷五四九趙嘏《山陽韋中丞罷郡因獻》，《才調集》卷七許渾《淮陰阻風寄楚州韋中丞》，疑皆指韋瓘。《全詩》卷六四八方干有《將謁商州呂（一作李）郎中道出楚州留獻章（一作韋）中丞》。

裴　坦　　約大中初

《新書》本傳：“沈傳師表置宣州觀察府，召拜左拾遺、史館修撰。歷楚州刺史。令狐綯當國，薦爲職方郎中，知制誥，而裴休持不可，不能奪。”又見《南部新書》丁。按令狐綯於大中四年十月同中書門下平章事，十三年出爲河中節度使。裴休於大中六年同中書門下平章事，十年出爲宣武節度使。《全詩》卷五四九趙嘏《山陽即席獻裴中丞》，疑即裴坦。

盧　罕　　大中五、六年（851、852）

《玉泉子》：“李納除浙東，路出淮楚，時盧罕爲郡守。”又見《廣記》卷二四四引。按李納大中六年由華州刺史除浙東觀察，見《全文》卷七四八杜牧行制。

鄭祗德　　大中五年—七年（851—853）

《東觀奏記》卷上：“大中五年，〔白〕敏中免相，爲邠寧都統。行有日，奏上曰：頃者陛下愛女下嫁貴臣郎婿鄭顥，赴昏楚州。”則鄭顥父鄭祗德當大中五年已在楚州刺史任。《隋唐五代墓誌匯編·洛陽卷》第十四册《唐故范陽盧氏滎陽鄭夫人墓誌》（大中十二年五月十二日）：“父曰祗德……由汾州入爲右庶子，未數月出爲楚州團練使……朝廷借公治馮翊……自馮翊廉問洪州。”夫人卒大中十二年，年三十二。《千唐誌·唐故承奉郎守大理司直沈府君(中黄)墓誌銘》(大中十二年四月十五日):“散騎鄭公祗德出刺山陽,持檄就門辟爲從事……纔及期歲,丁先夫人憂。既除喪,復補大理司直……未暇考績,旋嬰痼疾,□爾三年,奄然一旦終於長安延康里,享年六十有七,時大中十二年歲次戊寅二月九日也。”由此上推,鄭祗德刺山陽當在大中五年前後。

鄭　某　大中十年(856)

《全文》卷七九一盧恕《楚州新修吴太宰伍相神廟記》:“大中十歲四月十八日,上以山陽薦灾……於是詔兵部郎中滎陽公守郡。”

李　荀　大中十四年(860)

《全文》卷七六三鄭吉《楚州修城南門記》:“今上元年春正月,楚州新作内城之南門……由是刺史兼御史中丞李公新作之,公名荀,隴西成紀人……仲春貞陵復土,群臣上言,請御端門,赦天下改元,上思慕未許,故猶以大中紀年,十四年四月二十一日謹記。”按咸通四年二月李荀由左散騎常侍檢校工部尚書、滑州刺史、義成軍節度、鄭滑觀察等使,見《舊書·懿宗紀》。

高羅鋭　咸通十年(869)

《舊書·懿宗紀》:咸通十年正月“將軍高羅鋭爲楚州刺史,本州行營招討使”。

盧　鄯　乾符元年(874)

《舊書·僖宗紀》:乾符元年十一月,“兵部郎中盧鄯爲楚州刺史”。

崔彦融　約乾符中

《舊五代史·崔協傳》:“父彦融,楚州刺史。彦融素與崔蕘善……及除司勳郎中,蕘爲左丞,通刺不見……宰相知之,改楚州刺史,卒於任。"按崔蕘乾符三年由吏部侍郎遷尚書右丞,見《舊紀》。又按乾符二年三月戶部郎中崔彥融爲長安令,見《舊書·僖宗紀》。

楊　範　　約乾符中

《新表一下》楊氏越公房:"範,字憲之,楚州刺史。"乃咸通中天平節度使楊漢公子。按《舊書·楊漢公傳》稱:"子範、籌,皆登進士第,累辟使府。"《新書·楊漢公傳》略同。《郎官柱》金部員外有楊範,在趙祕、羅洙後,源蔚、張無逸、張譙前。祠部員外又有楊範,在張顏、馮嚴後,陳皋、薛泙前。

高仁裕　　約廣明元年（約 880）

《芒洛續補·唐故渤海縣太君高氏墓誌銘并序》:"父諱仁裕,仕於左神策軍爲打毬行首……僖宗朝廣明中使於淮南……高駢以公之材足以爲牧,奏授楚州刺史。政術有聞,以疾即世。"

成令瓌　　中和中

崔致遠《桂苑筆耕集》卷五《奏誘降黃巢下賊將成令瓌狀》稱:"其成令瓌,臣當時補充軍前押衙,兼給功名,檢校國子祭酒兼御史中丞。官告一通,權知楚州軍州事,以今月二十三日部領手下兵士,到楚州倒戈訖。"又見《唐文拾遺》卷三五。按崔致遠中和年間爲淮南高駢從事。

張　雄　　約中和間

《桂苑筆耕集》卷一二有《授楚州刺史張雄將軍》、《楚州張雄委曲》等文。又見《唐文拾遺》卷三九、卷四〇。

張義府　　約中和間

《桂苑筆耕集》卷一九《賀楚州張義府尚書》稱:"今則尚書以累世勳望,以數年戰功,始假使符,旋迎真命。"又卷一二有《楚州張義府委曲》,又卷二〇有《楚州張尚書水郭相迎因以詩謝》。又見《唐文拾遺》卷三九、卷四三,《全詩補逸》卷二〇。

劉 瓚 光啓三年—景福元年（887—892）

《新五代史·梁太祖紀上》："初，高駢死，淮南軍亂，楚州刺史劉瓚來奔。"按高駢於光啓三年被殺。《通鑑·文德元年》：九月"丙申，〔朱全忠〕遣朱珍將兵五千送楚州刺史劉瓚之官"。《新書·昭宗紀》：景福元年三月"乙巳，楊行密陷楚州，執刺史劉瓚"。《通鑑》作景福元年四月。

張 諫 景福元年（892）

《新書·時溥傳》："泗州刺史張諫聞溥已代，即上書請隸全忠，納質子焉。溥既復留，諫大懼，全忠爲表徙鄭州刺史。諫畏兩怨集己，乃奔楊行密。行密以諫爲楚州刺史，并其民徙之，以兵屯泗。"

臺 濛 乾寧二年（895）

《九國志·臺濛傳》："從〔楊〕行密歸廣陵，以功遷楚州刺史。乾寧三年，破蘇州，以濛守之。"

柴再用 天祐二年（905）

《九國志》本傳："〔楊〕渥襲位，遷楚州刺史。俄授淮南左廂步軍都指揮使。"

李 簡 天祐三、四年？（906、907？）

《九國志》本傳："〔楊〕渥襲位，王茂章將以宛陵叛，命簡率衆攻之。茂章聞簡至，率衆奔越。改楚州團練使。杭人屢寇無錫，以簡爲常州刺史，改鄂岳觀察使。"

待考録

李 宗

《廣記》卷四七二引《稽神録》："李宗爲楚州刺史，郡中有尼方行於市，忽據地而坐，不可推挽。"按《新表二上》趙郡李氏東祖房有"宗，鄭州參軍"。未知是否同一人。

鄭　輅

　　《太平寰宇記》卷一二四楚州寶應縣："按楚州刺史鄭輅撰記云：
開元中有李氏女子嫁賀若氏……天寶元年七月七日……因改號寶應
元年……"《輿地碑記目》卷二《楚州碑記》有《唐得寶記》，注云："楚州
刺史鄭輅撰，舊有碑，今在寶應縣。"

卷一二五　滁州（永陽郡）

隋江都郡之清流縣。武德三年置滁州。天寶元年改爲永陽郡。乾元元年復爲滁州。領縣三：清流、全椒、永陽。

裴虔通　　武德中

《元龜》卷一五二："太宗貞觀二年六月下詔曰……辰州刺史長蛇縣男裴虔通，昔在隋氏，委質藩寮。"注："初，宇文化及得志，大見親委。及王世充敗，以彭城歸國。高祖以綏懷爲務，不之罪也，初授滁州總管。"

郝相貴　　武德中

《舊書·郝處俊傳》："父相貴，隋末，與妻父許紹據硤州，歸國，以功授滁州刺史，封甑山縣公。處俊年十歲餘，其父卒於滁州。"《新書·郝處俊傳》略同。又見《元龜》卷八〇五，《姓纂》卷一〇安陸郝氏，《新表三下》郝氏。

鮑安仁　　約武德、貞觀間

《姓纂》卷七東海郯縣鮑氏："安仁，唐滁州刺史。"按武德四年有鮑安仁大使，見《寰宇記》卷一二五舒州。

劉德智（劉德祖）　　約貞觀中

《新表一上》劉氏："德智，滁州刺史。"乃隋毗陵郡通守劉通（字子將)子。按《姓纂》卷五彭城劉氏作"德智，施州刺史"。《全文》卷二三一張説《司屬主簿博陵崔訥妻劉氏墓誌銘》："隋毗陵郡通守子將之曾孫，唐滁州刺史德祖之孫，汾州刺史延嗣之女也。"劉氏以大足元年七月卒。作"德祖"，與《新表》及《姓纂》異。按其兄德威，貞觀十三、十四年爲刑部尚書兼檢校雍州別駕，則德智刺滁州亦約在貞觀中。

畢　誠(畢操?)　　貞觀中

《姓纂》卷一〇太原畢氏："唐滁州刺史畢誠，生操。操生正表、正則、正義。正表生重華，綿州刺史，生彦雄。正義，大理正。"《金石補正》卷一七《大唐利州刺史畢公柏堂寺菩提瑞象頌》："粤若季父銀青光禄大夫使持節利州(闕)……太守、度支尚書、兗州刺史府君……公之曾祖(闕)。大父皇朝尚舍奉御，蜀虢二王府長史、台鄂滁三州刺史府君。"岑仲勉《貞石證史·畢利州及其時代》云："一人而得兼郡太守、度支尚書者，唯在隋爲可能。"認爲畢利州之曾祖乃隋人。蜀、虢乃唐初親王，所以認爲刺台鄂滁三州刺史的祖父即《姓纂》的"唐滁州刺史畢誠"。但《嘉定赤城志》卷八郡守有"貞觀八年，畢操"，於是岑氏又認爲畢利州的大父刺台鄂滁者亦可能是畢操，而畢操乃畢誠之子。未知刺台鄂滁者是畢誠還是畢操。

陶　鋭　　貞觀中?

《古今姓氏書辯證》卷一一陶氏："元安生陳夔州都督、尚書令、金陵縣公琮。琮生唐始興令處寂，滁、江二州刺史鋭，賀州録事參軍文禎。"

劉　某　　乾封二年(667)

《金石録》卷四："《唐滁州刺史劉君碑》，李儼撰，顏有意正書，乾封二年二月。"又見《寶刻叢編》卷二〇引。

楊魏成　　武后時?

《新表一下》楊氏越公房："魏成，滁州刺史。"按其叔祖楊纂，貞觀末爲户部尚書。疑魏成仕武后時。

韓思復　　景龍中

《新書》本傳："坐爲王同皎所薦，貶始州長史。遷滁州刺史……徙襄州。"《舊書》本傳未及。按王同皎被殺乃神龍二年事。

盧金友　　睿宗時？

《新表三上》盧氏："金友，水部員外郎、滁州刺史。"《千唐誌·有唐盧夫人（梵兒）墓誌》（大曆十三年四月九日）："考金友，監察御史、大理丞、滁州刺史……夫人即滁州府君之長女也。"開元二十三年六月五日卒，春秋五十六。

顏元孫　　約開元初期

《姓纂》卷四琅邪江都顏氏："元孫，滁州刺史。"《全文》卷三四一《朝議大夫守華州刺史上柱國贈祕書監顏君（元孫）神道碑銘》："玄宗登極……俄爲琚等所擠，出爲潤州長史，遷滁州刺史……拜沂州。"又見《祕書省著作郎夔州都督長史上護軍顏公（勤禮）神道碑》，卷三三九《晉侍中右光禄大夫本州大中正西平靖侯顏公大宗碑》，卷三四〇《唐故通議大夫行薛王友柱國贈祕書少監國子祭酒太子少保顏君碑銘》。《唐文拾遺》卷二玄宗有《授顏元孫滁州刺史制》。北圖藏拓片《干禄字書》（大曆九年正月刻）："朝議大夫滁、沂、豪三州刺史上柱國贈祕書監顏元孫撰。"

白知節　　開元十七年（729）

《輿地碑記目》卷二《滁州碑記》有《白知節告身石刻》，注云："今琅邪寺有唐滁州刺史白知節告身石刻，乃開元十七年也。"

馬元直　　開元中

《輿地碑記目》卷四《潼川府碑記》有《馬元直開元中誥》，注云："《圖經》云：元直在唐，爲滁州刺史，家有開元中誥。"按《姓纂》卷七西河馬氏：“元直，金部員外。”乃垂拱四年莘令馬玄素子。

于光運　　開元中

《姓纂》卷二河南洛陽于氏：“光運，滁州刺史。”《新表二下》于氏同。乃武后時湖州刺史、相州刺史于敏直子。

盧　郳　　約開元中

《新表三上》盧氏：“郳，滁州刺史。”按其祖承慶，相高宗。父譆，吏部郎中。

張克茂　　開元中？

北圖藏拓片《唐故郴州刺史贈持節都督洪州諸軍事洪州刺史張府君（翃）墓誌銘并序》（建中元年二月十四日）：“祖克茂，滁州刺史。皇考具瞻，兵部郎中……公即兵部府君長子。”翃大曆十三年卒，享年七十。又《唐朝議郎行殿中侍御史張府君（翔）墓誌銘并序》（同上）：“皇朝議大夫兵部郎中具瞻之子，太中大夫、滁州刺史克茂之孫。”翔大曆十四年卒，享年五十六。又《唐故朝散大夫兼御史中丞充本管經略招討處置等使賜紫金魚袋張公（士陵）墓誌銘并序》（元和十二年八月三日）：“皇朝滁州刺史府君諱克茂之曾孫，尚書兵部郎中府君諱具瞻之孫，殿中侍御史府君諱翔之子。”士陵卒元和十一年，享年五十四。

姚　弈　　天寶元年（742）

《新表四下》陝郡姚氏：“弈，永陽郡太守。”《舊書·姚崇傳》：“崇長子彝……少子弈……天寶元年……〔彝男閎〕見〔牛〕仙客疾亟，逼爲仙客表，請以弈及兵部侍郎盧奐爲宰相代己……玄宗聞而怒之……弈出爲永陽太守，奐爲臨淄太守。”《新書》本傳略同。又見《舊書·牛仙客傳》，《元龜》卷九二二。《金石錄》卷七有《唐永陽郡太守姚弈碑》，達奚珣撰，徐浩正書并八分題額，天寶十四載二月。

苑　咸　　天寶中

《新書・藝文志四》有《苑咸集》，注："卷亡。京兆人。開元末上書，拜司經校書、中書舍人，貶漢東郡司户參軍，復起爲舍人、永陽太守。"又見《唐詩紀事》卷一七。

鄭　旷　　永泰中—大曆六年（約765—771）

《新書・鄭雲逵傳》："父旷……李光弼表爲武寧府判官，遷沂州刺史，諭降賊李浩五千人。終滁州刺史。"《白居易集》卷四二《故滁州刺史贈刑部尚書滎陽鄭公墓誌銘并序》："相國王縉統河南，奏公爲副元帥判官，未幾，除祕書少監，兼滁州刺史、本州團練使。居八載，政績大成。大曆十二年二月十五日薨於揚州。"按王縉都統河南爲永泰元年事。又見《唐詩紀事》卷二六王之涣，《封氏聞見記》卷一〇。

李幼卿　　大曆六年—十一年（771—776）

《全文》卷三八九獨孤及《琅邪溪述并序》："隴西李幼卿，字長夫，以右庶子領滁州，而滁人之饑者粒，流者占，乃至無訟……長夫名溪曰琅邪，他日賦八題題於岸石，及亦狀而述之。是歲大曆六年歲次辛亥春三月丙午。"又卷三九三獨孤及有《祭滁州李庶子文》。又見《唐詩紀事》卷二七，《咸淳毗陵志》卷一八。《全詩》卷一四八劉長卿《酬滁州李十六使君見贈詩序》："李公與予俱於陽羨山中新營別墅，以其同志，因有此作。""李十六"，即幼卿。又卷二四七獨孤及又有《答李滁州題庭前石竹花見寄》。劉乾云：獨孤及是大曆八年十二月由舒州調常州，而大曆九年春三月始到任，有《常州刺史謝上表》可見。曾枉道至滁州，《祭滁州李庶子文》云："往歲滁城之會，俱未以少别爲戚……孰知此際以是永訣。"即指此次相會。既稱"往歲"，即非同一年。獨孤及到常州後，二人仍有詩簡往還。李幼卿有《前年春與獨孤常州兄花時爲别倏已三年矣今鶯花又爾睹物增懷因之抒情聊以奉寄》一詩，附見於《毗陵集》卷三。詩題交代"前年春"、"花時爲别"，即大曆九年春；"倏已三年"，又到第三個年頭，爲十一年春；"今鶯花又爾"，又暮春三月。詩説"别時芳草兩回春"，九年春的芳草，又經兩個春天，即到十一年春天。又説"薄宦龍鍾習懶慢"，是仍在職。獨孤及《答李滁州見寄》詩也説"三見江皋蕙草鮮"，可證大曆十一年春李幼卿還在任。故李幼卿可能是死於大曆十一年。

關　播　　大曆十一年(776)

《新書》本傳："陳少遊鎮浙東、淮南，表爲判官，攝滁州刺史。李靈耀叛……播儲貨力，給軍興，人無愁苦。"《舊書》本傳略同。又見《元龜》卷六八〇。按陳少遊大曆八年由浙東移淮南，李靈耀大曆十一年反叛。

韋應物　　建中四年—興元元年(783—784)

《唐詩紀事》卷二六韋應物："建中二年，由比部員外郎出刺滁州，改刺江州。"王欽臣《宋嘉祐校定韋蘇州集序》："建中二年，由前資除比部員外郎，出爲滁州刺史。"姚寬《西溪叢語》卷下、《唐才子傳》卷四略同。據傅璇琮《韋應物繫年考證》，韋應物建中四年春除滁州刺史，秋至滁州任。興元元年冬罷任，貞元元年春夏尚閑居滁州西澗(見《唐代詩人叢考》)。《全詩》卷一八九韋應物有《自尚書郎出爲滁州刺史》。

盧　邁　　約貞元初

《舊書》本傳："邁以叔父兄弟姊妹悉在江介，屬蝗蟲歲饑，懇求江南上佐，由是授滁州刺史。入爲司門郎中，遷右諫議大夫……轉給事中……遷尚書右丞。"《新書》本傳略同。又見《元龜》卷八〇四。《全詩》卷二七一竇常有《奉使西還早發小碉館寄盧滁州邁》。《全文》卷七五三杜牧《上宰相求湖州第一啓》："若以例言，貞元初相國盧公邁由吏部員外郎出爲滁州。"《英華》卷九七三權德輿《朝議大夫守太子賓客上輕車都尉賜紫金魚袋贈太子太傅盧公(邁)行狀》："出爲滁州刺史……徵入爲司門郎中，自時厥後，比歲超拜，歷諫議大夫，左曹右轄，乃參大政……間一歲遷中書侍郎平章事。又一歲感風痹寢疾，周月，除太子賓客。貞元十四年六月某日薨於家。"按盧邁貞元八年在尚書右丞任。則其刺滁州約在貞元初。

李 巘 貞元中

《元龜》卷二九三："嗣吴王巘，建中貞元間，爲道、虔、滁三州刺史，入拜宗正卿。"按《新書》本傳唯云："累至宗正卿，檢校刑部尚書。薨。"未及爲三州刺史事。

房 濟 貞元十三年(797)

《舊書·德宗紀下》：貞元十三年"冬十月癸丑朔，以前滁州刺史房濟爲容管經略使"。

蘇 弁 約貞元十五、十六年(約799、800)

《舊書》本傳："貞元三年……貶汀州司户參軍。當德宗時，朝臣受譴，少蒙再録，至晚年尤甚。唯弁與韓皋得起爲刺史，授滁州，轉杭州。"《新書》本傳稱："數年，起弁爲滁州刺史，卒。"《柳河東集》卷一二《先君石表陰先友記》："蘇弁……以户部侍郎貶，復爲刺史。"按貞元十三年二月爲户部侍郎判度支，見《舊書·德宗紀下》。

趙元陽 元和四年(809)

《姓纂》卷七河南趙氏："元陽，滁州刺史。"《琅邪山石刻選》拓本："滁州刺史趙元陽、監察御史裏行劉約、鄉貢進士盧弘宣，元和四年十五日遊。"

李 鸚 約元和中

《新書·宗室世系表上》大鄭王房："滁州刺史鸚。"按其子李程，相敬宗。曲石藏《唐故洪州武寧縣令于君夫人隴西李氏墓誌》："滁州刺史贈司空鸚之孫，太子洗馬贈金部郎儋之長女。"夫人卒會昌三年十月十七日，年六十四。

薛務寬 元和中？

《新表三下》薛氏："務寬，滁州刺史。"按其父述，約大曆前後官吏部侍郎。

劉從倫　元和十三年(818)

《千唐誌・前河南府福昌縣丞隴西李君故夫人廣平劉氏墓誌銘并叙》(元和十三年八月十五日)：“父從倫，滁州刺史……〔夫人〕以元和戊戌四月一日寢疾終於河南縣恭安里之私第，享年二十有五……慈父褰帷於名部，良人結綬於王畿。”按戊戌歲爲元和十三年。

蘇　繫　長慶中？

《新表四上》蘇氏：“繫，滁州刺史。”《姓纂》卷三郿西蘇氏同。岑仲勉《姓纂四校記》云：“按《舊紀》一四：蘇繫元和二年七月爲京兆府司録。是否七年修書(《姓纂》元和七年修撰)時已躋刺史，殊有疑問。”姑列於長慶中。

張　蒙　長慶、寶曆間？

《全詩》卷五七四賈島《送饒州張使君》：“滁上郡齋離昨日，鄱陽農事勸今秋。”知張蒙由滁州轉饒州。

李　紳　大和二年—四年(828—830)

《新書》本傳：“得徙江州長史，遷滁、壽二州刺史……以太子賓客分司東都。大和中，李德裕當國，擢紳浙東觀察使。”《舊書》本傳未及。《光緒滁州志・名宦》李紳：“大和二年，遷滁州刺史。”《全詩》卷四八〇李紳有《守滁陽深秋憶登郡城望琅邪》，又有《轉壽春守大和庚戌歲二月祇命壽陽時替裴五墉終歿》。按大和庚戌歲，爲大和四年。《白居易集》卷七一《淮南節度使檢校尚書右僕射趙郡李公(紳)家廟碑銘并序》：“旋爲滁、壽二州刺史……尹正河洛。”

李德裕　開成元年(836)

《舊書・文宗紀下》：開成元年三月“壬寅，以袁州長史李德裕爲滁州刺史”。七月“壬午，以滁州刺史李德裕爲太子賓客”。又見兩《唐書》本傳，《元龜》卷九三三，《通鑑・開成元年》三月。《全文》卷七〇八李德裕《懷崧樓記》：“丙辰歲丙辰月，銀青光禄大夫守滁州刺史李德裕記。"

李　某　　開成二年（837）

《白居易集》卷三三有《送李滁州》詩云："誰道三年千里別，兩心同在道場中。"朱金城《白居易年譜》繫此詩於開成二年。并云："按李滁州，名未詳。"謂"此人既非名流，亦非白之密友，不過晚年禪友之一耳"。

裴　儔　　開成五年（840）

《寶刻類編》卷五："裴儔，滁州刺史。《重遊琅邪溪》詩，開成五年六月題滁。"《白居易集》卷三七有《喜裴濤使君攜詩見訪醉中戲贈》詩。朱金城《白居易年譜》謂"濤"當爲"儔"之誤，是。惟繫於會昌四年，似可商。按《白居易集》卷三三《開成二年三月三日河南尹李待價以人和歲稔將禊於洛濱》詩題中有"和州刺史裴儔"。朱氏《白居易年譜》謂"當自和州移刺滁州"，是。據《舊書·裴休傳》，儔乃休之兄。

李　濆　　會昌元年—二年（841—842）

《全文》卷七六一李濆《荇溪新亭記》："上臨御明年，濆自洛陽令之太守，詔牧滁民之三月，得古溪郡之東北十里……會昌二年正月八日建。"

孫景商　　約會昌四年—六年（約844—846）

《隋唐五代墓誌匯編·洛陽卷》第十四册《唐故天平軍節度鄆曹濮等州觀察處置等使孫府君（景商）墓誌銘并序》（大中十年十月二十七日）："時宰相李德裕專國柄，忿公不依己，黜爲温州刺史，移滁州刺史……今上即位，徵爲刑部、兵部郎中。"大中十年八月廿二日卒，享年六十四。

李弘毅　　大中時？

《新書·宗室世系表下》讓皇帝房："蓬、劍、滁、光等州刺史弘毅。"按其父從易，大和末爲嶺南節度使，開成元年卒。

高錫望 咸通九年(868)

《舊書・懿宗紀》：咸通九年十一月，“遂陷滁州。張行簡執刺史高錫望，手刃之”。《新書・懿宗紀》：咸通九年“十二月，龐勛陷和、滁二州，滁州刺史高錫望死之”。《通鑑・咸通九年》同。又見《新書・康承訓傳》，《金華子》雜編卷上。《全文》卷七九五孫樵《祭高諫議文》：“咸通十一年十一月五日，友人孫樵謹遣家僮……敬祭於故友滁州刺史贈諫議大夫高公叶卜（中）之靈……君牧滁虻，我從鄒軍。方恨綿邈，凶訃遽聞。”按《新表一下》高氏：“錫望字叶中。”

孫　端 約中和時

《桂苑筆耕集》卷五《奏論抽發兵士狀》：“孫端新授滁州，又與秦彥有隙。”按秦彥中和二年在和州刺史任。

許　勍 約中和時—光啓二年(?—886)

《新書・楊行密傳》：“秦宗權遣弟度淮取舒城，行密破走之。時張敖據壽州，許勍據滁州，與行密挈戰。”《通鑑・光啓二年》：十二月，“滁州刺史許勍襲舒州，刺史陶雅奔廬州”。又見《十國春秋・吳太祖世家》。《桂苑筆耕集》卷三有《滁州刺史許勍狀》，卷一二有《滁州許勍委曲》二文，卷一三《許勍妻劉氏封彭城郡君》稱：“以滁州刺史許勍妻劉氏……事須准詔行墨敕封彭城郡君。”又見《唐文拾遺》卷三五、卷三九、卷四〇。

安景思 大順二年(891)

《通鑑・大順二年》：五月，“〔孫儒〕乃還揚州，使其將康暀據和州，安景思據滁州”。是月，“楊行密遣其將李神福攻和、滁，康暀降，安景思走”。又見《十國春秋・吳太祖世家》。

劉　金 約景福、乾寧中

《九國志》本傳：“大順中，孫儒寇宛陵，行密遣〔劉〕金拒之，屢破儒軍，以功授滁州刺史。行密破鍾離，移濠州刺史。”《新五代史・王彦章傳》：“與彦章同時有裴約者……至周世宗時，又有劉仁瞻者焉。仁瞻，字守惠……父金，事楊行密，爲濠、滁二州刺史。”

劉 信　　約乾寧中

《九國志》本傳：“孫儒平，以功轉騎軍副指揮使，從破濛（濠？）泗，遷滁州刺史，改左右隨從馬軍都尉。”

＊汪 武　　光化三年(900)

《新安志》卷五婺源縣：“汪武者，唐乾符中仕州爲遊奕使……光化三年，遙領汀、滁二州刺史。”《九國志·陶雅傳》：“先是，順義軍使汪武聚盜據婺源，行密以爲滁州刺史。婺源，歙屬邑，武恃險未嘗謁雅。及〔田〕頵叛，武多行剽劫。至是雅移檄，聲言討洪、饒，由婺源往，武引弟姪十餘人就路迎謁，雅顧左右擒殺之。”

待考錄

崔 信

《新表二下》崔氏清河小房：“信，滁州刺史。”乃鄆州刺史崔紹姪孫。

韋 詢

《新表四上》韋氏平齊公房：“詢，滁州刺史。”乃台州刺史韋方憲子。

裴 恰

《新表一上》洗馬裴氏：“恰，滁州刺史。生宣禮，司農卿。”乃中宗時宰相裴談五代孫。

卷一二六　和州（歷陽郡）

隋歷陽郡。武德三年杜伏威歸國，改爲和州。天寶元年改爲歷陽郡。乾元元年復爲和州。領縣三：歷陽、烏江、含山。

杜伏威　　武德二年—三年(619—620)

《通鑑・武德二年》：八月，"杜伏威請降；丁丑，以伏威爲淮南安撫大使、和州總管"。又《武德三年》："六月壬辰，詔以和州總管、東南道行臺尚書令楚王杜伏威爲使持節總管江、淮以南諸軍事、揚州刺史、東南道行臺尚書令、淮南道安撫使，進封吳王，賜姓李氏。"又見《元龜》卷一二九、卷一六四。《大詔令集》卷六四《楚王伏威賜姓附屬籍詔》："使持節和州總管和州刺史東南道行臺尚書令上柱國楚王伏威……可使持節總管江淮以南諸州軍事揚州刺史……進封吳王，食邑五千户，賜姓李氏，附屬籍。武德三年六月。"《全文》卷二高祖《楚王杜伏威進封吳王詔》同。兩《唐書》本傳未及和州總管事。

南　彦　　武德、貞觀間

《千唐誌・大周故朝請大夫行鄧州穰縣令上護軍南君(玄暕)墓誌銘并序》(聖曆二年十月二十八日)："祖彦，隋任洛州新安縣令，唐任和州刺史……考斌，高尚其節，不事王侯。"玄暕年五十七歲卒，未言卒年。

李　綱　　貞觀中？

《芒洛遺文》卷中《大唐故吉州刺史隴西李府君(昊)墓誌銘并序》

（乾元元年八月二十一日）：“曾祖和州刺史綱，大父絳州別駕壽，烈考左羽林衛長上令終……君即羽林之第二子也，與季弟考功員外、吏部郎中昂幼差肩……春秋七十有三，以至德二年閏八月考終於潯陽縣客舍。”按兩《唐書》有《李綱傳》，與此李綱似爲兩人。

崔思約　　貞觀中？

《新書二下》鄭州崔氏：“思約，和州刺史。”乃隋黃門侍郎君肅子。北圖藏拓片《大周故中大夫行并州盂縣令崔府君（哲）墓誌銘并序》（久視元年十月廿八日）：“父思約，祠部郎中，壁、復、和三州刺史。”哲卒久視元年，春秋六十九。上圖藏拓片《大唐故魏州冠氏縣令崔君（羨）墓誌并序》（開元十八年正月二十一日）：“祖思約，皇朝祠部郎中，曹王府長史，壁、復、和三州刺史。”羨卒開元十七年三月六日，春秋六十九。又見《大唐故潁王府士曹參軍崔府君（傑）墓誌銘并序》（天寶十載五月二日）。《郎官柱》度支郎中有崔思約，在楊弘文後，元大士前。

孫彦皎　　貞觀中？

《新表三下》孫氏：“彦皎，和州刺史。”乃隋徐、兗、婺三州刺史萬安子。

崔元敬　　高宗時

《新表二下》崔氏清河大房：“元敬，和州刺史。”乃隋內史舍人儇孫，湖州刺史元譽弟。《千唐誌·大唐洪州都督府高安縣封明府故夫人崔氏墓誌銘并序》（垂拱四年正月十四日）：“祖志濟，皇朝太子洗馬。考元敬，和州刺史……〔夫人〕年十有七適於封氏。”儀鳳二年十一月十五日卒於安州，春秋三十一。《郎官柱》戶部員外有崔元敬，在宋之順後，辛崇敏前。金部郎中有崔元敬，在蕭志遠後，路勵行前。

韋匡素　　約高宗時

《姓纂》卷二京兆杜陵西眷韋氏：“匡素，和州刺史。”《新表四上》

韋氏平齊公房同。乃隋監遼東城西面軍事韋貞子。按其兄懷敬,龍朔中官右奉裕衞率,見《全文》卷二〇四。

裴神舉　　約高宗時

《新表一上》中眷裴氏:"神舉,和州刺史。"乃北齊和夷郡守景鴻之孫。約玄宗時和州刺史裴旭之祖父。

沈　嶷　　約高宗時

《姓纂》卷七吳興武康縣沈氏:"嶷,和州刺史。"乃武德四年王世充鄭州司兵沈悦子。

李　融　　約高宗末

《舊書·高子貢傳》:"虢王鳳之子東莞公融,曾爲和州刺史,從子貢受業,情義特深。及融爲申州,陰懷異志,令黄公譔結交於子貢,推爲謀主,潛謀密議……皆出自其策。"《新書·高子貢傳》略同。兩《唐書·李鳳傳》未及。按李融垂拱中爲申州刺史。

李　續　　約垂拱中

《舊書·李慎傳》:"慎長子和州刺史東平王續最知名,早卒。"《新書·李慎傳》略同。《新書·來俊臣傳》:"客和州爲奸盜,捕送獄,獄中上變,刺史東平王續按訊無狀,杖之百。天授中,續以罪誅,俊臣上書得召見,自陳前上琅邪王冲反狀,爲續所抑。"《舊書·來俊臣傳》同。

張知謇　　約天授、長壽間

《舊書》本傳:"天授後歷房、和、舒、延、德、定、稷、晉、洺、宣、貝十一州刺史。"《新書》本傳未列州名。又見《元龜》卷六八九。

柳明諶　　約武后時

《新表三上》柳氏:"明諶,和州刺史。"乃隋柳道茂曾孫,水部郎中五臣子。《姓纂》卷七河東解縣柳氏作"湛,和州刺史",謂惟則子,明亮玄孫。疑《姓纂》誤。按貞觀十四年窖磚文有水部郎中柳仵臣,見《唐文續拾》卷一〇。岑仲勉《姓纂四校記》謂"仵臣"即五臣。五臣仕貞觀中,則五臣子明諶約仕武后時。

温道沖　　約武后時

《姓纂》卷四太原祁縣温氏:"道沖,和州刺史。"《新表二中》温氏同。乃唐初温彦將之孫,温彦博之姪孫。

張懷禮　　中宗時?

《朝野僉載》卷一:"瀛州人安縣令張懷禮、滄州弓高令晉行忠就蔡微遠卜……二人皆應舉,懷禮授左補闕,後至和、復二州刺史。行忠授城門郎,至秋而卒。"又見《廣記》卷二一六引。

顏謀道　　開元九年前(721 前)

《千唐誌・唐故銀青光禄大夫和州刺史上柱國琅邪縣開國伯顏府君(謀道)墓誌銘》(開元九年十月十日):"俄而遷涪州刺史……優詔轉和州刺史……累求自退,渥恩見許,告於丘園。春秋八十,以開元九年七月廿九日薨於東都之興藝坊之私第。"

盧慎思　　開元中

《新表三上》盧氏:"慎思,和州刺史。"其兄粲,《舊書》有傳,中宗時爲陳州刺史,累轉祕書少監,開元初卒。則慎思刺和州當在開元中。《千唐誌・唐故信王府士曹崔府君(傑)墓誌銘并序》(大曆十三年十月十二日):"夫人范陽盧氏,和州刺史慎思之孫,洺州武安縣尉贈吏部郎中銑之第二女也。"大曆七年卒,年五十一。

李問政　　約開元六、七年(約 718、719)

《千唐誌・大唐故右金吾衛胄曹參軍隴西李府君(符彩)墓誌銘并序》(天寶元年七月辛酉):"父問政,和州刺史……公即和州府君第二子也……解褐□（汝）州龍興縣尉，時太守齊公崔日用奇其明敏，因遺和州府君書曰……一考丁和州府君憂。”開元二十九年卒，年五十八。按崔日用約開元六、七年在汝州刺史任。

張無擇　　開元二十八年（740）

《白居易集》卷四一《唐故通議大夫和州刺史吳郡張公（無擇）神道碑銘并序》：“擢和州刺史……時李知柔爲本道採訪使，素不快公之剛直。”天寶十三載卒，年八十三。按李知柔開元二十八年爲淮南道採訪使，見《會要》卷六九。又《唐贈尚書工部侍郎吳郡張公（誠）神道碑銘并序》：“父諱無擇，和州刺史。”《千唐誌•唐故泗州司倉參軍彭城劉府君夫人吳郡張氏墓誌銘并序》（大中十一年十月二十六日）：“和州刺史無擇之曾孫，大理評事誠之孫，河南府王屋縣丞平仲之女也。”大中十一年七月七日卒，年六十六。

盧子真　　約開元中

上圖藏拓片《唐故殿中侍御史隴西李府君夫人范陽盧氏墓誌銘并序》（元和十二年六月二十七日）：“曾祖子真，皇袞、和二州刺史。祖炅，皇大理主簿。父群，皇銀青光禄大夫義成軍節度使兼御史大夫贈工部尚書。夫人即府君長女。”夫人元和十二年五月十六日卒，年三十五。按《新表三上》盧氏未列子真、炅官職。又按《舊書•德宗紀下》，群卒貞元十六年。則子真刺和州約在開元中。

薛　繪　　約開元中

《新表三下》薛氏：“繪，盧、和二州刺史。”乃秦州都督薛純、華州刺史薛紘弟。

趙　珍　　約玄宗時

《姓纂》卷七河東趙氏：“珍，和州刺史。”按其子匡，大曆五年宦於宣歙幕，其年冬，隨使府遷鎮浙東，見《全文》卷六一八陸淳《春秋例統序》。匡弟贊，建中三年五月爲户部侍郎，見《舊書•德宗紀上》。

盧廣濟　　玄宗時?

《新表三上》盧氏:"廣濟,和州刺史。"乃潤、青等州刺史盧朗子;婺州刺史廣微弟。

劉　綝　　玄宗時?

《姓纂》卷五彭城劉氏:"綝,和州刺史。"《新表一上》劉氏同。乃開元六年工部尚書劉知柔子。其刺和州疑在玄宗末期。

裴　旭　　肅宗時?

《舊書·裴延齡傳》:"父旭,和州刺史。"《新表一上》中眷裴氏:"旭,和州刺史,生光進、堯臣、禹臣、延齡。"按延齡仕德宗時。其父旭刺和州疑在肅宗時。

元允殖　　約肅宗時

《姓纂》卷四河南洛陽元氏:"允殖,和州刺史。"按其父行冲,卒開元十七年,疑允殖刺和州約肅宗時。

宇文審　　約肅宗、代宗間

《新書》本傳:"楊國忠顓政,殺嶺南流人,以中使傳口敕行刑,畏議者嫉其酷,乃以〔宇文〕審爲嶺南監决處置使,活者甚衆。後終永、和二州刺史。"

張萬福　　大曆三年—六年(768—771)

《舊書》本傳:"大曆三年,召赴京師……以爲和州刺史、行營防禦使,督淮南岸盜賊……久之,詔以本鎮之兵千五百人防秋西京。萬福詣揚州交所領兵,會〔韋〕元甫死……帶利州刺史鎮咸陽,因留宿衛。"《新書》本傳略同。《通鑑·大曆三年》:"是歲,上召萬福,以爲和州刺史、行營防禦使,討〔許〕杲。"又《建中二年》:六月,"上以和州刺史張萬福爲濠州刺史"。又見《御覽》卷八一五,《元龜》卷三八五、卷三九三、卷六九四。《韓昌黎集》外集卷九《順宗實録四》:"張萬福……大曆三年,召赴京師……即以爲和州刺史、行營防禦使……代宗詔以本州兵千五百人防秋京西,遂帶和州刺史鎮咸陽……德宗以萬福爲濠州刺史。"

穆　寧　　大曆七年—十一年(772—776)

《舊書》本傳:"大曆四年,起授監察御史,領轉運留後事於淄青。間一年,改檢校司封郎中兼侍御史,領轉運留後事於江西。明年,拜檢校祕書少監,兼和州刺史,理有善政。居無何,官罷。"《新書》本傳略同。又見《元龜》卷八七五。《全文》卷七八四穆員《祕書監致仕穆(寧)元堂志》:"大曆七年,淮南旱,和州以師旅後瘠痍深,慎選良牧,用膺明命……居一閏,人忘其傷;又一閏,人忘其化。無何受代。"按《漢書·律曆志下》:"三歲一閏,六歲二閏。"《後漢書·張純傳》:"三年一閏,五年再閏。"則穆寧在和州任至少五年以上。《全文》卷四〇九崔祐甫《穆氏四子講藝記》:"檢校秘書少監兼和州刺史侍御史河南穆寧,字子寧,以正直登朝,以嚴明作牧……大曆七年十一月十八日,檢校尚書吏部郎中博陵崔祐甫之辭也。"《全詩》卷一四七劉長卿有《和州留別穆郎中》。《唐語林》卷六稱"貞元初,穆寧爲和州刺史","貞元"誤。

趙　縱　　大曆十二年(777)

《全文》卷三三一楊綰《汾陽王妻霍國夫人王氏神道碑》:"有女八人……次女適和州刺史趙縱。"夫人大曆十二年正月卒,享年七十三,其年六月二日卜葬。《元龜》卷四八二:"大曆十三年……又貶户部郎中趙縱爲和州刺史,亦〔元〕載黨也。"按《舊書·代宗紀》稱:大曆十二年四月,户部侍郎趙縱等坐元載貶官。《元龜》之"十三年"當爲"十二年"之誤。《全詩》卷二七六盧綸有《送申屠正字往湖南迎親兼謁趙和州因呈上侍郎使君并戲簡前歷陽李明府》,"趙和州"當即趙縱。又卷二七七盧綸有《和趙端公九日登石亭上和州家兄》,趙端公,指趙縱弟袞,時爲侍御史。趙袞"家兄"即趙縱。

張敬因　　大曆中？

《匋齋藏石記》卷二七有顏真卿書《和州刺史張敬因殘碑》。字漫漶不可辨。

鄭　甫　　貞元初

《全文》卷七八五穆員《舒州刺史鄭公（甫）墓誌銘》：“〔公〕朝於京師，拜和州刺史。廉使今居守公奏課第一……後遷舒州刺史。”貞元六年十月卒。按“廉使今居守公”當指杜亞，據《舊書·德宗紀》，興元元年十二月，杜亞爲揚州長史、淮南節度使。貞元五年十二月，淮南節度使杜亞爲東都留守。

盧士牟　　貞元十一年（795）

《新表三上》盧氏：“士牟，和州刺史。”《茅山志》卷一七下泊宮：“唐貞觀十一年重立碑，桃源黃先生文，和州盧使君書。”又栖真觀：“桃源黃尊師所居，和州盧士牟撰。”按卷一一《十五代宗師洞真先生黃洞元傳》：“後入武陵，往桃源觀。”證知黃尊師即黃洞元。《傳》又云：“大曆八年癸丑……明年師徙居廬山紫霄峰凡十載，復來山住下泊宮……又八載，凝立而化……德宗嘆異。”證知卒於貞元中。卷一七下泊宮之“貞觀十一年”當爲“貞元十一年”之誤。

張惟儉　　約貞元中

《柳河東集》卷一二《先君石表陰先友記》：“〔張〕式，至河南尹；〔張〕莒，鄧州刺史；惟儉，和州刺史。”又卷六《岳州聖安寺無姓和尚碑陰記》：“無姓和尚既居是山……京兆尹弘農楊公某以其隱地爲道場，奉和州刺史張惟儉買西峰廣其居。”《全文》卷六二八呂溫《湖南都團練副使廳壁記》：“房容州孺復之英達，張和州惟儉、盧侍御澥佐我先大夫。”

韓　演　　約貞元中

《姓纂》卷四昌黎棘城縣韓氏：“演，和州刺史。”《新表三上》韓氏同。按其父韓倩，天寶四載爲國子司業。伯父韓休，相玄宗。同祖從兄滉，相德宗。

裴　堪　　約貞元十六年—十九年（約800—803）

《全詩》卷三五四劉禹錫《送湘陽熊判官孺登府罷歸鍾陵因寄呈江西裴中丞二十三兄》：“汾陰有寶氣，赤堇多奇鋩。束簡下曲臺，佩鞿來歷陽。綺筵陪一笑，蘭室襲餘芳。風水忽異勢，江湖遂相忘。因君倘借問，爲話老滄浪。”自注：“中丞爲博士，製相國柳宜城謚議，識者韙之。頃授予以其本。厥後牧和州，節度使杜司徒以中丞材譽俱高，欲令軍裝以重戎府，故授以本州團練使，滿座觀腰鞬。禮成，歡甚，相視而笑，後房燕樂，卜夜縱談。予忝司徒之賓，時獲末坐。初，中丞自尚書屯田員外郎出守，踵其武者，今給事中穆公；代給事者，右丞段公；予不佞，繼右丞之後，故曰‘襲餘芳’焉。”按裴中丞即裴堪，元和七年爲江西觀察使。注中“節度使杜司徒”指杜佑，貞元五年至十九年在淮南節度使任。所謂“予忝司徒之賓”，乃指貞元十六年劉禹錫應杜佑辟爲節度使幕僚。由此證知裴堪貞元十六年自屯田員外郎出爲和州刺史。按《柳河東集》卷八《故銀青光禄大夫右散騎常侍輕車都尉宜城縣開國伯柳公行狀》（貞元十五年正月），“太常博士裴堪議，宜謚曰貞，奉敕依”。注中所謂“制相國柳宜城謚議”，當即指此。

凌　準　　貞元二十一年（805）

《舊書·憲宗紀上》：貞元二十一年十月己卯，“〔再貶〕和州刺史凌準連州司馬”。《通鑑·永貞元年》同。又見《元龜》卷一五三。兩《唐書》本傳未及和州刺史事。《柳河東集》卷一〇《故連州員外司馬凌君權厝志》：“尚書都官員外郎、和州刺史、連州司馬、富春凌君諱準，卒於桂陽佛寺……以連累出和州，降連州。”注：“永貞元年九月，自都官員外郎貶和州刺史；十一月，再貶連州司馬。”《輿地碑記目》卷一《臨安府碑記》有《唐和州刺史凌準墓誌》。

令狐峗　　元和初？

《姓纂》卷五燉煌效穀縣令狐氏：“峗，和州刺史。”《新表五下》令狐氏同。按其兄令狐岖，順宗時卒。疑令狐峄刺和州約在元和初。

高　熊　　元和中？

《新表一下》高氏："熊，和州刺史。"《隋唐五代墓誌匯編・洛陽卷》第十四册《唐故宣州宣城縣令渤海高公（宗彝）并夫人京兆韋氏合葬墓誌銘并序》（咸通十一年二月二十四日）："祖諱熊，皇朝散大夫、和州刺史。"宗彝卒咸通十年，享年七十二。

嚴公衡　　元和十三年（818）

《元龜》卷四八一："嚴公衡爲右司郎中……元和十三年，出公衡爲和州刺史。"

李　繁　　約長慶中

《新表二上》遼東李氏："繁，和州刺史。"乃德宗時宰相李泌子。按兩《唐書》本傳未及。《舊傳》唯云："泌之故人爲宰相，左右援拯，後得累居郡守，而力學不倦。罷隨州刺史，歸京師，久不承恩。韋處厚入相，厚待之。"繁約大和初出爲亳州刺史，大和三年賜死。

劉禹錫　　長慶四年—寶曆二年（824—826）

《全詩》卷三六三劉禹錫《歷陽書事七十韻并引》："長慶四年八月，余自夔州轉歷陽。"《全文》卷六〇五劉禹錫《吳蜀集引》同。又卷六〇一有《和州刺史謝上表》。又卷六〇六《和州刺史廳壁記》："始余以尚書郎待譴刺連山，今也由巴東來牧……寶曆元年六月二十一日，刺史中山劉某記。"《舊書》本傳："大和二年，自和州刺史徵還。"《新書》本傳略同。又見《本事詩》，《全文》卷六一〇劉禹錫《子劉子自傳》。《全詩》卷三八五張籍有《寄和州劉使君》，《白居易集》卷二四有《答劉和州》《重答劉和州》《酬劉和州戲贈》等詩。【補遺】今按《舊書》本傳誤。據《子劉子自傳》："自連歷夔、和二郡，又除主客郎中分司東都。"按劉禹錫自和州回洛陽爲主客郎中分司東都，正與白居易自蘇州回洛陽同時，兩人在揚州相會，白居易有《醉贈劉二十八使君》詩，劉禹錫亦有《酬樂天揚州初逢席上見贈》詩，朱金城《白居易集編年箋校》及卞孝萱《劉禹錫年譜》等各家考證一致認爲此二詩爲寶曆二年作。故劉禹錫在和州的任期應爲“長慶四年—寶曆二年”。

徐　登　　大和六年（832）

《元龜》卷一五〇：“〔大和〕六年七月，刑部奏：大理寺申斷和州刺史徐登加徵稅錢，據其贓犯，合處極法。特敕徐登減死，決四十，流潮州。”

于季友　　約大和中

《西陽雜俎》續集卷二：“于季友爲和州刺史時，臨江有一寺，寺前漁釣所聚。有漁子下網，舉之重，壞網，視之，乃一石，如拳。因乞寺僧，置於佛殿中，石遂長不已，經年重四十斤。”又見《廣記》卷三九八引。按于季友大和六、七年在明州刺史任，其刺和州亦約在大和中。

裴　儔　　開成二年—四年（837—839）

《白居易集》卷三三《開成二年三月三日河南尹李待價以人和歲稔將禊於洛濱》詩題中有“和州刺史裴儔、淄州刺史裴洽”。《全詩》卷五二〇杜牧《池州送孟遲先輩》：“昔子來陵陽，時當苦炎熱……仲秋往歷陽……歷陽裴太守，襟韻苦超越。”又卷五二三杜牧有《初春雨中舟次和州橫江裴使君見迎因書四韻兼寄江南許渾先輩》，卷五三六重出，作許渾詩。按繆鉞《杜牧年譜》繫此詩於開成四年，乃罷宣州幕赴京時途經和州作，是。又按詩中裴使君即裴儔，裴儔乃杜牧姊夫，參見“洪州”卷。

崔　某　　會昌中

《全詩》卷五二三杜牧有《寄內兄和州崔員外十二韻》，詩云：“歷陽崔太守，何日不含情……共祝中興主，高歌唱太平。”

李景先　　大中初

《南部新書》戊：“李景先自和牧謫爲司馬，戲湖守蘇特曰：‘使君貴郡有三黃霍子，五蒂木瓜。'特頗銜之。"按蘇特大中二年至四年爲湖州刺史。

崔　雍　　咸通九年—十年（868—869）

《新表二下》博陵安平大房崔氏："雍，和州刺史。"《舊書·懿宗紀》：咸通九年十一月，"〔龐勛將吳迴令小將張行簡〕進攻和州，刺史崔雍登城樓謂吳迴曰……"十年"八月，和州防虞行官石伴等一百三十人狀訴刺史崔雍……敕曰：'……其崔雍宜差內養孟公度專往宣州，賜自盡。'"《通鑑·咸通九年》、《咸通十年》同。又見《新書》本傳，《元龜》卷一五三，《闕史》卷下《崔起居題下馬圖》，《金華子》雜編卷上，《唐語林》卷四，《北夢瑣言》卷一〇。《全文》卷八〇四石伴有《訴刺史崔雍狀》。

秦　彥　　中和二年（882）

《舊書》本傳："巢兵敗於淮南，乃與許勛俱降高駢，累奏授和州刺史。中和二年，宣歙觀察使竇潏病，彥以兵襲取之，遂代潏爲觀察使。"《新書》本傳略同。《新書·僖宗紀》：中和二年，"是歲……和州刺史秦彥逐宣歙觀察使竇潏"。又見《通鑑·中和二年》。《桂苑筆耕集》卷三有《新授和州刺史秦彥狀》、卷一二有《和州秦彥委曲》。又見《唐文拾遺》卷三五、卷三九、卷三六《奏論抽發兵士狀》。

趙　詞　　中和間

《桂苑筆耕集》卷一三《趙詞攝和州刺史》稱："牒奉處分……事須差攝和州刺史。"又見《唐文拾遺》卷四〇。

呂用之　　光啓二年（886）

《舊書·僖宗紀》：光啓二年五月，"又以淮南右都押衙、和州刺史呂用之檢校兵部尚書，兼廣州刺史、嶺南東道節度使"。《通鑑·光啓二年》五月同。

梁　　纘　　光啓三年(887)

《通鑑考異·光啓三年》四月下引《妖亂志》："中和三年，高駢差梁纘知和州。纘以孫端窺伺和州已久，不如因而與之以責其效。駢强之，既行，果爲端所敗。及歸，和州尋陷於端。"

孫　　端　　光啓三年(887)

《通鑑·光啓三年》：四月，"〔楊〕行密乃悉發廬州兵，復借兵於和州刺史孫端"。又見《十國春秋·吳太祖世家》、《袁襲傳》。

康　　暀　　大順二年(891)

《通鑑·大順二年》：五月，"〔孫儒〕乃還揚州，使其將康暀據和州"。又見《十國春秋·吳太祖世家》。

李　　濤　　天祐中

《九國志》本傳："〔楊〕渥襲位，授和州刺史。"按天祐二年楊行密卒。楊渥襲淮南節度使。

待考録

宇文守直

《姓纂》卷六中山宇文氏："唐虞部員外、和州刺史宇文守直，本河南人，後居中山。"

長孫有鄰

《姓纂》卷七河南洛縣(陽)長孫氏："有鄰，和州太守。"岑仲勉《姓纂四校記》云：和州太守之名，不合唐代官制，當有誤。

顏希莊

《全文》卷三三九顏真卿《晉侍中右光禄大夫本州大中正西平靖侯顏公大宗碑》："十二代孫……希莊，進士，銀青，和州刺史。"乃顏真卿祖輩。

崔　續

《新表二下》大房崔氏:"續,和州刺史。"崔晨孫。其遠房從姪崔損,相德宗。

李士英(李容)

《新書‧宗室世系表上》蔡王房:"和州刺史士英,初名容。"乃蒲同絳陝幽夏六州刺史、益州長史譙國公崇義曾孫。

裴　晟

《新表一上》洗馬裴氏:"晟,和州刺史。"按其曾祖裴談,相中宗。

卷一二七　濠州（豪州、鍾離郡）

隋鍾離郡。武德三年改爲濠州，又作豪州。天寶元年改爲鍾離郡。乾元元年復爲濠州。領縣三：鍾離、定遠、招義。

武元爽　顯慶五年—乾封元年（660—666）

《舊書·武承嗣傳》："楊氏改封爲榮國夫人，時元慶仕爲宗正少卿，元爽爲少府少監，惟良爲衛尉少卿，榮國夫人恨其疇日薄己，諷皇后抗疏請出元慶等爲外職，佯爲退讓，其實惡之也。於是元慶爲龍州刺史，元爽爲濠州刺史，惟良爲始州刺史……元爽自濠州又配流振州而死。"又見《新書·武士彠傳》、《后妃·高宗則天順聖皇后武氏傳》。按代國夫人楊氏顯慶五年十月改封爲榮國夫人，見《舊書·高宗紀上》。《通鑑》記此事在乾封元年八月。按《會要》卷七九作"亳州刺史魏王武元爽"，疑誤。

封安壽　約乾封、總章中

《全文》卷二一五陳子昂《臨邛縣令封君遺愛碑》："父安壽，皇朝尚衣直長，懷州司馬，豪州刺史，湖州刺史。"按《新表一下》封氏稱："安壽，湖州刺史。"《唐代墓誌彙編·大唐中大夫使持節湖州諸軍事湖州刺史封公（泰字安壽）墓誌銘并序》（咸亨三年八月十四日）："武德中擢秦府參軍……碑傳俱紀，略而靡述。後遷豪、湖二州刺史……何圖名當考計，行未達京，乖豫膏肓，協夢辰巳，咸亨二年九月十三日，舡次汴部，薨於旅館，春秋七十有六。"由此證知咸亨二年歿於湖州刺史任滿歸京之旅途，其刺豪州當在刺湖州之前，約在乾封至總章年間。

李子碓　　開耀二年（682）

《金石補正》卷三九《開業寺碑》開耀二年二月八日碑陰題名稱："伽藍主陝州刺史司徒公李徽伯，息徐州刺史北海郡子旦，息豪州刺史兵部尚書子碓。"

員半千　　中宗時

《舊書》本傳："中宗時，爲濠州刺史。"《新書》本傳："武三思用事，以賢見忌，出豪、蘄二州刺史。"

鄭慈明　　開元初

《新表五上》鄭氏："慈明，豪州刺史。"《全文》卷七八五穆員《舒州刺史鄭公（甫）墓誌銘》："以貞元六年冬十月辛丑卒於東都……祖慈明，銀青光禄大夫濠州刺史。"按《全文》卷二二〇崔融《唐故密亳二州刺史鄭公（仁愷）碑》稱："有子十人……次子慈明……曹州刺（闕）。"

盧　某　　開元中？

《全文》卷三二七王維《唐故潞州刺史王府君夫人榮國夫人墓誌銘》："夫人姓盧氏，范陽人也……父某，濠、淄、邛等三州刺史。"

顏元孫　　開元十年（722）

《新書·顏杲卿傳》："父元孫，有名垂拱間，爲濠州刺史。"《全文》卷三四一顏真卿《朝議大夫守華州刺史上柱國贈祕書監顏君（元孫）神道碑銘》："玄宗登極……俄爲〔王〕琚等所擠，出爲潤州長史，遷滁州刺史……拜沂州……黜歸田里……十年，與陳郡殷踐猷……友善，相見未嘗不畢景，起爲濠州刺史。"又見卷三三六《謝贈官表》、卷三三九《晉侍中右光禄大夫本州大中正西平靖侯顏公大宗碑》、卷三四〇《唐故通議大夫行薛王友顏君碑銘》、卷三四一《祕書省著作郎夔州都督長史上護軍顏公（勤禮）神道碑》、《正議大夫行國子司業顏府君允南神道碑》、《左衛率府兵曹參軍顏君（幼輿）神道碑》、《攝常山郡太守衛尉卿顏公（杲卿）神道碑》、《金石錄》卷七《唐祭伯父濠州刺史文》、《寶刻叢編》卷一四《唐干祿字書》。北圖藏拓片《干祿字書》：“朝議大夫滁、沂、豪三州刺史上柱國贈秘書監顏元孫撰。”按《舊書·顏杲卿傳》誤作“亳州刺史”。

齊　澣　約開元二十一年前後（約733前後）

《新書》本傳：“久之，澣徙索盧丞、郴州長史、濠常二州刺史。遷潤州……復徙汴州。”《舊書》本傳唯及濠州刺史。又云：“〔開元〕二十五年，遷潤州刺史，充江南東道採訪處置使。”上圖藏拓片《唐故朝議郎行陝州硤石縣令上柱國侯公（續）墓誌銘并叙》（大和九年十二月十一日）：“夫人高陽齊氏，皇吏部侍郎，汴、常、潤、濠等五州刺史，河南、江東兩道採訪使、平陽郡太守、襲高陽公之曾孫也。”按“襲高陽公”即指齊澣。

王　弼　開元二十三、二十四年（735、736）

《全文》卷二六一李邕《爲濠州刺史王弼謝上表》：“伏奉某月日制，除臣濠州刺史……以某月日到州上訖。”又卷二六二李邕《秦望山法華寺碑》：“頃者豪州刺史前此邦別乘太原王公名弼，法海廣大，慧炬融明。”《金石補正》卷五五收此碑署名“括州刺史李邕撰并書”。開元二十四年三月立。按李邕開元二十三年爲括州刺史，則王弼開元二十三年在濠州刺史任。按開元二十六年在泗州刺史任。

高　利　開元中？

《封氏聞見記》卷九：“高利自濠州改爲楚州，時江淮米貴，職田每得粳米，直數千貫。準例：替人五月五日以前到者，得職田。利欲以讓前人，發濠州，所在故爲淹泊，候過數日，然後到州，士子稱焉。”又見《唐語林》卷一。《全詩》卷一三七儲光羲有《安宜園林獻高使君》，友人陶敏謂即高利。疑刺濠在開元中。

韋 陟 約天寶八載前後（約749前後）

《舊書》本傳：“李林甫忌之，出爲襄陽太守，兼本道採訪使，又改陳留採訪使，復加銀青光祿大夫，天寶中襲封郇國公，以親累貶鍾離太守，重貶義陽太守。尋移河東太守，充本道採訪使。十二年入考……”《新書》本傳略同。《元龜》卷七〇〇：“〔韋〕陟自天寶初自吏部侍郎出爲襄陽、鍾離、義陽三郡太守。楊國忠專政，徵爲河東太守本道採訪使。”

張 休 乾元元年（758）

《全文》卷四〇九崔祐甫《衛尉卿洪州都督張公（休）遺愛碑頌并序》：“牧濠舒潤三州而及此。”又卷三八五獨孤及有《爲張濠州謝上表》。按張休寶應元年由潤州刺史遷洪州刺史。

張萬福 大曆三年（768）

《舊書》本傳：“許杲以平盧行軍司馬將卒三千人駐濠州不去，有窺淮南意。〔崔〕圓令萬福攝濠州刺史。杲聞即提卒去，止當涂。陳莊賊陷舒州，圓又以萬福爲舒州刺史。”《新書》本傳略同。又見《元龜》卷六九四，韓愈《順宗實錄》卷四。《通鑑·大曆三年》：十二月，“淮南節度使崔圓令副使元城張萬福攝濠州刺史……是歲，上召萬福，以爲和州刺史、行營防禦使，討杲”。

獨孤及 大曆三年—五年（768—770）

《新書》本傳：“代宗以左拾遺召……俄改太常博士……遷禮部員外郎，歷濠、舒二州刺史……以治課加檢校司封郎中，賜金紫。徙常州。”《全文》卷三八五獨孤及有《謝濠州刺史表》，又《謝常州刺史表》稱：“及典濠舒二州，出入七年。”又卷五二二梁肅《朝散大夫使持節常州諸軍事守常州刺史賜紫金魚袋獨孤公（及）行狀》：“除濠州刺史……三年而闔境大化……移拜舒州刺史……明年……擢拜常州刺史。”按大曆五年獨孤及徙舒州刺史。又見卷五二二梁肅《祭獨孤常州文》，卷四〇九崔祐甫《故常州刺史獨孤公神道碑銘并序》，卷四八

八權德興《故朝散大夫使持節常州諸軍事守常州刺史獨孤公(及)謚
議》等。

盧　沇　　約大曆六年前後(約771前後)

上圖藏拓片《唐故朝散大夫豪鄆二州刺史上柱國盧府君夫人隴
西李氏墓誌銘并序》(永貞元年十月二十日)："府君諱沇,字子衡……
〔歷〕大理評事、監察御史、豪鄆二州刺史……行年六十有三,歷官一
十有一,以大曆九年遘疾……夏六月庚寅殁於揚州私第。"按《新表三
上》盧氏稱"沇,鄆、亳二州刺史","亳"當爲"豪"之誤。

韋　某　　大曆中?

《全詩》卷二〇六李嘉祐有《司勳王郎中宅送韋九郎中往濠
州》詩。

諸葛澄　　大曆中?

《千唐誌·唐故黄崗縣丞陳君夫人諸葛氏墓誌銘并序》(寶曆元
年六月十二日):"曾祖澄,豪州刺史……夫人年十六適黄崗丞陳君曰
雅,先夫人二十二年卒。"夫人卒於寶曆元年五月二十五日,年六
十一。

張　鎰　　約大曆十年—十二年(約775—777)

《舊書》本傳:"大曆五年,除濠州刺史……李靈曜反於汴州,鎰訓
練鄉兵,嚴守禦之備,詔書褒異,加侍御史沿淮鎮守使。"《新書》本傳:
"大曆初,出爲濠州刺史。"《舊書·蕭定傳》:"大曆中,有司條天下牧
守課績,唯定與常州刺史蕭復、豪州刺史張鎰爲理行第一。"《新書·
蕭定傳》同。又見《元龜》卷六七六、卷六八〇、卷六八四。按"李靈曜
反於汴州"乃大曆十一年事。又按蕭定、蕭復均約大曆十二年爲潤
州、常州刺史。則張鎰刺濠州疑亦約在此期間。兩《唐書》本傳稱"大
曆五年"、"大曆初",疑皆誤。《會要》卷三六:"建中元年十月,濠州刺
史張鎰,撰《五經微旨》十四卷。"亦誤。大曆十二年張鎰已爲壽州刺

史，十四年爲江西觀察。又見《全文》卷四九九權德輿《唐故中書侍郎同中書門下平章事太子賓客齊成公神道碑銘》。

樊　系　　約大曆末

《嘉泰吳興志》卷一四郡守題名："樊系，大曆十二年自諫議大夫授；遷濠州刺史。《統記》云：十年。"

張萬福　　建中二年—興元元年（781—784）

《舊書》本傳："李正己反，將斷江、淮路……德宗以萬福爲濠州刺史……改泗州刺史。"《新書》本傳略同。《通鑑·建中二年》：六月，"上以和州刺史張萬福爲濠州刺史"。又見《元龜》卷三九三，韓愈《順宗實錄》卷四。按興元元年張萬福在泗州刺史任。

許孟容　　約貞元六年前後（約 790 前後）

《舊書》本傳："貞元初，徐州節度使張建封辟爲從事，四遷侍御史。李納屯兵境上，揚言入寇。建封……遣孟容單車詣納，爲陳逆順禍福之計，納即日發使追兵，因請修好。遂表孟容爲濠州刺史。無幾，德宗知其才，徵爲禮部員外郎。"《新書》本傳略同。

孫公器　　約貞元七年—八年（約 791—792）

《隋唐五代墓誌匯編·洛陽卷》第十三冊《孫簡墓誌》（寶曆二年十一月二十六日）："烈考諱〔公〕器……後爲濠、信二州刺史，邕管經略使兼御史中丞。"按貞元九年公器自信州刺史遷邕管經略使。

李　敷　　貞元十年（794）

《嚴州圖經》卷一題名："李敷，貞元十年十月二十七日自濠州刺史拜。"

杜　兼　　貞元十六年（800）

《舊書》本傳："舉進士，累辟諸府從事，拜濠州刺史……元和初，入爲刑部、吏部郎中。"《通鑑·貞元十六年》：六月，"濠州刺史杜兼爲濠州留後"。又見《舊書·張愔傳》，《新書》本傳，兩《唐書·李藩傳》，《元龜》卷一四八、卷三三七、卷六九九。《韓昌黎集》卷二六《故中散大夫河南尹杜君(兼)墓誌銘》："其後佐徐泗州軍，遂至濠州刺史……有功加御史中丞……入爲刑部郎中，以能官拜蘇州刺史。"

李　遜　　約貞元末

《舊書》本傳："累拜池、濠二州刺史。先是，濠州之都將楊騰，削刻士卒，州兵三千人謀殺騰。騰覺之，走揚州，家屬皆死……及遜至郡，餘亂未殄，徐驅其間，爲陳逆順利害之勢，衆皆釋甲請罪，因以寧息……入拜虞部郎中。元和初，出爲衢州刺史。"《新書》本傳略同。又見《元龜》卷三九七、卷六七四。

崔　清　　約元和元年(約806)

《廣記》卷二四二引《嘉話錄》："唐崔清除濠州刺史，替李遜。"按《新表二下》博陵安平第二房崔氏有"清，户部郎中"。乃貞元十四年同州刺史崔淙弟。又按崔清約元和五、六年在晉州刺史任。

韋乾度　　元和七年？(812？)

《姓纂》卷二京兆杜陵東眷韋氏："肇三從弟乾度，豪州刺史。"按乾度永貞元年爲簡州刺史，元和七年爲吏部郎中，見《會要》卷八〇；十二年自御史中丞貶朗州刺史，見《元龜》卷五二二；長慶二年爲國子祭酒，見《元龜》卷六〇四。疑刺豪州或爲修《姓纂》時見官。

李　丹　　元和中？

《新表二上》隴西李氏姑臧房："丹，豪州刺史。"按其兄李舟，字公受，虔州刺史。

【張　宿　　元和十二年(817)(未之任)】

《舊書》本傳："歷贊善大夫、左補闕、比部員外郎。宰相李逢吉惡

之⋯⋯乃用爲濠州刺史。制下，宿自理乞留，乃追制⋯⋯乃出逢吉爲
劍南東川節度。乃用宿權知諫議大夫。"按逢吉罷相爲劍南東川節度
在元和十二年九月，見《新書·宰相表中》。

侯弘度　　長慶二年(822)

《通鑑·長慶二年》：三月，"王智興遣輕兵二千襲濠州；丙辰，刺史
侯弘度棄城奔壽州"。又見兩《唐書·王智興傳》，《元龜》卷一七七。

史　備　　長慶二年(822)

《白居易集》卷四八《楊潛可洋州刺史李繁可遂州刺史史備可濠
州刺史制》稱："將仕郎、前使持節光州諸軍事守光州刺史、雲騎尉史
備⋯⋯可使持節濠州諸軍事、守濠州刺史、充團練渦口西城等使。"

陳　岵　　寶曆二年(826)

《舊書·劉寬夫傳》："寶曆中，入爲監察御史⋯⋯俄轉左補闕。
少列陳岵進注《維摩經》，得濠州刺史。"《新書·劉寬夫傳》略同。《會
要》卷五六："〔寶曆〕二年九月，以新授濠州刺史陳岵爲太常少卿。"按
長慶四年在處州刺史任。

劉茂復　　大和六年(832)

《全文》卷七四六盧子駿《彭城公寫經畫西方像記》："大和六年十
二月五日濠州刺史彭城劉茂復建。"又同卷盧子駿有《濠州刺史劉公
善政述》。

李從簡　　約開成中

《新書·宗室世系表下》讓皇帝房："濠、復等州刺史從簡。"按開
成初由左金吾將軍兼御史中丞貶復州刺史，見《元龜》卷六六四。

田　某　　文宗時?

《全詩補逸》卷九張祜有《觀濠州田中丞出獵》。

李文舉　　約大中七年—十年(約 853—856)

　　《樊南文集》卷六《爲李兵曹祭兄濠州刺史文》:"漢有宗正,委之親賢……嚴陵山水,鍾離控扼……人以功遷,吾由謗得。"注:"此李君是以宗正卿出使外夷,歸而貶郡者也……惟大中五年十二月書盜斫景陵神門戟,京兆尹韋博罰兩月俸,貶宗正卿李文舉睦州刺史……蓋先刺睦繼刺濠而卒。又云:'方候徵還',則刺濠已久。文爲義山東川歸後所作明矣。"

侯　固　　大中十一年(857)

　　《輿地碑記目》卷二《濠州碑記》有《唐勸栽桑碑》,注云:"唐大中十四年,濠州刺史侯固奏乞令人廣栽桑,而官司無收税。"又有《唐勸農敕》,注引《集古録目》云:"不著書人名氏。唐宣宗時,濠州刺史侯固奏,言其州以桑爲税,民患,伐去之,固勸使栽植,請除其税,敕依其所請。并李宫請立石狀,同以大中十一年立。"

劉彦謀　　大中十二、十三年? (858、859?)

　　《南部新書》癸:"大中九年十七日敕,徐泗節度使康季榮奏,據濠州刺史劉彦謀狀……"闕年分。又見《唐文拾遺》卷三一。按康季榮兩任徐泗節度:一爲大中六至八年,一爲大中十二至十三年。疑劉彦謀刺濠在大中十二、十三年。

鄭允謨　　咸通前期?

　　《舊書》本傳:"歷蜀、彭、濠、晉四州刺史,位終太子右庶子。"按《新表五上》鄭氏:"允謨,宋州刺史。"其祖餘慶,元和十五年十一月卒,年七十五。其父澣,開成四年卒,年六十四。

盧望回　　咸通九年(868)

　　《舊書・懿宗紀》:咸通九年十一月,"龐勛又令將劉贊攻濠州,陷之,囚刺史盧望回於迴車館,望回鬱憤而死"。《新書・懿宗紀》同。又見《通鑑・咸通九年》十月。

劉行及　　咸通九年（868）

　　《新書·康承訓傳》：“僞將劉行及攻濠州，執刺史盧望回，自稱刺史。”又見《通鑑·咸通九年》十月。

秦匡謨　　咸通十年（869）

　　《舊書·懿宗紀》：咸通十年正月，“將軍秦匡謨爲濠州刺史、本州行營招討使”。

吴　迴　　咸通十年（869）

　　《新書·康承訓傳》：“吴迴〔爲龐勛〕守濠州，糧盡食人……馬士舉斬以獻。”又見《通鑑·咸通十年》九月、十月。

劉　昉　　咸通十一年（870）

　　朱玉麒云，唐沈汾撰《續仙傳》卷中葉千韶：“咸通十一年，〔葉千韶〕遊及濠州，聞刺史劉昉忽中風垂死，名醫莫療。千韶策杖入州曰：‘感我此來，使君再生矣！’”又見元趙道一編《歷世真仙體道通鑑》卷三五。

崔　鍇　　乾符末

　　《吴越備史》卷一《武肅王》：“漢宏，兖州刺史院之小吏也，尋爲大將，領本州兵，以禦黄巢寇，遂殺將首，劫輜重而叛。詔忠武軍討之，不利；復命前濠州刺史崔鍇招攜之，宏遂降，授宿州刺史。”又見《通鑑考異·乾符六年》十月引《吴越備史》及《廣明元年》七月引《實録》。

魏　勳　　文德元年（888）

　　《舊五代史·葛從周傳》：“文德元年……佐龐師古討孫儒於淮南……迴軍攻濠州，殺刺史魏勳。”又見《元龜》卷三四六。

張　璲（張遂）　　景福元年—乾寧二年（892—895）

　　《通鑑·景福元年》：“十一月，時溥濠州刺史張璲、泗州刺史張諫

以州附於朱全忠。"又《乾寧二年》：三月，"〔楊〕行密攻濠州，拔之，執
刺史張璲"。又見《新書·昭宗紀》、《楊行密傳》。《九國志·李簡傳》
及兩《五代史·馬嗣勳傳》皆作"張遂"。

趙　玶　　光化元年(898)

《通鑑·光化元年》："六月，以濠州刺史趙玶爲忠武軍節度使。"
《新書》本傳未及。

劉　金　　約天復中—天祐二年(?—905)

《九國志》本傳："大順中……以功授滁州刺史。〔楊〕行密破鍾
離，移濠州刺史。未幾，遷團練使。天祐二年卒，子仁規嗣。"又見《通
鑑·天祐二年》、《新五代史·王彦章傳》、《江南野史·劉仁瞻傳》、
《十國春秋》本傳、《吳太祖世家》等。

劉仁規　　天祐二年(905)

《通鑑·天祐二年》：九月，"濠州團練使劉金卒，楊行密以金子仁
規知濠州"。又見《九國志·劉金傳》、《十國春秋·吳太祖世家》。
《廣記》卷八五引《稽神録》："中和末，有明經李生應舉如長安……從
子智脩爲沙門……智脩後遊鍾離……時劉仁軌爲刺史。""仁軌"，當
爲"仁規"之誤。

卷一二八　舒州（同安郡、盛唐郡）

隋同安郡。武德四年改爲舒州。六年置總管府；後改都督府。貞觀元年罷都督府。天寶元年改爲同安郡。至德二年二月改爲盛唐郡。乾元元年復爲舒州。領縣五：懷寧、宿松、望江、太湖、同安（桐城）。

殷恭邃　　武德五年（622）

《元龜》卷一二六：“〔武德〕五年正月丙戌，同安賊帥殷恭邃以舒州來降。”

張鎮周（張鎮州）　　武德六年（623）

《通鑑・武德六年》：三月“乙巳，前洪州總管張善安反，遣舒州總管張鎮周等擊之”。十一月“甲申，舒州總管張鎮周等擊輔公祏將陳當世於猷州之黄沙，大破之”。

張鎮周（張鎮州）　　武德八年（625）

《元龜》卷六七四：“張鎮州，同安人也。武德中爲舒州都督……親戚有犯法，一無所縱，州境因兹蕭然。”又見卷七八二，《御覽》卷八四四。《通鑑・武德八年》：“正月丙辰，以壽州都督張鎮周爲舒州都督。”

袁處弘　　約貞觀中

《姓纂》卷四京兆袁氏：“唐舒州刺史袁處弘。”《千唐誌・大周故相州刺史袁府君（公瑜）墓誌銘并序》（久視元年十月廿八日）：“父弘，唐雍州萬年縣令，舒州刺史。”公瑜卒垂拱元年，年七十三。又《大周故朝散郎行鄧州司法參軍袁府君（承嘉）墓誌銘》（同上）：“祖處弘，唐大理寺正、雍州萬年縣令、舒州諸軍事舒州刺史。”未著卒年，年四十七。

上官懷仁　　貞觀中

《姓纂》卷七京兆上官氏：“懷仁，唐右武〔候〕將軍、舒州刺史。”按武德四年懷仁爲太子内率，見《元龜》卷九八五。貞觀十二年爲右武候將軍，見《舊書·太宗紀下》。按《舊書·列女·楚王靈龜妃上官氏傳》稱：“父懷仁，右金吾將軍。”

韋慶植　　貞觀中

北圖藏拓片《大唐故銀青光禄大夫衛尉卿扶陽縣開國公護軍韋公（項）墓誌銘并序》（開元六年七月二十九日）：“祖澄，隋大丞相府法曹、東京兵部侍郎、定陵郡守、司勳侍郎、朝請大夫尚書左丞、通議大夫國子司業；皇朝上開府國子祭酒、金紫光禄大夫使持節綿州諸軍事綿州刺史，贈彭城縣開國公，謚曰敬。父慶植，皇秦國公府録事參軍、秦王府司馬、倉部郎中、舒密二州刺史。”項卒開元四年四月十日，年八十一。《全文》卷二九五韓休《贈邠州刺史韋公（鈞）神道碑》：“祖慶植，皇朝舒密二州刺史。”鈞卒開元十一年十二月十九日，年六十四。按《廣記》卷一三四引《法苑珠林》：“唐貞觀中，魏王府長史韋慶植有女先亡……後二年……慶植悲痛發病，遂不起。”

裴瞿曇　　貞觀或高宗時

《新表一上》東眷裴氏：“瞿曇，舒州刺史。”乃隋絳州留守，知蒲、虞、絳、秦十州兵馬事文度子。

楊承仙　　乾封元年前（666前）

《金石録》卷四：“《唐舒州刺史楊承仙碑》，張昌齡撰，正書，無姓名，乾封元年五月。”

元思哲　　高宗時

《姓纂》卷四河南洛陽元氏："思哲，舒州刺史。"岑仲勉《姓纂四校記》："《集古録目》有《元府君德政碑》云：'府君名思哲，字知人，河南洛陽人，以絳州夏縣令卒於官。縣人……爲立碑以頌德，以調露二年立，在夏縣。'時代正合，應即此人。但請卒夏縣令，與《姓纂》舒州刺史不合。豈思哲曾左降而《集古録目》失記歟？"

李素節　　載初元年(689)

《舊書》本傳："則天稱制，又進封許王，累除舒州刺史。天授中，與上金同被誣告……被縊死。"又《則天皇后紀》：載初元年七月"丁亥，殺隨州刺史澤王上金、舒州刺史許王素節并其子數十人"。《通鑑》記此事爲天授元年七月。又見《舊書·李上金傳》，《元龜》卷二八一、卷二九五，《會要》卷五。《新書》本傳未及。

張知騫　　約長壽中(約693)

《舊書》本傳："天授後歷房、和、舒、延、德、定、稷、晉、洺、宣、貝十一州刺史。"《新書》本傳未列州名。又見《元龜》卷六八九。

張懷肅　　武后時

《說郛》卷二引《朝野僉載》："周舒州刺史張懷肅好食人精，唐左司郎中任正名亦有此病。"

李　紹　　中宗時？

《全文》卷七八四穆員《相國崔公(涣)墓誌銘》："享年六十二，以大曆三年冬十有二月二日薨……繼夫人隴西李氏……舒州刺史紹之孫，羽林録事參軍晃之女。"

蕭德緒　　開元初？

《千唐誌·唐故天德軍攝團練判官太原府參軍蕭府君(鍊)墓誌銘并序》(元和元年二月二日)："曾祖德緒，皇銀青光禄大夫，舒、杭、穎三州刺史,蘭陵郡公。祖元晃,皇徐州蘄縣令。父凝,皇信州録事參軍……公則録事先府君之次子也……天德軍使、御史大夫任公辟充團練判官……以永貞元年八月三日遘疾,終于豐州之官舍。"

姜神翊　　約開元中

《新表三下》九真姜氏:"神翊,舒州刺史。"按其孫公輔,相德宗。又按《閩書》卷五五稱:姜神翊天寶前爲建州刺史,則其刺舒亦約在開元中。

吴　兢　　開元中

《新書》本傳:"累遷洪州刺史,坐累下除舒州。天寶初,入爲恒王傅。"按《舊書》本傳云:"累遷台、洪、饒、蘄四州刺史,加銀青光禄大夫,遷相州長史,封襄垣縣子。天寶初改官名,爲鄴郡太守,入爲恒王傅。"未及舒州,未知《新書》誤否。

寇　洋　　約開元末

《千唐誌・唐故廣平郡太守恒王府長史上谷寇府君（洋）墓誌銘并序》（天寶七載十一月三日）:"歷吉、舒二州刺史,南陽、廣平二郡太守……晚加衰疾,屢表懇辭,由是除恒王府長史。將行,以天寶七載六月十五日薨於外館,春秋八十有四。"

田仁琬　　天寶元年(742)

《元龜》卷四五〇:"田仁琬爲太僕卿兼代州刺史充河東諸軍節度副大使,玄宗天寶元年制曰:田仁琬忝居節度,鎮守西陲,不能振舉師律,緝寧夷夏……可舒州刺史,即馳驛赴任。"又見《唐文拾遺》卷二引。

張　休　　約乾元中

《全文》卷四〇九崔祐甫《衛尉卿洪州都督張公（休）遺愛碑頌并序》:"牧濠、舒、潤三州而及此。"按張休上元二年末、寶應元年初由潤州刺史遷洪州都督。

王 佐　　約肅宗時

《新表二中》琅邪王氏:"佐,舒州刺史。"按其祖王方慶,相武后。

張萬福　　約上元中

《舊書》本傳:"年十七八,從軍遼東有功,爲將而還,累攝舒廬壽三州刺史、舒廬壽三州都團練使……尋真拜壽州刺史,淮南節度副使。"《新書》本傳唯云:"累攝壽州刺史、舒廬壽都團練使。"《元龜》卷六九四同。

劉秋子　　寶應元年(762)

《新書·代宗紀》:寶應元年,"是歲,舒州人楊昭反,殺其刺史劉秋子"。《全文》卷三九○獨孤及《唐故洪州刺史張公(鎬)遺愛碑并序》:"寶應元年冬十月,公朝服受命,至自臨川……舒城賊帥楊昭憑蜂聚之衆,殺同安郡守劉秋子以叛……公覆而取之。"按劉秋子至德中由宜春郡太守遷淮陽太守,見《御覽》卷三一○。

鄭 穀　　寶應中

《全詩》卷八七四《舒州人歌》注:"寶應中,滎陽鄭穀守舒州,蝗蟲不入界。"

張萬福　　大曆初

《新書》本傳:"賊陳莊陷舒州,〔崔〕圓又令攝舒州刺史,督淮南盜賊,窮破株黨。大曆三年召見……乃拜和州刺史兼行營防禦使,督盜淮南。"《舊書》本傳略同。又見《元龜》卷六九四,韓愈《順宗實錄》卷四。

獨孤及　　大曆五年—八年(770—773)

《新書》本傳:"歷濠、舒二州刺史……徙常州。"《全文》卷三八五獨孤及有《謝舒州刺史兼加朝散大夫表》，卷三八五《謝常州刺史表》稱：“往歲……及典濠舒二州，出入七年。”又卷三九〇《舒州山谷寺隋故鏡智禪師碑銘并序》：“歲次庚戌，及剖符是州。”按庚戌歲爲大曆五年。又見卷三八五《謝加司封郎中賜紫金魚袋表》、卷三八六《答楊賁處士書》、卷三九三《舒州山谷寺上方禪門第三祖璨大師塔銘》、卷三九三《祭壽州張使君文》、《祭揚州韋大夫文》（韋元甫卒大曆六年八月）、《祭韋端公炎文》、《祭賈尚書文》（賈至大曆七年卒）、《祭相里造文》、《祭亡妻博陵郡君文》（大曆八年二月卒）、《祭吳塘神祈雨文》、《祭岏山文》，皆自稱舒州刺史獨孤及。又卷四〇九崔祐甫有《故常州刺史獨孤公（及）神道碑銘并序》，卷四八八權德輿有《故朝散大夫使持節常州諸軍事守常州刺史獨孤公諡議》，卷五二二梁肅有《朝散大夫使持節常州諸軍事守常州刺史獨孤公行狀》、《祭獨孤常州文》。卷七九〇張彥遠《三祖大師碑陰記》稱：“彥遠曾祖……修建大聖善寺……在淮南奏三祖大師諡號與塔額，刺史獨孤公爲之碑。”按彥遠曾祖張延賞大曆六年至八年爲淮南節度。又按《輿地碑記目》卷二《滁州碑記》有《琅邪溪述》，注云：“唐大曆六年刺史獨孤及撰。”“刺史”當爲“舒州刺史”。又《安慶府碑記》有《山谷寺智禪師銘》，注云：“唐大曆八年，獨孤及撰，張從申書。”

韋　佶　　約大曆中

《姓纂》卷二東眷韋氏南皮公房：“佶，舒州刺史。”《新表四上》同。按其父堅，仕玄宗時，其祖玄泰，約武后時爲陝州刺史。

劉　契　　約大曆中

《姓纂》卷五諸郡劉氏：“契，舒州刺史。”乃天寶時安西判官劉單姪。

竇叔向？　　約大曆中

《寰宇訪碑錄》卷四有《左拾遺舒州刺史竇叔向神道碑》，羊士諤撰，竇易直正書，元和三年十月。又見《中州金石目》卷四。按《舊書・竇群傳》唯云：“父叔向，以工詩稱，代宗朝，官至左拾遺。”《新書・竇群傳》略同。皆未及舒州刺史事。疑爲贈官。

吕　渭　　興元元年—貞元二年（784—786）

《舊書》本傳：“渭累授舒州刺史、吏部員外、駕部郎中、知制誥、中書舍人，母憂罷。”《新書》本傳未及。《太平寰宇記》卷一二五舒州懷寧縣：“玉鏡山在縣北二十里，唐貞元二年從皖山東南忽然爆裂……其年刺史吕渭聞奏，因山改萬歲鄉爲玉鏡鄉。”《隋唐五代墓誌匯編・洛陽卷》第十二册《唐故通議大夫使持節都督潭州諸軍事守潭州刺史兼御史中丞充湖南都團練觀察處置等使吕府君（渭）墓誌銘并序》（貞元十六年十二月八日）：“移楚州司馬，陳司徒少遊留署淮南節度參謀，尋表授檢校禮部員外郎充觀察判官，改考功郎中兼侍御史……府罷，除舒州刺史……貞元初，徵拜朝散大夫行尚書吏部員外郎。”按陳少遊興元元年卒，證知吕渭刺舒州當始於是年。

韋貞伯　　貞元三年（787）

《元龜》卷七〇一：“韋貞伯爲藍田令……貞元三年五月詔：以……貞伯爲舒州刺史……録善政也。”按貞伯貞元九年爲御史中丞，見《會要》卷七四。

鄭　甫　　貞元六年（790）

《新表五上》鄭氏：“甫，舒州刺史。”《全文》卷七八五穆員《舒州刺史鄭公（甫）墓誌銘》：“故舒州刺史滎陽鄭府君諱甫，字某，享年五十四……以貞元六年冬十月辛丑卒於東都……〔公〕朝於京師，拜和州刺史，廉使今居守公奏課第一……後遷舒州刺史，而歷陽之績，累載之美，布於下車之初。”按“廉使今居守”指杜亞。杜亞於貞元五年十二月由淮南節度使遷東都留守，見《舊書・德宗紀下》。

宇文適　　約貞元中

《全文》卷五二三崔元翰《爲百官賀舒州甘露表》：“又據舒州刺史

宇文適奏：天柱山者，柱石之象也。"按崔元翰貞元中人，竇參輔政時爲知制誥，疑此表作於貞元中。

裴　靖　　約貞元末

《新表一上》南來吳裴氏："靖，舒州刺史。"乃天寶十四載河内太守裴徇子。《太平寰宇記》卷一二五舒州懷寧縣："合江亭，前刺史裴靖置。"約貞元十九年在廬州刺史任。

胡　珦　　約貞元末

《韓昌黎集》卷三〇《唐故中散大夫少府監胡良公墓神道碑》："少府監胡公者，諱珦，字潤溥……貞元十一年吏部大選，以公考選入藝學，以勞遷奉先令……遷尚書膳部郎中，改坊州刺史……遷舒州刺史。"按元和四年胡珦爲大理少卿，見《會要》卷六〇。其刺舒州在此之前。

李　翺　　長慶元年—三年(821—823)

《全文》卷六四〇李翺《湖州別女足娘墓文》："維長慶元年歲次辛丑十二月癸亥朔十九日辛巳，父舒州刺史翺……敬別於第七女足娘子之靈。吾以前月二十八日蒙恩改授舒州刺史，以明日將領汝母等水路赴州。"卷六三七李翺有《舒州新堂銘》。又《江州南湖堤銘并序》："長慶二年十二月，江州刺史李君潘之截南陂築堤三千五百尺……正月即畢事，舒州刺史李翺詞以紀之。"兩《唐書》本傳未及。

李德脩　　大和四年前(830 前)

《新書·李吉甫傳》："子德脩，亦有志操，寶曆中爲膳部員外郎。張仲方入爲諫議大夫，德脩不欲同朝，出爲舒、湖、楚三州刺史，卒。"又見《東觀奏記》上，《唐語林》卷七。按大和四年五月十日由淮南節度行軍司馬徙湖州刺史，大和五年四月在楚州刺史任，其刺舒州當在大和四年五月前。

楊漢公　　大和九年—開成三年（835—838）

　　《新書》本傳："遷累户部郎中、史館修撰，轉司封郎中。坐虞卿，下除舒州刺史，徙湖、亳、蘇三州。"《舊書》本傳未及。按京兆尹楊虞卿下獄事在大和九年，見兩《唐書·楊虞卿傳》。《嘉泰吴興志》卷一四郡守題名："楊漢公，開成三年三月二十日自舒州刺史拜。"《白居易集》卷七一《白蘋州五亭記》："至開成三年，弘農楊君爲刺史……楊君前牧舒，舒人治；今牧湖，湖人康……君名漢公。"【補遺】《唐故銀青光禄大夫、檢校户部尚書、使持節鄆州諸軍事、守鄆州刺史，充天平軍節度、鄆曹濮等州觀察處置等使、御史大夫、上柱國、弘農郡開國公、食邑二千户弘農楊公（漢公）墓誌銘並序》（咸通二年十一月廿日）："虔州府君翌日自御史獄貶虔州司馬，公友愛之效也。公亦以忤姦黨出爲舒州刺史。……在郡苦節，以安人爲己任，百姓歌之。轉湖州、蘇州，理行一貫，結課第考，年年稱最。"（周紹良、趙超《唐代墓誌匯編續集》，上海古籍出版社2001年版）

鄭　谷　　開成五年（840）

　　《太平寰宇記》卷一二五舒州懷寧縣："吴陂祠……唐開成五年刺史鄭谷又以神不得與神仙雜處，遂於廟垣之東別建祠宇。"

張次宗　　會昌中

　　《舊書》本傳："開成中，爲起居舍人……改禮部員外郎……改國子博士兼史館修撰。出爲舒州刺史，卒。"《新書》本傳謂"李德裕再當國，引爲考功員外郎，知制誥。出澧、明二州刺史，卒"，與《舊傳》異。《新表二下》河東張氏："次宗，舒州刺史。"按《延祐四明志》謂張次宗會昌中爲明州刺史。《廣記》卷四二二引《宣室志》："唐浙西觀察使李修，元和七年，爲絳郡守……時相國河東府張弘靖爲河中節度使。相國之子故舒州刺史以宗，嘗爲文以贊其事。"按"以宗"當爲"次宗"之訛誤。

蘇　滌　　約會昌五年—六年（約845—846）

　　《舊書·武宗紀》：會昌六年二月，"貶舒州刺史蘇滌爲連州刺史。

滁,李宗閔黨,前自給事中爲德裕所斥,累年郡守,至是李紳言其無政故也"。按蘇滁會昌三年自給事中爲睦州刺史,大中八年至十一年爲荆南節度。

李　珏　　大中元年(847)

《新書》本傳:"宣宗立,内徙郴、舒二州,以太子賓客分司東都。遷河陽節度使。"《舊書》本傳未及。唯云:"大中二年,崔鉉、白敏中逐李德裕,徵入朝爲户部尚書。出爲河陽節度使。"《全詩》卷五四九趙嘏有《迴於道中寄舒州李珏相公》、《舒州獻李相公》。

鄭　顥　　大中七年(853)

《嘉泰吳興志》卷一四郡守題名:"鄭顥,大中七年九月自舒州刺史授。"《郎官柱》户部員外有鄭顥,在崔慎由後,裴坦前。

張彦遠　　咸通二年(861)

《全文》卷七九〇張彦遠《三祖大師碑陰記》:"咸通二年八月……舒州刺史河東張彦遠書於碑之陰。"又見《輿地碑記目》卷二。《舊書》本傳未及。

孔　威　　咸通末

《廣記》卷四二三引《唐年補録》:"唐咸通末,舒州刺史孔威進龍骨一具。"按《新表五下》曲阜孔氏有孔威,乃孔戢、孔戣、孔戡之弟,未署官職。

豆盧瓚　　約乾符中

《舊五代史・豆盧革傳》:"父瓚,舒州刺史。革少值亂離,避鄜延,轉入中山,王處直禮之。"《新五代史・豆盧革傳》同。《書史會要》卷五:"豆盧革父瓚,唐舒州刺史。"

郎幼復　　乾符六年(879)

《通鑑・乾符六年》:八月,"鎮海節度使高駢奏:'請以權舒州刺史郎幼復充留後，守浙西。’”

孫　端　　約中和時

《桂苑筆耕集》卷一四有《孫端權知舒州軍州事》。又見《唐文拾遺》卷四○。

高　濮　　中和四年（884）

《新書·高駢傳》：“駢從子濮密疏〔呂〕用之罪……駢怒……駢敕吏禁濮出入。俄署舒州刺史，未幾爲下所逐，用之構之也。駢使人殺濮。”又《僖宗紀》：中和四年二月，“舒州賊吳迥逐其刺史高濮”。又見《楊行密傳》，《九國志·李神福傳》，《通鑑·中和四年》三月。

陶　雅　　中和四年——光啓二年（884—886）

《通鑑·中和四年》：三月，“久之，群盜吳迥、李本復攻舒州，〔高〕濮不能守，棄城走，駢使人就殺之。楊行愍遣其將合肥陶雅、清流張訓等將兵擊吳迥、李本，擒斬之，以雅攝舒州刺史”。又《光啓二年》：十二月，“滁州刺史許勍襲舒州，刺史陶雅奔廬州”。又見《九國志》本傳，《十國春秋》本傳、《吳太祖世家》。

倪　章　　景福元年——二年（892—893）

《通鑑·景福元年》：十一月，“廬州刺史蔡儔發楊行密祖父墓，與舒州刺史倪章連兵，遣使送印於朱全忠以求救”。又《景福二年》：十月，“舒州刺史倪章棄城走”。又見《新書·楊行密傳》。

李神福　　景福二年（893）

《通鑑·景福二年》：十月，“楊行密以李神福爲舒州刺史”。又見《新書·楊行密傳》，《九國志》本傳，《十國春秋》本傳、《吳太祖世家》。

馬　珣　　乾寧初

《九國志》本傳：“乾寧初，授珣舒州刺史，移守漣水。”

劉　存　　乾寧中

《九國志》本傳:"乾寧中,預破葛從周於淠河,遷舒州刺史,改團練使。"《十國春秋·吳太祖世家》:天復三年正月,"以昇州刺史李神福爲淮南行軍司馬鄂岳行營招討使,舒州團練使劉存副之"。天祐元年"八月,李神福攻鄂州未下,會得疾,還廣陵,王以舒州團練使劉存代爲招討使"。又見本傳。《廣記》卷一二四引《稽神錄》:"劉存爲舒州刺史,辟儒生霍某爲團練判官。"

王茂章(王景仁)　　天祐二年前(905 前)

《元龜》卷一六五:"哀帝天祐三年十二月,兩浙奏淮南楊行密僞署宣州都團練觀察處置等使檢校司徒前守舒州刺史王茂章……來慕大朝。"

待考録

崔　廈

《新表二下》博陵崔氏第二房:"廈,舒州刺史。"乃袁州刺史崔茂曾孫。《全文》卷四三六崔廈有《駁追謚隴右節度使郭知運議》稱:"節度嗣子英乂,頃屬多故,屢制方隅",則此崔廈約肅宗時人。時代不合。

賈元敏

《姓纂》卷七長樂賈氏:"元敏,舒州牧。"乃唐合州刺史雲霽子。按《新表五下》賈氏有"元敏,澄城令"。乃司門員外郎、池州刺史恒子。似爲另一人。

韋　曾

《姓纂》卷二京兆諸房韋氏:"曾,舒州刺史。"乃萬年令光朝子。按《寶刻叢編》卷一八引《諸道石刻錄》有《唐立巴郡太守嚴顏廟碑》,唐韋曾撰,貞元二十年。元和十四年石刻寶鞏等題名有"(上闕)裏行韋曾"。未知是否此人。

何　某

《中州金石目》卷四有《舒州刺史何君碑》，無年月，八分書。

李　宗

《廣記》三一四引《稽神録》："李宗爲舒州刺史，重造開元寺。"

王　琪

《廣記》卷三五八引《稽神録》："王琪爲舒州刺史，有軍吏方某者，其家忽有鬼降。"

卷一二九　廬州（廬江郡）

隋廬江郡。武德三年改爲廬州。天寶元年改爲廬江郡。乾元元年復爲廬州。領縣五：合肥、慎、巢、廬江、舒城。

方　亮　　武德中

《全文》卷二高祖《賜方亮詔》："使持節廬、申二州諸軍事本州刺史方亮，往因喪亂，保據邑土，識達事幾，蚤歸朝化……今四方平泰，九有廓清，宜慰部人，修營產業。"

段　高　　武德、貞觀間？

《姓纂》卷九遼西段氏："文振（隋兵部尚書）四從姪子榮，周潤州刺史；孫高，唐廬州刺史。"

杜　某　　貞觀十年（636）

《太平寰宇記》卷一二六廬州合肥縣："藏舟浦……貞觀十年刺史杜公作斗門，與肥水相接。"

盧寶胤　　麟德元年（664）

《全文》卷二二九張說《常州刺史平君（貞眘）神道碑》："始以司成館進士補盧（廬）州慎縣尉，刺史盧寶允（胤）舉器藏下僚……享年八十，先天元年仲冬薨於河南之正平里第……出入四朝，歷官二十。"《登科記考》謂麟德元年平貞眘舉器藏下僚科。

畢 憬　　武后時

《韓昌黎集》卷二五《唐故河南府王屋縣尉畢君墓誌銘》："入國朝有司衛少卿，貝、邢、廬、許州刺史者曰憬；憬之子構……是爲景公；景公生抗，爲廣平太守，抗安禄山，陷復其宗。"按《新表五下》畢氏："憬，司衛少卿、許州刺史。"《舊書·畢構傳》："父憬，則天時爲司衛少卿。"

李千里（李仁）　　武后時

《舊書》本傳："永昌元年，授襄州刺史，不知州事。後改名千里。天授後，歷唐、廬、許、衛、蒲五州刺史……長安三年，充嶺南安撫討擊使。"又見《元龜》卷二八一。《新書》本傳未及。《隋唐五代墓誌匯編·陝西卷》第三册《大唐故左金吾衛大將軍廣益二州大都督上柱國成王（千里）墓誌銘并序》（景雲元年十一月廿五日）："乃授使持節襄廬二州諸軍事二州刺史……累遷許、衛二州刺史。"神龍四年遇害，春秋六十二。

韋岳子（韋岳、韋嶽）　　武后時

《新書》本傳："出爲太原令，以不習武固辭，忤旨，下遷宋州長史。歷廬、海等州刺史……睿宗立，召爲殿中少監。"《舊書》本傳未及。《全文》卷四九七權德輿《唐故光禄大夫檢校太尉兼中書令成都尹劍南西川節度副大使知節度事韋公先廟碑銘并序》："坊州生贈太子少保諱嶽……在武后時以直忤旨，由太原令移佐睢陽，出入四紀，績宣中外，剖符八州：廬、海、潮、虢、眉、徐、衛、陝，所至之邦，有威有懷。"

沈成福　　約武后時

《姓纂》卷七吴興武康縣沈氏："成福，簡、台、廬等州刺史。"按《嘉定赤城志》卷八郡守："垂拱四年，沈福。"當即成福。上圖藏拓片《唐故絳郡龍門縣尉沈府君（知敏）墓誌銘并序》（天寶二年五月十一日）："父成福，通議大夫、台州刺史。"知敏爲其第三子，卒天寶元年，年四十八。

李迴秀　　長安四年(704)

《新書·則天皇后紀》：長安四年二月"癸亥，貶李迴秀爲廬州刺史"。又本傳："坐贓貶廬州刺史。〔張〕易之誅，貶衡州長史。"又見《宰相表上》，《通鑑·長安四年》二月，《舊書》本傳，《元龜》卷三三八。

朱敬則　　神龍二年(706)

《舊書》本傳："神龍元年，出爲鄭州刺史，尋以老致仕。二年，侍御史冉祖雍素與敬則不協，乃誣奏云與王同皎親善，貶授廬州刺史。經數月，泊代到，還鄉里……景龍三年五月，卒於家。"《新書》本傳："侍御史冉祖雍誣奏與王同皎善，貶涪州刺史。既明其非罪，改廬州，代還。"又見《御覽》卷二五八，《元龜》卷五二二、卷六七九、卷八〇四。《元龜》卷一三九："〔神龍〕二年十二月，贈廬州刺史朱敬則祕書監，褒異行也。"

高　嶧　　中宗、睿宗間？

《新表一下》高氏："嶧，廬州刺史。"按其父高審行，約永隆元年由户侍貶渝州刺史。

王　濟　　約開元初

曲石藏《唐故徐州滕縣主簿王君夫人吳郡張氏墓誌銘并序》："吾弟曰育疑(開元廿二年四月卒)……先叔故太子中舍人廬州刺史府君諱濟，堅直之行，造次不渝，降生於爾，偏所鍾愛。爾外祖侍中吳興公姚璹，一代之良臣也……新婦吳郡張氏，國子祭酒後胤之玄孫，乾陵丞□之女。"

樊季節　　約開元中

《全文》卷三四三顏真卿《朝議大夫贈梁州都督上柱國徐府君(秀)神道碑銘》："〔天寶〕十三載秋七月九日終於郡之官舍，春秋七十。夫人南陽縣君樊氏……廬江太守季節之女。"

薛　緟　　約開元中

《新表三下》薛氏：“緟，盧、和二州刺史。”乃華州刺史薛絃之弟。

王師乾　　約開元中

《寶刻叢編》卷一五引《集古録目》：“《唐王師乾神道碑》，唐中書侍郎平章事楊綰撰，大理司直張從申書。師乾，字修然，琅邪臨沂人，官至諫議大夫，盧、循、道三州刺史，碑以大曆十三年立，在句容。”按《全文》卷三九七王師乾有《王右軍祠堂碑》云：“從十一代孫正議大夫守越州都督上柱國公士希俊，師乾八從兄也。”希俊景龍四年爲越州都督。則師乾當爲睿宗至玄宗時人。

源光乘　　開元中

《千唐誌・唐故通議大夫守太子詹事上柱國源府君（光乘）墓誌銘并序》（天寶六載二月癸酉）：“轉淄、盧二州刺史，揚州大都督府司馬，陳、汝二州持節。天寶改元，官號復古，除絳郡太守、馮翊太守……入拜太子詹事。”天寶五載二月卒，春秋七十七。

索敬節　　開元中？

《隋唐五代墓誌匯編・陝西卷》第二册《大唐故銀青光禄大夫蜀王府長史索府君（玄愛）墓誌銘并序》（貞元二十一年二月二日）：“先府君敬節，終盧州刺史。”玄愛卒大曆五年，享年七十七。

竹承構（竺承構）　　開元二十三年（735）

《太平寰宇記》卷一二六盧州舒城縣：“唐開元二十三年，刺史竹承構奏於故城置舒城縣。”《元龜》卷一二八：“〔開元〕二十三年十二月，命十道採訪使舉良刺史縣令，以……盧州刺史竺承構……等聞上。”

敬　誠（敬誠）　　開元二十七年（739）

《嘉泰會稽志》：“敬誠（誡），開元二十六年自台州刺史授；二十七年移廬州刺史。"

李　祇　　天寶中

《李太白文集》卷一二《寄上吳王三首》詩云："英明廬江守，聲譽廣平籍。"又卷一八《同吳王送杜秀芝舉入京》詩云："暫別廬江守，將遊京兆天。"兩《唐書》本傳未及。

李　昊　　約天寶十三、十四載（約 754、755）

《芒洛遺文》卷中《大唐故吉州刺史隴西李府君（昊）墓誌銘并序》："授銀川郡司馬……無何，拜靈武郡長史，兼本道防禦史兼採訪判官，尋拜廬江郡長史知郡事……至德元年除黃州刺史，又除吉州刺史……春秋七十三，以至德二年閏八月考終於潯陽縣客舍。"又見《芒洛補遺》。

元　瓘（元權）　　約至德元載—乾元元年（約 756—758）

《姓纂》卷四河南洛陽元氏："思忠生權，廬州刺史。"按《千唐誌·唐故攝楚州長史元公（貞）墓誌銘》（大曆四年七月八日）："王考思忠，滑州靈昌縣令。考瓘，廬州刺史。"元貞卒大曆四年，春秋五十三。則思忠之子乃瓘，《姓纂》卷四之"權"乃"瓘"之訛，《千唐誌·唐故處士河南元公（濬長）墓誌銘并序》（貞元二十一年三月四日）："廬州府君之第十四子……年十二丁廬州府君之憂。"貞元二十年十二月二十九日卒，年五十八。由此上推，元濬長十二歲丁父憂時乃乾元元年，則瓘約於是年卒廬州任。又見《唐故杭州錢唐縣尉元公（真）墓誌銘并序》（大曆四年七月八日）、《唐故處士河南元公（襄）墓誌銘并序》（貞元十七年十一月二十七日）、《大唐故監察御史河南元府君（袞）夫人南陽張氏墓誌銘并序》（寶曆二年十一月四日）。

趙良弼　　上元元年（760）

《舊書·肅宗紀》：上元元年"十月壬申，以廬州刺史趙良弼爲越州刺史，充浙江東道節度使"。《嘉泰會稽志》："趙良弼，自廬州刺史授，加御史中丞，移嶺南節度使。"《山右石刻》七有《唐陝華盧澄撫越廣等州刺史御史中丞嶺南浙東兩道節度使趙良弼碑》，顏真卿撰。

徐　浩　　上元二年（761）

《全文》卷三八九獨孤及《豫章冠蓋盛集記》："歲次辛丑（上元二年）春正月，東諸侯之師有事於淮西……盧州刺史、前尚書右丞徐公浩至自合肥。"按兩《唐書》本傳皆稱：坐事貶盧州長史，代宗徵拜中書舍人。《全文》卷四四五張式《大唐故銀青光禄大夫彭王傅上柱國會稽郡開國公贈太子少師東海徐公（浩）神道碑銘》亦稱："貶盧州長史。代宗踐祚，公論勃興，乃□復中書舍人。"未知先貶盧州刺史、再貶長史，抑其時以長史知州事？

張萬福　　約代宗初

《舊書》本傳："年十七八，從軍遼東有功，爲將而還，累攝舒、盧、壽三州刺史，舒盧壽三州都團練使……尋真拜壽州刺史、淮南節度副使。爲節度使崔圓所忌，失刺史。"又見《元龜》卷六九四。《新書》本傳："李峘伐劉展，署爲部將，效首萬級，累攝壽州刺史、舒盧壽都團練使……真拜刺史，兼淮南節度副使。而節度崔圓忌之，失刺史。"按李峘伐劉展事在上元元年；崔圓上元二年至大曆三年爲淮南節度。疑其攝盧刺約在代宗初。

賈　深（賈琛）　　大曆三年（768）

《嚴州圖經》卷一題名："賈琛，大曆三年十月二十五日自盧州刺史拜。"《姓纂》卷七長樂賈氏："深，職方郎中，徐、盧、虁、岳四州刺史。"按此深與琛同時，又嘗爲盧州，當爲同一人。《全文》卷三一八李華《淮南節度使尚書左僕射崔公（圓）頌德碑銘并序》："〔崔公〕加尚書左僕射，遂淮南之請……祕書少監兼盧州刺史長樂賈深，有文有武，忠於王室，推心馭下，嘉績升聞。"卷三一五李華《送何蒍序》："賢大夫賈盧州待余異等。"《全詩》卷三〇三劉商有《送盧州賈使君拜命》，當即賈深。

裴諝　　大曆中

《舊書》本傳：“拜左司郎中。上時訪以事，執政者忌之，出爲虔州刺史，歷饒、廬、亳三州刺史。入爲右金吾將軍。建中初，上以刑名理天下……諝列奏狀。”《新書》本傳：“代宗幸陝，諝徒步挾考功南曹印赴行在……將用爲御史中丞，爲元載沮却，故拜河東租庸、鹽鐵使。時關輔旱，諝入計……拜左司郎中，數訪政事。〔元〕載忌之，出爲虔州刺史，歷饒、廬、亳三州，除右金吾將軍。”《廣記》卷一五〇引《前定録》：“寶應二年，户部郎中裴諝出爲廬州刺史。”按以兩《唐書》本傳所叙歷官推之，其爲廬刺當在大曆中，疑“寶應二年”誤。《宋高僧傳》卷一〇《唐洪州開元寺道一傳》：“遂於臨川棲、南康龔公二山，所遊無滯，隨攝而化……郡守河東裴公家奉正信，躬勤諸稟……居無何，裴公移典廬江、壽春二牧，於其進修惟勤，率化不墜。大曆中，聖恩溥洽，隸名於開元精舍。”按“裴公”疑即裴諝。

孫會　　大曆中

《千唐誌·唐故銀青光禄大夫工部尚書致仕孫府君（公乂）墓誌銘》（大中五年七月三日）：“父會，皇郴、温、廬、宣、常五州刺史，贈工部尚書。”公乂卒大中五年。北圖藏拓片《唐故朝散大夫守尚書工部侍郎柱國賜紫金魚袋樂安孫公（拙）墓誌銘并序》（後唐天成二年二月十五日）：“曾祖會，廬、常等五州牧。”《丙寅稿·孫瑝誌》：“王父會，侍御史，郴、温、廬、宣、常五州刺史。”按孫會開元二十九年在郴州刺史任，約貞元三年爲常州刺史。【補遺】《唐故御史中丞汀州刺史孫公（鍠）墓誌並序》（咸通十三年八月）：“王父諱會，皇侍御史、郴温廬宣常五州刺史，晉陽縣開國男，贈工部尚書。”（周紹良、趙超《唐代墓誌匯編續集》，上海古籍出版社 2001 年版）

李萼（李蕚）　　貞元初

《新書·元德秀傳》：“安禄山亂，〔李〕萼客清河，爲乞師平原太守顔真卿，一郡獲全。歷廬州刺史。”《全文》卷三九四令狐峘《光禄大夫太子太師上柱國魯郡開國公顔真卿墓誌銘》：貞元初，“遇害於汝州之龍興寺……故吏廬州刺史李萼乃刊石建碑，旌於不朽”。

杜 收　　約貞元中

《姓纂》卷六濮陽杜氏:"收,户部郎中、廬州刺史。"乃杜鴻漸之子。

竇 彧　　貞元中

《姓纂》卷九河南洛陽竇氏:"叔向從父弟彧,廬州刺史。"《新表一下》竇氏平陵房同。《舊書·竇易直傳》:"父彧,廬州刺史。"《全文》卷五二二梁肅《爲杜東都祭竇廬州文》稱:"祭於故廬州刺史扶風竇公之靈……廬江曠守,人或未康,惠君既來,美化洋洋。"按"杜東都"即杜亞,貞元五年至十二年爲東都留守。

羅 珦　　約貞元十二年—十八年(約796—802)

《新書》本傳:"召爲奉天令……擢廬州刺史……淮南節度使杜佑上治狀,賜金紫服。再遷京兆尹。"《元龜》卷六七三:"羅珦爲廬州刺史,貞元十五年,以珦有政能,加朝散大夫,賜紫金魚袋。"《全文》卷四七八楊憑《唐廬州刺史本州團練使羅珦德政碑》:"羅公牧廬江七年,政治化淳,遷領壽陽。"又見卷五〇六權德輿《唐故太中大夫守太子賓客上柱國襄陽縣開國男賜紫金魚袋羅公(珦)墓誌銘并序》。《金石録》卷九:"《唐廬(廬)州刺史羅公德政碑》,楊憑撰,徐璹正書并篆,貞元十九年四月。"

路 應　　約貞元十八年(約802)

《韓昌黎集》卷二六《唐故銀青光禄大夫守左散騎常侍致仕上柱國襄陽郡王平陽路公(應)神道碑銘》:"改判廬州,入爲尚書職方郎中……使江東有功,半歲歷常州,遷宣歙觀察使。"《全文》卷六八八符載《謝手詔表——第二表》:"伏蒙詔旨,褒臣政事,慰臣疾病,并示除改廬州刺史路應等。"岑仲勉《讀全唐文札記》:"符載未登方面,則此諸表皆代作。考卷六九〇同人《淮南節度使杜佑寫真讚》,自稱爲佑之部從事,其《送薛評事還晉州序》云:'十八年秋七月,余自潯陽來赴丞相府'(卷六九〇),《甘露記》云:'癸未歲……夏四月,余自淮南罷去丞相府'(卷六八九),癸未即貞元十九年,則載之佐佑,蓋在貞元十

八、九年間……諸表皆代佑作也。”按杜佑貞元五年至十九年爲淮南節度。《新書》本傳未及。

裴　靖　　約貞元十九年（約803）

《全文》卷六八八符載《廬州進嘉禾表》：“得廬州刺史裴靖狀稱。”又《謝手詔表——第二表》：“伏蒙詔旨……并示除改廬州刺史路應等……伏見除改諸州刺史等，路應和而明，裴靖才而通，羅珦（珣）斷而達，李正明强而毅。”按是表約貞元十八九年代淮南節度杜佑作，詳見上條。

韋　覃　　約貞元中

上圖藏拓片《唐河南府洛陽縣尉孫嗣初妻京兆韋夫人墓誌銘并序》（大中十四年二月二十七日）：“大父府君諱覃，皇朝長安縣令，廬、楚等州刺史。烈考府君諱本仁，皇越州録事參軍、潤州延陵縣令。”按夫人卒大中十三年，春秋四十五。《誌》又云：夫人少丁父喪，則其父殆卒元和末，祖覃應仕德宗時。

【王仲舒　　約元和六年（約811）（未之任）】

《韓昌黎集》卷三三《故江南西道觀察使中大夫洪州刺史太原王公（仲舒）墓誌銘》：“出爲峽州刺史，遷廬州，未至，丁母憂，服闋，改婺州、蘇州刺史。”長慶三年十一月十七日薨於洪州，年六十二。又見卷三一《唐故江南西道觀察使中大夫洪州刺史太原王公（仲舒）神道碑銘》。按《舊書》本傳云：“元和五年，自職方郎中知制誥……京兆尹楊憑爲中丞李夷簡所劾，貶臨賀尉……仲舒坐貶硤州刺史。遷蘇州。穆宗即位，復召爲中書舍人。”《新書》本傳稱：“貶峽州刺史，母喪解。服除，爲婺州刺史……居五年……徙蘇州。”皆未及廬州。

薛　丹　　約元和中

《新表三下》薛氏：“丹，廬州刺史。”乃江西觀察使放、浙東觀察使戎之兄，溫州刺史義之弟。按薛戎卒長慶元年，春秋七十五，則薛丹爲廬刺約在元和中。

殷　祐　　約元和末

《白居易集》卷四九有《前廬州刺史殷祐可鄭州刺史制》。

張　屺　　約長慶元年（約 821）

《白居易集》卷五一有《張屺授廬州刺史兼御史中丞制》。

李　翱　　寶曆元年—大和元年（825—827）

《舊書·敬宗紀》：寶曆元年二月“辛卯，以前禮部郎中李翱爲廬州刺史”。又本傳：“面數李逢吉之過失……逢吉奏授廬州刺史。大和初，入朝爲諫議大夫，尋以本官知制誥。”《新書》本傳略同。按《元龜》卷四八一稱：“寶曆二年十一月，因面數宰相李逢吉之過，既而請假滿百日，乃授廬州刺史。”疑誤。又見《闕史》卷上《李文公夜醮》，《唐語林》卷四，《唐詩紀事》卷三五。《全文》卷六三八李翱《唐故特進左領軍衛上將軍兼御史大夫柏公神道碑》：“大和元年，翱自廬以諫議大夫徵。”又卷六四〇《祭吏部韓侍郎文》：“喪車來東，我刺廬江，君命有嚴，不見君喪。”按韓愈長慶四年十二月卒，此文當撰於寶曆元年。

路　某　　約大和元年—三年（約 827—829）

《全文》卷六一二陳鴻《廬州同食館記》：“太守陽平路君刺郡之明年冬十月，歲向熟，民且閑，陶瓦於原，伐木於山，磨舊礎，築新墉……〔路君〕以端方沈默官御史府，以詳明典故爲尚書郎，以通知政術爲合肥郡太守……大和三年太歲己酉正月壬午朔二十日辛丑記。”按《舊書·路巖傳》稱：陽平冠氏人。其父群，入朝爲監察御史，累加兵部郎中，與《記》合。唯據《傳》，路群大和二年遷諫議大夫，以本官充侍講學士，四年罷侍講爲翰林學士，與《記》所叙大和三年在廬州任又不合。故未敢定爲路群。

羅立言　　大和九年（835）

《新書》本傳：“繇廬州刺史召爲司農少卿，以財事鄭注，亦與李訓厚善。訓以京兆多吏卒，擢爲少尹，知府事。"《舊書》本傳未及。《通鑑·大和九年》：八月"己亥，以前廬州刺史羅立言爲司農少卿"。

孫公乂　　會昌三年—六年（843—846）

《千唐誌·唐故銀青光禄大夫工部尚書致仕孫府君（公乂）墓誌銘》（大中五年七月三日）："至會昌二年五月自饒移於睦……移爲亳守。是秋九月，公始如亳……時又壺關阻兵……不終考遷合肥郡……時連帥故李相國以嚴法律郡縣……六年五月徵入拜大理卿。"北圖藏拓片《唐故朝散大夫守尚書工部侍郎柱國賜紫金魚袋樂安孫公（拙）墓誌銘并序》（天成二年二月十五日）："祖公乂，廬、饒等五州牧，工部尚書致仕，累贈太尉。"按《新表三下》孫氏有"公乂，睦州刺史"，乃貞元初常州刺史孫會子。按"壺關阻兵"指劉稹之亂，時在會昌三年四月至四年七月。

盧　搏　　約大中五、六年（約851、852）

《全文》卷七四八杜牧有《盧搏除廬州刺史制》。按杜牧知制誥行制約在大中五、六年。又按《舊書·宣宗紀》：大中十年"四月癸丑，以刑部郎中盧搏爲廬州刺史"。疑《舊書》有誤，因杜牧前此已卒，不可能行制。

温　璋　　約大中九年（約855）

《新書》本傳："璋以父蔭累官大理丞……擢侍御史，賜緋衣。遷婺州刺史，以政有績，賜金紫。徙廬、宋二州刺史。"《舊書》本傳未及。按温璋約大中六年在婺州刺史任，大中十二年爲宋州刺史，遷宣州刺史。

盧　潘　　大中十三年（859）

《全文》卷七九二盧潘《萬敬儒孝行碑》："大中十三年十月十五日，朝議郎、使持節廬州諸軍事守廬州刺史、柱國、賜紫金魚袋盧潘立。"又見《輿地碑記目》卷二。按大中九年在歙州刺史任。

敬　湘(敬相)　　咸通三年(862)

《新表五上》敬氏:"湘,廬州刺史。"《全詩續補遺》卷二〇引《詩話總龜》卷二三有敬相《贈妓》詩,序云:"相牧廬州,有朝客留意飲妓,祖送短亭,妓車後至,相贈之。"《全文》卷八六八殷文圭《後唐張崇修廬州外羅城記》:"荀郎中湘,五十五年前常典兹郡。"按"荀湘"當即敬湘,因避諱改。此文作於天祐十四年(917),上推五十五年,當爲咸通三年(862)。

盧　鈺　　咸通十年?(869?)

《南部新書》辛:"盧常侍鈺牧廬江日,相座囑一曹生,令署郡職。"又見《全詩》卷七八三曹生《獻盧常侍》詩注,《廣記》卷二七三。按《全文》卷八六八殷文圭《後唐張崇修廬州外羅城記》云:"咸通十年,盧諫議出牧此州。"按"盧諫議"未知即盧鈺否?《郎官柱》左司員外有盧鈺,在張黯後,孫瑝前。戶部員外有盧鈺,在崔彥昭後,權慎微前。

張　搏　　乾符二年(875)

《舊書·僖宗紀》:乾符二年二月,"湖州刺史張搏爲廬州刺史"。《嘉泰吳興志》卷一四郡守題名:"張搏,咸通十三年七月自中大夫拜;除蘇州刺史。《統記》云:比部郎中授,遷廬州刺史。"

薛　沆　　乾符中?

《全詩》卷七九五薛沆詩句注:"廬州刺史。"

鄭　棨　　約乾符末

《舊書》本傳:"歷監察、殿中,倉、戶二員外,金、刑、右司三郎中。家貧求郡,出爲廬州刺史。黃巢自嶺表還,經淮南剽掠,棨移黃巢文牒,請不犯郡界,巢笑而從之,一郡獨不被寇。天子嘉之,賜緋魚袋。"《新書》本傳略同。《新書·楊行密傳》:"年二十,亡入盜中,〔廬州〕刺史鄭棨捕得,異其貌……縱之。"《新五代史·楊行密傳》略同。又見《唐詩紀事》卷六五,《十國春秋·吳太祖世家》。《全詩》卷五九七鄭紫有《題盧（廬）州郡齋》、卷八七〇有《別廬州郡人》。《北夢瑣言》卷七：“唐相國鄭紫……嘗典廬州。”

許 勛　中和初？

《唐文拾遺》卷四〇崔致遠有（代高駢）《（行墨敕牒）許勛授廬州刺史》，又見《桂苑筆耕集》卷一四。按中和二年後廬州刺史爲楊行密控制，許勛不容插入。

郎幼復　中和二年（882）

《新書・僖宗紀》：中和二年，“廬州將楊行密逐其刺史郎幼復”。又見《新五代史・楊行密傳》，《通鑑・中和三年》三月，《新安志》卷九，《十國春秋・吳太祖世家》。

楊行密（楊行愍）　中和三年—光啓三年（883—887）

《通鑑・中和三年》：三月，“以淮南押牙合肥楊行愍爲廬州刺史”。《光啓二年》：十二月，“壽州刺史張翱遣其將魏虔將萬人寇廬州，廬州刺史楊行愍遣其將田頵、李神福、張訓拒之，敗虔於褚城……高駢命行愍更名行密”。《光啓三年》：四月，“畢師鐸之攻廣陵也，呂用之詐爲高駢牒，署廬州刺史楊行密爲行軍司馬”。十月，“行密自稱淮南留後”。又見《新書》本傳，兩《五代史》本傳，《元龜》卷二一九、卷二二三，《吳越備史》卷一，《十國春秋・吳太祖世家》、《王稔傳》。《唐文拾遺》卷三五崔致遠（代高駢）有《奏楊行敏知廬州軍州事狀》，卷三九有《廬州楊行敏（委曲）》。又見《桂苑筆耕集》卷一二。《新書・僖宗紀》：光啓三年“十一月壬申，廬州刺史楊行密陷揚州”。

蔡 儔　文德元年—景福二年（888—893）

《通鑑・文德元年》：八月，“楊行密畏孫儒之逼……使蔡儔守廬州，帥諸將濟自摎潭”。《新書・昭宗紀》：龍紀元年六月，“廬州刺史蔡儔叛附於孫儒”。景福二年“七月，楊行密陷廬州，蔡儔死之”。《九國志・劉威傳》：“景福二年，廬州刺史蔡儔叛。”又見《通

鑑·景福元年》、《景福二年》，《新書·楊行密傳》，《十國春秋·吳
太祖世家》。

劉　威　乾寧元年—天祐三年（894—906）

《九國志》本傳：“乾寧初，表授廬州刺史……天祐三年，授鎮南軍
節度使。”《十國春秋》本傳：“授廬州刺史，又遷觀察使。”又《吳烈祖世
家》：天祐四年五月，“〔以〕廬州觀察使劉威爲應援使”。《楚武穆王世
家》略同。《通鑑·天祐二年》：九月，“行密寢疾，命節度判官周隱召
〔楊〕渥……對曰：‘廬州刺史劉威，從王起細微，必不負王，不若使之
權領軍府，俟諸子長以授之。’行密不應”。又見《十國春秋·劉
隱傳》。

【康　儒　天復三年（903）（未之任）】

《新書·田頵傳》：“行密以康儒在頵所，故授廬州刺史以間之。”
《通鑑·天復三年》：八月，楊行密“擢〔康〕儒爲廬州刺史。〔田〕頵以
儒貳於己，族之……頵遂與潤州團練使安仁義同舉兵”。又見《九國
志·田頵傳》。

張　崇　天祐四年（907）

《全文》卷八六八殷文圭《後唐張崇修廬州外羅城記》：“天祐三
年，承制檢校司徒守常州刺史……以績效轉官檢校太保、授廬州刺史
兼本州團練使，天祐四年八月到任。”

卷一三〇　壽州(壽春郡)

隋淮南郡。武德三年杜伏威歸國，改爲壽州。七年置都督府。貞觀元年廢都督府。天寶元年改爲壽春郡。乾元元年復爲壽州。領縣四：壽春、安豐、霍丘、盛唐。

張鎮周　　武德七年(624)

《通鑑·武德八年》："正月丙辰，以壽州都督張鎮周爲舒州都督。"

盧祖尚　　武德八年(625)

《舊書》本傳："武德六年，從趙郡王孝恭討輔公祏……賊平，以功授蔣州刺史。又歷壽州都督、瀛州刺史，並有能名。"《新書》本傳略同。又見《元龜》卷六七七。

李元軌　　貞觀七年(633)

《舊書》本傳："〔貞觀〕七年，拜壽州刺史……高祖崩，去職……十年，改封霍王，授絳州刺史。"《新書》本傳略同。《元龜》卷二八一作"貞觀元年"。

李元名　　貞觀十年—十六年(636—642)

《舊書》本傳："〔貞觀〕十一年，徙封舒王……拜壽州刺史，後歷滑、許、鄭三州刺史。"《大詔令集》卷三五岑文本《鄧王元裕等除官制》：“譙王元名……可持節壽州諸軍事壽州刺史，改封舒王……貞觀十年正月。”又《鄧王元裕等刺史制》：“壽州刺史舒王元名……可許州刺史。”又見《全文》卷四太宗《授鄶王元裕等官制》、《授鄧王元裕等刺史制》、卷六太宗《荆王元景等子孫代襲刺史詔》，兩《唐書·李元景傳》，《會要》卷四六，《元龜》卷二八一。《元龜》卷二六八：“〔貞觀〕十六年十一月癸丑朔……舒王元名……來朝。”

李元裕　　永徽五年—顯慶三年（654—658）

《舊書》本傳：“高宗時，又歷壽、襄二州刺史。”又見《元龜》卷二八一。《新書》本傳未及。《金石萃編》卷五〇《萬年宮碑銘碑陰題名》：“使持節壽州諸軍事壽州刺史上柱國鄧王臣元裕。”永徽五年五月十五日建。《大詔令集》卷三七《册鄧王元裕襄州刺史文》：“維顯慶三年歲次戊午正月甲申朔二十八日辛亥，皇帝若曰……壽州刺史上柱國鄧王元裕……命爾爲使持節襄州諸軍事襄州刺史。”《全文》卷一四同。

李　鳳　　龍朔三年（663）

《大唐故使持節青州諸軍事行青州刺史虢莊王（鳳）墓誌銘并序》：“龍朔三年授使持節壽州諸軍事壽州刺史。未幾，尋除沁州刺史。”（《考古》1997年第5期《唐李鳳墓發掘簡報》）兩《唐書》本傳未及。

李上金　　乾封元年（666）

《舊書》本傳：“乾封元年，累轉壽州刺史。有罪免官。”《新書》本傳：“歷鄜、壽二州刺史。”又見《元龜》卷二八一。

高智周　　總章、咸亨間

《舊書》本傳：“總章元年，請假歸葬其父母……俄起授壽州刺史。”又見《新書》本傳，《元龜》卷六七六、卷六七七、卷六八〇，《咸淳毗陵志》卷一六。

李元嬰　約上元中

《舊書》本傳："〔永徽〕三年，遷蘇州刺史，尋轉洪州都督……後起授壽州刺史，轉隆州刺史。弘道元年，加開府儀同三司，兼梁州都督。"《新書》本傳、《元龜》卷二八一略同。

李　詢　高宗時？

《舊書·李元慶傳》："次子詢，壽州刺史。"《新書·宗室世系表下》道王房："東安郡公壽州刺史詢。"又見《元龜》卷二八一、卷二八四。

李　冲　約高宗末

《元龜》卷二六六："琅邪王冲，越王貞長子……歷陳、壽、博州刺史，皆有能名。"按《舊書》本傳稱"歷密、濟、博三州刺史"，《新書》本傳稱"累遷博州刺史"，並未及壽州，未知《元龜》誤否？

鄧玄挺（鄧元挺）　約光宅元年（約684）

《封氏聞見記》卷三："弘道中，魏克己爲侍郎……出爲同州刺史。同時，鄧元挺素無藻鑒，又患消渴，選人作鄧渴詩榜之南院，亦被貶爲壽州。"按《舊書》本傳作"左遷澧州刺史"，與此異。

趙　瓌　約垂拱元年—四年（約685—688）

《姓纂》卷七下邛趙氏："瓌，駙馬，右千牛衛將軍、壽州刺史。"《舊書·后妃·中宗和思皇后趙氏傳》："父瓌……則天臨朝，瓌爲壽州刺史。"又《李貞傳》："貞將起兵，作書與壽州刺史、駙馬都尉趙瓌……及貞等敗，瓌與公主亦伏誅。"《通鑑·垂拱四年》：九月，"貞之將起兵也，遣使告壽州刺史趙瓌"。又見《新書·李貞傳》、《后妃上·中宗和思順聖皇后趙氏傳》、《諸帝公主·常樂公主傳》，《元龜》卷一四一，《會要》卷五。

姚慎盈　約武后時

《新表四下》姚氏："慎盈，壽州刺史。"乃隋蜀王友姚最之孫。

徐　湘　　武后時？

《新表五下》高平北祖上房徐氏：“湘字漢津，壽州刺史。”乃唐初徐勣曾孫，武后初敬業之姪，岐王傅弘光父。

張敬之　　神龍中？

《朝野僉載》卷五：“德州刺史張訥之一白馬，其色如練，父雄爲荊州刺史常乘。雄薨，子敬之爲考功郎中，改壽州刺史，又乘此馬。敬之薨，弟訥之從給事中、相州司馬改德州刺史。”又見《廣記》卷四三五引。岑仲勉《貞石證史・訥之》據《匋齋藏石記》卷二五《張璥誌》稱敬之爲“漢州刺史”，以爲《僉載》作“壽州刺史”誤。又按訥之神龍二年四月在給事中任，見《匋齋藏石記》卷二一神龍二年四月五日刻石。

辛怡諫　　約中宗、睿宗間

《姓纂》卷三隴西狄道辛氏：“怡諫，職方員外郎，壽州刺史。”《新表三上》辛氏略同。《千唐誌・大唐故相州林慮縣尉邢公（超）墓誌文并序》（開元二十九年十月八日）：“故妻隴西辛氏，即壽州刺史怡諫之長女，先以此年五月二日終。”按《金石萃編》卷六五《百門陂碑》，長安四年立，前成均進士辛怡諫撰文。

盧成務　　開元中

《新表三上》盧氏：“成務，壽、杭、濮、洺、魏五州刺史。”《全文》卷五一九梁肅《京兆府司録西廳盧氏世官記》：“開元初嗣公諱成務，罷録岐下軍事，實居其任，其後作牧於壽，於杭，於濮，於洺，於魏，繼受元社以處太原，咸有嘉績。”

【崔　湛　　約開元中（未之任）】

《英華》卷八八一牛僧孺《相國崔群家廟碑》：“憲宗紀元十四年，詔右相中書侍郎平章事清河公群立家廟于長安崇業里，廟三室……第一室曰鄭州公諱湛，字湛然……釋褐常州武進縣主簿，累選潁川、榮陽二長史……宰相啓公爲壽州刺史，未被詔而公捐館。”按《新表二下》清河小房崔氏："湛，字湛然，鄭州長史。"其次子朝，大曆中爲鄭、懷二州刺史。《寶刻叢編》卷八引《集古録目》有《唐崔群先廟碑》。

元　寄　　約開元中

《姓纂》卷四河南洛陽元氏："寄，壽州刺史。"其父希聲，吏部侍郎，景龍三年卒。

郭敬之　　天寶初

《舊書·郭子儀傳》："父敬之，歷綏、渭、桂、壽、泗五州刺史。"《新表四上》華陰郭氏："敬之，字敬之，吉、渭、壽、綏、憲五州刺史。"《全文》卷三五三苗晉卿《壽州刺史郭公（敬之）神道碑》："除吉、渭、綏、壽刺史共四州……享年七十八，以天寶三年正月十日遘疾終於京師。"又卷三三九顏真卿《有唐故中大夫使持節壽州諸軍事壽州刺史郭公（敬之）廟碑銘并序》（廣德二年十一月二十日）："侍中牛仙客□君清節，奏授綏州，遷壽州。"《寶刻叢編》卷八引《集古録目》有《唐贈太保郭敬之廟碑》，唐侍中苗晉卿撰；卷七引《集古録目》有《唐贈太保郭敬之廟碑》，唐刑部尚書顏真卿撰并書。《長安志》卷九常樂坊有"壽州刺史郭敬之宅"。按《姓纂》卷一〇華陰郭氏："敬之，天寶中渭、吉、壽三州刺史。"

李容成　　天寶中

《新表二上》趙郡李氏："容成，壽春太守。"按其祖安期，相高宗。

韋　斌　　約天寶九載—十二載（約750—753）

《全文》卷三二六王維《大唐故臨汝郡太守贈祕書監京兆韋公（斌）神道碑銘》："累貶巴陵太守，稍遷壽春太守，又遷臨汝太守。"按韋斌於天寶五載七月貶巴陵太守，天寶十四載在臨汝太守任。

李　峒　　約天寶十二載—十三載（約753—754）

《嘉泰吳興志》卷一四郡守題名："李峒，天寶十年自壽州刺史授；

改授陳王府長史。《統記》云：十三年。"

元 從　蕭宗時？

《全文》卷六三九李翶《故歙州長史隴西李府君（則）墓誌銘》："夫人河南元氏，壽州刺史從之女。"《姓纂》卷四河南洛陽元氏："從備，右司員外郎，壽州刺史。"按"備"字衍。《精舍碑》侍御史知雜有元從，在韋黃裳、劉芬後，王元□、皇甫先前。

崔 昭　約乾元元年—上元元年（約 758—760）

《廣記》卷一〇五引《廣異記》："唐三刀師者，俗姓張，名伯英。乾元中，爲壽州健兒。性至孝。以其父在潁州，乃盜馬往以迎省。至淮陰，爲守過者所得。刺史崔昭令出城腰斬。"《國史補》卷中："裴佶常話：少時姑夫爲朝官……會其退朝，深嘆曰：'崔昭何人，衆口稱美……'言未竟，閽者報壽州崔使君候謁。"又見《唐語林》卷六，《廣記》卷二四三引。《通鑑·上元元年》：十二月，"王暅陷舒、和、滁、廬等州……橫行江淮間。壽州刺史崔昭發兵拒之，由是暅不得西，止屯廬州"。《全詩》卷一五一劉長卿有《送崔使君赴壽州》，卷二五〇皇甫冉下重出此詩，疑崔使君即指崔昭。

王仲昇　上元元年—二年（760—761）

《通鑑·乾元二年》：九月丁亥，"以陳、潁、亳、申節度使王仲昇爲申沔等五州節度使，知淮南西道行營兵馬"。《新書·方鎮表二》：乾元二年，"復置淮南西道節度使，領申、光、壽、安、沔、蘄、黃七州，治壽州"。上元二年，"淮南西道節度使增領陳、鄭、亳、汴、曹、宋、徐、泗九州，徙治安州"。

張萬福　代宗初

《舊書》本傳："累攝舒、廬、壽三州刺史，舒、廬、壽三州都團練使……尋真拜壽州刺史、淮南節度副使。爲節度使崔圓所忌，失刺史，改鴻臚卿，以節度副使將千人鎮壽州，萬福不以爲恨。"《新書》本傳略同。又見《元龜》卷六九四，韓愈《順宗實録》卷四。

獨孤問俗　　約大曆元年—三年（約766—768）

《全文》卷三一六李華《壽州刺史廳壁記》：“某年，以兼侍御史、揚州司馬獨孤問俗爲壽州刺史……公理州三年，遷御史中丞，鎮江夏。”又卷四一三常袞《授獨孤問俗鄂岳等州團練使制》：“壽州刺史……獨孤問俗……可使持節都督鄂州諸軍事鄂州刺史。”按獨孤問俗上元三年自明州刺史遷湖州刺史；遷祕書監檢校揚州司馬，見《嘉泰吴興志》。則其由揚州司馬遷壽州刺史約在大曆初。

張緯之　　約大曆四年—六年（約769—771）

《全文》卷三一六李華《壽州刺史廳壁記》：“工部郎中楚州張緯之代公（獨孤問俗）爲州牧，某部郎中韋延安代張典此州，僉有政聞。”《全文》卷三九三獨孤及《祭壽州張使君文》：“舒州刺史獨孤及……敬祭於故尚書工部郎中壽州刺史兼侍御史張公之靈。頃者剖符爲郡，與公鄰邑。”按獨孤及大曆五年至九年爲舒州刺史。

韋延安　　約大曆七、八年（約772、773）

《全文》卷三一六李華《壽州刺史廳壁記》：“某部郎中韋延安代張〔緯之〕典此州，僉有政聞。”按韋延安廣德元年在鄂州刺史任，見《元次山集》卷七《別王佐卿序》。《姓纂》卷二東眷韋氏閬公房及《新表四上》皆稱“延安，鄂州刺史”，據李華文知鄂州刺史非韋延安終官。

裴　諝　　約大曆八、九年（約773、774）

《宋高僧傳》卷一〇《唐洪州開元寺道一傳》：“遂於臨川棲、南康龔公二山……郡守河東裴公家奉正信，躬勤諸稟……居無何，裴公移典廬江、壽春二牧……大曆中，聖恩溥洽，隸名於開元精舍。”按兩《唐書》本傳未及壽州，唯云：“出爲虔州刺史，歷饒、廬、亳三州刺史。”

張公度 大曆十年前（775 前）

《輿地碑記目》卷二《安豐軍碑記》有《壽州刺史張公度去思頌》，注云：“大曆十年，起居舍人趙運文，王澠書。”

張 鎰 大曆十二年—十四年（777—779）

《舊書》本傳：“李靈曜反於汴州，鎰訓練鄉兵，嚴守禦之備，詔書褒異，加侍御史、沿淮鎮守使。尋遷壽州刺史，使如故。德宗即位，除江南西道都團練觀察使、洪州刺史、兼御史中丞。”《新書》本傳略同。《元龜》卷六七三：“張鎰……大曆十二年以爲壽州刺史，特加五階，褒善政也。”《金石錄》卷八：“唐壽州刺史張鎰去思頌”，趙巨撰，王澠八分書，大曆十四年十二月。”又見兩《唐書·齊抗傳》、《陸贄傳》，《御覽》卷四七八，《元龜》卷八〇七、卷九五五，《全文》卷四九三權德輿《唐贈兵部尚書宣公陸贄翰苑集序》）。按《舊書·德宗紀上》：大曆十四年五月“癸巳，以壽州刺史杜亞爲江西觀察使”，“杜亞”乃“張鎰”之誤。

崔 昭 建中時

《舊書·張建封傳》：“時淮西節度使李希烈乘破滅梁崇義之勢，漸縱恣跋扈，壽州刺史崔昭數書疏往來，淮南節度使陳少遊奏之，上遽召宰相令選壽州刺史……遂薦建封以代崔昭牧壽陽。”《新書·張建封傳》略同。《全詩》卷三二四權德輿有《送梁道士謁壽州崔大夫》，疑指崔昭。

張建封 約建中四年—貞元四年（約 783—788）

《舊書》本傳：“上遽召宰相令選壽州刺史。盧杞本惡建封，是日蒼黃，遂薦建封以代崔昭牧壽陽……興元元年十二月，乃加兼御史大夫，充濠壽廬三州都團練觀察使……貞元四年，以建封爲徐州刺史，兼御史大夫、徐泗濠節度、支度營田觀察使。”又見《舊書·德宗紀上》，《新書》本傳、《李希烈傳》，兩《唐書·陳少遊傳》、《溫造傳》、《通鑑·興元元年》，《元龜》卷六七一、卷六八六、卷六八七、卷六九二。

《全文》卷四八九權德輿《徐泗濠節度使贈司徒張公（建封）文集序》："歷巴陵，陟壽春……加地進禄，察廉三郡。授鉞貞師，蒞於徐方。"《新書·方鎮表五》：建中四年，"置壽州團練使"。興元元年，"升壽州團練使爲都團練觀察使，領壽、濠、廬三州，治壽州"。貞元四年，"廢壽州都團練觀察使爲團練使"。

李　規　　貞元初期

《新表二上》趙郡李氏南祖房："規，壽州刺史。"按其姪李固言，相文宗。《匋齋藏石記》卷二八《趙郡李氏子小字侯七誌》（貞元十三年十一月三日）："壽州刺史府君諱規之季子，以貞元三年歲次丁卯仲冬之月抱疾夭逝於宣州當塗縣，年垂志學矣。"按《全文》卷三二一李華《揚州司馬李公（并）墓誌銘》稱："長子規，前刑部員外郎。"李并卒廣德二年六月十三日，年六十六。

許子餘　　貞元前期？

《姓纂》卷六安陸許氏："子餘，壽州刺史。"《新表三上》安陸許氏同。乃天寶末琅邪太守許誡言子。

楊承恩　　貞元十五年（799）

《元龜》卷七一九："貞元十五年，壽州刺史楊承恩老耄多病，其政事委於男澄。"《柳河東集》卷二〇《壽州安豐縣孝門銘》稱："壽州刺史臣承恩言。"又見《新書·侯知道傳》。《廣記》卷二八〇引《祥異集驗》："麻安石，唐貞元中至壽春，謁太守楊承恩。"

王　宗　　貞元十五年（799）

《元龜》卷七一九："王宗爲壽州團練副使，貞元十五年，壽州刺史楊承恩老耄多病，其政事委於男澄及判官卿侃、孔目官林宸等，至是疾甚，侃等乃與將校等謀以澄爲刺史，宗知之，遂因繫澄、侃等，驛騎以聞，故授宗權知壽州刺史事。"又見《新書·德宗紀》，《通鑑·貞元十五年》十月，《國史補》卷上《三評事除拜》。上圖藏拓片《唐故潞府參軍博陵崔公夫人琅邪王氏墓誌銘并序》（元和十四年四月二十六日）："夫人十四齡而寡，無子，從於壽春郡太守弟宗，後從於尚書郎柱下史弟公亮。"元和十四年四月卒。

羅　珦　　貞元十八年（802）

《全文》卷四七八楊憑《唐廬州刺史本州團練使羅珦德政碑》："羅公牧廬江七年……遷領壽陽……詔公爲壽州刺史本州團練使……俄有詔曰：壽州刺史羅珦，前爲廬江，政事居最……可兼御史中丞。"又卷五〇六權德輿《唐故大中大夫守太子賓客羅公（珦）墓誌銘并序》："刺廬、壽二州……入爲司農卿、京兆尹……元和四年冬十一月啓手足。"

李　通　　貞元中

《唐代墓誌彙編·唐故隴西郡夫人（李氏）墓誌銘并序》（大中五年十月二十三日）："大父諱通，有大功也於德宗皇帝時，迄於今，子延馨香不散，士君子論名臣莫不多耳，終壽州刺史、上柱國、晉昌郡王。贈尚書。"

張士平　　元和初？

《廣記》卷七五引《神仙感遇傳》："唐壽州刺史張士平，中年以來，夫婦俱患瞽疾，歷求方術，不能致，遂退居別墅……元和七年壬辰八月十七日，有書生詣門請謁。"

李　湘　　元和四年（809）

《廣記》卷三〇八引《博異志》："元和四年，壽州霍丘縣有李六郎，自稱神人御史大夫李序……時御史大夫李湘爲州牧，侍御史張宗本爲副史。"

王宗儒　　元和中？

上圖藏拓片《唐故滑州匡城縣令王公（虔暢）墓誌銘并序》（咸通

八年二月一日）：“少卿二子：長曰宗儒……歷左贊善大夫、壽州刺史……壽州生二子……公即壽州之少子也。”咸通七年六月廿二日卒，年六十六。

令狐通　　元和九年（814）

《舊書》本傳：“時討淮蔡，用爲泗州刺史。歲中改壽州團練使、檢校御史中丞……後爲賊所攻，境上城栅並陷，通走固州城，閉壁不出。憲宗遣李文通往宣慰，度其將至，遂令代通，貶爲昭州司户，移撫州司馬。”《新書》本傳略同。又見《舊書・憲宗紀下》，《新書・吳元濟傳》，《御覽》卷二二一，《元龜》卷一三一。《全文》卷七三六沈亞之《壽州團練副使廳壁記》：“〔元和〕九年秋，蔡州叛，壽春守令狐通引兵屯霍丘，副使得屠卒百餘人留郡中。”又卷七三七沈亞之《霍丘縣萬勝岡新城録》：“元和九年……元濟以其土叛……冬，縱兵臨壽春，屠馬塘，走其守令狐通，焚霍丘，淮南郡邑大駭，民人卷席而居。上聞之，怒謫其守。”《廣記》卷三四四引《乾𦠆子》：“元和十二年，壽州小將張弘讓，婿兵馬使王暹女，淮西用兵方急，令狐通爲刺史。”按：是時令狐通早已貶職，《乾𦠆子》誤。《隋唐五代墓誌匯編・洛陽卷》第十四册《唐故棣州刺史燉煌令狐公（梅）墓誌銘并序》（大中十年四月二十二日）：“皇考歷宿、陳、壽、淄、唐、泗等六郡太守，官兼御史中丞，唐、陳二州皆再授，凡專城之任者八，贈右散騎常侍諱通。公即先公常侍第二子也。”大中八年卒，年六十二。

李文通　　元和十年—十二年（815—817）

《全文》卷七三七沈亞子《霍丘縣萬勝岡新城録》：元和十年春，“詔執金吾李將軍馳傳出守之（壽春）……十一年冬，詔書促戰”。《通鑑・元和十年》：“十一月，壽州刺史李文通奏敗淮西兵。”《韓昌黎集》卷三〇《平淮西碑》：“曰文通，汝守壽。”注：“元和十年二月，以左金吾大將軍李文通爲壽州團練使。”《全文》卷六一七段文昌《平淮西碑》：“又以壽春守李文通……總宣武、淮南、宣歙、浙西、徐泗凡五軍，扼固始之險……誅淮夷之叛。”又卷七三四沈亞之有《上壽州李大夫書》。

張　植(張直)　　元和末

《白居易集》卷五一《張植李翔等二十人亡母追贈郡縣夫人制》稱：“壽州刺史張植亡母某氏等……”《全文》卷七五五杜牧《唐故歙州刺史邢君(群)墓誌銘并序》：“大和(中)三年六月八日卒於東都思恭里，年五十……今夫人南陽張氏，壽州刺史植女。”按石刻蜀丞相諸葛武侯祠堂碑陰武元衡題名後列：知度支西川院事承奉郎殿中侍御史内供奉賜緋魚袋張植，元和四年二月。《白居易集》卷五〇《李諒授壽州刺史薛公幹授泗州刺史制》：“吾前命諒爲泗守，未即路，會壽守植卒，因命諒守壽，命公幹守泗。”可證張植爲李諒前任。

李　諒　　長慶元年(821)

《白居易集》卷五〇有《李諒授壽州刺史薛公幹授泗州刺史制》。

唐　慶　　長慶中

《元龜》卷七〇〇：“唐慶前爲壽州刺史。長慶四年，刺史楊歸厚告論慶違敕敕科配百姓稅錢及破用官庫錢物等事……宜除名，長流崖州。”《全文》卷六六穆宗有《流唐慶崖州敕》。

【補遺】劉元鼎　　長慶中

《洛陽新獲墓誌116・唐故朝請大夫守衛尉卿柱國分司東都賜紫金魚袋劉公(略)墓誌銘並序》(咸通九年閏十二月一日)：“少師生我先公尚書諱元鼎……歷官大理卿兼御史大夫，慈、蔡、壽、絳四郡，贈兵部尚書。……貞元十七年生公於潞尚書公從事之府也。……咸通九年十月十八日薨於永通門外別墅。享年六十有九。”據此，其爲壽州刺史當在長慶中。

楊歸厚　　長慶四年(824)

《元龜》卷七〇〇：“長慶四年，〔壽州〕刺史楊歸厚告論〔唐〕慶違敕敕。”《全文》卷六一〇劉禹錫《祭虢州楊庶子文》：“維大和六年……敬祭於故虢州楊公之靈……五剖竹符，皆有聲績。南湘潛化，巴人啞啞,比陽布和,戰地盡闢。壽春武斷,姦吏奪魄。"《全詩》卷三五九劉禹錫有《寄楊(一作韓)八壽州》,又卷三六五劉禹錫有《李賈二大諫拜命後寄楊八壽州》。

韋審規　　寶曆中?

《新表四上》韋氏平齊公房:"審規,壽州刺史。"按長慶三年韋審規爲京兆少尹,見《元龜》卷九六五。《白居易集》卷三一有《授韋審規西川節度副使御史中丞制》。《郎官柱》左司郎中有韋審規,在劉遵古後,樊宗師前。左司員外有韋審規,在李正辭後,殷台、崔琯前。金部郎中又有韋審規,在陳諷後,樊宗師前。

裴　墉　　約大和二年—三年(約 828—829)

《新表一上》東眷裴氏:"墉,壽州刺史。"《全詩補逸》卷九張祜有《壽州裴中丞出柘枝》。《全詩》卷四八〇李紳有《轉壽春守大和庚戌歲二月祗命壽陽時替裴五墉終歿》,知裴墉爲李紳前任。按"庚戌"爲大和四年。據李紳詩,知裴墉約卒於大和三年底或四年初。

李　紳　　大和四年—七年(830—833)

《新書》本傳:"徙江州長史,遷滁、壽二州刺史。"《舊書》本傳未及。《白居易集》卷七一《淮南節度使檢校尚書右僕射趙郡李公家廟碑銘并序》:"旋爲滁、壽二州刺史……尹正河洛。"《全詩》卷四八〇李紳有《轉壽春守大和庚戌歲二月祗命壽陽時替裴五墉終歿》,又有《壽陽罷郡日有詩十首與追懷不殊今編於後兼紀瑞物》,第一首《肥河維舟阻凍祗待救命》題下注:"大和七年十二月。"按"七"當爲"六"之誤。第四首《發壽陽分司敕到又遇新正感懷書事》題下注:"七年正月八日立春,在壽陽凡四年。"又見《新書·藝文志四》"郁渾《百篇集》一卷"注,《唐才子傳》卷六。

賈直言　　約大和七、八年(約 833、834)

《御覽》卷四一四引《續定命録》:"賈直言……大和初,授絳郡太守……自降(絳)除壽春,竟終天年。"兩《唐書》本傳未及。唯云:"穆宗以諫議大夫徵，後歷太子賓客，大和九年三月卒。"

高承恭　　約大和九年—開成元年（約 835—836）

　　《舊書·文宗紀下》：開成元年九月"辛巳，以壽州刺史高承恭爲邕管經略使"。

渾　鐬　　開成元年—三年（836—838）

　　《舊書》本傳："開成初，宰相擬壽州刺史……三年，入爲右金吾衛大將軍、知街事。"《新書》本傳略同。又見《御覽》卷二五五。《元龜》卷一三一：開成元年"閏五月癸丑，以前殿中監渾鐬爲壽州刺史"。

劉　某　　開成三、四年？（838、839？）

　　《全詩》卷四九六姚合有《送劉詹事赴壽州》。

王　鎮　　會昌五年（845）

　　《舊書·武宗紀》：會昌六年二月乙酉，"前壽州刺史王鎮貶潞州長史"。

韋正貫　　會昌五年—六年（845—846）

　　《新書》本傳："貶均州刺史。久之，進壽州團練使。宣宗立，以治當最，拜京兆尹、同州刺史。"《全文》卷七六四蕭鄴《嶺南節度使韋公（正貫）神道碑》："改泗州刺史，歷光祿卿，晉州刺史，入拜司農卿……累貶均州刺史，升壽州團練使……今上即位，以理行徵拜京兆尹。"

裴　識　　會昌六年—大中二年（846—848）

　　《舊書》本傳："識以蔭授官，累遷至通議大夫、檢校右散騎常侍、壽州刺史、本州團練使、上柱國、襲晉國公……大中初，改潭州刺史、御史中丞，充河（湖）南都團練觀察使。"《隋唐五代墓誌匯編·河南卷·唐故邠寧慶等州節度使管內觀察營田處置等使裴公（識）墓誌銘并序》（咸通五年八月八日）："〔遷〕太常少卿、將作監、司農卿，旋拜檢校右散騎常侍兼壽州刺史本州團練使。”

盧簡求　　大中六年—九年（852—855）

《舊書》本傳：“罷簡求爲左庶子分司。數年，出爲壽州刺史。九年，党項叛，以簡求爲四鎮北庭行軍、涇州刺史、涇原渭武節度押蕃落等使。”《新書》本傳略同。大典本《淳祐臨安志》引盧簡求《禪門大師碑陰記》末署“大中壬申歲（六年）十一月一日銀青光禄大夫使持節壽州諸軍事兼壽州刺史兼御史中丞充本州團練使……盧簡求記於碑陰”。《歷代名畫記》卷三《記兩京外州寺觀畫壁》：“王陀子須彌山海水在僧伽和尚外壁。”注：“顧畫維摩詰初置甘露寺中，後爲盧尚書簡辭所取，實於家以匣之。大中七年，今上因訪宰臣此畫，遂詔壽州刺史盧簡辭求以進，賜之金帛，以畫示百寮後收入内。”按“簡辭”當爲“簡求”之誤。

令狐緒　　大中十年（856）

《舊書》本傳：“歷隨、壽、汝三郡刺史。”《新書》本傳略同。《御覽》卷二五八同。又見《元龜》卷六八三。《千唐誌·唐故江州尋陽縣丞支公（光）墓誌銘并序》（大中十年五月十八日）：“成生鴻臚卿致仕諱竦，其終始考績，詳載於神道碑與玄堂之銘，即今壽州刺史令狐爲之文也。”又見《唐故贈隨州刺史太子少詹事殿中監支公（成）墓誌銘并序》（大中十年五月十八日），《芒洛續編》卷下《唐故鄂州司士參軍支府君（叔向）墓誌銘并序》。

李玄　　大中十一年（857）

《舊書·宣宗紀》：大中十一年“五月，以職方郎中李玄爲壽州刺史”。

李琢　　大中十三年（859）

《新書·蕭倣傳》：“令狐綯用李琢經略安南，琢以暴沓免，俄起爲壽州團練使，倣劾奏琢無所回，時推其直。”《新書》本傳未及。《全文》

卷八〇六張雲《復論令狐滈疏》："〔令狐綯〕濫舉李琢，毒流生人……琢官實由賄得……其坐罪貶官，綯猶專爲掩覆，依前要用，更與壽州……未久又除宋州。直至綯罷相權，琢始廢居東洛。"又見《元龜》卷五四七。按令狐綯大中十三年罷相，見《新書·宰相表下》。

辛　晦　　約咸通中

《舊書·辛讜傳》："故太原尹雲京之孫，壽州刺史晦之猶子也。"上圖藏拓片《唐故溫州刺史清河崔府君（昭）墓誌銘并序》（乾符四年十一月二十三日）："有唐乾符紀元龍集丁酉（四年）故溫州太守崔府君終於鄭州滎陽縣之傳舍，享年四十四……故壽州團練使辛中丞晦嘗遊府君之門，且挹其才用，遂奏爲團練判官……故刑部韋侍郎晦廉問陝郊，聆府君之譽。"

楊　某　　咸通九年（855）

《南部新書》戊："楊收之死也，軍容楊元價有力焉。收有子爲壽牧，見收乘白馬，臂朱弓彤矢，有朱衣天使控馬，曰：'上帝許我仇楊元價。我射中之，必死。'俄而價暴卒。"又見《北夢瑣言》卷九。按楊收咸通九年三月賜死嶺外，見《舊書》本傳。鄭愚咸通九年至十一年爲嶺南東道節度。

張　翺（張敖）　　中和時—光啓三年（?—887）

《新書·楊行密傳》："秦宗權遣弟度淮取舒城，〔楊〕行密破走之。時張敖據壽州，許勍據滁州，與行密舋戰。"又《高駢傳》："光啓三年，蔡賊孫儒兵略定遠，聲言涉淮，壽州刺史張翺奔告駢。"《通鑑·光啓二年》：十二月，"壽州刺史張翺遣其將魏虔將萬人寇廬州"。《考異》曰："《妖亂志》作'張敖'。"又見《九國志·田頵傳》、《李神福傳》，《十國春秋·吳太祖世家》。《桂苑筆耕集》卷一二有《壽州張翺委曲》、又卷一九有《與壽州張常侍書》，又見《唐文拾遺》卷三九、卷四三。

江　儒　　景福元年(892)

《舊五代史·馬嗣勳傳》："唐景福元年三月，太祖以壽州刺史江儒反下蔡，鎮使李立率兵攻濠梁。"

江彥温　　乾寧元年(894)

《北夢瑣言》卷一六："梁祖圖霸之初，壽州刺史江彥温以郡歸我。"又見《廣記》卷二六四引。《通鑑·乾寧元年》：三月，"朱全忠遣軍將張從晦慰撫壽州。從晦陵侮刺史江彥温而與諸將夜飲；彥温疑其謀己，明日，盡殺在席諸將，以書謝全忠而自殺。軍中推其子從頊知軍州事，全忠爲之腰斬從晦"。按《新書·朱延壽傳》稱："初，壽州刺史高彥温舉州入朱全忠，〔楊〕行密襲之。""高彥温"當爲"江彥温"之誤。

江從勖（江從頊）　　乾寧元年—二年(894—895)

《通鑑·乾寧元年》：三月，"〔壽州〕軍中推〔江彥温〕其子從頊（勖）知軍州事"。又《乾寧二年》：三月，"楊行密圍壽州，不克，將還；庚寅，其將朱延壽請試往更攻，一鼓拔之，執刺史江從勖，行密以延壽權知壽州團練使"。又見《新書·昭宗紀》，《十國春秋·吳太祖世家》。

朱延壽　　乾寧二年—天祐元年(895—904)

《九國志》本傳："從圍壽春……一舉而破……以功署淮南節度副使、壽州刺史。明年取蘄、光二州，以功遷團練使。"《新書·列女·朱延壽妻王氏傳》："當楊行密時，延壽事行密爲壽州刺史。惡行密不臣，與寧國節度使田頵謀絕之以歸唐。事泄……爲行密所殺。"《舊五代史》本傳："唐天祐初，楊行密雄據淮海，時頵爲宣州節度使，延壽爲壽州刺史……延壽飛騎赴命……行密使人殺之。"又見《九國志·柴再用傳》，《新書》本傳，《北夢瑣言》卷一六，《廣記》卷三五三引《稽神錄》，《十國春秋·吳太祖世家》。

朱　瑾　　天祐中

《舊書》本傳:"及朱瑄平,汴人移兵攻兗,經年食盡,瑾出城求食,比還,爲別將所拒,不得入,乃渡淮依楊行密。行密寵待之,用爲壽州刺史,大敗汴軍於清口,自此全忠不敢以兵渡淮。"

待考録

魏承休

《姓纂》卷八東祖魏氏:"承休,壽州刺史。"乃隋魏彦卿玄孫。

裴　通

《新表一上》東眷裴氏:"通,壽州刺史。"都官郎中孝智子,舒州刺史瞿曇玄孫。

尹　耀

《廣記》卷二七〇:"〔許升〕尋被本州解命,行至壽春,爲盜所殺,刺史尹耀捕盜得之。"

卷一三一　蘄州(蘄春郡)

隋蘄春郡。武德四年平朱粲,改爲蘄州。天寶元年改爲蘄春郡。乾元元年復爲蘄州。領縣四:蘄春、黄梅、永寧(廣濟)、蘭溪(蘄水)。

李玄道　　貞觀初

《隋唐五代墓誌匯編·洛陽卷》第八册《大唐故文林郎崔府君(沈)墓誌》(神龍二年十月十四日):"父善操,隋宋城令,皇朝檀州司户參軍……司户府君昔任蘄州司法,時刺史隴西李玄道材地之選,君年甫卯稚,嘗侍坐談論,釋難如神。"崔沈卒貞觀十八年,年二十四。

【李　勣　　貞觀十一年(637)(未之任)】

《舊書·長孫無忌傳》:貞觀十一年功臣世襲刺史詔:"并州都督府長史、曹國公李勣可蘄州刺史,改封英國公。"《大詔令集》卷六二《册李勣改封英國公文》稱:"惟爾光禄大夫行并州都督長史太子左衛率曹國公李勣……是用命爾爲使持節蘄州諸軍事蘄州刺史,改封英國公。"又見《全文》卷六、卷九,《元龜》卷一二九,《會要》卷四七。《隋唐五代墓誌匯編·陝西卷》第一册《大唐故司空太子太師贈太尉揚州大都督上柱國英國公勣墓誌銘并序》(總章三年二月六日):"〔貞觀〕六年初議封建,徙封英國公。册拜蘄州刺史,時並不就國。"《舊書》本傳:"〔貞觀〕十一年,改封英國公,代襲蘄州刺史,時並不就國,復以本官遥領太子左衛率。"

柳懷素　　約貞觀中

《全文》卷三四四顏真卿《和政公主神道碑銘》：“天寶九載春三月既望，封和政公主，降於河東柳潭，既笄之三載矣。潭……皇蘄州刺史懷素之曾孫，贈祕書監岑之第四子也。”又見《唐語林》卷五。

崔義玄　　約貞觀中

《續高僧傳》卷二〇《蘄州雙峰山釋道信傳》：“自入山來三十餘載，諸州學道無遠不至。刺史崔義玄，聞而就禮。臨終語弟子弘忍……即永徽二年閏九月四日也。”兩《唐書》本傳未及刺蘄州事。唯稱貞觀初歷左司郎中兼韓王府長史行（隰州）州府事。

蕭　鍇　　高宗、武后間？

《芒洛四編》卷五《大唐故董府君（守貞）墓誌銘并序》：“夫人蘭陵縣君蕭氏，即皇唐武、易、蘄、陵四州刺史鍇之第六女也。”守貞卒開元十年八月七日，年五十七。按《新表一下》蕭氏齊梁房：“鍇，虞部郎中。”其父瑀，相高祖。

楊元琰　　約天授中

《舊書》本傳：“載初中，累遷安南副都護，又歷蘄、蒲、晉、魏、宣、許六州刺史，涼、梁二都督，荊府長史……長安中，張柬之代元琰爲荊府長史。”又見《元龜》卷六七七。《新書》本傳未及。

楊志本　　武后時

《英華》卷九一二嚴識元《潭州都督楊志本碑》：“檢校棣州刺史。俄而東胡叛換，北狄猖狂……則天皇后有命分麾，置懷撲燎……賊平，授使持節蘄州刺史……尋除都督潭衡等七州諸軍事潭州刺史……長安四年秋八月十七日薨於州館，享年七十有七。”

李　象？　　武后時？

《柳河東集》卷一〇《唐故邕管經略招討等使朝散大夫持節都督

邕州諸軍事守邕州刺史李公墓銘并序》："實惟文皇帝之玄孫，別子曰承乾……繼別曰象，蘄春郡太守。"按兩《唐書·李承乾傳》、《舊書·李適之傳》均稱象官至懷州別駕。岑仲勉《唐集質疑》以此疑"蘄春郡太守"有誤。

員半千　　景龍中

《新書》本傳："武三思用事，以賢見忌，出豪、蘄二州刺史……睿宗初，召爲太子右諭德，仍學士職。"《舊書》本傳未及刺蘄州事。

冉祖雍？　　景龍末

《新書·宋之問傳》："睿宗立，〔之問〕以獪險盈惡詔流欽州。〔冉〕祖雍歷中書舍人、刑部侍郎。倡飲省中，爲御史劾奏，貶蘄州刺史。至是，亦流嶺南，並賜死桂州。"按越州長史宋之問，饒州刺史冉祖雍，坐諂附韋、武，皆流嶺表，見《通鑑·景雲元年》六月。未知"蘄州"爲"饒州"之誤，抑先貶蘄州，又移饒州，姑存疑。

衛元經　　睿宗時？

《姓纂》卷八安邑衛氏："元經，蘄州刺史。"乃神龍二年湖州刺史衛弘敏三從兄弟。

徐　堅　　約開元初期

《全文》卷二九一張九齡《大唐故光禄大夫右散騎常侍集賢院學士贈太子少保東海徐文公神道碑銘并序》："復以親累出爲絳州，歷永、蘄、棣、衢四郡……開元中……遷祕書監。以開元十七年……五月丁酉薨。"兩《唐書》本傳未叙州名，《舊書》本傳唯云：岑羲誅，"出爲絳州刺史，五轉復入爲祕書監。開元十三年，再遷左散騎常侍"。《新書》本傳略同。

杜元志　　開元十年（722）

呂神賢《唐月宮葵花鏡銘》："蘄州刺史杜元志，好奇賞鑒之士，吾

今爲之造此鏡，亦吾子之一生極思。開元十年五月五日鑄成。"（上海博物館藏青銅鏡）

王　晙　　開元十一年(723)

《舊書·玄宗紀》：開元十一年十二月"庚申，王晙授蘄州刺史"。《新書·玄宗紀》同。又見兩《唐書》本傳，《新書·宰相表中》，《通鑑·開元十一年》。

吴　兢　　約開元二十六年（約 738）

《舊書》本傳："〔開元〕十七年，出爲荆州司馬……累遷台、洪、饒、蘄四州刺史，加銀青光禄大夫，遷相州長史，封襄垣縣子。天寶初改官名，爲鄴郡太守，入爲恒王傅。"《新書》本傳未及。

鄧武遷　　開元二十九年前(741 前)

《嘉泰吳興志》卷一四郡守題名："鄧武遷，開元二十九年自蘄州刺史授，卒官。"

田　琦　　約天寶中

《全文》卷四四七竇泉《述書賦下》："當聖代而難方。"句下注："田琦，雁門人，德平之孫……官歷陝令、豫蘄許等州刺史。"又見《書小史》卷一〇。

韋　斌　　約天寶十載—十二載（約 751—753）

《南部新書》己："天寶末，韋斌謫守蘄春。時李泌以處士放逐於彼，中夜同宴，屢聞鴉音，韋流涕而嘆。"《全文》卷六九六李德裕《懷鴉賦并序》："天寶末，韋郇公謫守蘄春時，李鄴公亦以處士放逐。"兩《唐書》本傳均未及蘄春，唯云李林甫構陷韋堅，斌以宗累，貶巴陵太守，移臨汝。按李林甫陷韋堅事在天寶五載，天寶十四載臨汝太守韋斌降賊，見《舊書·安禄山傳》。又按《全文》卷三二六王維《大唐臨汝郡太守贈祕書監京兆韋公(斌)神道碑銘》稱："稍遷壽春太守，又遷臨汝太守。”“壽春”當爲“蘄春”之誤。

李齊物　　約天寶十二、十三載（約753、754）

《全文》卷三四二顏真卿《金紫光禄大夫守太子太傅兼宗正卿李公（齊物）神道碑銘》：“遂貶竟陵郡太守……量移安康……轉漢陽、蘄春……天寶末徵拜將作監。”兩《唐書》本傳未及。

杜　敏　　乾元中

《金石録》卷七：“《唐蘄州刺史杜敏生祠頌》，張粲撰，史惟則八分書，乾元三年五月。”按《輿地碑記目》卷二引《集古録目》稱“碑以乾元二年立，在蘄州”。又按《金石萃編》卷六六開元二十七年經幢稱：國子進士杜敏撰。

蔡真清　　肅宗時？

《姓纂》卷八濟陽考城縣蔡氏：“真清，蘄州刺史。”乃開元五年户部郎中蔡秦客之姪。

王　某　　大曆三年（768）

《全文》卷四二七于邵《送王郎中赴蘄州序》：“大君當宁之七載也，日月會於降婁，有詔尚書倉部郎中王公，恭寬敏惠，出典於蘄。”岑仲勉《郎官石柱題名新考訂·倉部郎中》引此文云：“《舊唐書》紀一一，大曆三年七月，五星並聚於東井，八月辛酉，月入東井，則‘會於降婁’即代宗大曆三年，亦代宗在位之七年也。”

李若水　　代宗時？

《新書·宗室世系表下》蔣王房：“蘄州刺史若水。”乃潁川郡伯椿（初名承恩）子。其弟若舊，慶王府兵曹參軍；若虚，盛王府參軍；若彦，延王府參軍。按慶王指奉天皇帝琮，玄宗子，開元十三年封慶王，天寶十載卒。盛王琦，玄宗子，開元十三年封盛王，廣德二年卒。延王玢，玄宗子，開元十三年封延王，興元元年卒。疑若水仕代宗時。

按兩《唐書》有《李若水傳》，官至左金吾大將軍，建中元年八月卒。乃李齊物族弟，岑仲勉《唐史餘瀋》謂當爲李昌、李齊物之再從姪，孝同之曾孫。此爲另一人。

李　良　　建中四年前（783前）

拓本《唐故興元元從雲麾將軍右神威軍將軍知軍事兼御史中丞上柱國順政郡王李公（良）墓誌銘》（貞元十七年二月十四日）：“屬〔李〕希烈恃功□政，將肆凶威，慮公素名，終不爲下，乃令攝蘄州刺史……公伺其間隙，遂展良圖……遂令從弟詣江西節度李皋送款。”

伊　慎　　建中四年—興元元年（783—784）

《通鑑·建中四年》：三月，“〔李〕皋遂進拔蘄州，表伊慎爲蘄州刺史”。又《興元元年》：正月，“曹王皋遣蘄州刺史伊慎將兵七千拒之（杜少誠），戰於永安戍，大破之”。又見兩《唐書》本傳，《元龜》卷三五九、卷三八五。《全文》卷九七權德輿《唐故光禄大夫檢校尚書右僕射兼右衛上將軍南充郡王伊公（慎）神道碑銘并序》：“建中初……拔蔡山，取蘄州，降山寇李良，領蘄州刺史，剖符爲王……興元巡狩之歲……進圍安州……乃督安州。”

李　實　　貞元初

《舊書》本傳：“洪州節度使、嗣曹王皋辟爲判官，遷蘄州刺史。皋爲山南東道節度使，復用爲節度判官、檢校太子賓客、員外郎。”《新書》本傳略同。

吕元膺　　貞元中

《舊書》本傳：“丁繼母憂，服闋，除右司員外郎，出爲蘄州刺史。”《新書》本傳略同。又見《御覽》卷二五八、卷六四二，《元龜》卷六八〇。

盧　某　　貞元十二年（796）

《全文》卷六八八符載《贈蘄州盧員外書》：“去年春三月……潯陽

嚴太守命某爲貳食之客,偶於末席,備聆嘉話……今者有襄漢之役……昨至蘄陽。"按潯陽嚴太守謂嚴士良,貞元十一年在江州刺史任。

鄭　伸(鄭紳)　　貞元十六年—十八年(800—802)

《全文》卷六八八符載《蘄州新城門頌并序》:"大唐庚辰歲秋九月,鄂岳觀察使御史中丞鄭公,前牧於蘄春,始佩銅虎符。是年冬十一月,蔡人不虔,天子詔諸侯之師誅破之……公乃度舊址……而興於是。"按庚辰歲爲貞元十六年。《舊書·德宗紀下》:貞元十八年三月"己巳,以蘄州刺史鄭紳爲鄂州刺史、鄂岳蘄沔觀察使"。《金石補正》卷六八《唐故朝請大夫守國子祭酒鄭伸碑》:"續以本官權刺蘄春,貞元十八年授朝散大夫鄂州刺史兼御史□丞鄂□□□……"

李　鑑(李鎰)　　約貞元、元和間

《新書·宗室世系表上》大鄭王房:"蘄州刺史鑑。"其父國貞,户部尚書。其兄錡,潤州刺史。《全文》卷五〇一權德輿《唐故通議大夫守户部尚書兼御史大夫持節充朔方鎮西北庭興平陳鄭等州行營兵馬及河中節度都統處置使權知絳州刺史李公(國貞)神道碑銘并序》:"有子四人,長曰錡……貞元十五年……剖符潤州……次曰鑑,蘄州刺史。"鑑、鎰,未知孰是。

張　愻　　約元和二年—四年(約807—809)

《元龜》卷七〇〇:"張愻爲將作少監,元和五年貶爲朗州長史。愻前爲蘄州刺史,坐贓,爲觀察使郗士美所奏。"按郗士美元和三年至五年爲鄂岳觀察使。《全詩》卷三五六劉禹錫《泰娘歌并引》:"泰娘本韋尚書家主謳者……元和初,尚書薨於東京,泰娘出居民間。久之,爲蘄州刺史張愻所得。其後愻坐事,謫居武陵郡。愻卒,泰娘無所歸。"

孫　昊　　元和四年(809)

北圖藏拓片《唐故蘄州刺史兼御史中丞孫府君(昊)墓誌銘并序》

（元和四年閏三月二十四日卒）："屬順宗□□，天下震悼。今上嗣位，率土稱慶……蘄春丕變，期月政成。"享年六十八。又《唐故正議大夫蘄州刺史兼御史中丞孫府君夫人河內常氏墓誌銘并序》（元和五年十一月廿□日）："府君出牧於蘄，纔逾三月，蘄人不幸，府君即世。"證知孫杲任蘄州刺史僅三個月。

裴行立　　約元和五年—八年（約 810—813）

《新書》本傳："繇蘄州刺史遷安南經略使。"《舊書·憲宗紀下》：元和八年八月"癸未，以蘄州刺史裴行立爲安南都護、本管經略招討使"。

于人文（于人閏）　　長慶中

《元龜》卷九八〇："寶曆元年三月，以前蘄州刺史于人文爲司門郎中，攝御史中丞、持節入回鶻充吊祭册立使。"按《新表二下》于氏有"人文"，未署官職。乃禮部侍郎于邵子。《姓纂》卷二河南洛陽于氏作"人閏"。

狄兼謨　　約寶曆初

《新書》本傳："令狐楚執政，薦授左拾遺，數上書言事。歷刑部郎中、蘄鄧鄭三州刺史。"《舊書》本傳未及。《全文》卷六九三李虞仲《授柏耆兵部郎中等制》："使持節蘄州諸軍事守蘄州刺史……狄兼謨……可守尚書司門郎中。"按《舊書·李虞仲傳》，虞仲寶曆中知制誥，則此制必作於寶曆中。

李播　　開成三年—五年（838—840）

《唐詩紀事》卷四七："播以郎中典蘄州，有李生攜詩謁之。"《全詩》卷三五九劉禹錫有《送蘄州李郎中赴任》，卷五二四杜牧有《許秀才至辱李蘄州絕句問斷酒之情因寄》，《白居易集》卷三四有《送蘄春李十九使君赴郡》及《寄李蘄州》詩，皆指李播。岑仲勉《唐人行第録》謂李十九名未詳，失考。據朱金城《白居易年譜》考證，李播赴蘄州刺史任在開成三年春。《樊南文集補編》卷二有《爲汝南公與蘄州李郎中狀》，注：“李郎中，未詳。”張采田《玉谿生年譜會箋》卷二繫此文於開成五年。按李郎中亦指李播。又按李播會昌五年在杭州刺史任。

杜 慥　　會昌元年(841)

《全文》卷七五三杜牧《上宰相求湖州第二啓》：“堂兄慥守潯陽……會昌元年四月兄慥自江守蘄，某與顗同舟至蘄。”

蕭 倣　　咸通四年—五年(863—864)

《唐摭言》卷一四：“咸通四年，蕭倣雜文牓中，數人有故，放牓後發覺，責授蘄州刺史主司；其年二月十三日得罪，貶蘄州刺史；五年五月量移虢略。中書舍人知制誥宇文瓚制敕……中散大夫、守左散騎常侍、權知禮部貢舉，上柱國、賜紫金魚袋蕭倣……可守蘄州刺史，散官勳賜如故。仍馳驛赴任。”《全文》卷八〇二有宇文瓚《貶蕭倣蘄州刺史敕》，卷七四七有蕭倣《蘄州謝上表》。兩《唐書》本傳未及。

李 覘　　咸通十三年(872)

《舊書·懿宗紀》：咸通十三年五月“辛巳，敕尚書左丞李當貶道州刺史……給事中李覘蘄州刺史……皆于琮之親黨也，爲韋保衡所逐”。

裴 渥　　乾符四年(877)

《舊書·僖宗紀》：乾符四年三月，“兵部員外郎裴渥爲蘄州刺史”。《新書·黃巢傳》：“賊出入蘄、黃，蘄州刺史裴渥爲賊求官，約罷兵。〔王〕仙芝與巢等詣渥飲。未幾，詔拜仙芝左神策軍押衙，遣中人慰撫……仙芝憚衆怒，即不受，劫州兵，渥、中人亡去。”《通鑑·乾符三年》十二月記此事略同，作“裴偓”。按《全詩》卷六四三李山甫《送蘄州裴員外》詩云：“春向江頭待使君。”則裴渥赴任時爲春天，疑《通鑑》記年誤。又卷六六四羅隱有《送蘄州裴員外》，《全文》卷八九四羅隱有《投蘄州裴員外啓》。

馮敬章（馮行章）　　光啓三年—乾寧三年(887—896)

《通鑑·光啓三年》：十二月，"上蔡賊帥馮敬章陷蘄州"。《乾寧三年》：四月，"淮南將朱延壽奄至蘄州，圍其城……數日，〔買〕公鐸及刺史馮敬章請降"。《新書·昭宗紀》：乾寧三年五月，"是月，蘄州刺史馮行章叛附於楊行密"。作"行章"，與《通鑑》異。

石　膳　　天祐元年(904)

《九國志·朱延壽傳》："夫人因以書召之，延壽不疑，遂來覲，〔楊〕行密迎至寢門，使人刺殺之，年三十四。出夫人嫁蘄州刺史石膳。"按楊行密殺朱延壽，事在天祐元年。

待考錄

斛斯道仲

《姓纂》卷一〇河南斛斯氏："道仲，唐蘄州刺史。"乃北周斛斯徵之玄孫。

卷一三二　光州（弋陽郡）

　　隋弋陽郡。武德三年改爲光州，置總管府。武德七年改總管府爲都督府。貞觀元年罷都督府。天寶元年改爲弋陽郡。乾元元年復爲光州。領縣五：定城、光山、樂安（仙居）、殷城、固始。

盧祖尚　　*武德四年—六年（621—623）*

　　《舊書》本傳："王世充立越王侗，祖尚遣使從之，侗授祖尚光州總管。及世充自立，遂舉衆歸款，高祖嘉之，賜璽書勞勉，拜光州刺史，封弋陽公。武德六年，從趙郡王孝恭討輔公祏……賊平，以功授蔣州刺史。"《新書》本傳略同。又見《元龜》卷一六四。《通鑑·武德四年》："及王世充自立，〔盧〕祖尚來降。丙子，以祖尚爲光州總管。"《太平寰宇記》卷一二七光州光山縣："木蘭女廟在縣南二里，武德六年，州人盧祖尚任弋陽太守，從黃州移於此。"按盧祖尚武德六年爲兗州（揚州）刺史，七年爲蔣州刺史。

陸善宗　　*武德、貞觀間*

　　《千唐誌·大唐故韓王府兵曹參軍延陵縣開國公陸君（紹）墓誌銘并序》："祖善宗，皇朝駕部郎中，使持節德、光、懷三州刺史，洛州長史、上柱國、延陵縣開國公。考仁徵，隨尚衣直長……〔君〕以顯慶四年十二月一日遘疾終於私第，春秋四十有四。"按《元龜》卷一二六稱：武德四年十二月，王世充懷州刺史陸善宗以城降。當即其人。

歐陽胤　　貞觀中

《新表四下》歐陽氏：“胤，光州刺史、南海郡公。”《全文》卷三四三顏真卿《遊擊將軍左領軍衛大將軍兼商州刺史武關防禦使上柱國歐陽使君(琟)神道碑銘》：“曾祖允(胤)……見賞於太宗……奉使和突厥，不拜虜廷，朝廷嘉之，回封南海郡公，施、光二州刺史。”按《姓纂》卷五長沙臨湘歐陽氏：“允(胤)，始州刺史，南海公。”

趙弘智　　約貞觀十九年—永徽元年(約 645—650)

《舊書》本傳：“稍遷太子右庶子。及宮廢，坐除名。尋起爲光州刺史。永徽初，累轉陳王師。”《新書》本傳略同。《元龜》卷二六〇：“唐太宗貞觀二十一年二月丁丑，詔皇太子之國學釋奠於先師，皇太子爲初獻，國子祭酒張後裔爲亞獻，光州刺史攝司業趙弘智爲終獻。”《新書·禮樂志五》略同。又見《會要》卷三五。

裴大覺　　永徽四年(653)

《新書·地理志五》光州光山縣注：“西南八里有雨施陂，永徽四年，刺史裴大覺積水以漑田百餘頃。”

齊　虔　　約高宗時

《姓纂》卷三中山深澤縣齊氏：“虔，唐光州刺史。”乃齊澣之曾祖。《新表五下》齊氏稱平陽太守齊澣之祖父。按齊澣仕玄宗時，其祖約仕高宗時。

李　翼　　永隆二年前(681 前)

《舊書·李鳳傳》：“子平陽郡王翼嗣，官至光州刺史。永隆二年卒。”又見《元龜》卷二八一、卷二八四。

封叔廉　　高宗時？

《姓纂》卷一渤海蓨縣封氏：“叔廉，光州刺史。”《新表一下》封氏同。乃隋封君誕孫。

張　威　　武后時？

《千唐誌·故右軍衛沙州龍勒府果毅都尉上柱國張公（方）墓誌銘并序》（開元五年正月二十五日）：“父威，唐朝散大夫、使持節光州諸軍事光州刺史……〔公〕以開元四年十一月十日終於私第。”

李玄表　　中宗時？

《隋唐五代墓誌匯編·洛陽卷》第十二册《唐故隴西郡太夫人李氏墓誌銘并序》（元和二年十一月十三日）：“曾祖皇朝散大夫、隴西縣開國侯、庫部郎中、光州刺史諱玄表。”太夫人卒元和二年，享年六十六。北圖藏拓片《大唐故澧州慈利縣令李府君（萼）墓誌銘并序》（大和三年正月十五日）：“高祖玄表，唐光州刺史。曾祖思慎，太原府交城縣令。祖邈，潤州丹徒縣令。父惟應，宣州宣城縣尉。公……即宣城第二子。”元和四年卒，無享年。

韋光業　　中宗、睿宗時？

《姓纂》卷二京兆諸房韋氏：“光業，光州刺史。”乃天寶八載湖州刺史韋南金之父。

王　熊　　約開元元年—三年（約713—715）

北圖藏拓片《大唐故王府君夫人故贊皇郡太君趙郡李氏墓誌銘并序》（開元十一年十月十日）：“夫人琴瑟中亡，梧桐半死……而子熊等少傾乾蔭，長沐閨慈……熊歷官駕部員外郎、庫部郎中、洛陽縣令、申郪光潭四州刺史……而熊也不天，亦既云逝。”夫人卒開元十年，享年七十七。按王熊開元四年在潭州刺史任。

王希倩　　約開元中

《新表二中》琅邪王氏：“希倩，光州刺史。”其曾祖父弘直約顯慶中爲魏州刺史，龍朔中卒。

【補遺】宋　樽　　約開元末

《大唐故朝議郎行大理評事上柱國西河宋府君（順）墓誌銘並序》

（貞元十七年二月四日）：“曾祖樽，中大夫、使持節光州諸軍事、守光州刺史、上柱國。每郡守有闕，屬邑之務，政必在公，令出始行，俗皆丕變，物獲其的，吏不忍欺，撫愛被於百城，美化漸於四境。又轉撫州刺史。曾未期歲，累遷邠王府長史。”（周紹良、趙超《唐代墓誌匯編續集》，上海古籍出版社 2001 年版）考《全文》卷三〇九孫逖有《授宋樽等諸州刺史制》：“前使持節仙州諸軍事守仙州刺史上柱國宋樽等……可依前件。”孫逖行制在開元二十五年、二十六年間，則其爲光州刺史當在開元末。

李休光　　天寶元年（742）

《太平廣記》卷二二僕僕先生：“僕僕先生，不知何許人也。自云姓僕名僕，莫知其所由來。家於光州樂安縣黃土山，凡三十餘年……或以告刺史李休光……休光以狀聞，玄宗乃詔改樂安縣爲仙居縣。”朱玉麒云，宋陳葆光撰《三洞群仙録》卷四所載略同。兩《唐書·地理志》：光州樂安縣以天寶元年更名仙居縣。

奚乾繹　　天寶中

《舊書·奚陟傳》：“祖乾繹，天寶中弋陽郡太守。”《全文》卷六〇九劉禹錫《唐故朝議郎守尚書吏部侍郎贈司空奚公（陟）神道碑》：“大父乾繹，仕至光州刺史。”

嚴損之　　天寶十三載（754）

《全文》卷三九二獨孤及《唐故銀青光禄大夫太子左庶子嚴公（損之）墓誌銘》：“其後歷太原、上谷、弋陽、餘杭、丹陽……公在清池，會安禄山與當國者交惡，公曰：‘難作矣！’遂移疾請告，奸黨惡之，是以有弋陽之貶。貶之明年，河北爲戎。”按“河北爲戎”當指安禄山之亂。

【補遺】張　策　　玄宗時

《唐贈鴻臚卿先府君（藏元）墓誌銘並序》（乾元二年十月廿八日）：“夫人清河張氏，光州刺史策之女。”（周紹良、趙超《唐代墓誌匯編續集》，上海古籍出版社 2001 年版）張氏卒乾元二年，年八十三。

夏侯沼（侯召）　　貞元二年（786）

《元龜》卷一六五：“〔貞元二年〕七月，以……光州鎮遏使夏侯沼爲光州刺史。”《新書·德宗紀》：貞元二年“七月，李希烈將……侯召以光州降”。作“侯召”，與《元龜》異。

蘇　奕　　元和中

《新表四上》蘇氏：“奕，光州刺史。”（宋）曾肇《曲阜集》卷三《贈司空蘇公〔頌〕墓誌銘》：“〔蘇〕瓌世家武功，元和中曾孫奕卒光州刺史，始家固始。”

房克讓　　元和十四年（819）

《元龜》卷一〇六：“〔元和十四年〕八月乙亥，歸光州茶園於百姓，從刺史房克讓之請也。”又見卷四九三、《御覽》卷八六六。

史　備　　元和末

《白居易集》卷四八《楊潛可洋州刺史李繁可遂州刺史史備可濠州刺史制》：“將仕郎、前使持節光州諸軍事守光州刺史、雲騎尉史備……可使持節濠州諸軍事守濠州刺史。”《郎官柱》金部員外有史備，在蕭澣、李孝嗣後，呂鏻、李顧行前。

薛用弱　　長慶中

《新書·藝文志三》“薛用弱《集異記》三卷”注：“字中勝，長慶光州刺史。”《廣記》卷三一二引《三水小牘》：“弋陽郡東南，有黑水河……大和中，薛用弱自儀曹郎出守此郡。”

王　建　　大和中？

《全詩》卷五七三賈島有《光州王建使君水亭作》，又有《留別光州王使君建》；又卷五五五馬戴有《答光州王使君》。

王　宰（王晏宰）　　約開成元年（約836）

《新書》本傳：“甘露之變，以功兼御史大夫爲光州刺史。有美政，觀察使段文昌薦之朝，除鹽州刺史。”《舊書》本傳未及。按“甘露之變”乃大和九年事。

李　潘　　開成五年（840）

《千唐誌・唐故朝議郎使持節光州諸軍事守光州刺史賜緋魚袋李公（潘）墓誌銘兼序》（開成五年十二月二十四日）：“制授均州刺史……乃徵拜侍御史……出爲江陵少尹，轉光州刺史……以開成五年八月染疾於位，殁於弋陽之官舍，享年五十。”又見《千唐誌・唐故光州刺史李府君（潘）博陵崔夫人玄堂誌銘》（咸通十一年十二月五日）。

徐　鄑　　約大中初

《新表五下》北祖上房徐氏：“鄑，光、處、齊、淄、明、泗六州刺史。”按大中四年在處州任。

支　竦　　大中四年（850）

《芒洛續編》卷下《唐故鄂州司士參軍支府君（叔向）墓誌銘并序》（大中十年五月十八日）：“顯考竦，歷典雲、瀘、齊、光、邢五州刺史，東朝親王傅，鴻臚卿，致功行政術，聲動寰區，且著今壽春太守令狐公玄堂文……〔公〕春秋卅七，一夕瞑於江夏之官舍。”又《唐故鴻臚卿致仕支公孫女墓誌銘》（大中十年五月十八日）：“大卿之嫡孫女，字子珪，小號令令，享年十七，以大中四年十一月二十七日終於光州郡齋。父諱叔防，皇澤州端氏令。”由此知支竦大中四年在光州任。又見《千唐誌・唐故贈隨州刺史太子少詹事殿中監支公（成）墓誌銘并序》，上圖藏拓片《唐故鄉貢三傳支府君（詢）墓誌銘》。

李弘毅　　約大中、咸通間

《新書・宗室世系表下》讓皇帝房：“蓬、劍、滁、光等州刺史弘毅。"按其父李從易,大和九年爲廣州刺史、嶺南節度使,開成元年卒於任,見《舊書·文宗紀》。

李弱翁　　咸通十一年(870)

《通鑑·咸通十一年》:五月,"光州民逐刺史李弱翁,弱翁奔新息"。

【補遺】盧　郢　　約咸通中

《洛陽新獲墓誌122·唐故朝請大夫前守太子詹事柱國清河崔公(敬嗣)墓誌銘並序》(中和三年四月十六日):"王父諱從,皇任檢校右僕射、淮南節度使,贈太師,貞公。父諱彥方,皇任河南府壽安縣尉,贈右諫議大夫。……公即壽安縣尉、右諫議大夫之長子也。……凡四任少列,兩居東朝。……廣明初載之十二月,狂寇犯闕,公乃東西避地,二年五月二十五日以疾終於蔡州寓居之第,享壽五十七。……公娶范陽盧氏,光州刺史郢之女。"據此,其爲光州刺史約當咸通時。

徐　煥　　乾符五年(878)

《廣記》卷三一二引《三水小牘》:"乾符戊戌歲,大理少卿徐煥,以決獄平允,授弋陽郡,秋七月出京。"按戊戌歲爲乾符五年。

李罕之　　廣明、中和間

《新書》本傳:"隨黃巢渡江,降於高駢,駢表知光州事。爲秦宗權所迫,奔項城,收餘衆依諸葛爽,署懷州刺史。"又見兩《五代史》本傳、《舊五代史·符存審傳》。《桂苑筆耕集》卷一二有《光州李罕之委曲》。又見《唐文拾遺》卷三九。《通鑑·中和三年》:"初,光州刺史李罕之爲秦宗權所攻,棄州奔項城,帥餘衆歸諸葛爽,爽以爲懷州刺史。"

王　緒　　中和元年—光啓元年(881—885)

《通鑑·中和元年》:八月,"壽州屠者王緒與妹夫劉行全聚衆五百,盗據本州,月餘,復陷光州,自稱將軍,有衆萬餘人,秦宗權表爲光州刺史"。《光啓元年》:正月,"秦宗權責租賦於光州刺史王緒,緒不能給;宗權怒,發兵擊之"。又見兩《五代史・王審知傳》,《元龜》卷二一九,《十國春秋・閩司空世家》。《桂苑筆耕集》卷一二有《光州王緒委曲》。又見《唐文拾遺》卷三九。《永樂大典》卷七八八九引《輿地紀勝・福建路》:"唐末,光州刺史王緒引兵渡江,陷汀漳二州而不能有。"按王緒爲秦宗權所逼而渡江至汀州。

盧　鐸　　僖宗、昭宗間

北圖藏拓片《梁故隴西郡君姑臧李氏夫人墓誌銘并序》（後梁龍德二年十一月二十日）:"父賁,弘文館校書郎,累贈祕書少監。娶唐故光州刺史范陽盧公鐸之女,生夫人。"夫人貞明四年卒,春秋五十五。

劉　存　　乾寧三年（896）

《新書・昭宗紀》:乾寧三年五月,"〔楊行密〕……陷光州,刺史劉存死之"。《通鑑・乾寧三年》:五月,"〔朱〕延壽拔光州,殺刺史劉存"。又見《十國春秋・吳太祖世家》。

柴再用　　乾寧三年—天祐二年（896—905）

《九國志》本傳:乾寧中,"敗梁兵於壽春,遷團練副使。從〔朱〕延壽平劉存於戈陽,授知光州軍州事……梁兵寇光山,再用擊走之,以功遷光州刺史"。《通鑑・天祐二年》:十月,"〔朱全忠〕自申州抵光州……朱全忠使人謂光州刺史柴再用曰……十一月丙辰,朱全忠渡淮而北,柴再用抄其後軍,斬首三千級"。又見《十國春秋・吳太祖世家》、本傳。

賈　鐸（賈公鐸）　　天祐三年—四年（906—907）

《九國志》本傳:"天祐三年,移光州刺史。七年,卒於治所。"

待考録

郭道瑜

《輿地碑記目》卷二《光州碑記》有《唐刺史郭道瑜德政碑》，注云：
"《九域志》。"

陳宏基

《蒲陽比事》卷一仙遊留陂陳："唐光州都督陳宏智之後。"

卷一三三　申州（義陽郡）

隋義陽郡。武德四年置申州。天寶元年改爲義陽郡。乾元元年復爲申州。領縣三：義陽、鍾山、羅山。

周　寶（周寶玉）　　唐初？

《姓纂》卷五臨川周氏：“宋臨海太守周毅玄孫寶，唐中（申）州刺史。”按《古今姓氏書辯證》作“寶玉”。

高士廉　　貞觀十一年（637）

《舊書・長孫無忌傳》：“〔貞觀〕十一年，令與諸功臣世襲刺史。詔曰……許國公〔高〕士廉可申州刺史，改封申國公。”又見《全文》卷六太宗《功臣世襲刺史詔》。《元龜》卷一二九作“貞觀十一年六月戊辰”。《會要》卷四七同。兩《唐書》本傳未及。《全文》卷九太宗《册高士廉改封申國公文》：“命爾爲使持節申州諸軍事申州刺史，改封申國公。”《大詔令集》卷六二同。《大詔令集》卷四四《高士廉左僕射制》：“特進、尚書、申州刺史、上柱國、申國公高士廉……可尚書左僕射，特進、刺史、勳官封如故。貞觀十一年七月。”《全文》卷四同。按貞觀十二年七月癸酉，吏部尚書高士廉爲尚書右僕射，見兩《唐書・太宗紀》，《元龜》卷七二。

趙方海　　貞觀中

北圖藏拓片《周故泗州刺史趙府君（本質）墓誌銘并序》（天授二

年十月廿四日）："父方海，洛州總監、職方郎中、太僕少卿、晉王府長史、持節諸軍事申州刺史。"本質卒天授二年五月三日。

爾朱義琛　　約貞觀、永徽間

《千唐誌・大唐故銀青光禄大夫定州刺史上柱國爾朱府君（義琛）墓誌》（上元三年十月十五日）："時趙王以愛子之藩，年尚幼小……乃授〔公〕朝議大夫守趙王府司馬兼行秦州都督府司馬。又以公有刺舉之能……乃授申州刺史。居無何，又屬許王出閣……又除許王府長史，兼行同州長史。"按趙王李福貞觀十八年爲秦州都督，許王素節永徽六年爲岐州刺史。

李素節　　顯慶四年—乾封元年（659—666）

《舊書》本傳："〔永徽〕六年，則天立爲皇后後……素節尤被讒嫉，出爲申州刺史。乾封初……誣以贓賄，降封鄱陽郡王，仍於袁州安置。儀鳳二年，禁錮終身。"《新書》本傳略同。又見《元龜》卷二八一，《會要》卷五，《通鑑・儀鳳元年》。《全文》卷一四高宗《册郇王素節申州刺史文》："維顯慶四年歲次己未九月乙亥朔二十九日癸卯……咨爾上柱國郇王素節……命爾爲使持節申州諸軍事申州刺史。"《大詔令集》卷三七同。

長孫渙　　約高宗時

《姓纂》卷七河南洛縣（陽）長孫氏："渙，中州刺史。""中州"疑爲"申州"之訛。其弟濬，永徽中爲常州刺史。乃長孫無忌子。

陳元凱　　高宗時？

《姓纂》卷三長城陳氏："元凱，申州刺史。"《新表一下》陳氏同。乃隋涪陵太守陳叔英之孫。

李　融（李茂融）　　約垂拱元年—四年（約685—688）

《舊書》本傳："垂拱中，爲申州刺史。"《通鑑・垂拱四年》："虢王鳳子申州刺史東莞公〔李〕融……在宗室中皆以才行有美名,太后尤忌之……〔九月〕越王貞起兵,遣使約融,融蒼猝不能應……未幾,爲支黨所應,冬十月己亥,戮於市。"又見《舊書・高子貢傳》,《新書》本傳,《元龜》卷二八一。

殷仲容　　武后時

《舊書・殷嶠傳》:"弟聞禮……聞禮子仲容,亦知名,則天深愛其才。官至申州刺史。"據《姓纂》卷四陳郡長樂殷氏,仲容乃聞禮孫、令名子;令名顯慶二年爲光禄少卿;《舊書》世系有誤。又見《歷代名畫記》卷九,《長安志》卷八、卷九。《舊書・韋述傳》:"述在祕閣時,與鄠縣尉毋煚、曹州司法殷踐猷友善……踐猷,申州刺史仲容從子。"

祝欽明　　神龍二年(706)

《新書・中宗紀》:神龍二年"八月丙子,貶祝欽明爲申州刺史"。又見兩《唐書》本傳,《新書・宰相表上》。

王　熊　　約景龍中

北圖藏拓片《大唐故王府君夫人故贊皇郡太君趙郡李氏墓誌銘并序》(開元十一年十月十日):"夫人琴瑟中亡,梧桐半死……而子熊等少傾乾蔭,長沐閨慈……熊歷官駕部員外郎、庫部郎中、洛陽縣令、申郢光潭四州刺史……而熊也不天,亦既云逝。"按王熊約開元四年在潭州刺史任。

姚　崇　　景雲二年(711)

《舊書・睿宗紀》:景雲二年二月"甲辰,姚元之左授申州刺史"。又本傳:"元之同侍中宋璟密奏請令公主往就東都……睿宗以告公主,公主大怒……乃貶元之爲申州刺史。再轉揚州長史、淮南按察使。"《新書》本傳略同。又見《新書・睿宗紀》,《宰相表上》,《通鑑・景雲二年》二月,《元龜》卷三二九,《大唐新語》卷一,《唐語林》卷二。

《全文》卷二三〇張説《故開府儀同三司上柱國贈揚州刺史大都督梁國公姚文貞公（崇）神道碑奉敕撰》：“出典亳、宋、常、越、許、申、徐、潞、揚、同十郡。”

【補遺】裴趍玄　　約開元中

《華夏考古》2000 年第 3 期《唐中眷裴氏墓誌叢釋》引《唐故登封縣尉裴府君（廣迪）墓誌銘並序》（元和八年二月壬寅）：“祖行儉，禮部尚書。父趍玄，申、虔二州刺史。”據此，其爲申州刺史約當開元中。

李尚詞（李尚辭）　　開元中？

《新表二上》隴西李氏姑臧房：“尚詞，申州刺史。”乃相州刺史玄挺之子。按開元二十三年有江州刺史李尚辭，疑即其人。

崔　恪　　約開元中

《新表二下》鄭州崔氏：“恪，申州刺史。”按其父玄籍，萬歲通天二年爲利州刺史，卒。

李　裕　　天寶中

《元龜》卷六七五：“李裕，天寶中爲義陽郡守，上言：所部遭損户一萬八百三户，請給兩月糧，充種子，許之。”

韋　陟　　約天寶十、十一載（約 751、752）

《舊書》本傳：“天寶中襲封郇國公，以親累貶鍾離太守，重貶義陽太守。尋移河東太守，充本道採訪使。”《新書》本傳略同。又見《元龜》卷七〇〇。

郭味丘　　約玄宗時

《姓纂》卷一〇京兆郭氏：“味丘，申州刺史。”乃玄宗時擢書判拔萃科味賢（休）之從兄弟。

李　鳳　　大曆中

《輿地碑記目》卷三《信陽軍碑記》有《唐李刺史墓神道碑》注云：
"刺史名鳳，在軍城東南隅，大曆中爲申州刺史，有神道存焉，字漫滅
不可讀。"

閭　宷　　約建中初

《全文》卷六八四董侹《閭貞範先生（宷）碑》："時淮將跋扈，朝議
以正人涖之，可使遷善，傳召公爲申州刺史……渠凶愈怒，鑿空構禍，
初貶韶陵……再貶韶州司户參軍……面拜汝州刺史……改授澧州刺
史……星歲七稔……轉吉州刺史……度爲武陵桃源觀道士……以貞
元七年十一月三日順化於鍾陵宗華觀。"按建中四年至興元元年閭宷
在汝州刺史任。

李　佐　　約建中時

《全文》卷七八四穆員《京兆少尹李公（佐）墓誌銘》："貞元六年，年
六十一，三月丁巳終於長安……〔公〕三遷至監察御史，領江西之賦，又
遷中州刺史。戎師作亂，移公隋州。"按"中州"疑爲"申州"之訛。

張伯元　　貞元三年（787）

《新書・德宗紀》：貞元三年五月，"吴少誠殺申州刺史張伯元、殿
中侍御史鄭常"。《通鑑・貞元三年》：五月，"申蔡留後吴少誠，繕兵
完城，欲拒朝命，判官鄭常、大將楊冀謀逐之，詐爲手詔賜諸將申州刺
史張伯元等；事泄，少誠殺常、冀、伯元"。又見《元龜》卷七六二。

王　徵　　貞元十四年（798）

《廣記》卷四二九引《集異記》："貞元十四年中，多虎暴，白晝噬
人。時淮上阻兵，因以武將王徵牧申州焉。"

吴少陽　　元和元年—五年（806—810）

《舊書》本傳："〔吴〕少誠乃表爲申州刺史、兼御史大夫，凡五

年……及少誠死，少陽自爲留後……乃詔遂王宥遥領彰義軍節度大使，以少陽爲留後，遂授彰義軍節度使、檢校工部尚書。"又《憲宗紀上》：元和五年三月"己未，制以遂王宥爲彰義軍節度使，以申州刺史吳少陽爲申光蔡節度留後"。又見《新書》本傳，《元龜》卷一七七，《通鑑·元和四年》。《白居易集》卷五四《授吳少陽淮西節度留後制》稱"使持節申州諸軍事申州刺史、兼御史大夫、會稽郡王吳少陽"。

殷　彪　　約元和十二年—十四年（約 817—819）

江蘇鎮江焦山碑林藏石刻《唐故朝散大夫使持節明州諸軍事守明州刺史上柱國陳郡殷府君墓誌銘并序》（寶曆二年六月廿五日）："帝思良牧，公□其選，拜申州刺史，毁逆賊吳少誠僞祠……今之漢南節度使僕射柳公除鹽鐵轉運等使……長慶初，拜金州刺史兼侍御史，又遷明州刺史。"按柳公綽於元和十四年充鹽鐵使。又按《延祐四明志》著録長慶三年明州刺史應彪，"應"當爲"殷"字之訛。此"殷府君"當即殷彪。

盧　拱　　大和中

《全詩》卷三三三楊巨源有《寄申州盧拱使君》。又見《唐詩紀事》卷三三。《唐末盧峻墓誌銘》："景雲中廣陽公齊卿、黃門侍郎藏用，大和中詩人義陽太守拱，咸在族屬。"（《考古與文物》1983 年第 1 期）《唐語林》卷三："盧申州題詩云：'地甃如拳石，溪橫似葉舟。'即駱氏池館也。""盧申州"當即盧拱。

張又新　　大和九年（835）

《新書》本傳："坐田伾事，貶汀州刺史。李訓有寵，又新復見用，遷刑部郎中，爲申州刺史。訓死，復坐貶。"《舊書》本傳未及。

崔　駢　　約會昌三年（約 843）

《唐語林》卷七："尋〔白敏中〕以本官充學士；出崔〔駢〕爲申州，又徙邢、洺、汾三州，後以疾廢洛下。"按白敏中會昌二年九月十三日自右司員外郎爲翰林學士，見《重修承旨學士壁記》。又按崔駢大中十年在汾州刺史任。

陸　紹　　大中五年（851）

《全文》卷七四九杜牧《陸紹除信州刺史封載除遂州刺史鄭宗道除南鄭縣令等制》："前使持節申州諸軍事守申州刺史、上柱國、賜紫金魚袋陸紹等……可依前件。"《郎官柱》金部郎中有陸紹，在張固後，韋博前。《新表三下》陸氏："紹，潁州刺史。"乃元和二、三年福建觀察使陸庶子。

裴　紳　　大中九年（855）

《全文》卷七九宣宗《授唐技虔州刺史裴紳申州刺史制》："將仕郎、守尚書職方員外郎裴紳……可申州刺史。"又見《唐文拾遺》卷三〇杜審權行制。按《東觀奏記》卷下："大中九年正月十九日制曰：'……將仕郎守尚書職方員外郎裴（庭裕先父）……可申州刺史，散官如故。'舍人杜德公之詞也。"按裴庭裕父即裴紳。

崔　揆　　約大中時

《千唐誌·唐前申州刺史崔君故側室上黨樊氏墓誌銘并序》（咸通十年七月二十八日）："清河崔膺……揖而言曰：我再從叔曰揆，族清行高，聯典四郡……吾叔之姬上黨樊氏……十九歸於吾叔……以咸通己丑歲（十年）六月二十三日疾殁於河南府洛陽縣立行里第，享年五十四。"按開成五年八月至十一月間崔揆在隴州防禦判官任，見《千唐誌·唐隴州防禦判官殿中侍御史内供奉崔揆母林氏墓誌銘并序》（開成五年十一月十二日）。

李　當　　咸通十四年（873）

《金石補正》卷六〇《李當等詩并魏深書事》："《題朝陽洞》，義陽守李當……公嘗自中書舍人乘廉車問俗湖南，他日宣皇帝注意急徵，值公南風中足，不克□見，久之乃有金貂之拜，洎足力如常，除户部侍

郎，尋出尹河南，移宣□，鎮褒斜……於時奸臣竊國柄……由是出牧
於道……自道移申。及此拜□得歸西掖。咸通十四年十一月廿五日
魏深題。”又見《唐文續拾》卷六，《全詩補逸》卷一三引。按咸通十三
年五月辛巳貶李當爲道州刺史。

趙德諲　　中和中

《新書》本傳：“從秦宗權爲右將，以討黄巢功，授申州刺史。光啓
初，與秦誥、鹿晏弘合兵攻襄州……宗權假德諲山南東道節度留後。”
又見《新五代史·趙匡凝傳》，《十國春秋·趙匡凝傳》。按《通鑑·中
和四年》稱：十一月，秦宗權攻襄州，陷之。山南東道節度使劉巨容奔
成都。趙德諲攻襄州、領留後，當即此時。

待考録

李　琁

《新書·宗室世系表下》蔣王房：“申州刺史琁。”乃安州別駕李
括子。

卷一三四 黄州（齊安郡）

隋永安郡。武德三年改爲黄州，置總管。貞觀元年罷都督府。天寶元年改爲齊安郡。乾元元年復爲黄州。領縣三：黄岡、黄陂、麻城。

周法明　　武德四年—六年(621—623)

《通鑑·武德四年》：五月"乙亥，以周法明爲黄州總管"。《新書·高祖紀》：武德六年十一月"壬午，張善安襲殺黄州總管周法明"。又見兩《唐書·蕭銑傳》，《新書·張善安傳》，《通鑑·武德六年》十一月，《御覽》卷二九二，《元龜》卷一二二、卷一六四。《全文》卷七五五杜牧《唐故東川節度檢校右僕射兼御史大夫贈司徒周公墓誌銘》："炅生法明……隋亂歸黄岡，起兵取蘄安沔黄。武德中，籍四州地請命，授總管蘄安十六州軍事、光禄大夫，封國於道。"按《新表四下》永安周氏："炅字法明，黄州總管、道國公。"誤將父子合一。《姓纂》卷五永安周氏："法明，萬（黄）州總管。"北圖藏拓片《唐故忠州司馬婁君夫人墓誌銘并序》（長安二年七月二十日）："夫人姓周……祖法明，屬隋鹿初走，唐龍已戰……法明識天曆，體人謠，席卷歸唐，三方振炭……高祖以法明功興軍始，特追入朝……仍以法明三十六郡所歸之地命爲總管，歸郡，錫羽葆鼓吹之從焉。"夫人卒久視元年，春秋八十二。拓本《唐故平州刺史盧龍節度留後周府君（璵）墓誌銘并序》稱："八代祖法明，武德中爲安州總管。"

辛德本　　約貞觀中

《姓纂》卷三隴西狄道辛氏：“德本，唐黄州刺史。”《新表三上》辛氏：“德本，黄州刺史、平桑公。”乃隋龍州刺史辛迪之子。

鄭孝寬　　約貞觀中

《新表五上》南祖鄭氏：“孝寬，黄州刺史。”乃隋殿内少監鄭神符之子。

李元裕　　約貞觀末

《舊書》本傳：“〔貞觀〕十一年，改封鄧王，賜實封八百户，歷鄧、梁、黄三州刺史……二十三年，加實封通前一千五百户。高宗時，又歷壽、襄二州刺史，兗州都督。”又見《元龜》卷二八一。《新書》本傳未及。

李　愔　　永徽元年—四年（650—653）

《舊書》本傳：“永徽元年，爲御史大夫李乾祐所劾……貶愔爲黄州刺史。四年，坐與〔李〕恪謀逆，黜爲庶人，徙居巴州。”《新書》本傳略同。又見《會要》卷五。

杜之亮　　顯慶中

《廣記》卷一〇二引《報應記》：“隋杜之亮，仁壽中爲漢王諒府參軍……顯慶中，卒於黄州刺史。”按《匋齋藏石記》卷二五《長孫夫人陰堂文》：“夫人京兆杜氏，曾祖之亮，隋黄州刺史。”按之亮雖生隋，官刺史則非在隋代，《志》誤。

元孝節　　約高宗時

《姓纂》卷四河南洛陽元氏：“孝節，工部員外、黄州刺史。”《全文》卷二八〇崔湜《故吏部侍郎元公（希聲）碑》：“我皇考黄州刺史孝節，政以禮成，名以德舉。”元希聲卒景龍元年，年四十六。

長孫曄(長孫曦) 高宗時?

《姓纂》卷七河南洛縣(陽)長孫氏:"駙馬,黃州刺史。"闕名。按《會要》卷六有太宗女新興公主降長孫曦,《新書》同。又按《元龜》卷三〇〇作"長孫曄尚太宗女新興公主"。

高 某 垂拱二年(686)

《全文》卷二一六陳子昂《祭黃州高府君文》:"孫女夫某等謹以清酌庶羞之奠,敢昭告於故黃州高府君之靈……豈圖大位不躋,幽靈永昧;尊儀潛翳,三十餘年。元殯既開,黃腸已古。今青烏改卜,丹旐來歸。窆穸即期,幽明永訣。"又《上殤高氏墓誌銘》:"維唐垂拱二年太歲景戌七月二十日,殤子高氏卒……高子渤海蓨人也。黃州府君之幼孫,宛邱府君之叔子……享年十七。"

李 朴 約武后時

北圖藏拓片《唐前濮州録事參軍陳公故夫人趙郡李氏墓誌銘并序》(乾元二年十月十六日):"曾祖弘節……祖朴,皇慶、商、黃、朗等州刺史,歷專城而有四,播嘉惠而無伴。父銑,皇朝散大夫鄭州新鄭縣令。"夫人因避地終於趙州旅第,享年二十九。按李弘節仕貞觀中,其子朴當仕至武后時。

崔玄藉(崔玄籍) 證聖元年—萬歲通天二年(695—697)

《千唐誌·大周故銀青光禄大夫使持節利州諸軍事行利州刺史崔君(玄藉)墓誌銘并序》(聖曆二年一月二十八日):"證聖元年,除黃州刺史……萬歲通天元年,加銀青光禄大夫,二年,除利州刺史。"又《唐故前國子監大學生武騎尉崔君(韶)墓誌銘并序》:"父玄藉,雅、隴、兗、茂四州長史,歸、蔚、循、袁、文、巴、黃、利等八州諸軍事八州刺史。"按《新表二下》鄭州崔氏:"玄籍,利州刺史。"乃隋秋官侍郎君瞻之孫。《隋唐五代墓誌匯編·洛陽卷》第七册《故上大將軍崔君善福墓誌銘并序》(聖曆二年一月八日):"嗣子玄籍,仕唐周兩朝,□、黃、利等八州刺史,上柱國,清河縣開國子。"善福卒武德五年,春秋一十九。

封踐福　　約武后時

《姓纂》卷一渤海蓨縣封氏：“踐福，黃州刺史。”乃虢州刺史封道弘之子。按《新表一下》封氏作封道弘子踐一，踐一子無待；封道弘孫踐福，黃州刺史，踐福子無遺。其世系誤。

崔進思　　武后時？

《新表二下》崔氏第二房：“進思，黃州刺史。”乃駙馬都尉崔恭禮之子。

王子麟　　約神龍時（約705—706）

北圖藏拓片《大唐故正議大夫行光禄寺少卿太原王府君（子麟）墓誌銘并序》（開元六年正月十四日）：“歷尚輦直長，太子典設郎，符璽郎，澤州司馬，常州長史，黃、沔、歙、果四州刺史，左衛中郎將，潭、越二府都督，光禄少卿。”開元五年十二月十二日卒，春秋五十八。按開元二年由左衛中郎將遷越州都督，徵拜光禄少卿。

源匡度　　景龍中？

《姓纂》卷四源氏：“匡度，黃州刺史、臨漳公。”按據《新表五上》源氏，匡度爲洛州司馬誠心子，疑《姓纂》作乾珍子有誤。又按源誠心龍朔中官萬年縣令，見《全文》卷二〇五。《隋唐五代墓誌匯編·洛陽卷》第十二册《參軍源府君銘誌并序》（貞元十八年十一月十九日）：“曾祖匡度，皇銀青光禄大夫黃州刺史、絳州刺史。”

馮光嗣　　開元初

《英華》卷四一四蘇頲《授馮光嗣揚州都督府司馬等制》：“朝散大夫、使持節黃州諸軍事守黃州刺史馮光嗣……可守揚州大都督府司馬。”又見《全文》卷二五三。

孔眘言　　約開元中

《姓纂》卷六下博孔氏：“眘言，黃州刺史。”《新表五下》下博孔氏同。乃國子祭酒孔穎達之曾孫,長壽元年春官侍郎孔惠元(原誤作思元)之子。

顧　浚(顧俊)　　天寶中

《新表四下》顧氏:"浚,齊安太守。"乃長安中天官侍郎平章事顧琮之子。按《姓纂》卷八顧氏作"俊,齊安太守",以《新表》考之,浚弟兄名均從水旁,疑作"俊"誤。

李　奂　　天寶中?

《新書·宗室世系表上》蔡王房:"襲濟北郡公、衢黄二州刺史兼防禦使、興平軍節度使、御史中丞奂。"按乾元元年李奂爲興平節度,上元二年爲東川節度。

李　昊　　至德元載(756)

《芒洛遺文》卷中《大唐故吉州刺史隴西李府君(昊)墓誌銘并序》:"尋拜廬江郡長史知郡事……至德元年,除黄州刺史,又除吉州刺史。"年七十三,至德二載閏八月卒。又見《芒洛補遺》。

左　振(左震)　　乾元二年—上元二年(759—761)

《通鑑·乾元元年》:"六月己酉,立太一廟於南郊之東,從王璵之請也……黄州有巫……至黄州,宿於驛舍。刺史左震晨至驛……破鎖而入,曳巫於階下斬之。"兩《唐書·王璵傳》略同,并謂歲餘,王璵罷爲刑部尚書。又見《唐語林》卷三,《國史補》卷上。按《新書·宰相表上》,乾元元年五月,王璵爲中書侍郎、同中書門下平章事,二年三月罷爲刑部尚書。《全文》卷三八三元結《左黄州表》:"乾元己亥(二年),贊善大夫左振出爲黄州刺史……天下兵興,今七年矣……三拜遷侍御史,判金州刺史。將去,黄人多去思,故爲黄人作表。"孫望師《元次山年譜》繫此文於上元二年。《全詩》卷八七四有《黄州左公歌》,左公即左振。

相里某　　約寶應、廣德間(762—763)

《全詩》卷二四一元結有《漫問相里黃州》。孫望師《元次山年譜》謂寶應元年及廣德元年間家樊上時作。

竇　某　　建中三年?(782?)

《全詩》卷一九二韋應物有《再遊龍門懷舊侶》,注云:"嘗與竇黃州、洛陽韓丞、澠池李丞、密鄭二尉同遊。"疑建中三年赴滁州途經洛陽時作。

蘇　易　　約德宗時

《姓纂》卷三鄴西蘇氏:"易,黃州刺史。"《新表四上》蘇氏同。乃玄宗相蘇頲之孫。

王　濡　　約德宗時

《新表二中》琅邪王氏:"濡,膳部員外郎、黃州刺史。"乃定州刺史偹之子,貞元四年明州刺史沐之兄,沂海觀察使遂之父。

劉　寀　　大和中

《新書·崔弘禮傳》:"改天平節度使。李同捷叛,與李聽合師討之。至濮州,大將李萬瑀、劉寀擁兵自固,弘禮表萬瑀守沂州,寀守黃州,奪其兵,擊賊禹城,破之。"按"李同捷叛"在大和元年,至三年五月平定。

竇弘餘　　會昌元年(841)

《舊書·竇常傳》:"子弘餘,會昌中爲黃州刺史。"《新表一下》竇氏平陵房:"弘餘,黃州刺史。"《全文》卷七六一褚藏言《竇常傳》:"會昌元年,武宗即位,恩覃中外。嗣子宏(弘)餘任黃州刺史,准赦改贈太子少保。"《全詩》卷五五〇趙嘏有《寄前黃州竇使君》,當即竇弘餘。

杜　牧　　會昌二年—四年(842—844)

《舊書》本傳:"出牧黃、池、睦三郡,復遷司勳員外郎、史館修撰,轉吏部員外郎。”《新書》本傳略同。《通鑑·會昌三年》：四月，“黃州刺史杜牧上李德裕書”。《全文》卷七五〇杜牧有《黃州刺史謝上表》。又卷七五三《上宰相求湖州第二啓》：“會昌元年四月，兄慥自江守蘄，某與顗同舟至蘄。某其年七月却歸京師，明年七月出守黃州。”又卷七五六《黃州准敕祭百神文》：“會昌二年歲次壬戌夏四月……牧爲刺史，實守黃州。”又《祭故處州李使君文》：“維會昌五年歲次乙丑某月日，池州刺史杜牧……致祭於亡友李君起居之靈……君刺池陽，我守黃岡。”又見卷七五四《自撰墓銘》，卷七五五《唐故歙州刺史邢君（群）墓誌銘并序》，《廣記》卷二七三引《唐闕史》。

崔芸卿　　約咸通六年（約 865）

《隋唐五代墓誌匯編·洛陽卷》第十四册《唐故朝散大夫前使持節澧州諸軍事守澧州刺史柱國清河崔公（字芸卿）墓誌銘并序》（咸通十五年十月二十九日）：“累刺黃、岳、曹、澧四郡。中間詔下守登，收不之郡，而改涔陽。”咸通十五年四月六日卒，享年六十八。

李　約　　咸通十二年（871）

《雲笈七籤》卷一二一《李約妻要黃籙道場驗》：“李約者，咸通十二年爲諸衛小將軍。妻王氏死已逾年……約罷官二年，力甚困闕，頻入中書見宰相求官，未有成命。妻忽謂約曰：‘人間命官，須得天符先下，然後受官。近見陰司文字五月二十五日方得符下，必受黃州刺史。可用二十三日更入中書投狀也。’約如其言……至二十五日，路公（巖）知即黃州刺史有闕……忽下筆與署黃州刺史。”

計信卿　　乾符三年（876）

《舊書·僖宗紀》：乾符三年“六月，敕福建觀察使李播……黃州刺史計信卿等：‘……到郡無政，惟務貪求，實污方州，并宜停任。’”又見《全文》卷八八僖宗《停福建觀察使李播等任敕》。

宋　汶　　中和中

《廣記》卷一〇八引《報應記》：“唐宋汶牧黃州日，秦宗權阻命作亂。"

吳　訐　乾寧元年(894)

《新書·昭宗紀》：乾寧元年，"是冬，楊行密陷黄州，執刺史吳訐"。《通鑑·乾寧元年》："三月，黄州刺史吳訐舉州降楊行密。"又見《九國志·朱延壽傳》，《十國春秋·吳太祖世家》。

瞿　章(瞿璋)　乾寧元年—四年(894—897)

《通鑑·乾寧元年》：十二月，"吳訐畏杜洪之逼，納印請代於楊行密，行密以先鋒指揮使瞿章權知黄州"。《乾寧四年》：四月，"朱友恭攻黄州……黄州刺史瞿章聞友恭至，棄城，擁衆南保武昌寨"。五月，"〔朱友恭〕進攻武昌寨，壬午，拔之，執瞿章，遂取黄州"。《新書·昭宗紀》稱"刺史瞿璋死之"。又見《九國志·馬珣傳》，《十國春秋》本傳，《吳太祖世家》。按《舊五代史·馬嗣勳傳》謂："光化元年三月，太祖令往光州説刺史劉存背淮賊以向國，又從李彦威復黄州及武昌縣，獲刺史瞿章"，《元龜》卷六五六同，疑年代有誤。《通志》卷二九《氏族五》瞿氏："唐有黄州刺史瞿璋。"

賈　鐸(賈公鐸)　天復三年—天祐三年(903—906)

《九國志》本傳："天復三年，加金紫光禄大夫、檢校司空，授黄州刺史。天祐三年，移光州刺史。"

李　厚　天祐三年—四年(906—907)

《九國志》本傳："天祐三年，以兵援宜春，深掠越境。師還，以功遷黄州刺史。溥襲位，授泰寧節度使、同中書門下平章事。"

待考録

李　俊

《新表二上》隴西李氏武陽房："俊，黄州刺史。"

卷一三五　安州(安陸郡)

隋安陸郡。武德四年平王世充,改爲安州,置總管府。七年改爲大都督府。貞觀六年罷都督府。七年又置。十二年罷都督府。天寶元年改爲安陸郡,依舊爲都督府。乾元元年復爲安州。領縣六:安陸、孝昌、雲夢、應城、吉陽、應山。

宋德壽　　武德三年(620)

《元龜》卷一二六:武德三年"五月癸未,長子縣丞長卿斬劉武周安州刺史宋德壽來降"。

周法明　　武德四年(621)

《文物》1992年第9期《北京近年發現的幾座唐墓》附拓本《唐故平州刺史盧龍節度留後周府君(璵)墓誌銘并序》:"八代祖法明,武德中爲安州總管。"

李大亮　　約武德四年—七年(約621—624)

《舊書》本傳:"時王世充遣其兄子弘烈據襄陽,令大亮安撫樊、鄧,以圖進取。大亮進兵擊之,所下十餘城。高祖下書勞勉,遷安州刺史。又令徇廣州以東,行次九江,會輔公祐反……擊賊破之……拜越州都督。"《新書》本傳略同。又見《元龜》卷三八四、卷六五六、卷八六四。《嘉泰會稽志》:"李大亮,自安州刺史授,徙交州刺史。"《會要》卷八六:"武德五年,安州刺史李大亮,以破輔公祐功,賜奴婢百人。"

*李元景　　武德八年(625)

《舊書》本傳：“〔武德〕八年，授安州都督。貞觀初，歷遷雍州牧、右驍衛大將軍。”《新書》本傳未及。又見《元龜》卷二八一、卷六九二，《文館詞林》卷四五九李百藥《荆州都督劉瞻碑銘》。《舊書·太宗紀》：貞觀二年正月，“前安州大都督、趙王元景爲雍州牧”。

劉　瞻　　武德八年(625)

《文館詞林》卷四五九李百藥《荆州都督劉瞻碑銘》：“〔武德〕八年，以趙王（李元景）爲安州大都督，又以本官檢校安州大都督府長史，又權檢校荆州大都督府長史，其年又檢校襄州都督。貞觀二年檢校荆州都督。”

李　靖　　武德八年—九年(625—626)

《舊書》本傳：“〔武德〕八年，突厥寇太原，以靖爲行軍總管……尋檢校安州大都督……九年，突厥莫賀咄設寇邊，徵靖爲靈州道行軍總管。”《新書》本傳略同。《通鑑·武德八年》：八月，“詔安州大都督李靖出潞州道，行軍總管任瓌屯太行，以禦突厥”。又《武德九年》：四月“戊寅，安州大都督李靖與突厥頡利可汗戰於靈州之硤石”。又見《元龜》卷三八四。

韓仲良　　武德九年—貞觀元年(626—627)

《全文》卷一四四于志寧《唐故太子少保上柱國潁川定公（韓仲良）碑》：“〔武德〕九年，復轉陝東大行臺户部尚書，其年又除安州大都督。貞觀元年詔授户部尚書。”按《舊書·韓瑗傳》云：“父仲良，武德初爲大理少卿……貞觀中，位至刑部尚書、秦州都督府長史、潁川縣公。”《新書·韓瑗傳》略同。均未及都督安州事。

高士廉　　貞觀元年(627)

《舊書·太宗紀》：貞觀元年“八月戊戌，貶侍中、義興郡公高士廉爲安州大都督”。《新書·太宗紀》同。又見兩《唐書》本傳，《新書·

宰相表上》，《元龜》卷三三四，《通鑑·貞觀元年》。

苑君璋　　貞觀元年(627)

《舊書》本傳：“君璋復見頡利政亂，竟率所部來降，拜安州都督，封芮國公。”《新書》本傳略同。《芒洛遺文》卷中《唐故正議大夫行袁州別駕上柱國苑府君（玄亮）墓誌銘并序》：“祖璋，安州刺史。”玄亮卒開元廿九年，年七十。按《通鑑·貞觀元年》五月稱苑君璋率衆來降，上以君璋爲隰州都督。與兩《傳》異。

上官裕　　貞觀六年？（632？）

《姓纂》卷七京兆上官氏：“裕，安州刺史，安義□。”乃隋上官政子。其子翼伯。麟德時有絳州司馬上官翼，見《廣記》卷四四七引《廣異記》。岑仲勉謂殆即《姓纂》之翼伯。

李元懿　　約貞觀八、九年（約 634、635）

《全文》卷九一二洪滿《大唐故贈司徒荆州都督兖安二州都督鄭絳潞三州刺史上柱國鄭惠王石記》：“都督荆安，惟德是順；出守絳潞，非賢勿居。”又見《金石萃編》卷五八。兩《唐書》本傳未及。唯云：“貞觀七年授兖州刺史……十年，改封鄭王，歷鄭、潞二州刺史。”

李　惲　　貞觀十年(636)

《舊書》本傳：“〔貞觀〕十年，改封蔣王，安州都督……永徽三年，除梁州都督。”《新書》本傳、《元龜》卷二八一略同。《通鑑·貞觀十年》：二月乙丑，“〔李〕惲爲安州都督”。《會要》卷五：“蔣王惲自安州都督除梁州。”按《舊書·李元景傳》：“〔貞觀〕十一年，定制元景等爲代襲刺史，詔曰……襄州刺史蔣王惲。”知貞觀十一年李惲曾除襄州刺史。

李　恪　　貞觀十一年—永徽四年(637—653)

《舊書》本傳：“〔貞觀〕十二年，累授安州都督……高宗即位，拜司

空、梁州都督。"《新書》本傳、《元龜》卷二八一略同。《通鑑·貞觀十
一年》:正月"辛卯,以吳王恪爲安州刺史"。按《舊書·李元景傳》:
"〔貞觀〕十一年,定制元景等爲代襲刺史,詔曰……安州都督吳王
恪。"《新書·李元景傳》、《會要》卷四六同。知貞觀十一年李恪已在
安州都督任。《通鑑》是。《舊書·高宗紀上》:貞觀二十三年九月甲
寅,"前安州都督、吳王恪爲司空兼梁州刺史"。永徽四年正月,"司
空、安州刺史、吳王恪……謀反"。又見《通鑑·永徽三年》十二月及
《永徽四年》正月記載。疑貞觀二十三年至永徽四年兼安州與梁州。

李　貞　　永徽四年(653)

《舊書》本傳:"永徽四年,授安州都督。咸亨中,復轉襄州刺史。"
《新書》本傳未及。又見《元龜》卷二八一、卷二九九。昭陵博物館藏
《唐故太子少保豫州刺史越王(貞)墓誌銘》(開元六年正月二十六
日):"使持節安、徐、揚三州都督,相州刺史,遷絳州刺史、兼太子
少保。"

李　慎　　高宗後期—武后時

《舊書·則天皇后紀》:弘道元年十二月庚午,"〔加授〕安州都督、
紀王慎爲太子太保"。又《李元嘉傳》:"及天后臨朝攝政……〔乃進
授〕安州都督、紀王慎爲太子太保。"兩《唐書》本傳未及。

楊元咸　　約中宗時

《新表一下》楊氏越公房:"元咸,安州都督。"按其兄元亨,久視中
爲睦州刺史。

韋　淑　　睿宗時?

《姓纂》卷二襄陽韋氏:"淑,安州都督。"《新表四上》韋氏小逍遥
公房同。乃長壽中鳳閣舍人韋承慶、武后中宗時宰相韋嗣立弟。《湖
北通志》卷一〇九《職官志》謂睿宗時任。

徐孟嘗　　開元初？

《新表五下》北祖上房徐氏：“孟嘗字允義，安州都督。”按《姓纂》卷二東海郯州徐氏：“孟嘗，越、相州刺史致仕。”按其父徐昭，乾封元年及第，與蘇瓌、解琬等同榜登幽素科。

魏　華　　開元六年（718）

《全文》卷二二四張說《與魏安州書》稱：“尊豫州府君，德業高遠。”《寶刻叢編》卷八引《集古錄目‧唐豫州刺史魏叔瑜碑》：“唐荊州大都督府長史燕國公張說撰，叔瑜次子安州都督華書。”碑以開元六年五月立。

韋　抗　　開元八年（720）

《舊書》本傳：開元八年，“出爲安州都督，轉蒲州刺史。十一年，入爲大理卿”。《新書》本傳略同。《全文》卷二五八蘇頲《刑部尚書韋公（抗）神道碑》：“以郡縣吏坐贓發覺，貶安州都督，尋與之蒲……未幾，拜爲大理，檢校刑部尚書。”開元十四年八月卒，享年六十。

杜鵬舉　　約開元十年前後（約722前後）

《姓纂》卷六濮陽杜氏：“鵬舉，安州都督。”《新表二上》同。《新書‧杜鴻漸傳》：“父鵬舉……歷右拾遺。玄宗東行河，因遊敗，上賦以風。終安州刺史。”《舊書‧杜鴻漸傳》未及。《全文》卷三六九元載《故相國杜鴻漸神道碑》：“開元之際，皇考鵬舉，安州都督，以大名涖淮浦。”又見卷四二二楊炎《安州刺史杜公（鵬舉）神道碑》。景龍末，尉濟源縣，見《廣記》卷三〇〇引《處士蕭時和作傳》、卷一三五引《記聞》。按開元八年十月，玄宗幸長春宮，畋於下邽，見《舊書‧玄宗紀上》，鵬舉上賦以諷，疑爲是年事。則其爲安州都督約在十年前後。

馬正會　　約開元十六年（約728）

《全文》卷六二三熊執易《武陵郡王馬公（旰）神道碑》：“松安巂鄯四府都督、隴西節度、加（嘉）鄜（眉）鄜三州刺史……諱正會，公之曾祖也……扶風王……諱璘，公之烈考也。"按《舊書·馬璘傳》唯云："祖正會，右威衛將軍。"《李太白文集》卷二六《上安州裴長史書》："前此郡督馬公，朝野豪彥，一見盡禮，許爲奇才。"按李白開元十五年始至安陸，此書作於開元十八年，"前此郡督"當指馬正會，時約開元十六年。【補遺】《唐故朝請郎行右衛騎曹參軍馬君（晤）墓誌銘並序》："君諱晤，扶風人也。……曾祖正會，皇松、嶲、鄯、安四府都督，嘉、郿、酈三州刺史，隴右節度使；大父晟，皇左衛兵曹，贈太子太保；父璘，皇尚書左僕射，四鎮北庭兼涇原、鄭、穎等州節度使，扶風郡王，贈司徒。"（王育龍、程蕊萍《陝西西安新出唐代墓誌銘五則》，《唐研究》第七卷，北京大學出版社2001年版）

楊憼　　約開元中

《新表一下》楊氏觀王房："憼，安州都督。"乃貞觀中鄆州刺史楊續曾孫，武后時宰相楊執柔再從姪。

薛福　　開元中？

《新表三下》薛氏："福，安州刺史。"乃夏州都督薛岑子。

吳納　　天寶中？

《姓纂》卷三渤海吳氏："納，安州刺史。"按其父師道，垂拱元年及第，見《摭言》卷一；景雲三年檢校祕書監，見《全文》卷九八八《渾儀銘》。

李長　　至德中

《全文》卷五二〇梁蕭《明州刺史李公（長）墓誌銘》："肅宗在岐……丞相韋見素表公可用牧民，詔攝安州刺史。"

王仲昇　　上元二年—寶應元年（761—762）

《通鑑·乾元二年》：九月丁亥，"以陳、穎、亳、申節度使王仲昇爲申、沔等五州節度使，知淮南西道行營兵馬"。《新書·方鎮表二》：上元二年，"淮南西道節度使增領陳、鄭、亳、汴、曹、宋、徐、泗九州，徙治安州，號淮西十六州節度使"。《通鑑·寶應元年》：建卯月"戊辰，淮西節度使王仲昇與史朝義將謝欽讓戰於申州城下，爲賊所虜，淮西震駭"。又見兩《唐書·來瑱傳》。《會要》卷七二："寶應二年六月，以前淮西節度使、安州刺史王仲昇爲右羽林大將軍、知軍事。"

【來　瑱　　寶應元年(762)(未之任)】

《舊書·肅宗紀》：寶應元年建辰月"癸巳，以襄州刺史來瑱爲安州刺史，充淮西申、安、蘄、黃、沔等十六州節度使"。又本傳："遂以瑱檢校户部尚書、兼御史大夫、安州刺史，充淮西申、安、蘄、黃、光、沔節度觀察，兼河南陳、豫、許、鄭、汴、曹、宋、潁、泗十五州節度觀察使，外示尊崇，實奪其權也……瑱懼不自安……復諷屬吏請留之……寶應元年五月，代宗即位，因復授瑱襄州節度、奉義軍渭北兵馬等使，官如故。"《新書》本傳略同。

李忠臣　　寶應元年—大曆十一年(762—776)

《舊書》本傳："寶應元年七月，拜忠臣大常卿同正、兼御史中丞、淮西十一州節度；尋加安州刺史，仍鎮蔡州……大曆三年，加檢校工部尚書，實封通前三百户。五年，加蔡州刺史。"《新書》本傳、《元龜》卷三五八略同。《舊書·代宗紀》：大曆十一年十二月"庚戌，加淮西節度、檢校右僕射、安州刺史、西平郡王李忠臣檢校司空、同中書門下平章事，仍兼汴州刺史"。《新書·方鎮表二》：大曆八年，"淮西節度使徙治蔡州"。十一年，"淮西節度使增領汴州，徙治汴州"。《全文》卷四一〇常袞《授李忠臣右僕射制》："檢校工部尚書兼安州、蔡州刺史……李忠臣……可檢校尚書右僕射知省事，餘并如故。"

蔣　溶　　約大曆後期

《姓纂》卷七東萊膠東蔣氏："溶，奉先令、安州刺史。"按其父欽緒，開元十七年在魏州刺史任。又按《舊書·蔣沇傳》云："與兄演、溶，弟清，俱以幹局吏事擅能名於天寶中。"《新書·蔣沇傳》略同。沇大曆末爲刑部侍郎、大理卿，建中初卒。則溶刺安州亦約在大曆後期。

張　遼　　約建中時

《宋高僧傳》卷二九《唐安陸定安山懷空傳》：“時張遼大夫爲州牧，遣府吏慕容興往請入州，空謝病不起。部領工匠，爲建禪宮。畢，示疾而終，享年八十三。貞元三年三月十六日火葬，收舍利入塔焉。”

王嘉祥　　建中時—興元元年（？—784）

《新書·李皋傳》：“又遣伊慎、王鍔攻安州，未下，希烈遣劉戒虛以步騎八千援之，皋命李伯潛迎擊於應山，俘之，遂下安州，斬僞刺史王嘉祥。”《韓昌黎集》卷二八《曹成王碑》：“授節帥江西以討希烈……披安三縣，拔其州，斬僞刺史。”注：“遂下安州，斬其刺史王嘉祥。”

伊　慎　　興元元年—永貞元年（784—805）

《通鑑·興元元年》：七月，“以伊慎爲安州刺史”。又《貞元十五年》：“四月癸未，以安州刺史伊慎爲安、黃等州節度使。”又《永貞元年》：十二月，“以奉義節度使伊慎爲右僕射”。又見兩《唐書》本傳，《舊書·德宗紀下》，《元龜》卷三五九、卷四二六，《廣記》卷二八〇引《祥異集驗》。《新書·方鎮表五》：貞元十五年，“置安黃節度觀察使，治安州”。十九年，“賜安黃節度觀察使號奉義軍節度”。元和元年，“罷奉義軍節度使”。《全文》卷四九七權德輿有《唐故光禄大夫檢校尚書右僕射兼右衛上將軍南充郡王贈太子太保伊公（慎）神道碑銘并序》。《千唐誌·大唐故亳州録事參軍任公（修）墓誌銘并叙》稱：“安黃節度使伊公慎辟爲從事。”

伊　宥　　元和元年—五年（806—810）

《通鑑·元和元年》：正月“癸酉，以奉義留後伊宥爲安州刺史兼安州留後。宥，慎之子也”。又《元和五年》：“十一月庚子……會〔伊〕宥母卒於長安，宥利於兵權，不時發喪。鄂岳觀察使郗士美遣僚屬以事過其境，宥出迎，因告以凶問，先備籃輿，即日遣之。”《全文》卷四九七權德輿《唐故光禄大夫檢校尚書右僕射兼右衛上將軍南充郡王伊公(慎)神道碑銘并序》:"公之息男十六人:其冢嗣曰宥……初公來朝也,詔宥以侍御史領安州刺史。"又卷六二六吕温有《代伊僕射謝男宥授安州刺史表》。

王士平　元和五年?—六年?(810?—811?)

《舊書》本傳:"元和中,累遷至安州刺史。時公主縱恣不法,士平與之争忿,憲宗怒,幽公主於禁中,士平幽於私第,不令出入。後釋之,出爲安州刺史。坐與中貴交結,貶賀州司户……及盗殺宰相武元衡,旬日捕賊未獲,士平與兄士則庭奏盗主於承宗,既獲張晏等誅之,乃以士平爲左金吾衛大將軍。"《新書·諸帝公主·魏國憲穆公主傳》略同。

孟常謙(孟嘗謙)　元和六年—七年(811—812)

《元龜》卷七〇〇:"孟嘗謙爲安州刺史,元和八年坐在郡貪濁……貶柳州司馬。"《柳河東集》卷一〇《唐故安州刺史兼侍御史貶柳州司馬孟公墓誌銘》:"事德宗、順宗、今上,立朝九年……居喪,會用兵於趙……服喪終期,命安州刺史,仍加侍御史、安州防遏兵馬使,貶柳州司馬……公之諱曰常謙。"按"用兵於趙"當指元和四年十月討伐王承宗事。時常謙已居喪。則終喪除安州刺史當在元和六年。

李　彙　元和七年—九年(812—814)

《全文》卷七三八沈亞之《涇原節度使李常侍(彙)碑》:"〔元和〕七年,改安州刺史。九年,入爲右羽林將軍。"《新書》本傳未及。《白居易集》卷五五《李暈安州刺史制》稱:"宿州刺史李暈……可安州刺史。"按"李暈"當爲"李彙"之誤。又按白居易元和七年正居母喪,岑仲勉謂此制爲白氏僞文。

李　聽　元和九年—十二年(814—817)

《舊書》本傳:"出爲安州刺史,隨鄂岳觀察使柳公綽討吴元濟……元和中,討李師道,聽爲楚州刺史。"又《李道古傳》:"初,李聽守安州,未嘗退衄。及道古至,誣奏聽,移去之,乃自帥兵出穆陵……故道古前後再攻破申州外城而不能拔。"《新書》本傳、《李道古傳》略同。《通鑑·元和十年》:二月,"詔鄂岳觀察使柳公綽以兵五千授安州刺史李聽,使討吳元濟"。《舊書·柳公綽傳》作元和九年。又見《新書·柳公綽傳》,《元龜》卷三八九、卷四五二,《全文》卷四八二林蘊《上宰相元衡宏靖論兵書》。《輿地碑記》卷三《德安府碑記》有《唐李聽碑》,注云:"歐陽公《集古錄》云:聽自安州刺史遷神武大將軍,而史不書,獨見此碑。"

楊　焞　　約元和中

《千唐誌·唐故朝散大夫使持節丹州諸軍事守丹州刺史充本州防禦使上柱國弘農楊公(乾光)墓誌銘并序》(大中九年八月二十四日):"祖休明,河西伊庭節度使,贈司空。考焞,安州刺史。公,安州之次子也。"乾光卒大中七年,年六十。

桂仲武　　元和十五年(820)

《新書·南蠻傳下》:"及安南兵亂,殺都護李象古,擢唐州刺史桂仲武為都護,逗留不敢進,貶安州刺史,以行立代之。"《元龜》卷四四五:"桂仲武,憲宗元和十五年為安南都護……貶安州刺史。"

王承林　　約長慶二年(約822)

《白居易集》卷五二《王承林可安州刺史制》稱:"前相州刺史王承林……可安州刺史。"

陳正儀　　大和五年前(831前)

《舊書·文宗紀下》:大和五年二月辛酉,"以前安州刺史陳正儀為黔中觀察使"。

李正卿　　文宗時

《千唐誌·唐故綿州刺史江夏李公(正卿)墓誌銘并序》(會昌四

年十二月十九日）："有唐會昌四年四月十一日，左綿守李公殁於位……文宗思共理者，復用爲邛州刺史……後自江陵少尹拜安州刺史……入拜司農少卿，歷衞尉少卿，復爲淄州刺史……卒歲拜綿州刺史，未幾寝疾而殁，享年七十有四。"

張文規 開成三年—會昌元年（838—841）

《舊書》本傳："開成三年十一月，右丞韋温彈劾文規……乃出爲安州刺史。"《新書》本傳略同。又見《舊書·韋温傳》，《御覽》卷二一三，《元龜》卷五二〇下。《嘉泰會稽志》："張文規，會昌元年七月十五日自安州刺史授；遷國子司業。"

韋有翼 會昌五年前（845 前）

《嚴州圖經》卷一題名："韋有翼，會昌五年三月十四日自安州刺史拜。"

薛　褒 會昌五年—六年（845—846）

《嘉泰吳興志》卷一四郡守題名："薛褒，會昌六年八月十日自安州刺史拜。卒官。"

崔　某 約大中初

《全文》卷七五二杜牧《上安州崔相公啓》："至於會昌三年八月中所獻相公長啓，鋪陳功業，稱校短長……今者竊敢再録啓本，重干尊嚴。"

李　韶 大中時？

《新書·宗室世系表上》蜀王房："安州刺史韶。"乃大曆末黔中觀察使李國清孫。《郎官柱》户部員外有李韶，在薛遠後，薛調前。

崔　銖 大中時？

《舊五代史·崔梲傳》："祖銖，安、濮二州刺史……梲少好學，梁貞明三年，舉進士甲科。”《新表二下》博陵崔氏：“銖，安、濮二州刺史。”

李弘讓　　約大中時

《新書·宗室世系表下》惠莊太子房：“鳳、齊、乾、婺、安五州刺史弘讓。”乃惠莊太子撝玄孫。

鄭　誡　　乾符三年（876）

《全詩》卷六七四鄭谷有《從叔郎中誡輟自秋曹分符安陸屬群盜倡熾流毒江壖竟以援兵不來城池失守例削今任却叙省銜退居荊漢之間頗得琴尊之趣因有寄獻》：“華省稱前任，何慚削一麾。”“秋曹”指刑部郎中，《舊紀》謂乾符三年九月，由戶部郎中轉刑部郎中，其刺安陸當在此後不久。黃巢本年十月攻唐、鄧，十一月破復、郢，十二月攻隋、安、黃及申、光、舒、廬等州。四年春，王仙芝、尚君長在安州，鄭誡離安陸應在此前。《新書·藝文志四》“《鄭誡集》”注：“卷亡。字申虞，福州閩縣人。大中國子司業，郢、安二州刺史，江西節度副使。”按“大中”誤。《全文》卷八二六黃滔《司直陳公(嶠)墓誌銘》：“故公自丁丑之及丙申，高價馳而逸步躓，既而大盜移國，德公文行之深者，安州鄭郎中誡，孫拾遺泰嘆而勉之。”按丁丑乃大中十一年，丙申爲乾符三年。又卷八二三黃滔《與楊狀頭書》：“某頃者頻試於小宗伯，姓名罔爲人之所聞，然多受知於前輩，故安州鄭郎中、江陵蔣校書。”《全詩》卷七〇五黃滔有《經安州感故鄭郎中二首》。《淳熙三山志》卷二六科名：“會昌二年壬戌鄭顥榜：鄭誡，字申虞，閩縣人，歷刑部郎中，郢、安、定三州刺史。”按“定”爲“鄧”之誤。又按咸通四年鄭誡爲郢州刺史，見《全文》卷七九七皮日休《郢州孟亭記》。

周　通　　光啓二年（886）

《通鑑·光啓二年》：十二月，“安陸賊帥周通攻鄂州，路審中亡去”。

陳　璠　　　約文德元年（約888）

《新書・陳儒傳》：“淮南將張璠、韓師德據復、岳二州，自署刺史……〔光啓〕二年，〔秦〕宗權遣趙德諲攻璠……明年，德諲又至，諸將困于戰，城遂陷，璠死，人無識者，併尸于井。復州長史陳璠從璠至江陵，密斷璠首置囊中，走京師獻之，授安州刺史。”按張璠被殺事在光啓三年十二月，見《新書・僖宗紀》及《通鑑・光啓三年》十二月。則陳璠獻張璠首，授安州刺史當在此以後。

武　瑜（武渝）　　　光化元年（898）

《舊書・昭宗紀》：光化元年十月，“汴將朱友恭自江西行營還，過安州，殺刺史武渝，遣部將守之”。《新書・昭宗紀》：光化元年十月“己亥，朱全忠陷安州，刺史武瑜死之”。作“武瑜”。《通鑑・光化元年》同。又見《舊五代史・朱友恭傳》，《元龜》卷三六〇，《十國春秋・吳太祖世家》。《廣記》卷三九〇引《錄異記》：“安州城東二十餘里，有大墓，群盜發之，數日乃開，得金釵百餘枚……盜以二釵子獻刺史武瑜。”

卷一三六　沔州（漢陽郡）

隋沔陽郡。武德四年平朱粲，析置沔州。天寶元年改爲漢陽郡。乾元元年復爲沔州。領縣二：漢陽、漢川。建中二年州廢，四年復置。寶曆二年州又廢，縣屬鄂州。

楊　琮　　貞觀初

《新書·楊瑒傳》：祖琮，"武德初，爲王府參軍，兼庫直。隱太子事平，詔親王、宰相一人入宴，而琮獨預，太宗賜《懷昔賦》，申以恩意。歷沔、綏二州刺史"。《舊書·楊瑒傳》未及。《全文》卷二六七嚴識元《潭州都督楊志本碑》："烈考琮，皇朝秦王府庫直，太宗文武聖皇帝贈《感舊賦》一道，詩三篇。歷茂、梓二州長史，沔、綏二州刺史……〔志本〕以外憂去職……服闋，授始州司法參軍……駙馬周道務奏充營田判官。"志本卒長安四年八月十七日，年七十七。

崔奉賢　　約貞觀中

《新表二下》博陵安平第二房崔氏："奉賢，沔州刺史。"乃隋檢校太府卿崔弘度子。

顏有意　　高宗時

《姓纂》卷四琅邪江都顏氏："有意，沔州刺史。"《全文》卷三三九顏真卿《晉侍中右光禄大夫本州大中正西平靖侯顏公大宗碑》："十一代孫……相時，禮部侍郎、天册學士……有意，沔州刺史。"按永徽元年有意官成都縣令，見《金石録》卷四及二四《益州學館廟堂記》署銜。

李上金　　永隆二年—文明元年（681—684）

《舊書》本傳：“永隆二年二月……以上金爲沔州刺史……文明元年……又改上金封爲澤王、蘇州刺史。”又見《新書》本傳，《元龜》卷二八一，《通鑑·開耀元年》二月。

盧元莊　　約武后時

《芒洛四編》卷六《唐故太子司議郎盧府君（寂）墓誌銘并序》：“祖元莊，沔、普、嘉三州刺史。”寂卒貞元九年五月八日，享年八十一。《千唐誌·大唐故銀青光禄大夫檢校太子賓客兼監察御史盧公（翊）墓誌銘并序》（貞元二十年八月十八日）：“曾祖元莊，銀青光禄大夫、普沔嘉三州刺史。祖知遠，銀青光禄大夫、資州刺史、光禄卿。”翊卒貞元二十年三月五日，享年四十四。按《新表三上》盧氏：“元莊，嘉州刺史。”乃主客郎中承基子，高宗時宰相盧承慶、雍揚二州長史盧承業之姪。

虞　遜　　約武后時

《姓纂》卷二會稽餘姚虞氏：“遜，郎中，歷沔州刺史。”虞遜爲虞世基孫，則其任沔刺似應在武后時。

劉　寂　　約武后末

《千唐誌·大唐故通議大夫使持節興州諸軍事興州刺史上柱國劉府君（寂）墓誌銘并序》（神龍二年十一月三十日）：“解褐洺州參軍，歷職十四政，入登尚書郎，出撫郡國，位至通議大夫、沔興二州刺史……春秋七十有二，神龍二年四月八日遘疾卒於興州官舍。”

臧崇亮　　神龍三年（707）

北圖藏拓片《大唐故中大夫守撫州刺史上柱國臧府君（崇亮）墓誌銘并序》（景龍三年十一月二十日）：“神龍三年，授沔州刺史、中大夫、上柱國。又遷撫州刺史……以景龍二年閏九月十四日寢疾薨於官第，春秋七十有九。”

王子麟　　景龍中

北圖藏拓片《大唐故正議大夫行光禄寺少卿太原王府君（子麟）墓誌銘并序》（開元六年正月十四日）：“歷……黃、河、歙、果四州刺史，左衛中郎將，潭、越貳府都督，光禄少卿。”開元五年卒，春秋五十八。按開元二年自左衛中郎將遷越州都督。

劉守忠　　睿宗時？

《姓纂》卷五彭城劉氏：“守忠，沔州刺史。”按其兄懷一，景龍三年爲潞州刺史。疑守忠刺沔在睿宗時。

張廷珪（張庭珪）　　開元五年—六年（717—718）

《舊書》本傳：“出爲沔州刺史，又歷蘇、宋、魏三州刺史。”《新書》本傳略同。《元龜》卷一七二：“〔開元〕六年二月……沔州刺史張廷珪爲蘇州刺史。”拓本《唐故贈工部尚書張公（庭珪）墓誌銘并序》：“〔歷〕中書舍人、禮部侍郎、尚書左丞、黃門侍郎、少府監，持節潁、洪、沔、蘇、宋、魏、汴、饒、同等州刺史，前後充河北宣勞、江西按察、河南溝渠等三使……九典外郡。”

王　琚　　約開元十一、十二年（約 723、724）

《舊書》本傳：“〔開元〕二年……除澤州刺史……歷衡、郴、滑、虢、沔、襄、許、潤九州刺史。”《新書》本傳未及。

李無言　　開元十七年（729）

《姑蘇志》卷三八宦迹二：“李無言，開元十七年由沔州刺史徙蘇。”開元十七年在蘇州刺史任，見《吳郡志》卷三一引房琯《龍興寺碑序》。

宋　鼎　　開元二十五年(737)

《唐詩紀事》卷二二：“鼎，明皇時刺襄州。云：張丞相九齡與余有孝廉校理之舊，又代余爲荆州。余改漢陽，仍兼按使。巡至荆州，故贈之詩。”又見《全詩》卷一一三宋鼎《贈張丞相并序》。

崔士同　　天寶中

《廣記》卷四五一引《廣異記》：“王黯者，結婚崔氏，唐天寶中，妻父士同爲沔州刺史。”

王忠嗣　　天寶六載—七載(747—748)

《舊書》本傳：天寶六載“十一月，貶漢陽太守。七載，量移漢東郡太守”。《通鑑·天寶六載》：十一月“己亥，貶忠嗣漢陽太守”。又見《舊書·李林甫傳》、《新書》本傳、《元龜》卷八七一。《全文》卷三六九元載《朔方河東河西隴右節度使御史大夫王府君(忠嗣)神道碑銘并序》：“李林甫居逼示專，嫌公不附……陰中交訕……黜守沔上，没於漢東……年終四十五。”《關中金石記》卷三有《兵部尚書王忠嗣神道碑》。

李齊物　　約天寶八載—十二載（約749—753）

《全文》卷三四二顏真卿《金紫光禄大夫守太子太傅兼宗正卿李公(齊物)神道碑銘》：“屬左相李公適之、尚書裴公寬、京兆尹韓公朝宗爲飛語所中，公遂貶竟陵郡太守……量移安康……轉漢陽、蘄春……天寶末拜將作監。”兩《唐書》本傳未及。按李適之被貶事在天寶五載，李齊物貶竟陵亦約於此時。

鮮于仲通　　天寶十二載—十四載(753—755)

《全文》卷三三七顏真卿《鮮于氏離堆記》：“君諱向，字仲通，以字行……〔天寶〕十有二載秋八月，除漢陽郡太守。冬十有一月，終於所任官舍。”又卷三四三顏真卿《中散大夫京兆尹漢陽郡太守鮮于公神道碑銘》：“〔天寶〕十二載，遂貶邵陽郡司馬……俄拜漢陽太守……以十四載閏十有一月十有五日終於官舍。"疑《離堆記》"冬十有一月"前有闕文。

杜　某　　乾元元年(758)

《李太白文集》卷一八《泛沔州城南郎官湖并序》："乾元歲秋八月，白遷於夜郎，遇故人尚書郎張謂出使夏口，沔州牧杜公、漢陽宰王公觴于江城之南湖，樂天下之再平也。"

賈　載(賈德方)　　約上元二年—廣德元年(約 761—763)

《全文》卷三六八賈至《沔州秋興亭記》："沔州刺史賈載，吾家之良也。"按賈至乾元二年秋貶爲岳州司馬，約寶應元年四月代宗即位後召爲中書舍人。賈至遊沔州秋興亭，當在此三年内。《全詩》卷二四一元結《漫酬賈沔州并序》："賈德方與漫叟者，懼漫叟不能甘窮獨，懼漫叟又須爲官，故作詩相諭，其指曰：勸爾莫作官，作官不益身。因德方之意，遂漫酬之。"疑賈德方爲賈載之字歟？孫望師《元次山年譜》繫於廣德元年。

袁光輔　　代宗時？

《新表四下》袁氏："光輔，沔州刺史。"乃高宗時周王侍讀袁利貞曾孫。

虞　當　　建中元年(780)

《柳河東集》卷一二《先君石表陰先友記》："虞當……終沔州刺史。"又卷一一《虞鳴鶴誄》："前進士虞九皋字鳴鶴終於長安親仁里……洎於漢陽，世德以昌。"注："九皋父終沔州刺史。"《全詩》卷一五一劉長卿《聞虞沔州有替將歸上都登漢東城寄贈》中的"虞沔州"指虞當，戴叔倫有《與虞沔州謁藏真上人》詩，亦爲虞當。柳宗元文中稱虞沔州爲其父交遊，則虞當刺沔當在建中二年前。友人蔣寅謂在建中元年。

嚴公弼　　元和八年(813)

《全文》卷五三八裴度《劉府君（太真）神道碑銘并序》："公之徽烈，將示於來裔。而高碑未刻，良允繼没。於是門生之在朝廷者，諫議大夫杜羔，中書舍人裴度……在藩牧者，浙東觀察都團練使御史中丞李遜，黔中觀察經略使御史中丞李道古，澤州刺史御史中丞盧瓄……沔州刺史嚴公弼，慈州刺史劉元鼎。"按李遜元和五年至九年在浙東任，李道古元和八年至十一年在黔中任。盧瓄元和七年在澤州刺史任。此文約元和八年作。

崔元方　　約元和中

《新表二下》博陵安平大房崔氏："元方，沔州刺史。"按其祖涣，肅宗初爲相。其父縱，建中末爲京兆尹、御史大夫，貞元七年六月卒，年六十二。則元方刺沔約在元和中。

孫微仲　　約長慶中

《新表三下》孫氏："微仲，沔州刺史。"乃桂州刺史孫成子。上圖藏拓片《唐故承議郎使持節都督登州諸軍事登州刺史孫府君（方紹）墓誌銘并序》（咸通九年八月十一日）："大王父諱成，皇桂管觀察使，贈太子太保，謚孝公。烈考諱微仲，皇沔州刺史。府君即沔州刺史之次子也。"方紹卒咸通六年，年五十四。按孫成卒貞元五年十月，見《舊書·德宗紀》。

第九編

江南東道

卷一三七　潤州（丹陽郡）

隋江都郡之延陵縣。武德三年置潤州。六年輔公祐反，據其地。七年平復置。天寶元年改爲丹陽郡。乾元元年復爲潤州。永泰後常爲浙江西道觀察使治所。領縣六：丹徒、曲阿（丹陽）、延陵、江寧（上元）、句容、金壇。

辛君昌　　約貞觀八年（約634）

《全文》卷九二三江旻《唐國師昇真先生王法主真人（遠知）立觀碑》："敕潤州於舊山造觀一所，賜田，度道士七十人，以爲侍者。貞觀九年四月至山，敕文遣大史令薛頤……等，送香油鎮彩金龍玉璧於觀所，爲國祈恩。""前刺史辛君昌與五縣官人爰集山所。"按貞觀七年前在邛州刺史任。

李厚德　　貞觀九年（635）

《全文》卷九二三江旻《唐國師昇真先生王法主真人（遠知）立觀碑》："州伯武陟公李使君諱厚德……是用樹彼高垣，題其琬石，立言紀事，傳諸不朽。"王遠知卒貞觀九年。

李玄乂　　貞觀中

《新表二上》隴西李氏姑臧房："玄乂，潤州刺史。"其從兄李延壽，仕貞觀間，玄乂約亦仕貞觀中。《嘉定鎮江志》卷一四誤作"李元義"。

竇志寂　　約永徽中

《金石録》卷四有《唐潤州刺史竇志寂墓誌》,八分書,顯慶元年三月。

盧承慶　　約顯慶五年(約 659)

《舊書》本傳:"顯慶四年,代杜正倫爲度支尚書,仍同中書門下三品。尋坐度支失所,出爲潤州刺史,再遷雍州長史,加銀青光禄大夫。"《新書》本傳略同。按顯慶五年七月罷相,見《新書·宰相表上》。

喬師望　　咸亨中?

《江蘇金石志》卷三《大唐潤州仁静觀魏法師碑并序》:"武陟公李厚德、范陽公盧承慶、駙馬都尉喬師望等懋功明德,作牧朱方,聞風致禮,披雲投謁。"法師卒上元三年,春秋八十二。儀鳳二年十一月十五日立。按喬師望上元二年在華州刺史任。

權知節　　高宗時

《隋唐五代墓誌匯編·洛陽卷》第七册《故袁州刺史右監門衛將軍駙馬都尉天水權君(毅)墓誌銘并序》(神龍元年八月十八日):"父知節,郇王府長史,沁、亳、潤三州刺史,使持節桂州諸軍事桂州都督。"

王守真　　約高宗後期

上圖藏拓片《唐故潞府參軍博陵崔公夫人琅邪王氏墓誌銘并序》(元和十四年四月二十六日):"高祖守真,皇倉部、膳部、左司郎中,博、潤、滄、洪等五州刺史。"又《唐故滑州匡城縣令王公(虔暢)墓誌銘并序》(咸通八年二月一日)稱守真歷萊、渝、博、潤、滄、洪六州刺史。《全文》卷二九三張九齡《故太僕卿上柱國華容縣男王府君墓誌銘》:"父某,官至洪州都督。"知王守真卒於洪州任。其刺潤約在儀鳳前後。

崔承福　　永淳二年(683)

　　《千唐誌·大唐前徐州録事參軍太原王君故夫人博陵崔氏墓誌銘》（開元十二年二月十三日）：“父承福，皇朝左司郎中，齊、潤等五州刺史，越、廣二府都督，封博陵郡開國公。”夫人卒開元十二年，春秋六十一。《會稽掇英總集·唐太守題名》：“崔神福，永淳二年二月十六日自浙西州刺史授。《嘉泰會稽志》“二年”作“三年”，“浙西州”作“□州”。按“浙西州”、“□州”當即指潤州。

李思文　　嗣聖元年（684）

　　《舊書·徐敬業傳》：嗣聖元年“十月，率衆渡江，攻拔潤州，殺刺史李思文”。又見《劉審禮傳》，《新書》本傳，《后妃·高宗則天順聖皇后武氏傳》。北圖藏拓片《大唐冀州刺史息武君墓誌銘并序》（垂拱四年十二月廿九日）：“本姓徐氏。皇運肇興，□□□佐經綸之業，賜以國姓。洎聖母神皇之臨天下，其父思文表忠貞之節，又錫同□聖氏，仍編貫帝鄉……祖勣，司空、上柱國、英國公，贈太尉、揚州大都督，謚貞武公……□（父）歷任嵐、饒、潤等州刺史，再除太僕少卿兼知隴西事，又加銀青光禄大夫、上柱國、衛縣開國公，檢校并州大都督府長史、清源道總管，除冀州刺史。”息卒調露元年八月四日，年十五。垂拱四年改葬。由此證知《舊書·徐敬業傳》謂嗣聖元年殺思文誤。思文是年在潤刺任，但未被殺。至垂拱四年尚在冀州刺史任。《新書·李敬業傳》：“初，敬業之叔思文爲潤州刺史。敬業兵起……城陷，敬業責曰：‘廬陵王繼天下，無罪見廢，今兵以義動，何過拒邪？若太后是助，宜即姓武。’思溫欲殺之，敬業不許。及揚、楚平，乃獨免。後遂賜武姓。”是。

李宗臣　　光宅元年（684）

　　《通鑑·光宅元年》：十月“壬辰，〔徐〕敬業陷潤州，執刺史李思文，以李宗臣代之”。又見《新書·李思文傳》。

楊玄節　　垂拱元年（685）

　　《會稽掇英總集·唐太守題名》：“楊玄節，垂拱元年六月自檢校浙西州刺史授。"《嘉泰會稽志》未及自何州授。疑"浙西州"即指潤州。

薛寶積　垂拱中？

《新表三下》薛氏："寶積，潤州刺史。"《全文》卷四九七權德輿《大唐浙江西道都團練觀察等使潤州刺史兼御史大夫河東郡公薛公（苹）先廟碑銘并序》："〔隋禮部尚書〕道實生皇尚書議曹郎德儒；德儒生寶積，濟、齊、潤三州刺史，揚州大都督府長史。"按《金石錄》卷四有《唐齊州刺史薛寶積清德頌》，總章二年八月立；《山右金石記》卷一〇有《唐揚州長史薛寶積碑》，周長壽二年立。知寶積仕高宗武后間。《嘉定鎮江志》謂薛寶積武德七年後或貞觀初刺潤州，誤。疑其刺潤或在垂拱中。

竇孝諶　長壽二年前(693前)

《舊書》本傳："則天時，歷太常少卿、潤州刺史。長壽二年，后母龐氏被酷吏所陷，誣與后咒詛不道，孝諶左遷羅州司馬而卒。"又見《后妃·睿宗昭成順聖皇后竇氏傳》、《通鑑·長壽二年》、《姓纂》卷九河南洛陽竇氏、《新表一下》、《大唐新語》卷四。《全文》卷二四四李嶠有《爲竇孝諶讓潤州刺史表》，卷二九七裴耀卿《太子賓客贈太子太師竇希球神道碑》稱："考諶，太常卿、潤州刺史，并州大都督。""諶"當即"孝諶"之省。按《嘉定鎮江志》卷一四云："竇孝諶……其刺潤當在載初、長壽間。"其説是。

王美暢　聖曆元年(698)

《全文》卷九八七闕名《重修順祐王廟記》："案孫處元《潤州圖經》云：本漢荆王之廟也……左驍衛大將軍薛訥嘗爲此州司馬，被病危篤，令祝張文瑾至誠乞請，當時獲愈。自是恭祀有加。刺史王美暢修飾堂宇門屋步廊，皆令文瑾監領。"按《金石補正》卷四九《王美暢夫人長孫氏墓誌銘》："聖曆元年，王府君止坐挺灾，奠楹俄及。"知王美暢卒於聖曆元年。據《長孫氏墓誌》，夫人卒大足元年。《金石錄》第八百九十八有《唐王美暢碑》，薛稷撰，景雲二年立。又引《集古錄目》

云：“美暢，太原祁人，官至潤州刺史。”又見《寶刻叢編》卷八。《唐文拾遺》卷四九文器《唐（缺）北峰塔院銘》稱：“公名□，字臣忠，其先太原人也。周（缺）經緯。皇朝水部員外、主爵郎中、陳鄂饒潤四州刺史、薛國公之孫。”據《新表二中》烏丸王氏，王美暢，字通理，司封郎中、薛國公。由此知王臣忠之祖薛國公即王美暢。其終官即爲潤州刺史。《隋唐五代墓誌匯編·陝西卷》第四册《大唐睿宗大聖真皇帝賢妃王氏墓誌并序》（天寶四年十二月七日）：“賢妃諱芳媚……國子司業、鄭州刺史諱思泰之孫，司封郎中、潤州刺史、贈益州大都督、薛國公諱美暢之中女也。”天寶四載卒，春秋七十三。

張　揩　　武后時？

北圖藏拓片《清河張公（愻，字慎交）墓誌銘并序》（天寶十三載五月七日）：“大父諱揩，皇朝任丹陽郡太守……父諱仁，皇朝任獲嘉縣令。”愻卒天寶十三載，享年五十六。

來敬業　　武后時？

《新表三上》來氏：“敬業，潤州刺史。”其父來濟，永徽時相高宗。《嘉定鎮江志》謂敬業刺潤在高宗末年，疑應在武后時。

盧　朗　　武后時？

《新表三上》盧氏：“朗，潤、青等州刺史。”乃承慶從姪。其刺潤疑在武后時。

畢　構　　神龍元年—景龍末（705—約 710）

《舊書》本傳：“神龍初，累遷中書舍人……武三思惡之，出爲潤州刺史，累除益州大都督府長史。”《新書》本傳略同。《通鑑·神龍元年》：五月，“出〔畢〕構爲潤州刺史”。按《全詩》卷四七五李德裕《北固懷古》“畢公宣化厚”注：“畢構政事爲開元第一。”《野客叢書》卷一七云：“畢構，中宗景龍初爲潤州，政有惠愛。景龍末，召爲御史大夫，謂政事爲景龍間第一，可也。”

韋 銑　　景雲中—開元初（約710—713）

《舊書·裴寬傳》："景雲中，爲潤州參軍，刺史韋銑爲按察使，引爲判官。"《新書·裴寬傳》同。《全文》卷二六六孫處元《重修順祐王廟碑》："潤州城内荊王神廟者，漢高帝之從父兄也……前刺史東平畢構親爲祭文，今刺史京兆韋銑手薦醑醢……粤以大唐先天二年太歲癸丑三月戊寅甫功畢。"又卷三二〇李華《潤州鶴林寺故徑山大師碑銘》："開元中，本寺僧法密請至京口，潤州刺史韋銑灑掃鶴林，斯焉供養。"又見《宋高僧傳》卷九《唐潤州幽棲寺玄素傳》。《廣記》卷一六九引《明皇雜録》稱"潤州刺史韋詵"，當即"韋銑"之訛。

楊令深（楊令琛）　　約開元初

《全文》卷二六六黃元之《潤州江寧縣瓦棺寺維摩詰畫像碑》："刺史楊令琛，懷軌物之量，韞不伐之才……長史薛宏……司馬成景賀……縣令陸彦恭……我皇垂拱，誕膺寶位，控引四流，陶鈞萬類。"又卷六九一符載《犀浦縣令楊府君（鷗）墓誌銘》："漢、潤、夔、濮等六州刺史令深之孫。"作"令深"。按《新表一下》楊氏觀王房亦稱"令深，商州刺史"。

李 濬　　開元四年（716）

《舊書·李麟傳》："父濬，開元初置十道按察使……以濬爲潤州刺史、江南東道按察使。"又見《新書·李濬傳》，《舊書》本傳，《元龜》卷六七七。《大詔令集》卷一〇四蘇頲《遣王志愔等各巡察本管内制》："潤州刺史李濬、荆州長史任昭理……宜令各巡本管内人……開元四年七月六日。"《全文》卷二五三同。

李 峻　　約開元中

胡適編《神會和尚遺集·荷澤神會和尚語録》有潤州刺史李峻，未知即開元四年之潤刺李濬否？

陸象先　　開元六年（718）

《元龜》卷一七二："〔開元〕六年二月……以隰州刺史充國公陸象

先爲潤州刺史。"兩《唐書》本傳未及。《全詩》卷四七五李德裕《北固懷古》"丞相量納川，平陽氣衝斗"注："〔畢構、〕陸丞相象先、平陽齊幹（澣）三賢皆爲此郡。"

趙昇卿（趙升卿）　　開元八年（720）

《元龜》卷一六二：開元八年八月，"潤州刺史趙升卿充江南東道按察使"。按《姓纂》卷七諸郡趙氏作"昇卿"。

□　紹　　開元十年（722）

《寶鐵齋金石文跋尾》卷上《季子廟碑陰記》："在丹陽季子廟中……中有'紹以開元十年壬戌巡屬縣謁廟立碑'等語，其爲唐刺史名紹者所立無疑。"

盧徽遠　　開元前期？

《新表三上》盧氏："徽遠，潤州刺史。"乃盧承慶姪孫，疑刺潤在開元前期。《嘉定鎮江志》謂在則天時，疑非。

崔　操　　開元前期？

《千唐誌·唐故朝議郎行通事舍人京兆杜公諱元穎夫人臨清縣君崔氏墓誌銘并序》（開元二十七年十月十四日）："考操，潤州刺史。"夫人年二十三而杜公即世。夫人卒開元二十七年七月十二日，未及享齡。《全詩》卷一一六張子容有《雲陽驛陪崔使君邵道士夜宴》，"崔使君"，疑即崔操。

邵　昇　　約開元中

《宋高僧傳》卷八《唐潤州竹林寺曇璀傳》："正議大夫使持節潤州刺史汝南郡昇，嚮風邈想，悅而久之，褒德尚賢，贊成厥美焉。"按"郡昇"疑爲"邵昇"之訛。邵昇久視元年爲萬年尉，開元十三年爲台州刺史。《唐詩紀事》卷二三（《全詩》卷一一六）張子容有《九日陪潤州邵使君登北固山》詩。

孫　濟　　開元中？

《姓纂》卷四華原孫氏：“濟，左司郎中、潤州刺史。”按開元十三年孫濟官殿中御史，見《元龜》卷八五；《全詩》卷一一〇張諤有《贈吏部孫員外濟》。

唐若山　　開元中

《廣記》卷二七引《仙傳拾遺》：“唐若山，魯郡人也。唐先天中，歷官尚書郎，連典劇郡。開元中，出爲潤州，頗有惠政，遠近稱之。”又見《神仙感遇傳》卷一，《南岳總勝集》卷下。

王　琚　　約開元十九年（約731）

《舊書》本傳：“〔開元〕二年二月回，未及京，便除澤州刺史，削封。歷衡、郴、滑、虢、沔、夔、許、潤九州刺史，又復其封。二十年，丁母憂。二十二年，起復右庶子。”

劉日正（劉日政）　　開元二十二年（734）

《元龜》卷一六二：開元二十三年二月“辛亥，初置十道採訪處置使，命……潤州刺史劉日正爲江南道採訪使”。又見《全文》卷三二〇李華《潤州鶴林寺故徑山大師碑銘》。按《新表一上》劉氏作“晟”。《隋唐五代墓誌匯編・洛陽卷》第十册《唐故朝議郎平原郡長河縣令盧府君（全貞）墓誌銘并序》（天寶十載十月二十四日）：“拜常州録事參軍……時江南道採訪使潤州刺史劉日正以課最奏聞……天寶元載……拜平原郡長河縣令。”按《郎官柱》吏部郎中、司勳郎中、户部郎中皆有“劉日政”，當即此人。

齊　澣　　開元二十五年—二十六年（737—738）

《舊書》本傳：“〔開元〕二十五年，遷潤州刺史，充江南東道採訪處置使。”又《玄宗紀》：開元二十六年冬，“潤州刺史齊澣開伊婁河於揚州南瓜洲浦”。《新書》本傳、《通鑑・開元二十六年》、《會要》卷八七略同。《新書・地理志五》潤州丹徒縣注稱“開元二十二年刺史齊瀚”，當爲“二十六年”之誤。《元和郡縣志》卷二六明州稱“開元二十六年採訪使齊瀚”。又見《全文》卷三三五萬齊融《法華寺戒壇院碑》，《宋高僧傳》卷一四《唐越州法華山寺玄儼傳》、卷一七《唐金陵鍾山元崇傳》。上圖藏拓片《唐故朝議郎行陝州硤石縣令上柱國侯公（續）墓誌銘并叙》（大和九年十二月十一日）：“夫人高陽齊氏，皇吏部侍郎、汴常潤濠等五州刺史、河南江東兩道採訪使、平陽郡太守、襲高陽公之曾孫也。”

徐　嶠　　約開元末

《全文》卷三二〇李華《潤州鶴林寺故徑山大師碑銘》稱“故採訪使潤州刺史徐嶠”。又見《宋高僧傳》卷九《唐潤州幽棲寺玄素傳》。《兩浙金石志》卷二《唐徐嶠張愿詩刻》稱：“採訪大使潤州刺史徐嶠。”《歷代名畫記》卷三《叙古今公私印記》有“故潤州刺史贈左散騎常侍徐嶠之印”。《新書》本傳未及。按開元二十八年在福州刺史任。

韋昭理　　天寶初？

《全文》卷三二〇李華《潤州鶴林寺故徑山大師碑銘》稱“故潤州刺史韋昭理”。大師天寶十一載十一月十一日卒。按《姓纂》卷二東眷韋氏南皮公房及《新表四上》皆稱昭理爲常州刺史。

林　洋　　天寶七載—八載（748—749）

《姓纂》卷五濟南鄒縣林氏：“洋，密、衢、常、潤、蘇九州刺史。”《舊書·薛播傳》：“播伯父元暖終於隰城丞。其妻濟南林氏，丹陽太守洋之妹。”《全文》卷三六有《賜丹陽太守林洋等敕》，當爲天寶七載李含光返山時敕。又卷三四五陳希烈《修造紫陽觀敕牒》：“丹陽郡太守林洋奏件狀如前……天寶八載正月。”按天寶九載林洋在蘇州刺史任。

王景肅　　天寶中

《全文》卷五六三韓愈《江南西道觀察使贈左散騎常侍太原王公（仲舒）墓誌銘》：“長慶三年十一月十七日，未命而薨，年六十二……

祖諱景蕭，丹陽太守。考諱政，襄鄧等州防禦使、鄂州採訪使，贈工部尚書。”按王政乾元二年爲襄州刺史，其父爲丹陽太守當在天寶中。

嚴損之　　天寶末

《全文》卷三九二獨孤及《唐故銀青光禄大夫太子左庶子嚴公（損之）墓誌銘》：“初公宰氾水也，以莊明慈惠爲政……御史中丞蕭隱之以狀聞，公是以有著作郎之拜。其後歷太原、上谷、弋陽、餘杭、丹陽，雖風俗殊異，治效如一……公七剖符，七著成績。”廣德二年卒，享年七十六。按天寶十三載由景城太守貶爲弋陽太守。

閻敬之　　至德元載（756）

《新書·肅宗紀》：至德元載十月，“〔永王李〕璘反，丹徒（陽）郡太守閻敬之及璘戰於伊婁埭，死之”。又見《舊書·李璘傳》，《通鑑·至德元載》十二月及《至德二載》二月。

劉彙　　至德二載（757）

《舊書·肅宗紀》：至德二載正月，“永王傅劉彙爲丹陽太守兼防禦使”。《新書·肅宗紀》同。

韋陟　　至德二載（757）

《舊書》本傳：“會江東永王擅起兵，令陟招諭，除御史大夫，兼江東節度使。”《全文》卷四一許登《潤州上元縣福興寺碑》：“肅宗皇帝龍飛朔方，大赦天下，改元爲至德，每寺度人，以蕃王室。時潤州刺史兼御史大夫江南東道節度處置使京兆韋公陟，俾屬城大德，咸舉所知。”

季廣琛　　至德二載（757）

《舊書·韋陟傳》：“陟以季廣琛從永王下江，非其本意，懼罪出奔，未有所適，乃有表請拜廣琛爲丹陽太守、兼御史中丞、緣江防禦使，以安反側。”按《全文》卷三六七賈至《授李廣璨江南防禦使制》稱：

“前蜀郡長史李廣璨，閑邪存誠，貞固幹事，或因旁累，往從遷謫。凶逆未翦，江介多虞，式遏寇戎，是仗才傑……可守丹陽太守。”“李廣璨”當爲“季廣琛”之誤。又按《新書·韋陟傳》稱：“陟表〔季〕廣琛爲歷陽太守。”“歷陽”亦爲“丹陽”之誤。

司空襲禮　　約至德二載—上元元年（約757—760）

《新書·張巡傳》：“始，肅宗詔中書侍郎張鎬代〔賀蘭〕進明節度河南，率浙東李希言、浙西司空襲禮、淮南高適、青州鄧景山四節度掎角救睢陽，巡亡三日而鎬至，十日而廣平王收東京。”按睢陽陷賊爲至德二載十月事。《姓纂》卷二京兆司徒（空）氏：“上元潤州刺史司徒（空）襲成（禮）云：河內人。”

韋　儇　　上元元年—二年（760—761）

《通鑑·上元元年》：十月，劉展反，“〔李〕峘引兵渡江，與副使潤州刺史韋儇、浙西節度使侯令儀屯京口，鄧景山將萬人屯徐城”。《宋高僧傳》卷一五《唐潤州招隱寺朗然傳》稱“上元中刺史韋儇”。《全文》卷三八九獨孤及《豫章冠蓋盛集記》：“歲次辛丑春正月，東諸侯之師有事於淮西……潤州刺史試鴻臚少卿韋公儇至自京口。”按辛丑歲爲上元二年。

許　嶧　　上元元年（760）

《通鑑·上元元年》：十二月，“〔劉〕展以其將許嶧爲潤州刺史”。

張　休　　上元二年（761）

《全文》卷三八七獨孤及《送宇文協律赴西江序》：“復周正之年，天子以潤州刺史張公休爲豫章太守。”又卷四〇九崔祐甫《衛尉卿洪州都督張公（休）遺愛碑頌并序》：“又牧濠、舒、潤三州而及此。”按“復周正之年”指肅宗上元二年。《新書·肅宗紀》：上元二年“九月壬寅，大赦，去‘乾元大聖光天文武孝感’號，去‘上元’號，以十一月爲歲首，月以斗所建辰爲名”。又見《通鑑·上元二年》。《嘉定鎮江志》謂“天授元年改元載初,以十一月爲正月,復周正即載初",故列"張公休"於載初元年。大誤。

鄭　代　　肅宗時

《桂苑叢談》:"鄭代,肅宗時爲潤州刺史。"《廣記》卷三八七引《史遺》:"鄭氏肅宗時爲潤州刺史。兄侃,嫂張氏,女年十六,名采娘。"

崔　某　　肅宗時?

《全文》卷三八五獨孤及有《爲崔使君讓潤州表》稱:"伏奉今月日制書,以臣爲使持節潤州諸軍事潤州刺史,散官如故。"

韋元甫　　約寶應元年—約廣德二年(約762—約764)

《舊書·杜佑傳》:"佑以蔭入仕,補濟南郡參軍、剡縣丞。時潤州刺史韋元甫嘗受恩於〔杜〕希望,佑謁見,元甫未之知,以故人子待之。"《新書·杜佑傳》略同。《廣記》卷二四四引《乾饌子》:"永泰二年,賈至侍郎知舉,〔裴〕樞一舉而登選……樞及第後,歸丹陽里,不與雜流交通。又韋元甫除此州……元甫至丹陽之明日,專使送衣服書狀信物,樞怒言不納。"按元甫上元二年正月在洪州都督任;永泰元年已在浙西觀察任,時浙西觀察治蘇州。則其刺潤州約在寶應元年至廣德二年間。《全文》卷三二〇李華《潤州天鄉寺故大德雲禪師碑》稱:"御史中丞韋公元輔(甫)頃臨潤州,嘗申跪禮。無何,韋公兼觀察領浙西。"

韓　賁　　約廣德二年—永泰元年(約764—765)

《姓纂》卷四昌黎棘陽韓氏:"賁,潤州刺史。"《宋高僧傳》卷一五《唐潤州招隱寺朗然傳》:"請益弟子御史中丞洪府觀察使韋儇、吏部員外李華、潤州刺史韓賁、湖州刺史韋損、御史大夫劉遲、潤州刺史樊晃,皆歸心奉信。"顯然以年代先後爲序,則韓賁刺潤州當在韋損之前。可能韓賁卒於任,然後韋損接任。

韋　損　　永泰元年—大曆五年(765—770)

　　《全文》卷三一四李華《潤州丹陽縣復練塘頌并序》："永泰元年……是歲十一月二十三日，拜常州刺史京兆韋公損爲潤州……乃白本道觀察使兼御史中丞韋公元甫。"《宋高僧傳》卷一九《唐昇州莊嚴寺惠忠傳》："〔大曆〕四年六月十五日集衆布薩……岳牧韋公損聞而哀愴，遣使贈賻。"又見《全文》卷三二〇李華《潤州天鄉寺故大德雲禪師碑》、卷三七〇劉晏《奏禁隔斷練湖狀》，《姓纂》卷二東眷韋氏鄖城公房，《新書·地理志五》。《全文》卷四一二常袞《授韋損大理少卿制》稱："銀青光禄大夫前潤州刺史上柱國馮翊縣開國男韋損……京江按部，終始六年……可行大理少卿。"【補遺】《洛陽新獲墓誌107·唐故杭州司兵參軍徐府君季女墓誌銘并序》（會昌五年一月十九日）："曾王父諱寶承，皇袁州刺史，贈國子祭酒。王父諱岱，貞元中爲給事中，順宗皇帝侍讀，贈禮部尚書、太子少保。皇考諱澹，皇杭州司兵參軍，娶京兆韋氏夫人，即潤州刺史損之孫。"

樊　晃　　大曆五年—六年(770—771)

　　《姓纂》卷四南陽湖城縣樊氏："晃，兵部員外，潤州刺史。"《宋高僧傳》卷一七《唐金陵鍾山元崇傳》："大曆五年，刺史南陽樊公雅好禪寂，及屬縣行春，順風稽首，諮請道要，益加師禮矣。"《全文》卷三七七柳識《琴會記》："大曆六年，浙西觀察使蘇州刺史兼御史大夫贊皇公祗命朝於京闕，春正月，夕次朱方，刺史樊公稱：江月當軒，願以卮酒侑勝……罷宴之後，贊皇顧潤州曰……"《新書·藝文志四》"〔杜甫〕《小集》六卷"注："潤州刺史樊晃集。"又見《唐才子傳》卷二。《全詩》一五一劉長卿有《和樊使君登潤州城樓》，卷二四九皇甫冉有《和樊潤州秋日登城樓》，卷二五〇有《同樊潤州遊郡東山》。

蕭　定　　大曆十二年—十四年(777—779)

　　《舊書》本傳："爲元載所擠，出爲祕書少監兼袁州刺史，歷信、湖、宋、睦、潤五州刺史。所蒞有政聲。大曆中，有司條天下牧守課績，唯定與常州刺史蕭復、豪州刺史張鎰爲理行第一。"《新書》本傳略同。

《全文》卷三四六劉長卿《仲秋奉餞蕭郎中使君赴潤州序》："蕭公建隼茲地，化成五年……而竟有南徐之命。"按蕭定大曆七年至十二年在睦州刺史任。"南徐"即指潤州，知大曆十二年秋由睦州轉潤州。又卷四三四蕭定《改修吳延陵季子廟記》稱："大唐大曆十四年歲在己未八月戊戌廿七日甲子正議大夫使持節潤州諸軍事守潤州刺史……蕭定字梅臣記。"又見《金石補正》卷六四，《唐文拾遺》卷二二。《全文》卷七四二劉軻《棲霞寺故大德批律師碑》稱"州牧蘭陵蕭公"，亦指蕭定。

馬　炫　　建中初

《舊書》本傳："建中初，爲潤州刺史，黜陟使柳載以清白聞，徵拜太子右庶子，遷左散騎常侍。"《新書》本傳略同。又見《元龜》卷六五八、卷六七三。《全文》卷四九三權德輿《送馬正字赴太原謁相國叔父序》："相國元昆今左常侍漢陽公之領郡丹陽也，予方僑居別部。"按"相國"指馬燧，"左常侍漢陽公"即馬炫。《隋唐五代墓誌匯編·洛陽卷》第十二册《唐故銀青光禄大夫兵部尚書上柱國漢陽郡公贈太子少保馬公（炫）墓誌銘并序》（貞元八年二月十七日）："建中初，上方勵精爲理，慎擇吏二千石，故又命公出典潤州，果著殊效……徵爲太子右庶子，遷左散騎常侍……爲刑部侍郎。"貞元七年卒，春秋七十九。

韓　滉　　建中二年—貞元三年（781—787）

《舊書·德宗紀上》：建中二年五月"庚寅，以浙江西道爲鎮海軍，加蘇州刺史韓滉檢校禮部尚書、潤州刺史，充鎮海軍節度使、浙江東西道觀察等使"。貞元三年二月"戊寅，度支鹽鐵轉運使、鎮海軍節度、浙江東西道觀察等使、檢校左僕射、同中書門下平章事、晉國公韓滉卒，贈太尉"。又見兩《唐書》本傳，《通鑑·建中二年》六月，《元龜》卷六九二，《唐語林》卷四，《全文》卷五三〇顧況《檢校尚書左僕射同中書門下平章事韓公（滉）行狀》、卷四六二陸贄《韓滉加檢校右僕射制》、《韓滉檢校左僕射平章事制》等。按《新書·方鎮表五》：建中二年，"合浙江東西二道觀察置節度使，治潤州，尋賜號鎮海軍節度"。

白志貞　　貞元三年(787)

《舊書·德宗紀上》：貞元三年二月戊寅，"以果州刺史白志貞爲潤州刺史、兼御史大夫、浙西觀察使"。六月乙巳，"浙西觀察使白志貞卒"。又見兩《唐書》本傳，《全文》卷九六四闕名《請令浙東西依稅限納當錢奏》注。

王　緯　　貞元三年—十四年(787—798)

《舊書·德宗紀上》：貞元三年八月"壬申，以給事中王緯爲潤州刺史、浙西觀察使"。又《德宗紀下》：貞元十四年八月甲午，"浙西觀察使、潤州刺史王緯卒"。又見兩《唐書》本傳，《舊書·食貨志下》，《元龜》卷四八三，《會要》卷八七，《全文》卷六四〇李翱《故東川節度使盧公(坦)傳》。

李若初　　貞元十四年—十五年(798—799)

《舊書·德宗紀下》：貞元十四年九月乙卯，"以浙東觀察李若初爲潤州刺史、浙西觀察使及諸道鹽鐵轉運使"。十五年正月"甲戌，浙西觀察使李若初卒"。又見兩《唐書》本傳。《會稽掇英總集·唐太守題名》："李若初，貞元十三年自福建觀察使授；十四年移浙西觀察使。"

李　錡　　貞元十五年—元和二年(799—807)

《舊書·德宗紀下》：貞元十五年二月，"以常州刺史李錡爲潤州刺史、浙西觀察使及諸道鹽鐵轉運使"。又《憲宗紀上》：元和二年"十月己酉，以浙西節度使李錡爲左僕射……庚申，李錡據潤州反……癸酉，潤州大將張子良、李奉仙等執李錡以獻……十一月甲申，斬李錡於獨柳樹下，削錡屬籍"。又見兩《唐書》本傳，《會要》卷八七。《全文》卷五〇一權德輿《唐故通議大夫守户部尚書兼御史大夫李公(國貞)神道碑銘并序》稱：長子錡，"貞元十五年以御史中丞剖符潤州"。又見卷四七九鄭雲逵《唐故劍州長史李公(廣業)神道碑銘并序》(貞元二十年十一月十三日)。

李元素　　元和二年—三年（807—808）

　　《舊書‧憲宗紀上》：元和二年十月己酉，"以御史大夫李元素爲潤州刺史，鎮海軍、浙西節度使"。又本傳："李錡爲亂江南，遂授元素浙江西道節度觀察處置等使。數月受代，入拜國子祭酒。"《新書》本傳略同。

韓　皋　　元和三年—五年（808—810）

　　《舊書‧憲宗紀上》：元和三年二月"己丑，以武昌軍節度使韓皋爲潤州刺史、鎮海軍節度、浙西觀察使"。五年正月"己巳，浙西觀察使韓皋以杖決安吉令孫澥致死，有乖典法，罰一月俸料"。又見《新書》本傳，《全文》卷六五一元稹《論浙西觀察使封杖決殺縣令事》、卷七六一褚藏言《竇庠傳》，《唐語林》卷三。《舊書》本傳未及。

薛　苹　　元和五年—十年？（810—815？）

　　《舊書‧憲宗紀上》：元和五年八月，"以浙東觀察使薛苹爲潤州刺史、浙西觀察使"。又見兩《唐書》本傳。《全文》卷四九七權德輿《大唐浙江西道都團練觀察等使兼御史大夫河東郡公薛公先廟碑銘并序》："元和五年，歲直庚寅……潤州刺史大夫河東郡公薛公苹建先廟於長安縣永安里。"《廣記》卷四六七引《戎幕閑譚》："〔李〕公佐至元和八年冬自常州餞送給事中孟簡至朱方，廉使薛公苹館待禮備。"

李　脩　　元和十一年—十四年（816—819）

　　《舊書‧憲宗紀下》：元和十一年十月，"以京兆尹李脩爲潤州刺史、浙西觀察使"。十四年三月"庚寅，浙西觀察使李脩卒"。兩《唐書》本傳略同。

竇易直　　元和十四年—長慶二年（819—822）

　　《舊書‧憲宗紀下》：元和十四年五月，"以宣歙觀察使竇易直爲潤州刺史，充浙西觀察使"。又《穆宗紀》：長慶二年九月，"以易直爲吏部侍郎"。《新書》本傳："起爲宣歙、浙西觀察使。"《舊書》本傳未及浙西。《千唐誌‧唐故朝議郎守尚書比部郎中李府君（蟾）墓誌銘并序》：“故相國竇公廉問南徐，奏充監察裏行充都團練判官……竇公入拜，屬今相國贊皇公承詔代之。”蟾卒大和七年。

李德裕　長慶二年—大和三年（822—829）

《舊書·穆宗紀》：長慶二年九月，“御史中丞李德裕爲潤州刺史、兼御史大夫、浙江西道都團練觀察處置等使，以代竇易直”。又《文宗紀上》：大和三年七月，“以前浙西觀察使、檢校禮部尚書李德裕爲兵部侍郎”。又本傳：“德裕爲逢吉所擠，在浙西八年。”《全文》卷七〇〇李德裕《讓官表》：“屬廉問江南，荏苒八歲。”又見卷七〇八《元真子漁歌記》、《三聖記》，卷六〇六劉禹錫《牛頭山第一祖融大師新塔記》，卷六〇五劉禹錫《吳蜀集引》，卷七三一賈餗《贊皇公李德裕德政碑》。《隋唐五代墓誌匯編·洛陽卷》第十三册《滑州瑤臺觀女真徐氏墓誌銘》（大和三年十二月二十日）：“李德裕撰……長慶壬寅歲，余自御史中丞出鎮金陵。”按長慶壬寅歲爲長慶二年（822）。《千唐誌·楊氏墓誌并序》（大和三年七月十三日卒，享年八十）：“比委家伏事于先相公。因侍從浙江西道觀察處置使、禮部尚書至于潤州，柔遜卑牧，又逾七載。”毛鳳枝《關中金石文字存逸考》卷九《兵部侍郎李德裕題名》（大和三年八月）：“銀青光禄大夫行尚書兵部侍郎李德裕，大和三年八月十六日由浙西觀察使檢校禮部尚書兼御史大夫拜。”

丁公著　大和三年—六年（829—832）

《舊書·文宗紀上》：大和三年七月乙巳，“以禮部尚書、翰林侍講學士丁公著檢校户部尚書，兼潤州刺史，充浙江西道觀察使”。又《文宗紀下》：大和六年八月壬申，“以前浙西觀察使丁公著爲太常卿”。《重修承旨學士壁記》：“丁公著，大和三年四月二十六日自禮部尚書充侍講學士，改正户部尚書、浙西觀察使。”兩《唐書》本傳皆謂穆宗時爲浙西觀察，誤。

王　璠　大和六年—八年（832—834）

《舊書·文宗紀下》：大和六年八月“乙丑，以尚書右丞、判太常卿王璠檢校禮部尚書、潤州刺史、浙西觀察使"。又本傳："六年八月，檢校禮部尚書、潤州刺史、浙西觀察使。八年，李訓得幸，累薦於上，召還，復拜右丞。"《新書》本傳略同。上圖藏拓片《大唐故太原王氏夫人墓誌銘并序》（大和八年二月十五日）："嚴父璠，今連帥浙右。"夫人卒大和七年十二月十六日，年二十七。又見《全文》卷七五五杜牧《唐故歙州刺史邢君（涣思）墓誌銘并序》，《宣室志》卷七。

李德裕　　大和八年—九年（834—835）

《舊書·文宗紀下》：大和八年十一月"乙亥，以兵部尚書李德裕檢校右僕射，充鎮海軍節度、浙江西道觀察等使"。九年四月，"以鎮海軍節度使、浙西觀察等使李德裕爲太子賓客，分司東都"。兩《唐書》本傳略同，稱"代王璠"。又見《元龜》卷九二〇。《全文》卷六九六李德裕《鼓吹賦并序》："余往歲剖符金陵，有童子六七人，皆於此藝特妙，每曲宴奏之。及再至江南，並逾弱冠。"

【賈　餗　　大和九年（835）（未之任）】

《舊書·文宗紀下》：大和九年四月"辛卯，以京兆尹賈餗爲浙西觀察使……戊戌，詔以新浙西觀察使賈餗爲中書侍郎、同中書門下平章事"。兩《唐書》本傳、《元龜》卷七四略同。《大詔令集》卷四八《賈餗平章事制》："前浙江西道都團練觀察處置等使朝議大夫檢校禮部尚書使持節潤州諸軍事兼潤州刺史御史大夫……賈餗……可守中書侍郎同中書門下平章事……大和九年四月。"又見《全文》卷六九。

路　隨　　大和九年（835）

《舊書》本傳："〔大和〕九年四月，拜檢校尚書右僕射、同中書門下平章事，兼潤州刺史、鎮海軍節度、浙江西道觀察等使。大和九年七月，遘疾於路，薨於揚子江之中流。"《文宗紀下》、《新書》本傳略同。

崔　鄲　　大和九年—開成元年（835—836）

《舊書·文宗紀下》：大和九年七月"辛酉，以鄂岳觀察使崔鄲充浙西觀察使”。開成二年“十一月丙寅朔。庚辰，浙西觀察使崔鄲卒”。兩《唐書》本傳同。《全文》卷七五六杜牧《唐故銀青光禄大夫檢校禮部尚書御史大夫充浙江西道都團練觀察處置等使崔公（鄲）行狀》：“今上即位四年……除陝虢觀察使兼御史大夫……凡二年，改岳鄂安黄蘄申等州觀察使……凡五年，遷浙江觀察使，加禮部尚書……開成元年十月二十日薨於治所。”上圖藏拓片《亡室姑臧李氏墓誌銘并序》：“夫人清河崔氏之出，外王父名偃，終於浙西觀察使。”又見《新表二下》崔氏清河小房。

李德裕 開成元年—二年（836—837）

《舊書·文宗紀下》：開成元年十一月庚辰，“以太子賓客分司東都李德裕檢校户部尚書，充浙西觀察使”。二年五月，“以浙西觀察使李德裕檢校户部尚書，兼揚州大都督府長史，充淮南節度使”。兩《唐書》本傳皆謂德裕凡三鎮浙西，前後十餘年。

盧　商 開成二年—會昌元年？（837—841？）

《舊書·文宗紀下》：開成二年五月辛未，“以蘇州刺史盧商爲浙西觀察使”。又本傳：“進浙西觀察使，召爲刑部侍郎、京兆尹”。《新書》本傳略同。又見《元龜》卷四九四、卷六八四。《全文》卷七五五杜牧《唐故歙州刺史邢君（涣思）墓誌銘并序》：“盧丞相商鎮京口，涣思復以大理評事應府命。”北圖藏拓片《唐故郴縣尉趙郡李君（燁）墓誌銘并序》（咸通三年正月二十八日）：“始自浙西廉帥盧公商辟從事，授校書郎。”按吳氏《方鎮年表》謂盧商開成五年罷浙西，嚴氏《僕尚丞郎表》謂會昌元、二年由浙西入爲刑侍。

盧簡辭 會昌元年—五年？（841—845？）

《新書》本傳：“累擢湖南、浙西觀察使，以檢校工部尚書爲忠武節度使。”《舊書》本傳未及。按《全文》卷七五二杜牧有《與浙西盧大夫書》，繆鉞《杜牧年譜》繫此文於會昌元年。《劇談録》：“盧尚書簡辭有別墅，近枕伊水。方冬與群從子姪同遊，因話廉察金陵，常記江南烟水。"

李景讓 會昌六年—大中元年(846—847)

《通鑑·會昌六年》:九月,"以右常侍李景讓爲浙西觀察使"。又見《新書》本傳,《舊書》本傳未及。《全文》卷七七四李商隱《爲榮陽公與浙西李尚書狀》稱:"即以今月十日赴任,到鎮更當有狀。"按榮陽公即鄭亞,大中元年李商隱隨鄭亞赴桂州。

鄭 朗 大中元年—五年(847—851)

《新書》本傳:"由華州刺史入拜御史中丞、户部侍郎,爲鄂岳、浙西觀察使,進義武、宣武二節度。"《全文》卷七七六李商隱有《爲榮陽公上浙西鄭尚書啓》。《全文》卷七八八蔣伸《授鄭光河中節度使鄭朗汴州節度使制》稱"浙江道觀察使、檢校工部尚書鄭朗",按鄭光大中五年爲河中節度。《舊書·楊假傳》稱:"故相鄭覃刺華州,署爲從事,從覃鎮京口,得大理評事。"按鄭覃未嘗刺華州,亦未鎮京口,此"鄭覃"當爲"鄭朗"之誤。又按兩《唐書》本傳皆謂朗爲義武、宣武節度,以蔣伸所行制視之,知鄭朗由浙西轉宣武,兩傳之"義武"皆誤。《嘉定鎮江志》列鄭明(朗)於李景遜(讓)前,亦誤。

敬 晦 大中五年—七年(851—853)

《新書》本傳:"大中中,歷御史中丞、刑部侍郎、諸道鹽鐵轉運使、浙西觀察使……徙兖州節度使。"按《舊書·食貨志下》叙鹽鐵轉運使云:"薛元賞、李執方、盧弘正、馬植、敬晦五人,於九年之中,相踵理之,植亦自是居相位。大中五年二月,以户部侍郎裴休爲鹽鐵轉運使。"知裴休爲接敬晦爲鹽鐵轉運使者,則敬晦卸鹽鐵轉運使爲浙西觀察當在大中五年。

崔 瑶 約大中七年—約九年(約853—約855)

《舊書·崔鄲傳》:子瑶,"大中六年,知貢舉,旋拜禮部侍郎,出爲浙西觀察使。又遷鄂州刺史、鄂岳觀察使,終於位"。《新書·崔鄲傳》略同。

崔慎由　　大中九年—十年（855—856）

　　《新書》本傳：“由刑部侍郎領浙西。入遷户部侍郎。”《舊書》本傳未及。《全文》卷八一〇司空圖《故宣州觀察使檢校禮部王公（凝）行狀》：“崔魏公出撫淮甸，奏爲節度判官……崔太保慎由浙西，又拜徵左史。”按崔鉉大中九年七月爲淮南節度使，見《新書·宰相表下》。又卷七九宣宗《授崔慎由平章事制》稱：“浙河之右，仍歲艱荒；一自鎮臨，載聞惠化。”《遼居稿·崔慎由端午進奉銀鋌影本跋》：刻文稱“浙江西道都團練觀察處置等使大中大夫檢校禮部尚書使持節潤州諸軍事兼潤州刺史御史大夫上柱國賜紫金魚袋臣崔慎由進”。《隋唐五代墓誌匯編·北京卷》第二册《唐太子太保分司東都贈太尉清河崔府君（慎由）墓誌自撰》（咸通九年八月二十九日）：“歷……刑部侍郎、兵部侍郎、檢校禮部尚書兼御史大夫浙江西道都團練觀察使、吏部侍郎、户部侍郎判户部事、工部尚書同中書門下平章事。”咸通九年卒，享年六十五。《僕尚丞郎表》謂崔慎由大中八年爲刑侍，出爲浙西觀察使，大中十年入遷户侍。

蕭　真　　大中十年—十二年（856—858）

　　《重修承旨學士壁記》：“蕭真，大中四年七月二十四日自兵部員外郎充……十年八月四日授檢校工部尚書、浙西觀察使。”《唐語林》卷七：“大中十二年……時蕭真爲浙西觀察使，與宣州接連，遂擢用武臣李琢代真，建鎮海軍節度使。”又見《劇談録》卷上及《廣記》卷二二四引。

李　琢　　大中十二年—十三年（858—859）

　　《東觀奏記》卷下：“大中十二年，宣州叛將康全泰噪逐觀察使鄭熏，朝廷用宋州刺史溫璋問罪。時蕭真爲浙西觀察使，地與宣州接連，遂擢用武臣李琢代真，特建鎮海軍節鎮撫之，以張掎角之勢。兵罷後，謗者言琢虚署官健名，廣占衣糧，没入私家。上遂命〔監察御史楊┐戴往按覆軍籍，無一卒虛額者。"《唐語林》卷七略同。《新書·李景讓傳》："李琢罷浙西，以同里訪之，避不見。"按景讓罷西川在大中十三年正月蔣伸拜相後，由此知李琢大中十三年已罷浙西。《新書·方鎮表五》：大中十二年，"復置鎮海軍節度使"。十三年，"廢鎮海軍節度使，置都團練觀察使"。

鄭處誨　大中十三年—咸通二年(859—861)

《會稽掇英總集·唐太守題名》："鄭處誨，大中十二年自太子賓客授，十三年移工部尚書、充浙西觀察使。"兩《唐書》本傳未及。《全詩》卷六六五羅隱《投宣武鄭尚書二十韻》稱："絳霄無繫滯，浙水忽西東。庾監高樓月，袁郎滿扇風。四年將故事，兩地有全功。"

盧　耽　咸通二年—三年(861—862)

《北夢瑣言》卷六："唐通義相國崔魏公鉉之鎮維揚也，盧丞相耽罷浙西，張郎中鐸罷常州，俱過維揚謁魏公。"又見《廣記》卷三一一。按兩《唐書·崔鉉傳》，其爲淮南在大中九年，在鎮九年。又按吳氏《方鎮年表》列盧耽於咸通二年至三年，姑從之。

杜審權　咸通四年—十年(863—869)

《新書·懿宗紀》：咸通五年二月，"以門下侍郎、兵部尚書、平章事杜審權爲潤州刺史、浙江西道節度使"。又本傳稱：咸通九年兼潤州刺史、鎮海軍節度。紀傳抵牾。《新書·宰相表下》：咸通四年五月戊子，"審權檢校吏部尚書、同平章事、鎮海軍節度使"。《通鑑·咸通四年》同。《大詔令集》卷五四《杜審權鎮海軍節度平章事制》稱"咸通四年五月"，則《舊書》紀、傳皆誤。《新書》本傳："出爲鎮海軍節度使、同平章事。龐勛亂徐州，審權與令狐綯、崔鉉連師犄角，饋粟相銜，王師賴濟。勛破，進檢校司空，入爲尚書左僕射、襄陽郡公。"按破龐勛事在咸通十年九月。又見《姓纂》卷六京兆杜氏，《金華子》雜編卷上，《唐語林》卷四。

曹　確　　咸通十一年—約乾符元年(870—約874)

　　《舊書·懿宗紀》：咸通十一年三月，"左僕射、門下侍郎同平章事曹確以病求免，授檢校司空、同平章事，兼潤州刺史，充浙江西道觀察等使"。《通鑑·咸通十一年》同。《新書》本傳："以同平章事出爲鎮海節度使，徙河中，卒。"按《舊書》本傳稱：咸通九年出爲潤州刺史，誤。

趙　隱　　乾符元年—約三年(874—約876)

　　《舊書·僖宗紀》：乾符元年三月，"以中書侍郎、刑部尚書、同平章事趙隱檢校吏部尚書、潤州刺史、浙江西道都團練觀察等使"。《通鑑·乾符元年》二月同。《新書·宰相表下》作"二月癸丑"。《通鑑·乾符二年》：四月，"浙西狼山鎮遏使王郢等六十九人有戰功，節度使趙隱賞以職名而不給衣糧，郢等論訴不獲，遂劫庫兵作亂"。《新書》本傳："僖宗初，罷爲鎮海軍節度使。王郢之亂，坐撫御失宜，下除太常卿。廣明初，爲吏部尚書。"又見《舊書》本傳，《唐語林》卷七。

裴　璩　　乾符三年—五年(876—878)

　　《新書·僖宗紀》：乾符三年七月，"鎮海軍節度使裴璩及王郢戰，敗之"。《通鑑·乾符五年》：五月，"曹師雄寇湖州，鎮海節度使裴璩遣兵擊破之"。又見《新書·黄巢傳》，《通鑑·乾符四年》，《全文》卷八一五顧雲《武烈公廟碑記》。

高　駢　　乾符五年—六年(878—879)

　　《舊書·僖宗紀》：乾符四年"六月，以宣歙觀察使高駢檢校司空，兼潤州刺史、鎮海軍節度、蘇常杭潤觀察處置、江淮鹽鐵轉運、江西招討等使"。乾符六年"十月，制以鎮海節度、浙江西道觀察處置等使高駢檢校司徒、同平章事、揚州大都督府長史，充淮南節度副大使、知節度事，江淮鹽鐵轉運、江淮行營招討等使"。《元龜》卷四三八，《會要》卷八七、卷八八同。《通鑑·乾符五年》：六月，"王仙芝餘黨剽掠浙西，朝廷以荆南節度使高駢先在天平有威名，仙芝黨多鄆人，乃徙駢爲鎮海節度使”。又《乾符六年》：“十月，以鎮海節度使高駢爲淮南節度使。”兩《唐書》本傳皆謂駢由荆南換浙西，《全文》卷七六七鄭畋《切責高駢詔》：“朕拔卿汶上，超領劍南、荆、潤、維揚，聯居四鎮。”則《舊紀》之“宣歙”當爲“荆南”之誤，“四年”亦爲“五年”之誤。《全文》卷七九三王徽《創築羅城記》稱：“皇帝改元之六年，諸道鹽鐵轉運使兼鎮海軍節度等使……燕國公高駢。”

周　寶　　乾符六年—光啓三年（879—887）

《舊書·僖宗紀》：乾符六年十一月，“制以神策大將軍周寶檢校尚書左僕射，兼潤州刺史、鎮海軍節度、浙江西道觀察等使”。光啓三年“二月乙巳朔，潤州牙將劉浩、度支使薛朗同謀逐其帥周寶，劉浩自稱留後”。又見《新書·僖宗紀》，兩《五代史·錢鏐傳》，《通鑑·乾符六年》十月、《光啓三年》三月，《廣記》卷五二引《續仙傳》。《全文》卷八四七李琪《梁啓聖匡運同德功臣淮南鎮海鎮東等軍節度使錢公（鏐）生祠堂碑》：“光啓三年春，鎮海軍節度使周寶以釁生親戚，旌節播遷。”

薛　朗　　光啓三年（887）

《新書·僖宗紀》：光啓三年三月“癸巳，鎮海軍將劉浩逐其節度使周寶，度支催勘使薛朗自稱知府事”。《九國志·成及傳》：“潤州刺史薛朗、常州刺史丁從實叛，〔錢〕鏐命及討之。”《通鑑·光啓三年》：十一月乙未，“〔錢鏐〕命阮結等進攻潤州，丙申，克之；劉浩走，擒薛朗以歸”。

***趙　犨**　　文德元年—龍紀元年（888—889）

《舊五代史》本傳：“文德元年，蔡州平……以犨檢校司徒、充泰寧軍節度使，又改浙西觀察使，不離宛丘，兼領二鎮。龍紀元年三月……就加平章事，充忠武軍節度使，仍以陳州爲理所。”

阮　結　　文德元年—龍紀元年（888—889）

《新書·周寶傳》：“文德元年，〔錢鏐〕拔潤州，劉浩亡，不知所在，執〔薛〕朗，剖其心祭〔周〕寶，使阮結守潤州。”《通鑑·文德元年》：正月丙寅，“以阮結爲潤州制置使”。又《龍紀元年》：“五月甲辰，潤州制置使阮結卒。”又見《吳越備史》卷一《武肅王》，《十國春秋·吳越武肅王世家》

成　及　　龍紀元年（889）

《九國志》本傳：“潤州刺史阮結卒，命及代之。遷蘇州刺史。”又見《通鑑·龍紀元年》五月甲辰，《吳越備史》卷一《武肅王》。

＊李順節　　大順初

《舊書·孔緯傳》：“大順初，天武都頭李順節恃恩頗橫，不期年領浙西節度使，俄加平章事。”《新書·孔緯傳》略同。又見《舊書·楊復恭傳》。《大詔令集》卷五《改元天復赦》：“故鎮海軍節度使李順節，頃歲奸邪亂政，慷慨不平，偶泄藏謀，遂罹橫禍……宜申縟禮，以慰忠魂。”《嘉定鎮江志》謂當是遙領。

劉崇□　　大順中

《全詩》卷八三〇貫休《贈抱麻劉舍人》云：“雙溪逢陸海，荊渚遇平津。”上句注云：“東陽逢故浙西侍郎。”下句注云：“江陵見吏部相公。”抱麻劉舍人，劉崇魯，景福初，以水部員外郎知制誥，時命李磎爲相，崇魯離班抱麻而哭，坐貶崖州司户。吏部相公，指崇魯兄劉崇望，昭宗即位，拜中書侍郎、同平章事。乾寧二年，責授昭州司馬，途中召還，拜吏部尚書。均見《舊唐書·劉崇望傳》。崇望兄弟八人，崇龜、崇望、崇魯、崇謨最知名。崇龜大順中爲户部侍郎，後出爲清海軍節度，卒於位，均非此浙西侍郎，故只能以“劉崇□”著録。詩云：“三峰宵旰切，萬里渥恩新。”蓋作於乾寧三年昭宗幸華州（三峰）時。貫休雖於早年在東陽（婺州），但此亦可據劉侍郎後來之終官稱之。

安仁義　　景福元年—天祐二年（892—905）

《通鑑·景福元年》：“八月，以楊行密爲淮南節度使、同平章事，以田頵知宣州留後，安仁義爲潤州刺史。”《九國志》本傳：“景福元年⋯⋯以功奏授檢校尚書左僕射、潤州刺史⋯⋯天復三年，仁義遣衆盡焚東塘戰棹，結連宣州田頵以叛⋯⋯天祐二年⋯⋯父子俱斬於廣陵市。”又見《田頵傳》、《危全諷傳》、《新書·田頵傳》、《吳越備史》卷一《武肅王》，《十國春秋·吳太祖世家》。

【李　鋋　　景福二年(893)（未之任）】

《舊書·昭宗紀》：景福二年“三月庚子，制以⋯⋯耀德都頭李鋋爲潤州刺史、鎮海軍節度使⋯⋯並加特進、同平章事。各令赴鎮，並落軍權”。《舊五代史·錢鏐傳》：“唐景福中，朝廷以李鋋（鋋）爲浙江西道鎮海軍節度使⋯⋯久之，李鋋終不至治所，朝廷以鏐爲鎮海軍節度。”按是時安仁義據潤州，李鋋未曾赴鎮。

＊錢　鏐　　景福二年—天祐四年(893—907)

《舊書·昭宗紀》：景福二年“九月丙寅朔，以武勝軍防禦使錢鏐爲鎮海軍節度、浙江西道觀察處置等使，仍移鎮海軍額於杭州”。《通鑑·景福二年》作“九月丁卯”。《考異》云：“按《吳越備史》，是歲鏐初除鎮海節度使，猶領潤州刺史，至光化元年，始移鎮海軍於杭州。”《舊五代史》本傳同。《全文》卷八二一鄭璘有《授錢鏐潤州節度使制》。又卷八五八楊凝式《大唐故天下兵馬都元帥尚父吳越國王諡武肅神道碑銘并序》：“命爲杭州刺史，尋移鎮潤州，鎮海軍額授制焉。”又卷九二昭宗《賜錢鏐鐵券文》稱：“維乾寧四年歲次丁巳八月甲辰朔四日丁未，皇帝若曰：咨爾鎮海、鎮東等軍節度、浙江東西等道觀察處置營田招討等使⋯⋯檢校太尉兼中書令、使持節潤越等州諸軍事兼潤越等州刺史⋯⋯錢鏐。”又卷八九八皮光業《吳越國武肅王廟碑銘》：“始鎮石鏡，便牧杭州⋯⋯移南徐之藩翰，就錢塘之江山。”

王茂章　　天祐二年(905)

《新書·楊行密傳》：“天祐二年，王茂章、李德誠拔潤州，殺安仁義，以王茂章爲潤州團練使。”《通鑑·天祐二年》：九月，“行密以潤州團練使王茂章爲宣州觀察使"。

李德誠 天祐二年—四年(905—907)

《十國春秋》本傳:"與諸將圍安仁義於潤州……〔仁義〕就執,太祖即拜德誠潤州刺史。未幾,徙江州。"《南唐書》本傳稱"拜潤州留後"。又《李建勳傳》稱:"初,德誠守潤州,秉燭夜出,候者以聞,而徐溫疑其有變,徙鎮江州。"

待考録

劉子長

《唐摭言》卷一一:"文德中,劉子長出鎮浙西,行次江西,時陸威侍郎猶爲郎吏,亦寓於此。〔褚〕載緘二軸投謁,誤以子長之卷面贄於威。"又見《唐才子傳》卷一〇《褚載傳》。按文德元年阮結在潤刺任。未知《摭言》誤否。

劉穎秀

《古今姓氏書辯證》卷一八濮陽劉氏:"唐潤州刺史穎秀之後。"按《姓纂》卷五濮陽劉氏作"唐濮州刺史劉穎考"。

卷一三八　常州（晉陵郡）

隋毗陵郡。武德三年杜伏威歸化，置常州。六年復陷輔公祐。七年公祐平，復置常州。天寶元年改爲晉陵郡。乾元元年復爲常州。領縣五：晉陵、武進、江陰、義興、無錫。

李玄道　　約貞觀二年—三年（約628—629）

《舊書》本傳："貞觀元年，累遷給事中……拜玄道爲幽州長史……流巂州。未幾，徵還，爲常州刺史……三年，表請致仕，加銀青光禄大夫，以禄歸第，尋卒。"《新書》本傳略同。又見《舊書·李義琰傳》，《元龜》卷六五〇，《新表二上》隴西李氏姑臧房。《全文》卷四二〇常袞《贊善大夫李君墓誌銘》："曾祖玄道，皇朝秦王府十八學士、給事中、銀青光禄大夫、常州刺史。"按《全文》卷三六二封利建《大唐睢陽郡柘城縣令李公德政碑》稱："太翁雲將，皇給事中、常州刺史，與房玄齡等十八學士曳裾秦邸。王父玄道，皇尚書右丞、隴州刺史"，誤將世系和官職顛倒。雲將乃玄道子，附《舊書·李玄道傳》，官至尚書左丞。《咸淳毗陵志》卷七歷代郡守（以下簡稱《毗陵志》）列李玄道外，又列李延道，亦誤。

竇德明　　貞觀三年（629）

《舊書》本傳："貞觀初，歷常、愛二州刺史，尋卒。"《新書》本傳同。《姓纂》卷九河南洛陽竇氏："德明，常州刺史。"按《新表一下》竇氏三祖房稱："德明，晉陵郡太守，襲公"，誤。唐初不稱晉陵郡。《續高僧傳》卷二〇《唐衡岳沙門釋善伏傳》：“姓蔣，常州義興人……貞觀三年，竇刺史聞其聰敏，追充州學。”《全詩》卷八〇八慧宣有《奉和竇使君同恭法師詠高僧二首》，疑皆指竇德明。

李襲譽?　　貞觀中?

《吳郡圖經續記》卷下：“望亭在吳縣西境，吳先生所立，謂之御亭。隋開皇九年置爲驛；唐常州刺史李襲譽改今名。”按兩《唐書》本傳皆未及爲常州刺史，未知誤否。

權文誕　　約貞觀中

《新表五下》權氏：“文誕，涪、常二州刺史。”乃隋儀同權榮子。《全文》卷五〇一權德輿《唐故東京安國寺契微和尚塔銘并序》：“和尚俗姓權氏……曾祖文誕，皇銀青光禄大夫、涪常二州刺史、荆州都督府長史。”和尚卒建中二年九月六日，報年六十二。又卷五〇三《叔父故朝散郎華州司士參軍府君（隼）墓誌銘并序》：“祖平涼公諱文誕，歷開府儀同三司、涪常二州刺史。”

盧幼孫　　貞觀末?

《舊書·列女·崔繪妻盧氏傳》：“祖幼孫，常州刺史。父獻，有美名，則天時歷鸞臺侍郎、文昌左丞。”《新表三上》盧氏：“幼孫，常州刺史。”乃忠州刺史君胤子。《千唐誌·唐故通議大夫鄂州刺史上柱國盧府君（翊）墓誌銘并序》（開元二十一年十月十六日）：“常州刺史幼孫，即公之王父。公蓋黄門侍郎獻之次子也。”翊卒開元十九年。上圖藏拓片《唐故中大夫澧州刺史范陽盧府君（昂）墓誌銘并序》（大和三年十月二十六日）：“自敏四世至常州刺史府君諱幼孫；常州生黄門侍郎府君諱獻；黄門生鄂州刺史府君諱翊；鄂州生府君諱昂。”永泰元年卒。按盧獻永昌元年在文昌左丞任，疑幼孫仕至貞觀末。

蕭　説　　永徽二年（651）

《元龜》卷四七：“高宗永徽二年，襄城長公主薨於常州。”注：“公主，太宗長女，適州刺史蕭説。"

長孫祥　　顯慶三年—四年（658—659）

《千唐誌・長孫祥墓誌》（上元二年二月二十八日）："尋轉御史大夫，俄遷中書舍人……又遷刑部尚書，檢校荆州長史，又除常州刺史，累授□臺。"顯慶四年卒，春秋六十一。《通鑑・顯慶四年》：七月，"常州刺史長孫祥坐與無忌通書，處絞。"按長孫祥於顯慶元年爲刑部尚書，見《元龜》卷一六一。

平原公　　麟德元年（664）

《全文》卷一八五王勃《常州刺史平原郡開國公行狀》："麟德元年，改授金紫光禄大夫、常州刺史。"

李孝逸　　咸亨二年（671）

《會稽掇英總集・唐太守題名》："李孝逸，咸亨二年三月自常州刺史授，移益州長史。"《嘉泰會稽志》同。《毗陵志》："李孝逸，咸亨二年爲常州刺史，三月移越州都督。"

長孫濬　　高宗時？

《新表二上》長孫氏："濬，常州刺史，安康伯。"乃無忌之子。

杜行敏　　高宗時

《姓纂》卷六京兆杜氏："行敏，常州刺史、荆益二長史，南陽襄公。"按《舊書》附《杜佑傳》，未及常刺；《新表二上》襄陽杜氏稱："行敏，益州長史、南陽襄公。"《全文》卷四九六權德輿《杜佑淮南遺愛碑銘》及卷五〇五《杜佑墓誌銘》稱：曾祖行敏，皇銀青光禄大夫荆益二州大都督府長史、南陽郡公。

楊崇敬　　約高宗時

《全文》卷二二九張説《贈太州刺史楊公（志誠）神道碑》："考故常

州刺史工部侍郎鴻臚卿金紫光禄大夫散騎常侍太子少師贈儀同三司上柱國鄭國懿公諱崇敬……〔志誠，〕年十三調太宗挽郎。"按《舊書》本傳附《楊師道傳》，未及常刺。《新表一下》楊氏觀王房稱："崇敬，太子少師，鄭懿公。"乃汾州刺史楊譽子。嚴氏《僕尚丞郎表》謂約高宗世崇敬爲工侍。

李　明　　高宗末

《千唐誌·有唐山南東道節度使贈尚書右僕射嗣曹王（李皋）墓銘并序》（貞元八年五月十二日）："王之四代祖受封於曹，則文皇第十四子也。歷虢、蔡、蘇、常等四州刺史，贈司空，司空諱明。"兩《唐書》本傳未及。按調露二年李明爲蘇州刺史。

楊德裔　　約高宗末期

《楊炯集》卷九《常州刺史伯父東平楊公（德裔）墓誌銘》："遷棣、曹、恒、常四州刺史……罷歸初服，告老私庭……維文明元年夏四月某日薨於正寢，春秋八十有五。"又見《伯母東平郡夫人李氏墓誌銘》。

張　鉉　　武后時？

《全文》卷五〇四權德輿《前京兆府咸陽縣丞權公故夫人清河張氏墓誌銘并序》："曾祖鉉，皇正議大夫常州刺史。"夫人卒貞元十八年。其曾祖疑仕武后時。

于知微　　長安二年（702）

《全文》卷二〇六姚崇《兗州都督于知微碑》："君諱知微，字辯機……長安二年，改授常州刺史。毗陵大蕃，實要良守。"《姓纂》卷二河南洛陽于氏："辯機，揚府長史，左庶子，常、絳二州刺史"。

薛　登（薛謙光）　　長安四年（704）

《舊書》本傳："累遷給事中、檢校常州刺史。"《新書》本傳略同。《通鑑·長安四年》："三月己丑，李嶠、唐休璟等奏：'竊見朝廷物議，遠近人情，莫不重内官，輕外職，每除授牧伯，皆再三披訴……望於臺閣寺監妙簡賢良，分典大州，共康庶績……'太后命書名探之，得韋嗣立及御史大夫楊再思等二十人。癸巳，制各以本官檢校刺史。嗣立爲汴州刺史。其後政績可稱者，唯常州刺史薛謙光、徐州刺史司馬鍠而已。"又見《通典》卷三三《州郡下》，《元龜》卷六七一。

楊執一　　神龍中

賀知章撰《大唐故金紫光禄大夫行郿州刺史楊府君（執一）墓誌銘并序》（開元十五年九月三日）："中宗踐祚，以佐命匡復勳加雲麾將軍，遷右鷹揚衛將軍，封弘農縣公……初，爲武三思所訴，出爲常州刺史，後轉晉州。又譖與王同皎圖廢韋氏，復貶沁州。久之，三思以無禮自及，府君許歸侍京第。景龍四載，維帝念功，擢拜衛尉卿。"（《文物》1961年第8期）《全文》卷二二九張説《贈户部尚書河東公楊君（執一）神道碑》略同。

姚　崇　　景龍二年（708）

《舊書》本傳：神龍元年，則天移居上陽宮，"元之獨鳴咽流涕……無幾，出爲亳州刺史，轉常州刺史。睿宗即位，召拜兵部尚書、同中書門下三品，尋遷中書令"。《新書》本傳略同。又見兩《唐書·嚴挺之傳》。《嘉泰會稽志》："姚元之，景龍元年十月自宋州刺史授，移常州刺史。"《毗陵志》稱"景龍元年自越州都督授常州刺史"，疑非。《全文》卷二三〇張説《故開府儀同三司姚文貞公（崇）神道碑》："出典亳、宋、常、越、許、申、徐、潞、揚、同十郡……開元九年九月寢疾薨。"

張訥之　　約景龍末

《朝野僉載》卷五："德州刺史張訥之……從給事中、相府司馬改德州刺史，入爲國子祭酒，出爲常州刺史，至今猶在。"又見《廣記》卷四三五。按《匋齋藏石記》卷二一神龍二年四月五日門下省行尚書省文刻石有"正議大夫行給事中柱國文安縣開國男臣訥之"，知神龍二年訥之在給事中任。則刺常約在景龍末。

平貞眘　景雲中

《全文》卷二二九張説《常州刺史平君(貞眘)神道碑》："景龍中復起……又攝詹事、東都留守,拜常州刺史。居歲餘,優詔致仕。"先天元年卒,享年八十。

崔日用　開元五年(717)

《舊書》本傳："及討蕭至忠、竇懷貞之際,又令權檢校雍州長史……尋拜吏部尚書……尋出爲常州刺史,削實封三百户,轉汝州刺史。開元七年,差降口賦。"《新書》本傳："坐兄累,出爲常州刺史。"《千唐誌·大唐義豐縣開國男崔四郎(宜之)墓誌并序》(開元五年五月十日)："父日用,吏部尚書、常州刺史、齊國公。"由此知日用開元五年在常州刺史任。開元六年日用已在汝州刺史任。《元龜》卷一三四稱:"開元七年,崔日用爲常州刺史",誤。《全詩》卷一一八孫逖有《和常州崔使君寒食夜》,即崔日用。卷九六沈佺期名下重出,誤。孫逖又有《和常州崔使君詠後庭梅二首》。

封全禎(封令禎)　約開元六年—八年(約718—720)

《廣記》卷四六七引《廣古今五行記》:"唐封令禎任常州刺史,於江南溯流將木。"按《姓纂》卷一渤海蓨縣封氏有"全禎,刑部侍郎",岑仲勉《姓纂四校記》謂《廣記》之"令禎"即"全禎"之訛諱。《隋唐五代墓誌匯編·河北卷·唐故銀青光禄大夫行大理少卿上柱國渤海縣開國公封公(禎,字全禎)墓誌銘并序》(開元九年十一月六日)："祕書少監會稽賀知章撰……今上剪除凶悖之夕,擢授御史中丞,與大夫東平畢構連制夜拜……居一年,遷刑部侍郎……朝廷初置連率,拜襄州都督按察山南道。使停,加銀青光禄大夫,累遷澤、括、常三州諸軍事三州刺史。以連最善績,入爲大理少卿。"享年八十二。未言卒年。

王昱　開元十二年(724)

《元龜》卷六七一:"開元十二年……王昱以京兆少尹爲常州刺史。"《全文》卷三一二孫逖《湖中宴王使君序》:"常州刺史王公,奉若天命，肅清江服。"疑"王公"即王昱。

李少康　　約開元二十年（約 732）

《全文》卷三九〇獨孤及《唐故睢陽太守贈祕書監李公（少康）神道碑銘并序》："拔爲青州刺史……按察使戶部侍郎宋遙以狀聞，璽書褒異，遷公於常州……復以高第擢拜徐州刺史……玄宗後元年，改宋州爲睢陽郡，命公爲太守。"按嚴氏《僕尚丞郎表》謂宋遙約開元十八、十九年爲戶部侍郎充按察使，則李少康由青州遷常州約在開元二十年。

齊澣　　開元二十四年（736）

《舊書》本傳："澣數年量移常州刺史。二十五年，遷潤州刺史，充江南東道採訪處置使。"《新書》本傳略同。上圖藏拓片《唐故朝議郎行陝州硤石縣令上柱國侯公（續）墓誌銘并叙》（大和九年十二月十一日）："夫人高陽齊氏，皇吏部侍郎、汴常潤濠等五州刺史、河南江東兩道採訪使、平陽郡太守襲高陽公之曾孫也。"按"襲高陽公"即齊澣。

羅思崇　　約開元中

《全文》卷四七八楊憑《唐廬州刺史本州團練使羅珣德政碑》："王父思崇，韶、睦、常三州刺史。"又卷五〇六權德輿《唐故太中大夫守太子賓客羅公（珣）墓誌銘并序》同。珣卒元和四年十一月，其祖刺常州約在開元中。

桓玄範　　約開元中

《新書·桓彥範傳》："彥範弟玄範，官至常州刺史。"按彥範神龍二年被害。其弟約仕至開元中。

韋晉　　約開元中

《姓纂》卷二襄陽韋氏："晉，常州刺史。"《新表四上》韋氏逍遙公房同。乃武后時宰相韋承慶子。《郎官柱》司勳員外有韋晉，在韋曾、崔希喬後，員嘉静、張九齡前。

褚 琇 開元中

《姓纂》卷六河南陽翟褚氏："琇，給事中、常州刺史。"《新表二下》同。按《曲江集》附録《開元十二年誥命》有給事中褚琇，其爲常刺當在此之後。

宋 顥 約開元中

《姓纂》卷八廣平宋氏："顥，常州刺史。"《新表五上》同。其兄庭瑜於開元中爲慶州、廣州都督。則顥刺常亦約在開元中。

盧 奐 天寶元年(742)

《舊書》本傳："天寶初，爲晉陵太守。時南海郡利兼水陸，璝寶山積，劉巨鱗、彭杲相替爲太守、五府節度，皆坐贓鉅萬而死。乃特授奐爲南海太守。"《新書》本傳未及晉陵太守。又見《大唐新語》卷三。

劉同昇 天寶三載—五載(744—746)

《新書·玄宗紀》：天寶三載二月"丁丑，河南尹裴敦復、晉陵郡太守劉同昇、南海郡太守劉巨鱗討吳令光"。按《元龜》卷三五八稱，"天寶三載，屬狂賊吳令光扇聚凶黨於四明間，據海以叛，詔敦復持節率晉陵太守劉巨鱗統兵討之"，"晉陵太守"下奪"劉同昇、南海太守"七字。《全文》卷三二〇李華《潤州鶴林寺故徑山大師碑銘》稱"故採訪使常州刺史劉同昇"，又卷三六四趙晉用《賽雨紀石文》稱："我明太守兼江南採訪處置漳潮等六郡經略使彭城劉公名同昇，惠恤人隱，保釐東夏……大唐天寶五載季夏壬午三日甲申記。"又卷九一五德宣《隋司徒陳公捨宅造寺碑》亦稱"〔晉陵郡〕太守劉公同昇兼江東道採訪使"。

林 洋 約天寶六載—七載(約 747—748)

《姓纂》卷五濟南鄒縣林氏："洋，密、衢、常、潤、蘇九州刺史。"按林洋天寶七載至八載爲丹陽太守,九載爲吳郡太守,爲晉陵太守當在此前。

杜庭誡　　天寶七載(748)

《會稽掇英總集·唐太守題名》:"杜庭誡,天寶六載授。七載移晉陵郡太守兼按察使。"《嘉泰會稽志》同,唯無"兼按察使"四字。

董　琬　　天寶中

《全文》卷三六玄宗《禁茅山採捕漁獵敕》:"敕江南東道採訪處置使晉陵郡太守董琬……自今已後,茅山中令斷採捕及漁獵。"《姓纂》卷六隴西董氏:"琬,度支郎中、晉陵太守、江南東道採訪使。"《廣記》卷四九五引《辨疑志》:"潤州城南隅,有樓名萬歲樓,俗傳樓上烟出,刺史即死,不死即貶。開元已前,以潤州爲凶闕,董琬爲江東採訪使,嘗居此州。"

韋昭理　　約天寶中

《姓纂》卷二東眷韋氏南皮公房:"昭理,常州刺史。"《新表四上》同。

滎陽公?　　天寶中?

《廣記》卷四八四引《異聞録》:"天寶中,有常州刺史滎陽公者,略其名氏,不書……知命之年,有一子……生父(滎陽公)由常州刺史詔入,拜成都尹、兼劍南採訪使。"按益州至德中始改爲成都府,長史爲尹,其時無滎陽公爲成都尹者。疑《廣記》誤。

崔　巽　　約至德中

《新表二下》博陵安平大房崔氏:"巽,常州刺史。"據《嘉泰吳興志》,崔巽天寶十五載由吳郡太守調任吳興郡太守。則其爲常州刺史當在此之後。

崔　渙　　約乾元元年（約 757）

《全文》卷七八四穆員《相國崔公（渙）墓誌銘》："怙寵者排之，降左常侍，領杭州刺史，俄轉常州，徵拜祕書監。"按《新書·宰相表》："至德二載八月甲申，門下侍郎同中書門下平章事江南宣慰使崔渙罷爲左散騎常侍兼餘杭郡太守。"兩《唐書》本傳未及常州刺史。

李　某　　乾元二年（759）

《寶刻叢編》卷一四引《復齋碑録》有齊光乂撰《陳公神廟碑》，乾元三年二月撰，云："時其賢守李公，行穆民勤恤之意，傍偟匪寧，率領官屬長史李公昌岠、司馬丘公從心、晉陵縣令岑公況、武進縣令何公據等果到虔誠，景刻俱應。"按《全文》卷八一三稱齊光乂乾符初官集賢院學士，"乾符"乃"乾元"之誤。

【陳希昂　　上元元年（760）（未之任）】

《舊書·呂諲傳》："先是張惟一爲荆州長史，已爲防禦使，陳希昂爲司馬……及諲至，奏追希昂赴上都，除侍御史，出爲常州刺史、本州防禦使。希昂路由江陵，諲伏甲擊殺之。"《新書·呂諲傳》同。按呂諲上元元年八月爲荆州長史，希昂任命爲常州刺史亦當在是年。

李可封　　上元元年（760）

《通鑑·上元元年》：十二月，"〔劉〕展以其將……李可封爲常州刺史"。

韋　損　　永泰元年（765）

《全文》卷三一四李華《潤州丹陽縣復練塘頌并序》：永泰元年"十一月二十三日，拜常州刺史京兆韋公損爲潤州"。

李栖筠　　永泰元年—大曆三年（765—768）

《元和郡縣志》卷一京兆府雲陽縣："廣德二年，臣吉甫先臣文獻公爲工部侍郎……歲餘，先臣出牧常州。"按吉甫父即栖筠，廣德二年之次年爲永泰元年。《舊書・代宗紀》：大曆三年“二月己卯，以常州刺史李栖筠爲蘇州刺史兼御史中丞、浙西團練觀察使”。《全文》卷四一三常袞《授李栖筠浙西觀察使制》稱“常州刺史李栖筠”。又見卷三一六李華《常州刺史廳壁記》、卷四九三權德輿《唐御史大夫贈司徒贊皇文獻公李栖筠文集序》、卷五一八梁肅《陪獨孤常州觀講論語序》、卷五二一《越州長史李公（鋒）墓誌銘》，《金石録》卷二九《唐義興縣重修茶舍記跋》，《元龜》卷三三九、卷六七三、卷六七八。

殷　某？　　大曆中？

《全詩》卷八一九皎然有《雪夜送海上人常州覲叔父上人殷仲文後》。疑殷某或爲常州刺史。

獨孤及　　大曆八年—十二年（773—777）

《舊書》本傳：“位終常州刺史。”《新書》本傳略同。《全文》卷三八五獨孤及《謝常州刺史表》：“伏奉去年十二月二十二日敕，授臣使持節常州諸軍事守常州刺史……〔臣往歲〕典濠舒二州，出入七年……今以三月十七日到州上訖。”又卷五一二梁肅《朝散大夫使持節常州諸軍事守常州刺史賜紫金魚袋獨孤公行狀》：“擢拜常州刺史……爲郡四載，大曆十二年四月壬寅晦暴疾薨於位。”由此知獨孤及大曆八年拜常刺，九年三月到任，十二年四月卒。又卷五二二《爲常州獨孤使君祭李員外文》稱“維大曆元年五月日朝散大夫守常州刺史賜紫金魚袋獨孤某”，“元年”當爲“九年”之誤。又有《祭獨孤常州文》。又卷五一八《常州刺史獨孤及集後序》：“大曆丁巳歲夏四月，有唐文宗常州刺史獨孤公薨於位……公諱及，字至之。”按丁巳爲大曆十二年。又卷四〇九崔祐甫有《祭獨孤常州文》及《故常州刺史獨孤公神道碑銘并序》，《全詩》卷一四八劉長卿《題獨孤使君湖上林亭》、卷二四三韓翃《贈別崔司直赴江東兼簡常州獨孤使君》，皆指獨孤及。北圖藏拓片《唐故隴西李氏十四娘墓誌文》（大曆九年四月廿八日）：“故衢州司士參軍濤之處子，常州刺史河南獨孤及之出也。”又《皇五從叔祖故衢州司士參軍府君（濤）墓誌銘并序》（同上）：“朝散大夫守常州刺史賜紫金魚袋河南獨孤及撰。"

蕭　復　　大曆十二年—十四年(777—779)

《舊書·德宗紀上》：大曆十四年閏五月庚寅，"以常州刺史蕭復爲潭州刺史、湖南團練觀察使"。又《蕭定傳》："大曆中，有司條天下牧守課績，唯定與常州刺史蕭復、豪州刺史張鎰爲理行第一。"又見《舊書》本傳、《王紹傳》，《新書·蕭定傳》，《元龜》卷六八四。《全文》卷四六九陸贄《奉天論辟蕭復狀》："蕭復往年曾任常州刺史，臣其時寄住常州，首尾二年，閱其理行。"《全詩》卷一四七劉長卿有《送方外上人之常州依蕭使君》，卷二七三戴叔倫有《郊園即事寄蕭常州復》。

皇甫愉　　建中時？

《舊書·皇甫鎛傳》："父愉，常州刺史。"按皇甫鎛貞元初登進士第，其父刺常或在建中時。

孫　會　　約貞元初

《姓纂》卷四樂安孫氏："會，常州刺史。"《新表三下》同。《千唐誌·唐故銀青光禄大夫工部尚書致仕孫府君（公乂）墓誌銘》(大中五年七月三日)："父會，皇郴、溫、廬、宣、常五州刺史，贈工部尚書。"公乂卒大中五年，享年八十。又見《芒洛四編》卷六《孫嗣初誌》，《丙寅稿·孫瑝誌》，拓本《孫拙墓誌銘》(後唐天成二年二月十五日)。《全文》卷五一八梁肅《賀蘇常二孫使君鄰郡詩序》："二孫鄰郡詩者，前道州刺史李萼賀晉陵、吳郡伯仲二守之作也……興元、貞元間，偕以治行聞，天子器之，於是仲有吳苑之寄，伯受晉陵之命。"按仲指孫成，貞元元年至四年爲蘇州刺史，伯指孫會，刺常亦約在貞元初。【補遺】《唐故御史中丞汀州刺史孫公（鍠）墓誌並序》(咸通十三年八月)："王父諱會，皇侍御史、郴溫廬宣常五州刺史、晉陽縣開國男、贈工部尚書。"(周紹良、趙超《唐代墓誌匯編續集》，上海古籍出版社2001年版)

【張　嚴　　貞元三年(787)(未之任)】

《廣記》卷七九引《異聞集》："唐韓晉公滉鎮潤州……即到京與公(穆賢)廷辯……乃曰：前日除張嚴常州刺史，昨日又除常州刺史，緣張嚴曾犯贓，所以除替……後日韓入班倒，牀异出，遂卒。"按韓滉卒於貞元三年二月。

劉　贊　　貞元三年(787)

《舊書》本傳："楊炎作相，擢爲歙州刺史，以勤幹聞……宣歙觀察使韓滉表其異行，加金紫之服，再遷常州刺史。"《新書》本傳同。又見《新安志》卷九牧守。按《新書·方鎮表五》：大曆十四年，"廢宣歙池觀察使，置團練使"。又按韓滉自建中元年正月爲浙西觀察使，至貞元三年卒於任，未嘗爲宣歙觀察使，此"宣歙"必爲"浙西"之誤。《舊書·德宗紀上》：貞元三年八月，"常州刺史劉贊爲宣州刺史"。

李　衡　　貞元六年—七年(790—791)

《舊書·德宗紀下》：貞元七年正月，"以常州刺史李衡爲潭州刺史、湖南觀察使"。《全文》卷五四五王仲舒《湖南觀察使謝上表》："獨臣領常州一年，超居近地。"當是代李衡作，題上奪"代"字。又卷六五四元稹《故越州刺史河東薛公(戎)神道碑文銘》："遂入陽羨山，年四十餘不出。李衡爲刺史，能以禮下公。"

李　巽　　貞元七年—八年(791—792)

《舊書》本傳："由左司郎中出爲常州刺史。逾年，召爲給事中。"《新書》本傳略同。《全文》卷四九六權德輿《大唐湖南都團練觀察處置等使都督潭州諸軍事兼潭州刺史御史中丞李公(巽)遺愛碑銘并序》："由左司郎中爲常州刺史……貞元八年冬十二月由給事中至於是邦。"又卷五〇五《李公(巽)墓誌銘》略同。《通鑑·貞元九年》："初，竇參惡左司郎中李巽，出常州刺史。及參貶郴州，巽爲湖南觀察使。"又見《元龜》卷九二〇，韓愈《順宗實録》。

韋夏卿　　貞元八年—十一年（792—795）

　　《舊書・德宗紀下》：貞元八年四月，"給事中韋夏卿左遷常州刺史，坐交諸竇也"。又見兩《唐書》本傳，《元龜》卷九二五，《全文》卷五三四李觀《常州軍事判官廳壁記》、卷六三〇呂溫《故太子太保京兆韋府君神道碑》、卷七六一褚藏言《竇群傳》。《全文》卷四三八韋夏卿《東山記》："惟毗陵地高，林麓相望……貞元八年，余出守是邦，迨今四載……貞元十一年歲在乙亥九月九日記。"

裴　肅　　貞元十二年—十四年（796—798）

　　《通鑑・貞元十二年》：六月，"其後常州刺史濟源裴肅以進奉遷浙東觀察使"。《舊書・德宗紀下》：貞元十四年九月，"又以常州刺史裴肅爲越州刺史、浙東觀察使"。又見《舊書》本傳，兩《唐書・食貨志》，《南部新書》乙，《毗陵志》，《嘉泰會稽志》等。

李　錡　　貞元十四年—十五年（798—799）

　　《舊書・德宗紀下》：貞元十五年二月，"以常州刺史李錡爲潤州刺史、浙西觀察使及諸道鹽鐵轉運使"。《通鑑・貞元十五年》同。

賈　全　　貞元十七年（801）

　　《舊書・德宗紀下》：貞元十八年正月"庚辰，以常州刺史賈全爲越州刺史、浙東觀察使"。《會稽掇英總集・唐太守題名》及《嘉泰會稽志》同。

盧　玭　　貞元十八年？（802？）

　　《新表三上》盧氏："玭，常州刺史。"其兄瑗，未署官職。乃太原少尹盧暄子，刑部尚書盧正己四從兄弟，盧翰四從叔。按《毗陵志》卷七歷代郡守有盧瑗，謂"翰從子"，疑誤。又按《新表》另有盧政子"瑗，歙州刺史"，《金石錄》卷九云：《歙州刺史盧瑗碑》，裴度撰，裴潾正書，元和元年立。《全文》卷六八四孟郊《上常州盧使君書》云："小子嘗衣食宣武軍司馬陸大夫，道德仁義之矣。陸公既没，又嘗衣食此郡前守吏部侍郎韋公，道德仁義之矣。韋公既去，衣食亦去。"韋公當指韋夏卿。貞元十六年夏卿守吏部侍郎，十七年遷京兆尹。則"盧使君"刺常或在貞元十八年，或即盧珽歟？

田 敦　　約貞元十九年（約 803）

《嘉泰吳興志》卷一四郡守題名："田敦，貞元十八年五月自衢州刺史授；遷常州刺史。《統記》作十六年。"

穆 贊　　約貞元二十年—二十一年（約 804—805）

《舊書》本傳："丁母憂，再轉虔、常二州刺史。憲宗即位，拜宣州刺史、御史中丞、宣歙觀察使。"又《德宗紀上》：貞元二十一年八月，"以常州刺史穆贊爲宣歙池觀察使"。又見《元龜》卷六七七。《全文》卷四七九許孟容《穆公（員）集序》稱"伯兄舊御史中丞，今常州刺史"。

路 應　　永貞元年（805）

《舊書·憲宗紀》：貞元二十一年十二月壬子，"以常州刺史路應爲宣州刺史、宣歙池觀察使"。《全文》卷五六二《銀青光禄大夫守左散騎常侍致仕上柱國路公（應）神道碑銘》："入爲尚書職方郎中、兼御史中丞，佐鹽鐵使，使江東有功，用半歲，歷常州，遷至宣歙池觀察使，進封襄陽郡王。"

顏 防　　元和二年（807）

《通鑑·元和二年》：十月，鎮海節度使李錡反，"常州刺史顏防用客李雲計，矯制稱招討副使，斬李深，傳檄蘇、杭、湖、睦，請同進討"。又見兩《唐書·李錡傳》。《嘉泰吳興志》卷一四郡守題名："顧防，永貞元年四月自澧州刺史授；除常州刺史。《統記》作貞元二十年。"按"顧防"乃"顏防"之訛。

李 遜　　元和五年（810）

《舊書·憲宗紀上》：元和五年八月，"以常州刺史李遜爲越州刺史、浙東觀察使”。《會稽掇英總集·唐太守題名》及《嘉泰會稽志》同。

崔　芃　　元和六年(811)

《舊書·憲宗紀上》：元和六年八月“辛巳，以常州刺史崔芃爲洪州刺史、江西觀察使”。《全文》卷四九八權德輿《唐故江南西道都團練觀察處置等使中散大夫使持節都督洪州諸軍事守洪州刺史崔公（芃）神道碑銘并序》：“元和七年冬十一月某甲子啓手足於郡舍……遷考功員外郎、度支吏部二郎中、商常二州刺史，以至按部撫封，爲太子守臣。”

孟　簡　　元和七年—八年(812—813)

《舊書》本傳：“王承宗叛，詔以吐突承璀爲招討使，簡抗疏論之，坐語訐，出爲常州刺史。八年，就加金紫光禄大夫……是歲，徵拜給事中。”《元龜》卷一八一同。《全詩》卷四八二李紳《毗陵東山詩序》：“孟公在郡日，余以校書郎從役，同宴於此。”又卷四八一《過吳門二十四韻》注：“元和七年，余以校書郎從役。”證知元和七年孟簡在常刺任。《會要》卷八九：“元和八年，孟簡爲常州刺史，開漕古孟瀆，長四十里。”《太平寰宇記》卷九二、《新書·地理志五》常州武進縣注、《元龜》卷四九七同。《全詩》卷三八八盧仝有《常州孟諫議座上聞韓員外職方貶國子博士有感五首》，又卷三八七《觀放魚歌》稱：“常州賢刺史，從諫議大夫除。”又見《廣記》卷一七二引《逸史》、卷四六七引《戎幕閑談》。

裴　汶　　元和八年(813)

《嘉泰吳興志》卷一四郡守題名：“裴汶，元和六年自澧州刺史授；八年十一月除常州刺史。”

辛　祕　　元和九年—十一年(814—816)

《舊書》本傳：“〔元和〕九年，徵拜諫議大夫，改常州刺史。”《新書》本傳略同。《全文》卷六八二牛僧孺《昭義軍節度使辛公神道碑》：“出爲常州刺史……升改河南尹，時天子大舉伐趙。”按元和十一年至十二年辛祕在河南尹任。

薛　戎　　元和十一年—十二年（816—817）

《舊書》本傳：“出爲河南令，累改衢、湖、常三州刺史。”《嘉泰吳興志》卷一四郡守題名：“薛戎，元和八年十一月三十日自衢州刺史授；遷常州刺史。”《會稽掇英總集·唐太守題名》：“元和十二年正月自常州刺史授。”《嘉泰會稽志》同。《全文》卷六五四元稹《唐故越州刺史河東薛公（戎）神道碑文銘》：“改刺常州，不累月遷刺越州。”又見《元龜》卷六七七，《韓昌黎集》卷三二《唐故朝散大夫越州刺史薛公墓誌銘》。

盧元輔　　元和十二年?—十三年?（817?—818?）

《舊書》本傳：“德宗思〔盧〕杞不已，乃求其後，特恩拜左拾遺，再遷左司員外郎，歷杭、常、絳三州刺史。”《新書》本傳略同。又見《元龜》卷六八一。按元和十年冬元輔在杭州刺史任。

房　挺　　約元和末

《新表一下》房氏：“挺，常州刺史。”乃元和五年至七年宣歙觀察使房式姪。《千唐誌·大唐洛陽縣尉王師正故夫人河南房氏墓誌銘并序》（長慶二年八月十四日）：“先考挺，京兆少尹，左庶子，常州刺史；爵清河男。”夫人卒長慶二年，享年二十三。上圖藏拓片《唐故鄂岳團練判官將仕郎試大理評事太原王公（譚）墓誌銘并序》（咸通五年十月二十日）：“咸通五年五月廿四日終於鄂州官舍，享年五十二……妣河南房氏，外祖挺，皇任常州刺史。”

孟　簡　　長慶二年—三年（822—823）

《舊書》本傳：“長慶元年大赦，量移睦州刺史。二年，移常州刺史。三年，入爲太子賓客分司東都。”《新書》本傳略同。《白居易集》卷五五《孟簡賜紫金魚袋制》：“常州刺史孟簡……宜賜紫金魚袋。”

陳　某　　長慶三年(823)

《白居易集》卷八有《郡齋暇日辱常州陳郎中使君早春晚坐水西館書事詩十六韻見寄亦以十六韻酬之》,朱金城《白居易年譜》繫於長慶三年白居易在杭州作。陳郎中,名未詳。當爲賈餗前任。

賈　餗　　長慶四年—大和元年(824—827)

《舊書》本傳:"〔長慶〕四年,爲張又新所構,出爲常州刺史。大和初,入爲太常少卿。"《新書》本傳略同。又見《元龜》卷四八二。《寶刻叢編》卷一五引《集古錄目》:"《唐崇元聖祖院碑》,唐常州刺史賈餗撰……碑以寶曆二年立,在茅山。"《白居易集》卷二三有《看常州柘枝贈賈使君》、卷二四有《戲和賈常州醉中二絶句》等,皆指賈餗。

韋　鎮　　大和二年(828)

《全文》卷七四一郁群老《大唐常州江陰縣興建寺碑銘并序》:"于郡守韋公鎮剛毅公廉,仁明愛人,搢紳之徒,其從如水。頻由台鼎方領此郡……大和二年戊申歲二月八日主寺僧文獻置,進士魯郡郁群老撰。"

韓　泰　　約大和三年—五年(約829—831)

《嘉泰吳興志》卷一四郡守題名:"韓泰,大和元年七月三日自睦州刺史拜,遷常州刺史。"白居易《初見劉二十八郎中有感》詩,乃大和五年作。詩云:"欲話毘陵君反袂,欲言夏口我沾衣。""夏口"指元稹,大和五年卒於武昌節度使任。"毘陵"即指韓泰,是年冬卒於常州刺史任。故曰"反袂"、"沾衣"。

楊虞卿　　大和七年—八年(833—834)

《舊書·文宗紀下》:大和七年三月,"給事中楊虞卿爲常州刺史"。八年十二月,"以常州刺史楊虞卿爲工部侍郎"。又見兩《唐書》本傳,《新書·李宗閔傳》,《通鑑·大和七年》,《南部新書》乙。《白居易集》卷三一有《送楊八給事赴常州》、《晚春閑居楊工部寄詩楊常州寄茶同到因此長句答之》。《全詩》卷三六五劉禹錫有《和浙西尚書聞常州楊給事製新樓因寄之作》、《寄毗陵楊給事三首》。

盧　鈞　　大和八年—九年（834—835）

《舊書》本傳：“大和五年，遷左補闕。與同職理宋申錫之枉，由是知名。歷尚書郎，出爲常州刺史。〔大和〕九年，拜給事中。”《新書》本傳略同。

敬　昕　　約大和末—開成初

《嘉泰吳興志》卷一四郡守題名：“敬昕，大和七年自婺州刺史拜，除吏部郎中，續加檢校本官依前湖州刺史，後除常州。”按開成二年四月以中書舍人敬昕爲江西觀察使，見《舊紀》。則其刺常州約在大和末至開成初。

湛　賁　　開成中？

《全詩》卷四六六湛賁小傳：“貞元中登第，嘗以江陰主簿權知無錫縣事，後爲毗陵守。”《全文》卷六一三小傳同。按《登科記考》卷一四稱湛賁貞元十二年登進士第。《姓纂》卷五新淦湛氏稱：“賁，今進士，袁州人。”知元和七年湛賁尚未入仕。其刺常最早約在開成中。

崔　瑨　　約會昌中

《新表二下》博陵安平第二房崔氏：“瑨，常州刺史。”乃武宗時宰相崔珙弟。《舊書》本傳未及，唯云：“會昌中，歷三郡刺史，位終方鎮。”《全詩》卷四九六姚合《送崔郎中赴常州》：“貴是鵷原在紫微，榮逢知己領黃扉。”當即崔瑨。鵷原在紫微，領黃扉，指兄崔珙爲相，知會昌中崔珙爲相時崔瑨刺常州。

馬　植　　大中三年（849）

《新書》本傳：“貶常州刺史，以太子賓客分司東都，起爲忠武、宣武節度使，卒。”《舊書》本傳未及。《東觀奏記》卷上：“馬植爲相，與左軍中尉馬元贄有亢宗之分。上初即位，元贄恩澤傾內臣，曾賜寶帶內庫第一者,元贄輒以遺植。一日便殿對,上睹植帶,認是賜元贄者。
詰之,植色變,不敢隱。翌日,罷爲天平軍節度使。行次華州,取植密
吏董侔下御史獄,盡聞植交通之狀,再貶常州刺史。"又見《廣記》卷三
引《續仙傳》。按《新書·宰相表下》,馬植大中三年三月罷相,出爲天
平節度。未之鎮,即貶常州。

姚　勗　　大中四年?（850?）

《新書》本傳:"長慶初擢進士第……累遷諫議大夫,更湖、常二州
刺史。爲宰相李德裕厚善。"據《嘉泰吴興志》卷一四,姚勗會昌三年
至六年在湖州刺史任,其刺常當在大中初。岑仲勉《唐史餘瀋·再論
文饒集之姚諫議》:"《粟香五筆三》記唐姚勗等題名云:'姚勗……大
中四年二月遊。'在常州荆溪縣,似即勗官常州刺史之時。"

李從晦　　大中十一年（857）

《新書》本傳:"從晦,寶曆初及進士第……出爲常州刺史,鎮海軍
節度使李琢表其政,賜金紫。"按大中十二年李琢爲鎮海軍節度使,則
李從晦刺常當在是年前。

楊　假　　大中、咸通間?

《舊書》本傳:"故相鄭覃刺華州,署爲從事。從覃鎮京口,得大理
評事。入爲監察,轉侍御史。由司封郎中知雜事,轉太常少卿,出爲
常州刺史,卒官。"《新書》本傳略同。按鄭覃未嘗刺華州、鎮京口,當
爲"鄭朗"之誤。鄭朗鎮京口在大中元年至五年。則楊假刺常疑在大
中、咸通間。《郎官柱》户部郎中在李苟後,任憲前。

張　鐸（張擇）　　咸通三年（862）

《北夢瑣言》卷六:"唐通義相國崔魏公鉉之鎮淮揚也,盧丞相耽
罷浙西,張郎中鐸罷常州,俱過維揚謁魏公。"《廣記》卷三一一引《梁
楫李琪作傳》記此事作"張擇"。按盧耽罷浙西與崔鉉罷淮南皆在咸
通三年,張擇罷常州亦當在此時。

楊知至　　咸通七年（866）

皮日休《松陵集序》：“咸通七年，今兵部令狐員外在淮南，今中書舍人弘農公守毗陵，日休皆以詞獲幸……十年，大司諫清河公出牧於吳，日休爲郡從事。”弘農公乃楊氏，據友人陶敏考證，當是楊知至。

李　昭　　約咸通十一年（約 870）

《唐語林》卷四：“李尚書褒，晚年修道，居陽羨川石山後。長子召爲吳興，次子昭爲常州，當時榮之。”按《嘉泰吳興志》卷一四郡守題名：“李超，咸通十一年八月自楚州都團練使授，除諫議大夫。”疑“李超”即“李召”。則李昭刺常亦約在咸通十一年。

李　蒭　　咸通、乾符間？

《新書·宗室世系表上》大鄭王房：“常州刺史蒭。”乃湖南觀察使李叢弟。按李叢咸通九年至十年爲湖南觀察，其弟刺常疑在咸通、乾符間。

李　瞻　　乾符中

《金華子》雜編卷上：“永寧劉相國鎮淮南，辟杜晦辭爲節度判官，應召，路經常州，李瞻給事方爲郡守。”又見《唐語林》卷七。按劉鄴乾符元年至六年爲淮南節度，李瞻刺常亦當在此期間。

王　梲（王祝）　　乾符中

《金華子》雜編卷上：“李瞻、王祝繼牧常州……瞻罷秩退隱茅山，則免黃巢之難；祝剛訐北上，遂罹王珙之害。”《北夢瑣言》卷九：“唐王祝給事，名家子，以剛鯁自任……黃寇前嘗典常州。”按《新書·王重榮傳》、《新表二中》王氏、《通鑑·光化元年》十月皆作“王梲”。

孫　徽　　廣明元年（880）

《新表三下》孫氏：“徽，常州刺史。”《千唐誌·河南府長水縣丞樂安孫幼實墓誌銘并序》（廣明元年十月二十日）稱：“親兄朝請大夫前守常州刺史徽撰并書篆。”《全詩》卷八二七貫休《上孫使君》：“豈知吾后意,憂此毘陵最。親手賜彤弓,蒼生是繫賴。”又卷八三六有《避地毘陵寒月上孫徽使君兼寄東陽王使君三首》;又有《東陽罷亂後懷王愷使君五首》,注云:“時黃巢奔許,公點土勇救,萬禦押于歃血連西,而渠魁詐降,都將連城爲盟,違約,遂於戍地,當不與衢、睦、杭守同貶中也。”按黃巢陷睦州、婺州在廣明元年六月,見《通鑑》。則孫徽刺常當在廣明元年。

楊　恂　　中和時?

《新表一下》楊氏越公房:“恂字莊己,常州刺史。”乃大和九年京兆尹楊虞卿孫。疑其刺常或在中和時。

朱　實　　中和四年(884)

《毗陵志》稱:“朱實,中和四年。”按《新表四下》朱氏有“實”,可南子,未署官職,未知是否此人。

劉　革　　光啓元年—二年(885—886)

《通鑑考異・光啓二年》正月引皮光業《見聞録》曰:“……〔張〕郁自常熟縣取江陰而入常州,刺史劉革到任方一月,親執牌印於戟門而降。”

張　郁　　光啓二年(886)

《新書・僖宗紀》:“光啓二年正月辛巳,鎮海軍將張郁陷常州。”五月丙戌,“武寧軍將丁從實陷常州,逐其刺史張郁”。

丁從實　　光啓二年—三年(886—887)

《新書・周寶傳》:“〔張〕郁保常熟,因攻常州,刺史劉革迎降,衆稍集。〔周〕寶遣將丁從實督兵攻之,郁走海陵,依鎮遏使高霸,從實遂據常州。”《吳越備史・武肅王》:光啓三年九月,“進攻常州,刺史丁從實棄城宵遁”。又見《九國志・成及傳》,《通鑑・光啓三年》三月、十一月。

杜　稜　　光啓三年—龍紀元年(887—889)

《吳越備史》卷一《武肅王》：光啓三年"十二月,命杜稜爲常州制置使"。《九國志·杜建徽傳》："父稜……光啓中從征薛朗,以稜爲常州刺史,尋遷潤州。"按"遷潤州"誤。《全文》卷八九五羅隱《東安鎮新築羅城記》："東安主領太師杜公,尋以擒賊薛朗於京口,破丁從實於毗陵,天子寵之,拜常州刺史。"《新書·昭宗紀》：龍紀元年十月,"宣歙觀察使楊行密陷常州,刺史杜陵(稜)死之"。又見《九國志·田頵傳》、《安仁義傳》、《新書·周寶傳》、《田頵傳》、《十國春秋·吳太祖世家》。

劉建鋒　　龍紀元年(889)

《通鑑·龍紀元年》：十二月"戊寅,孫儒自廣陵引兵渡江。壬午,逐田頵,取常州,以劉建鋒守之"。又見《十國春秋·吳太祖世家》。

李　友(李宥)　　大順元年(890)

《通鑑·大順元年》：二月,"李友將兵二萬屯青城,將攻常州。安仁義、劉威、田頵敗劉建鋒於武進"。《吳越備史》卷一《武肅王》：大順元年"七月,常州李宥陷我姑蘇"。

張行周　　大順元年(890)

《通鑑·大順元年》：九月,"楊行密以其將張行周爲常州制置使"。又見《十國春秋·吳太祖世家》。

劉建鋒　　大順元年(890)

《通鑑·大順元年》："閏月,孫儒遣劉建鋒攻陷常州,殺〔張〕行周。"又見《十國春秋·吳太祖世家》。

陳可言　　大順二年—景福元年(891—892)

《十國春秋·吳越武肅王世家》：大順二年十二月,"常州甘露鎮使陳可立(言)據本州"。《新書·昭宗紀》：景福元年三月,"〔楊行密〕又陷常州,刺史陳可言死之"。《通鑑·景福元年》：二月,"孫儒圍宣州。先是，劉建鋒爲孫儒守常州，將兵從儒擊楊行密，甘露鎮使陳可言乘虛帥所部兵千人據常州。行密將張訓引兵奄至城下，可言倉猝出迎，訓手刃殺之，遂取常州”。《九國志・張訓傳》作“陳可兒”。

張　訓　　景福元年（892）

《十國春秋》本傳：“擊殺甘露鎮使陳可言，遂取常州。已復屯安吉，斷孫儒糧道，有功，授常州刺史。乾寧初，駐軍漣水。”按《九國志》本傳作“溫州刺史”。《通鑑・景福元年》：二月，“行密將張訓引兵奄至〔常州〕城下，〔陳〕可言倉猝出迎，訓手刃殺之，遂取常州”。證知張訓據常州在是年。

唐彥隨　　景福元年—乾寧三年（892—896）

《隋唐五代墓誌匯編・江蘇卷・唐故銀青光禄大夫檢校尚書右僕射前使持節常州諸軍事守常州刺史兼御史大夫上柱國魯國唐公（彥隨，字守貞）墓誌并序》（乾寧四年二月二十一日）：“景福元年七月廿八日□□授常州軍州事。未期年，大協民望，俄而奏正……乾寧三年七月廿一日以□圍越，公授命提兵赴援，涉歷□□，□旦遘疾，奄至不幸，享年五十一。”

陶　雅　　乾寧三年？（896？）

《九國志》本傳：“大順中，破孫儒軍於人頭山。儒平，授常州刺史，遷池州團練使。”

＊屠瓌智　　乾寧四年（897）

《全文》卷八九八皮光業《吳越故忠義匡國功臣前授常州刺史屠將軍（瓌智）墓誌銘》：“乾寧四年丁巳……遥領常州刺史職，明年春再遷越州指揮使。”

劉　捍　　天復三年（903）

《舊五代史》本傳：“昭宗還京，改常州刺史……四月，太祖伐王師範於青州，改左右長直都指揮使。”又見《元龜》卷三四六。按天復三年正月己巳,昭宗自鳳翔還京師。是年三月,朱全忠出兵征王師範。

李 遇 天復三年(903)

《通鑑·天復三年》:八月"己丑,安仁義襲常州,常州刺史李遇逆戰"。又見《九國志》本傳、《安仁義傳》,《新五代史·楊行密傳》,《十國春秋·吳太祖世家》。

陸 洎 天祐二年(905)

《廣記》卷二七九引《稽神録》:"江南陸洎爲常州刺史,不克之任,爲淮南副使……承嗣尤與之善。乙丑歲九月,承嗣與諸客訪之。"按乙丑歲爲天祐二年。

張 崇 天祐三年—四年(906—907)

《九國志》本傳:"天復中,安仁義叛,崇與茂章率兵攻之,擒仁義,以功授常州刺史,累遷廬州團練觀察處置等使。"《全文》卷八六八殷文圭《後唐張崇修廬州外羅城記》:"太守清河張公……天祐三年承制檢校司徒守常州刺史……轉官檢校太保廬州刺史……天祐四年八月到任。"

賈 翃 天祐四年(907)

《全文》卷八八五徐鉉《大唐故中散大夫檢校司徒使持節泰州諸軍事兼泰州刺史賈宣公(潭)墓誌銘》:"考翃……上疏論邠寧節度王行瑜恃功恣横,坐貶愛州掾。及行瑜就戮,優詔徵還。復出常州刺史鹽鐵江淮留後。屬宗社中絶,官司解弛,計吏未上,哲人其萎……天祐丁卯歲,〔公〕居先君憂。"按丁卯歲爲天祐四年。《古今姓氏書辯證》卷二六長樂賈氏:"琛生翃,常州刺史兼鹽鐵使、江淮留後。"

待考録

盧 建

《新表三上》盧氏:"建,常州刺史。"乃商州刺史盧日新子。

張　某

《全詩》卷五一一張祜《投常州從兄中丞》：“應念宗中末，秋螢照一窗。”

卷一三九　蘇州(吳郡)

隋吳郡。武德四年平李子通，置蘇州。六年又陷輔公祏。七年平公祏，置蘇州都督。九年罷都督。天寶元年改爲吳郡。乾元元年復爲蘇州。領縣六：吳、嘉興、昆山、常熟、長洲、海鹽。

聞人嗣安(聞人遂安)　　武德四年(621)

《續高僧傳》卷二二《唐蘇州通玄寺釋慧旻傳》："屬隋末崩離，吳中饑饉，道俗逃難，避地東西。乃守死不移，禪誦無輟……蘇州總管聞〔人〕嗣安迎請出山，固辭不往，重使再請，不獲而赴。"《舊書·王雄誕傳》："蘇州賊帥聞人遂安據昆山縣而無所屬，〔杜〕伏威又命雄誕攻之。雄誕……示以禍福，遂安感悦，率諸將出降。"又《薛登傳》："父士通，大業中爲鷹揚郎將。江都之亂，士通與鄉人聞人嗣安等同據本郡，以禦寇賊。"按聞人遂安當即聞人嗣安。據此知聞人嗣安爲蘇州總管當在武德四年。

李　廉　　武德四、五年間？(621、622？)

《續高僧傳》卷二二《唐蘇州通玄寺釋慧旻傳》："蘇州總管聞〔人〕嗣安迎請出山，固辭不往，重使再請，不獲而赴。時刺史李廉、薛通、王榮等，深相器重，永崇供覲。"疑李廉、薛通、王榮在武德四年至七年間先後爲蘇州刺史。

薛　通　　武德五、六年間？(622、623？)

王　榮　　武德六、七年間？（623、624?）

見上引《續高僧傳》卷二二《唐蘇州通玄寺釋慧旻傳》。

李世嘉　　武德七年(624)

《續高僧傳》卷一四《唐蘇州武丘山釋智琰傳》：“武德七年，蘇州總管武陽公李世嘉與内外公私同共奉迎，還歸山寺。”又卷二二《唐蘇州通玄寺釋慧旻傳》：“更入海虞山隱居二十餘載……蘇州都督武陽公李世嘉遣書降使頻請不赴。”按《新表二上》隴西李氏武陽房有“李嘉，蘇州刺史”，當即其人，爲避李世民諱而改。又按《會稽掇英總集·唐太守題名》有“李嘉，武德三年授”，《嘉泰會稽志》同。知李世嘉武德三年爲越州都督，七年移蘇州。

張有德(張德政?)　　武德中

《吳郡志》卷一一牧守門有張有德，《姑蘇志》卷二《古今守令表上》(以下簡稱《姑蘇志》)謂“武德中任，南陽人，鄧公暐之□(祖)”。考《舊書·張暐傳》：“祖德政，武德中鄆州刺史。”又見《新表二下》張氏襄陽房。若《姑蘇志》所説不誤，則“有德”當即“德政”之訛。

陸　孜　　貞觀初？

《姓纂》卷一〇陸氏：“唐蘇州刺史陸孜，兄玄孫善敬，國子司業。”按《會要》卷一三：開元十三年有集賢學士陸善經。《白氏長慶集》卷二四《張誡碑》：“夫人陸氏，即國子司業集賢殿學士善經之女。”《元龜》卷一五二：大曆六年，殿中侍御史陸斑付京兆府決重杖一頓；斑，“國子司業善經之子也”。知今《姓纂》之善敬，乃善經之傳訛。善經仕開元間，則其叔高祖陸孜爲蘇州刺史疑在貞觀初。

李元祥　　貞觀十一年—十九年(637—645)

《大詔令集》卷三四岑文本《册岐州刺史許王元祥改封江王文》：“岐州刺史許王元祥……是用命爾爲使持節蘇州諸軍事蘇州刺史，改封江王。”《舊書》本傳：“〔貞觀〕十一年，徙封江王，授蘇州刺史。”又見

《李元景傳》,《新書》本傳,《全文》卷六太宗《荊王元景等子孫代襲刺史詔》,《元龜》卷二八一。《續高僧傳》卷二二《唐蘇州通玄寺釋慧旻傳》:"貞觀十九年,刺史江王因國度人,行道之次,請令出山。"

李元嬰　　永徽三年(652)

《舊書》本傳:"〔永徽〕三年,遷蘇州刺史,尋轉洪州都督。"又見《元龜》卷二八一。《新書》本傳未及。

王　冑　　上元中

《宋高僧傳》卷四《唐會稽山妙喜寺印宗傳》:"釋印宗,吳郡人也……咸亨元年在京都盛揚道化,上元中敕入大愛敬寺居……還鄉地,刺史王冑禮重殊倫,請置戒壇,命宗度人。"

李孝廉　　儀鳳二年—三年(677—678)

《會稽掇英總集·唐太守題名》:"李孝廉,儀鳳三年二月自蘇州刺史授。"《嘉泰會稽志》同。知李孝廉儀鳳三年二月前爲蘇州刺史。

李　明　　永隆元年(680)

《舊書》本傳:"顯慶中,授梁州都督,後歷虢、蔡、蘇三州刺史。"又《高宗紀》:永隆元年十月"壬寅,蘇州刺史曹王明封零陵郡王,於黔州安置,坐附庶人賢也。"《通鑑·永隆元年》同。《新書》本傳未及。《太平寰宇記》卷九一蘇州吳江縣:"曹恭王廟,即唐太宗第十四子也。調露二年授蘇州刺史。"按調露二年即永隆元年。《千唐誌·有唐山南東道節度使嗣曹王(李皋)墓銘并序》(貞元八年五月十二日):"王之四代祖受封於曹,則文王第十四子也。歷虢、蔡、蘇、常等四州刺史,贈司空。司空諱明。"

郎餘慶　　高宗時

《新書》本傳:"高宗時,爲萬年令,道無掇遺。累遷御史中丞……久之,出爲蘇州刺史。坐累下遷交州都督。"《舊書·郎餘令傳》叙餘慶宦歷未及蘇州刺史。

李上金　　文明元年—垂拱元年（684—685）

《舊書》本傳：“文明元年，上金封畢王……又改上金封爲澤王、蘇州刺史。”《新書》本傳未及刺蘇事。《元龜》卷二八一：“澤王上金，文明元年爲蘇州刺史，垂拱元年改陳州刺史。”又見《通鑑·光宅元年》四月。

李　貞　　垂拱元年（685）

《舊書·李元嘉傳》：“及天后臨朝攝政，欲順物情，乃進授元嘉爲太尉……蘇州刺史、越王貞爲太子太傅。”兩《唐書》本傳未及。

袁　誼　　神功中（697）

《舊書》本傳：“神功中，爲蘇州刺史。”《新書》本傳同。《新表四下》袁氏：“誼，蘇州刺史。”《通鑑·開耀元年》：“〔袁〕利貞族孫誼爲蘇州刺史，自以其先自宋太尉淑以來，盡忠帝室，謂琅邪王氏雖奕世台鼎，而爲歷代佐命，恥與爲比。”按此乃因袁利貞言而連及後來袁誼事。《姑蘇志》謂袁誼開耀時刺蘇，誤。

胡元禮　　神龍二年（706）

《會稽掇英總集·唐太守題名》：“胡元禮，神龍二年八月自蘇州刺史授。”《嘉泰會稽志》作“神龍三年”。按《姓纂》卷三弋陽定城胡氏有“元禮，唐刑部郎中”。《廣記》卷二六九引《御史臺記》謂胡元禮曾檢校秋官郎中，累遷司刑少卿、滑州刺史、廣州都督。

梁惟忠　　約開元初

《唐代墓誌彙編·唐故朝散大夫滁州別駕蕭府君（謙）墓誌銘并序》（開元二十三年九月八日）：“遂起爲蘇州長洲令。因讓德之風，行清靜之政，州牧梁惟忠雅相器重，復以上聞。尋加朝散大夫，轉滁州司馬……無何，恩制除別駕，仍聽致仕。”謙卒開元十二年，年七十四。

張廷珪（張庭珪）　　開元六年——七年（718—719）

《舊書》本傳：“開元初，入爲禮部侍郎……再遷黃門侍郎……俄坐泄禁中語，出爲沔州刺史，又歷蘇、宋、魏三州刺史。”《新書》本傳同。《元龜》卷一七二：“〔開元〕六年二月，河州刺史張廷珪爲蘇州刺史。”《至元嘉禾志》卷一：“明皇開元五年蘇州刺史前黃門侍郎張廷珪奏，是年五月敕置〔嘉禾縣〕。”又見《吳地記》海鹽縣、龍興寺。按開元六年二月廷珪始自沔刺遷蘇州，見《元龜》卷一七二。恐《至元嘉禾志》記年有誤。《隋唐五代墓誌匯編・洛陽卷》第十册《唐故贈工部尚書張公（庭珪）墓誌銘并序》（天寶十載十月）：“持節潁、洪、沔、蘇、宋、魏、汴、饒、同等州刺史……九典外郡。”開元二十二年卒，享年七十七。

李無言　　開元十七年（729）

《全文》卷三三二房琯《龍興寺碑序》：“開元十七年……州將皇三從叔無言……位居藩牧。”《廣記》卷二二二引《定命録》：“有梁十二者，名知人，至宋州，刺史司馬詮作書薦與蘇州刺史李無言。”知李無言爲蘇刺與司馬詮爲宋刺同時。

錢惟正　　開元二十一年（733）

《元龜》卷一七〇：“〔開元〕二十一年八月，日本國朝賀使真人廣成與儻從五百九十人舟行遇風，飄至蘇州，刺史錢惟正以聞。詔通事舍人韋景先往蘇州宣慰勞焉。”

吳從衆　　開元二十八年（740）

《姑蘇志》卷三八宦迹：“吳從衆，開元中爲刺史，兼採訪使。二十八年，割太湖、洞庭三鄉與吳興互換。”按《嘉泰吳興志》：“吳從衆，開元二十八年自蘄州刺史授。”未知《姑蘇志》誤否。

張　均　　約開元二十八年（約 740）

《新書》本傳：“後襲燕國公，累遷兵部侍郎，以累貶饒、蘇二州刺史。久之，復爲兵部侍郎。"按《舊書》本傳稱："〔開元〕二十六年，坐累貶饒州刺史，以太子左庶子徵，復爲户部侍郎。"未及爲蘇刺事，然由此知其爲蘇刺約在開元二十八年。

段同泰　　開元中

《姓纂》卷九滎陽中牟段氏："禮部郎中、蘇州刺史同。"岑仲勉《姓纂四校記》云："同"字下應補"泰"字。《吳郡志》卷一一牧守門有段同泰。按《會要》卷一九：開元三年段同泰爲太常博士。則其爲蘇州刺史亦當在開元中。

鄧武遷　　開元中

《姑蘇志》謂天寶太守武遷，"字代宗，吳郡太守，贈太子賓客"。按《嘉泰吳興志》有鄧武遷，開元二十九年自蘄州刺史授湖州刺史，卒官。當即此人。則其爲蘇州刺史當在開元中。《姑蘇志》誤。

梁知微　　開元中

《吳郡志》卷一一牧守門有梁知微。按《全詩》卷九八有梁知微《入朝别張燕公》一首。小傳云："嗣聖初登進士第。嘗守潭州，與張説相贈答。"知其約開元五年刺潭州，則其爲蘇州刺史亦當在開元中。

陰　崇　　約開元中

《姓纂》卷五廣樂陰氏："崇，唐蘇州刺史。"《吳郡志》卷一一牧守門有陰崇。《姑蘇志》謂未詳何年，然又云"兼江東採訪使"，則其爲蘇州刺史約在開元中。

許韶伯　　開元中？

《姓纂》卷六高陽北新城縣許氏："韶伯，左屯衛將軍，蘇州刺史，平思（恩）公。"《新表三上》未及蘇州刺史。按韶伯乃高宗時宰相許敬宗孫。《吳郡志》卷一一牧守門有許韶伯，其爲蘇州刺史疑在開元中。

楊　志　　開元中?

《新表一下》楊氏觀王房:"志,蘇州刺史。"《吳郡志》卷一一牧守門有楊志。按楊志乃司僕卿冲寂之子,武后時宰相楊執柔之從姪,其爲蘇州刺史疑亦在開元中。

莊　肅　　開元中

任昭慶　　開元中

以上二人《姑蘇志》謂皆開元中刺史。

鄭長裕　　天寶二年(743)

《元龜》卷五四:天寶二年"五月,蘇州刺史鄭長裕奏新作玄元皇帝宮有九井,自然羅列在宮院内"。按《舊書·鄭餘慶傳》:"祖長裕,官至國子司業,終潁川太守。"《新表五上》七房鄭氏:"長裕,許州刺史。"潁川郡即許州。

林　洋　　天寶九載(750)

《姓纂》卷五濟南鄒縣林氏:"洋,密、衢、常、潤、蘇等州刺史。"《元龜》卷五四:天寶九載"二月甲戌,吳郡太守林祥上言:所部造真符玉芝觀,於李樹下發得聖祖尊容"。按"林祥"當即"林洋"之訛。

趙居貞　　天寶十載(751)

《全文》卷二九六趙居貞《新修春申君廟記》:"唐天寶單閼歲除日中散大夫守吳郡太守兼江南道採訪處置使柱國天水趙居貞記。"按單閼乃卯之別稱,天寶單閼歲當即天寶十載辛卯年。《寶刻叢編》卷一四引《集古録目》有《唐春申君廟碑》,云:"唐吳郡太守江東採訪使趙居貞撰……天寶十年立。"又見《元和郡縣志》卷二五蘇州華亭縣,《舊書·禮儀志四》,《元龜》卷三三,《姓纂》卷七中山趙氏,《大唐郊祀録》卷八,《新書》本傳,《吳郡志》卷一一牧守門。按《山左金石志》有趙居貞《雲門山投龍詩石刻》,天寶十一載立,稱"中散大夫使持節北海郡諸軍事守北海郡太守柱國天水趙居貞”。知天寶十一載趙居貞已離蘇州刺史任。

劉　微　　天寶中

《姓纂》卷五東郡劉氏：“微，吳郡太守，江南採訪。”《新表一上》河南劉氏同。乃永徽元年汝州刺史劉玄意孫，長壽中天官侍郎劉奇子。《吳郡志》卷一一牧守門有劉微。

張　愿　　天寶中

《唐文拾遺》卷二六崔歸美《唐故文貞公曾孫穀城縣令張公（曛）墓誌銘并序》：“考諱愿，皇駕部郎中，曹、娈等十一州刺史，吳郡太守兼江南東道廿四州採訪黜陟使。”《兩浙金石志》卷二有《唐張愿詩刻》，題云：“石門山曝（瀑）布八韻敬贈（下缺）吳郡守兼江東採訪使張愿。”《新表二下》張氏：“愿，吳郡太守，兼江東採訪使。”

岑　軻　　天寶中

《姑蘇志》謂：岑軻，天寶中爲吳郡太守。

蕭　誼　　天寶中

《吳郡志》卷一一牧守門有蕭誼，謂職方郎中，江東採訪使。《姑蘇志》謂天寶中太守。

畢　抗(畢炕)　　天寶中

《姓纂》卷一〇東平畢氏：“抗，兵部員外、吳郡太守、江南採訪使。”《新表五下》畢氏同。《吳郡志》卷一一牧守門有畢炕。按天寶十載畢炕在范陽司馬任，見《大唐郊祀録》卷八及《舊書·禮儀志四》，天寶末爲廣平太守，拒安禄山，城陷被害。

于昭理　　玄宗時？

《全文》卷九九五闕名《于府君墓誌銘》：“府君諱昌嶠，字光宇……祖昭理，蘇州刺史。”昌嶠卒貞元十一年二月六日。

封　某　　天寶中？

《全詩》卷一二六王維《送封太守》云：“忽解羊頭削，聊馳熊首轓。揚舲發夏口，按節向吳門。帆映丹陽郭，楓攢赤岸村。百城多候吏，露冕一何尊。”疑亦天寶中赴吳郡任太守者。

崔　巽　　天寶十五載(756)

《嘉泰吳興志》卷一四郡守題名：“崔巽，天寶十五年自蘇州刺史授；遷右衛將軍。《統記》云：乾元元年。”按《新表二下》博陵安平大房崔氏：“巽，常州刺史。”《咸淳毗陵志》卷七歷代郡守有崔巽，未著年月。

【韋　陟　　至德元載(756)(未之任)】

《舊書》本傳：“肅宗即位於靈武，起爲吳郡太守兼江南東道採訪使。未到郡，肅宗使中官賈遊巖手詔追之。”《新書》本傳同。

李希言　　至德元載—乾元元年(756—758)

《舊書·元載傳》：“肅宗即位……時載避地江左，蘇州刺史、江東採訪使李希言表載爲副。”《通鑑·至德元載》：十二月，“吳郡太守兼江南東路採訪使李希言平牒〔永王〕璘”。《會稽掇英總集·唐太守題名》：“李希言，乾元元年自禮部侍郎兼蘇州刺史授。”又見《全文》卷六二四馮宿《天平軍節度使殷公家廟碑》。

鄭炅之(鄭桂清)　　乾元元年(758)

《全文》卷五三〇顧況《蘇州乾元寺碑》：“乾元寺者，晉高士戴逵子禺(顒)之宅也。乾元初，節度使鄭昊(炅)之奏立。”《吳地記》：“乾元寺，晉高士戴顒捨宅置。乾元初，蘇州節度採訪使鄭桂清書寺額，奉敕依年號爲乾元寺。”“鄭桂清”疑即“鄭炅之”。又按《毗陵集》卷一一獨孤及《唐故河南府法曹參軍張公(從師)墓表》云：“乾元元年，拜監察御史。中丞鄭炅之擁旄濟江，辟爲從事。”

韋黃裳　　乾元元年—二年（758—759）

《舊書·肅宗紀》：乾元元年十二月“甲辰，以昇州刺史韋黃裳爲蘇州刺史、浙西節度使”。《新書·韋博傳》：“祖黃裳，浙西節度觀察使。”按《新書·方鎮表五》：“乾元元年，置浙江西道節度兼江寧軍使……治昇州。尋徙治蘇州。”韋黃裳乃隨之由昇州遷蘇州。

張義方　　上元初

《姑蘇志》謂肅宗上元初蘇州刺史，云：“郡人。”

楊持璧　　上元元年（760）

《通鑑·上元元年》：十二月，“〔劉〕展以其將許嶧爲潤州刺史，李可封爲常州刺史，楊持璧蘇州刺史”。

韋之晉　　上元二年（761）

《全文》卷三八九獨孤及《豫章冠蓋盛集記》：“歲次辛丑春正月，東諸侯之師有事於淮西……蘇州刺史韋公之晉至自吳。”按辛丑歲即上元二年。《全詩》卷一四七劉長卿有《餘干夜宴奉餞前蘇州韋使君新除婺州作》。又見《全文》卷三四六劉長卿《首夏干越亭奉餞韋卿使君公赴婺州序》。證知韋之晉由蘇州徙婺州。按《新書·方鎮表五》：“上元二年，浙江西道觀察使徙治宣州。”

殷日用　　上元二年—寶應元年（761—762）

《全文》卷三一六李華《衢州刺史廳壁記》：“自逆胡悖天地之慈，皇恩示以鈇鉞之威……以蘇州刺史陳郡殷公……宜繼，由是命公典此郡也……元年建寅月作。”元年即肅宗寶應元年；建寅月即夏曆正月，惟是年肅宗下詔以建子月爲歲首，故是年建寅月爲三月。《會稽掇英總集·唐太守題名》：“殷日用，自蘇州刺史授，充觀察團練使，不之任。”列於乾元之後，大曆之前。《姑蘇志》云：“殷某，永泰元年自蘇

州刺史移衢州。"按上引李華文乃寶應元年三月作，時殷日用已由蘇
州轉刺衢州，《姑蘇志》以殷日用永泰元年刺蘇州，大誤。

李　丹　　寶應元年—廣德元年(762—763)

《全文》卷三九三(《毗陵集》卷一九)獨孤及《爲吏部李侍郎祭李
中丞文》："謹以清酌少牢之奠，敬祭於故蘇州刺史兼御史中丞贈吏部
侍郎李公之靈……昔公出入臺閣，勤勞王事。馳驅使車，周旋天下。
克己奉職，一何正也。姑蘇之役，姦倖構難，公秉義勇，誅其渠魁，海
寇圍逼，勾吳震駭，公率羸師，克翦大敵。"按"海寇圍逼"似指袁晁起
義，事在寶應元年。從上文知李中丞在事平後徵還時卒於道中，則其
刺蘇時間甚短。文中又云"季卿等屬忝宗族"，據《舊書·李季卿傳》，
季卿於代宗即位後不久爲吏部侍郎，知此文乃獨孤及代李季卿作。
按《英華》卷八六〇李華《衢州龍興寺故律師體公碑》、卷八六二李華
《潤州鶴林寺故徑山大師碑銘》均有"御史中丞李丹"，疑即此人。《郎
官柱》户部郎中及《御史臺精舍題名》均有李丹，故獨孤及文中稱其
"出入臺閣"。又考《全文》卷三一五李華《送觀往吳中序》："宣成文昭
公，柏人之嗣也，故中丞蘇州後之……〔觀〕往吳中覒，以備家傳之遺
闕……永泰二年四月庚寅叔父華序。"此"中丞蘇州"疑與獨孤及文中
之蘇州刺史御史中丞李公爲同一人。按《新表二上》趙郡李氏東祖
房："丹，浙西觀察使"，乃李華從兄弟，李觀從叔。是時浙西觀察使正
駐蘇州，兼蘇州刺史，則蘇州中丞當即李丹。又據李華《三賢論》，知
李丹乃元德秀門弟子，時代正合。又按《吳郡志》卷一一牧守門有李
丹。《姑蘇志》以爲李丹大曆中刺史，誤。

李　岵　　約廣德元年—永泰元年(約763—765)

《新書·宗室世系表下》吳王房："蘇、穎二州刺史岵。"乃嗣吳王
李祗子。按大曆四年，前穎州刺史李岵賜自盡，見《全文》卷一五二及
《全文》卷四七。又按大曆二年李岵爲台州刺史，見《嘉定赤城志》。
則其刺蘇州約在廣德元年至永泰元年。

韋元甫　　永泰元年—大曆三年(765—768)

《全文》卷三一四李華《復練塘頌》:"永泰元年……十一月二十三日,拜前常州刺史京兆韋公損爲潤州……公素知截湖潤壤,灾甚螟螽……乃白本道觀察使兼御史中丞韋公元甫。"《宋高僧傳》卷二四《唐湖州法華寺大光傳》:"永泰元年,浙西廉使韋元甫表請光爲六郡別敕道場持念之首。"《舊書》本傳:"累遷蘇州刺史、浙江西道都團練觀察等使。大曆初,宰相杜鴻漸首薦之,徵爲尚書右丞。"又《代宗紀》:大曆三年正月甲戌,"浙西團練觀察使韋元甫爲尚書右丞"。又見《全文》卷三二〇李華《潤州天鄉寺故大德雲禪師碑》,卷九一八清晝《唐蘇州開元寺律和尚墳銘并序》。《全詩》卷二九四崔峒《書情寄上蘇州韋使君兼呈吴縣李明府》,"蘇州韋使君"即韋元甫。

李栖筠　　大曆三年—六年(768—771)

《舊書·代宗紀》:大曆三年"二月己卯,以常州刺史李栖筠爲蘇州刺史兼御史中丞、浙西團練觀察使"。大曆六年八月"丙午,以蘇州刺史、浙江觀察使李栖筠爲御史大夫"。又見兩《唐書》本傳,《元龜》卷五一二。《全文》卷四一三常袞有《授李栖筠浙西觀察使制》。又卷四三〇李翰《蘇州嘉興屯田紀績頌并序》謂"浙西觀察都團練使御史中丞兼吴郡守贊皇公"。又見卷三七七柳識《琴會記》、卷六九一符載《尚書比部郎中蕭府君(存)墓誌銘》、卷九一八清晝《唐洞庭山福願寺律和尚墳塔銘并序》等記載。

李　涵　　大曆七年—十二年(772—777)

《舊書·代宗紀》:大曆七年"二月甲寅,以兵部侍郎李涵爲蘇州刺史、兼御史中丞,充浙西觀察使"。大曆十一年四月"丙子,以浙西觀察使、蘇州刺史、御史大夫李涵知臺事,充京畿觀察使"。大曆十三年四月"己丑,以前浙西觀察使李涵爲御史大夫"。又見兩《唐書》本傳。《會要》卷九一《釐革諸道料錢奏》:大曆十二年五月,"得蘇州刺史兼御史大夫知臺事李涵……等狀"。《元龜》卷五〇六同。則大曆十二年李涵尚任蘇州刺史兼知臺事。《全文》卷三九〇獨孤及《唐故睢陽太守贈祕書監李公(少康)神道碑銘并序》：“元子曰涵，大曆七年夏五月，由尚書兵部侍郎爲御史大夫蘇州刺史。”又卷三八九有《蘇州刺史兼御史大夫襄武李公寫真圖贊》，當即李涵。

李道昌　　大曆十三年—十四年(778—779)

《舊書・代宗紀》：大曆十三年“四月丁亥，以浙西觀察留後李道昌爲蘇州刺史、兼御史中丞，充浙西都團練觀察使”。《李文公(翱)集》卷一三《平原郡王柏公(良器)碑》：“建中初，嘗至京師，宰相楊炎召之語，公因言兩河有事，職税所辨(辦)者惟在江東，李道昌無政，宜速得人以代之。炎許諾。其冬，遂併宣、越與浙西爲一，而以晉州刺史韓滉代道昌焉。”按《新書・方鎮表五》：“大曆十四年，合浙江東西道置都團練觀察使，廢浙江東道都團練觀察使，以所管州隸浙江西道。又廢宣歙池觀察使，置團練使。”

韓　滉　　建中元年—二年(780—781)

《舊書・德宗紀上》：“建中元年春正月……除韓滉蘇州刺史，杜亞河中少尹，而領都團練觀察使，不帶臺省兼官。”二年五月“庚寅，以浙江西道爲鎮海軍，加蘇州刺史韓滉檢校禮部尚書、潤州刺史，充鎮海軍節度使、浙江東西道觀察等使”。又見兩《唐書》本傳，《通鑑・大曆十四年》十一月、《建中二年》六月。《全文》卷五三〇顧況《檢校尚書左僕射同中書門下平章事上柱國晉國公贈太傅韓公行狀》：“拜太常卿，出爲晉州刺史，拜蘇州刺史、充浙江東西都團練觀察處置使，尋加銀青光禄大夫，改檢校禮部尚書兼御史大夫潤州刺史鎮海軍節度使，依前充浙江東・西觀察使。”

李　復　　建中二年—三年(781—782)

《舊書》本傳：“歷饒州、蘇州刺史，皆著政聲。李希烈背叛，荆南節度張伯儀數出兵，爲希烈所敗，朝廷憂之。以復久在江陵，得軍民心，復方在母喪，起爲江陵少尹、兼御史中丞，充節度行軍司馬。”《新書》本傳略同。按《舊書・德宗紀上》，張伯儀建中三年三月爲荆南節度，建中四年，李希烈反。李復爲蘇州刺史當在此之前。

【杜　佑　　建中三年(782)（未之任）】

《舊書·德宗紀》：建中三年五月“乙巳，貶户部侍郎、判度支杜佑爲蘇州刺史”。又本傳：“遷户部侍郎、判度支。爲盧杞所惡，出爲蘇州刺史。佑母在，杞以蘇州憂闕授之，佑不行，俄換饒州刺史。”《新書》本傳略同。

王　遘　　建中時？

《新表二中》太原王氏：“遘，蘇州刺史。”按其父王燾，天寶中爲房陵、大寧、鄴郡太守。上圖藏拓片《唐故鄂岳團練判官將仕郎試大理評事太原王公(譚)墓誌銘并序》（咸通五年十月二十日）：“王父諱遘，皇金部郎中，蘇、楚州刺史兼御史中丞。”王遘約貞元九年卒，參見“楚州”卷。按《皎然集》卷一〇《五言冬日建安寺西院喜晝公自吳興至聯句一首》有“祠部郎中兼侍御史王遘”。又《五言建安寺夜會對雨懷皇甫侍御曾聯句》有王遘。又有《五言建安寺西院喜王遘郎中恩命初至聯句》，原注：“時郎中正入西方道場。”又見兩《唐書·權皋傳》。

張丹元　　建中末？—貞元初？

《姑蘇志》謂：張丹元，貞元初刺史。

孫　成(孫晟)　　約貞元元年—四年（約 785—788）

《千唐誌·唐故中大夫守桂州刺史兼御史中丞充桂州本管都防禦經略招討觀察處置等使孫府君(成)墓誌銘并序》（貞元六年五月七日）：“出爲信州刺史……遂遷蘇州刺史……數歲積勞，除桂州刺史兼御史中丞充本管都防禦經略招討觀察等使。”貞元五年卒，春秋五十三。《全文》卷五一八梁肅《賀蘇常二孫使君鄴郡詩序》：“初伯氏……出擁麾幢，四領江郡；仲氏……由尚書郎貳京兆，守上饒。興元、貞元間，偕以治行聞。天子器之。於是仲有吳苑之寄，伯受晉陵之命。”按仲指孫成，伯指孫會。《舊書·德宗紀下》：貞元四年七月“乙亥，以蘇州刺史孫晟（成）爲桂州刺史、桂管觀察使"。又見兩《唐書》本傳，《千唐誌·唐故汝州司馬孫府君（審象）墓誌銘并叙》（會昌元年十二月七日）。

韋應物　　貞元四年—六年（788—790）

　　《姓纂》卷二京兆杜陵韋氏："應物，蘇州刺史。"《新表四上》同。白居易《吳郡詩石記》："貞元初，韋應物爲蘇州牧，房孺復爲杭州牧，皆豪人也……時予始年十四五，旅二郡……前後相去三十七年，江山是而齒髮非……寶曆元年七月二十一日蘇州刺史白居易題。"按寶曆元年上推三十七年，當爲貞元四年。據傅璇琮《韋應物繫年考證》，韋應物貞元四年至六年在蘇州刺史任（《唐代詩人叢考》）。《全詩》卷二六〇秦系有《即事奉呈郎中韋使君》、卷三〇七丘丹有《奉酬韋蘇州使君》、《和韋使君秋夜見寄》等，皆指韋應物。又見《唐國史補》卷中《康昆侖琵琶》、《唐語林》卷三。《隋唐五代墓誌匯編·洛陽卷》第十四册《唐故處州刺史趙府君（璜）墓誌》（咸通三年十月十四日）："先君諱伉，自建中至元和，伯仲五人登進士第，時號卓絶……先君韋氏之□，堂舅蘇州刺史應物，道義相契，篇什相和，舅甥之善，近世少比。"

齊　抗　　貞元七年—八年（791—792）

　　《新書》本傳："歷諫議大夫，坐小累，爲處州刺史，歷蘇州，徙潭州觀察使。"按《舊書》本傳未及蘇州刺史。《舊書·德宗紀下》：貞元八年二月壬午，"以蘇州刺史齊抗爲潭州刺史、湖南觀察使。"《全文》卷四九九權德輿《唐故中書侍郎同中書門下平章事太子賓客贈户部尚書齊成公（抗）神道碑銘》："拜蘇州刺史……遷潭州刺史。"按齊抗貞元六年在處州刺史任，則其爲蘇州刺史當在七年至八年。

崔　衍　　貞元八年—九年（792—793）

　　《舊書》本傳："歷蘇、虢二州刺史……遷宣歙池觀察使。"《新書》本傳同。《全文》卷五二九顧況《宛陵公署記》："博陵崔公端憲臺出九江，涉吳換虢，三牧作乂，仁聲上騰，上襃之以宣歙等州團練觀察採石軍使……庚辰年正月下旬日……顧況記。”按《舊書·德宗紀下》：貞元十二年八月癸酉，“虢州刺史崔衍爲宣歙觀察使”。則其爲蘇州刺史當在貞元十年前。

李士舉（李事舉）　　貞元九年—十年（793—794）

《全文》卷五三四李觀《浙西觀察判官廳壁記》：“太原王公廉察之七年，署監察御史李公士舉爲觀察判官。公從事浙右十有餘年……九年冬，蘇州刺史有丁憂去官，連城命公來撫吳……九年十一月十四日記。”按太原王公當指王緯，貞元三年至十四年爲浙西觀察。按士舉事迹又見《全文》卷五四四崔備《壁書飛白蕭字記》。又按《新表二上》趙郡李氏東祖房有“事舉，蘇州刺史”，乃諫議大夫李何忌之子，疑即此人。岑仲勉《唐集質疑·中唐四李觀》謂士舉未見於《新表》東祖房，似未允。唯李觀稱從叔者，亦未必隴西，猶李白自謂隴西人而無妨其稱趙郡李陽冰爲從叔。故即謂士舉出趙郡李氏，未影響岑氏判元賓李觀與御史李觀爲兩人。

于　頔　　貞元十年—十二年（794—796）

《舊書》本傳：“歷長安縣令、駕部郎中。出爲湖州刺史……改蘇州刺史……雖爲政有績，然橫暴已甚……觀察使王緯奏其事，德宗不省。”《新書》本傳略同。《全文》卷四九七權德輿《唐金紫光禄大夫守司空同中書門下平章事燕國公于公（頔）先廟碑銘并序》：“惠綏外服，則湖、蘇、虢、陝二千石察廉。”《嘉泰吳興志》卷一四郡守題名：“于頔，貞元八年自駕部郎中授；遷蘇州刺史……《統記》作五年。”《至元嘉禾志》卷三：“唐德宗貞元十一年八月六日蘇州刺史于頔奏：以所管十鄉爲十五鄉。”《寶刻叢編》卷一四引《集古録目》有《唐寶花寺碑》，“唐殿中侍御史鄒儒立撰，蘇州刺史于頔書”。

韋夏卿　　貞元十二年—十六年（796—800）

《舊書》本傳：“出爲常州刺史……改蘇州刺史。貞元末，徐州張建封卒，初授夏卿徐州行軍司馬，尋授徐、泗、濠節度使。”《新書》本傳略同。按貞元八年至十一年韋夏卿在常州刺史任。《通鑑·貞元十六年》：五月"辛亥，以蘇州刺史韋夏卿爲徐、泗、濠行軍司馬"。劉禹錫《泰娘歌引》："泰娘本韋尚書家主謳者，初尚書爲吳郡，得之。"詩云："風流太守韋尚書。"指韋夏卿。

宋　儼　　貞元中？

《姓纂》卷八廣平宋氏："儼，蘇州刺史。"《新表五上》同。乃玄宗相宋璟孫，尉氏令宋華子。

裴　澄　　貞元末？

《新表一上》東眷裴氏："澄，蘇州刺史。"《吳郡志》卷一一牧守門有裴澄。《全詩》卷四六六裴澄小傳："德宗朝登第，官至蘇州刺史。"按穆員貞元八年撰《河南少尹裴濟墓誌銘》稱："母弟澄，檢校膳部郎中。"（見《山右金石記四》）《新書·藝文志五》：貞元十一年時裴澄官國子司業，上《乘輿月令》十二卷。則其爲蘇州刺史疑在貞元末。

【杜　兼　　永貞元年(805)（未之任）】

《新書》本傳："元和初，入爲刑部郎中，改蘇州刺史。比行，上書言李錡必反，留爲吏部郎中。"《舊書》本傳未及。《通鑑·永貞元年》：十二月，"以刑部郎中杜兼爲蘇州刺史。兼辭行……留爲吏部郎中"。又見《全文》卷六五○元稹《論追制表》、卷五六六韓愈《中散大夫河南尹杜君（兼）墓誌銘》。

田　敦　　元和初？

《宋高僧傳》卷六《唐蘇州開元寺元浩傳》："以元和十二年十一月十一日示疾……明年十一月十三日闍維，起塔於蘇州西北虎丘東山南原也……其儒流受業，翰林學士梁公肅、蘇州刺史田公敦。"按田敦貞元十八年由衢州刺史移湖州刺史，後遷常州刺史。其刺蘇疑在元和初。

李　素　　元和二年—五年（807—810）

《舊書·李錡傳》：“憲宗即位已二年……〔李錡〕分授管内鎮將，令殺刺史……蘇州刺史李素爲鎮將姚志安所繫。”《通鑑·元和二年》：十月，“蘇州刺史李素爲姚志安所敗”。《韓昌黎文集》卷六《河南少尹李公（素）墓誌銘》：“刺衢州，至一月，遷蘇州……公至十二日，錡反……天子使貴人持紫衣金魚以賜。居三年，州稱治，拜河南少尹，行大尹事。”《全文》卷七一三劉允文《蘇州新開常熟塘銘》：“郡守李素居中字人，原始睹弊，則曰在穿導之，遂聞於本道廉使吏部尚書韓公。”按韓皋自元和三年至五年在潤州刺史、浙西觀察使任。

范傳正　　元和六年—七年（811—812）

《新書》本傳：“歷歙、湖、蘇三州刺史，有殊政，進拜宣歙觀察使。”《嘉泰吳興志》卷一四郡守題名：“范傳正，元和四年八月自歙州刺史拜；六年二月二十一日遷蘇州刺史。”《舊書·憲宗紀下》：元和七年八月，“以蘇州刺史范傳正爲宣歙觀察使”。《全文》卷六六〇白居易有《除范傳正宣歙觀察使制》。《全詩》卷四七三李紳《過吳門二十四韻》注：“元和七年，余以校書郎從役，時范十五傳正爲郡。”《全文》卷七六一褚藏言《竇庠傳》：“光禄卿范公由吳郡領宛陵。”

張正甫　　元和七年—八年（812—813）

《全文》卷六六一白居易《張正甫蘇州刺史制》：“鄧州刺史張正甫……可蘇州刺史。”《舊書·憲宗紀下》：元和八年十月己巳，“以蘇州刺史張正甫爲湖南觀察使”。《舊書》本傳未及。

元　錫　　元和八年—十年（813—815）

《全文》卷六九三元錫《蘇州刺史謝上表》：“伏奉十一月七日恩敕，授臣持節蘇州諸軍事守蘇州刺史，以今月六日到州上訖……累因過幸，嘗忝官榮。所歷衢、婺兩州，皆屬荒殘之後，侵漁稍息。”又稱憲宗尊號爲“睿聖文武皇帝”，此乃元和三年正月所上尊號，知在元和三年後、十四年前。《廣記》卷四六七引《戎幕閑談》：“至〔元和〕九年春，

〔李〕公佐訪古東吳，從太守元公錫泛洞庭。”《元龜》卷九一七：“元錫，初歷衢、蘇二州刺史，所至咸有政績。乃除福建觀察使，移鎮宣州，乃務積貨財。”《輿地碑記目》卷一有“《報恩寺惠敏律師碑》，台州刺史陳諫撰，蘇州刺史元錫書”。按陳諫爲台州司馬，未曾刺台。又按元和十年元錫已在福州刺史任。

崔　倰（崔稜）　元和十一年—十二年（816—817）

《舊書》本傳：“遷蘇州刺史，理行第一。轉潭州刺史、湖南都團練觀察使。”《新書》本傳：“祐甫從子也……以蘇州刺史課第一，遷湖南觀察使。”《吳郡志》卷一一牧守門有崔稜。《全文》卷六五四元稹《有唐贈太子少保崔公（倰）碑》：“加檢校職方郎中……仍兼淮浙宣建等兩稅使，尋拜蘇州刺史，遷湖南都團練觀察處置使兼御史中丞潭州刺史。”按吳氏《方鎮年表》列崔倰元和十三年至十四年爲湖南觀察使，則其爲蘇州刺史當在元和十三年前。

崔　恭　元和十二年—十三年（817—818）

《宋高僧傳》卷六《唐蘇州開元寺元浩傳》：“以元和十二年十一月十一日示疾……明年十一月十三日闍維，起塔於蘇州西北虎丘東山南原也……刺史崔恭撰塔碑，立於虎丘山羅漢石壇之左。”按《新表二下》博陵安平崔氏第三房：“恭，汾州刺史。”當即此人。《李文饒別集》卷三有太原節度副使檢校右散騎常侍崔恭《奉和張弘靖山亭書懷》詩，未署“元和十三年六月十二日題”。其爲蘇州刺史在此之前，約元和十二年至十三年間。

王仲舒　元和十三年—十五年（818—820）

《舊書》本傳：“元和五年，自職方郎中知制誥……京兆尹楊憑爲中丞李夷簡所劾，貶臨賀尉。仲舒與憑善，宣言於朝，言夷簡掎摭憑罪，仲舒坐貶硤州刺史，遷蘇州。穆宗即位，復召爲中書舍人。其年，出爲洪州刺史、御史中丞、江南西道觀察使。”《新書》本傳：“貶硤州刺史，母喪解。服除，爲婺州刺史……居五年……徙蘇州。”按仲舒元和五年貶硤州,因母喪解職,服除當在元和八年,爲婺州州刺史五年,則當在元和十三年爲蘇州刺史。《全文》卷五四五王仲舒《祭權少監(德興)文》云:"維年月日從姨弟使持節蘇州諸軍事守蘇州刺史賜紫金魚袋王仲舒……敬祭於山南道節度使贈尚書左僕射權三兄相公之靈。"按權德興卒元和十三年八月,由此證知王仲舒元和十三年在蘇州刺史任。又見《韓昌黎集》卷三一《唐故江南西道觀察使中大夫洪州刺史太原王公(仲舒)神道碑銘》、卷三三《故江南西道觀察使太原王公墓誌銘》。《吳郡志》卷一一牧守門有王仲舒。《廣記》卷一六〇引《續定命録》:"故諫議大夫李行脩娶江西廉使王仲舒女……元和中……仲舒出牧吳興。"按"吳興"當爲"吳郡"之誤。

李　應　　元和十五年(820)

《新表二上》趙郡李氏東祖房:"應,蘇州刺史。"《嘉泰吳興志》卷一四郡守題名:"李應,元和十一年八月十五日自户部郎中授,遷蘇州刺史。"按《元龜》卷五〇四:"〔元和〕十四年七月,湖州刺史李應奏",知李應元和十四年尚在湖州,則其爲蘇州刺史當在元和十五年。

韋　顗　　長慶元年(821)

《白居易集》卷四八《韋顗可給事中庾敬休可兵部郎中知制誥同制》稱:"中大夫使持節蘇州諸軍事守蘇州刺史上騎都尉韋顗……可行給事中。"按兩《唐書》本傳未及爲蘇州刺史。據《舊書·庾敬休傳》、《穆宗紀》、《重修承旨學士壁記》,庾敬休爲兵部郎中知制誥當在長慶元、二年間。《舊書·穆宗紀》:長慶二年八月,"以絳州刺史崔弘禮爲河南尹兼東畿防禦副使。給事中韋穎以弘禮望輕,封還詔書。"此"韋穎"當爲"韋顗"之訛。由此知長慶二年八月韋顗已在給事中任。亦證知白居易此制必作於長慶元、二年間。韋顗爲蘇州刺史當在長慶初。

李　諒　　長慶二年—寶曆元年(822—825)

《全文》卷六五四元稹《永福寺石壁法華經記》稱:"若御史中丞蘇

州刺史李諒”，《元氏長慶集》作李乂。按白居易有《見李蘇州示男阿武詩自感成詠》、《蘇州李中丞以元日郡齋感懷詩寄微之及予》，皆指李諒。白居易又有《初到郡齋寄錢湖州李蘇州》詩。按錢湖州當指錢徽。考《嘉泰吳興志》卷一四郡守題名：“錢徽，長慶元年十二月十五日自江州刺史拜。”長慶三年三月，湖州刺史爲張仕階，知錢徽刺湖州在長慶元年十二月至三年二月間。《唐語林》卷二：“白居易長慶二年以中書舍人爲杭州刺史……時吳興郡守錢徽，吳郡守李穰，皆文學士……日以詩酒寄興。”“李穰”，當即“李諒”之誤。《全詩》卷四六三李諒《蘇州元日郡齋感懷寄越州元相公杭州白舍人》原注：“長慶四年也。”知四年李諒尚在蘇州。

白居易　　寶曆元年—二年（825—826）

《舊書》本傳：“寶曆中，復出爲蘇州刺史。”《新書》本傳：“爲杭州刺史……久之，以太子左庶子分司東都。復拜蘇州刺史，病免。”《全文》卷六六六白居易有《蘇州刺史謝上表》。又卷六七六《吳郡詩石記》：“去年脫杭印，今年佩蘇印……寶曆元年七月二十日，蘇州刺史白居易題。”又見《如信大師功德幢記》。又《華嚴經社石記》：“寶曆二年九月二十五日，前蘇州刺史白居易記。”則寶曆二年九月白居易已罷蘇刺任。《輿地碑記目》卷一作“寶曆三年”，誤。《舊書·文宗紀上》：大和元年三月，“以前蘇州刺史白居易爲祕書監”。又見《廣記》卷二五一引《唐摭言》、卷一九八引《雲溪友議》，《宋高僧傳》卷一一《唐荆州福壽寺甄公傳》，《吳郡圖經續記》卷中。

狄兼謨　　約大和元年—二年（約827—828）

《新書》本傳：“歷刑部郎中，蘄、鄧、鄭三州刺史……改蘇州，以治最，擢給事中。”按《舊書》本傳：“長慶、大和中，歷鄭州刺史，以治行稱，入爲給事中。開成初……遷御史中丞。”未及爲蘇州刺史。《吳郡志》卷一一：“狄兼謨，文宗時自鄭州刺史改蘇州，以治最，擢給事中。”據此，狄兼謨爲蘇州刺史必在大和中。唯大和三年後諸刺史歷歷可考，則兼謨刺蘇約在大和初。

陸　亘　　大和二年—三年(828—829)

《舊書》本傳:"歷刺兗、蔡、虢、蘇四郡,遷越州刺史。"《新書》本傳同。《會稽掇英總集·唐太守題名》陸亘,大和三年九月自蘇州刺史授。"《嘉泰會稽志》同。

崔　蔇　　大和四年—五年(830—831)

《至元嘉禾志》卷一四《六里山石刻》:"唐大和四年閏十二月,蘇州刺史崔蔇帖〔海鹽〕縣取此(六里山)石。"按《元稹集》卷四八有《崔蔇檢校都官員外郎兼侍御史充河東判官制》。《華嶽題名》有"前開州刺史崔微男蔇,大曆七年三月廿日西上"。又《協律郎李□等題名》有"華陰縣令崔蔇,元和十年五月十二日"。

劉禹錫　　大和五年—八年(831—834)

《全文》卷六〇五劉禹錫《彭陽唱和集後引》:"大和五年,予領吳郡,公鎮太原。"又《汝洛集引》:"大和八年,予自姑蘇轉臨汝。"又卷六〇一劉禹錫有《蘇州刺史謝上表》、《蘇州謝賑賜表》,卷六〇三有《蘇州上後謝宰相狀》、《蘇州舉韋中丞自代狀》,皆大和六年作(詳見卞孝萱《劉禹錫年譜》)。又卷六一〇《祭福建桂尚書文》、《祭虢州楊庶子文》皆云:大和六年蘇州刺史劉禹錫。《舊書》本傳:"〔裴〕度罷知政事,禹錫求分司東都……六月,授蘇州刺史。"《新書》本傳略同。《全詩》卷四八一李紳《過吳門二十四韻》注:"大和七年,余鎮會稽,劉禹錫爲郡。"《廣記》卷二七三引《雲溪友議》:"劉禹錫赴任蘇州,道過揚州,州帥杜鴻漸飲之酒……〔劉〕詩曰……斷盡蘇州刺史腸。"按杜鴻漸早卒於大曆四年,且未嘗爲揚帥,《雲溪友議》大誤。

盧周仁(盧行術)　　大和八年—九年(834—835)

《全詩》卷四八二李紳《却到浙西》詩序:"八年,浙西六郡灾旱,百姓饑殍……是歲,盧周仁爲蘇州刺史。"《舊書·文宗紀下》:大和九年八月,"以蘇州刺史盧周仁爲湖南觀察使"。按《元龜》卷八二五:"盧周仁,開成中爲湖南觀察使,奏云:名與再從伯音同,請改名術,從之。"知盧周仁後來名術。據《舊書・文宗紀下》，開成二年八月盧行術由前湖南觀察使改陝虢觀察使。盧行術即盧術，亦即盧周仁，詳岑仲勉《方鎮年表正補》。

胡德言　　大和中？

《姑蘇志》云：胡德言，大和中，爲蘇州刺史，見《洞庭記》。

盧　商　　開成元年—二年（836—837）

《舊書》本傳："開成初，出爲蘇州刺史。中謝日，賜金紫之服。"《新書》本傳略同。《舊書・文宗紀下》：開成二年五月辛未，"以蘇州刺史盧商爲浙西觀察使"。

李道樞　　開成二年—四年（837—839）

《舊書・文宗紀下》：開成四年閏正月，"以蘇州刺史李道樞爲浙東觀察使"。《會稽掇英總集・唐太守題名》："李道樞，開成四年正月三十日自蘇州刺史授。"《嘉泰會稽志》同。按《白居易集》卷三三有《開成二年三月三日襖洛濱留守裴令公召河南少尹李道樞等一十五人合宴舟中》詩，知開成二年三月李道樞尚在河南少尹任。其任蘇刺當在二年三月後。《芒洛四編》卷六《昆山縣令樂安孫公府君（嗣初）墓誌銘并序》："年十八（疑當作廿八）登明經第，釋褐授蘇州參軍，刺史李道樞性嚴執法，官吏不可犯。"嗣初卒咸通七年（866年），年五十七。由此上推，當生於元和五年（810年），則廿八歲時正當開成二年（837年）。白居易《寄李蘇州兼示楊瓊》、牛僧孺《李蘇州遺太湖石呈夢得樂天》、劉禹錫《和牛相公題姑蘇所寄太湖石兼寄李蘇州》三詩中之"李蘇州"，均指李道樞。

李　款（李穎）　　開成四年（839）

《舊書・文宗紀下》：開成四年九月辛丑，"以蘇州刺史李穎爲江西觀察使"。《白居易集》卷三四《送蘇州李使君赴郡二絕句》自注："予自罷蘇州及兹換八刺史也。"朱金城《白居易年譜》系此詩於開成四年春,謂蘇州李使君即李穎。按《舊書·李款傳》:"開成中,累官至諫議大夫,出爲蘇州刺史,遷洪州刺史、江西觀察使。"《新書·李款傳》:"〔鄭〕注死,縣倉部員外郎累遷江西觀察使。終澶王傅。"按此李款當即李穎。《姑蘇志》訛作李疑。《全詩》卷五二〇杜牧《送沈處士赴蘇州李中丞招以詩贈行》,繆鉞《杜牧年譜》謂"蘇州李中丞"即李款。繫此詩於開成三年,則誤。《郎官石柱題名》左司員外郎、吏部員外郎、倉部員外郎均有李款,《舊紀》作"李穎",疑誤。

姚弘慶　　開成末?—會昌初?

《新表四下》姚氏:"弘慶,蘇州刺史。"《舊五代史·姚顗傳》:"祖宏慶,蘇州刺史。"疑其刺蘇州在開成末會昌初。按《郎官柱》倉部郎中有姚弘慶,在崔蕘後,盧穎前。

王　卿　　會昌三年(843)

《白居易集》卷三六《送王卿使君赴任蘇州因思花迎新使感舊遊寄題郡中木蘭西院一別》詩:"一別蘇州十八載,時光人事隨年改……爲報江山風月知,至今白使君猶在。"朱金城《白居易年譜》繫此詩於會昌三年,王卿名未詳。

楊漢公　　約會昌四年—五年(約 844—845)

《新書》本傳:"坐〔楊〕虞卿下除舒州刺史,徙湖、亳、蘇三州。擢桂管、浙東觀察使。"《舊書》本傳未及蘇州刺史。按《舊書·文宗紀下》:大和九年六月,"京兆尹楊虞卿下御史臺,弟司封郎中漢公等稱冤。"漢公當因此事外貶。又按《嘉泰吳興志》卷一四郡守題名:"楊漢公,開成三年三月二十日自舒州刺史拜,遷亳州刺史,充本道團練鎮遏使。"則其刺蘇當在會昌中。考會昌五年十一月二日楊漢公有《浯溪題名》,當爲離蘇刺赴任桂管時途中所題。則其任蘇刺約在會昌四、五年間。【補遺】《唐故銀青光禄大夫、檢校户部尚書、使持節鄆州諸軍事、守鄆州刺史,充天平軍節度、鄆曹濮等州觀察處置等使、御史大夫、上柱國、弘農郡開國公、食邑二千户弘農楊公(漢公)墓誌銘並序》（咸通二年十一月廿日）："公亦以忤姦黨出爲舒州刺史。……在郡苦節，以安人爲己任，百姓歌之。轉湖州、蘇州，理行一貫，結課第考，年年稱最。遷桂州觀察使兼御史中丞。廉問峻整，部内清肅。轉浙東觀察使、御史大夫。……入拜給事中，遷户部侍郎，出爲荆南節度、檢校禮部尚書。"（周紹良、趙超《唐代墓誌匯編續集》，上海古籍出版社 2001 年版）

盧簡求 會昌六年—大中二年？（846—848？）

《舊書》本傳："入爲吏部員外，轉本司郎中，求爲蘇州刺史。時簡辭鎮漢南；弘正爲侍郎，領使務；昆仲皆居顯列，時人榮之。"按盧簡辭爲漢南（襄州刺史）、盧弘正爲户部侍郎充鹽鐵轉運使，均在大中元年。《新書》本傳："歷蘇、壽二州刺史。大中九年，党項擾邊，拜涇原、渭武節度使。"按大中六年簡求在壽州刺史任，則刺蘇當在會昌末、大中初。《全文》卷七三三盧簡求《禪門大師碑陰記》："今天子紹開洪基，保定景福……余時分符吴郡。"《樊川詩集》卷三有《夜泊桐廬先寄蘇臺盧郎中》，繆鉞《杜牧年譜》繫於大中二年，盧郎中當即簡求。《吴郡志》以爲景龍中，大誤。

曹　瓊 大中三年（849）

《姑蘇志》："曹瓊，大中三年三月在任。"

韋　曙 大中五年（851）

《宋高僧傳》卷一六《唐吴郡破山寺常達傳》："宣宗重建法幢，薦興精舍，合境民人皆達之化導，故太守韋曙特加崇重。"按《新表四上》韋氏龍門公房有韋曙，乃順宗、憲宗時宰相韋執誼之子，未著歷官。《登科記考》謂韋曙於穆宗長慶元年賢良方正科登第。《通鑑考異·大中十二年》五月引《實録》云："大中九年，韋曙除嶺南節度使。"《姑蘇志》大中五年有韋某，時代相合，當即韋曙。按《玉峰志》卷下《辨端慧寺聖迹記》："大中五年，宣宗皇帝重闡釋門，故寺僧清江以其靈迹聞，郡守常公於是奏再興焉。""常公"，疑爲"韋公"之誤。

楊　發　　大中八年？（854？）

《舊書》本傳："改授太常少卿，出爲蘇州刺史。蘇，發之鄉里也。恭長慈幼，人士稱之。還，改福州刺史、福建觀察使。"《新書》本傳略同。《全文》卷八〇四崔琪《心境大師碑》："故南海節度楊公典姑蘇日，請大師歸於故林以建精舍。大中十二年，分寧宰任景求捨宅爲禪院，迎大師居之。"此楊公當即楊發。按吳氏《方鎮年表》卷六"福建"大中十年始列楊發，大中九年列皇甫焕（珪），岑仲勉已辨其非，疑楊發刺蘇在大中九年前。《吳郡志》卷一一牧守門有楊發。《姑蘇志》謂大中三年任，誤。

裴夷直　　大中十年—十一年（856—857）

《舊書・宣宗紀》：大中十年"六月，以兵部郎中裴夷直爲蘇州刺史"。十一年十月，"以蘇州刺史裴夷直爲華州刺史、潼關防禦、鎮國軍等使。"按《新書》本傳未及蘇刺。

崔　鈞　　大中十一年（857）

《舊書・宣宗紀》：大中十一年十月，"以太常少卿崔鈞爲蘇州刺史"。《宋高僧傳》卷一二《唐蘇州藏廙傳》："又往姑蘇，時崔公鈞作守此郡，聞廙名久，請居南禪院。"

趙　傑　　咸通初

《姑蘇志》謂：趙傑，咸通初刺史。

張旡逸　　咸通中

《姑蘇志》謂：張旡逸，咸通中刺史。列於趙傑後。云：見張旡逸《弘憲塔銘》。按《郎官柱》左司郎中、户部郎中、度支郎中、金部員外郎均有張旡逸。

崔　璞　　咸通十年—十一年（869—870）

《全詩》卷六三一崔璞《蒙恩除替將還京洛偶叙所懷因成六韻呈

軍事院諸公郡中一二秀才》："兩載求人瘼，三春受代歸……作牧慚爲政，思鄉念式微。"又"遽蒙交郡印"注："到任十二個月，除替未及三年。"《全文》卷七九六皮日休《松陵集序》："〔咸通〕十年，大司諫清河公出牧於吳，日休爲郡從事。"《松陵集》卷九《奉酬霜菊見贈之什》題"蘇州刺史崔璞"。又見《唐詩紀事》卷六四，《吳郡志》卷一一。《姑蘇志》："崔璞，清河人，咸通六年冬以諫議大夫除，十一月得替，在郡十二日。"按"六年"當爲"十年"之誤；"十一月"當爲"十一年"之訛；"十二日"當爲"十二月"之訛。

馮　袞　　咸通中

《廣記》卷二五一引《抒情詩》："唐馮袞牧蘇州，江外優佚，暇日多縱飲博。"《舊書·馮定傳》："子袞、顓、軒、巖四人皆進士登第。咸通中，歷任臺省。"《全詩》卷五九七馮袞小傳："嘗爲蘇州刺史。"《郎官柱》度支郎中有馮袞，在杜陟後，崔罕前。

李　繪　　乾符二年—三年（875—876）

《通鑑考異·乾符二年》引程匡柔《唐補記》曰："六月，浙西突將王郢反，聚黨萬衆，燒劫蘇、常。三年正月，貶蘇州刺史李繪，以郢亂棄城故也。"按《舊書·李蔚傳》："從兄繪，累官至刺史。"

張　搏　　乾符三年（876）

《新書·陸龜蒙傳》："往從湖州刺史張搏（搏）遊，搏歷湖、蘇二州，辟以自佐。"《嘉泰吳興志》卷一四郡守題名："張搏，咸通十三年七月自中大夫拜；除蘇州刺史。《統記》云：比部郎中授，遷廬州刺史。"按《吳郡志》卷一一牧守門云：張搏"自湖州刺史移蘇州，辟陸龜蒙以自佐"。《吳地記後集》："自唐王郢叛亂，市邑廢毀，刺史張搏重修羅城。"《吳郡圖經續記》卷下："闔閭城即今郡城也……唐乾符三年，刺史張傅（搏）嘗修完此城。"據此，知張搏當爲李繪後任。按《姑蘇志》云："張搏，咸通十三年七月自中大夫、湖州刺史改。"年代誤。

周慎辭（周慎嗣）　　乾符四年（877）

《宋高僧傳》卷一七《杭州千頃山楚南傳》：“乾符四年，蘇州太守周慎嗣（辭）響風，請住寶林院，又請居支硎山。”按《新書·藝文志四》有“周慎辭《寧蘇集》五卷”，注云：“字若訥，咸通進士第。”《隋唐五代墓誌匯編·洛陽卷》第十四册《大唐故天平軍節度副大使知節度事鄆曹濮等州觀察處置等使持節鄆州諸軍事兼鄆州刺史楊公夫人韋氏墓誌銘并序》（中和三年十一月二十一日）：“孤子篆泣血撰……次姊適故蘇州刺史周慎辭，亦早淪謝。”《郎官柱》户部郎中有周慎辭，在張裕後，鄭殷前。

楊茂實　　中和二年—四年（882—884）

《宋高僧傳》卷一六《梁京兆西明寺慧則傳》：“中和二年，至淮南，高公駢召於法雲寺。講罷還吴，刺史楊公苦留。”《吴郡圖經續記》卷下：“中和二年，僖宗狩蜀，潤帥周寶以子婿楊茂實爲蘇州刺史。”

【趙　載　　中和四年（884）（未之任）】

《新書·周寶傳》：“〔中和〕四年……周寶亦稍惑色，不恤事，以婿楊茂實爲蘇州刺史，重斂，人不聊。田令孜以趙載代之，茂實不受命……詔以王蘊代載，載留潤州。”

王　蘊　　中和四年—光啓初（884—？）

《玉峰志》卷下：“光啓初，劇賊剽昆山，招討使周寶遣將張郁戍海上，郁叛，刺史王蘊不設備，郁遂大掠。蘊嬰城守，寶遣兵討郁，郁保常熟，走海陵。”又見《至正昆山郡志》卷六。《新書·周寶傳》：“詔以王蘊代〔趙〕載。”《全詩》卷六六三羅隱《送王使君赴蘇臺》：“東南一望可長吁，猶憶王孫領虎符。”未知是王蘊抑王搏？

王　搏　　光啓初？

《新書》本傳：“搏字昭逸。擢進士第，辟佐王鐸滑州節度府，累遷蘇州刺史。久之，以户部侍郎判户部。乾寧初，進同中書門下平章事。"按王鐸於中和二年權知鄭滑節度使。榑刺蘇州當在此之後，疑在光啓初。

張　雄　　光啓二年—三年（886—887）

《新書》本傳："張雄，泗州漣水人。與里人馮宏鐸皆爲武寧軍偏將……二人懼禍，乃合兵三百度江，壁白下，取蘇州據之。"《通鑑·光啓二年》：十月，"〔張雄〕聚衆三百，走渡江，襲蘇州，據之，雄自稱刺史"。《舊書·秦彦傳》：光啓三年五月，"壽州刺史楊行密率兵攻彦……彦急求援於蘇州刺史張雄"。

徐　約　　光啓三年—龍紀元年（887—889）

《新書·僖宗紀》：光啓三年四月"甲辰，六合鎮遏使徐約陷蘇州，逐其刺史張雄"。又《昭宗紀》：龍紀元年三月"丙申，錢鏐陷蘇州，逐刺史徐約"。又《張雄傳》："鎮海節度使周寶之敗，奔常州，聞高駢將徐約兵鋭甚，誘之使擊雄，與之蘇州……徐約者，曹州人。已得蘇州，有詔授刺史。"《吳越備史》卷一《武肅王》："周寶子婿楊茂實爲蘇州刺史，〔徐〕約攻破之，遂有其地。"按此處"楊茂實"乃"張雄"之誤。

沈　粲（沈璨）　　龍紀元年（889）

《新書·張雄傳》："徐約者，曹州人。已得蘇州，有詔授刺史。錢鏐遣弟銶攻之……約後寖窘，與其下哭而別，入海死。鏐使沈粲守蘇州。"《吳郡圖經續記》卷上："龍紀元年，錢鏐遣弟銶破徐約於此州，以都將沈璨權領。"

杜孺休　　龍紀元年—大順元年（889—890）

《通鑑·龍紀元年》：十月，"以給事中杜孺休爲蘇州刺史"。大順元年八月，"蘇州刺史杜孺休到官，錢鏐密使沈粲害之"。《新書·昭宗紀》：大順元年"八月，錢鏐殺蘇州刺史杜孺休"。又見本傳，《吳越備史》卷一《武肅王》。

李　友(李宥)　大順元年(890)

《十國春秋·吴太祖世家》:大順元年八月,"李友攻蘇州,拔之,制置使沈粲奔於孫儒……冬十二月己巳,孫儒陷蘇州,殺我鎮將李友"。又本傳:"略地常州,已進拔蘇州,走浙將沈粲,争先排陳,勇冠一軍。遷尚書、蘇州刺史。無何,孫儒陷蘇州,友見殺,贈太保。"《姑蘇志》:"李友,大順元年除任。十二月爲孫儒所害。"

沈　粲　大順元年(890)

《十國春秋·吴太祖世家》:大順元年"冬十二月己巳……〔孫〕儒使沈粲守蘇州"。

錢　銶　景福元年(892)

《十國春秋》本傳:"龍紀時,淮南六合鎮遏使徐約已得蘇州,武肅王命銶將兵攻之……銶由是拔蘇州。未幾,州復陷,王又遣師平之。久之,授銶蘇州招緝使。"又《武肅王世家上》:"景福元年春二月,鏐命從弟銶爲蘇州招緝使。"

成　及　乾寧元年—三年(894—896)

《吴越備史》卷一《武肅王》:"乾寧元年春正月乙丑朔,大赦,改元。二月,王命成及權蘇州刺史。"乾寧三年五月癸未,"臺蒙等陷我姑蘇,刺史成及被執"。《新書·昭宗紀》:乾寧三年五月"癸未,楊行密陷蘇州,執刺史成及"。《新五代史·楊行密傳》、《十國春秋·吴太祖世家》同。《九國志》本傳:"潤州刺史阮結卒,命及代之。遷蘇州刺史。乾寧三年,淮人攻姑蘇,常熟鎮將陸郢等以兵應之。及不能守,遂降於楊行密。"又《李簡傳》:"〔乾寧〕三年,從田頵破蘇州,虜刺史成及。"《吴郡圖經續記》卷上:"蘇爲東南大州,地望優重,府庭有以稱。自唐乾寧元年刺史成及建大廳,更五代至於聖朝。"

臺　濛　乾寧三年—光化元年(896—898)

《九國志》本傳:"乾寧三年,破蘇州,以濛守之……錢鏐親率舟師至,會糧盡,濛拔眾遁歸。"《通鑑·光化元年》:九月"甲申,淮南所署蘇州刺史臺濛棄城走"。《吳郡圖經續記》卷上:"楊行密時,臺濛三陷郡城。乾寧五年,〔錢〕鏐既平董昌,遣將顧全武自會稽航海道帥師擊之,臺濛遁去。"又見《吳越備史》卷一《武肅王》,《十國春秋·吳太祖世家》。

曹　圭（曹珪）　　光化元年—天祐四年(898—907)

《吳越備史》卷一《武肅王》:光化元年十月,"王以嘉興都將曹珪權蘇州制置使,尋命爲本州刺史"。《通鑑·光化元年》:"閏(十)月,錢鏐以其將曹圭爲蘇州制置使。"《吳郡圖經續記》卷中:"水月禪院在洞庭山縹緲峰下……天祐四年,刺史曹珪以明月名之。"《吳郡志》卷一一牧守門有曹圭。又見《至元嘉禾志》卷一〇招提院。《全詩》卷六五五羅隱《姑蘇城南湖陪曹使君遊》、《秋日有寄姑蘇曹使君》等詩中的"曹使君",皆指曹圭。

待考錄

宗　瓊

《姓纂》卷一南陽安眾宗氏:"躬孫瓊,唐蘇州刺史。"《吳郡志》卷一一牧守門有"宗瓊"。

李　鼎

《姑蘇志》:"李鼎,長安人,以國子祭酒刺蘇州,見其曾孫天覺傳。"

韋建中

《姑蘇志》:"韋建中,蘇州刺史,以光禄大夫改婺州。"

韓　邠

《新表三上》韓氏:"邠,蘇州刺史。"乃玄宗相韓休之玄孫,右諫議大夫韓籌之子。

王　選

《姑蘇志》：“王選，祁縣人，姓氏書。”

元志儉

《姓纂》卷四河南洛陽元氏：“志儉，蘇州刺史。”乃荆州刺史元欽之弟。

李　昭

《御覽》卷一二二：“唐李昭以尚書郎出爲蘇州刺史，期歲以中書舍人召還，不拜。”又見《元龜》卷五五一。按《舊五代史·李懌傳》：“祖褒，唐黔南觀察使。父昭，户部尚書。”《唐語林》卷四：“李尚書褒次子昭爲常州。”皆未及蘇州刺史。

卷一四〇　湖州（吳興郡）

隋吳郡之烏程縣。武德四年平李子通，置湖州。六年復没於輔公祏。七年平，復置湖州。天寶元年改爲吳興郡。乾元元年復爲湖州。領縣五：烏程、武康、長城、安吉、臨溪（德清）。

孟宣文　　武德二年(619)

《嘉泰吳興志》卷一四郡守題名（以下簡稱《吳興志》）：“孟宣文，武德二年自陳州刺史授，後遷涇州刺史。”

達奚恕　　武德中

《唐代墓誌彙編·唐故鄉貢進士達奚公（革）墓誌銘并序》（咸通八年八月十八日）：“自國朝係美者，湖州刺史恕。”按達奚恕武德中爲博州刺史，見《舊書·馬周傳》。

崔　順　　約貞觀初

《新表二下》博陵安平崔氏第二房：“順，湖州刺史。”乃隋浙州刺史崔曠子。北圖藏拓片《大唐故崔夫人墓誌銘》（天寶十□載九月十七日）：“曾祖諱順，使持節松、渝、□、簡、平、湖等六郡太守，左散騎常侍，襲武康公。”按武德五年崔順爲江東道簡州刺史，見《會要》卷七一。則其刺湖州約在貞觀初。

韓世恭　　貞觀五年(631)

《吳興志》：“韓世恭，貞觀五年自金吾將軍授；遷衛尉少卿。”

杜 恭　　約貞觀中

上圖藏拓片《唐故董君夫人杜氏墓誌銘》(麟德二年二月廿九日)：“祖恭，爲湖州刺史。”夫人麟德二年卒，春秋七十一。

獨孤延壽　　約貞觀中

《千唐誌·大唐故漢州刺史獨孤公(炫)墓誌銘并序》(開元二十四年十一月二十七日)：“烈祖延壽，皇光禄太常卿，澤、渝、湖三州刺史。”按《金石録》有《獨孤使君碑》，貞觀十九年立，云：“君諱某，字延壽。”

李 杭　　永徽四年(653)

《全文》卷八九七羅隱《錢氏大宗譜列傳·揚威將軍錢公(元脩)列傳》：“唐永徽二年，陳碩真謀逆，朝廷詔鄰道討之。吳興郡守李杭辟公議事，公遂請兵擊寇。”按陳碩貞(真)舉兵反事在永徽四年十月，見《舊書·高宗紀》。

封安壽　　約總章二年—咸亨二年(約 669—671)

《新表一下》封氏：“安壽，湖州刺史。”乃隋南田(由)令封德興子。《全文》卷二一五陳子昂《臨邛縣令封君遺愛碑》：“父安壽，皇朝尚衣直長、懷州司馬、豪州刺史、湖州刺史。”《隋唐五代墓誌匯編·洛陽卷》第五册《大唐中大夫使持節湖州諸軍事湖州刺史封公(泰，字安壽)墓誌銘并叙》(咸亨三年八月十四日)：“武德中擢秦府參軍……碑傳俱紀，略而靡述。後遷豪、湖二州刺史……何圖名當考計，行未達京，乖豫膏肓，協夢辰巳，咸亨二年九月十三日，舡次汴部，薨於旅館，春秋七十有六。”

于敏直　　高宗時

《吳興志》：“于敏直，永徽五年自宋州別駕授；遷德州刺史。《統記》云：武后時。”按《姓纂》卷二河南洛陽于氏有“敏直，相州刺史”，《新表二下》同。兩《唐書·列女傳》稱：于敏直妻張氏，張儉之女。儉死,一慟而卒,高宗懿其行。則敏直當爲高宗時人。然永徽五年刺湖州似亦過早。

雲弘胤(雲弘嗣、雲洪嗣)　　約高宗時

《吳興志》:"雲洪嗣,武德七年自右庶子授;遷鄭州刺史。"按《姓纂》卷三定興雲氏:"弘允,汾州刺史。"岑仲勉《姓纂四校記》:"《姓氏急就篇上》有雲弘嗣。允,疑原作胤,宋人避諱,改寫爲嗣也。《吳興談志》……'洪'又'弘'之諱改。"按天授二年雲弘嗣在岐州刺史任被殺,見《新書·則天皇后紀》及《通鑑》。其刺湖決無可能在武德七年,《吳興志》誤,今列於高宗時。

裴　光　　垂拱中

《朝野僉載》卷五:"垂拱年,則天監國,羅織事起。湖州佐史江琛取刺史裴光判書,割字合成文理,詐爲徐敬業反書以告。"又見《廣記》卷三九九引。

賀蘭爽　　武后時

《吳興志》:"賀蘭爽,永徽九年自右衛中郎授;遷羽林將軍。"《統記》謂則天時任。按永徽無九年,今從《統記》。

徐　瑩　　武后時

《吳興志》:"徐瑩,貞觀十一年自括州刺史授。《統記》云:遷邢州刺史。"按《統記》謂武后時任,今從之。又按《姓纂》卷二諸郡徐氏稱:"瑩,諫議大夫。"

竇懷悋　　武后時

《吳興志》:"竇懷悋,貞觀十七年自户部郎中授,遷揚州刺史。《統記》云:則天時。"按《新表一下》竇氏三祖房:"懷悋,天水都督。"其父德元,相高宗,懷洛決無可能貞觀中刺湖州。今從《統記》。

崔元譽　　武后時

《新表二下》清河大房崔氏：“元譽，湖州刺史。”乃隋内史舍人崔
儴孫，太子洗馬崔世濟子，延載時杭州刺史崔玄獎兄。《吳興志》失
載。《郎官柱》度支郎中有崔元譽，在高正業後，裴昭前。

武載德　　武后時

《舊書·武元衡傳》：“曾祖載德，天后從父弟，官至湖州刺史。”
《新書·武元衡傳》、《外戚傳》略同。

劉守敬　　聖曆二年(699)

《吳興志》：“劉守敬，貞觀二十一年自洛州刺史授；遷太常少卿。
《統記》云：聖曆二年授。”按《姓纂》卷五彭城劉氏有守敬。岑仲勉《姓
纂四校記》云：“由其先代歷官推之，《統記》較可信。”

陳騫之(陳蹇之)　　大足元年(701)

《姓纂》卷三京兆陳氏：“敬之從父弟騫之，湖州刺史。”《吳興志》：
“陳蹇之，永徽元年自陳州司馬授；免官。《統記》云：大足元年授。”岑
仲勉《姓纂四校記》謂以《統記》説爲可信。

衛弘敏　　神龍二年(706)

《吳興志》：“衛弘敏，顯慶元年自豫州刺史授；遷右清道府率。
《統記》云：神龍二年汝州刺史授。”按《姓纂》卷八安邑衛氏：“知
(弘)敏，唐給事中、吏部郎中、汝州刺史。”又按貞觀十八年至顯慶三
年豫州刺史爲李鳳，衛弘敏無可能爲豫州刺史，當以《統記》爲是。

韋　璋　　神龍三年(707)

《姓纂》卷二京兆杜陵東眷韋氏：“璋，湖州刺史。”《新表四上》同。
《吳興志》：“韋璋，顯慶五年自少府監授，卒官。《統記》云：神龍三年
自博州刺史授。”按璋乃韋寡尤子；乾元中昇州刺史韋黄裳祖。今從
《統記》。

武大沖（武太中） 中宗時

《千唐誌・唐故深州司户參軍武府君（幼範）墓誌》（開元二十五年五月十二日）："父大沖，北海郡開國公，蜀、德、湖三州刺史。"《吴興志》："武太中，弘道二年自海州刺史授；卒官。《統記》云：中宗時。"今從《統記》。

鄭休遠（鄭休還） 景雲元年（710）

《吴興志》："鄭休還，垂拱元年自金州刺史授；遷越州都督。《統記》云：景雲元年太常少卿授；遷滑州刺史。"《郎官柱》祠部員外有"鄭休遠"，勞格引《吴興志》亦作"鄭休遠"。按《嘉泰會稽志》有鄭休遠，開元十一年自汾州刺史授；十五年去官。今從《統記》。

趙睿微（趙謹微） 景雲二年（711）

《姓纂》卷七諸郡趙氏："湖州刺史趙睿微，陽翟人。"《吴興志》："趙謹微，長壽二年自洪州刺史授。《統記》云：景雲二年自泉州刺史授；遷太子賓客到任（致仕）。"岑仲勉《姓纂四校記》云："按《談志》，元和前别無姓趙之人，謹、睿爲連綿字，微、徽形相類，當即一人，唯未知孰是耳。"

馬建 太極元年（712）

《吴興志》："馬建，證聖元年自袁州刺史授；遷邛州刺史。《統記》云：太極元年。"今從《統記》。

崔瑊 開元元年（713）

《吴興志》："崔瑊，萬歲通天元年自登州刺史授；遷□州刺史。《統記》云：開元元年。"今從《統記》。

張洽 開元三年（715）

《吴興志》："張洽，大足元年自濮州刺史授；遷魏州刺史。《統記》云：開元三年。"按兩《唐書》附《張文瓘傳》，未及湖州刺史。今從《統記》。

馬　搆　　約開元初期

《姓纂》卷七扶風茂陵馬氏：“搆，駕部員外，湖州刺史。”《新表二下》馬氏稱：“搆，駕部員外郎。”未及湖刺。按《全文》卷二二八張説《故洛陽尉馬府君碑》稱：“厥子搆、據、擇，皆國之良也……搆，職太子僕，景龍初宰長安。”則其刺湖約在開元初期。

朱崇慶　　開元六年(718)

《吳興志》：“朱崇慶，太極元年自虔州刺史授，遷洪州刺史、江南道採訪使。《統記》云：開元六年，在侯莫前。”《千唐誌・大唐故銀青光禄大夫湖州刺史朱公(崇慶)墓誌銘并序》(開元十三年九月十七日)：“拜魏、汴二州長史……轉遷均州刺史、通州刺史，又拜洪州都督兼知江南西道按察使……轉婺州刺史，以公正忤，詔使左貶虔州刺史……加銀青光禄大夫湖州刺史……地有九州，公典六矣。”開元十三年卒於汴州，年六十。

侯莫陳涉　　開元九年(721)

《吳興志》：“侯莫陳涉，神龍二年自睦州刺史授；遷商州刺史。《統記》云：開元九年。”按《嚴州圖經》卷一題名無侯莫陳涉。又按《金石録》卷六稱：“《唐相州刺史侯莫陳涉墓誌》，鄭同昇撰，盧自勸正書，開元二十三年十一月。”則《統記》説較可信。

蔣　挺(蔣捷)　　開元十三年(725)

《新書・許景先傳》：“〔開元〕十三年，帝自擇刺史……國子司業蔣挺湖州。”《唐詩紀事》卷二明皇條及《全詩》卷三明皇帝《賜諸州刺史以題座右》詩注作“十六年”，誤。《舊書・高智周傳》：“〔蔣〕繪子捷，舉進士，開元中歷臺省，仕至湖、延二州刺史。”《新書・高智周傳》作“挺”，是。《吳興志》：“蔣挺，開元五年自國子司業授；選申王府長史。《統記》云：十二年。”按《吳興志》誤，《統記》“十二”當作“十三”。

徐玄之　　開元十五年(727)

《吳興志》:"徐玄之,開元七年自諫議大夫授,改邠王府長史。《統記》云:十五年。"按其孫申,貞元十八年至元和初爲嶺南節度。今從《統記》。《全詩續補遺》卷九錄張祜《平望驛寄吳興徐使君玄之》,張祜中晚唐人,時代不相及,當非張祜作。

鄭　縣　　開元十七年(729)

《吳興志》:"鄭縣,開元九年自陳州刺史授,遷博州刺史。《統記》云:十七年。"今從《統記》。《舊書·李範傳》:"開元初,範爲岐州刺史,〔鄭〕縣爲長史……後〔縣〕爲湖州刺史。"

李　祈　　開元二十二年(734)

《吳興志》:"皇再從兄祈,開元十六年自國子司業授;遷金吾大將軍。《統記》云:二十二年自諫議大夫授;遷右領軍衛將軍。"今從《統記》。

徐嶠之　　開元二十三年(735)

《金石錄》卷二六《唐孝義寺碑陰記跋》:"初,陳徐陵爲《孝義寺碑》,至開元二十三年徐嶠之爲湖州刺史,再書而刻之。"《寶刻叢編》卷一四引作"開元十三年",誤;又引《復齋碑錄》云:"陳人徐陵撰,十世孫徐嶠之正書,開元二十二年正月十五日立,在烏程縣。""二十二年"疑爲"二十三年"之訛。《全文》卷四四〇徐浩《唐徐氏山口碣石題刻》稱:徐嶠之"歷典趙、衢、豫、吉、湖、洺六州,開元二十四年薨。"按《元龜》卷一二八稱:開元二十三年十二月,採訪使舉洺(洛)州刺史徐嶠之,知開元二十三年十二月嶠之已在洺州任。《吳興志》:"徐嶠之,開元十三年自吉州刺史授;遷洺州刺史。《統記》闕。""十三年"亦"二十三年"之奪誤。岑仲勉《貞石證史·陳孝義碑暨徐嶠之》對徐嶠之刺湖在開元十三年抑二十三年存疑。

韋明皦　　開元二十四年(736)

《吳興志》:"韋明皦,開元十八年自右清道府率授;遷趙州刺史。

《統記》云：二十四年。”今從《統記》。

張景遵　　開元二十七年（739）

《吳興志》：“張景遵，開元二十一年自夔州刺史授；改清道府率。《統記》云：二十七年。”今從《統記》。

【徐　憚　　開元二十九年（741）（未之任）】

《吳興志》：“徐憚，開元二十三年自登州刺史授；不曾之任，遷洪州刺史、充江西採訪使。《統記》云：二十九年。”按天寶元年徐憚在洪州都督任，約四載在汴州刺史任，《統記》説可信。

鄧武遷　　開元二十九年（741）

《吳興志》：“鄧武遷，開元二十九年自蘄州刺史授，卒官。”

吳從衆　　天寶三載（744）

《吳興志》：“吳從衆，開元二十八年自蘄州刺史授；遷密州刺史，充党項使。《統記》云：天寶三年自鄭州刺史授，遷安化郡太守，即密州刺史也。”按安化郡乃慶州，非密州。以“充党項使”視之，似遷安化郡太守近是。今從《統記》。

【陳思應　　天寶四載（745）（未之任）】

《吳興志》：“陳思應，天寶元年自柳州刺史授，不之任。《統記》云：四年。”今從《統記》。

閻知言　　天寶五載（746）

《吳興志》：“閻知言，天寶二年自括州刺史授，致仕。《統記》云：五年。”今從《統記》。

周擇從　　天寶六載（747）

《全文》卷五二九顧況《湖州刺史廳壁記》：“江表大郡，吳興爲一……國朝則周擇從,令聞也;顏魯公,忠烈也;袁給事高,謹正也;劉員外全白,文翰也。"《吳興志》:"周擇從,天寶五年自饒州刺史授;改洪州刺史。《統記》云:六年遷宣州。"按《統記》說是。

韋南金　　天寶八載(749)

《宋高僧傳》卷二六《唐湖州佛川寺慧明傳》:"天寶八年,有制度人。州將韋南金舉高行,黑白狀請,隸名州中寧化道場,明固辭。"《吳興志》:"韋南金,天寶八年自睦州刺史授;遷梁州刺史。《統記》云:七年。"

韋景先　　天寶十二載(753)

《姓纂》卷二京兆杜陵東眷韋氏:"景先,湖州刺史。"《新表四上》同。《太平寰宇記》卷九四湖州烏程縣:"峴山在縣南五里……天寶中太守韋景先起五花亭,山上有唐相李適之石酒樽。"《吳興志》:"韋景先,天寶十二年自衛將軍授;免官。《統記》闕。"按《李太白文集》卷二八《金銀泥畫西方淨土變相贊并序》:"蓋馮翊郡秦夫人奉爲亡夫湖州刺史韋公之所建也。"未知是韋景先,抑韋南金?

李　峒　　天寶十三載(754)

《吳興志》:"李峒,天寶十年自壽州刺史授;改授陳王府長史。《統記》云:十三年。"今從《統記》。

崔　巽　　天寶十五載(756)

《吳興志》:"崔巽,天寶十五年自蘇州刺史授;遷右衛將軍。《統記》云:乾元元年。"

楊　鑑　　天寶中?

《新表一下》楊氏觀王房:"鑑,湖州刺史。乃楊國忠從兄弟;國子司業楊玄璥子。"

豆盧陳麟　　　至德二載(757)

《吳興志》:"豆盧陳麟,天寶十四年自華州刺史授;遷虔州刺史。《統記》云:至德二年。"姑從《統記》。按《姓纂》卷九昌黎棘城豆盧氏有"豆盧鄭鄘",《新表四下》有"豆盧鄭麟",疑即此人。

楊　慧(楊蕙、楊惠)　　　乾元元年—二年(758—759)

《新表一下》楊氏觀王房:"蕙,湖州刺史。"乃武后相楊執柔孫。《吳興志》:"楊慧,至德元年自奉元(先?)縣令授;免官。《統記》云:乾元二年遷杭州刺史。慧,一作惠。"《宋高僧傳》卷二六《唐湖州大雲寺子瑀傳》:"以〔天寶〕十一年秋禪坐而終……大理評事攝監察御史姚淡、主客郎中姚沛、刺史楊慧才偕歸信焉。"

杜鴻漸　　　乾元二年—上元元年(759—760)

《嘉泰會稽志》:"杜鴻漸,自湖州刺史授;加御史中丞,召拜戶部侍郎。"兩《唐書》本傳未及。按杜鴻漸乾元二年九月棄荊州,上元二年正月已在越州任,則其刺湖約在乾元二年九月後。

崔　論　　　上元元年(760)

《吳興志》:"崔論,上元元年自蜀州刺史授;遷試太府卿兼御史大夫、淮南節度行軍司馬。《統記》云:自饒州刺史授。"兩《唐書》附《崔湜傳》,唯云:"乾元後歷典名郡。"未列州名。《全詩》卷八一九皎然《送崔詹事論之上都》注:"崔嘗典吳興。"又卷二八〇有《夏日同崔使君論同登城樓賦得遠山》。《全文》卷五三六朱灣有《別湖州崔使君書》,《唐詩紀事》卷四五作《別湖州崔使君侃書》。《全詩》卷三〇六朱灣《逼寒節寄崔七》注:"崔七,湖州崔使君之子。"據友人陳尚君考證,此"崔使君"即崔論。

孫待封　　　上元元年(760)

《通鑑·上元元年》:十二月,"〔孫〕待封領湖州事"。

獨孤問俗　　寶應元年—二年（762—763）

《吳興志》："獨孤問俗，上元三年自明州刺史授；遷祕書監、檢校揚州大都督司馬。《統記》云：寶應二年。"《全文》卷九一七清畫《唐湖州佛川寺故大師塔銘并序》："刺史盧公幼平、顏公真卿、獨孤公問俗、杜公位，裴公清，惟彼數公，深於禪者矣。"又見《宋高僧傳》卷二六《唐湖州佛川寺慧明傳》。

盧幼平　　約大曆初

《吳興志》："盧幼年（平），寶應二年自杭州刺史授；遷大理少卿。《統記》云：永泰元年。"按永泰元年幼平在杭州刺史任。姑繫於大曆初。《全詩》卷七九四清畫《秋日盧郎中使君幼平泛舟聯句》注："郎中，吳興守。"又卷八一五有《冬日奉和盧使君幼平縈毋居士遊法華寺高頂臨湖亭》。又見《全文》卷九一七清畫《唐湖州佛川寺故大師塔銘并序》。

韋　損　　大曆初？

《宋高僧傳》卷一五《唐潤州招隱寺朗然傳》："大曆十二年冬癸卯，跌坐如常，恬然化滅……請益弟子御史中丞洪府觀察使韋儇、吏部員外郎李華、潤州刺史韓賁、湖州刺史韋損、御史大夫劉暹、潤州刺史樊晃，皆歸心奉信。"

杜　位　　大曆四年（769）

《姓纂》卷六京兆杜氏："位，考功郎中、湖州刺史。"《新表二上》襄陽杜氏同。《吳興志》："杜位，乾元元年自江寧少尹拜；卒官。《統記》云：大曆四年。"按《杜甫集》卷九有《杜位宅守歲》詩，卷一六《寄杜位》詩自注："頃者與位同在故嚴尚書幕。"知上元中杜位尚爲幕僚，《吳興志》誤。今從《統記》。又按《杜詩詳注》卷二一《乘雨入行軍六弟宅》引黃鶴注："公大曆三年春抵荊南，是時衛伯玉爲節度使，故位爲行軍司馬。行軍六弟，即位也。"荊南節度使例兼江陵尹，時杜位當以節度行軍司馬兼江陵少尹，大曆四年方授湖州刺史。《吳興志》之"江寧少尹”爲“江陵少尹”之誤。

裴　清　　大曆六年(771)

《全文》卷九一七清晝《唐湖州佛川寺故大師塔銘并序》：“刺史盧公幼平、顏公真卿、獨孤公問俗、杜公位、裴公清，惟彼數公，深於禪者矣。”又見《宋高僧傳》卷二六《唐湖州佛川寺慧明傳》。《吳興志》：“裴清，大曆二年自宿州刺史授；除鄂州刺史。《統記》云：六年，選兵部郎中。”按大曆年間無宿州；大曆中鄂州刺史亦不容裴清插入，《吳興志》誤。《全文》卷四五七裴清小傳亦沿誤。今從《統記》。

蕭　定　　大曆六年(771)

《舊書》本傳：“爲元載所擠，出爲祕書少監，兼袁州刺史，歷信、湖、宋、睦、潤五州刺史。”《元龜》卷六八四略同。《吳興志》：“蕭定，永泰二年自信州刺史授，遷宋州刺史。《統記》云：蕭定，大曆六年宋州刺史授；遷蘇州、袁、潤等六州刺史。”《寶刻叢編》卷一四引《復齋碑錄》：“《唐修建功德銘》，唐湖州刺史蕭公創建佛室，造三世佛及諸功德等銘，武康令韓章撰……大曆六年立。”

顏真卿　　大曆七年—十二年(772—777)

《舊書》本傳：“後攝祭太廟，以祭器不修言於朝，〔元〕載坐以誹謗，貶硤州別駕、撫州湖州刺史。元載伏誅，拜刑部尚書。”《新書》本傳、《代宗紀》、《通鑑·大曆十二年》略同。《全文》卷三三八顏真卿《乞御書題額恩敕批答碑陰記》：“〔大曆〕七年秋九月歸自東京，起家蒙除湖州刺史，來年春正月至任。”又《項王碑陰述》：“大曆七年，真卿蒙刺是州。十二載，姦臣伏法，恩命追真卿上都。”又見卷三三九《湖州烏程縣杼山妙喜寺碑銘并序》、卷三三八《唐故太尉廣平文貞公宋公神道碑側記》、卷三四〇《浪迹先生元真子張志和碑銘》、《有唐茅山元靖先生廣陵李君碑銘并序》，又卷三九四令狐峘《光禄大夫太子太師上柱國魯郡開國公顏真卿墓誌銘》、卷五一四殷亮《顏魯公行狀》、卷五二九顧況《湖州刺史廳壁記》、卷六九四李紳《墨詔持經大德神異碑銘》、卷六四六李絳《兵部尚書王紹神道碑》、卷六九一符載《尚書比部郎中蕭府君（存）墓誌銘》、卷六七六白居易《白蘋洲五亭記》、卷九一九福琳《唐湖州杼山皎然傳》、卷九一七清晝《唐湖州佛川寺故大師塔銘并序》,《太平寰宇記》卷九四,《新書·張志和傳》,《宋高僧傳》卷二五《唐湖州法華寺大光傳》,《江蘇金石志》卷四《李含光碑》,《廣記》卷三二引《仙傳拾遺》、《戎幕閑譚》、《玉堂閑話》等。《全詩》卷八一五皎然有《奉韻顏使君真卿見過郭中寺》。

樊　系　　大曆十二年(777)

《吳興志》:"樊系,大曆十二年自諫議大夫授;遷濠州刺史。《統記》云:十年。"按大曆十年,顏真卿尚在湖州任。《統記》誤。《全文》卷九一七清晝《畫救苦觀世音菩薩贊》、《畫藥師琉璃光佛贊》皆稱:湖州刺史諫議大夫樊公,當即樊氏。按《姓纂》卷四諸郡樊氏稱:"諫議大夫樊系,潤州人。"

第五琦　　大曆十三年—十四年(778—779)

《舊書》本傳:"魚朝恩伏誅,琦坐與款狎,出爲處州刺史,歷饒、湖二州,入爲大子賓客、東都留守。"《新書》本傳略同。《舊書·德宗紀上》:十四年六月,"處州刺史王縉、湖州刺史第五琦皆爲太子賓客。"《吳興志》:"第五琦,建中元年自饒州刺史授;遷太子賓客。《統記》云:大曆十三年。"《統記》是。

王　密　　大曆十四年(779)

《吳興志》:"王密,建中三年自明州刺史授;遷越州都督,充浙東西團練副使。《統記》云:大曆十四年。"《嘉泰會稽志》:"王密,大曆十四年自湖州刺史授。"按《統記》與《會稽志》是。

王　沨　　約建中元年(約780)

《吳興志》:"王沨,建中五年自檢校工部郎中兼侍御史授;遷宣州觀察使。《統記》云:大曆十五年遷宣州刺史。"按建中無五年,據《舊紀》及《新書·方鎮表》，大曆十四年廢宣歙池觀察使，貞元三年復置。
《吳興志》誤。又按大曆無十五年，疑《統記》之"大曆十五年"指建中
元年。

袁　高　　建中二年—興元元年（781—784）

《吳興志》："袁高，貞元二年自韶州長史員外置同正員授，遷給事
中。《統記》云：袁高，建中二年。"按《統記》是。《南部新書》戊："唐
制：湖州造茶最多……至建中二年，袁高爲郡，進三千六百串，并詩刻
石在貢焙。"《兩浙金石志》卷二《唐袁高題名》："大唐〔湖〕州刺史臣袁
高奉詔脩茶，貢訖，至□山最高堂賦《茶山詩》，興元甲子歲三春十
日。"《舊書·德宗紀上》：興元元年八月，"前湖州刺史袁高爲給事
中。"又見《金石錄》卷二八《唐茶山詩并詩述》，《寶刻叢編》卷一四引
《集古錄目》，《全文》卷五二九顧況《湖州刺史廳壁記》。《全詩》卷八
一五皎然有《遙酬袁使君高春暮行縣過報德寺見懷》。

陸長源　　興元元年（784）

《全詩》卷八一七皎然《奉和陸使君長源夏月遊太湖》注："此時公
權領湖州。"據今人賈晉華考證，興元元年權領。

楊　頊（楊昱）　　興元元年—貞元二年（784—786）

《吳興志》："楊頊，貞元四年自濮州刺史授；遷國子祭酒。《統記》
云：興元元年。"今從《統記》。《全詩》卷八一八皎然有《奉陪楊使君頊
送段校書赴南海幕》。《全文》卷五一四殷亮《顏魯公行狀》："今檢校
國子祭酒楊昱，自御史中丞京畿採訪使除爲漢州刺史，轉湖州刺史，
以舊府之恩，乘州人之請，紀公遺事，刊石立去思碑於州門之外，即今
都官郎中陸長源之詞也。"

鄭　諤　　貞元初期？

《全詩》卷八一七皎然有《奉陪鄭使君諤遊太湖至洞庭山登上真
觀却望湖水》。《吳郡圖經續記》卷中："上真觀在洞庭山上，建於梁

世，唐僧皎然嘗陪湖州鄭使君登此却望湖水賦詩。"

崔 石 貞元初期？

《全詩》卷八二一皎然有《飲茶歌誚崔石使君》。

龐 督 貞元七年(791)

《姓纂》卷一南安今潁州龐氏："督，湖州刺史。"《吳興志》："龐督，貞元七年自倉部郎中授；遷絳州刺史。《統記》作三年。"按貞元四年龐督尚在倉部郎中任，見《元龜》卷五八。《統記》非，今從《吳興志》。

于 頔 貞元七年—十年(791—794)

《舊書》本傳："歷長安縣令、駕部郎中。出爲湖州刺史……改蘇州刺史。"《新書》本傳、《元龜》卷六七五略同。《吳興志》："于頔，貞元八年自駕部郎中授；遷蘇州刺史……《統記》作五年。"《全文》卷五四四于頔《釋皎然杼山集序》稱："貞元壬申歲，余分刺吳興之明年，集賢殿御書院有命徵其文集。"按壬申爲貞元八年，由此知于頔貞元七年授湖州刺史，《吳興志》及《統記》皆誤。《新書·地理志五》湖州長城縣注稱"貞元十三年刺史于頔"，亦誤。《兩浙金石志》卷二《唐于頔題名》稱："使持節湖州諸軍事刺史臣于頔遵奉詔命，詣顧渚茶院修貢畢，登西顧山最高堂汲嚴泉□□茶□□觀前刺史袁公留題□刻茶山詩於右。大唐貞元八年歲在壬申春三月□□。"又見《全文》卷五二九顧況《湖州刺史廳壁記》、卷四九七權德輿《唐金紫光禄大夫守司空于公先廟碑銘并序》、卷七二九王彦威《贈太保于頔謚議》。

劉全白 貞元十年(794)

《姓纂》卷五諸郡劉氏："全白，湖州刺史。"《吳興志》："劉全白，貞元十年自池州刺史授；遷祕書監致仕。《統記》作七年。"《全文》卷五二九顧況《湖州刺史廳壁記》："袁給事高，讜正也；劉員外全白，文翰也。"

王　浦　　貞元十一年(795)

《吳興志》："王浦，貞元十一年自建州刺史授；卒官。《統記》作十年。"

李　錡　　貞元十三年(797)

《舊書》本傳："以父蔭貞元中累至湖、杭二州刺史，多以寶貨賂李齊運，由是遷潤州刺史兼鹽鐵使。"《元龜》卷六九七同。《新書》本傳："自雅王傅出爲杭、湖二州刺史。"《宋高僧傳》卷一五《唐湖州八聖道寺真乘傳》："貞元十一年……乞歸田閭，敕允。既還鄉里，本郡守李公錡、田公敦、浙東率薛公戎，或踵門而勸登法座，或馳簡而延蒞戒壇……以元和十五年冬十月示疾而終于本寺。"《吳興志》："李錡，貞元十三年四月自杭州刺史授；遷本道觀察使。《統記》作十二年。"按李錡貞元十五年二月由常州刺史遷潤州刺史。

李　詞　　貞元十四年—十七年(798—801)

《舊書·李齊運傳》："貞元中……〔齊運〕薦李錡爲浙西觀察使，受賂數十萬計。舉李詞爲湖州刺史。"又見《新書·李齊運傳》。《吳興志》："李詞，貞元十六年自萬年縣令授；遷光祿少卿。《統記》作十四年。"《全文》卷五二九顧況《湖州刺史廳壁記》稱："今使君詞，唐景皇帝七代之孫……貞元十有五年十二月哉生魄，華陽山人顧況述。"《全文》卷六一八李直方《白蘋亭記》稱"今邦伯李公"，據《寶刻叢編》卷一四引《諸道石刻錄》，此《記》"己卯歲作"，即貞元十五年，可證《吳興志》誤。《輿地碑記目》卷一《湖州刺史廳壁記》後題"貞元十七年刺史李詞"。《全詩》卷二六五顧況有《李湖州孺人彈箏歌》。

田　敦　　貞元十八年(802)

《吳興志》："田敦，貞元十八年五月自衢州刺史授；遷常州刺史。《統記》作十六年。"《統記》誤。又見《宋高僧傳》卷一五《唐湖州八聖道寺真乘傳》。

顏　防　永貞元年(805)

《宋高僧傳》卷二四《唐湖州法華寺大光傳》:"永貞元年十二月黑月既夕,示滅于持經道場……刺史顏防深愴悼之。"《全文》卷六九四李紳《墨詔持經大德神異碑銘》衍作"顏防善"。《吳興志》:"顧防,永貞元年四月自澧州刺史授;除常州刺史。《統記》作貞元二十年。"按"顧防"乃"顏防"之説誤。

姚　駰(姚絪)　元和元年(806)

《吳興志》:"姚絪,元和元年四月自處州刺史授;卒官。《統記》作姚駰。"

辛　祕　元和元年—三年(806—808)

《舊書》本傳:"元和初,拜湖州刺史。"《新書》本傳略同。又見兩《唐書·李錡傳》,《元龜》卷六九四、卷七一六,《通鑑·元和二年》十月。《全文》卷六八二牛僧孺《昭義節度使辛公(祕)神道碑》:"元和皇帝初元年,高選刺史,公出爲湖州。時觀察使李錡不奉詔……〔公〕於是時武功冠江南,錡爲之失勢就縛,天子親命使以金印紫綬賞公,急詔爲河東軍司馬兼御史中丞。"《唐文拾遺》卷六憲宗《罰韓皋俸料敕》:"據決孫瀚月日,是舊刺史辛祕離任之後,新刺史范傳正未到之時。"

范傳正　元和四年—六年(809—811)

《舊書》本傳:"自比部員外郎出爲歙州刺史,轉湖州刺史。"《新書》本傳:"歷歙、湖、蘇三州刺史。"又見《元龜》卷六七一。《吳興志》:"范傳正,元和四年八月自歙州刺史拜;六年二月十一日遷蘇州刺史。"《全文》卷九一九福琳《唐湖州杼山皎然傳》:"元和四年,太守范傳正、會稽釋靈澈同過舊院。"《宋高僧傳》卷二九同。《新書·地理志五》湖州烏程縣注:"東百二十三里有官池,元和中刺史范傳正開。"

裴　汶　元和六年—八年(811—813)

《新表一上》南來吳裴氏:"汶,湖州刺史。"《吳興志》:"裴汶,元和六年自澧州刺史授；八年十一月除常州刺史。”

薛　戎　　元和八年—十一年（813—816）

《舊書》本傳：“累改衢、湖、常三州刺史，遷浙東觀察使。”又見《元龜》卷六七七。《新書》本傳未及。《吳興志》：“薛戎，元和八年十一月三十日自衢州刺史授；遷常州刺史。”又見《全文》卷六五四元稹《唐故越州刺史浙江東道觀察使河東薛公（戎）神道碑文銘》、卷五六三韓愈《朝散大夫越州刺史薛公（戎）墓誌銘》等記載。

李　應　　元和十一年—十四年（816—819）

《吳興志》：“李應，元和十一年八月十五日自户部郎中授；遷蘇州刺史。”《元龜》卷五〇四：“〔元和〕十四年七月，湖州刺史李應奏。”又見《會要》卷八八，《御覽》卷八二八。

竇　楚　　元和十五年（820）

《吳興志》：“竇楚，元和十五年三月二十二日自刑部郎中拜；遷尚書右司郎中。”

張　聿　　長慶元年（821）

《白居易集》卷五五《張聿都水使者制》：“前湖州刺史張聿……可都水使者。”按白居易於元和十五年冬召回長安，知制誥。長慶二年又出爲杭州刺史。此制約作於長慶初。

錢　徽　　長慶元年—三年（821—823）

《新書》本傳：“遂貶江州刺史……轉湖州。”《舊書》本傳未及。《吳興志》：“錢徽，長慶元年十二月十五日自江州刺史拜；還，遷尚書工部郎中。”《白居易集》卷二〇有《初到郡齋寄錢湖州李蘇州》詩，又有《小歲日對酒吟錢湖州所寄詩》，錢湖州，指錢徽；李蘇州，指李諒。《酉陽雜俎》前集卷五稱：“寶曆中，石〔旻〕隨錢徽尚書至湖州”，“寶曆”當爲“長慶”之誤。《唐語林》卷二亦有錢徽刺湖事。

張士階（張仕偕） 長慶三年（823）

北圖藏拓片《張氏亡女墓誌銘》（長慶三年九月廿二日）：“父士階撰……安定張氏之女曰婉……湖州刺史士階之息女也……長慶三年六月十三日奄然終於吳興郡舍，甲子纔二十春矣。”又《有唐張氏女（嬋）墓誌銘》（開成五年五月九日）：“兄鄉貢進士塗述并書……長慶中，吾先君由真司封郎中出爲湖州牧……生我府君諱士階，爲湖州刺史……嬋即府君第三女也。”嬋開成五年卒，年二十五。又《唐安定張氏亡女墓誌銘》（大中九年十月二十六日）：“皇司封郎中、湖州刺史府君諱士階之孫，侍御史内供奉勤之女。”大中九年卒，甲子二十二春。《吳興志》：“張仕偕，長慶三年三月六日自司封郎中拜；卒官。”

崔玄亮 長慶三年—寶曆元年（823—825）

《舊書》本傳：“元和初，因知己薦達入朝。再遷監察御史，轉侍御史。出爲密、湖、曹三郡刺史。”《新書》本傳略同。《吳興志》：“崔玄亮，長慶三年十一月二十二日自刑部郎中拜，遷祕書少監，分司東都。”《新書·地理志五》湖州烏程縣注：“東南二十五里有陵波塘，寶曆中刺史崔玄亮開。”又見《全文》卷六五四元稹《永福寺石壁法華經記》、《神仙感遇傳》卷一，《宋高僧傳》卷九《唐杭州徑山法欽傳》。《白居易集》卷七〇有《唐故虢州刺史崔公（玄亮）墓誌銘并序》，又卷二一有《崔湖州贈紅石琴薦煥如錦文無以答之以詩酬謝》、卷二三有《得湖州崔十八使君書》、《晚春寄微之并崔湖州》、卷二四有《郡中閑獨寄微之及崔湖州》、《仲夏齋居偶題八韻寄微之及崔湖州》等詩，《全詩》卷三五四、卷三五五劉禹錫有《酬湖州崔郎中見寄》。《廣記》卷七三引《唐年補録》：“唐大和中，崔玄亮爲湖州牧。”“大和”當爲“長慶”之誤。

獨孤邁 寶曆二年（826）

《吳興志》：“獨孤邁，寶曆二年九月十三日自歙州刺史拜；後貶康州。《統記》：一政，敬宗時。”按元和十四年獨孤邁爲睦州刺史。

韓　泰　　大和元年—三年（827—829）

《新書》本傳：“以户部郎中、神策行營節度司馬貶虔州司馬。終湖州刺史。”《舊書》附《王叔文傳》，未及刺湖州。《吳興志》：“韓泰，大和元年七月三日自睦州刺史拜，遷常州刺史。”《全詩》卷三六三劉禹錫有《酬楊八庶子喜韓吳興與余同遷見贈》、卷三六五有《洛中送韓七中丞之吳興口號五首》、《寄湖州韓中丞》等，卷五一四朱慶餘有《湖州韓使君置宴》等，皆指韓泰。詳見岑仲勉《唐史餘瀋·劉禹錫詩之韓湖州》。

李德脩　　大和四年—五年（830—831）

《新書·李栖筠傳》：“子德脩……張仲方入爲諫議大夫，德脩不欲同朝，出爲舒、湖、楚三州刺史，卒。”又見《東觀奏記》卷上，《唐語林》卷七。《吳興志》：“李德脩，大和四年五月十日自淮南節度行軍司馬授；後遷楚州刺史。”

韋　珩　　大和五年（831）

《吳興志》：“韋珩，大和五年四月自江州刺史拜；未視事，卒。”

庾　威　　大和五年—六年（831—832）

《元龜》卷六九八：“庾威，大和中爲湖州刺史，貶吉州長史。”《吳興志》：“庾威，大和五年四月自長安縣令拜，貶吉州刺史。”

崔　某？　　約大和六年—七年（約 832—833）

《唐詩紀事》卷五六：“〔杜〕牧佐宣城幕，遊湖州，刺史崔君張水戲，使州人畢觀。令牧間行，閲奇麗，得垂髫者十餘歲。後十四年，牧刺湖州，其人已嫁生子矣。”又見《全詩》卷五二七杜牧《悵詩序》。按杜牧大和四年九月至七年四月在宣州幕。

敬　昕　　大和七年—九年（833—835）

《吳興志》：“敬昕，大和七年自婺州刺史授，除吏部郎中，續加檢校本官依前湖州刺史，後除常州。”《全文》卷六九四李紳《墨詔持經大德神異碑銘》：“予烏臺舊僚、天官郎敬君守郡吳興，寄言刊石。”又見卷八六七楊虁《烏程縣修東亭記》，唯稱李紳寶曆中廉問會稽，誤。《全詩》卷三六五劉禹錫有《吳興敬郎中見惠斑竹杖兼示一絶聊以謝之》。

裴　充　　大和九年—開成三年(835—838)

《吳興志》：“裴充，大和元(九)年八月自大理少卿拜，卒官。”《元龜》卷四九四：“〔開成〕三年三月，以浙西監軍判官王士玫充湖州造茶使。時湖州刺史裴充卒官，吏不謹進新茶，不及常年，故特置使以專其事。”又見《南部新書》戊，《唐語林》卷三。

楊漢公　　開成三年—約會昌元年(838—約841)

《新書》本傳：“坐虞卿，下除舒州刺史，徙湖、亳、蘇三州。”《舊書》本傳未及。《吳興志》：“楊漢公，開成三年三月二十日自舒州刺史拜；遷亳州刺史充本道團練鎮遏使。”《白居易集》卷七一《白蘋洲五亭記》：“至開成三年，弘農楊君爲刺史⋯⋯君名漢公。”又卷三四有《得楊湖州書頗誇撫民接賓縱酒題詩因以絶句戲之》。《全文》卷七六〇楊漢公《干禄字書後記》稱：“太師魯公⋯⋯曾牧茲郡⋯⋯漢公謬憩棠陰⋯⋯時開成四年六月廿九日。”又見《寶刻叢編》卷一四引《集古録目》，《金石補正》卷六三。《新書·地理志五》湖州烏程縣有漢公事迹，《兩浙金石志》卷二有開成四年湖州刺史楊漢公題名。【補遺】《唐故銀青光禄大夫、檢校户部尚書、使持節鄆州諸軍事、守鄆州刺史，充天平軍節度、鄆曹濮等州觀察處置等使、御史大夫、上柱國、弘農郡開國公、食邑二千户弘農楊公(漢公)墓誌銘並序》(咸通二年十一月廿日)：“公亦以忤姦黨出爲舒州刺史。⋯⋯在郡苦節，以安人爲己任，百勝歌之。轉湖州、蘇州，理行一貫，結課第考，年年稱最。遷桂州觀察使兼御史中丞。廉問峻整，部内清肅。轉浙東觀察使、御史大夫。”(周紹良、趙超《唐代墓誌匯編續集》，上海古籍出版社 2001 年版)

張文規　　會昌元年—三年(841—843)

《吳興志》：“張文規，會昌元年七月十五日自安州刺史授；遷國子司業。”兩《唐書》本傳未及湖刺。《直齋書録解題》卷一四：“《法帖要録》十卷，唐大理卿河東張彦遠愛賓撰。彦遠，宏靖之孫，三世相門。其父文規，嘗刺湖州，著《吳興雜録》。”

李宗閔　　會昌三年（843）

《通鑑·會昌三年》：五月“戊戌，以〔李〕宗閔爲湖州刺史”。九月，“宗閔爲漳州長史”。又見《新書》本傳。《舊書》本傳未及。《吳興志》：“李宗閔，會昌三年五月十日自東都分司太子賓客授；尋貶漳州刺史，續貶漳州長史。”

姚　勖　　會昌三年（843）

《新書》本傳：“更湖、常二州刺史，爲宰相李德裕厚善。”《吳興志》：“姚勖，會昌三年六月二十九日自尚書左司郎中授；後遷吏部郎中。”

李　某　　會昌中？

《全詩》卷五三四許渾《傷故湖州李郎中》有“政成身殁共興哀”。熊飛謂：據詩，知此李郎中爲湖州刺史。

薛　褒　　會昌六年（846）

《吳興志》：“薛褒，會昌六年八月十日自安州刺史拜；卒官。”《郎官柱》左司員外有薛褒，在裴夷直、趙枋後，李行方、封敖前。

令狐綯　　大中元年—二年（847—848）

《舊書》本傳：“會昌五年，出爲湖州刺史。大中二年，召拜考功郎中，尋知制誥。”按“會昌五年”誤。蓋綯爲薛褒後任。又《宣宗紀》：大中元年六月，“以中散大夫、前湖州刺史、彭陽縣開國男、食邑三百户令狐綯行尚書考功郎中、知制誥”。《新書》本傳、《通鑑·大中元年》六月略同。按《兩浙金石志》卷二《唐天寧寺經幢》稱：“大中元年十一月廿八日重建……中大夫使持節湖州諸軍事守湖州刺史上柱國彭陽縣開國男食邑三百户令狐綯。"由此知大中元年年末令狐綯尚在湖州，疑《舊紀》、《通鑑》皆誤。《吳興志》："令狐綯，大中元年三月二十一日自左司郎中授；二年四月二日除翰林學士，十日拜相。"今從之。又見《東觀奏記》卷上，《元龜》卷六五〇，《全文》卷七五九令狐綯《請詔男滈就試表》，《金石補正》卷四七《陳榮尊勝幢記》。

蘇　特　大中二年—四年（848—850）

《吳興志》："蘇特，大中二年五月自陳州刺史拜；除鄭州刺史。"《南部新書》戊："李景先自和牧謫爲司馬，戲湖守蘇特曰：'使君貴郡有三黄電子，五蒂木瓜。'特頗銜之。"《金石補正》卷四八《施安等造幢題名》："唐大中二年歲在戊辰八月戊子朔廿一日戊申建功德主施安……大中大夫使持節湖州諸軍事守湖州刺史上柱國蘇特。"又見《平津讀碑記》卷七《七種經咒真言幢》，《兩浙金石志》卷三《唐天寧寺經幢》。《全詩補逸》卷一〇張祜有《奉和湖州蘇員外題游杯池》。

杜　牧　大中四年—五年（850—851）

《舊書》本傳："出牧黄、池、睦三郡，復遷司勳員外郎、史館修撰，轉吏部員外郎。又以弟病免歸，授湖州刺史，入拜考功郎中、知制誥。"《新書》本傳略同。《吳興志》："杜牧，大中四年十一月自大理卿授，遷中書舍人。"繆鉞《杜牧年譜》謂大中四年秋至五年秋在湖州刺史任。《廣記》卷二七三引《闕史》謂"〔杜牧〕大中三年始授湖州刺史"，誤。《全文》卷七五五杜牧《唐故進士龔輅墓誌銘》："會昌五年十二月某自秋浦守桐廬……後四年守吳興。"又卷七五六《祭龔秀才文》稱："維大中五年歲次辛未五月朔二日，湖州刺史杜牧"。又見卷七五四《自撰墓誌》，卷七五六《祭周相公文》，卷七五三有《上宰相求湖州第一啓》、《第二啓》、《第三啓》，卷七五九裴延翰《樊川文集後序》，《唐語林》卷七，《唐詩紀事》卷五八李郢《和湖州杜員外冬至日白蘋洲見憶》。

郭　勤　大中五年（851）

《吳興志》："郭勤，大中五年九月自司勳郎中〔授〕；拜河南少尹。"

《郎官柱》户部員外在柳仲郢、周復後,李行方、白敏中前。

鄭　顥　　大中七年（853）

《吴興志》:"鄭顥,大中七年九月自舒州刺史授;除太僕少卿。"據《新表五上》鄭氏,顥乃宣宗相鄭朗弟。《郎官柱》户部員外有鄭顥,在崔慎由後,裴坦前。

崔　準　　大中十一年（857）

《吴興志》:"崔準,大中十一年四月自刑部郎中拜;除給事中。"按崔準咸通二年至三年爲宣歙觀察使。

蕭　峴　　大中十二年（858）

《吴興志》:"蕭峴,大中十二年十一月自户部郎中授;除東都留後,卒官。"據《新表一下》蕭氏齊梁房,峴乃宣宗相蕭鄴弟。《郎官柱》户部郎中有蕭峴,在孟穆後,曹汾前。

鄭彦弘　　咸通三年（862）

《吴興志》:"鄭彦弘,咸通三年自司勳郎中授;遷右司郎中。"《郎官柱》左司郎中有鄭彦弘,在李蟾後,孟穆前。

崔芻言　　咸通三年（862）

《吴興志》:"崔芻官（言）,咸通三年二月自吏部郎中拜;卒官。《統記》云:户部。"《雲溪友議》卷下《温裴黜》:"湖州崔郎中芻言,初爲越副戎。"《廣記》卷二二三引《雲溪友議》:"崔芻言郎中止於吴興郡,李範郎中止於九江,二公皆自南宫出爲名郡。"則《吴興志》"芻官"乃"芻言"之訛。

源　重　　咸通三年（862）

《吴興志》:"源重,咸通三年九月自司勳員外郎授;除絳州刺史。"《郎官柱》司勳員外有源重,在苗紳後,薛廷望前;度支員外在李福、袁亞後。

高　湜　　咸通五年（864）

《吳興志》：“高湜，咸通五年十二月自司勳員外郎拜；〔遷〕禮部郎中、史館修撰。《統記》作遷刑部。”《舊書》附《高鍇傳》，未及湖刺。按高湜咸通五年三月在兵部郎中任，見《舊紀》。《郎官柱》司勳員外有高湜，在獨孤霖後，鄭碣前；禮部郎中在李景溫後。

孔　彭　　咸通中

《通志》卷七三《金石略一》：《晉關內侯廣昌長暨讓碣》注：“咸通中湖州刺史孔彭立，在杭州。”

趙　濛（趙蒙）　　咸通八年（867）

《吳興志》：“趙濛，咸通八年二月自司勳員外郎拜，遷駕部員外郎。《統記》云：遷職方。”《全詩》卷八七六《湖蘇二郡語》：“《南部新書》：咸通末……時湖州牧李超、趙蒙爲代，俱狀元及第。”

李　超（李召）　　咸通十一年（870）

《吳興志》：“李超，咸通十一年八月自楚州都團練使授；除諫議大夫。”《南部新書》己：“咸通末……時湖州牧李超、趙蒙爲代，俱狀元。”《唐語林》卷四：“李尚書褒……長子召爲吳興，次子昭爲常州，當時榮之。”疑“李召”即李超。

裴德符　　咸通十二年—十三年（871—872）

《吳興志》：“裴德符，咸通十二年七月自絳州刺史授；遷太常少卿。”按《新表一上》南來吳裴氏稱：“德符字渭翁”，未署官職。乃江西觀察使裴堪子。《全詩》卷六五八羅隱有《上雪川裴郎中》、《湖州裴郎中赴闕後投簡寄友生》，“裴郎中”即裴德符。《隋唐五代墓誌匯編·陝西卷》第四冊《唐故軍事衙推鄉貢進士田公（厚）墓誌銘并序》（咸通十二年十一月二十五日：“友人裴岐撰……余伯父絳臺剖竹，公從事于兹,而才畫可嘉,又縻公於雪水。"裴岐伯父當即裴德符。"絳臺剖竹"指絳州刺史,"雪水"指湖州。

張 摶 咸通十三年(872)

《新書·陸龜蒙傳》:"往從湖州刺史張摶(搏)遊,摶歷湖、蘇二州。"《舊書·僖宗紀》:乾符二年二月,"湖州刺史張摶爲廬州刺史"。《吳興志》:"張摶,咸通十三年七月自中大夫拜,除蘇州刺史。《統記》云:比部郎中授;遷廬州刺史。"

劉 植 乾符元年(874)

《吳興志》:"劉植,乾符元年七月二十七日自左司郎中授;除當道副使。《統記》云:咸通十五年自兵部員外郎授;遷兵部郎中。"

陸 肱 乾符初?

《姓纂》卷一〇嘉興陸氏:"元和初進士陸暢生懷,姪孫肱,湖州刺史。"按陸肱約乾符初在虔州刺史任。《全詩》卷五八九李頻有《送陸肱歸吳興》等。

鄭仁規 乾符三年(876)

《舊書》本傳:"仁規累遷拾遺、補闕、尚書郎、湖州刺史。"《新書》附《鄭肅傳》,未及湖刺。《吳興志》:"鄭仁規,乾符四年二月十三日自司封郎中授;除襄州節度副使。《統記》云:三年自考功員外郎授;選考功郎中。"按《郎官柱》考功員外有鄭仁規。《統記》是。

杜孺休 乾符六年(879)

《吳興志》:"杜孺休,乾符六年自户部郎中授;選司勳郎中……《統記》作五年工部授。"《新書》本傳未及。《宋高僧傳》卷一二《唐杭州龍泉院文喜傳》:"乾符己亥歲,巢寇掠地至餘杭,喜避地湖州餘不亭,刺史杜孺休請住仁王院。"按己亥歲爲乾符六年。《廣記》卷四三引《神仙感應傳》:"時〔于〕濤表弟杜孺休給事刺湖州。"《北夢瑣言》卷一〇：“杜給事孺休典湖州，有染戶家池生青蓮花，刺史令收蓮子，歸京種於池沼。”又見《廣記》卷四〇九引。《全詩》卷八二七貫休有《寄杜使君》，卷八二八有《上杜使君》、《杜侯行并序》，卷八三一有《夜對雪寄杜使君》，卷八三二有《送杜使君朝覲》、《酬杜使君見寄》，卷八三五有《歸東陽臨歧上杜使君七首》等，嘉靖《衢州府志》謂“杜使君”乃衢州刺史，非。據友人陶敏考證，貫休詩中之“杜使君”皆指湖州刺史杜孺休。

王　鸞　　中和二年(882)

《吳興志》：“王鸞，中和二年正月自刑部郎中授；《統記》云：司勳。”《郎官柱》戶部員外有王鸞，在李凝庶後，王深、陸威前。

杜孺休　　中和三年(883)

《唐文拾遺》卷三七崔致遠《湖州杜孺休常侍》：“昨睹除書，伏承榮膺寵命，再理吳興，伏惟感慰。”《桂苑筆耕集》卷七同。《吳興志》：“杜孺休……中和三年再授；後遷給事中。”

孫　儲　　中和四年—光啓元年(884—885)

《吳興志》：“孫儲，中和五年正月一日自工部郎中授；除左散騎常侍，《統記》作中和四年權給事中授。”《輿地碑記目》卷一《安吉州碑記》：“《白蘋洲記》，在州大廳中，中和五年刺史孫儲撰。”按中和五年即光啓元年。

李師悅　　光啓元年—乾寧三年(885—896)

《新書·黃巢傳》：“徐州小史李師悅得巢僞符璽，上之，拜湖州刺史。”又《周寶傳》略同。《通鑑·乾寧三年》：十一月，“湖州刺史李師悅求旄節……戊子，師悅卒，楊行密表師悅子前綿州刺史彥徽知州事”。《吳興志》：“李師悅，光啓元年八月自工部尚書授；累加檢校太保忠國軍節度使，薨於郡治。《統記》云：光啓元年八月工部尚書授，文德元年加檢校右僕射，龍紀元年加檢校司空，大順二年加特進，三年加檢校司徒,賜德政碑,景福二年加防禦使,乾寧三年正月加太保,五月加忠國軍節度使,七月薨。”《全文》卷八六六楊夔《湖州録事參軍新廳記》:“甲辰年,今太守以彭門之師,擒〔黄〕巢於萊蕪,提其顱薦於成都。明年春,玉輦還闕,遂以功牧於吳興。帝念殊庸,位不配德,詔加防禦以高其位。”按“甲辰年”即中和四年,明年即光啓元年。又見卷八六七楊夔《烏程縣修建廨宇記》。

【韓守威　　龍紀元年(889)(未之任)】

　　《新書·楊行密傳》:“時韓守威以功拜池州刺史,行密表徙湖州,以兵護送。而李師悦在湖州,與杭州刺史錢鏐戰不解。”

李彦徽(李繼徽)　　乾寧三年—四年(896—897)

　　《吳越備史》卷一《武肅王》:乾寧三年“十一月戊子,湖州刺史李師悦卒,子繼徽嗣”。乾寧四年“九月,湖州刺史李繼徽以州附淮南,裨將沈攸拒之,繼徽遂奔……王命海昌鎮將高彦爲湖州制置使”。《新書·昭宗紀》:乾寧四年“九月,錢鏐陷湖州,忠國軍節度使李繼徽奔於淮南”。《通鑑·乾寧三年》、《乾寧四年》略同,惟作“李彦徽”。

高　彦(高瑰)　　乾寧四年—天祐三年(897—906)

　　《吳興志》:“高彦,乾寧四年十月授招討使,明年授刺史,卒官。”《吳越備史》卷一《武肅王》:天祐三年“十一月乙丑,湖州刺史高彦卒。子澧嗣”。《九國志·高澧傳》:“父瑰,湖州刺史。”“瑰”當即“彦”。又見《通鑑·天祐三年》十一月。《全文》卷八九八皮光業《吳越故忠義匡國功臣前授常州刺史屠將軍墓誌銘》:“〔光化〕三年調守湖州,授制於同郡高公彦。天復二年壬戌……徐綰、許再思叛於府城,將及内城,刺史高公聞之,遣子渭與將軍同赴難。”

高　澧　　天祐三年—四年(906—907)

　　《通鑑·天祐三年》:十一月,“湖州刺史高彦卒,子澧代之”。又

《開平三年》：十月“戊辰，〔湖州刺史高〕澧以州叛附於淮南”。《十國春秋·吳越武肅王世家》同。《吳興志》：“高澧，天祐四年十二月起復襲父位，權知軍州事，出城與淮南兵私食，爲裨將所逐。”《九國志》本傳：“澧爲錢鏐之將，累功遷特進、湖州刺史、武義軍使。”

待考録

竇季安

《姓纂》卷九河南洛陽竇氏：“季安，湖州刺史。”《新表一下》竇氏三祖房同。乃開州刺史竇季爽胞弟；右武衛將軍竇襲孫；益州都督竇軌姪孫。

陸　海

《新表三下》陸氏：“海，湖州刺史。”按《唐詩紀事》卷三二稱：海詩爲賀知章所賞，自省郎典潮州。《姓纂》卷一〇陸氏稱：“海，司門員外。”岑仲勉《讀全唐詩札記》云：湖、潮未知孰是。

卷一四一　杭州(餘杭郡)

隋餘杭郡。武德四年平李子通，置杭州。六年没於輔公祐。七年平，復置杭州。天寶元年改爲餘杭郡。乾元元年復爲杭州。領縣九：錢塘、鹽官、餘杭、富陽、於潛、臨安、新城、紫溪、唐山。

雙士洛　　約武德初

《姓纂》卷一天水雙氏：“平梁公彌周生陽，唐右武衛大將軍，定、相二州總管，杭州刺史。”岑仲勉《姓纂四校記》云：“《類稿》作平凉公生瑒，生士洛。”知今本《姓纂》“梁”、“陽”兩字均訛，“周”字衍，“瑒”下又奪“生士洛”三字。《乾道臨安志》卷三牧守(以下簡稱《乾道志》)誤作“雙士恪”。《全文》卷一五六李君政《宣霧山鐫經像碑》：“高士李惠寬，趙郡象城人也……以武德六年四月八日，乃於此山報國修立龕巖，爲室鐫石……於是使持節上柱國本州諸軍事定州刺史定州都督相州總管杭州刺史光禄大夫吕國公士洛，佐命心膂，幹國爪牙……遂與惠寬共營此福。”按武德五年雙士洛在定州任。

楊行矩　　武德中

《乾道志》：“楊行矩，蔡州總管、杭州刺史，上蔡人。”按楊行矩武德三年在豫州刺史任。

史令卿　　武德中

《姓纂》卷六建康史氏：“令卿，唐祠部郎中、杭州刺史。”《乾道志》

同。乃隋荆州刺史史雲子。《郎官柱》祠部郎中有史令卿,在袁朗後,高履行前。勞格《杭州刺史考》(以下簡稱"勞《考》")列於楊行矩後,謂武德間刺史。

獨孤義順　　武德中

《新表五下》獨孤氏:"義順,字偉悌,虞、杭、簡三州刺史。"勞《考》云:"案《新書·地理志》:義寧元年置安邑郡;武德元年曰虞州;貞觀十七年州廢。又,簡州,武德三年置。義順刺杭當在武德、貞觀間。"《唐長安城郊隋唐墓·大周故朝議大夫行乾陵令上護軍公士獨孤府君(思貞)墓誌銘并序》(神功二年正月十日):"祖義順,唐右光禄大夫、太僕卿、凉州都督,虞杭簡三州刺史,上柱國,洛南郡公。"思貞卒萬歲通天二年,春秋五十六。按《毗陵集》卷一〇《獨孤通理靈表》稱:"并州生義順,武德中歷民部侍郎、尚書左丞、光禄大夫、封洛南郡公。"嚴氏《僕尚丞郎表》謂義順武德中官至尚書左丞。

李弘節　　貞觀初

《芒洛四編》卷一《大唐故交州都督上柱國清平縣公世子李君(道素)墓誌銘并序》:"父弘節,杭原慶三州刺史、大理卿、桂交二州都督使持節二州諸軍事……〔君〕以貞觀十二年隨父任桂州都督。"知弘節貞觀十二年爲桂州都督,則其刺杭約在貞觀初。上圖藏拓片《并州太原縣令李冲墓誌》(永昌元年五月十日):"父弘節,皇朝任杭慶原三州刺史、大理卿、尚書工□并檢校工部尚書,金紫光禄大夫并州大都督府長史、雍州別駕、交桂都督,上柱國,清平縣開國公。"勞《考》失載。

張祖政　　貞觀前期?

《新表二下》河間張氏:"祖政,杭州刺史。"乃隋絳丞惠寶姪,瓜州司馬惠瑶子。勞《考》失載。

潘求仁　　貞觀十四年(640)

《姓纂》卷四廣宗潘氏:"求仁,唐屯田郎中、杭州刺史。"《全文》卷一五一許敬宗《賀杭州等龍見并慶雲朱草表》："伏見杭州刺史潘求仁表稱,於錢唐縣界見青龍一。"岑仲勉《姓纂四校記》據《元龜》卷二四稱:貞觀十四年九月杭州言青龍見,又據許敬宗《表》又有交河阻兵、西師獻捷等語乃貞觀十四年事,證知潘求仁貞觀十四年時爲杭州刺史。按《舊書·經籍志下》及《新書·藝文志四》著録《潘求仁集》三卷。《全詩》卷七七三收其詩一首。

薛萬徹　　約貞觀十八年（約 644）

《舊書》本傳:"〔貞觀〕十八年,授左衛將軍,尚丹陽公主,拜駙馬都尉。尋遷右衛大將軍,轉杭州刺史,遷代州都督,復召拜右武衛大將軍。"《新書》本傳未及杭刺。按貞觀十九年十二月及貞觀二十年六月萬徹在代州都督任。

柳楚賢　　貞觀中

《姓纂》卷七河東解縣東眷柳氏:"楚賢,光禄少卿、杭州刺史。"《新表三上》柳氏同。《舊書·柳冲傳》:"父楚賢,大業末爲河北縣長……貞觀中,累轉光禄少卿,使突厥存撫李思摩……累轉交、桂二州都督,皆有能名。卒於杭州刺史。"《新書·柳冲傳》略同。又見《乾道志》。《咸淳臨安志》卷四五郡守（以下簡稱《咸淳志》）列於薛萬徹前。

元神威　　貞觀中

《姓纂》卷四河南洛陽元氏:"神威,杭州刺史。"乃梁侍中元法益孫;願達子。勞《考》列爲貞觀中刺史,從之。

魏玄同?　　高宗時?

《全文》卷三一六李華《杭州刺史廳壁記》:"所臨菇者,多當時名公:……魏左丞、蘇吏部之公望,遺愛在人。"岑仲勉《唐集質疑》云:"魏姓嘗官左丞者無考,勞《考》亦不著,此可補姓缺名也。"按岑説未允。考《舊書·魏玄同傳》:"弘道初,轉文昌左丞、兼地官尚書、同中書門下三品。"又見《新書》本傳,《通鑑·永淳元年》、《垂拱元年》,文昌左丞即尚書左丞,"魏左丞"或即魏玄同歟？惟兩《唐書》本傳未及刺杭州事。

崔元獎　　延載元年(694)

《新表二下》崔氏清河大房:"元獎,吏部侍郎、杭州刺史。"《全文》卷二四五李嶠有《爲杭州刺史崔元將(獎)獻綠毛龜表》,又卷二四三李嶠《爲杭州崔使君賀加尊號表》稱"伏維越古金輪聖神皇帝陛下",據《舊書·則天皇后紀》,此乃長壽三年五月武后所加尊號,改元延載。又見《廣記》卷三七九引《廣異記》。北圖藏拓片《故壽安縣主簿鄭君夫人清河崔氏墓誌銘并序》(天寶十二載十一月二十九日):"祖元獎府君,皇吏部侍郎、杭州刺史。父庭玉府君,皇冀州刺史兼右金吾將軍……夫人即冀州府君之長女也。"天寶十二載卒,春秋六十一。

李自挹　　武后時

《新表二上》趙郡李氏西祖房:"自挹,杭州刺史。"《全文》卷三一八李華《慶王府司馬徐府君(堅)碑銘》:"開元十六年四月二十九日,終於洛陽南郊居……夫人贊皇縣君趙郡李氏,北州望族,左司郎中公淹之孫,杭州刺史自抱之女。"按"自抱"當爲"自挹"之訛。《千唐誌·唐故朝散郎行河中府虞鄉縣尉李公(翼)墓誌銘并序》(大和九年正月十五日):"五代祖公淹,爲左司郎中,名顯國史;生杭州刺史自挹。"《寶刻叢編》卷四引《訪碑錄》有《周杭州刺史李公碑》,郜恭書,疑即李自挹。

鄧　溫　　約武后時

《姓纂》卷九南陽鄧氏:"溫,杭州刺史。"勞《考》謂不知時代。今按其父鄧惲垂拱中爲懷州刺史。【補遺】《大唐故忠武將軍右衛率鄧府君(溫)墓誌之銘並序》(延和元年七月十五日):"公諱溫,字恭,南陽新野人也。……除遊擊將軍、淮陰府折衝都尉,尋拜朝散大夫、檢校西州都督,加朝議大夫、使持節西州諸軍事、西州刺史。……除使持節杭州諸軍事、杭州刺史。……除使持節貝州諸軍事、貝州刺史。……除使持節秦州諸軍事、秦州刺史。……以太極元年五月十二日遘疾薨於萬年縣之安興里第，春秋五十有六。”（李思宇、樊維岳《藍田縣出土唐故忠武將軍右衛率鄧溫墓誌銘》，《文博》1993年第3期）據此誌，其爲杭州刺史應在開元以前，現列爲約武后時。

蘇 某　武后時？

《全文》卷三一六李華《杭州刺史廳壁記》：“魏左丞、蘇吏部之公望，遺愛在人。”岑仲勉《唐集質疑》云：“勞《考》無蘇姓者，未詳其望，此亦應補姓缺名也。”考《舊書·蘇瓌傳》：景龍中，“遷吏部尚書，進封淮陰縣侯”。則“蘇吏部”或指蘇瓌歟？然兩《唐書》本傳皆未及杭刺。又武后時蘇味道、開元中蘇晉、肅宗時蘇震皆曾爲吏部侍郎，然各傳亦皆未及杭刺。

宋 璟　中宗時

《舊書》本傳：“中宗幸西京，令璟權檢校并州長史，未行，又帶本官檢校貝州刺史……爲〔武〕三思所擠，又歷杭、相二州刺史……中宗晏駕，拜洛州長史。”《新書》本傳略同。《全文》卷三四三顏真卿《有唐開府儀同三司行尚書右丞相廣平文貞公宋公（璟）神道碑銘》：“改兼貝州刺史……俄而真拜，轉杭州，又復遷相州，尋入爲洛州長史。唐隆初拜吏部尚書同中書門下三品。”又見卷三四四《曹州司法參軍祕書省麗正殿二學士殷君（踐猷）墓碑碣》。又卷三一六李華《杭州刺史廳壁記》：“所臨菑者，多當時名公：宋丞相，劉僕射、崔尚書之訏謨大政。”“宋丞相”當即宋璟。

裴 愭　中宗、睿宗間

《新表一上》中眷裴氏：“愭，字翁喜，杭州刺史、河東縣公。”《舊書·岑義傳》：“先是，義爲金壇令，〔劉〕守悌及〔裴〕愭稱爲清德，義以文吏著名，俱爲巡察使所薦，皆授畿縣令，又同爲尚書郎，悉有美譽。守悌後至陝州刺史，愭至杭州刺史。”《金石録》卷五有《唐杭州刺史裴愡碑》，族子子餘撰，孫令行書，盧曉八分題額，開元三年九月立。又見《寶刻叢編》卷二〇引。《全文》卷五〇六權德輿《唐故正議大夫衛尉少卿聞喜縣開國伯裴君（會）墓誌銘并序》：“贈司空愡，歷給事中，杭、鄧二州刺史，君之王父也。”貞元九年卒，年四十六。《杭州刺史廳壁記》：“其間劉尚書、裴給事之盛德遠業。”“裴給事”當即裴愡。《咸淳志》謂裴愡刺杭在中宗時，勞《考》從之。【補遺】《華夏考古》2000 年第 3 期《唐中眷裴氏墓誌叢釋》引《唐故杭州長史臨汾縣男裴公（括）墓誌銘並序》（大曆二年五月廿四日）：“大父愡，金紫光禄大夫、杭州刺史，贈司空。”又引《大唐故揚州大都督府右司馬護軍河東縣開國男食邑三百户裴公（寰）墓誌銘並序》（開成五年十一月六日）：“曾祖諱愡，給事中，杭、鄧二郡守，贈司空。”

劉幽求　　開元二年—三年（714—715）

《舊書》本傳：“開元初……貶授睦州刺史，削其實封六百户。歲餘，稍遷杭州刺史。三年，轉桂陽郡刺史，在道憤恚而卒。”《新書》本傳同。《通鑑·開元三年》：“十一月乙卯……劉幽求自杭州刺史徙郴州刺史，憤恚，甲申，卒於道。”《白居易集》卷四一《唐故通議大夫和州刺史吳郡張公神道碑銘》：“在杭州……會劉幽求來爲刺史，舉課聞。”《杭州刺史廳壁記》：“宋丞相、劉僕射、崔尚書之訏謨大政。”按劉幽求先天元年爲尚書右僕射、同中書門下三品，見《新書》本傳。

薛　瑩　　開元三年（715）

《新表三下》薛氏西祖房：“瑩，杭州刺史。”《元龜》卷六〇一：“玄宗開元三年，〔褚无量〕遷右散騎常侍兼國子祭酒，无量之母死……申命杭州刺史薛瑩就其家弔焉。”又見《新書·褚无量傳》，《乾道志》。

蕭德緒　　開元初期？

《千唐誌·唐故天德軍攝團練判官太原府參軍蕭府君（鍊）墓誌銘并序》（元和元年二月二日）：“曾祖德緒，皇銀青光禄大夫，舒、杭、潁三州刺史，蘭陵郡公。”按蕭鍊卒永貞元年八月三日，其曾祖刺杭或在開元初期。

陸彥恭　　約開元前期

　　《新表三下》陸氏：“彥恭，杭州刺史。”乃武后時宰相陸元方弟。虞集《道園學古録》卷四七《杭州開元宮碑》：“杭故有開元宮，唐開元中刺史陸彥恭用詔書所作。”按《姓纂》卷一〇陸氏：“元方弟彥恭，曹州刺史。”

皇甫忠　　開元十年（722）

　　《會稽掇英總集·唐太守題名》：“皇甫忠，開元十年八月自杭州刺史授。”《嘉泰會稽志》同。按《舊書·皇甫無逸傳》：“孫忠，開元中爲衛尉卿。”開元十七年皇甫忠在衛尉卿任，見《山右石刻録》卷六《慶唐觀銘碑陰》。

韋　湊　　開元十年—十一年（722—723）

　　《舊書》本傳：“再遷河南尹……以公事左授杭州刺史，轉汾州刺史。十年，拜太原尹兼節度營田大使，其年卒官。”《全文》卷九九三闕名（《英華》卷九一四作韋述）《唐太原節度使韋湊神道碑》：“〔開元〕十年，以屬官有犯，出爲杭州刺史；十一年，轉汾州刺史。”由此知《舊書》所記爲太原尹及卒年誤。《杭州刺史廳壁記》：“韋太原、崔河南、劉右丞、侯中丞節制方隅。”“韋太原”當即韋湊。

袁仁敬（袁從禮）　　開元十三年（725）

　　《新書·許景先傳》：“開元十三年，帝自擇刺史……大理少卿袁仁敬杭州。”《元龜》卷六七一同。又見《乾道志》、《咸淳志》。《唐詩紀事》卷二、《全詩》卷三明皇帝《賜諸州刺史以題座右》作開元十六年，誤。《宋高僧傳》卷二六《唐杭州華嚴寺玄覽傳》：“時太守袁從禮因兹勸勉，深入慈門，以禁六里……覽以開元二十二年示滅。”“從禮”，當爲“仁敬”之訛譌。

杜元志　　開元中

《姓纂》卷六京兆杜氏：“元志，考功郎中、杭州刺史。”《新表二上》同。《金石補正》卷七二《唐故同州司兵參軍上柱國京兆杜府君（行方）墓誌銘并序》（大和七年十一月二日）：“曾祖元志，杭州刺史。”《新書·藝文志四》有《杜元志集》十卷，注：“字道寧，開元考功郎中、杭州刺史。”按《全詩》卷九五沈佺期有《和杜麟臺元志春情》。

盧成務　　開元中

《全文》卷五一九梁肅《京兆府司錄西廳盧氏世官記》：“開元初嗣公諱成務……其後作牧於壽、於杭、於濮、於洺、於魏，繼受元社，以處太原，咸有嘉績。”《新表三上》盧氏：“成務，壽、杭、濮、洺、魏五州刺史。”

張　齊　　約開元中

《新表二下》清河張氏：“齊，杭州刺史。”乃高宗相張文瓘孫，約聖曆時揚州長史張潛子。勞《考》謂不知時代。

崔　恂　　約開元中

《新表二下》鄭州崔氏：“恂，杭州刺史，清河男。”按其父玄籍，萬歲通天二年爲利州刺史，則崔恂刺杭約在開元中。

李昇期　　開元中

《全文》卷三一九李華《杭州餘姚縣龍泉寺故大律師碑》：“故李大理昇期、崔河南希逸嘗撫本州，麾幢往復。”律師天寶十三載春化滅。按《新表二上》姑臧李氏：“昇期，給事中。”

崔希逸　　開元中

《杭州刺史廳壁記》：“韋太原、崔河南、劉右丞、侯中丞節制方隅。”按崔希逸開元二十六年爲河南尹，故稱“崔河南”。參見上條。

李 良　　開元中

《李太白文集》卷一八有《與從姪杭州刺史良遊天竺寺》詩。按《全文》卷三〇九孫逖有《授李良等諸州刺史制》,孫逖爲中書舍人在開元二十四年至天寶三載間。

宋楚璧　　開元中

《姓纂》卷八廣平宋氏:"楚璧,兵部郎中、杭州刺史。"勞《考》謂不知時代。按《千唐誌·唐吏部常選滎陽鄭公故夫人廣平宋氏(練)墓誌銘并序》(開元十九年十月二十日):"父楚璧,大理少卿。"宋練卒開元十九年,年二十七。則楚璧刺杭亦當在開元中。

李 構　　開元中

《新書·宗室世系表下》蔣王房:"杭州刺史構。"乃蔣王惲曾孫;潯陽公右武衛將軍李森子。勞《考》謂開元中刺史,姑從之。

【補遺】王 悌　　開元中?

《唐故遂州長史王公墓誌銘》(大曆十一年二月十五日):"唐故遂州長史王公名鈞,太原祁人也。……父悌,司門郎中、齊杭二州刺史。"(周紹良、趙超《唐代墓誌匯編續集》,上海古籍出版社 2001年版)

張守信　　天寶五載—七載(746—748)

《廣記》卷二四二引《紀聞》:"唐張守信爲餘杭太守,善富陽尉張瑤。"《兩浙金石志》卷二《唐源少良等下天竺摩崖石刻題名》:"監察御史源少良,陝縣尉陽陵,此郡太守張守信,天寶六載正月二十三日同遊。"《會稽掇英總集·唐太守題名》:"張守信,天寶七載自餘杭郡太守授。"《嘉泰會稽志》同。

李處祐　　天寶九載(750)

《會稽掇英總集·唐太守題名》:"李處祐,天寶九載自餘杭郡太守授。"《嘉泰會稽志》同。按開元中李處祐爲左衛中郎將奉詔撰《兵法》,見《新書·藝文志三》。

李力牧　　天寶中

《新表二上》漢中李氏:"力牧,餘杭太守。"乃高宗相李安期孫;壽春太守谷成弟。

薛自勉　　天寶中

《新表三下》薛氏:"自勉,餘杭太守。"《乾道志》:"薛自勉,司勳員外郎、餘杭太守,河東汾陰人……右見《元和姓纂》。"按《郎官柱》司勳員外有薛自勸,勞格云:"據《表》,自勉乃自勸之兄,官餘杭太守,亦正相合。蓋皆誤移自勸官位於自勉下耳。"《全文》卷三八七獨孤及有《送餘杭薛郡守入朝序》。

嚴損之　　天寶中?

《全文》卷三九二獨孤及《唐故銀青光禄大夫太子左庶子嚴公(損之)墓誌銘》:"其後歷太原、上谷、弋陽、餘杭、丹陽……公七剖符,七著成績。"按嚴損之天寶十三載由景城太守貶弋陽太守。

劉　彙?　　天寶中?

《杭州刺史廳壁記》:"韋太原,崔河南、劉右丞、侯中丞節制方隅。"嚴氏《僕尚丞郎表》卷八云:"是此劉右丞嘗爲節鎮之任也。永泰以前劉姓右丞之可考者惟知柔、彙、秩三人。據《舊傳》:秩未至方鎮;知柔曾爲節鎮,然官至工尚,《記》例當稱'劉尚書',與此不合;惟彙最高官位爲右丞,又兩任節鎮,豈其人歟? 勞格《讀書雜識》七《杭州刺史考》及岑仲勉前輩《唐集質疑·杭州刺史廳壁記》條均失書。"

劉　晏　　至德元載—二載(756—757)

《舊書》本傳:"歷殿中侍御史,遷度支郎中,杭、隴、華三州刺史,尋遷河南尹。"《新書》本傳:"晏至吳郡而〔李〕璘反,乃與採訪使李希言謀拒之。希言假晏守餘杭，會戰不利，走依晏。"《咸淳志》誤作"謝晏"。《杭州刺史廳壁記》："宋丞相、劉僕射、崔尚書之訏謨大政；其閒劉尚書、裴給事之盛德遠業，魏左丞、蘇吏部之公望，遺愛在人。"岑仲勉《唐集質疑》："劉尚書，幽求而外，盧幼平已前，勞《考》著録劉姓者祗劉晏一人……此指晏也。"按《舊書》本傳稱："寶應二年，遷吏部尚書、平章事，領度支鹽鐵轉運租運使。"《全詩》卷一四九劉長卿《奉餞郎中四兄罷餘杭太守承恩加侍御史充行軍司馬赴汝南行營》，岑仲勉《唐人行第録》疑爲劉晏。

元 載　　至德二載（757）

《杭州刺史廳壁記》："有事以來，承制權假以相國元公，旬朔之間，生人受賜，由是望甲餘州，名士良將，遞臨此部……永泰元年七月二十五日記。"兩《唐書》本傳未及。勞《考》次於劉晏後，崔渙前。岑仲勉《唐集質疑》云："蓋刺史交接之際，舊任已去，新任未上，則由方鎮委屬吏權知留後，唐時往往有之。故李記一則曰'承制權假'，再則曰'旬朔之間'……華特記之，則以載是時居相位，且引起'由是望甲餘州、名士良將遞臨此郡'之下文耳。依嚴義言，載實非真拜杭州刺史者。"

崔 渙　　至德二載（757）

《舊書·肅宗紀》：至德二載"八月甲申，以黃門侍郎崔渙爲餘杭太守、江東採訪防禦使"。又見兩《唐書》本傳，《新書·宰相表中》，《通鑑·至德二載》八月，《元龜》卷三二二，《廣記》卷二二二引《廣德神異録》，《乾道志》，《咸淳志》。《全文》卷七八四穆員《相國崔公（渙）墓誌銘》："中原有羿浞之亂，東南有吳濞之釁……俾公仗節都護河南、山南、江南、淮南等地……望高寄重，怙寵者排之，降左常侍領杭州刺史，俄轉常州，徵拜祕書監。"《杭州刺史廳壁記》："宋丞相、劉僕射、崔尚書之訏謨大政。"岑仲勉《唐集質疑》："就訏謨大政語觀，似指常登臺輔者……尚書蓋指渙言之。"按《舊書》本傳，崔渙上元後爲吏部侍郎，檢校工部尚書、集賢院待詔。

楊　慧(楊惠)　　乾元二年(759)

《嘉泰吳興志》:"楊慧,至德元年自奉天(先)令授;免官。《統記》云:乾元二年遷杭州刺史。慧,一作惠。"按《舊書·韋堅傳》:天寶五載十月,監察御史楊惠坐堅累,貶巴東尉。

侯令儀　　乾元二年—三年(759—760)

《舊書·肅宗紀》:乾元三年正月,"以杭州刺史侯令儀爲昇州刺史、充浙江西道節度兼江寧軍使"。《杭州刺史廳壁記》:"韋太原、崔河南、劉右丞、侯中丞節制方隅。""侯中丞",當即侯令儀。

李　某　　上元中

《全文》卷三八五獨孤及《爲杭州李使君論李藏用守杭州有功表》:"臣辱忝葭莩,任居牧守。"當爲上元中刺杭州者。

賀若察　　廣德元年—永泰元年(763—765)

《全詩》卷一五〇劉長卿《奉送賀若郎中賊退後之杭州》:"江上初收戰馬塵,鶯聲柳色待行春。雙旌誰道來何暮,萬井如今有幾人!"《全文》卷三八九獨孤及《吏部郎中廳壁記》:"歲在乙巳,河南賀若公用貞幹諒直,實蒞厥位。往歲公爲員外郎也,東曹朗然,如得水鏡;治餘杭也,吳人熙熙,若逢陽春。今也來斯,八法在手。"勞《考》云:"乙巳,永泰元年。據《壁記》,察當自吏部員外郎出爲杭刺,自刺史入爲郎也。"按大曆二年賀若察以給事中宣慰湖南,見《元龜》卷一六二。劉乾謂劉長卿《奉送賀若郎中賊退後之杭州》詩,必然爲上元二年春劉展亂平後作,時賀若察蒞任。然友人蔣寅謂劉長卿詩作於寶應二年。則"賊退"當指袁晁起義失敗。竊以爲是。寶應二年即廣德元年。

盧幼平　　永泰元年(765)

《杭州刺史廳壁記》:"近歲……詔以兵部郎中范陽盧公幼平爲之……麾幢戾止,未逾三月……永泰元年七月二十五日記。"《全詩》

卷二〇一岑參有《送盧郎中除杭州赴任》，聞一多《岑嘉州繫年考證》：
"〔幼平〕三月出京，四月到杭，詩與《記》紀時正合。"《嘉泰吳興志》卷
一四郡守題名："盧幼年(平)，寶應二年自杭州刺史授；遷大理少卿。
《統記》云：永泰元年。"按《統記》是。又按《新表三上》大房盧氏："澐，
杭州刺史。"澐弟"幼平，太子賓客"；勞《考》云："澐刺杭未詳何年，《壁
記》亦不云兄弟繼守是州，疑有誤。"今考《全文》卷五〇六權德輿《唐
故潤州昭代寺比丘尼元應墓誌銘并序》："俗姓盧氏……父澐，皇中散
大夫、婺州刺史。"元應卒貞元六年，年五十四。則澐終婺州刺史，由
此知《新表》蓋誤移幼平官職於澐名下。

張伯儀　　永泰元年—大曆二年(765—767)

《全文》卷三一九李華《杭州開元寺新塔碑》："廣德三年三月，西
塔壞。凶荒之後，人願莫展。太常卿兼杭州刺史張公伯儀，忠簡帝
心，威靜吳越，駐車跪禮，徘徊感嘆。乃捨清白之俸，爲君爲親，修而
復之。"《舊書·代宗紀》：大曆二年七月，"以杭州刺史張伯儀爲安南
都護"。《咸淳志》同。《元龜》卷三五九："上元中賊帥袁晁亂海浙，光
弼俾伯儀與諸軍討之，招綏叛亡，平蕩山洞，功爲第一，繇是擢授睦
州、杭州刺史。"《新書》本傳謂授睦州刺史，未及杭州。

劉　暹　　約大曆前期

《新表一上》曹州南華劉氏："暹，字士昭，杭州刺史。"乃劉晏兄。
《新書》本傳附《劉晏傳》，稱建中末爲御史大夫，終潮州刺史。《宋高
僧傳》卷一五《唐潤州招隱寺朗然傳》(大曆十二年冬卒)稱：請益弟子
有御史大夫劉暹。則其刺杭約在大曆前期。勞《考》謂不知時代，岑
仲勉疑爲永泰前刺史，似未允。

相里造　　大曆七年前(772前)

《全文》卷三一五李華《送張十五往吳中序》："相里杭州、刑部郎
中李君以道教我，以文博我，將求餔粥於二賢，可乎？"《毗陵集》卷二
〇《祭相里造文》："江人杭人，頌德不暇。洛表耆老，溪公而蘇。"勞

《考》云：“結銜稱河南少尹贈禮部侍郎，蓋自江州遷杭，自杭遷河南少尹也。”《劉隨州集》卷一有《朱放自杭州與故相里使君立碑回因以奉簡吏部楊侍郎製文》。《白居易集》卷二六《冷泉亭記序》：“先是領郡者，有相里君造作虛白亭。”《乾道志》作“相里尹造”，誤。按《全文》卷九二五吳筠《天柱山天柱觀記》：“州牧相里造，縣宰范愔，化洽政成……大曆十三年正月十五日中嶽道士吳筠記。”按獨孤及《祭相里造文》自稱“舒州刺史”，知相里造卒於大曆八年前。

杜　濟　　大曆八年—十二年（773—777）

《舊書·代宗紀》：大曆八年五月，“貶京兆尹杜濟杭州刺史”。《通鑑》同。又見《會要》卷七九，《咸淳志》。《全文》卷三四四顏真卿有《京兆尹御史中丞梓遂杭三州刺史劍南東川節度使杜公（濟）神道碑銘》及《墓誌銘》，稱大曆十二年七月卒於常州。

元全柔　　建中元年—二年（780—781）

《舊書·德宗紀上》：建中元年四月，“以御史中丞元全柔爲杭州刺史”。二年九月“戊辰，以杭州刺史元全柔爲黔中經略招討觀察等使”。《全文》卷四九〇權德輿《奉送黔中元中丞赴本道序》：“中丞頃持邦憲……以餘杭政表課第一，故有持節黔中之拜。”

李　泌　　建中二年—興元元年（781—784）

《舊書》本傳：“會澧州刺史闕，〔常〕袞盛陳泌理行，以荊南凋瘵，遂輟泌理之……無幾，改杭州刺史，以理稱。興元初，徵赴行在，遷左散騎常侍。”《新書》本傳略同。又見《元龜》卷六六，《通鑑·興元元年》，《廣記》卷三八，《咸淳志》。《乾道志》稱代宗朝爲杭刺，誤。《白居易集》卷六八《錢塘湖石記》：“其郭中六井，李泌相公典郡日所作。”

殷　亮　　約貞元初

《姓纂》卷四陳郡長平殷氏：“亮，給事中、杭州刺史。”又見《新書·殷踐猷傳》。《全文》卷五〇三權德輿《叔父故朝散郎華州司士參軍府君(隼)墓誌銘并序》(貞元九年十月)："貞元九年四月辛亥,終於富平從事之館,享年六十一。夫人陳郡殷氏……故給事中杭州刺史亮,其兄也;今侍御史郴州刺史永,其弟也。"由此知殷亮貞元九年四月前已卒。其刺杭約在貞元初。勞《考》次於貞元十三年李錡後,誤。

房孺復　　約貞元四、五年(約 788、789)

《舊書》本傳："累拜杭州刺史……〔妻〕一夕杖殺孺復侍兒二人……孺復坐貶連州司馬。"《新書》本傳未及杭刺。《白居易集》卷六八《吳郡詩石記》："貞元初,韋應物爲蘇州牧,房孺復爲杭州牧。"《全詩》卷一八九韋應物《送房杭州》："專城未四十,暫謫豈蹉跎。風雨吳門夜,惻愴別情多。"卷二六四顧況有《酬房杭州》,卷二五二劉太真有《顧十二況左遷過韋蘇州房杭州韋睦州》,據傅璇琮《韋應物繫年考證》,韋應物貞元四年至六年在蘇刺任;據《嚴州圖經》,韋贊貞元四年至七年在睦刺任;據《舊書·李泌傳》,顧況因李泌卒而有調笑語,故被劾貶饒州司户,李泌卒貞元五年。由此知貞元四、五年房孺復在杭刺任。《全文》卷五三三李觀有《上杭州房使君啓》。《唐語林》卷一有房孺復爲杭刺事。

王　顏　　貞元六年—八年(790—792)

《宋高僧傳》卷九《唐杭州徑山法欽傳》："〔貞元〕六年,州牧王顏請出州治龍興寺净院安置,婉避韓滉之廢毁山房也。八年壬申十二月示疾,説法而長逝……刺史王顏撰碑述德。"又見《全文》卷五一二李吉甫《杭州徑山寺大覺禪師碑銘并序》,《金石録》卷九。《全文》卷五四五王顏《追樹十八代祖晉司空太原王公神道碑銘》："顏由進士官歷臺省……移典杭州,入大理少卿,拜御史中丞。"

于　邵　　貞元八年(792)

《舊書》本傳："〔貞元〕八年,出爲杭州刺史,以疾請告,坐貶衢州別駕。"《新書》本傳略同。

李　錡　　貞元十年?—十三年(794?—797)

《舊書》本傳:"以父蔭貞元中累至湖、杭二州刺史。"《新書》本傳:"自雅王傅出爲杭、湖二州刺史。"《嘉泰吳興志》卷一四郡守題名:"李錡,貞元十三年四月自杭州刺史授;遷本道觀察使。《統記》作十二年。"

賈　全　　貞元十三年?—十四年? (797?—798?)

《唐語林》卷六:"貞元中,賈全爲杭州,於西湖造亭,爲'賈公亭',未五六十年廢。"按賈全貞元十八年由常州刺史遷浙東觀察,永貞元年卒於任。則其刺杭當在刺常前,疑在十三、十四年。

蘇　弁　　貞元十九年? (803?)

《舊書》本傳:"當德宗時,朝臣受譴,少蒙再禄,至晚年尤甚。唯弁與韓皋得起爲刺史,授滁州,轉杭州。"《新書》本傳未及杭刺。《會要》卷三六:"杭州刺史蘇弁,撰《會要》四十卷。"《元龜》卷七八三:"蘇弁與兄冕皆以友悌儒學稱。弁位杭州刺史。"勞《考》次於韓皋後,疑誤。

韓　皋　　貞元二十一年(805)

《舊書·順宗紀》:貞元二十一年四月,"以杭州刺史韓皋爲尚書右丞"。又見兩《唐書》本傳,《元龜》卷七七七,韓愈《順宗實錄》,《通鑑·永貞元年》三月、五月,《南部新書》壬,《唐語林》卷三。《白居易集》卷四三《冷泉亭記序》:"先是領郡者……有韓僕射皋作候仙亭。"

張　綱　　永貞元年(805)

《咸淳志》引《餘杭志》:"張綱,永貞初爲守,奏置餘杭倉宇四十二間,築倉城,周圍四里。"

杜　陟　　元和二年(807)

《宋高僧傳》卷一六《唐錢唐永福寺慧琳傳》:"元和丁亥,太守禮部員外城南杜陟，請出永福寺登壇。"按丁亥爲元和二年。又按《新表二上》襄陽杜氏有"陟"，未署官職，乃杜濟子。

裴常棣　　元和四年(809)

《新表一上》南來吳裴氏："常棣，杭州刺史。"《宋高僧傳》卷一六《唐錢唐永福寺慧琳傳》："至〔元和〕己丑歲春，刺史兵部郎中裴常棣，召臨天竺寺壇。"按"己丑歲"爲元和四年。《白居易集》卷四三《冷泉亭記序》："先是領郡者……有裴庶子棠棣作觀風亭。"按"棠棣"當爲"常棣"。又按《淳祐志》稱：定業院，唐元和元年刺史裴常棣建，疑"元年"或爲"六年"之訛。

陸　則　　約元和中期

《新表三下》陸氏："則，杭州刺史、左司郎中。"《宋高僧傳》卷一六《唐錢唐永福寺慧琳傳》："郡守左司郎中陸則、刑部侍郎楊憑（按楊憑爲杭州長史，非郡守，見《新書》本傳，此誤）、給事中盧元輔、中書舍人白居易、太府卿李幼公、刑部郎中崔郡、刑部郎中路異相繼九邦伯，皆以公退至院，致禮稽問佛法宗意，染指性相。"按元和六年陸則在左司郎中任，見《舊書·鄭餘慶傳》。勞《考》次於裴常棣後，從之。

杜　信　　約元和中期

《姓纂》卷六京兆杜氏："信，刑部員外、杭州刺史。"《新表二上》襄陽杜氏同。按《新書·藝文志二》有"杜信《東齋籍》二十卷"，注云："字立言，元和國子司業。"《寶刻叢編》卷八有《太子賓客杜信碑》，元和十四年立。勞《考》列於陸則後，姑從之。

封　亮　　約元和中期

《姓纂》卷一渤海蓨縣封氏："希奭生亮，司封員外，杭州刺史。"《新表一下》同。按《全詩》卷二八二李益有《溪中月下寄楊子尉封亮》。勞《考》次於杜信後、盧元輔前，姑從之。

盧元輔　　元和八年—十年(813—815)

《舊書》本傳："德宗思〔盧〕杞不已，乃求其後，特恩拜左拾遺，再遷左司員外郎，歷杭、常、絳三州刺史。"《新書》本傳略同。又見《元龜》卷六八四。《全文》卷六九五盧元輔《胥山祠銘并序》："元和十年冬十月，朝散大夫使持節杭州諸軍事杭州刺史上柱國盧元輔視事三歲……乃啓忠祠銘而序。"又見《寶刻叢編》卷一四引《集古錄目》。《白居易集》卷五五有《盧元輔杭州刺史制》(此制非白居易作，説見岑仲勉《白氏長慶集僞文》)。又卷四三《冷泉亭記序》："先是領郡者……有盧給事元輔作見山亭。"

嚴休復　　元和十二年(817)

《全文》卷六五四元稹《永福寺石壁法華經記》："永福寺一名孤山寺，在杭州錢塘湖心……始以元和十二年嚴休復爲刺史時惠皎萌厥心，卒以長慶四年白居易爲刺史時成厥事。"又云："杭州刺史吏部郎中嚴休復"。《白居易集》卷二三《聞歌妓唱嚴郎中詩因以絶句寄之》注："嚴前爲郡守。"《全詩》卷五〇六章孝標有《贈杭州嚴使君》。按《唐語林》卷二稱："白居易長慶二年以中書舍人爲杭州刺史，替嚴員外休復"，《咸淳志》因之，誤。嚴休復與白居易間尚有元奠。

元　奠　　元和十五年(820)

《全文》卷六四九元稹有《授元奠等餘杭等州刺史制》，同制又有密州刺史崔玄亮爲歙州刺史。據《廣記》卷一五四引《續定命錄》及《新安志》卷九，玄亮元和十五年移歙刺，則元奠刺杭亦當於是年。《白居易集》卷四三《冷泉亭記序》："先是領郡者……及右司郎中河南元奠最後作此亭。"

白居易　　長慶二年—四年(822—824)

《舊書·穆宗紀》：長慶二年七月，"出中書舍人白居易爲杭州刺史"。又本傳："長慶四年，樂天自杭州刺史以右庶子召還。"《白居易集》卷八有《長慶二年七月自中書舍人出守杭州路次藍溪作》，卷二〇有《予以長慶二年冬十月到杭州》詩。《全文》卷六五三元稹《白氏長慶集序》："長慶四年，樂天自杭州刺史以右庶子詔還，予時刺郡會稽，因得盡徵其文。"又見《新書》本傳，《白居易集》卷二〇《商山路有感并序》、卷四〇《禱仇王神文》、《祈皋亭神文》、《祭龍文》、《祭浙江文》、卷六一《杭州刺史謝上表》、卷六八《錢塘湖石記》，《全文》卷六五四元稹《永福寺石壁法華經記》，《廣記》卷一九九引《雲溪友議》，《樊南文集》卷八《刑部尚書致仕太原白公（居易）墓碑銘》。《全詩》卷三八五張籍有《答白杭州郡樓登望畫圖見寄》。

李幼公　　約寶曆中

《新表二上》隴西李氏姑臧房："幼公，杭州刺史。"《宋高僧傳》卷一六《唐錢唐永福寺慧琳傳》稱郡守有"太府卿李幼公"，介於白居易與崔鄯之間，似以任職先後爲序。《千唐誌·唐故國子助教范陽盧公（當）墓誌銘并序》（大中九年二月十一日）："外族隴西李氏，中書侍郎平章事諱揆，君之曾王父；杭州刺史諱幼公，君之王父。"《隋唐五代墓誌匯編·洛陽卷》第十四册《唐故范陽盧氏滎陽鄭夫人墓誌銘》（大中十二年五月十二日）："夫人其出姑臧李氏……故杭州刺史幼公，即夫人外祖父也。"夫人卒大中十二年閏二月十五日，年三十二。北圖藏拓片《梁故隴西郡君姑臧李氏夫人墓誌銘并序》（後梁龍德二年十二月二十日）："曾祖幼公，皇唐杭州刺史。"《全詩》卷三八五張籍有《贈李杭州》，疑爲李幼公。按《乾道志》誤爲"李幼"，奪"公"字；《咸淳志》又誤分"李幼""李幼公"爲二人。

崔　鄯　　約大和初期

《宋高僧傳》卷一六《唐錢唐永福寺慧琳傳》稱郡守有"刑部郎中崔鄯"，在李幼公後，路異前。兩《唐書》本傳未及。《舊傳》稱大和九年卒。《全詩》卷五一三裴夷直《寄杭州崔使君》，當即指崔鄯。

路　異　　約大和中期

《宋高僧傳》卷一六《唐錢唐永福寺慧琳傳》稱郡守有"刑部郎中

路異”，在崔鄯後。按《新表五下》路氏有“異，兗州刺史”，乃元和三年至七年鄜坊節度路恕子。

【補遺】杜子遷　　大中時

《唐研究》第六卷（2000 年）《唐商州刺史杜子遷墓誌銘考釋》引《唐故朝請大夫□□□州諸州事守商州刺史兼御史中丞充本州防禦使上柱國賜紫金魚袋□尚書禮鄧侍郎杜府君（子遷）墓誌》：“除漢州刺史，入拜祠部郎中，改萬年縣令。復爲荆南節度副使，兼御史中丞、賜紫金魚袋。陟徵爲刑部郎中，出典杭州，改亳州。未幾，除黔中經略觀察使。受代歸漢上，除授商州刺史、充本州防禦使。以咸通四年二月上旬寢疾，至於閏六月廿日終於城□□莊，享年七十一。”據此誌，其爲杭州刺史當大中時。

裴弘泰　　大和八年（834）

《全文》卷六〇三劉禹錫《汝州舉裴大夫自代狀》稱：“正議大夫使持節杭州諸軍事守杭州刺史上柱國賜紫金魚袋裴弘泰。”按劉禹錫於大和八年由蘇州轉汝州，知其時弘泰在杭州刺史任。又按大和五年十二月弘泰由新除桂管貶饒州刺史，開成元年四月由亳州刺史遷義成節度，見《舊書·文宗紀下》。

姚　合　　大和九年（835）

《全詩》卷四九六姚合《送裴大夫赴亳州》云：“杭人遮道路，垂泣浙江前。譙國迎舟艦，行歌汴水邊。周旋君量遠，交代我才偏。寒日嚴旌戟，晴風出管弦。”此裴大夫當即裴弘泰，詩作於裴弘泰離杭赴任亳州之時，由此知姚合爲裴弘泰後任。又卷五四四劉得仁有《送姚合郎中任杭州》、卷五七四賈島有《送姚杭州》、《白居易集》卷三二有《送姚杭州赴任因思舊遊二首》。《全詩》卷五七三賈島《喜姚郎中自杭州回》云：“東省期司諫，雲門悔不尋。”又卷五四四劉得仁《上姚諫議》云：“聖代生才子，明庭有諫臣……却憶波濤郡，來時島嶼春。”“波濤郡”當指杭州，知姚合由杭刺入爲諫議大夫。按姚合於開成四年由給事中爲陝虢觀察，其刺杭必在大和末至開成初。《唐才子傳》卷八《鄭巢傳》稱姚合大中間爲杭州刺史，勞《考》謂姚合刺杭在寶曆間，皆誤。岑仲勉《唐集質疑》謂姚合刺杭應在大和六、七年，又疑"似在會昌時代"，朱金城《白居易年譜》繫白詩於大和七年，亦未允。按《全詩》卷五〇一姚合有《牧杭州謝李太尉德裕》，德裕會昌四年八月守太尉，此詩題有誤。兩《唐書》本傳未及。

崔　某　　約開成初

《全詩》卷四九七姚合《舟行書事寄杭州崔員外》："舊國歸何滯，新知別又遥。"當是接姚合爲杭刺者。

李宗閔　　開成三年—四年（838—839）

《舊書·文宗紀下》：開成三年二月"丁酉，以衡州司馬李宗閔爲杭州刺史"。四年十二月，"以杭州刺史李宗閔爲太子賓客，分司東都"。兩《唐書》本傳、《通鑑》、《元龜》卷三七七略同。

徐元弼　　開成四年（839）

《元龜》卷一五三："〔開成〕四年七月，貶襄王傅徐元弼爲杭州刺史。"按《姓纂》卷二諸郡徐氏有元弼，未署官職，乃貞元末嶺南節度使徐申子。《全文》卷六二二收徐元弼賦一篇。

裴夷直　　開成五年—會昌元年（840—841）

《舊書·武宗紀》：開成五年八月，"御史中丞裴夷直爲杭州刺史：皆坐〔劉〕弘逸、〔薛〕季稜黨也"。會昌元年三月，"〔貶〕杭州刺史裴夷直驩州司户"。《通鑑·開成五年》：十一月，"上之即位也，諫議大夫裴夷直漏名，由是出爲杭州刺史"。《新書》本傳略同。《白居易集》卷三六《寄題餘杭郡樓并呈裴使君》詩，據朱金城《白居易集箋校》，此"裴使君"即指裴夷直。

李中敏　　會昌初

《新書》本傳："開成末，爲婺、杭二州刺史，卒於官。"《舊書》本傳

未及。《乾道志》、《咸淳志》皆謂開成末刺杭,乃誤解《新傳》。勞《考》
漏列。

李　播　會昌五年(845)

《全文》卷七五五杜牧《唐故進士龔軺墓誌》:"會昌五年十二月,
某自秋浦守桐廬,路由錢塘……時刺史趙郡李播。"又卷七五三杜牧
《杭州新造南亭子記》:"趙郡李子烈播,立朝名人也,自尚書比部郎中
出爲錢塘。"

蕭　某　會昌、大中間?

《唐語林》卷七:"方干貌陋唇缺,味嗜魚鮓,性多譏戲。蕭中丞典
杭,軍倅吳傑,患眸子赤。會宴於城樓飲。促召傑。傑至,目爲風掠,
不堪其苦。憲笑命近座女伶,裂紅巾方寸帖臉,以障風掠。"勞《考》次
於李播後,附武宗朝,姑從之。

杜　勝　大中三、四年? (849、850?)

《雲溪友議》卷中《彰術士》:"杜勝給事在杭州之日,問婁千寶曰:
'勝爲宰相之事何如?'……後杜公爲度支侍郎,有直上之望,草麻待
宣……忽有東門驃騎,奏以小疵,而承旨以蔣伸侍郎拜相,杜出鎮天
平。"又見《廣記》卷二二三引。按蔣伸拜相、杜勝出鎮天平事在大中
十二年。又按《通鑑·大中二年》:十二月,"上見憲宗朝公卿子孫,多
擢用之。刑部員外郎杜勝……即除給事中"。《東觀奏記》上同。疑
其刺杭在此後不久。

劉　彥?　大中六年(852)

《宋高僧傳》卷一二《唐杭州大慈山寰中傳》:"大中壬申歲,太守
劉公首命剃染,重盛禪林。"按壬申歲爲大中六年。《全詩》卷五四八
薛逢有《送劉郎中牧杭州》,疑即其人。《景德傳燈錄》卷一二《杭州羅
漢院宗徹禪師傳》:"依黃蘗希運禪師法席,黃蘗一見便深器之,入室
領旨。後至杭州,州牧劉彥慕其道,立精舍於府西,號羅漢院。"疑與

《宋高僧傳》之"劉公"爲同一人，勞《考》失載。

李　遠　　大中十二年（858）

《通鑑·大中十二年》：十月，"令狐綯擬李遠杭州刺史。上曰：
'吾聞遠詩云：長日惟消一局棋。安能理人！'綯曰：'詩人託此爲高興
耳，未必實然。'上曰：'且令往試觀之。'"又見《唐語林》卷二，《廣記》
卷二〇二引《幽閑鼓吹》，《九國志·李濤傳》，《唐才子傳》卷七。

崔　涓　　大中末？

《新書》本傳："爲杭州刺史，受署，未盡識卒史，乃以紙各署姓名
傅襟上，過前一閱，後數百人呼指無誤。終御史大夫。"乃會昌中宰相
崔珙子。又見《金華子雜編》卷上，《唐語林》卷三。勞《考》列李遠後，
附大中時。

于德晦　　大中、咸通間

《廬山記》卷五《有唐廬山簡寂觀熊君尊師碣》："門人三洞弟子朝
散大夫使持節杭州諸軍事守杭州刺史柱國于德晦撰，范商皓書。"無
年月。按大中六年在同州刺史任，十一年在歙州任。疑于德晦即由
歙刺轉杭刺，其時約在大中末或咸通初。《全詩》卷六五〇方干有《寄
杭州于郎中》，當即于德晦。勞《考》失載。

李　某　　咸通初

《唐語林》卷二："李郢有詩名，鄭顥門生也……兄子，咸通初，守
杭州。"勞《考》失載。

崔彥曾　　咸通二年（861）

《新書·地理志五》杭州錢塘縣："南五里有沙河塘，咸通二年刺
史崔彥曾開。"《全文》卷一三〇錢鏐《建廣潤龍王廟碑》："錢塘湖
者……唐咸通中刺史崔彥曾曾重修。"兩《唐書》本傳未及。

裴　珏　　約咸通中

《新表一上》南來吳裴氏："珏，杭州刺史。"乃給事中裴澥孫，河南府司録參軍裴克子。勞《考》謂不知時代。今按其弟璩，咸通八年爲同州刺史，九年爲宣歙觀察，乾符三年爲浙西觀察，光啓元年爲嶺南節度，則裴珏刺杭約在咸通中。

盧　潯　　咸通中？

《全文》卷八九五羅隱《陳先生集後序》："咸通庚寅歲，膠其道於蒲津秋試之場，自後俱爲小宗伯所困不一。至甲申春，告余以婚嫁之牽制，東歸青門操執之，後余亦東遊，逮大梁時，故杭州盧員外潯在幕……天復元年，四門博士江夏君通家相好，於吳越面余，論及場中曩之名士及〔陳〕希孺之表也，余不覺愴然懷舊。"按庚寅歲爲咸通十一年，甲申歲爲咸通五年，疑有誤。又按《新表三上》盧氏有"潯，字子黯"，未署官職，乃盧諷子。勞《考》列盧潯於崔彥曾後，宋震前，謂爲咸通中刺史。

令狐繹　　咸通、乾符間？

《全詩》卷八三〇貫休有《上杭州令狐使君》。《神仙感遇傳》卷一："錢道士者，杭州臨安人也，初爲末校，事太守令狐繹，從至京師，時朝廷命金吾將軍韓重持節入雲南，進士袁循爲介錢生，同隨循至雲南。"按《郎官柱》金部郎中有令狐繹，在任繕後，羅洙前。倉部員外在劉允章後。勞《考》謂咸通中刺史。

李　邈　　乾符中？

《通鑑·乾寧二年》："二月辛卯，〔董〕昌被袞冕登子樓城門樓，即皇帝位……以前杭州刺史李邈、前婺州刺史蔣瓌、兩浙鹽鐵副使杜郢、前屯田郎中李瑜爲相。"按中和、光啓後杭刺爲董昌、錢鏐，他人不容插入。疑李邈刺杭在乾符中。

【路審中　　中和元年(881)(未之任)】

《通鑑·中和元年》：八月，"會杭州刺史路審中將之官，行至嘉興，〔董〕昌自石鏡引兵入杭州，審中懼而還。昌自稱杭州都押牙，知州事，遣將吏請於周寶。寶不能制，表爲杭州刺史”。《新書·僖宗紀》稱：中和三年，“石鏡鎮將董昌逐杭州刺史路審中”。又見《董昌傳》、《杜洪傳》。今從《通鑑》。勞《考》失載。

董　昌　　中和元年—光啓二年（881—886）

《吳越備史》卷一《武肅王》：中和元年“九月，詔授董昌杭州刺史”。《通鑑·光啓二年》：十月“辛未，以杭州刺史董昌爲浙東觀察使”。《新書·僖宗紀》、《嘉泰會稽志》皆作“光啓二年十月”。《舊書·僖宗紀》作“光啓元年三月”，疑誤。

【裴　覺　　光啓中（未之任）】

《萬姓統譜》卷一六：“裴覺，長安人，光啓中爲杭州刺史，屬董昌作亂，兵興道阻，覺遂留家於杭。”《新表一上》東眷裴氏有裴覺，未署官職，未知是否此人。

錢　鏐　　光啓三年—天祐四年（887—907）

《通鑑·光啓二年》：十二月，“以錢鏐知杭州事”。又《光啓三年》：正月“辛巳，以董昌爲浙東觀察使，錢鏐爲杭州刺史”。《吳越備史》卷一《武肅王》、《新五代史》本傳同。《舊書·僖宗紀》作“光啓元年三月”，疑誤。又見《舊五代史》本傳，《新書·周寶傳》、《楊行密傳》，《舊書·昭宗紀》、《哀帝紀》，《宋高僧傳》卷一二《唐杭州龍泉寺院文喜傳》，《全文》卷八四二封舜卿《進越王錢鏐爲吳王竹册文》、卷八五八楊凝式《大唐故天下兵馬元帥尚父吳越國王謚武肅神道碑銘并序》、卷八九八皮光業《吳越國武肅王廟碑銘》。

待考録

柳德義

《姓纂》卷七濮陽柳氏：“杭州刺史柳德又。”《乾道志》：“柳德義，杭州刺史……右見《元和姓纂》。”知今本《姓纂》之“又”乃“義”之訛。

裴有敞

《朝野僉載》卷一：“杭州刺史裴有敞疾甚，令錢唐縣主簿夏榮看之。”又見《廣記》卷一四七引。

韋 夐

《姓纂》卷二東眷韋氏郿公房：“夐，虞部郎中、杭州刺史。”岑仲勉《姓纂四校記》謂《新表四上》之“奐，虞部郎中”即韋夐。乃隋韋壽弟韋津曾孫。

盧 涇

《乾道志》：“盧涇，杭州刺史，范陽涿縣人……右見《元和姓纂》。”按今本《姓纂》無此文。

卷一四二　越州(會稽郡)

隋會稽郡。武德四年平李子通,置越州,設總管府。七年改總管爲都督。天寶元年改越州爲會稽郡。乾元元年復爲越州。領縣六:會稽、山陰、諸暨、餘姚、剡、永興(蕭山)。

龐　玉　　武德四年(621)

《姓纂》卷一京兆龐氏:"後魏直閣將軍龐伯元孫玉,唐武候將軍、越州都督。"《新書·龐堅傳》:"四世祖玉,事隋爲監門直閣……世充歸東都,秦王徇洛,玉率萬騎降。高祖以隋舊臣,禮之……授玉領軍、武衛二大將軍,使衆觀以爲模㰅。出爲梁州總管……徙越州都督。"《會稽掇英總集·唐太守題名》(以下簡稱《掇英》):"總管龐玉,武德元年十二月自右衛將軍授;武德二年七月拜梁州都督。"《嘉泰會稽志》(以下簡稱《會稽志》)同。《越中金石記》卷一收錢鏐《崇福侯廟記》稱:"故唐右衛將軍、總管龐公諱玉。"疑《新書》稱"梁州"徙"越州"誤。杜禾子謂龐玉當在武德四年平李子通後授越州都督,輔公祏反時龐玉已離越。

李世嘉(李嘉)　　武德五、六年(622、623)

《掇英》:"李嘉,武德三年授。"《會稽志》同。《越中金石記》云:"武德三年會稽方屬子通,嘉果爲此官,則爲子通之將,與輔公祏反淮南時命其黨左遊仙爲越州總管者事同一例,記何必書?"按武德七年李世嘉在蘇州都督任,其督越州或在武德五、六年。

哥舒某　　武德六年？（623?）

《唐文拾遺》卷一六王知敬《大唐左監門衛副率哥舒季通葬馬銘》：“爰有名驄，厥號雲花；聲高天厩，産重流砂。蓋武德中嘗以賜故越州刺史都督諸軍事哥舒府君者也。”

左遊仙　　武德六年（623）

《舊書・輔公祏傳》：“因僭即僞位，自稱宋國……以左遊仙爲兵部尚書、東南道大使、越州總管。”《通鑑》記此事爲武德六年。

闞稜　　武德六年—七年（623—624）

《新書》本傳：“闞稜，〔杜〕伏威邑人也……伏威據江淮，以戰功顯，署左將軍……從伏威入朝，拜左領軍將軍、越州都督。公祏反，稜與南討……公祏被禽，乃誣與己謀……遂以謀反誅。”又見《元龜》卷三九三、卷九三一。《掇英》：“闞稜，武德四年六月九日自右領軍將軍授。”《會稽志》同。《越中金石記》：“若稜，則於六年春夏之交從伏威入朝，拜左領軍將軍。至八月，公祏叛，乃從趙郡王孝恭討之，計其授官應在此時。”《新書・高祖紀》：武德七年三月“己亥，孝恭殺越州都督闞稜”。

李大亮　　武德七年—貞觀元年（624—627）

《舊書》本傳：“公祏尋遣兵圍猷州，刺史左難當嬰城自守，大亮率兵進援，擊賊破之……拜越州都督……貞觀元年，轉交州都督，封武陽縣男。”《新書》本傳略同。《元龜》卷六七九：“李大亮，太宗貞觀中爲越州都督，在州寫書數百卷。及去，皆委之廨宇。”《會稽志》：“李大亮，自安州刺史授；徙交州刺史。”《掇英》失載。《廣記》卷九九引《冥報記》：“唐隴西李大安，工部尚書大亮之兄也。武德中，大亮任越州都督，大安自京往省之。”

田德平　　貞觀七年（633）

《續高僧傳》卷一五《唐越州静林寺釋法敏傳》：“貞觀元年，出還丹陽講華嚴涅槃。二年,越州田都督追還一音寺。"《掇英》:"田德平,貞觀七年七月十三日自鄜州都督授。"《會稽志》同。《續高僧傳》之"田都督"當即田德平,"二年"或爲"七年"之誤。

馮大恩　　貞觀九年(635)

《掇英》:"馮大恩,貞觀九年八月授。"《會稽志》同。

齊善行　　貞觀十七年(643)

《全文》卷三〇一何延之《蘭亭始末記》:"太宗遂召見〔蕭〕翼……翼遂改冠微服……至越州……都督齊善行聞之馳來,拜謁蕭翼。"《掇英》:"齊善行,貞觀十七年九月自蘭州都督授。"《會稽志》同。《續高僧傳》卷一四《智顗傳》稱貞觀十九年,越州齊都督云云,當即齊善行。

王奉慈　　永徽二年(651)

《掇英》:"王奉慈,永徽二年正月自潭州都督授;移秦州都督。"《會稽志》同。

于德方(于德芳)　　永徽五年(654)

《姓纂》卷二河南洛陽于氏:"德方,越州刺史。"《新表二下》同。《掇英》:"于德方,永徽五年正月十七日自原州都督授。"《會稽志》同。《金石補正》卷三七《越州都督于德芳殘碑》:"顯慶三年,授金紫光禄大夫假節□州□□□州□□……以龍朔三年歲次癸亥二月乙酉朔二十□日庚戌遘疾薨於隆慶里之私第,春秋七十有七。"《唐文拾遺》卷六二引《非見齋碑録》作"顯慶三年授金紫光禄大夫使持節隴州諸軍事行隴州刺史"。《寶刻叢編》卷一〇引《復齋碑録》亦録此碑云:"從弟志寧撰……麟德元年四月八日建,在三原縣。"

段寶玄　　顯慶三年(658)

《大詔令集》卷六二《册段寶玄越州都督文》:"維顯慶三年歲次戊午七月辛巳朔十九日己亥,皇帝若曰……惟爾銀青光禄大夫行洛州長史段寶玄……命爾爲使持節都督越、台、括、婺、泉、建六州諸軍事越州刺史。"又見《全文》卷一四。《掇英》及《會稽志》誤作"段寶命"。

唐同仁　龍朔元年(661)

《掇英》:"唐同仁,龍朔元年五月十二日自虢州刺史授。"《會稽志》同。

劉伯英　乾封元年—總章元年(666—668)

《掇英》:"劉伯英,乾封元年五月自翼州長史授;總章致仕。"《會稽志》:"總章元年終於官。"

李孝逸　咸亨二年(670)

《掇英》:"李孝逸,咸亨二年三月自常州刺史授;移益州長史。"《會稽志》同。《咸淳毗陵志》卷七:"李孝逸,咸亨二年爲常州刺史,三月移越州都督。"《宋高僧傳》卷八《唐越州雲門寺道亮傳》稱:"〔神龍〕二年,詔於西園問道,朝廷欽貴大都督李孝逸……祕書監賀知章、睦州刺史康諒,同心慕仰,請問禪心。"據兩《唐書》本傳,孝逸於高宗時四遷益州大都督府長史,垂拱時卒。

李孝廉　儀鳳三年(678)

《掇英》:"李孝廉,儀鳳三年二月自蘇州刺史授;貶平州刺史。"《會稽志》同。《姑蘇志》作儀鳳二年二月移越州。

崔承福　永淳二年(683)

《新表二下》博陵崔氏:"承福,越、廣二州都督。"《千唐誌·大唐前徐州録事參軍太原王君故夫人博陵崔氏墓誌銘》:"父承福,皇朝左司郎中,齊、潤等五州刺史,越、廣二府都督,封博陵郡開國公,贈汴州刺史。"夫人卒開元十二年,春秋六十一。又見《全文》卷六三一吕溫《銀青光禄大夫守工部尚書致仕博陵崔公行狀》。《掇英》:"崔承福,永淳二年二月十六日自浙西刺史授。"《會稽志》作三年,未及自何州授。

李思貞　　文明元年(684)

《掇英》：“李思貞，文明元年二月九日自婺州刺史授。”《會稽志》同。

郭齊宗　　光宅元年(684)

《掇英》：“郭齊宗，光宅元年十月自右衛將軍授。”《會稽志》作“自左衛大將軍授”。按《姓纂》卷一〇京兆郭氏：“齊宗，司農、郎中、懷州刺史。”《通鑑·弘道元年》有右千牛將軍郭齊宗。《廣記》卷一八九引《盧氏雜說》有齊宗答高宗問天陣、地陣、人陣。

楊玄節　　垂拱元年(685)

《掇英》：“楊元節，垂拱元年六月自檢校浙西州刺史授。”《會稽志》作“玄節”，亦未及自何州刺史授。

李奇容　　垂拱二年(686)

《掇英》：“李奇容，垂拱二年三月自奉裕府副率授，移幽州刺史。”《會稽志》作“裕衛副率”。

豆盧欽望　　如意元年(692)

《掇英》：“豆盧欽望，如意元年三月自婺州刺史授，召拜司農卿。”《會稽志》作“司賓卿”。《舊書》本傳：“欽望，則天時累遷司賓卿。長壽二年，代宗秦客爲内史。”《新書》本傳：“欽望累官越州都督、司賓卿。長壽二年，拜内史。”

錢　節　　神功元年(697)

《掇英》：“錢節，神功元年自揚州司馬授。”《會稽志》同。

蔡德讓　　大足元年(701)

《掇英》：“蔡德讓，大足元年自廣州都督授。”《會稽志》作“大定元年”，乃“大足元年”之訛。

竇懷貞 長安四年(704)

《舊書》本傳:"聖曆中爲清河令,治有能名。俄歷越州都督、揚州大都督府長史,所在皆以清幹著稱。神龍二年,累遷御史大夫,兼檢校雍州長史。"《新書》本傳略同。《掇英》:"竇懷貞,長安四年自上方監授,移揚州刺史。"《會稽志》同。

皇甫粹 武后時?

《全文》卷三六〇杜甫《唐故德儀贈淑妃皇甫氏神道碑》:"祖粹,皇朝越州刺史都督諸軍事。"妃卒開元二十三年十月,春秋四十二。其祖爲越刺疑在武后時。

朱 某 神龍前

《宋高僧傳》卷八《唐越州雲門寺道亮傳》:"釋道亮,姓朱氏,越州人也。厥考前刺會稽郡……神龍元年,孝和皇帝詔亮與法席宗十人,入長樂大内坐夏安居。"

龐貞素 神龍元年(705)

《掇英》:"龐貞素,神龍元年五月自右衛將軍授。"《會稽志》同。

張合愍 神龍二年(706)

《掇英》:"張合愍,神龍二年七月自光禄員外卿授,移徐州刺史。"《會稽志》同。

胡元禮 神龍二年(706)

《宋高僧傳》卷一五《唐越州稱心寺大義傳》:"屬中宗正位,恩制度人,都督胡元禮考試經義,格中第一,削染配昭玄寺。"《掇英》:"胡元禮,神龍二年八月自蘇州刺史授,移廣州都督。"《會稽志》作三年,《姑蘇志》同。

姚 崇(姚元之) 景龍元年(707)

張説《故開府儀同三司上柱國賜揚州刺史大都督梁國公姚文貞

公(崇)神道碑奉敕撰》："出典亳、宋、常、越、許、申、徐、潞、揚、同十郡。景雲初……封梁國公。"《新書》本傳："歷宋、常、越、許四州。"《掇英》："姚元之，景龍元年十月自宋州刺史授，移常州刺史。"《會稽志》同。

楊祗本　景龍二年(708)

《掇英》："楊祗本，景龍二年七月自陝州刺史授。"《會稽志》同。

尹正義　景龍三年(709)

《掇英》："尹正義，景龍三年六月自宋州刺史授；移相州刺史。"《會稽志》同。按《全文》卷四九八權德輿《尹鋑碑》："初都督之禰曰本古，仕至常州武進尉；武進之父曰正義，歷許、相、宋三州刺史，司農少卿。"未及爲越刺。

王希儁(王希俊、王希雋)　景雲元年(710)

《全文》卷三九七王師乾《王右軍祠堂碑》："十一代孫正議大夫守越州都督上柱國公士希俊，師乾八從兄也。"又卷二九三張九齡《故太僕卿華容縣男王府君墓誌銘并序》："景雲歲……遂作越州都督，同京官正三品連率……事雖竟寢，議者終榮。仍守越州都督……頃之，又正名爲京兆少尹……開元二年，始封華容縣男。"《掇英》："王希雋，景龍四年六月自相州刺史授；召拜京兆少尹。"《會稽志》同。按景龍四年即景雲元年。岑仲勉《貞石證史・唐之公士》："希俊當亦高、武兩朝人物。"未允。上圖藏拓片《唐故潞府參軍博陵崔公夫人琅邪王氏墓誌銘并序》(元和十四年四月二十六日)："曾王父希儁，皇銀青光禄大夫，隨、遂、綿、相、越五州刺史，京兆尹，太僕卿，華容縣開國男，謚曰貞公。"又見《唐故滑州匡城縣令王公(虔暢)墓誌銘并序》(咸通八年二月一日)

徐孟嘗　先天間?

《姓纂》卷二東海剡州徐氏："孟嘗，越、相州刺史致仕。"《新表》作

“安州都督”。按其父徐昭，乾封元年登第，與蘇瓌、解琬等同榜登幽素科，官至虞部郎中。

王子麟 開元二年(714)

《掇英》：“王子麟，開元二年自右衛中郎將授；召拜光祿卿。”《會稽志》同。北圖藏拓片《大唐故正議大夫行光祿寺少卿太原王府君(子麟)墓誌銘并序》(開元六年正月十四日)：“歷……黄、沔、歙、果四州刺史，左衛中郎將，潭、越貳府都督，光祿少卿。”開元五年十二月十二日卒，春秋五十八。

桓臣範 開元三年(715)

《掇英》：“桓臣範，開元三年二月自殿中少監授；移瀛州刺史。”《會稽志》同。

皇甫忠 開元十年(722)

《掇英》：“皇甫忠，開元十年八月自杭州刺史授；十一年移許州刺史。”《會稽志》同。按《舊書·皇甫無逸傳》：“孫忠，開元中爲衛尉卿。”

鄭休遠 開元十一年(723)

《掇英》：“鄭休遠，開元十一年自汾州刺史授；十五年有犯去官。”《會稽志》同。按《嘉泰吳興志》卷一四郡守題名：“鄭休還，垂拱元年自金州刺史授；遷越州都督。《統記》云：景雲元年太常少卿授；遷滑州刺史。”“休還”當即“休遠”。疑《吳興志》繫垂拱元年非，《統記》近是。

辛子言？ 開元十三年(725)

《淳熙三山志》卷二一郡守列辛子言於開元十三年。引《進姥山詔》云：“開元中都督辛子言，自越授州牧閩，改閩州爲福州。”疑即自越州都督移福州。《掇英》、《會稽志》皆未載。

何　鳳　　開元十六年—十九年(728—731)

《掇英》："何鳳,開元十六年自右領軍將軍授;十九年五月敕與替。"《會稽志》同。

張　洸　　開元二十年—二十一年(732—733)

《掇英》："張洸,開元二十年自衡州刺史授;二十一年移秦州都督。"《會稽志》同。按《舊書·張公謹傳》,洸爲公謹之孫,"開元中爲國子祭酒"。

裴　鼎　　開元二十一年—二十二年(733—734)

《掇英》："裴鼎,開元二十一年自金吾衛將軍授;二十二年移衛州刺史。"《會稽志》作"開元二十六年移衛州刺史",誤。《全文》卷三九七裴鼎小傳:"開元二十年官金吾將軍,出爲會稽刺史,二十六年移衛州。"亦沿誤。

元彦沖　　開元二十二年—二十六年(734—738)

《元龜》卷一二八:"〔開元〕二十三年十二月,命十道採訪使舉良刺史、縣令,以……越州刺史元彦沖……等聞上。"《掇英》："元彦沖,開元二十二年自襄州刺史授;二十六年移衛州刺史。"《會稽志》同。《全文》卷三○九孫逖《授元彦沖等諸州刺史制》稱:"使持節都督越州諸軍事守越州刺史元彦沖等……可依前件。"又卷三三五萬齊融《法華寺戒壇院碑》:"開元二十四年……都督河南元彦沖躬請律師重光聖日。"又見《宋高僧傳》卷一四《唐越州法華山寺玄儼傳》。

敬　誠　　開元二十六年—二十七年(738—739)

《全文》卷三三五萬齊融《法華寺戒壇院碑》:"開元二十六載,恩制度人,採訪使潤州刺史齊澣、越府都督敬誠……無不停顚净境,禀承法訓。"又見《宋高僧傳》卷一四《唐越州法華山寺玄儼傳》,唯"敬"作"景"。《掇英》："敬誡,開元二十六年自台州刺史授;二十七年移廬州刺史。""誡"當爲"誠"之訛,《會稽志》不誤。

秦昌舜　　天寶元年—六載(742—747)

　　《掇英》:"秦昌舜,天寶元年自通川郡太守授,六載移江華郡太守。"《會稽志》同。《宋高僧傳》卷二九《唐洛陽罔極寺慧日傳附真法師傳》:"餘姚休光寺釋真法師,金華人也,俗姓王氏……天寶六年,太守秦公、長史狄公知其行高,遂以名薦,主休光寺焉。"又見《全文》卷三六三王璲《大唐會稽郡餘姚縣化□寺主真法師行業贊并序》。

杜庭誠　　天寶六載—七載(747—748)

　　《掇英》:"杜庭誠,天寶六載授;七載移晉陵郡太守兼按察使。"《會稽志》同,惟無"兼按察使"四字。

張守信　　天寶七載(748)

　　《掇英》:"張守信,天寶七載自餘杭郡太守授。"《會稽志》同。

李處祐　　天寶九載(750)

　　《掇英》:"李處祐,天寶九載自餘杭郡太守授,十□年致仕。"《會稽志》同,惟無"十□年致仕"五字。按《新書·藝文志三》有李處祐《兵法》,注云:"開元中左衛中郎將,奉詔撰。卷亡。"

于幼卿　　天寶十三載(754)

　　《掇英》:"于幼卿,天寶十三載自鄱陽太守授。"《會稽志》同。《全詩》卷二四二張繼有《會稽秋晚奉呈于太守》。當即幼卿。

王師虔　　天寶中?

　　《全文》卷七四二劉軻《棲霞寺故大德𤧹律師碑》:"大師諱曇𤧹,俗姓王氏……王父師虔,會稽守。"大師卒貞元十三年十一月六日,春秋七十五。其王父爲會稽守疑在天寶時。

崔　寓　　至德二載(757)

　　《全文》卷三六六賈至《授崔寓給事中制》稱:"會稽太守崔寓……

可給事中。”《掇英》：“崔寓，至德二年自江夏郡太守授；其年六月召拜給事中。”《會稽志》同，唯無“其年六月”四字。

李希言　　乾元元年(758)

《新書·方鎮表五》：“乾元元年，置浙江東道節度使，領越、睦、衢、婺、台、明、處、溫八州，治越州。”《掇英》：“李希言，乾元元年自禮部侍郎兼蘇州刺史授。”據《舊書·肅宗紀》：至德三載三月“乙亥，山南東道、河南、淮南、江南皆置節度使”。李希言由蘇移越當在是年三月。

獨孤峻　　乾元元年—二年(758—759)

《元和郡縣志》卷二六處州龍泉縣：“乾元元年越州刺史獨孤峻奏割遂昌、松陽二縣置。”按《舊書·地理志五》誤爲“乾元二年越州刺史獨孤嶼奏請”。《全文》卷三九一獨孤及《唐故大理寺少卿兼侍御史河南獨孤府君(嶼)墓誌銘》：“越州都督……峻府君之季弟也。”又《獨孤丕墓誌》：“乾元二年，從季父峻都督浙東軍事。”又見《姓纂》卷一〇獨孤氏(岑仲勉補)，《新表五下》獨孤氏。《掇英》：“獨孤峻，自陳州刺史授，充節度採訪使，加御史中丞，改金吾衛大將軍。”《會稽志》略同。

呂延之　　乾元二年(759)

《舊書·肅宗紀》：乾元二年六月，“以明州刺史呂延之爲越州刺史”。又《呂渭傳》：“父延之，越州刺史。”按《姓纂》卷六河東呂氏：“延之，趙州刺史。”羅振玉校云：“趙州，《〔呂〕渭傳》作越州，趙字訛。”《掇英》：“呂延之，自明州刺史授，充節度使；丁憂。”《會稽志》同，唯無“充節度使”四字。《隋唐五代墓誌匯編·洛陽卷》第十二冊《唐故通議大夫使持節都督潭州諸軍事守潭州刺史兼御史中丞充湖南都團練觀察處置等使呂府君(渭)墓誌銘并序》(貞元十六年十月八日)：“考府君諱延之，越州刺史、浙江東道節度使。”北圖藏拓片《唐故中散大夫祕書監致仕上柱國賜紫金魚袋贈左散騎常侍東平呂府君(讓)墓誌銘并序》(大中十年四月十二日)：“顯祖諱延之，越州刺史、浙江東道節度使。”

趙良弼　　上元元年(760)

《舊書·肅宗紀》：上元元年"十月壬申，以廬州刺史趙良弼爲越州刺史"。《山右石刻》七有《唐陝華廬澧撫越廣等州刺史御史中丞嶺南浙東兩道節度使太子賓客襄武縣開國公贈揚州大都督趙良弼碑》，顏真卿撰。《掇英》："趙良弼，自廬州刺史授，加御史中丞；移嶺南節度使。"《會稽志》同。

杜鴻漸　　上元元年—二年(760—761)

《全文》卷三八九獨孤及《豫章冠蓋盛集記》："歲次辛丑春正月，東諸侯之師有事於淮西……越州刺史兼御史中丞杜公鴻漸至自會稽。"按辛丑爲上元二年。又卷三六九元載《故相國杜鴻漸神道碑》："公之罷守，袁晁陷山越。"按袁晁起義事在寶應元年。《掇英》："杜鴻漸，自湖州刺史授；加御史中丞，召拜户部侍郎。"《會稽志》同。《宋高僧傳》卷一五《唐越州稱心寺大義傳》稱："前後朝貴歸心者相國杜鴻漸。"《全詩》卷一四八劉長卿《送李校書適越謁杜中丞》，杜中丞即杜鴻漸。

王　璵　　上元二年—寶應元年(761—762)

《舊書》本傳："上元二年，兼揚州長史……肅宗南郊禮畢，以璵使持節都督越州諸軍事越州刺史。"又見《掇英》，《會稽志》。

【員　錫　　寶應元年(762)（未之任）】

《姓纂》卷三平凉員氏："錫，越州刺史。"《掇英》："員錫，自職方郎中授，充觀察團練使；不之任。"《會稽志》無。《全文》卷三九三獨孤及有《爲明州獨孤使君祭員郎中文》。按獨孤使君，指獨孤問俗；員郎中，指員錫。

【殷日用　　寶應元年(762)（未之任）】

《掇英》："殷日用，自蘇州刺史授，充觀察團練使；不之任。"《會稽志》無。按殷日用寶應元年由蘇州刺史移衢州。

薛兼訓　　寶應元年—大曆五年（762—770）

《元和郡縣志》卷二六越州會稽縣：“大曆二年刺史薛兼訓奏省山陰并會稽。”《元龜》卷四〇五：“薛兼訓，大曆中爲浙東節度越州刺史。”《舊書·代宗紀》：大曆五年七月，“以越州刺史薛兼訓爲檢校工部尚書”。《掇英》：“薛兼訓，自殿中監兼御史中丞授；丁憂，後加御史大夫，再知。”《會稽志》同，末有“移太原節度使”。《中興間氣集》卷下郎士元《送薛良友往越州謁從叔》，當即薛兼訓。《廣記》卷三三七引《廣異記》：“廣德初，浙東觀察使薛兼訓。”白居易《揚州倉曹參軍王君墓誌》：“永泰中，遷越府户曹。大曆中，本道觀察使薛兼訓以清白尤異表奏之。”

陳少遊　　大曆五年—八年（770—773）

《舊書》本傳：“大曆五年，改越州刺史。”又《代宗紀》：大曆八年十月，“以越州刺史陳少遊爲揚州大都督府長史”。《全文》卷四一三常袞有《授陳少遊浙江東道團練使制》。又見《元和郡縣志》卷二六越州會稽縣，《太平寰宇記》卷九六，《會要》卷八五，《宋高僧傳》卷一七《唐越州焦山大曆寺神邕傳》。《掇英》：“陳少遊，大曆五年九月自宣歙觀察使授；八年十月遷淮南節度使。”《會稽志》略同。上圖藏拓片《唐故潭州湘潭尉崔府君（倚）墓誌》（元和十五年十月十六日）：“自幼遭罹世亂，虜塵犯□兩京，漂寓江淮，優遊道德。故浙東觀察使中丞陳少遊特表薦聞，因授潭州湘潭縣尉。”

皇甫温　　大曆九年—十一年（774—776）

《舊書·代宗紀》：大曆九年八月，“以陝州大都督府長史皇甫温爲越州刺史”。《掇英》、《會稽志》同。《宋高僧傳》卷一七《唐越州焦山大曆寺神邕傳》：“前吏部侍郎徐浩出佐明州，以邦國聚落，乃白廉使皇甫温奏賜額曰大曆焉。”《全文》卷五二二梁肅《爲獨孤郎中祭皇甫大夫文》：“分陝牧越，統戎鎮俗……大旆長轂，東征不復。”知皇甫温卒於越。北圖藏拓片《唐東都安國寺故臨壇大德塔下銘并序》（貞元九年八月二十七日）：“姓皇甫氏……元兄浙東觀察使兼御史大夫贈太子太師邠國公曰温。”

崔　昭　　大曆十一年—十四年(776—779)

《掇英》：“崔昭，大曆十一年七月自宣州觀察使授。”《會稽志》同。《全文》卷五二三崔元翰《判曹食堂壁記》：“越州號爲中府，連帥治所……期年，故太子少師皇甫公來臨是邦……後二歲而御史大夫崔公爲之。”又卷五二一梁肅《處州刺史李公墓誌銘》：“辟宣歙、浙東二府，府主崔侯昭，諮以大小之政。”又卷四四三李舟《爲崔大夫請入奏表》：“移鎮浙東。臣自至越州，旋經歲序。”又《爲崔大夫請入奏表》：“臣一昨初承國哀……請赴山陵，伏奉批答，上遵遺旨，不許奔會。”知代宗崩時尚在任。

王　密　　大曆十四年—貞元二年(779—786)

《新表二中》京兆王氏：“密，越州刺史。”《全文》卷四九四權德輿《會稽虛上人石帆山靈泉北塢記》：“貞元初，州牧左常侍王君行春訪道，因以泉名塢。”《元和郡縣志》卷二六越州上虞縣：“貞元元年，刺史王密奏置。”《掇英》：“大曆十四年十一月自湖州刺史授。”《會稽志》同。《嘉泰吳興志》卷一四郡守題名：“王密，建中三年自明州刺史授；遷越州都督，充浙東西團練副使。《統記》云：大曆十四年。”按《統記》是，《吳興志》誤。又按《新書·方鎮表五》，大曆十四年廢浙江東道都團練觀察使，以所管州隸浙江西道。建中元年復置，二年又廢。

元　亘　　貞元二年—三年(786—787)

《掇英》：“元亘，貞元二年十二月自楚州刺史授。”《會稽志》同。《全詩》卷三〇四劉商《送元使君自楚移越》，即指元亘。

皇甫政　　貞元三年—十三年(787—797)

《舊書·德宗紀上》：貞元三年正月，“以宣州刺史皇甫政爲越州刺史”。《掇英》：“皇甫政，貞元三年二月自權知宣州刺史授；十三年三月改太子賓客。”《會稽志》同。又見《全文》卷九六四闕名《請令浙東西依稅限納當錢奏》、卷六一三羊士諤《南鎮永興公祠堂碑》、卷五八八柳宗元《先君石表陰先友記》，《姓纂》卷五樂陵皇甫氏，《元龜》卷

一四七、卷一七六，《宋高僧傳》卷一九《唐簡州慈雲寺待駕傳》。按《新書·方鎮表五》：“貞元三年，分浙江東、西爲兩道。”

李若初　　貞元十三年—十四年（797—798）

《舊書》本傳：“遷福州刺史、兼御史中丞、福建都團練使。尋遷越州刺史。”又《德宗紀下》：貞元十三年三月“乙巳，以福建都團練使李若初爲明州刺史、浙東觀察使”。按“明州”當爲“越州”之誤。又十四年九月乙卯，“以浙東觀察李若初爲潤州刺史、浙西觀察使及諸道鹽鐵轉運使”。《宋高僧傳》卷一八《唐會稽永欣寺後僧會傳》：“會乃化形往謁閩廉使李若初，且曰：‘君侯即領越之藩條……後果赴是郡。”又見《掇英》，《會稽志》，《淳熙三山志》卷二一郡守。

裴　肅　　貞元十四年—十八年（798—802）

《舊書·德宗紀下》：貞元十四年九月，“以常州刺史裴肅爲越州刺史、浙東觀察使”。又《許孟容傳》：“〔貞元〕十八年，浙江東道觀察使裴肅卒。”《掇英》：“裴肅，貞元十四年九月自常州刺史御史中丞授；十五年五月加御史大夫。”《會稽志》無下一句。又見《舊書·裴休傳》，《新表一上》東眷裴氏，《景德傳燈録》卷一二《相國裴休傳》。《西安北郊出土唐金花銀盤銘文的校勘》：“銀盤背面的銘文共有三行：‘浙東道都團練觀察處置等使大中大夫守越州刺史兼御史大夫上柱國賜紫金□（魚）袋裴肅進。”（《文物》1964 年第 7 期）

賈　全　　貞元十八年—永貞元年（802—805）

《舊書·德宗紀下》：貞元十八年正月“庚辰，以常州刺史賈全爲越州刺史、浙東觀察使”。又《憲宗紀上》：永貞元年十月，“浙東觀察使賈全卒”。又見《姓纂》卷七宛句賈氏，《掇英》，《會稽志》。

楊於陵　　永貞元年—元和二年（805—807）

《舊書·憲宗紀上》：永貞元年十月“丙午，以華州刺史楊於陵爲越州刺史、浙東觀察使”。又見兩《唐書》本傳。《全文》卷六三九李翱

《唐故金紫光禄大夫尚書右僕射致仕楊公（於陵）墓誌銘》："德宗崩……其年冬，遷浙江東道團練觀察使。"又卷六八四陳諫《登石傘峰詩序》："元和九年秋七月七日，浙東廉使越州牧御史中丞楊公泊中護軍王公率僚佐賓旅同遊賦詩，紀登覽之趣。"按"九年"疑爲"元年"之訛。《掇英》："楊於陵，永貞元年十月自華州防禦使授；元和二年四月召拜户部侍郎。"《會稽志》同。

閻濟美　　元和二年（807）

《全文》卷六五四元稹《唐故越州刺史浙江東道觀察使河東薛公（戎）神道碑文銘》："閻濟美代〔柳〕冕使福建，復請公副團練事……濟美使浙東，公亦隨副之。"上圖藏拓片《唐河南府洛陽縣尉孫嗣初妻京兆韋夫人墓誌銘并序》（大中十四年二月二十七日）："烈考府君諱本仁，皇越州録事參軍、潤州延陵縣令。延陵府君娶天水閻氏，外祖諱濟美，皇朝浙東觀察使、太子少保。"《掇英》："閻濟美，元和二年四月自前福建觀察使授；十月追赴闕。"《會稽志》同。兩《唐書》本傳皆誤作"潤州刺史、浙西觀察使"。

薛　苹　　元和三年—五年（808—810）

《舊書》本傳："累官至長安令，拜虢州刺史，朝廷以尤課擢爲湖南觀察使，又遷浙江東道觀察使，以理行遷浙江西道觀察使。"《新書》本傳略同。《舊書·憲宗紀上》：元和五年八月，"以浙東觀察使薛苹爲潤州刺史、浙西觀察使"。《掇英》："薛苹，元和三年正月自湖南觀察使授；五年除潤州觀察使。"《會稽志》"潤州"作"浙西"。《白居易集》卷四〇有《答薛苹謝授浙東觀察使表》。按白居易二年底入内署，此答當爲三年初所撰。《寶刻叢編》卷一三引《集古録目》有《唐禹廟詩》，"唐浙東觀察使越州刺史薛苹詩，不著書人名氏……凡十七首"。

李　遜　　元和五年—九年（810—814）

《舊書·憲宗紀上》：元和五年八月，"以常州刺史李遜爲越州刺史、浙東觀察使"。又見兩《唐書》本傳，《元龜》卷六七四。《掇英》：

“李遜,元和五年八月自前常州刺史授;九年九月追赴闕。”《會稽志》同。《廣記》卷一七二引《逸史》:“故刑部李尚書遜爲浙東觀察使……時孟尚書簡任常州刺史,常與越近,具熟其事。明年,替李公爲浙東觀察使。”

孟　簡　　元和九年—十二年(814—817)

《舊書·憲宗紀下》:元和九年九月,“以給事中孟簡爲越州刺史、浙東觀察使……十二年,入爲户部侍郎”。又見兩《唐書》本傳。《全文》卷六一六孟簡《建南鎮碣記》:“元和甲午,簡自給事中蒙恩授浙江東道都團練觀察使。”按元和甲午,即元和九年。《金石續編》卷九《十哲贊碑》:“唐元和十年十二月三日浙東觀察使越州刺史兼御史中丞孟簡置。”又見《金石補正》卷六九、《寶刻叢編》卷一三引《復齋碑録》,《宋高僧傳》卷五《唐代州五臺山清涼寺澄觀傳》。《掇英》:“孟簡,元和九年九月自給事中授;十二年正月追赴闕。”《會稽志》同。

薛　戎　　元和十二年—長慶元年(817—821)

《舊書》本傳:“累改衢、湖、常三州刺史,遷浙東觀察使。”《新書》本傳略同。《舊書·穆宗紀》:長慶元年十月“丁亥,前浙東觀察使薛戎卒”。又見《新表三下》西祖房薛氏,《全文》卷五六三韓愈《唐朝散大夫越州刺史薛公(戎)墓誌銘》,卷六五四元稹《唐故越州刺史河東薛公(戎)神道碑文銘》。又卷七三四沈亞之有《與薛浙東書》。《掇英》:“元和十二年正月自常州刺史授;長慶元年隨表朝覲赴闕。”《會稽志》作“長慶元年九月疾病去官”。

丁公著　　長慶元年—三年(821—823)

《舊書·穆宗紀》:長慶元年十月,“以工部尚書丁公著檢校左散騎常侍,兼越州刺史、御史中丞,充浙東觀察使”。本傳誤作“浙西”。《白居易集》卷五〇有《尚書工部侍郎集賢殿學士丁公著可檢校左散騎常侍越州刺史浙東觀察使制》。《掇英》:“丁公著,自禮部尚書權知吏部銓選事檢校右散騎常侍授。”《會稽志》:“自禮部尚書翰林侍讀學士授；長慶三年九月追赴闕。"按"禮部尚書"云云，乃沿《新書》本傳致誤，見岑仲勉《唐史餘瀋·新丁公著傳之紕繆》。

元　稹　　長慶三年—大和三年（823—829）

《舊書》本傳："乃出稹爲同州刺史……在郡二年，改授越州刺史、兼御史大夫、浙東觀察使……凡在越八年。大和初，就加檢校禮部尚書。三年九月，入爲尚書左丞。"《新書》本傳略同。《全文》卷六五四元稹《永福寺石壁法華經記》："予始以長慶二年相先帝無狀，譴於同州，明年徙會稽。"又見卷六五三元稹《白氏長慶集序》，卷七六一褚藏言《竇鞏傳》，《白居易集》卷七〇《唐故武昌軍節度處置等使正議大夫檢校户部尚書鄂州刺史兼御史大夫元公（稹）墓誌銘并序》，《宋高僧傳》卷二七《唐剡沃洲山禪院寂然傳》。《掇英》："元稹，長慶三年八月自同州防禦使授；大和三年九月拜尚書左丞。"《會稽志》同。《寶刻叢編》卷一三引《集古録目》："《唐修桐柏宮碑》，唐浙東團練觀察使越州刺史元稹撰并書，台州刺史顏顗篆額……碑以大和四年四月立。"

陸　亘　　大和三年—七年（829—833）

《舊書·文宗紀上》：大和三年九月"戊戌，以前睦（蘇）州刺史陸亘爲越州刺史、浙東觀察使，代元稹"。七年閏七月癸未，"以亘爲宣歙觀察使"。《掇英》《會稽志》同。又見兩《唐書》本傳，《姓纂》卷一〇嘉興陸氏，《宋高僧傳》卷一一《常州芙蓉山太毓傳》。《全詩》卷五一五朱慶餘有《送浙東陸中丞》。

李　紳　　大和七年—九年（833—835）

《舊書·文宗紀下》：大和七年閏七月"癸未，以太子賓客李紳檢校左散騎常侍、兼越州刺史，充浙東觀察使，代陸亘"。九年五月"丁未，以浙東觀察使李紳爲太子賓客，分司東都"。《掇英》《會稽志》略同。又見兩《唐書》本傳。《寶刻叢編》卷一三引《集古録目》："《唐法華寺詩》，唐越州刺史李紳撰，徐浩書，大和八年刻。"《越中金石記》卷一《□□龍宮寺碑并序》："浙江東道都團練觀察處置等使中散大夫檢校左散騎常侍兼越州刺史御史中丞賜紫金魚袋李紳撰……大和癸丑歲，余自分命洛陽承詔以檢校左騎省廉察於兹……唐大和九年乙卯歲四月廿五日建。”《全文》卷六九四無具銜及年月。《全文》卷八六七楊夔《烏程縣修東亭記》稱：“故相國趙郡李公諱紳寶曆中廉問會稽日。”“寶曆”當爲“大和”之誤。《全詩》卷四八二李紳《宿越州天王寺詩序》：“大和八年，自浙東觀察使又除太子賓客。”作八年，與《舊書》異。《白居易集》卷三一有《醉送李二十常侍赴鎮浙東》詩。

高　銖　　大和九年—開成四年(835—839)

《舊書・文宗紀下》：大和九年五月“乙卯，以給事中高銖爲浙東觀察使”。又本傳：大和九年“五月，出爲越州刺史、御史中丞、浙東觀察使。開成三年，就加檢校左散騎常侍，尋入爲刑部侍郎”。《新書》本傳略同。《掇英》：“高銖，大和九年五月自給事中授；開成四年閏正月追赴闕。”《會稽志》同。

李道樞　　開成四年(839)

《舊書・文宗紀下》：開成四年閏正月，“以蘇州刺史李道樞爲浙東觀察使”。三月癸酉，“浙東觀察使李道樞卒”。《掇英》：“李道樞，開成四年正月三十日自蘇州刺史授。”《會稽志》同。

蕭　俶　　開成四年—會昌二年(839—842)

《舊書・文宗紀下》：開成四年三月，“以楚州刺史蕭俶爲浙東觀察使”。又本傳：“開成二年，出爲楚州刺史。四年三月，遷越州刺史、御史中丞、浙東都團練觀察使。會昌中，入爲左散騎常侍。”《掇英》：“蕭俶，開成四年三月自楚州團練使授；會昌二年七月拜給事中。”《會稽志》同。

李師稷　　會昌二年—四年(842—844)

《金石補正》卷七三《五大夫新橋記》：“會稽東不遠七十里有大澤曰虞江，江之東南廿里有草市，粵五大夫在鳳山南面……時廉使李公仁風遠扇,臥牧百城……會昌三年歲在淵獻月屬無射二十有九日建。"《越中金石記》云:"記撰於會昌三年,廉使乃李師稷。"《掇英》:"李師稷,會昌二年二月自楚州團練使授。"《會稽志》同。《廣記》卷四八引《逸史》:"唐會昌元年,李師稷中丞爲浙東觀察使。""元年"誤。

元　晦　　會昌五年—大中元年(845—847)

《掇英》:"元晦,會昌五年七月自桂管觀察使授,大中元年五月追赴闕。"《會稽志》同。《全文》卷七五二杜牧《薦韓乂啓》稱:元晦曾刺建州及官浙東觀察。

楊漢公　　大中元年—二年(847—848)

《掇英》:"楊漢公,大中元年五月自桂管觀察使授;二年二月追赴闕。"《會稽志》同。《全文》卷七七六李商隱《爲滎陽公與浙東楊大夫啓》:"越水稽峰,乃天下之勝概;桂林孔穴,成夢中之舊遊……況去思遺愛,遍布歌謠……方知繼組之難,不止頒條之事。"又有《爲滎陽公與前浙東楊大夫啓》。按滎陽公乃鄭亞,大中元年爲桂管觀察使,楊漢公爲鄭亞前任。【補遺】《唐故銀青光禄大夫、檢校户部尚書、使持節鄆州諸軍事、守鄆州刺史,充天平軍節度、鄆曹濮等州觀察處置等使、御史大夫、上柱國、弘農郡開國公、食邑二千户弘農楊公(漢公)墓誌銘並序》(咸通二年十一月廿日):"公諱漢公,字用乂,弘農華陰人也。……轉湖州、蘇州,理行一貫,結課第考,年年稱最。遷桂州觀察使兼御史中丞。廉問峻整,部内清肅。轉浙東觀察使、御史大夫。……入拜給事中,遷户部侍郎,出爲荆南節度、檢校禮部尚書。"(周紹良、趙超《唐代墓誌匯編續集》,上海古籍出版社2001年版)按漢公爲浙東觀察使兼越州刺史。

李　拭(李柱)　　大中二年(848)

《舊書·李廓傳》:"子柱,官至浙東觀察使。柱子碏。"按《新書·李廓傳》作"子拭,仕歷宗正卿、京兆尹、河東鳳翔節度使,以祕書監卒。拭子礎”。唯不及爲浙東觀察使。《舊書·宣宗紀下》及《通鑑·會昌五年》均作李拭，知《舊書》“柱”爲“拭”之誤。《掇英》：“李拭，大中二年二月自京兆尹授；二年十月追赴闕。”《會稽志》同。

李　褒　　大中三年—六年（849—852）

《掇英》：“李褒，大中三年自前禮部侍郎授；六年八月追赴闕。”《會稽志》同。《金石補正》卷七三《五大夫新橋後記》：“唐會昌三年建此幢，至五年八月奉敕毁寺，其幢隨例亦毁。至大中即位元年，佛法重興，至四年庚午歲秋七月九日，前宣州尉劉皋……再建立於五大夫橋南……廉使李□令常□□。”《越中金石記》：“後記在大中四年，廉使乃李褒也。”《全文》卷七九一趙璘《書戒珠寺》：“浙東觀察治勾踐故城……大中初復許郡府量立寺宇……六年六月别以戒珠爲名。觀察使尚書李公褒實司其事。”

李　訥　　大中六年—九年（852—855）

《掇英》：“李訥，大中六年八月自華州防禦使授；九年九月，貶朗州刺史。”《會稽志》“朗州”作“潮州”。《舊書·宣宗紀》：“〔大中〕十年春正月乙巳，以正議大夫、華州刺史、潼關防禦、鎮國軍等使、上柱國、隴西縣開國男、食邑三百户、賜紫金魚袋李訥檢校左散騎常侍，兼越州刺史、御史大夫、浙江東道都團練觀察等使。”《全文》卷七四八杜牧有《李訥除浙東觀察使兼御史中丞制》。按杜牧於大中五年自湖州刺史入拜考功郎中、知制誥，歲中遷中書舍人，則此制當爲大中六年所作。《舊書》誤。又《全文》卷七三二張碣《新移麗陽廟記》：“〔大中〕八年冬郡闕守，時録事參軍姜公肅處紀綱之司，明糾察之務，當道觀察使御史大夫李公仰其清廉，委知軍州事。”此李公當即李訥。《通鑑·大中九年》：“七月，浙東軍亂，逐觀察使李訥。”“九月乙亥，貶李訥朗州刺史。”又見《唐語林》卷二。

沈　詢　　大中九年—十二年（855—858）

《姓纂》卷七吴興武康縣沈氏：“詢，進士，浙東觀察，澤潞節度。”

《通鑑‧大中九年》：九月，“以禮部侍郎沈詢爲浙東觀察使”。《掇英》：“沈詢，大中九年九月自前禮部侍郎授；十二年六月四日遷户部侍郎。”《會稽志》作“十二年六月追赴闕”。上圖藏拓片《唐故鄂岳團練判官將仕郎試大理評事太原王公（譚）墓誌銘并序》（咸通五年十月二十日）：“由浙江東道沈公詢幕，沈俄入拜大計，繼爲從事。”又見《唐語林》卷一，《宋高僧傳》卷二七《唐會稽吕后山文質傳》。

鄭處誨　　大中十二年—十三年（858—859）

《舊書》本傳：“累遷工部、刑部侍郎，出爲越州刺史、浙東觀察使、檢校刑部尚書、汴州刺史、宣武軍節度觀察等使，卒於汴。”《新書》本傳略同。《掇英》：“鄭處誨，大中十二年七月自太子賓客授；十三年移工部尚書，充浙西觀察使。”《會稽志》：“鄭處誨，大中十二年七月自刑部侍郎授；十二月移浙西觀察使。”

鄭祗德　　大中十三年—咸通元年（859—860）

《通鑑‧大中十三年》：十二月，“浙東賊帥裘甫攻陷象山……觀察使鄭祗德遣討擊副使劉勔、副將范居植將兵三百，合台州軍共討之”。又《咸通元年》：二月，“朝廷知祗德懦怯，議選武將代之……遂以〔王〕式爲觀察使，徵祗德爲賓客”。《掇英》：“鄭祗德，大中十三年自太子賓客授；十四年三月遷檢校禮部尚書。”《會稽志》無後句。按大中十四年即咸通元年。

王　式　　咸通元年—三年（860—862）

《舊書》本傳：“咸通初，爲浙東觀察使……三年，徐州銀刀軍叛，以式爲徐州節度使。”《新書》本傳略同。《新書‧懿宗紀》：“咸通元年正月，浙東人仇甫反，安南經略使王式爲浙江東道觀察使以討之。”又見《通鑑‧咸通元年》二月，《咸通三年》七月，《東觀奏記》卷下，《唐語林》卷七，《全文》卷八一二許棠《唐故浙江道五部兵馬大元帥平南節度使銀青光禄大夫檢校尚書令戴公（昭）墓誌銘并序》。又卷八三懿宗《授温璋王式節度使制》稱：“前浙江東道都團練觀察處置等使、檢校左散騎常侍兼越州刺史、御史大夫王式……可檢校工部尚書、徐州刺史、御史大夫，充武寧軍節度徐泗宿濠等州觀察處置等使。"《掇英》："王式，大中十四年自前安南經略使授；咸通三年六月遷工部尚書、充武康（寧）軍節度使。"《會稽志》無"工部尚書"字。《宋高僧傳》卷二七《唐會稽吕后山文質傳》："咸通二年十月十四日告衆言別，十五日端坐而化……越州刺史段式爲《行録》焉。""段式"乃"王式"之誤。

鄭裔綽　　咸通三年—四年（862—863）

　　《新書》本傳："後繇祕書監遷浙東觀察使，終太子少保。"《掇英》："咸通三年三月自權知祕書監授。"《會稽志》同。《全文》卷七四七有蕭倣《與浙東鄭裔綽大夫雪門生薛扶狀》。《唐語林》卷四："鄭裔綽爲浙東觀察使，奏侍御史鄭公綽爲副使。幕客與府主同姓聯名甚寡。"

楊　嚴　　咸通五年—八年（864—867）

　　《舊書》本傳："兄收作相，封章請外職，拜越州刺史、御史中丞、浙東團練觀察使。收罷相貶官，嚴坐貶邵州刺史。"《新書》本傳略同。《全文》卷七六五楊收《乞貸弟嚴死罪疏》："臣頃蒙擢在台衡，不敢令弟嚴守官闕下。旋蒙聖造，令刺浙東。所有罪愆，是臣自負，伏乞聖慈，貸嚴微命。"按楊收作相在咸通四年，罷相在七年，貶官在九年。《掇英》："楊嚴，咸通五年九月自前中書舍人授；六年二月二十四日追赴闕。"《會稽志》同。按"六年"當爲"八年"之訛，說見岑仲勉《方鎮年表正補》。《全詩》卷六五二方干有《上越州楊嚴中丞》。《寶刻叢編》卷一五引《集古録目》："《唐新興寺碑》，唐歙州刺史盧肇撰并書，越州刺史楊嚴篆額。新興寺在宣州。宣宗大中初，復悉武宗所毀佛寺，刺史裴休修之而立此碑，以大中二年立。"按年代有誤。

王　渢　　咸通八年—十一年（867—870）

　　《全詩》卷六五一方干《越中言事二首》注："咸通八年琅邪公到任後作。"《掇英》："王渢，咸通八年二月自前户部侍郎授。"《會稽志》同。

李 綰 咸通十一年—十三年(870—872)

《掇英》："李綰，咸通十一年五月自中書舍人授；十三年十二月追赴闕。"《會稽志》同。

王 龜 咸通十三年—乾符元年(872—874)

《舊書》本傳："〔咸通〕十四年，轉越州刺史、御史大夫、浙東團練觀察使。先是，龜兄式撫臨此郡，有惠政，聞龜復至，舞抃迎之。屬徐、泗之亂，江淮盜起，山越亂，攻郡，爲賊所害，贈工部尚書。"《新書》本傳略同。又見《舊五代史·王權傳》，《新表二中》晉陽王氏。《全詩》卷六五二方干有《獻浙東王大夫二首》，卷六六五羅隱亦有《投浙東王大夫二十韻》。《掇英》："王龜，咸通十三年十一月自同州防禦使授。"《會稽志》同。

裴延魯 乾符元年—三年(874—876)

《掇英》："裴延魯，咸通十五年六月自中書舍人授；乾符二年十月二十一日加散騎常侍。"《會稽志》無後一句。按咸通十五年即乾符元年。

崔 璆 乾符四年—六年(877—879)

《掇英》："崔璆，乾符四年閏二月自右諫議大夫知匭使授；五年六月加正議大夫。"《會稽志》無後一句。《舊書·僖宗紀》：乾符六年"五月，賊圍廣州，仍與廣南節度使李巖、浙東觀察使崔璆書，求保薦，乞天平節鉞"。《新書·黃巢傳》："詔授巢右衛將軍。巢度藩鎮不一，未足制己，即叛去，轉寇浙東，執觀察使崔璆……時六年三月也。"《新書·僖宗紀》作乾符五年九月，又誤作"崔琢"。又見《北夢瑣言》卷一四。

柳 瑫 乾符六年—廣明元年(879—880)

《掇英》："柳瑫，乾符六年十一月十九日自給事中授。"《會稽志》同。《吳越備史》卷一《武肅王》："浙東觀察使柳瑫以賄免官，皆恥代之，議者以〔劉〕漢宏降將也，以降將代贓吏，宜矣，乃除之。”

劉漢宏　　廣明元年—光啓二年(880—886)

《舊書·僖宗紀》：中和元年春正月，“以宿州刺史劉漢宏爲越州刺史、鎮東軍節度、浙江東道觀察處置等使”。《通鑑》記此事爲廣明元年十一月。又見《新書》本傳。《新書·僖宗紀》：光啓二年十月“丙辰，杭州刺史董昌攻越州，浙東觀察使劉漢宏奔於台州”。十二月“丙午，台州刺史杜雄執漢宏，降於董昌。昌自稱浙東觀察使”。《通鑑》略同。《掇英》：“劉漢宏，廣明元年十一月四日自宿州刺史授；中和三年升爲義勝軍節度使，後爲董昌所害。”《會稽志》同。

董　昌　　光啓二年—乾寧三年(886—896)

《舊書·僖宗紀》：光啓元年三月，“杭州刺史董昌大敗劉漢宏之衆，進攻越、婺、台、明等州，下之。遂以昌爲越州刺史、鎮東軍節度、浙江東道觀察等使”。按《新書》記此事在光啓二年。《通鑑·光啓三年》：正月“辛巳，以董昌爲浙東觀察使”。又見兩《五代史·錢鏐傳》，《吳越備史》卷一《武肅王》。《掇英》：“董昌，光啓二年十月二十六日自杭州刺史破劉漢宏，遂爲義勝軍節度使，三年改爲威勝軍，乾寧二年削除官爵。”《會稽志》同。《舊書·昭宗紀》：乾寧三年四月，“鎮海軍節度使錢鏐攻越州，下之，斬董昌，平浙東”。

王　搏　　乾寧三年(896)

《吳越備史》卷一《武肅王》：乾寧三年“秋七月……又遣中使韓彞範來宣諭，將授王越州。王固讓。遂除宰相王搏出鎮越州。搏以王有大勳，宜當所授，復固請辭。冬十月，敕改越州威勝軍爲鎮東軍，授王領鎮海、鎮東等軍節度使”。《舊書·昭宗紀》：乾寧三年五月制：“王搏爲檢校尚書左僕射、同平章事，兼越州刺史，充鎮東軍節度、浙江東道觀察處置等使。”《新書·昭宗紀》：乾寧三年十月“戊午，威勝軍節度使王搏爲吏部尚書、同中書門下平章事”。《大詔令集》卷五四楊鉅《王搏威勝軍節度平章事制》作“乾寧三年八月”。又卷五〇《王搏平章事制》作“乾寧二年十月”，“二年”當爲三年之訛。又見《全文》卷八四〇韓儀《授王搏平章事制》。有關王搏任越刺年月，各史籍記載不同，岑仲勉《唐史餘瀋·王搏》條有辨析。

錢　鏐　　乾寧三年—天祐四年(896—907)

《通鑑·乾寧三年》：十月，“錢鏐令兩浙吏民上表，請以鏐兼領浙東；朝廷不得已，復以王搏爲吏部尚書、同平章事，以鏐爲鎮海、威勝兩軍節度使。丙子，更名威勝曰鎮東軍”。又《乾寧四年》：“六月己酉，錢鏐如越州，受鎮東節鉞。”《吳越備史》、兩《五代史》本傳略同。《全文》卷九二昭宗《賜錢鏐鐵券文》：“維乾寧四年歲次丁巳八月甲辰朔四日丁未，皇帝若曰：咨爾鎮海、鎮東等軍節度浙江東西等道觀察處置營田招討等使……檢校太尉兼中書令使持節潤越等州諸軍事兼潤越等州刺史……錢鏐……卿恕九死，子孫三死。”又卷九四哀帝《冊吳王錢鏐文》稱：守侍中兼中書令杭、越兩州刺史上柱國吳王錢鏐，天祐二年正月十二日。又卷八五八楊凝式《大唐故天下兵馬都元帥尚父吳越國王謚武肅(鏐)神道碑銘并序》：“命爲杭州刺史，尋移鎮潤州……命兼領越州……固得三鎮節旄，千里疆土。”《掇英》：“乾寧三年，以鎮海軍節度使兼領，改威勝軍爲鎮東軍。”《會稽志》同。

待考録

王　伋(王希賢)

友人竺岳兵提供《琅邪王氏宗譜》收録《石鼓山王右軍祠堂碑文》稱：“銀青光禄大夫散騎常侍上柱國襄陽公平陽路應撰”，“中散大夫國子祭酒御史中丞上柱國武城男張舟篆蓋”，“中散大夫越州刺史王伋書。”文云：“開元中王姓二人相屬來尹于剡師，其部之同宗改作祠宇，載事於碑。後八十年當元和改元，王氏伋字希賢由諫垣來守越，春行視農至剡……希賢守越，仁德載揚，徵文勒石。”按元和年間及前後越州刺史歷歷可考，不可能插入王伋。抑年代有誤？按《御史臺精舍題名·侍御史兼殿中》有王伋。

卷一四三　明州(餘姚郡)

開元二十六年於越州鄮縣置明州。天寶元年改爲餘姚郡。乾元元年復爲明州。領縣四:鄮、奉化、慈溪、翁山。

秦昌舜　　開元二十六年(738)

《會要》卷七一:"明州,開元二十六年七月十三日析越州鄮縣置,以秦昌舜爲刺史。"《乾道四明圖經》卷二及《延祐四明志》卷二刺史題名(以下簡稱《延祐志》)皆誤作"秦舜昌"。按《姓纂》卷三太原秦氏有"秦昌舜"。天寶元年至六載秦昌舜在會稽都督任。

盧同宰　　天寶三載(744)

《新表三上》盧氏:"同宰,明州刺史。"(日)真人元開《唐大和上東征傳》:"天寶三載,歲次甲申……還至鄮山阿育王寺……州太守盧同宰及僧徒父老迎送,設供養,差人備糧送至白杜村寺。"按鄮山在明州。

張九章　　約天寶中

《舊書·張九齡傳》:"〔弟〕九章,歷吉、明、曹三州刺史,鴻臚卿。"按九齡弟九皋天寶中歷任徐、宋等州刺史,則九章爲刺史亦約在天寶中。

薛　據　　天寶中

《安徽通志金石古物考稿二·唐故絳州翼城縣令河東薛公

(贊)墓銘》(開成五年十一月二十四日):"王父諱據,餘姚郡太守。皇考諱洽,滑州酸棗縣令。"無卒年享年。按《新表三下》西祖薛氏:"據,禮部侍郎。"乃薛播弟。然其子公達、公幹、公儀,無洽。《舊書•薛播傳》則稱"播兄據"。未知是否此人。

韋 韶 天寶中?

《姓纂》卷二東眷韋氏郿公房:"韶,明州刺史。"《新表四上》同。按其叔安石,相武后、中宗、睿宗。其兄由,玄宗時爲太原令。

任 瑗 至德二載—乾元元年(757—758)

《新書•安慶緒傳》:"慶緒懼人之貳己,設壇加載書、样血與群臣盟。然〔阿史那〕承慶等十餘人送密款,有詔以承慶爲太保、定襄郡王……任瑗爲明州刺史,獨孤允陳州刺史……數數爲國間賊。"《全文》卷四〇四任瑗小傳:"天寶朝官左司員外郎,出爲明州刺史。乾元元年徙括州。"《全詩》卷二〇〇岑參有《送任郎中出守明州》,疑即任瑗。《郎官柱》左司員外及主客員外有任瑗,前者在崔渙、李審後,孟匡朝、盧播前;後者在賀蘭進明後,楊宗前。未見郎中題名,未知是否另一人。陳鐵民等《岑參集校注》編此詩於廣德元年,然廣德年間又未見任姓爲明州刺史者。

呂延之 乾元元年—二年(758—759)

《舊書•肅宗紀》:乾元二年六月"己巳,以明州刺史呂延之爲越州刺史,充浙江東道節度使"。《會稽掇英總集•唐太守題名》:"呂延之,自明州刺史授。"《嘉泰會稽志》同。

封 議 約肅宗時

《千唐誌•梁州城固縣令渤海封君(揆)墓誌銘并序》(貞元二年七月二十二日):"皇考諱議,蓬、集、閬、明四州刺史。"揆卒貞元丙寅,年五十。按丙寅爲貞元二年。疑其父約仕至肅宗時。

獨孤問俗　約上元元年—寶應元年（約 760—762）

《全文》卷三九三獨孤及有《爲明州獨孤使君祭員郎中文》，獨孤使君，當即獨孤問俗，員郎中，謂員錫。《嘉泰吳興志》卷一四郡守題名：“獨孤問俗，上元三年自明州刺史授。《統記》云：寶應元年。”按上元三年，即寶應元年。

李　崟　廣德、永泰間？

《千唐誌‧唐故朝散大夫使持節丹州諸軍事守丹州刺史楊公（乾光）墓誌銘并序》（大中九年八月二十四日）：“明州刺史李崟，則其外祖也。”按《全文》卷四三五李崟小傳：“肅宗朝官主客員外郎。”又按《郎官柱》主客員外有李崟，在蕭遇後，韓佁前。

趙　恒　約大曆初

《延祐志》：“趙恒、李長，兩刺史並見《慈溪香山智度寺貞應大師行狀碑》。”按此碑未見。

李　長　約大曆六年前（約 771 前）

《全文》卷五二〇梁肅《明州刺史李公（長）墓誌銘》：“大曆七年冬十月甲子，前明州刺史李公寢疾終於晉陵之無錫私館……丞相韋見素表公可用牧民，詔攝安州刺史，考績既成，真拜均州治中，遷鄧州……歷隨、曹、婺三州。三州輯寧，徵傅韓王……出爲梓州，又換明州……剖符分憂者八，享年七十。”

裴　儆　大曆六年—八年（771—773）

《全文》卷七九一王密《明州刺史河東裴公紀德碣銘并序》：“乃命長安令河東裴儆殿於茲邦……故爲政三年……公尋而進秩，州民共思，願紀詞於碑。”《寶刻叢編》卷一三引《復齋碑録》云：“大曆八年立。”《宋高僧傳》卷二六《唐明州慈溪香山寺惟實傳》：“大曆八年也，太守裴儆奏請署香山題額焉。”《延祐志》：“裴儆，大曆六年刺史，八年罷。”《全詩》卷二七四戴叔倫《送裴明州（注：一本有“郎中儆”三字）效南朝體》，疑即裴儆。

崔　殷　　大曆八年（773）

《全文》卷五三六崔殷《純德真君廟碣銘》："後漢至行董君，諱黯，字叔達……故以董孝名鄉，慈溪署縣。賀江之族，薰然成風。皇唐大曆八載，余分竹兹郡。"《延祐志》："崔殷，大曆八年刺史。"《寶刻叢編》卷一三引《集古録目》誤爲"任殷"，云："以大曆十二年二月立此碑。"

吳　謙　　大曆中

《延祐志》卷一五《祀祠考》引前朝散大夫王應麟撰《記》云："明自唐開元爲州，城西門之外有祠，耆耋云：大曆中州刺史吳侯廟也。侯諱謙，字德裕，官水部員外郎。史策軼其傳，郡乘闕其迹。遺愛在民，歃血奉嘗。"

王　密　　約大曆十三年（約778）

《全文》卷七九一王密《明州刺史河東裴公紀德碣銘并序》："予躡高縱，竊迹前事。"知王密在裴儆後刺明。《金石録》卷八："《唐明州刺史王公德政碑》，李舟撰，顏真卿書，李陽冰篆，建中二年十月。"又見《寶刻叢編》卷一三引《集古録目》。按王密大曆十四年爲湖州刺史，其年轉越州。

陳　泉　　建中時？

《姓纂》卷三武當陳氏："泉，明州刺史。"乃天寶時宰相陳希烈姪，其刺明或在建中時歟？

王　沐（王沭、王術）　　貞元四年（788）

《延祐志》："王沐，綝之曾孫，貞元四年刺史，立夫子廟，見《廟碑》。"按《新表二中》王氏有"沐，御史中丞"，乃武后相綝（字方慶）曾孫；定州刺史備子。《全文》卷七二一胡的《大唐故太白禪師塔銘并序》："故明州刺史王公術、故明州刺史李公岑、故劍南東川節度行軍

司馬檢校戶部郎中任公侗、故明州刺史盧公雲，前後皆駐雲根，稽求
上法。"禪師卒元和四年，享年七十九。疑"王公術"即王沐。按《精舍
碑》有王沐，疑即此人。疑本作"沭"，"沐""術"皆"沭"之訛誤。

李　岑　　貞元六年？（790？）

《全文》卷七二一胡的《大唐故太白禪師塔銘并序》稱："故明州刺
史李公岑"。《全詩》卷八八七路應有《仙巖四瀑布即事寄上祕書包監
侍郎七兄吏部李侍郎十七兄婺州趙中丞處州齊諫議明州李九郎十四
韻》。"明州李九郎"，疑即李岑。按"處州齊諫議"爲齊抗，其刺處在
貞元五年至六年，則李岑刺明亦約在此期間。

任　侗　　貞元九年（793）

《新書·地理志五》明州鄮縣："西十二里有廣德湖，溉田四百頃，
貞元九年，刺史任侗因故迹增脩。"《全文》卷七二一胡的《大唐故太白
禪師塔銘》："故劍南東川節度行軍司馬檢校戶部郎中任公侗，故明州
刺史盧公雲，前後皆駐雲根，稽求上法。"《郎官柱》戶部員外有任侗，
在穆寧後，盧侃前。主客郎中在高郢後，閻濟美前。

盧　雲　　貞元十四年（798）

《舊書·德宗紀下》：貞元十四年十二月，"明州鎮將栗鍠殺刺史
盧雲"。《新書·德宗紀》同。又見《通鑑·貞元十四年》十月。《全
文》卷七二一胡的《大唐故太白禪師塔銘并序》稱："故明州刺史盧公
雲。"《匋齋藏石記》卷三三《唐范陽郡故盧夫人墓誌銘并序》："祖雲，
□部郎中、長安縣令、明州刺史。"《全文》卷七一〇李德裕《祥瑞論》：
"貞元中，余在甌越……又餘姚守盧在郡時（注：盧君名從），有芝草生
於督郵屋梁上……其歲，盧君爲叛將栗鍠所殺。"按"盧從"當爲"盧
雲"之誤。

陳　審　　貞元十九年（803）

《姓纂》卷三廬江陳氏："審，明州刺史。"《元龜》卷七〇〇："陳審

爲明州刺史，貞元十九年坐贓，配流崖州。"

鄭審則 貞元二十一年（805）

《新表五上》南祖鄭氏："審則，明州刺史。"《大藏經》五五《傳教大師將來越州録》："昨者陸台州已與題記，故具其所睹爰申直筆。大唐貞元二十一年五月十五日朝議郎使持節明州諸軍事守明州刺史上柱國滎陽鄭審則書。"《唐文續拾》卷四《日本鄰交徵書・印記》具銜同。

王仲周 元和四年（809）

《元龜》卷七〇〇："王仲周爲明州刺史，元和四年坐贓，貶韶州司户。"上圖藏拓片《原武縣令京兆王公墓誌銘并序》（景福元年十月十七日）："祖諱仲周，進士及第，任利、明、台三州刺史，國子祭酒，□□□刺史。"按長慶二年二月右庶子王仲周貶台州刺史，見《舊書・穆宗紀》及《嘉定赤城志》。

韋彭壽 元和中？

《姓纂》卷二東眷韋氏大雍州房："彭壽，右司員外，明州刺史。"按貞元四年四月賢良方正能直言極諫科韋彭壽及第，見《會要》卷七六。《郎官柱》左司員外有韋彭壽，在李藩後，裴汶前。

韓 察 長慶元年（821）

《新表三上》韓氏："察，明州刺史。"《全文》卷六四九元稹有《授韓察等明通等州制》。《延祐志》："韓察，滉之孫，長慶元年刺史。易縣治爲州治，撤舊城，築新城……見韓杵材所撰《移城記》。"

殷 彪 長慶三年—寶曆元年（823—825）

《延祐志》："應彪，長慶三年刺史，建浮橋，跨江五十五丈。"江蘇鎮江焦山碑林石刻《唐故朝散大夫使持節明州諸軍事守明州刺史上柱國陳郡殷府君墓誌銘并序》（寶曆二年六月廿五日）："長慶初，拜金州刺史兼侍御史,又遷明州刺史。"寶曆元年七月七日卒,春秋七十七。《隋唐五代墓誌匯編·江蘇卷·前大理評事薛元常妻弘農楊氏墓誌銘并序》(開成四年八月十七日)稱:"故明州刺史殷彪。"證知《延祐四明志》"應彪"當爲"殷彪"之譌改。又拓本《唐故鹽鐵轉運江淮留後勾檢官文林郎試太常寺協律郎騎都尉解君(少卿)墓誌銘并序》(大和九年十一月八日):"元和歲,監察殷公領嘉禾煮海務……後殷公臺選省轉,爲牧爲郎,亦佐鱅帥,改揚子留後……殷公作鄞江守……乃曰:余承命鄞川守,豈不念舊同理……不料殷公薨於鄞川。"此《誌》中的殷公爲鄞川守者,當即殷彪。

李　諝　　寶曆中?

《新書·宗室世系表上》大鄭王房:"明州刺史諝。"乃咸通三年至五年興元節度使李從晦父。

李文孺　　大和三年(829)

《延祐志》:"李文孺,大和三年刺史,修浮橋,見曾從龍所撰《浮橋記》。"

于季友　　大和六年—八年(832—834)

《新書·地理志五》明州鄮縣:"西南四十里有仲夏堰,溉田數千頃,大和六年刺史于季友築。"《寶刻叢編》卷一三引《復齋碑録》:"《唐封孔子爲文宣王册》……大和七年七月十九日明州刺史于季友記。"又"《唐阿育王寺常住田記》……大和七年十二月刺史于季友重立。"《金石萃編》卷一〇八《育王寺碑後記》:"大和七年十二月一日明州刺史于季友記。"又《范處士在育王寺書碑因以寄贈》:"明州刺史于季友。"《白居易集》卷三二《寄明州于駙馬使君三絶句》:"留滯三年在浙東。"知在明州三年。卷三一《同諸客題於家公主舊宅詩》:"髭鬚雪白向明州。"亦指于季友。《英華》作"髭鬚皓白向韶州",誤指于琮,《英華辨證》卷九已辨其誤。

李宗閔 　　大和九年（835）

《舊書・文宗紀下》大和九年六月，"李宗閔貶明州刺史"。《新書・文宗紀》、《宰相表下》及《通鑑・大和九年》同。又見兩《唐書》本傳。《廣記》卷一四四引《宣室志》："唐丞相李宗閔，大和七年夏出鎮漢中，明年冬再入相，又明年夏中……有詔貶爲明州刺史，連貶潮州司户。"《大詔令集》卷五七（《全文》卷七〇）有《李宗閔明州刺史制》、《再貶李宗閔處州長史制》、《三貶李宗閔潮州司户制》。

【補遺】裴　定　　開成二年前（837 前）

《華夏考古》2000 年第 3 期《唐中眷裴氏墓誌叢釋》引《唐故銀青光禄大夫明州刺史河東裴公（定）墓誌銘並序》（開成二年十一月）："曾祖惓，皇給事中、贈司空。祖遵慶，皇黄門侍郎，右僕射，謚貞孝公。父會，皇膳部郎中，衛尉少卿。"則裴定爲明州刺史當在开成二年前。

薛　蕰　　開成中

《嚴州圖經》卷一題名："薛蕰，□年□月□日自明州刺史拜。"置於開成二年吕述之後，會昌三年蘇滌之前。

唐　伸？　　約文宗時？

《歷世真仙體道通鑑》卷四〇劉元靖："唐敬宗寶曆初，詔入思政殿問長生事……上不悦而難作，放令歸山。明州刺史唐伸妻病，求符於元靖，元靖戒來使曰：'此符當示史君，母（毋）先於夫人。'使回，伸已殂，夫人自愈。武宗會昌中，復召入禁中。"（朱玉麒提供）按《南岳總勝集》卷下稱"朗州刺史唐伸妻病"，未知孰是。頗疑"明州"爲"朗州"之諱改。

韋　塤　　會昌元年（841）

《芒洛四編》卷六《唐故朝議郎使持節明州諸軍事守明州刺史韋府君（塤）墓誌銘并序》："分寄明州，下車布皇澤……以會昌元年五月五日卒於明州郡署，享年四十九。"《大唐故明州刺史御史中丞韋公

（塤）夫人太原溫氏之墓誌》（會昌六年六月二日）：“旋授明州刺史……公到郡累月，爲寒暑所侵，不幸而薨。”《千唐誌·故京兆韋氏室女都娘子墓誌銘并叙》（大中十年十二月十三日）：“顯考塤，明州刺史，御史中丞……都師即中丞之長女也。”

李文舉　　會昌三年（843）

《隋唐五代墓誌匯編·江蘇卷·故范陽湯氏夫人權厝記文》：“會昌三年八月十日，鰥夫朝散大夫使持節明州諸軍事守明州刺史上柱國李文舉記。”

張次宗　　會昌中

《延祐志》：“張次宗，會昌中刺史，見所撰《鮑郎廟碑》。”《新書》本傳：“李德裕再當國，引爲考功員外郎，知制誥。出澧、明二州刺史，卒。”《舊書》本傳未及澧、明刺史，唯云：“出爲舒州刺史，卒。”《新表二下》河東張氏亦云：“次宗，舒州刺史。”

裴　某　　會昌六年？（846？）

《全詩》卷五三〇許渾有《陪越中使院諸公鏡波館餞明台裴鄭二使君》，按台州鄭使君疑爲鄭薰，會昌六年刺台州。

李敬方　　大中元年（847）

《全文》卷七八八孫諫卿《唐明州象山縣蓬萊觀碑銘并序》：“今上登御之元年，縣令弘農楊宏正，帝命而官也……縣令然之，告刺史隴西李公敬方。”《延祐志》卷一謂大中元年刺史李敬方刻石廣德湖。《元豐類稿》卷一九《廣德湖記》：“貞元元年，刺史任侗又治而大之。大元中年，或上書，請廢湖爲田……而湖卒不廢。刺史李敬方與〔李〕後素皆賦詩刻石以見其事。”

羅紹權　　大中五年（881）

《雲溪友議》卷中《彰術士》：“時羅郎中紹權赴任明州，寶弘餘少卿赴台州。”又見《廣記》卷二二三引。按《嘉定赤城志》,竇弘餘大中五年刺台州,則羅紹權刺明州亦當於是年。

侯　某　　大中八年(854)

《金石補正》卷四八《侯刺史等經幢題名》:“唐大中皇帝即位八年歲在甲戌四月乙卯八日壬戌建,刺史侯,承奉郎守鄮縣令崔幼昌。”

李休古　　大中時

《延祐志》:“李休古,大中間刺史,記路學,見《文宣王廟碑》側。”《寶慶四明志》卷一郡守同。并云:“銜命除賊安民,十四年除比部郎中兼侍御史。”

李　遠　　大中時?

(宋)寇宗奭撰《圖經衍義本草》卷一八何首烏:“明州刺史李遠《傳録經》驗:何首烏所出,幽州南河縣、韶州、潮州、恩州、賀州、廣州四會縣、潘州,已上出處爲上。”朱玉麒云,此人或即大中時任杭、建、忠、江四州刺史之李遠。

徐　鄑　　約大中末

《新表五下》北祖上房徐氏:“鄑,光、處、齊、淄、明、泗六州刺史。”按大中四年爲處州刺史,見《全文》卷七三二張磻《新移麗陽廟記》。

李　伉　　咸通六年(865)

《全文》卷八〇六李伉《五龍堂記》:“余受命牧明人,四月戾止,六月大旱,俾吏具香酒敬祈於五龍之神……時咸通六年季秋之末也。”

柳　韜　　咸通十年(869)

《金石補正》卷四八《僧景讓等尊勝幢題名》(在鄮縣):“刺史柳,縣令裴……咸通十年歲次己丑五月戊午朔廿八日建立,譙國曹訢書。”《兩浙金石志》卷三：“考《郡志職官表》，明州刺史柳韜於咸通間任此。”

黎　郁　　咸通十一年(870)

《唐摭言》卷一三：“李建州，嘗遊明州磁溪縣西湖題詩，後黎卿爲明州牧，李時爲都官員外。”“黎卿”或即黎郁。《道教靈驗記》卷五《孫靜真救苦天尊驗》：“咸通庚寅歲，海風翻浪，漂浸江浙，溺陷居人，明、越、蘇、杭尤甚。水災既退，因疫疾作焉……靜真聞之，於其家靜堂之內焚香祈祝以求保佑。是夕夢救苦天尊自堂中飛出，冉冉乘空向西而去……刺史黎郁聞其徵異，助送香花，亦畫太一天尊像以修奉焉。”按原文未確指黎郁爲明、越、蘇、杭四州中何州刺史。朱玉麒謂或即《唐摭言》中之“明州牧”。

崔　琪　　咸通十五年(874)

《全文》卷八〇四崔琪《心鏡大師碑》：“咸通十五年，琪祗命四明郡。”又見《延祐志》，《輿地碑記目》卷一《慶元府碑記》。《宋高僧傳》卷一二《唐明州棲心寺藏奐傳》：“以咸通七年秋八月三日現疾告終……刺史崔琪撰塔碑，金華縣尉邵朗題額焉。”

殷僧辨　　乾符三年(876)

《舊書·僖宗紀》：乾符四年正月，“明州刺史殷僧辨爲大理卿”。《延祐志》：“殷僧辨，建開元寺千佛殿。”

劉巨容　　乾符四年(877)

《新書》本傳：“浙西突陣將王郢反，攻明州，巨容以筒箭射郢死，拜明州刺史，徙楚州團練使。”按王郢敗死事在乾符四年。

劉　文（婁文）　　中和二年(882)

《寶慶四明志》卷一郡守：“劉文，中和二年刺史，自台改授，見《赤城志》。”《九國志·黃晟傳》：“初，劉漢宏以台州賊婁文知明州事。

〔楊〕僎率衆擊破之。”

羊　僎（楊僎）　　約中和時

《延祐志》有“羊僎”，置劉文後，未署年代。云：“《黃晟墓碑》作‘羊’，《吳越備史》作‘楊’。”《九國志·黃晟傳》：“晟，明州鄞縣人……後潛歸鄞江募衆，據平嘉埭，權知州事楊僎召補平嘉鋪將，有衆千餘人。”

鍾季文　　中和三年—景福元年（883—892）

《新書·劉漢宏傳》稱：中和三年，“時鍾季文守明州，盧約處州，蔣瓖婺州，杜雄台州，朱褒溫州”。《新書·昭宗紀》：景福元年，“是歲，明州刺史鍾文季卒，其將黃晟自稱刺史”。《通鑑·景福元年》同。“文季”兩字應乙。

【李振?　　景福中?（未之任）】

《唐文拾遺》卷四七陶穀《右軍書黃庭經續跋》：“此乃明州刺史李振景福中罷任過浚郊，遺光禄朱卿。朱卿名友文，即梁祖之子，後封博王。王薨，予獲於舊邸。”按兩《五代史》本傳未及明州。唯云：光化元年授台刺，未之任。且鍾季文卒於景福元年，黃晟即據州爲刺史，亦不容李振插入。姑存疑。

黃　晟　　景福元年—天祐四年（892—907）

《通鑑·景福元年》：“是歲，明州刺史鍾文季（季文）卒，其將黃晟自稱刺史。”《九國志》本傳：“會明州刺史鍾季文卒，晟遂據其郡……在任十八年，開平三年卒。”又見《宋高僧傳》卷一二《唐明州雪竇院恒通傳》、《唐明州伏龍山惟靖傳》。

待考録

霍　某

《全詩》卷七〇四黃滔《贈明州霍員外》：“惠化如施雨，鄰州亦可

依。正衙無吏近,高會覺人稀。"熊飛謂此霍員外當爲明州刺史。黄
滔乾寧二年(895)登第,困於舉場二十年,詩應寫於未第前。或謂作
於乾符至乾寧中。

王　儉

《王臨川集》卷九五《贈尚書刑部侍郎王公墓誌銘》:"其先晉丞相
導也。丞相十有六世孫儉,爲唐正議大夫,刺明州。"

卷一四四　台州（臨海郡）

　　隋永嘉郡臨海縣。武德四年平李子通，置海州。五年改爲台州。六年没於輔公祏。七年平，復置台州。天寶元年改爲臨海郡。乾元元年復爲台州。領縣六：臨海、唐興、黄巖、樂安、寧海、象山。

趙　逹　　武德七年（624）
　　《嘉定赤城志》卷八郡守（以下簡稱《赤城志》）："武德七年，趙逹。"

俞法才　　約武德中
　　《台州金石録》卷二《大吴越國匡時勵節功臣台州教練都知兵馬使羅城四面都巡檢使銀青光禄大夫檢校刑部尚書上驍衛將軍兼御史大夫上柱國俞讓墓誌》："唐初龍驤將軍法才公，任台州刺史，於今三十二代孫也。"

元修義　　貞觀二年（628）

嚴　德　　貞觀五年（631）
　　以上二人，皆見《赤城志》。

畢　誠（畢操）　　貞觀八年（634）
　　《唐文拾遺》卷一八畢彦《大唐利州刺史畢公柏堂寺菩提瑞象頌

并序》：“……郡太守、度支尚書、兗州刺史府君……公之曾祖（中泐）；
大父皇朝尚舍奉御，蜀、虢二王府長史，台、鄂、滁三州刺史。”據岑仲
勉《貞石證史·畢利州及其時代》考證，“一人而得兼郡太守、度支尚
書者，唯在隋爲可能”，而蜀、虢皆爲唐初親王，因此岑氏認爲任台、
鄂、滁三州刺史者即畢利州之祖父當爲《姓纂》卷一〇太原畢氏的“唐
滁州刺史畢諴”。但《赤城志》著録：“貞觀八年，畢操。”據《姓纂》，畢
操乃畢諴子。於是岑氏又懷疑畢利州之祖刺台、鄂、滁者亦可能是畢
操。究竟是父是子，無法斷定，抑或《赤城志》誤歟？

韋　慶　　　貞觀十年（636）

《赤城志》：“貞觀十年，韋慶。”《隋唐五代墓誌匯編·北京大學
卷》第一册《韋必復墓誌》：“韋必復字安和，高祖彭城公，曾祖台州刺
史，祖巴陵縣令，父未仕。開元廿七年五月廿一日終。”疑其曾祖即
《嘉定赤城志》貞觀十年任台州刺史的韋慶。

房　環　　　貞觀十四年（640）

《赤城志》：“貞觀十四年，房環。”

閭丘胤　　　貞觀十六年（642）

《赤城志》：“貞觀十六年，閭丘（太祖御諱下一字）。”《新書·藝文
志三》：“《對寒山子詩》七卷”注：“天台隱士。台州刺史閭丘胤序，僧
道翹集。”《全文》卷一六二閭丘允（胤）《寒山子詩集序》：“允（胤）乃進
途，到任台州，不忘其事。”《宋高僧傳》卷一九《唐天台山封干師傳》：
“時閭丘胤出牧丹丘，將議巾車，苦頭疼羌甚。”

鄭神舉　　　貞觀二十一年（647）

《赤城志》：“貞觀二十一年，鄭神舉。”

蘇　亶　　　貞觀中

《舊書·蘇瓌傳》：“父亶，貞觀中台州刺史。”《姓纂》卷三鄴西蘇

氏及《新表四上》蘇氏同。《全文》卷二三八盧藏用《太子少傅蘇瓌神
道碑》："考祕書丞、池台二州刺史、贈岐州刺史諱亶。"《赤城志》失載。

柳大隱　　貞觀中？

《姓纂》卷七河東解縣柳氏："大隱，台州刺史。"岑仲勉《姓纂四校
記》云："《嘉定赤城志》八引《新表》，以大隱爲開皇時台州刺史，大誤。
《新表》本云：'肅字匡仁，隋工部郎中；大隱，台州刺史。'台州上不著朝
號，通例系指唐言之，一也；隋無台州，據《舊志》，武德五年始改名，二也；
隋傳不著大隱，肅於大業始官禮、工兩侍，其子在隋末當未至刺史，三也。"

宋神膺　　永徽三年（652）

席義恭　　永徽六年（655）

以上二人，皆見《赤城志》。

來　濟　　顯慶二年—五年（657—660）

《舊書·高宗紀》：顯慶二年八月，"中書令兼太子詹事、南陽侯來
濟左授台州刺史。皆坐諫立武昭儀爲皇后、救褚遂良之貶也"。本
傳："左授台州刺史。〔顯慶〕五年，徙庭州刺史。"《新書·高宗紀》、本
傳、《宰相表上》及《通鑑·顯慶二年》同。《元龜》卷四二五謂顯慶二
年由台州徙庭州，《通鑑考異》謂顯慶四年七月徙庭州。《赤城志》謂
"永徽二年，來濟"，誤。

李　元（李元真）　　龍朔二年（662）

《赤城志》："龍朔二年，李元。"注云："《壁記》作李元真。按《臨
海》、《黃巖》二舊志，皆無真字。但一云貞觀八年；一云上元元年，皆
不可曉，今姑從其舊云。"

孔　禎（孔楨）　　麟德元年（664）

《赤城志》："麟德二年，孔（仁廟嫌諱）。"《舊書》本傳及《新書·

孔若思傳》皆未及台刺。按《姓纂》卷六會稽山陰孔氏稱“槙，禮部員外”。

高擇言　乾封元年(666)

《嚴州圖經》卷一題名：“高擇言，乾封元年七月二十九日自台州刺史拜。”《赤城志》：“顯慶二年，高擇言。”按來濟於顯慶二年貶台州刺史，高擇言無可能在顯慶二年刺台。今從《嚴州圖經》。

趙　瑰　乾封二年(667)

《赤城志》：“乾封二年，趙瑰。”注云：“乾封盡二年，《壁記》作三年。”據《新書·后妃傳上》，瑰尚長樂公主，女爲中宗妃，瑰自定州刺史、駙馬都尉貶括州，又以壽州刺史與主預越王事，死。未及爲台刺。《姓纂》卷七下邘趙氏亦稱：“瑰，駙馬，右千牛衛將軍，壽州刺史。”

墨貽知退　咸亨二年(671)

《赤城志》：“咸亨二年，墨貽知退。”

李　璠　咸亨四年(673)

《新書·宗室世系表下》濮王房：“房、郢、台三州刺史嗣王璠。”乃蜀悼王李愔子。《赤城志》：“咸亨四年，李璠。”注云：“是《壁記》訛爲播也。又咸亨盡四年，《壁記》作五年。”按《新書·李愔傳》稱：“以子璠嗣王。璠，武后時謫死歸誠州。”

梁仁昭　儀鳳二年(677)

《赤城志》：“儀鳳二年，梁仁昭。”

吐突知節　調露元年(679)

《赤城志》：“調露元年，吐突知節。”注云：“調露盡元年，《壁記》作二年。”

竇儀説 永淳元年(682)

《赤城志》:"永淳元年,竇儀説。"注云:"永淳盡元年,《壁記》作二年。"

郭襲慶 高宗、武后間?

《姓纂》卷一〇京兆郭氏:"襲慶,台州刺史。"乃隋武强公郭贇孫。

裴 璡 垂拱二年(686)

《赤城志》:"垂拱二年,裴璡。"按《新書‧藝文志三》有"裴璡《五藏論》一卷",當即此人。

沈成福(沈福) 垂拱四年(688)

《姓纂》卷七吳興武康縣沈氏:"成福,簡、台、盧等州刺史。"上圖藏拓片《唐故絳郡龍門縣尉沈府君(知敏)墓誌銘并序》(天寶二年五月十一日):"父成福,通議大夫台州刺史。"知敏乃第三子,卒天寶元年,年四十八。《赤城志》:"垂拱四年,沈福。"當即沈成福。

韋思義 天授二年(691)

《赤城志》:"天授二年,韋思義。"

成 琰 延載元年(694)

《赤城志》:"延載元年,成琰。"注云:"延載盡元年,《壁記》作二年。"

張元瞿 萬歲通天元年(696)

韋 鋭 久視元年(700)

以上二人,皆見《赤城志》。

張思義 長安二年(702)

《赤城志》:"長安二年,張思義。"按《新表二下》河東張氏:"思義,成紀丞。”乃玄宗時宰相張嘉貞父。拓本柳賁《唐故左金吾大將軍范陽張公（嘉祐）墓誌銘》稱：考思義，贈秦州都督。又按《郎官柱》左司員外有張思義，在李行言後，元懷景前；金部員外亦有張思義，在韋奉先後，姜晞前。

廉　璭　　神龍二年（706）

卓　胤　　景龍二年（708）
　　以上二人，皆見《赤城志》。

張　詵　　景雲二年（711）
　　《赤城志》：“景雲二年，張詵。”注云：“景雲盡二年，《壁記》作三年。”

康希銑　　開元三年（715）
　　《全文》卷三四四顏真卿《銀青光禄大夫海濮饒房睦台六州刺史康使君（希銑）神道碑銘》：“貶房州，轉睦州，遷台州……開元初，入計至京，抗表請致仕，玄宗不許，仍留三年，請歸鄉，敕書褒美……冬十月二十有二日不幸遘疾薨於會稽覺允里第，春秋七十一。”《赤城志》：“開元十一年，康希銑。”注云：“見《唐藝文志》及《越州香嚴寺碑》，《壁記》不載。”按《新書·藝文志四》“《康希銑集》二十卷”注：“字南金，開元台州刺史”，未署年代，《赤城志》誤。《金石録》卷八有《唐台州刺史康希銑碑上》，顏真卿撰并書，大曆十二年十一月立。又見《寶刻叢編》卷一三引《諸道石刻録》。《嚴陵集》卷九羅汝楫《重建兜率寺記》云：“及得舊碑讀之，乃開元三年台州刺史康詵（銑）文。其叙輪奐之美，反復至數百語。”

李　英　　開元三年（715）

楊　翌　　開元六年（718）
　　以上二人，皆見《赤城志》。

楊元禧 約開元前期

《舊書》本傳：“張易之誅後，〔楊〕元亨等皆復任京職，元亨至齊州刺史，元禧台州刺史。”《新書》本傳未及州名。《新表一下》楊氏越公房：“元禧，台州刺史。”按元禧太極元年在齊州刺史任。未知與《赤城志》楊翌有關否？

鄭 傳 開元十年（722）

《赤城志》：“開元十年，鄭傳。”

張嘉貞 開元十二年（724）

《舊書·玄宗紀》：開元十二年七月，“户部尚書、河東伯張嘉貞貶台州刺史”。又見兩《唐書》本傳，《通鑑·開元十二年》七月，《尚書故實》，《廣記》卷二二二引《定命録》。《赤城志》：“開元元年，張嘉（仁廟嫌諱）。”注：“《壁記》作韋嘉正，今按《唐書》，張嘉正開元間貶守台州，蓋《壁記》誤以爲韋也。又《舊唐書》作開元十三年。”今從《舊紀》及《通鑑》。

邵 昇 開元十三年（725）

《赤城志》：“開元十三年，邵昇。”按《全詩》卷六九邵昇有《奉和幸太平公主莊應制》。《千唐誌·嶲州刺史許樞誌》（久視元年閏七月六日）稱：雍州萬年縣尉邵昇撰。

馬 襲 開元十六年（728）

《赤城志》：“開元十六年，馬襲。”

吳 兢 開元十八年？（730？）

《舊書》本傳：“〔開元〕十七年，出爲荆州司馬……累遷台、洪、饒、蘄四州刺史，加銀青光禄大夫，遷相州長史，封襄垣縣子。天寶初改官名，爲鄴郡太守，入爲恒王傅。”《新書》本傳未及台刺。《赤城志》亦不載。

康神慶　開元十九年（731）

《赤城志》：“開元十九年，康神慶。”

裴光庭　開元十九年？（731？）

《新書·方伎傳》：“時有長社人張憬藏，技與天綱埒……裴光庭當國，憬藏以紙大署‘台’字投之，光庭曰：‘吾既台司矣，尚何事？’後三日，貶台州刺史。”又見《廣記》卷七七引《尚書故實》。兩《唐書》本傳未及。《赤城志》：“開元二十九年，裴光庭。”注云：“按唐史以開元中貶守，姑附此。《壁記》不載。”按裴光庭卒開元二十一年三月，見《新書·宰相表下》，《赤城志》誤。疑光庭開元十九年曾一度貶官歟？姑存疑。

崔叔度　開元二十二年（734）

韋　坦　開元二十五年（737）

以上二人，皆見《赤城志》。

敬　誠（敬咸）　開元二十六年（738）

《嘉泰會稽志》：“開元二十六年自台州刺史授。”《赤城志》：“開元二十六年，敬誠。”注云：“自州授會稽守，見《會稽志》，《壁記》不載。”《全文》卷二六二李邕《國清寺碑》：“於時明牧敬公名咸，忠賢相門，德禮邦鎮。”疑“敬咸”即“敬誠”之訛。

吳　沅　開元二十八年（740）

《赤城志》：“開元二十八年，吳沅。”

賈長源　開元二十九年（741）

《寶刻叢編》卷一三引《復齋碑錄》唐玄宗《真容應見制》，開元二十九年六月一日下，臨海太守賈長源刻，輔崇儀八分書。《全文》卷三〇四崔尚《唐天台山新桐柏觀頌并序》稱“朝請大夫使持節台州諸軍事守台州刺史上柱國賈公長源”。《赤城志》:“天寶元年,賈長源。”又卷四〇《辨誤》謂《唐開元真容應見碑》不應開元二十九年便稱“臨海郡”,《桐柏觀碑》不應天寶元年却稱“台州”。《十駕齋養新録》卷一四已指出兩刻均不誤。《唐文拾遺》卷五〇徐靈府《天台山記》:“天寶六載,郡守賈公長源及玄静先生……等立碑。”疑“六載”爲“元載”之誤。

【補遺】韋　翼　　開元中

《左威衛倉曹參軍韋恂如長女(美美)墓誌銘並序》(開元廿一年正月三日):“京兆韋氏之女者,左威衛倉曹恂如長女也,名美美,字英娘。祖翼,皇台州刺史。”(呼林貴、侯寧彬、李恭《西安東郊唐韋美美墓發掘記》,《考古與文物》1992 年第 5 期)韋翼爲台州刺史,約在開元中。

段懷然　　天寶初?

《宋高僧傳》卷二四《唐台州湧泉寺懷玉傳》:“至天寶元年六月……玉含笑而終,肉身現在。後有讚……一云是台州刺史段懷然詩也。”《全詩》卷二五八段懷然小傳:“段懷然,台州刺史。”有《挽湧泉寺僧懷玉》一首。《赤城志》失載。

張　愿　　天寶三載(744)

《嚴州圖經》卷一題名:“張愿,天寶三載九月十八日自台州刺史拜。”《赤城志》失載。

韋南金　　天寶五載(746)

《嚴州圖經》卷一題名:“韋南金,天寶五載九月自台州刺史拜。”《赤城志》失載。

高繼之　　天寶五載(746)

李　競　　天寶八載(749)

孫踐由　　天寶十一載（752）

以上三人，皆見《赤城志》。

袁仲宣　　天寶十三載（754）

《延祐四明志》卷一八釋道下：“棲霞觀……隋大業元年廢，唐天寶十三年台州刺史袁仲宣復置。”《全文》卷七八八孫諫卿《唐明州象山縣蓬萊觀碑銘并序》：“蕭皇在上，汝南袁仲宣守臨□□□□聞能祈福，□上□□興起焉。神龍之初，縣肇名創城，詔屬於台。及乎廣德之二年，爰移於明。台守仲宣得□□□□已七十年……大中二年六月九日建。”由大中二年上推七十年，當爲天寶十三載。《兩浙金石志》卷三謂袁仲宣乃《赤城志》之袁光孚字。疑非是。

袁光孚？　　天寶十四載？（755？）

《赤城志》：“天寶十四年，袁光孚。”注云：“按《沈佺期集》有《餞台州袁刺史入計序》。”按沈佺期卒於開元初，其文中之袁刺史不當遲至天寶十四載。《赤城志》誤。又按今本《沈佺期集》未見此文。

李仲宣　　至德二載（757）

《赤城志》：“至德二年，李仲宣。”注云：“至德盡二年，《壁記》作三年。”

史　叙　　寶應元年（762）

《元龜》卷一二二：“代宗寶應元年八月，台州賊帥李電（袁晁？）攻陷台州，刺史史叙脫身而逃，因盡陷浙東諸州縣。”《赤城志》失載。

郭英翰　　寶應元年（762）

《赤城志》：“寶應元年，郭英翰。”注云：“見《國清寺記》，《壁記》不載。”

李景宣　　廣德二年（764）

《新表二上》趙郡李氏南祖房：“景宣，台州刺史。”《赤城志》：“廣德二年,李景宣。"注云:"《壁記》作陳景宣,今按《唐世系表》載李景宣爲台州刺史,《括蒼志》亦然,則《壁記》以爲'陳'恐誤。然《括蒼志》言景宣以上元二年自台州爲處州刺史,《壁記》乃云廣德二年,又不可曉。"

韋 倫　　大曆初

《舊書》本傳:"代宗即位,起爲忠州刺史,歷台、饒二州。"《新書》本傳略同。《元龜》卷六七〇:"大曆初……乃以台州刺史韋倫爲韶州刺史。"《赤城志》失載。

李 岵　　大曆二年(767)

《赤城志》:"大曆二年,李岵。"

郭 叙?　　大曆七年(772)

《赤城志》:"大曆二年,郭叙。"未知是否爲"史叙"之誤,存疑。

英 瑜?　　大曆九年(774)

《赤城志》:"大曆九年,英瑜。"未知是否郭英翰之重出,存疑。

韋卿紹　　大曆十年(775)

《赤城志》:"大曆十年,韋卿紹。"

王光冑　　大曆十三年(778)

《赤城志》:"大曆十三年,王光冑。"

崔 昭　　大曆中?

《舊書·房孺復傳》:"又娶台州刺史崔昭女。"按崔昭大曆中曾任京兆尹,宣歙、浙東、江西觀察使。

李嘉祐　　大曆末

《新書·藝文志四》:"《李嘉祐詩》一卷。"注云:"別名從一,袁州、台州二刺史。”《赤城志》：“上元二年，李嘉祐。”注云：“《括蒼志》作上元二年。”《全詩》卷一五一劉長卿有《送台州李使君兼寄題國清寺》。《李太白文集》卷一四《送楊山人歸天台》詩云：“我家小阮賢，剖竹赤城邊。”“小阮”，亦當指李嘉祐。傅璇琮《李嘉祐考》謂：上元二年春，李嘉祐赴任台州（《唐代詩人叢考》）。【補遺】據《唐五代文學編年史·中唐卷》考證，李嘉祐乾元二年秋貶鄱陽令，在鄱陽四年，寶應元年量移江陽令，其爲台州刺史實在大曆末、建中初。

崔　鼎　　建中二年(781)

《赤城志》：“建中二年，崔鼎。”《郎官柱》户部郎中有崔鼎，在許登後，徐演前。

邢　濟（邢招濟）　　建中四年(783)

《赤城志》：“建中四年，邢招濟。”注云：“按唐僧清晝有《送邢濟牧台州》詩，即無‘招’字，恐《壁記》誤。又建中盡四年，《壁記》作五年。”《全詩》卷八一八皎然有《送邪台州濟》，注：“一作《送獨孤使君赴岳州》。”

郭　符　　貞元三年(787)

《赤城志》：“貞元三年，郭符。”

獨孤氾　　貞元六年(790)

《赤城志》：“貞元六年，獨孤氾。”注云：“及之弟，見《大唐説纂》。”按“氾”字誤，當作“汜”。謂“及之弟”亦誤，當作“及之兄”。《全文》卷五〇九權德輿《祭獨孤台州文》：“維貞元二十年歲次甲申十一月戊申朔，禮部侍郎權德輿……敬祭於故台州刺史獨孤七丈之靈……解龜隱幾，譙息東吳……不登期頤者，十數歲而已……介弟憲公。”岑仲勉《唐集質疑·獨孤及繫年録》據此謂氾卒貞元二十年。

陸　滂　　貞元十年(794)

《赤城志》：“貞元十年，陸滂。”

第五峰　　貞元十一年(795)

《姓纂》卷八京兆長陵第五氏：“峰，台州刺史。”《新表五上》第五
氏同。兩《唐書》附其父《第五琦傳》，未及台刺。《赤城志》：“貞元十
一年，第五峰。”

盧國因　　貞元十三年？（797？）

《赤城志》：“貞元十五年，盧國因。”按貞元十五年陳皆在台刺任，
疑“十五年”或爲“十三年”之訛。

陳　皆(陳偕)　　貞元十四年—十八年(798—802)

《千唐誌・唐故中散大夫使持節台州諸軍事守台州刺史上柱國
賜紫金魚袋潁川陳公(皆)墓誌銘并序》(貞元二十年二月十五日)：
“貞元十四年遷台州刺史，十八年十二月十五日遘厲薨於郡之適寢，
享年七十三。”《赤城志》：“貞元九年，陳偕(皆)。”誤。

韋　叶　　貞元十八年(802)

《赤城志》：“貞元十八年，韋叶。”

陸　質(陸淳)　　貞元二十年—永貞元年(804—805)

《舊書》本傳：“本名淳，避憲宗名改之。陳少遊鎮揚州，愛其才，
辟爲從事……改國子博士，歷信、台二州刺史。順宗即位，質素與韋
執誼善，由是徵爲給事中。”《新書》本傳同。又見《元龜》卷四六。《宋
高僧傳》卷二九《唐天台山國清寺道邃傳》：“貞元二十一年，日本國沙
門最澄者……泛溟滓達江東……時台州刺史陸淳判云。”《唐文續拾》
卷四引《日本鄰交徵記》陸淳《印記》：“大唐貞元廿一年二月廿日朝議
大夫持節台州諸軍事守台州刺史上柱國陸淳給。”又卷五吳顗《送最
澄上人還日本國詩序》：“以貞元二十年九月二十六日臻於海郡，謁太
守陸公……台州司馬吳顗叙。”又見《大藏經》五五《傳教大師將來台
州錄》、《傳教大師將來越州錄》。〔日〕圓仁《入唐求法巡禮行記》：開
成五年五月十六日，“志遠和尚自説云：‘日本最澄三藏貞元廿年入天

台求法，台州刺史陸公自出紙及手書，寫數百卷與澄三藏。’”《赤城志》：“元和十五年，陸質。”誤。

徐　裕　　永貞元年(805)

《赤城志》：“永貞元年，徐裕。”注云：“永貞盡元年，《壁記》作二年。”

韋　某　　元和三年(808)

《千唐誌·唐故朝散大夫守同州長史京兆韋公夫人樂安縣君孫氏墓誌銘并序》（元和五年八月十六日）：“長史公先時娶河東裴氏夫人，夫人有子二人，長曰□，位至台州刺史……至貞元六歲，長史公遘疾薨於位……至元和三年，孤孫泰等遭家不造……〔夫人〕以明年六月十二日遘疾，終於台州龍興佛寺。”

陳　峀　　元和五年(810)

《赤城志》：“元和五年，陳峀。”《郎官柱》户部員外有陳峀，在竇楚後，崔韶前。

徐　放　　元和六年(811)

《姓纂》卷二諸郡徐氏：“放，屯田員外，台州刺史。”《寶刻叢編》卷一三引《復齋碑録》：“《唐智者大師修禪道場碑》，唐梁蕭撰，徐放書，陳修古篆額，元和六年立，在天台。”又見《台州金石録》卷一。《金石萃編》卷一〇六《台州隋故智者大師修禪道場碑銘并序》：“朝散大夫台州刺史上柱國高平徐放書。”按《全詩》卷三五九劉禹錫《衢州徐員外使君遺以縞紵兼竹書箱因成一篇用答佳貺》注：“按此郡本自婺州析置，徐自台州遷。”詩云：“聞説天台有遺愛，人將琪樹比甘棠。”《赤城志》謂指徐裕，誤，應指徐放。《赤城志》：“元和六年，徐放。”注云：“以朝散大夫來守，見《佛隴智者碑》，《壁記》不載。”按元和九年徐放在衢州刺史任。《郎官柱》祠部員外有徐放，在裴汶後，錢徽前。

焦 惟　元和七年(812)

《赤城志》:"元和七年,焦惟。"

崔 韶　元和十一年? (816?)

《會要》卷七九謚法:"蕭……台州刺史崔韶。"《全文》卷五四六崔韶小傳:"憲宗朝官户部員外郎,與韋貫之善。貫之罷相,坐貶州刺史。"按《新書·宰相表》,韋貫之元和十一年罷相,崔韶是時出刺台州歟?

李 逢　元和十二年(817)

《元龜》卷七〇〇:"李逢爲台州刺史,元和十二年,坐贓貶康州司户參軍。"《赤城志》:"元和二年,李逢。"按"二年",當作"十二年"。

王建侯　元和十二年(817)

《赤城志》:"元和十二年,王建侯。"按《芒洛四編》卷六《唐故文林郎試左武衛兵曹參軍彭城劉府君夫人太原王□□誌銘并序》:"伯父建侯,皇銀青光禄大夫袞□□□洋等州刺史,封太原縣男。"夫人卒乾符五年六月二十三日,享齡□十四。

柳 泌　元和十三年—十四年(818—819)

《舊書·憲宗紀下》:元和十三年十一月,"以山人柳泌爲台州刺史……制下,諫官論之,不納"。《新書·憲宗紀》同。又見兩《唐書·皇甫鎛傳》,《通鑑·元和十三年》。《唐文拾遺》卷五〇徐靈府《天台山記》:"柳君名泌,憲宗十三年自復州石門山詔徵,授台州刺史。"《赤城志》:"元和十三年,柳泌。"注云:"唐史及徐靈府《山記》皆作十三年,《壁記》乃作九年。"《寶刻叢編》卷一三引《復齋碑録》:"唐柳泌《玉清行》,隱居台州,刺史柳泌述并書,元和十四年歲在己亥九月十五日建,在天台。"

王仲漣　元和十四年(819)

《赤城志》:"元和十四年,王仲漣。"

韋　宥　　元和中

《姓纂》卷二東眷韋氏彭城公房：“宥，台州刺史。”《新表四上》作
“宣州刺史”。按《廣記》卷四二二引《集異記》：“元和中，故都尉韋宥
出牧溫州。”據《會要》卷六，韋宥尚德宗女唐安公主。據《元龜》卷四
七，婚未成而主卒。《全詩》卷四六九長孫佐輔《聞韋駙馬使君遷拜台
州》，當即韋宥。《赤城志》失載。

韋方憲　　元和中？

《新表四上》韋氏平齊公房：“方憲，台州刺史。”乃大中六、七年武
昌軍節度使韋慇之從父。《赤城志》失載。

王仲周　　長慶二年（822）

《舊書・穆宗紀》：長慶二年二月，“右庶子王仲周以奉使緩命，貶
台州刺史”。《赤城志》：“長慶二年，王仲周。”注云：“《壁記》不載，而
載苗藏位於本年之下，殊不可曉。”上圖藏拓片《原武縣令京兆王公墓
誌銘并序》（景福四年十月十七日）：“祖諱仲周，進士及第，任利、明、
台三州刺史，國子祭酒，贈□□刺史。”按王仲周元和四年在明州刺史
任，見《元龜》卷七〇〇。

苗藏位　　長慶二年（822）

《赤城志》：“長慶二年，苗藏位。”

李　暄　　長慶中？

《千唐誌・唐前試大理評事兼監察御史孫公亡妻隴西李氏墓誌
銘并序》（大中九年七月二十五日）：“烈祖暄，皇朝台州刺史；父叔康，
前任杭州臨安縣令……外祖博陵崔稜，皇朝戶部侍郎鳳翔節度使。”
李氏卒大唐乙亥歲六月十六日，春秋二十四。按“大唐乙亥歲”當即
大中九年。崔倰（稜）長慶二年爲鳳翔節度。李暄刺台疑亦在長
慶中。

韋　珩(韋衡)　　寶曆二年(826)

《赤城志》:"寶曆二年,韋衡。"《宋高僧傳》卷三〇《唐天台山禪林寺廣脩傳》:"開成三年,日本國僧圓載來躬請法,台州刺史韋珩請講《止觀》于郡齋。以會昌三年癸亥歲二月十六日終于禪林本寺。"岑仲勉《姓纂四校記》謂《赤城志》之韋衡,即韋珩之誤。按《嘉泰吳興志》卷一四郡守題名:"韋珩,大和五年四月自江州刺史拜,未視事卒。"則《宋高僧傳》之"開成三年"亦誤。今從《赤城志》。

顔　顒(顔禺)　　大和二年(828)

《赤城志》:"大和二年,顔顒。"《寶刻叢編》卷一二引《集古錄目》:"《唐修桐柏宮碑》,唐浙東團練觀察使越州刺史元稹撰并書,台州刺史顔顒篆額……碑以大和四年四月立。"又引《復齋碑錄》:"《唐天台禪林寺智者大師畫像讚》,唐顔真卿撰,姪顔顒正書,男汝玉篆額,大和四年冬季月建。"《全文》卷七六〇楊漢公《干禄字書後記》:"太師魯公……親姪禺頃牧天台,懼將磨滅,欲以文字移於他石,資用且乏,不能克終。漢公謬憩棠陰,獲睹墨妙,得以餘俸,成禺之意……時開成四年六月廿九日。"

鄭仁弼　　大和六年(832)

《赤城志》:"大和六年,鄭仁弼。"注云:"見《唐佛窟禪師塔銘》,《壁記》不載。"按鄭仁弼開成二年爲睦州刺史。

鄭　申　　大和七年(833)

周魯賓　　大和九年(835)

以上二人,皆見《赤城志》。

李文舉　　開成二年(837)

《赤城志》:"開成二年,李文舉。"按大中六年李文舉爲睦州刺史。

滕　邁　　開成四年（839）

《赤城志》：“開成四年，滕邁。”《全詩》卷五四九趙嘏有《淮信賀滕邁台州》及《送滕邁郎中赴睦州》，又卷四九一滕倪有《留別吉州太守宗人邁》。

顏從覽　　開成五年（840）

《赤城志》：“開成五年，顏從賢。”注云：“開成盡五年，《壁記》作六年。”按“從賢”乃“從覽”之訛。《舊書·顏真卿傳》引文宗詔稱：從覽，真卿之孫。《郎官柱》主客員外有顏從覽，在劉三復後，王績前。

郭　詮　　會昌三年？（843?）

《赤城志》：“會昌五年，郭詮。”按四年冬喬庶已赴任台州，疑“五年”爲“三年”之訛。

喬　庶　　會昌四年（844）

《赤城志》：“會昌六年，喬庶、鄭薰。”《唐文拾遺》卷三〇宋誠《蒼山廟記》：“會昌四年冬，梁園喬公自尚書郎來守是邦。”

鄭　薰　　會昌六年（846）

《赤城志》：“會昌六年，喬庶、鄭薰。”注云：“會昌盡六年，《壁記》載喬庶七年，鄭薰九年；恐誤。”《全詩》卷五三〇許渾有《陪越中使院諸公鏡波館餞明台裴鄭二使君》，台州鄭使君或即鄭薰。按鄭薰大中三年前在漳州刺史任，三年九月爲承旨學士，四年十月出院。

羅紹權（羅昭權）　　大中二年（848）

《赤城志》：“大中二年，羅昭權。”注云：“見《會稽志》，《壁記》不載。”按《雲溪友議》卷中《彰術士》：“時羅郎中紹權赴任明州，寶弘餘少卿赴台州。”疑“昭權”即“紹權”，大中五年時爲明州刺史。

韓　賓　　大中三年（849）

《赤城志》：“大中三年，韓賓。”按《新表三上》韓氏：“賓，亳州刺史。"乃德宗時兵部侍郎韓洄孫。大和二年三月賢良方正能直言極諫科及第,見《會要》卷七六。《樊川文集》卷一七有《韓賓除户部郎中制》。

竇弘餘　　大中五年(851)

《全文》卷七四八杜牧《竇弘餘加官依前台州刺史蘇莊除鄧州刺史等制》:"使持節台州諸軍事守台州刺史上柱國竇弘餘……可檢校太子右庶子,餘如故。"《赤城志》:"大中五年,竇(宣祖御諱上一字)餘。"又見《雲溪友議》卷中《彭術士》,《唐語林》卷四。按《舊書·竇常傳》唯云:"子弘餘,會昌中爲黄州刺史。"

李　肇　　大中七年(853)

《赤城志》:"大中七年,李肇。"按元和十三年七月至長慶元年正月爲翰林學士,見《重修承旨學士壁記》。榮新江云:日僧圓珍《請廣傳兩宗官牒案》草本第一:大中七年十二月初一日,"得達台州,相看刺史、工部郎中、敕賜緋金魚袋李肇"。又見《請弘傳兩宗官牒案》、《圓珍傳》(以上圓珍資料均見小野勝年《入唐求法行歷的研究——智證大師圓珍篇》上、下,1982—1983 年)。

裴　謨　　大中九年—十一年(855—857)

《赤城志》:"大中九年,裴謨。"注云:"按元積桐柏碑棱云:謨以此年五月十五日宿此之郡。《壁記》作十一年,誤。"按《新表一上》中眷裴氏有謨,未署官職。乃福建觀察使裴乂子;僖宗相裴坦兄。榮新江云:圓珍《請弘傳兩宗官牒案》:大中十年,"至十月初,台州刺史、朝議郎、殿中端公、敕賜緋金魚袋裴謨,帖唐興縣,追命圓珍,甚與安存"。"大中十一年十月,〔裴謨〕秩滿歸京。"又見《圓珍傳》。

嚴修睦　　大中十二年(858)

榮新江云:圓珍《請弘傳兩宗官牒案》:"大中十二年正月,〔台州〕刺史、朝散大夫、敕賜緋金魚袋嚴修睦新下台州。"圓珍《乞台州公驗狀》：“大中十二年四月八日，朝散大夫使持節台州諸軍事守台州刺史嚴批給。”又見《圓珍傳》。

李師望　　大中十三年—咸通二年？（859—861？）

《赤城志》：“大中十三年，李師望。”注云：“按元稹桐柏碑棱，師望十四年以刺史至州討賊，戰於天台觀前，收復唐興縣。”《通鑑·咸通元年》：七月，“台州刺史李師望募賊相捕，斬之以自贖”。按《赤城志》卷四〇稱：“‘檢校尚書工部郎中前兼台州刺史李師望，大中十四年三月十七日準詔領義成、武寧、兖海、宣、潤等道兵士一千七百人乘馹赴任，討除草賊……咸通三年罷郡，九月十一日北歸，因留題。’以上皆師望自紀，見於桐柏觀元稹碑陰。”按咸通二年奚某已到任，疑“三年”爲“二年”之訛。

奚永芳？　　咸通二年（861）

《赤城志》：“咸通二年，奚（失其名）。”注：“見《僧懷玉傳碑》云：咸通二年太守奚公重送寺額。《壁記》不載。”《康熙台州府志》卷五注：查《天台志》有奚永芳，咸通中爲刺史。

李　虔　　咸通三年（862）

吳敬章　　咸通五年（864）

董　賡　　咸通七年（866）

以上三人，皆見《赤城志》。

袁　從　　咸通九年（868）

《赤城志》：“咸通九年，袁從。”《神仙感遇傳》卷二：“王可交者……咸通十年十一月可交自市還家，於河上……台州刺史袁從疑其詐妄，移牒驗其鄉里……越州廉察御史大夫王諷奏。”

譚 洙 　咸通十二年(871)

《赤城志》："咸通十二年，譚洙。"注："見《隋陳司徒碑》。《壁記》不載。"

姚 鵠 　咸通十三年(872)

《全文》卷九三三杜光庭《歷代崇道記》："咸通十三年三月，台州刺史姚鵠奏。"《全詩》卷六九二杜荀鶴有《春日行次錢塘却寄台州姚中丞》。又卷八七五《讖記·天台觀石簡記》注："咸通十三年，台州刺史姚鵠於天台山天台觀觀講堂後創老君殿。"《赤城志》："咸通十一年，姚鵠。"注云："有詩集行於世，見《唐藝文志》。亦有《尋趙尊師》詩，見《天台集》。"疑"十一年"爲"十三年"之誤。《雲笈七籤》卷一一八《姚鵠修老君殿驗》："台州刺史姚鵠因遊天台山天台觀，命於講堂後鑿崖伐木，創老君殿焉……咸通十三年壬辰之歲也。"

封彥卿 　咸通十四年(873)

《赤城志》："咸通十四年，封彥卿。"注云："咸通盡十四年，《壁記》作十五年。"兩《唐書》附《封敖傳》，未及台刺。

裴 璉 　乾符三年(876)

《赤城志》："乾符三年，裴璉。"

王 葆 　乾符四年(877)

《通鑑·乾符四年》：二月："〔王郢〕又攻台州，陷之，刺史王葆退守唐興"。《赤城志》："乾符五年，崔葆。"按《新書·藝文志四》著録崔葆《數賦》十卷，注："乾寧進士，王克昭注。"則乾符中崔葆必不能任台刺，疑爲王葆之誤。勞格《郎官石柱題名考》卷一五金部郎中王葆名下徵事除《新表》、《通鑑》外，又引《赤城志》之崔葆，則勞格已認"崔葆"爲"王葆"之誤。

羅 虯 　乾符六年(879)

《赤城志》："乾符六年，羅虯。"注云："乾符盡六年，《壁記》作七年。”《北夢瑣言》卷一三：“羅虬累舉不第，務於躁進，因罷舉依於宦官，典台州，畫錦也。”按《全詩》卷六六六羅虬《比紅兒詩序》注：“廣明中，虬爲李孝恭從事，籍中有善歌者杜紅兒，虬令之歌，贈以綵。孝恭以紅兒爲副戎所盼，不令受。虬怒，手刃紅兒。”按李孝恭中和時始爲延州節度，“廣明中”誤。

盛　均?　　乾符中?

《閩中金石記》卷一《桃林場碑記》：“《輿地碑目》：桃林場記，唐大中十三年盛均撰。”跋：“盛均，字之才，永春人。大中十一年進士，終台州刺史。”按《新書·藝文志三》：盛均《十三家貼》，注：“均，字之材，泉州南安人，終昭州刺史。”與《閩中金石記》異。疑《閩中金石記》有誤。

張　某　　中和二年（882）

《全文》卷八一七楊光《赤石樓隱難記》：“中和二年……時太守張公朝望崇重，遠降分符，撫恤安邦……唐中和二年壬寅十一月初八日。”

劉　文　　中和二年（882）

《赤城志》：“中和二年，劉文。”注：“《壁記》作劉文宗……誤增宗字耳。”

杜　雄　　中和三年—乾寧四年（883—897）

《新書·劉漢宏傳》稱：中和三年時，杜雄據台州。又《僖宗紀》：光啓二年十二月“丙午，台州刺史杜雄執劉漢宏，降於董昌”。《通鑑·光啓二年》同。《吳越備史》卷一《武肅王》：乾寧四年“十一月己卯，台州刺史杜雄卒”。《赤城志》：“中和三年，杜雄。”又卷四〇引魯洵《杜雄墓碑》云：“與劉文起事，劉知明州，因人之欲，請主郡政，廉使承制加御史大夫，明年兼大司憲，轉左貂，錫以竹使符。詳考其詞，則是劉文自使之守郡，後方本道界之郡符耳。”又云：“光啓三年加工部尚書……乾寧二年加司空，乾寧四年冬十月卒。今《壁記》載杜雄中和三年到任，至乾寧四年方稱駱團繼之，殆與洵所製碑合。考之唐史紀年，則雄在郡首尾凡十五載。”又見《宋高僧傳》卷二〇《唐天台山國清寺清觀傳》。

【李　振　　光化元年(898)（未之任）】

《舊五代史》本傳：“振仕唐，自金吾將軍改台州刺史。會盜據浙東，不克之任。因西過汴，以策略干太祖。”《新五代史》本傳略同。又見《元龜》卷七二九、卷七六六。《通鑑·光化元年》：三月，“以前台州刺史李振爲天平節度副使”。《赤城志》：“光化二年，李振。”注云：“抱真之孫，《壁記》不載。”據兩《五代史》本傳，李振實未之任，事在乾寧末光化初，《赤城志》誤。

駱　團　　光化元年(898)

《吳越備史》卷一《武肅王》：乾寧五年正月，“王以越州指揮使駱團爲台州制置使”。按乾寧五年即光化元年。《台州金石録》卷二《吳越俞讓墓誌》：“太祖武肅王定亂江東，隨郡牧駱團太保却復台州。”《赤城志》：“乾寧四年，駱團。”誤。

駱延訓　　光化三年(900)

《赤城志》：“光化三年，駱延訓。”注云：“《十國紀年》云：‘駱延訓貞明二年因父團卒，嗣爲太守。’按貞明二年乃梁氏年號，今《靈鷲院記》云：‘光化中郡守駱延訓改爲隱然。’此説與《壁記》同。《紀年》誤也。又按夏英公竦《延慶院記》：‘開平中刺史駱延訓改爲龍潭院。’開平蓋梁高祖即位年號，果爾，則是延訓爲守自唐至梁，或者光化中滿去而開平、貞明再守也。”

待考録

韋　錫（韋玄錫）

《姓纂》卷二東眷韋氏彭城公房：“錫，台州刺史。”《新表四上》作

"玄錫"。乃武德初彭城公韋澄孫，兵部郎中慶基子。《匋齋藏石記》卷二三《韋必復墓誌》稱：高祖彭城公，曾祖台州刺史，祖巴陵縣令，父未仕，必復卒開元二十七年。端方跋云："唯據《表》，彭城、台州屬祖孫；據《墓誌》，彭城、台州爲父子。《表》於世次往往有誤，當以《記》爲是也。"岑仲勉《姓纂四校記》云："按《記》未必可信，否則，或慶基亦封爵彭城耳。"

李　某

《權載之文集》卷三九《送紐秀才謁信州陸員外便赴舉序》："故臨海守李君子，從父户部郎，皆以六藝風騷爲師友。"

沈仁綰

《赤城志》："乾寧二年，沈仁綰。"注云："見《惠濟院記》，是年知州沈仁綰捨基爲寺。《壁記》不載。"按中和二年至乾寧四年，杜雄在台刺任，沈仁綰無可能插入。疑有誤。

卷一四五　婺州(東陽郡)

隋東陽郡。武德四年平李子通，置婺州。天寶元年改婺州爲東陽郡。乾元元年復爲婺州。領縣六：金華、義烏、永康、東陽、蘭溪、武義(武成)。

党孝安?　　武德中?

《姓纂》卷七馮翊党氏："婺州都督党孝安……並同州人。"按婺州未嘗設都督，疑有誤。

獨孤義恭　　貞觀初

《全文》卷二七八劉待價《朝議郎行兗州都督府方與縣令上護軍獨孤府君(仁政)碑銘并序》："祖義恭……唐秦王府倉曹參軍事，荆王府長史……温汾歸婺四州諸軍事婺州刺史、上柱國、高平縣開國侯。"仁政卒景龍三年，春秋七十七。按《新表五下》獨孤氏有義恭，未署官職，乃隋淮州刺史子佳子。武德中虞、杭、簡三州刺史義順兄。

李元則　　貞觀初

《新書》本傳："彭思王元則字彝，初王荆，出爲婺州刺史。貞觀十年徙王，爲遂州都督。"按《舊書》本傳未及，唯云："貞觀七年授豫州刺史，十年改封彭王，除遂州都督。"則元則刺婺當在貞觀七年前。

李子和　　貞觀十一年（637）

《舊書》本傳：“〔貞觀〕十一年，除婺州刺史。”《新書》本傳同。《古今姓氏書辯證》卷二一李氏：“同州蒲城人郭子和……歸唐，賜姓李氏，婺州刺史，夷國公。”

厲文才　　貞觀中

《兩浙金石志補遺·宋厲山夏厲記》：“唐貞觀間刺史厲公文才卜居山之西，衣冠甚盛，惠澤一方，時人敬慕，遂以山之名合厲之姓，名夏厲……按文才唐太宗貞觀間進士……文才爲道州刺史……改容州刺史。”

裴　爽　　貞觀中？

北圖藏拓片《大唐衛州長史裴君（胤）墓誌銘》（垂拱三年十一月廿四日）：“祖蘊，隋銀青光禄大夫、御史大夫。父爽，禮部員外郎、婺州刺史。”胤卒垂拱三年，春秋七十。

趙行德　　約貞觀中

上圖藏拓片《大唐故朝散大夫登州司馬趙府君（巨源）墓誌銘并序》（天寶元年四月二十三日）：“曾祖覽，隋安平郡太守，襲池陽公。祖行德，皇江、松、武、邵、婺五州刺史，湘陰縣開國男。”巨源卒天寶元年，春秋九十四。

崔義玄　　永徽元年—四年（650—653）

《舊書》本傳：“永徽初，累遷婺州刺史。”又《高宗紀》：永徽四年十月，“睦州女子陳碩真舉兵反……婺州刺史崔義玄……各率衆討平之”。《新書》本傳、《高宗紀》同。又見《通鑑·永徽四年》，《新書·天文志二》，《元龜》卷六九四。

柳　範　　約高宗前期

《唐文拾遺》卷六五《唐故滎州長史薛府君夫人河東郡君柳氏墓

誌銘并序》:"考範,皇朝尚書右丞,高(商)、蔚、淄、雅、婺五州刺史,揚州大都督府長史。"夫人卒開元六年,年七十六。按拓本實作"商、蔚、淄、雅、婺五州刺史"。又按兩《唐書》本傳未及,唯云:"高宗時歷位尚書右丞、揚州大都督府長史。"柳範貞觀十一年爲侍御史,見《會要》卷六一。

豆盧某　總章二年(669)

《御覽》卷四八引《信州圖經》:"鄧公山在縣北,本名銀山,因鄧遠爲鄧公場。儀鳳二年祭山,山頹陷焉。"又引《開山記》:"總章二年,邑人鄧遠經刺史豆盧公陳開山之便,尋爲山陷,後人立鄧公廟焉。"按總章二年時無信州,亦無衢州,其時信安縣屬婺州,疑"豆盧公"爲婺州刺史。頗疑即豆盧欽望。

李思貞　文明元年(684)

《嘉泰會稽志》:"李思貞,文明元年二月自婺州刺史授。"按《新表二上》趙郡李氏東祖房有思貞,未署官職,乃蔚州司馬君武子。

裴延昕　高宗、武后時?

《新表一上》南來吳裴氏:"延昕,婺州刺史。"乃隋魏郡丞裴羅孫,疑其刺婺在高宗、武后時。

豆盧欽望　如意元年(692)

《會稽掇英總集·唐太守題名》:"豆盧欽望,如意元年三月自婺州刺史授;拜司賓卿。"《嘉泰會稽志》誤作"司農卿"。按兩《唐書》本傳未及婺刺。唯稱:則天時累遷司賓卿,長壽二年代宗秦客爲内史。

沈伯儀　武后時

《千唐誌·大周故左衛翊衛沈君(浩禕)墓誌銘并序》(久視元年十一月十六日):"祖伯儀,成均祭酒,嘉、婺、亳、許四州刺史,武康縣開國男。父齊文,唐右金吾衛胄曹參軍。"浩禕卒聖曆元年,春秋廿一。又見《唐故中散大夫行汾州長史□□□（沈浩豐）墓誌銘并序》（開元二十九年十一月十四日）。按《新書》本傳未及刺婺事，唯云："武后時，爲太子右諭德……歷國子祭酒，脩文館學士，卒。"

王　豫　　約武后時

《千唐誌‧大唐故朝散大夫譙郡司馬琅邪王府君（秦客）墓誌銘并序》（天寶二年十月二十日）："父豫，皇侍御史、屯田郎中、正議大夫東陽郡太守。府君即東陽第二子也……經一考，丁東陽府君憂。"秦客卒天寶二年四月，春秋七十三。按《新表二中》王氏："豫，屯田郎中。"乃武后時宰相王璿從兄弟。《郎官柱》司勳員外有王豫，在鄭南金後，韓大壽前。

竇懷玉　　約武后、中宗間

《姓纂》卷九河南洛陽竇氏："懷玉，婺州刺史。"《新表一下》同。乃高祖時宰相竇抗姪孫，高宗時蒲州刺史智純姪。

屈突季將　　中宗時？

《姓纂》卷一〇昌黎屈突氏："季將，婺、相二州刺史。"乃神龍中瀛州刺史屈突仲翔弟。

李思忠　　中宗、睿宗間？

《新書‧宗室世系表上》郇王房："婺州刺史襲郇國公思忠。"按其父郇國公孝協，麟德中坐贓賜死，見兩《唐書‧李孝協傳》。

崔日用？　　景雲元年（710）

《舊書》本傳："及討平韋氏，其夜，令權知雍州長史事。以功授銀青光禄大夫、黃門侍郎，參知機務……爲相月餘，與中書侍郎薛稷不協，於中書忿競，由是轉雍州長史，停知政事。尋出爲揚州長史，歷婺、汴二州刺史、兗州都督、荊州長史。"《新書》本傳作"婺州長史"，與《舊傳》異，姑存疑。

李景祐　　睿宗時？

《新表二上》趙郡李氏南祖房："景祐，婺州刺史。"乃武后時宰相李遊道姪。

朱崇慶　　約開元初

《千唐誌‧大唐故銀青光祿大夫湖州刺史朱公（崇慶）墓誌銘并序》（開元十三年九月十七日）："又拜洪州都督兼知江南西道按察使……轉婺州刺史，以公正忤，詔使左貶虔州刺史……加銀青光祿大夫湖州刺史。"開元十三年卒，享年六十六。《嘉泰吳興志》："朱崇慶，太極元年自虔州刺史授……《統記》云：開元六年。"按《統記》近是。朱崇慶刺婺約在開元初。

陳思齊　　約開元前期

《姓纂》卷三京兆陳氏："思齊，主客員外、婺州刺史。"乃揚州長史陳敬之之子。《郎官柱》主客員外有陳思齊，在孫佺後，元希聲前。

王上客　　開元十六年（728）

《宋高僧傳》卷二六《唐東陽清泰寺玄朗傳》："至開元十六年，刺史王上客屈朗出山暫居城下，朗辭疾仍歸本居。"

鄭　諤　　約開元二十年（約732）

《千唐誌‧唐故通議大夫持節開州諸軍事開州刺史上柱國滎陽鄭公（訢）墓誌銘并序》（開元二十四年十一月七日）："公與兄銀青光祿大夫洺州刺史誧……通議大夫青州刺史諟、銀青光祿大夫婺州刺史諤，咸以清公直道，俱踐通袟，時人榮之。"訢卒開元二十三年，春秋七十六。

鄭　杳　　開元中

《新表五上》鄭氏："杳，婺州刺史。"按開元十三年鄭杳在密州刺史任，見《金石萃編》卷七六《鄭康成碑》。

盧廣微　　開元中?

《新表三上》盧氏:"廣微,婺州刺史。"乃潤、青等州刺史盧朗子。

李　先　　開元中?

《新表二上》李氏姑臧大房:"先,婺州刺史。"乃儀鳳二年工部侍郎義琛孫。

張　愿　　開元末?

《唐文拾遺》卷二六崔歸美《唐故文貞公曾孫穀城縣令張公(曛)墓誌銘并序》:"考諱愿,皇駕部郎中、曹娶等十一州刺史、吳郡太守兼江南東道廿四州採訪黜陟使。"按張愿天寶三載由台刺移睦刺,見《嚴州圖經》。其刺婺疑在開元末。

王　某　　約天寶中

《全詩》卷一三四李頎有《送東陽王太守》。

薛　某　　約乾元中

《全文》卷三二四王維《爲薛使君謝婺州刺史表》:"當賊逼溫洛,兵接河潼,拜臣陝州,催臣上道。驅馬才至,長圍已合。未暇施力,旋復陷城……身關木索,縛就虎狼……而折節凶頑,偷生廁溷……今於抱釁之中,寄以分憂之重。且天兵討賊,曾無汗馬之勞;天命興王,得返屠羊之肆。免其釁鼓之戮,仍開祝網之恩……況褰帷露冕,是去歲之縲囚;洗垢滌瑕,爲聖朝之岳牧。"由此知作於收復兩京後事。

韋之晉　　上元二年(761)

《全文》卷三四六劉長卿《首夏干越亭奉餞韋卿使君公赴婺州序》:"今年春王正月,皇帝居紫宸正殿擇東南諸侯……頃公之在吳……四面皆敵,姑蘇獨静……朝廷聞而多之,以爲姑蘇之人已理,東陽之人未化,是拜也,宜哉。"《全詩》卷一四七劉長卿有《餘干夜宴奉餞前蘇州韋使君新除婺州作》。按韋之晉上元二年在蘇州刺史任。

盧　澐　　代宗初?

《全文》卷五〇六權德輿《唐故潤州昭代寺比丘尼元應墓誌銘并序》:"俗姓盧氏……父澐,皇中散大夫婺州刺史。"元應卒貞元六年,年五十四。按《新表三上》大房盧氏稱:"澐,杭州刺史。"勞格《杭州刺史考》已辨其誤。

李　琬　　代宗初?

《全文》卷四一二常衮《授李琬宗正卿制》稱:"前婺州刺史本州團練守捉使上柱國荆國公琬……可宗正卿。"

李　長　　約大曆初

《全文》卷五二〇梁蕭《明州刺史李公(長)墓誌銘》:"歷隨、曹、婺三州,三州輯寧,徵傅韓王……出爲梓州,又換明州。"大曆七年十月卒。按《新表二上》李氏姑臧大房:"長,通州刺史。"乃婺州刺史李先姪。

韋友信　　約大曆初期

《姓纂》卷二東眷韋氏彭城公房:"友信,婺州刺史。"《新表四上》同。《遼居稿·韋氏小女子誌》:"曾祖友信,吉、泉、婺三州刺史。"按其父鐵,尚中宗女永壽公主。其子綏,長慶二年興元節度。友信永泰中爲泉州刺史,見《八閩志》。

閻伯璵　　約大曆五年(約 770)

《全文》卷四一一常衮《授閻伯璵刑部侍郎等制》稱:婺州刺史閻伯璵可行尚書刑部侍郎。按《唐語林》卷一謂伯璵自袁州刺史改撫州,到職一年,代宗徵拜户部侍郎,未至卒。疑"撫州"或爲"婺州"之誤,"户部"乃"刑部"之誤。

李　紓　　大曆十二年(777)

《唐語林》卷五:"元相載用李紓侍郎知制誥,元敗,欲出官。王相

縉曰：‘且留作誥。’待發遣諸人盡，始出爲婺州刺史。”兩《唐書》本傳
未及。唯云：“累遷中書舍人。”《全詩》卷一四八劉長卿有《奉和趙給
事使君留贈李婺州舍人兼謝舍人別駕之什》、卷一四九有《奉寄婺州
李使君舍人》。按元載大曆十二年三月被誅，是月王縉貶括州刺史。
李紓刺婺當在此年。

鄧 琰　　約建中時

《舊書·竇參傳》：“轉大理司直。按獄江淮，次揚州，節度使陳少
遊驕蹇，不郊迎，令軍吏傳問，參正辭讓之……時婺州刺史鄧琰坐贓
八千貫，琰與執政有舊，以會赦，欲免贓……參獨堅執正之於法，竟徵
贓。”《新書·竇參傳》略同。又見《元龜》卷六一七。《全詩》卷二〇八
包何有《婺州留別鄧使君》，疑即此人；卷九九張循之名下重出此
詩，誤。

嚴士良　　約貞元初

《全詩》卷一八八韋應物《寄二嚴》注：“士良，婺牧；士元，郴牧。”
按士良貞元十一年在江州刺史任。

李 衡　　約貞元三、四年（約787、788）

《全文》卷六五四元稹《有唐贈太子少保崔公（倰）墓誌銘》：“始以
太廟郎再任爲東陽主簿，刺史李衡一見自得。衡遷湖南，賓置之。”按
李衡貞元七年由常州刺史遷湖南觀察，其刺婺當在刺常前。

趙 某　　約貞元五、六年（約789、790）

《全詩》卷八八七路應《仙巖四瀑布即事寄上祕書包監侍郎七兄
吏部李侍郎十七兄婺州趙中丞處州齊諫議明州李九郎十四韻》，李
縝、戴公懷等有同題唱和詩。《全唐詩逸》卷上顧況詩注：“寄婺州趙
使君。”按處州齊諫議爲齊抗，其刺處在貞元五年至六年，則趙中丞刺
婺亦當於是時。

柳　冕　　約貞元九年—十三年（約 793—797）

《舊書》本傳："〔貞元〕六年十一月，上親行郊享。上重慎祀典，每事依禮。時冕爲吏部郎中……冕言事頗切，執政不便之，出爲婺州刺史。十三年，兼御史中丞、福州刺史，充福建都團練觀察使。"《新書》本傳略同。按貞元八年柳冕尚在吏部郎中任，見《舊書·禮儀志六》。《舊書·德宗紀下》：貞元十三年三月，"以婺州刺史柳冕爲福建觀察使"。《淳熙三山志》卷二一郡守同。又見《柳河東集》卷一二《先君石表陰先友記》。

裴　垍　　貞元中？

《全詩》卷四八六鮑溶有《秋暮送裴垍員外刺婺州》。按兩《唐書》本傳未及刺婺事。唯云：貞元中爲禮部、考功二員外郎，元和初召入翰林院爲學士，轉考功郎中知制誥，尋遷中書舍人。其以員外出刺婺州當在貞元中。按岑仲勉《讀全唐詩札記》云："據舊、新傳，未嘗出刺婺州，不知字誤爲復是有同姓名者。"

閻濟美　　貞元末

《舊書》本傳："累歷臺省，有長者之譽。自婺州刺史爲福建觀察使。"《新書》本傳略同。又見《元龜》卷六七七。《淳熙三山志》卷二一郡守："閻濟美，貞元末自婺州刺史爲觀察使。"

元　錫　　約元和六年—八年（約 811—813）

《全文》卷六九三元錫《蘇州刺史謝上表》稱："累因過幸，嘗忝官榮。所歷衢、婺兩州，皆屬荒殘之後，侵漁稍息；是朝廷法令之明，饑饉不生。"知元錫刺衢、婺後轉蘇州。按元和四、五年裴垍當國時元錫在衢州刺史任，元和九年在蘇州刺史任，則元錫刺婺約在元和六年至八年。

范　敭　　元和八年（813）

《宋高僧傳》卷二〇《唐婺州金華山神暄傳》："元和八年，范敭中丞知仰，遣使賫乳香氈廚器皿施暄，並迴施現前大衆。次中書舍人王仲〔舒〕，請於大雲寺爲衆受菩薩戒。”

王仲舒　　元和九年—十三年（814—818）

《新書》本傳：“貶峽州刺史，母喪解，服除，爲婺州刺史。州疫旱，人徙死幾空，居五年，里閭增完，就加金紫服。徙蘇州。”《舊書》本傳未及婺刺。《全文》卷五六三韓愈《江西道觀察使太原王公（仲舒）墓誌銘》：“遷職方郎中知制誥，出爲峽州刺史。遷廬州，未至，丁母憂。服闋，改婺州、蘇州刺史，徵拜中書舍人。”又見卷五六二《唐故江南西道觀察使中大夫洪州刺史兼御史中丞王公（仲舒）神道碑銘》。按《元龜》卷六七三：“王爲爲婺州刺史，元和十二年以善政聞，賜服金紫。”“王爲”當即“王仲舒”之誤。又按仲舒元和十三年已在蘇州刺史任，上推五年，當爲元和九年始爲婺刺。《千唐誌·唐故銀青光禄大夫工部尚書致仕孫府君（公乂）墓誌銘》（大中五年七月三日）：“授婺州録事參軍，覆獄得冤狀，爲太守王公仲舒知，辟倅軍事。時元和末載，相國蕭公俛始持國柄。”按蕭俛元和十四年同中書門下平章事，然王仲舒元和十三年已任蘇刺。

柏耆　　長慶、寶曆間

《全文》卷六九三李虞仲《授柏耆兵部郎中等制》稱：“朝議郎前使持節婺州刺史上柱國騎都尉賜紫金魚袋柏耆……可守尚書兵部郎中。”兩《唐書》本傳未及。唯稱：穆宗即位，詔柏耆往義成軍宣慰王承元，轉兵部郎中。按《舊書·李虞仲傳》，虞仲寶曆中知制誥，則此制必作於寶曆中。

竇庠　　大和二年—四年（828—830）

《舊書》本傳：“歷信、婺二州刺史，卒年六十三。”《新書》本傳稱：“終婺州刺史。”《新表一下》竇氏平陵房：“庠字胄卿，漳、登、信、婺四州刺史。”《全文》卷七六一褚藏言《竇庠傳》：“遷信州刺史，三載轉婺州，亦既二載遘疾告終於東陽之官舍。”《白居易集》卷二五《宿竇使君莊水亭》詩：“使君何在在江東，池柳初黃杏欲紅。有興即來閑便宿，不知誰是主人翁。"當即竇庠。朱金城《白居易年譜》繫此詩於大和二年，是；唯指竇羣，似非，竇羣未嘗爲刺史。疑指竇庠。又見《直齋書錄解題》卷一五，《唐才子傳》卷四。約寶曆元年在信刺任，歷三載，當於大和二年轉婺州。又按《全詩》卷五三一許渾有《送段覺歸東陽兼寄竇使君》詩，友人陶敏謂"竇使君"即竇庠。

敬　昕　　大和七年（833）

《嘉泰吳興志》："敬昕，大和七年自婺州刺史授。"《廣記》卷三九四引《宣室志》："唐東陽郡，濱於浙江……常侍敬昕，大和中出守。"

薛　膺　　大和九年（835）

《新表三下》薛氏："膺，婺州刺史。"乃元和五年浙西觀察薛苹子；會昌六年湖州刺史薛褒兄。《新書》本傳未及婺刺，唯云：大和初爲右補闕內供奉。《郎官柱》吏部郎中有薛膺，在張諷後，崔瑨前。《全詩》卷四九六姚合《送薛二十三郎中赴婺州》："我住浙江西，君去浙江東。"知姚合爲杭州刺史時作，時在大和九年。按岑仲勉《唐人行第錄》薛二十三名未詳，實即薛膺。

李中敏　　開成五年（840）

《新書》本傳："累遷諫議大夫，爲理匭使……遷給事中……開成末，爲婺、杭二州刺史，卒於官。"《通鑑·開成五年》：十一月，"李德裕亦以中敏爲楊嗣復之黨，惡之，出爲婺州刺史"。《全詩》卷五一三裴夷直《寄婺州李給事二首》，當即李中敏。

夏侯孜　　約大中初

《舊書》本傳："累遷婺、絳二郡刺史，入爲諫議大夫，轉給事中。十年，改刑部侍郎。"《新書》本傳略同。

南　卓　　約大中三年—四年（約849—850）

《郡齋讀書志》卷五下、《直齋書錄解題》卷一四皆謂婺州刺史南卓撰《羯鼓録》。《羯鼓録》：“〔大中〕四年春，〔東〕陽罷免。”詳見卞孝萱《南卓考》（《中華文史論叢》第 4 輯）。按《全詩》卷五七三賈島《送南卓歸京》：“殘春別鏡陂，罷郡未霜髭……三省同虛位，雙旌帶去思……長策并忠告，從容寫玉墀。”詩云“鏡陂”，自當作於浙東，南卓時當罷婺州刺史。然賈島已前卒於會昌中，疑詩非賈島作。

溫　璋　　大中六年(852)

《新書》本傳：“璋以父蔭累官大理丞……遷婺州刺史，以政有績，賜金紫。徙廬、宋二州刺史。宣州逐鄭薰也，崔鉉調淮南兵討之，以璋爲宣州刺史。”按溫璋大中十二年爲宣州刺史。《全詩》卷五一六厲玄《寄婺州溫郎中》注：“時刺睦州。”《郎官柱》户部郎中有溫璋，厲玄詩中“溫郎中”當即溫璋。據《嚴州圖經》，厲玄刺睦在大中六年，則溫璋刺婺亦在是年。《雲笈七籤》卷一二二《婺州開元觀蒙刺史復常住驗》：“有朱衣吏一人進曰：此事不煩躬親指説，但處分刺史溫璋。”

李　蠙　　大中十一年(857)

《兩浙金石志》卷三《唐法隆寺經幢》：“大中十一年十一月十五日樹，刺史李蠙，録事參軍衛約，金華縣令余師周。”

楊　發　　大中十二年(858)

《舊書》本傳：“移授廣州刺史、嶺南節度使……發以嚴爲理，軍亂，爲軍人所困，致於郵舍。坐貶婺州刺史，卒於治所。”《新書》本傳略同。按嶺南都將王令寰作亂，囚節度使楊發事在大中十二年四月，見《通鑑》。

李弘讓　　大中時？

《新書·宗室世系表下》惠莊太子房有“鳳、齊、乾、婺、安五州刺史弘讓”，乃睿宗子惠莊太子李撝玄孫。

蕭　某　　大中時？

《全詩》卷五五〇趙嘏有《婺州宴上留別》，一作《婺州宴留上蕭員外》。

裴　閔　　咸通二年（861）

《舊書·懿宗紀》：咸通二年四月，“以前婺州刺史裴閔爲潁州刺史”。

裴　翻　　咸通八年（867）

《寶刻叢編》卷一三婺州引《諸道石刻錄》：“《唐轉輪經藏記》，刺史裴翻撰，咸通八年立。”按《登科記考》稱裴翻會昌三年進士第。

【補遺】孫　奭　　咸通十二年前（871 前）

襄樊市博物館藏拓片《孫瑝墓誌》：咸通十二年六月孫瑝卒後，“堂兄前婺州牧奭”以家牒來請李都作墓誌。

蘇　粹　　咸通、乾符間？

《唐語林》卷四：“蘇員外粹與母弟冲，俱鄭都尉顗門生。後粹爲東陽守，冲爲信陽守，欲相見境上，本府許之。”據《姓纂》卷三蘇氏，蘇粹乃大中八年江陵尹蘇滌子。《全詩》卷六六九章碣《贈婺州蘇員外》，當即蘇粹。

鄭　鎰　　約乾符四年—六年（約 877—879）

《全詩》卷八三七貫休《送鄭使君》：“刺婺廉閩動帝臺。”證知其由婺州刺史轉福建觀察使。今知鄭鎰於乾符六年爲福建觀察使。則其刺婺約爲乾符四年至六年。

王　愷　　乾符、廣明間

《宋高僧傳》卷三〇《梁成都府東禪院貫休傳》：“俗姓姜氏，金華蘭溪登高人也……本郡太守王愷彌相篤重。”《全詩》卷八二八貫休《聞前王使君在澤潞居》：“乾符初刺婺……玄識應百數。”注：“使君來正當一百人。兩年後果有黃賊來，公避地遠去。”又卷八三六《東陽罹亂後懷王愷使君五首》：“使君司户在隋州。”注：“時黃巢奔許，公點土勇救，萬禦押于歃血連西，而渠魁詐降，都將連城爲盟，違約。遂於戍地當不與衢、睦、杭守同貶中也。"按黄巢陷睦州、婺州在廣明元年六月，見《通鑑》。又卷八三二貫休《避地毗陵上王慥使君》："時黄賊陷東陽，公避地於浙右。"又卷八三四有《懷薛尚書兼呈東陽王使君》、卷八三六有《避地毗陵寒月上孫徽使君兼寄東陽王使君三首》。

薛　洿　　中和時？

《新表三下》薛氏："洿字德符，婺州刺史。"乃陳留太守薛江童曾孫。《郎官柱》祠部員外有薛洿，在陳肇後，崔潼前。

黄　碣　　中和三、四年（883、884）

《新書》本傳："高駢表其能，爲漳州刺史，徙婺州，治有績。劉漢宏遣兵攻之，兵寡不可守，棄州去。"又《僖宗紀》："〔中和〕四年正月，婺州將王鎮執其刺史黄碣，叛附於董昌。二月，鎮伏誅。浦陽將蔣瓌陷婺州。"《吳越備史》、《通鑑》皆作中和四年二月。

蔣　瓌　　中和四年—景福元年（884—892）

《新書·劉漢宏傳》稱：中和時鍾季文守明州，盧約處州，蔣瓌婺州，杜雄台州，朱褒温州。又《僖宗紀》：中和四年二月，"浦陽將蔣瓌陷婺州"。又《昭宗紀》：景福元年十一月，"孫儒將王壇陷婺州，刺史蔣瓌奔於越州"。《舊書·昭宗紀》：乾寧二年三月，"浙東節度董昌僭號稱羅平國，年稱大聖，用婺州刺史蔣瓌爲宰相"。又見《通鑑·景福元年》、《乾寧二年》，《宋高僧傳》卷三〇《梁成都府東禪院貫休傳》。《全文》卷八〇三李磎有《授尚汝貞涪州刺史朱塘恩州刺史婺州刺史蔣瓌檢校僕射等制》。

王　壇　　景福元年—光化三年（892—900）

《新書·昭宗紀》：景福元年十一月，"孫儒將王壇陷婺州"。光化三年九月，"錢鏐陷婺州，刺史王壇奔於宣州"。又見《通鑑·景福元年》十一月、《光化二年》三月，《吳越備史·武肅王》。

沈　夏　　光化三年—天祐二年(900—905)

《吳越備史・武肅王》:光化三年九月"辛卯,王親巡婺州,命浙西營田副使沈夏權婺州刺史"。天祐二年"九月,陳章陷東陽,執刺史沈夏,送於淮南"。又見《九國志・陶雅傳》,《新書・哀帝紀》,《通鑑・天祐二年》九月,《新安志》卷二,《十國春秋・吳越武肅王世家》、《吳太祖世家》、本傳。

陳　章(陳璋)　　天祐二年—三年(905—906)

《吳越備史・武肅王》:天祐二年九月,"陳章自稱衢、婺二州刺史"。三年"二月辛卯,王至睦州,陳章退保衢州,婺州平"。《十國春秋・吳越武肅王世家》稱:天祐二年九月,吳王〔楊〕行密以〔陳〕璋(章)爲衢婺副招討使。

錢　鏢　　天祐三年—四年(906—907)

《吳越備史・武肅王》:天祐三年"閏十二月,王命弟〔錢〕鏢爲婺州制置使"。又見《十國春秋・吳越武肅王世家》。

待考錄

韋建中

《姑蘇志》卷二《古今守令表上》:"韋建中,蘇州刺史,以光禄大夫改婺州。"

陸　翹

《新表三下》陸氏:"翹,婺州刺史。"乃玄宗相陸象先玄孫;橋陵令陸冀孫;揚州兵曹參軍陸駒子。

鮮　梓

朱玉麒云,唐杜光庭纂《神仙感遇傳》卷二陳簡:"陳簡者,婺州金華縣小吏也……太守鮮梓方將受籙,頗異其事,以爲神仙嘉應。"《雲笈七籤》卷一一二、《歷世真仙體道通鑑》卷二二所載略同。

卷一四六　衢州（信安郡）

武德四年析婺州之信安縣置衢州。六年陷輔公祏，廢州。垂拱二年復置。天寶元年改爲信安郡。乾元元年復爲衢州。領縣六：信安、常山、龍丘、須江、盈川、玉山。

張　綽　　約武德四年—六年（約 621—823）

《續高僧傳》卷二〇《丹陽沙門釋智嚴傳》："武德四年，從〔張〕鎮州南定淮海……遂棄入舒州皖公山……昔同軍戎有睦州刺史嚴撰，衢州刺史張綽，麗州刺史閭丘胤，威州刺史李詢，聞嚴出家在山修道，乃尋之……貞觀十七年，還歸建業，依山結草，性度果決。"

徐　某　　貞觀初

孫思邈《千金要方》卷二二："貞觀初，衢州徐使君訪得治丁腫人玉山韓光方。"（《文獻》1987 年第 1 期馮漢鏞《從兩部千金看醫書中的史料》）

蕭　繕　　約天授二年—長壽二年（約 691—693）

《新表一下》蕭氏齊梁房："繕，衢州刺史。"《隋唐五代墓誌匯編·洛陽卷》第七册《大周故銀青光禄大夫衢州刺史蘭陵公（蕭繕）墓誌并序》（聖曆二年十月十六日）："永昌元年授永州刺史……遂牧於衢州者也……長壽中墨制褒揚，許從致仕。"聖曆二年五月三日卒，春秋九十。又見《蕭謙及夫人劉氏合葬墓誌》（開元二十三年九月八日）。

《千唐誌·蕭思一墓誌銘并序》（聖曆二年十月十六日）：“父繕，銀青光禄大夫衢州刺史、蘭陵縣開國男。”又《衢州蕭使君男（言思）墓誌并序》同。皆不著卒年。

王　烈　　中宗时？

《芒洛四編》卷五《大唐故吏部常選王府君（爽）墓誌并序》：“考烈，信安郡太守……〔公〕即信安郡太守府君之第八子也……天寶四載粵八月，遘疾三日，終於東京脩義里之私第，春秋七十有一。”

李　禕　　約先天元年（約712）

《舊書》本傳：“少繼江王囂後，封爲嗣江王。景雲元年，復爲德、蔡、衢等州刺史。開元後，累轉蜀、濮等州刺史。”《新書》本傳未及。《金石補正》卷六六《爛柯山石橋詩刻》：“五言《登石橋尋王質觀棋所》，衢州刺史嗣江王。”

李　傑　　開元四年（716）

《通鑑·開元四年》：十月，“御史大夫李傑護橋陵作，判官王旭犯贓，傑按之，反爲所構，左遷衢州刺史”。又見兩《唐書》本傳、《王旭傳》，《元龜》卷九二九。《全文》卷三一六李華《衢州刺史廳壁記》：“州長吏之選甲於他部。忠貞之老，則武威公李僕射傑；親賢之望，則信安郡王禕。”

徐知仁　　約開元六、七年（約718、719）

《韓昌黎集》卷二七《衢州徐偃王廟碑》：“開元初，徐姓二人相屬爲刺史，帥其部之同姓，改作廟屋，載事於碑。後九十年，當元和九年而徐氏放復爲刺史，放字達夫，前碑所謂今户部侍郎，其大父也。”注：“徐堅，字元固；徐嶠，字巨山。”岑仲勉《姓纂四校記》：“但《舊》《新》《堅傳》均未言曾官户侍，惟放祖知仁爲户侍，則開元初之衢刺，知仁當佔其一。又嶠之曾官衢刺，有《徐氏山口碣》可證。合而觀之，昌黎文所指徐姓二人，確爲徐知仁、徐嶠之，并非徐堅、徐嶠，集注完全失

考。"嚴氏《僕尚丞郎表》謂開元十二年徐知仁在户侍任。按開元十二
年知仁爲華州刺史。

李　暢　　開元八年前後（720 前後）

《全文》卷三一九李華《衢州龍興寺故律師體公碑》："刺史李暢詭
請移居大方，至於涕淚，俯如其請。"《隋唐五代墓誌匯編·洛陽卷》第
九册《唐正議大夫使持節相州諸軍事守相州刺史上柱國贊皇縣開國
子李公（暢）墓誌銘并序》（開元十八年七月九日）："外出爲虔州刺
史……服闋拜吉州刺史，復如虔州之政。轉衢州刺史……又轉梁州
刺史……又轉徐州刺史……轉瀛州刺史。"開元十八年拜相州刺史，
未到官即卒。按開元元年爲虔州刺史，見《舊書·李嶠傳》。

徐　堅　　約開元十年（約 722）

《全文》卷二九一張九齡《大唐故光禄大夫右散騎常侍集賢院學
士贈太子少保東海徐文公（堅）神道碑銘并序》："復以親累出爲絳州，
歷永、蘄、棣、衢四郡……開元中……遷祕書監。"開元十七年五月卒。
兩《唐書》本傳未及衢刺。唯《舊傳》稱："及〔岑〕義誅，堅竟免深累，出
爲絳州刺史，五轉復入爲祕書監。開元十三年，再遷左散騎常侍。"

徐嶠之　　約開元十四年（約 726）

《古刻叢鈔·徐氏山口碣》："廣德元年八月二十一日制，復贈公
嗣子故銀青光禄大夫洺州刺史上柱國嶠之左散騎常侍，洺州府君歷
典趙、衢、豫、吉、湖、洺六州，開元二十四年薨。"按開元十一年嶠之在
趙州刺史任；開元二十三年由吉州轉湖州，又轉洺州。《全文》卷三一
九李華《衢州龍興寺故律師體公碑》稱："刺史徐嶠之率參佐縣吏耆艾
以降，請居龍興寺。"

李　禕　　開元二十四年（736）

《通鑑·開元二十四年》：四月"乙丑，朔方、河東節度使信安王禕
貶衢州刺史"。《大詔令集》卷三八《信安郡王禕滑州刺史制》："使持

節衢州刺史信安郡王禕……可滑州刺史。"又見兩《唐書》本傳，《元龜》卷二八一，《全文》卷三一六李華《衢州刺史廳壁記》、卷三一九《衢州龍興寺故律師體公碑》。《金石補正》卷六六《衢州刺史韋公於石橋寺橋下以外祖信安郡王詩刻石記》："聖唐開元中，天枝信安郡王再臨斯郡……其始至也，以初封江王，發軔於此。其再臨也，以勳烈崇異，改封信安。"

趙頤貞　　開元二十六年(738)

《全文》卷三一九李華《衢州龍興寺故律師體公碑》："信安王禕、趙太常頤真(貞)……皆爲此州，躬往圍繞。"《嘉靖衢州府志》卷七刺史："開元二十六年，趙頤〔貞〕好遊西安之清皎湖，見《舊經》。"按開元二十年趙頤真(貞)爲衡州司馬，見《輿地碑記目》卷二《銓德觀碑》，《容齋隨筆》卷八。

韋　璆　　約開元中

《全文》卷三九二獨孤及《唐故吏部郎中贈給事中韋公(元魯)墓誌銘》："司農少卿德敏之孫，衢州刺史魯縣康公璆之子。天寶五載，解褐尉邠州新平。"又《唐故范陽郡倉曹參軍京兆韋公墓誌銘》："永泰二年五月七日，有唐故衢州刺史魯縣子韋璆第三子范陽郡倉曹參軍諱元誠葬於少陵原先塋。"按《元龜》卷一六二，韋璆先天二年官宗正少卿，則其爲衢刺當在開元中。按《新表四上》韋氏閬公房稱："璆，衡州刺史，魯縣康公。""衡"當爲"衢"之訛。

鄭　暾　　開元中？

《全文》卷六三一呂温《故唐太子舍人李府君夫人滎陽鄭氏墓誌銘》："大父暾，正議大夫金、衢二州刺史。"夫人卒貞元十九年，年五十四。

林　洋　　約天寶初期

《姓纂》卷五濟南鄒縣林氏："洋，密、衢、常、潤、蘇九州刺史。"按林洋天寶七、八載在丹陽太守任，九載在吳郡太守任，則其刺衢約在天寶初期。

尉遲巖　　天寶十載(751)

西安出土銀鋌刻字："中散大夫使持節信安郡諸軍事檢校信安郡太守上柱國尉遲巖……天寶十載正月日稅山銀一鋌五十兩正"(《文物參考資料》1957 年第 4 期《彌足珍貴的天寶遺物》)。

張思欽　　天寶中

《嘉靖衢州府志》卷七太守："張思欽，見《舊經》鄭崇事下。"列於賀蘭進明前。

賀蘭進明　　天寶十三載—十四載(754—755)

《全文》卷三一六李華《衢州刺史廳壁記》："開元天寶中，始以尚書郎超拜名郡。賀蘭大夫爲之，李郎中爲之。自逆胡悖天地之慈，犯雷霆之誅，賀蘭起北海之師，郎中佐浙東之幕。"《寶刻叢編》卷一三衢州："《唐西楚霸王祠堂記》，唐賀蘭進明撰，賀蘭誠行書，姚韓卿篆額，天寶十三年十月八日建。"《元龜》卷七二二："第五琦天寶末爲須江丞，時太守賀蘭進明甚重之。會安禄山反，進明遷北海郡太守，奏琦爲録事參軍。"須江屬衢州，證知十四載尚在任。

李　奐　　約天寶十四載(約 755)

《新書·宗室世系表上》蔡王房："濟北郡公衢黄二州刺史兼防禦使、興平軍節度使、御史中丞奐。"按《新書·方鎮表四》："至德元載，置興平節度使。""上元二年，廢興平節度使。"知李奐至德至上元間爲興平節度。又按上元二年爲東川節度，見《舊書·肅宗紀》。由此知李奐刺衢必在天寶年間。《衢州刺史廳壁記》謂"賀蘭大夫爲之，李郎中爲之"，未知李郎中是否李奐。若是，則當爲賀蘭進明後任。

鄭　倬　　至德中？

《全文》卷三一九李華《衢州龍興寺故律師體公碑》："信安王禕、趙太常頤真、鄭庶子倬、李中丞丹、前相國李梁公峴，皆爲此州，躬往圍繞。”

李　丹　　乾元元年（758）

《全文》卷三一八李華《台州乾元國清寺碑》：“録事徐知古等請縣令隴西李公平，平請於前刺史趙郡李公丹，丹請於河南等五道度支使御史中丞京兆第五公琦，琦聞於天子，墨制曰可……以乾元之初……因改曰乾元國清寺……李使君以全德公才，持憲爲郡。”題中“台州”當爲“衢州”之誤，詳勞格《讀書雜識》卷六《文苑英華辨證補》。《全文》卷三一九李華《衢州龍興寺故律師體公碑》亦稱：“李中丞丹、前相國李梁公峴，皆爲此州，躬往圍繞。”

韋黃裳　　上元中

《廣記》卷三七七引《廣異記》：“韋廣濟，上元中暴死……須臾，衢州刺史韋黃裳復至，廣濟拜候……其年，吕延〔之〕爲浙東節度……後十日，黃裳竟亡也。”

殷日用　　寶應元年（762）

《全文》卷三一六李華《衢州刺史廳壁記》：“以蘇州刺史陳郡殷公文可以成政，武可以安人……由是命公典此邦也……元年建寅月二十一日，左補闕趙郡李華於江州附述。”按“殷公”謂殷日用，上元二年在蘇州刺史任。“元年建寅月”指寶應元年正月。又卷三一八《台州乾元國清寺碑》：“今刺史陳郡殷公日用，忠武傑出。”據勞格《讀書雜識》卷六考證，題中“台州”當作“衢州”。

徐　向　　約廣德中

《新表五下》北祖上房徐氏：“向字文伯，衢、江、陳、潁、鄭、宋六州刺史。”按大曆七年徐向在宋州刺史任。

李　峴　　永泰元年—二年（765—766）

《舊書·代宗紀》：永泰元年六月，“吏部尚書李峴南選回，至江陵，貶衢州刺史”。二年七月，“衢州刺史李峴卒”。又見兩《唐書》本傳，《全文》卷三二一李華《故相國兵部尚書梁國公李峴傳》、卷三一九李華《衢州龍興寺故律師體公碑》。《金石補正》卷六六《爛柯山石橋詩刻·衢州刺史韋公於石橋寺橋下以外祖信安郡王詩刻石記》：“王之次三子梁國公峴……功成身退，復臨斯郡。”陸增祥云：“《峴傳》言：峴罷相出爲蜀州刺史，至代宗時始以兵部尚書兼衢州刺史。碑云‘功成身退，復臨斯郡’，正是罷相之時，疑蜀州爲衢州之誤。”按峴拜相在廣德元年代宗幸陝返京後，出爲蜀州乃肅宗時事，陸説大誤。

田季羔　　約大曆初期

《全文》卷四一一常袞《授閻伯璵刑部侍郎等制》：“銀青光禄大夫衢州刺史本州團練守捉使樂陵縣開國男田季羔……可行尚書給事中。”按嚴氏《僕尚丞郎表》謂閻伯璵如非廣德永泰間則大曆五年至九年爲刑部侍郎。姑從後者。田季羔約大曆五年前在衢刺任。

李　深　　大曆中

《全文》卷四一一常袞《授李深兵部郎中制》稱：“前守衢州刺史賜紫金魚袋李深……可尚書兵部郎中。”按《全詩》卷三一二李深有《遊爛柯山四首》。

王承俊　　大曆中？

《古刻叢鈔·唐故江南西道觀察判官監察御史裏行太原王公（叔雅）墓誌銘并序》：“金紫光禄大夫試祕書監兼御史中丞衢州刺史贈揚州大都督諱承俊，公之先考也……公即中丞第四子也。”叔雅卒元和四年，五十五歲。承俊刺衢當在大曆中。《全詩》卷二○七李嘉祐有《贈王八衢（一本此下有州字）》，岑仲勉《唐人行第録》云：“名未詳。”據友人陶敏考證，此“王八衢州”即王承俊。

韋　班　　大曆末？

《姓纂》卷二京兆杜陵東眷韋氏：“〔班，〕衢州刺史，生沔。”按《新

表四上》作"衡州刺史"，未知孰是，姑兩存之。杜甫有《憑韋少府班覓松樹子》、《涪江泛舟送韋班歸京》等詩。

趙 涓　　約大曆末—建中三年（?—782）

《舊書》本傳："遷給事中、太常少卿，出爲衢州刺史……又與觀察使韓滉不相得，滉奏免涓官，德宗見其名……即拜尚書左丞。"又《德宗紀上》：建中三年六月，"以前衢州刺史趙涓爲尚書左丞"。《新書》本傳："德宗初，爲衢州刺史。"又見《元龜》卷一七一，《唐語林》卷六，《廣記》卷一七一引《譚賓錄》。《全詩》卷一四八劉長卿《奉和趙給事使君留贈李婺州舍人兼謝舍人別駕之什》中"趙給事使君"當即趙涓。劉乾云：衢州與婺州、睦州，鼎足相連，李紓大曆十二年秋以中書舍人出爲婺州刺史；劉長卿被貶爲睦州司馬，大曆十四年末始離去。長卿《奉和趙給事使君留贈李婺州舍人兼謝舍人別駕之什》一詩，是趙涓以給事中赴衢州，經婺州訪紓并留詩，長卿得而和之。可知趙涓刺衢，始於李紓刺婺之後、長卿離睦之前，或大曆十二三年間歟？

崔 論　　約建中、貞元間

《舊書·崔湜傳》：湜弟液，"液子論，以吏幹稱……大曆末，元載以罪誅，朝廷方振起淹滯，遷同州刺史。未幾，爲黜陟使庚何所按，廢免。議者以何舉涉於深刻，復用論爲衢州刺史。秩滿，寓於揚、楚間，德宗以舊族耆年，授大理卿致仕，卒"。《新書》本傳略同。

韋光輔　　貞元三年（787）

《新表四上》韋氏郿公房："光輔，衢州刺史。"《全文》卷四五三嚴綬《刺史韋公鐫外祖信安郡王詩記》："今州牧韋公光輔即王之外孫，又分符竹，似續嘉續。"《金石補正》卷六六載此文末署"大唐貞元三年丁卯歲正月景戌朔九日甲午朝散大夫使持節衢州諸軍事守衢州刺史賜紫金魚袋韋光輔建。"又見《寶刻叢編》卷一三。

裴　郾　　貞元六年？（790？）

《新表一上》中眷裴氏：“郾，衢州刺史。”乃左贊善大夫脩己子。《嘉靖衢州府志》謂貞元六年刺史。

陳　智　　貞元十年（794）

《嘉靖衢州府志》稱：貞元十年刺史陳智，見《偃王廟後記》。

李若初　　貞元十一年（795）

《舊書》本傳：“轉虢州刺史，坐公事爲觀察使劾奏，免歸。久之，出爲衢州刺史，遷福州刺史、兼御史中丞、福建都團練觀察使。”又《德宗紀下》：貞元十一年二月，“以衢州刺史李若初爲福建觀察使”。《新書》本傳未及。

鄭　瀆　　貞元十四年（798）

《千唐誌·唐故朝議郎使持節光州諸軍事守光州刺史李公（潘）墓誌銘兼序》（開成五年十二月廿四日）：“家於常山。太守鄭公瀆性樂善，喜後進，因目之爲奇童，薦於連帥，特表奏聞。策中有司，別敕同孝廉登第，時纔年八歲。”開成五年卒，享年五十。則八歲時爲貞元十四年。其時恒州、定州爲節度使治所，不可能插入。姑繫於此。

鄭式瞻　　貞元十五年—十七年（799—801）

《芒洛遺文》卷中《唐故河南府河南縣主簿崔公（程）墓誌銘并序》（貞元十五年八月三十日）：“公兩娶一門，女弟繼室，即潁川太守長裕之曾孫……洺州司兵叔向之長女。今相國餘慶，河南尹珣瑜，信安守式瞻，高平守利用，皆諸父也。”《舊書·德宗紀下》：貞元十七年三月“癸酉，衢州刺史鄭式瞻進絹五千匹，銀二千兩”。《元龜》卷七〇〇：“鄭式瞻爲衢州刺史，貞元十七年死於州獄。”又見《元龜》卷一六九，《新表五上》鄭氏。按《廣記》卷一五一引《前定錄》、卷二七八引《傳載》稱豆盧署貞元六年謁信安守鄭式瞻，後二十年署爲衢州刺史，均誤。或"六年"爲"十六年"之奪歟？

田　敦　　約貞元十七年—十八年（約 801—802）

《嘉泰吳興志》："田敦，貞元十八年五月自衢州刺史授；遷常州刺史。《統記》作十六年。"《舊書·令狐峘傳》："貶衢州別駕。衢州刺史田敦，峘知舉時進士門生也……迎謁之禮甚厚，敦月分俸之半以奉峘。峘在衢州殆十年。順宗即位，以祕書少監徵，既至而卒。"《新書·令狐峘傳》略同。又見《元龜》卷八六五。

【齊　總（齊摠）　　貞元十八年（802）（未之任）】

《舊書·德宗紀下》：貞元十八年三月"癸酉，以浙東團練副使齊總爲衢州刺史，總以橫賦進奉希恩，給事中許孟容封還制書"。又見兩《唐書·許孟容傳》，《通鑑·貞元十八年》三月，《會要》卷五四，《元龜》卷一〇〇，《姓纂》卷三中山深澤縣齊氏，《新表五下》。《全文》卷四七九有許孟容《停齊總爲衢州刺史敕命表》。

陸　庶　　貞元十九年—元和二年（803—807）

《唐文拾遺》卷二七陸庶《爛柯山碑記》："庶牧於是邦，造茲五祀……時元和三年三月十八日。"按元和二年陸庶已在福建觀察使任。疑《碑記》之"三年"爲"二年"之誤。《寶刻叢編》卷一三引《復齋碑録》："《唐遊石橋記并詩》，衢州刺史陸庶撰，次男綜正書，元和元年三月十八日刻。"按《嘉靖衢州府志》卷七刺史稱："永貞元年，陸燮，以朝請大夫任；元和元年，陸庶，見《石橋□記》。"疑爲一人重出。

李　素　　元和二年（807）

《全文》卷七一三劉允文《蘇州新開常熟塘碑銘》："郡守李素……爲信安未半歲而吳郡餘一年矣。"《韓昌黎集》卷二五《河南少尹李公（素）墓誌銘》："刺衢州；至一月，遷蘇州……公至十二日，〔李〕錡反。"按李錡反在元和二年。

李 遜 元和二年（807）

《舊書》本傳：“元和初，出爲衢州刺史。以政績殊尤，遷越州刺史、兼御中大夫、浙東都團練觀察使。”《新書》本傳略同。按《舊書·憲宗紀上》，元和五年八月李遜由常州刺史遷浙東觀察使，《嘉泰會稽志》同，則李遜當由衢州刺史移刺常州，再由常刺移越州。《全文》卷六三九李翱《故處士侯君（高）墓誌》：“祭酒李公遜刺衢州，請治信安；其觀察浙東，又宰於剡三縣。”又見《國史補》卷中《侯高試縣令》。

元 錫 約元和四、五年（約809、810）

《全文》卷六九三元錫《衢州刺史謝上表》稱：“伏奉九月二十一日恩制，旨授臣衢州刺史，以今月十八日到州上訖。”又《蘇州刺史謝上表》：“累因過幸，嘗忝榮所。歷衢婺兩州，皆屢荒之後。”《國史補》卷中《余長安復仇》：“衢州余氏子名長安，父叔二人，爲同郡方全所殺。長安八歲自誓，十七乃復仇。大理斷死，刺史元錫奏言……時裴中書垍當國。”又見《新書·孝友傳》，《唐語林》卷一，《元龜》卷八九六。按元錫元和九年爲蘇州刺史。又按裴垍元和三年九月守中書侍郎同中書門下平章事，五年十一月罷爲兵部尚書。則元錫刺衢約在元和四、五年間。

薛 戎 元和八年（813）

《韓昌黎集》卷三二《唐故朝散大夫越州刺史薛公（戎）墓誌銘》：“元和四年，徵拜尚書刑部員外郎……歷衢、湖、常三州刺史。”又見《元龜》卷六七七。《全文》卷六五四元稹《唐故越州刺史河東薛公（戎）神道碑文銘》：“遷衢州刺史……不周月而政就，移刺湖州。”《嘉泰吳興志》：“薛戎，元和八年十一月三十日自衢州刺史授。”

徐 放 元和九年（814）

《韓昌黎集》卷二七《衢州徐偃王廟碑》：“開元初，徐姓二人相屬爲刺史，帥其部之同姓，改作廟屋，載事於碑。後九十年，當元和九年而徐氏放復爲刺史。放字達夫，前碑所謂今户部侍郎，其大父也。”

《全詩》卷三五九劉禹錫《衢州徐員外使君遺以縞紵兼竹書箱因成一篇用答佳貺》注："按此郡本自婺州析置，徐自台州遷。"《赤城志》引此詩於永貞元年徐裕名下，疑非。按徐放元和六年爲台州刺史，《郎官柱》祠部員外有徐放，與禹錫詩題合。當指徐放。

鄭　群　　元和十二年—長慶元年（817—821）

《白居易集》卷五一有《衢州刺史鄭群可庫部郎中齊州刺史張士階可祠部郎中同制》。《韓昌黎集》卷三二《唐故朝散大夫尚書庫部郎中鄭君（群）墓誌銘》："會衢州無刺史……宰相即以君應詔，治衢州五年，復入爲庫部郎中。行及揚州，遇疾，居月餘，以長慶元年八月二十四日卒，春秋六十。"

張　聿　　長慶元年（821）

《白居易集》卷四八《張聿可衢州刺史制》："敕中散大夫行尚書工部員外郎上柱國吳縣開國男食邑三百戶張聿……可使持節衢州刺史，散官、勳如故。"又卷二○有《歲暮枉衢州張使君書并詩因以長句報之》，"張使君"當即張聿。《全文》卷六五四元稹《永福寺石壁法華經記》："衢州刺史張聿。"

龐　嚴　　寶曆中

《廣記》卷一五六引《前定録》："唐京兆尹龐嚴爲衢州刺史……時廉使元稹素與嚴善……其後爲京兆尹而卒。"兩《唐書》本傳未及。按元稹爲浙東觀察使在長慶三年至大和三年。又按《舊書》本傳稱：敬宗即位，嚴出爲江州刺史，給事中于敖以爲貶嚴太輕，封還制書；大和初嚴已爲京官。則其刺衢在寶曆中。

張　賈　　大和四年（830）

《元龜》卷一五八：大和四年"七月，以鴻臚卿張賈爲衢州刺史"。又見卷八六九。《舊書·文宗紀下》："史臣曰……中書用鴻臚卿張賈爲衢州刺史。"未署年月。按開成二年七月張賈爲兗海觀察。

盧　鈞　　大和中?

《唐語林》卷七:"盧司空鈞,爲郎官守衢州。有進士贄謁,公開卷閱其文十餘篇,皆公所制也。"兩《唐書》本傳未及。據《舊傳》,大和九年前盧鈞曾刺常州,則其刺衢或在刺常前。

豆盧署　　大和九年(835)

《廣記》卷一五一引《前定録》:"大和九年,〔豆盧〕署自祕書監爲衢州刺史。"又見卷二七八引《傳載》。《郎官柱》左司郎中有豆盧署,在殷台後,獨孤朗前。户部郎中在高允恭後,高釴前。祠部員外在尉遲汾後,班肅前。

崔　耿　　會昌元年(841)

《唐文拾遺》卷三〇崔耿《東武樓碑記》:"會昌辛酉歲,余祗命作守,至此逾月。"按"辛酉歲"爲會昌元年。《寶刻叢編》卷一三衢州引《復齋碑録》:"《唐東武樓碑陰詩》,東武樓新成,崔耿作,會昌二年九月鐫。"又引《諸道石刻録》稱:會昌三年立。

李敬彝　　會昌中?

《新書·鄭注傳》:"〔李〕敬彝爲路隋所辟,隋卒,客江淮,以未赴免,因擢兵部員外郎,終衢州刺史。"《千唐誌·唐故鄆州壽張縣尉李君(珪)墓誌銘兼序》(大中七年七月二十日):"烈考敬彝,皇隨州刺史……治郡如治家,故衢人、閬人、隨人仰其蘇活。"珪卒大中七年,年三十五。

李　頊　　會昌六年—大中二年(846—848)

《新表二上》趙郡李氏東祖房:"頊,衢州刺史。"《隋唐五代墓誌匯編·洛陽卷》第十四册《唐故大中大夫使持節衢州刺史上柱國贊皇縣開國子李公(頊)墓誌銘并序》(大中三年二月十一日):"父諱絳,在憲宗時爲宰相……(會昌)六年春遂拜爲衢州刺史。"大中二年六月六日卒於郡,享年四十四。證知會昌六年至大中二年在任。

盧簡辭　　大中二年（848）

《舊書》本傳："大和中，坐事自太僕卿出爲衢州刺史。"《新書》本傳："以檢校工部尚書爲忠武節度使。徙山南東道。坐事貶衢州刺史，卒。"按大中元年至二年簡辭爲山南東道節度使，見李商隱《上漢南盧尚書啓》。今從《新傳》。

崔　壽　　大中六年（852）

《宋高僧傳》卷一二《唐蘇州藏廙傳》："却回柯山，蓋避會昌之搜揚也。至大中六年，郡牧崔公壽重之，於州龍興寺別構禪室延居之。數年，北至嘉禾。"《全詩》卷五四八薛逢有《送衢州崔員外》，當即此人。

趙　璘　　約大中末—咸通三年（?—862）

《新書·藝文志三》："趙璘《因話録》六卷。"注："字澤章，大中衢州刺史。"《郡齋讀書志》三下同。《全文》卷七九一趙璘《書戒珠寺》："咸通三年正月二十五日中大夫守衢州刺史趙璘書。"《寶刻叢編》卷一三引《集古録目》同。上圖藏拓片《唐故處州刺史趙府君（璜）墓誌》（咸通三年十月十四日），具銜爲"兄中大夫守衢州刺史璘撰"。云："及〔璜〕刺縉雲也，余前此自祠部郎守信安。"

孫玉汝　　咸通十一年（870）

《容齋續筆》卷一一："《會稽大慶寺碑》，咸通十一年所立，云衢州刺史孫玉汝記。"《全詩》卷六五七羅隱有《寄三衢孫員外》、卷六五六有《孫員外赴闕後重到三衢》、卷六五八有《三衢哭孫員外》、卷六六四有《重過三衢哭孫員外》。

蘇　冲　　咸通、乾符間？

《唐語林》卷四："蘇員外粹，與母弟冲，俱鄭都尉顥門生。後粹爲東陽守，冲爲信安守，欲相見境上，本府許之。"《全詩》卷六六九章碣《贈婺州蘇員外》"雁到江都却續行"注："員外弟冲時任衢州。"《郎官柱》考功員外有蘇冲，在馮顥後，趙蘊前。

季　榖　　乾符五年(878)

《嘉靖衢州府志》："乾符五年，季榖，見《雙石題志》。"

元　泰　　光啓三年(887)

《吳越備史》卷一《武肅王》："〔陳〕儒本黃巢之黨，尋降，朝廷授以饒州。光啓三年，率其部伍自饒廳事直指衙門而出，人無預知者。既而徑趨衢州，知州元泰迎於郊……斬之而自據。"

陳　儒　　光啓三年—乾寧二年(887—895)

《神仙感遇傳》卷一："豐尊師者……衢州陳儒僕射有疾，召而攻之。"《吳越備史》卷一《武肅王》：乾寧二年"十一月，衢州刺史陳儒卒……凡在信安十年，頗有惠愛"。《新書·昭宗紀》、《通鑑·乾寧二年》同。

陳　岌　　乾寧二年—光化三年(895—900)

《新書·昭宗紀》：乾寧二年十一月"辛酉，衢州刺史陳儒卒，其弟岌自稱刺史"。光化三年九月，"衢州刺史陳岌叛附於錢鏐"。《通鑑·乾寧二年》同。又見《吳越備史》卷一《武肅王》。《全文》卷八九八皮光業《吳越故忠義匡國功臣前授常州刺史屠將軍（瓖智）墓誌銘》："光化元年十一月，衢州刺史陳岌叛，將軍又同〔顧〕全武等討平之。"

顧全武　　光化三年(900)

《吳越備史》卷一《武肅王》：光化三年八月，"王以〔陳〕岌爲浙東安撫副使，命顧全武權知衢州事"。

陳　章(陳璋)　　天復元年—天祐三年(901—906)

《吳越備史》卷一《武肅王》：天復元年二月，"命指揮使陳章爲衢州制置使……九月,王以衢州制置使陳章爲本州刺史”。天祐二年三月,“衢州制置使陳章貳於我”。《新書·哀帝紀》:天祐三年六月,“錢鏐陷衢、睦二州,刺史陳璋、陳詢奔於淮南”。又見《九國志》本傳,《通鑑·天復二年》九月、《天祐元年》十二月、《天祐三年》八月,《新書·田頵傳》,《十國春秋·吳太祖世家》、《吳越武肅王世家》等。

方永珍 天祐三年—四年(906—907)

《吳越備史》卷一《武肅王》:“天祐三年九月……方永珍爲衢州制置使。”又見《十國春秋·吳越武肅王世家》。

卷一四七　睦州(新定郡)

隋遂安郡。武德四年改爲睦州,治雉山。七年又改爲東睦州。八年復爲睦州。萬歲登封二年移治建德。天寶元年改爲新定郡。乾元元年復爲睦州。領縣六:建德、還淳(雉山、新安、清溪)、壽昌、桐廬、分水、遂安。

嚴　撰　　武德中

《續高僧傳》卷二〇《丹陽沙門釋智嚴傳》:"武德四年,從〔張〕鎮州南定淮海,時年四十……昔同軍戎有睦州刺史嚴撰,衢州刺史張綽……聞嚴出家在山修道,乃尋之……貞觀十七年,還歸建業,依山結草。"《姓纂》卷五東海嚴氏:"撰,唐穆州刺史。"按"穆州"當即"睦州"之訛。

張　琮　　貞觀十年—十一年(636—637)

《全文》卷一四五于志寧《南安懿公(張琮)碑》:"〔貞觀〕十年,授銀青光禄大夫行睦州刺史……貞觀十一年十二月之任,在道寢疾,薨於宋州館舍。"

徐令言　　貞觀十一年(637)

《舊書·禮儀志三》:"至〔貞觀〕十一年,群臣復勸封山,始議其禮,於是國子博士劉伯莊、睦州刺史徐令言等,各上封祀之事。"又見《元龜》卷三五,《會要》卷七。

平原公　　貞觀中

《全文》卷一八五王勃《常州刺史平原郡開國公行狀》："貞觀某年，遷睦州刺史……俄授使持節松州都督……永徽中改沙州刺史……龍朔年中，授公熊津道總管……授公廣州都督，改封平原公……麟德元年，改授金紫光禄大夫、常州刺史。"

夏侯絢　　永徽四年—五年（653—654）

《隋唐五代墓誌匯編·陝西卷》第三册《唐故使持節睦州諸軍事睦州刺史夏侯府君（絢）墓誌銘并序》（永徽六年十月廿五日）："〔永徽〕四年，授公使持節江州諸軍事江州刺史，未行……改授使持節睦州諸軍事睦州刺史。"永徽五年閏五月廿六日卒，春秋六十。

張後胤（張後嗣、張後裔）　　顯慶二年（657）

《新書》本傳："太宗即位，進燕王諮議……遷燕王府司馬，出爲睦州刺史，乞骸骨……願得國子祭酒，授之。遷散騎常侍。永徽中致仕。"《舊書》本傳未及。《御覽》卷二三六誤爲"許後胤"，《元龜》卷一七二稱"張後裔"，又卷八九九誤爲"張俊裔"，《嚴州圖經》卷一題名（以下簡稱《嚴州圖經》，不注卷數）："張後嗣，顯慶二年正月□日自府司馬加國子祭酒拜。""裔"、"嗣"，均爲避諱改。《寶刻叢編》卷九引《復齋碑録》有《唐贈禮部尚書張後胤碑》，唐李義府撰，顯慶三年三月三日立，在昭陵。今從《嚴州圖經》。

高擇言　　乾封元年（666）

《嚴州圖經》："高擇言，乾封元年七月二十九日自台州刺史拜。"

尤知欽　　高宗時

《嚴州圖經》："尤知欽，□□□年二月十九日自隨州刺史拜。"列於高擇言與高真行之間。

高真行　　永隆元年（680）

《通鑑·永隆元年》：九月，"貶〔高〕真行爲睦州刺史"。又見兩

《唐書》本傳。《嚴州圖經》："高真行，永隆元年九月十四日自右衛將軍拜。"

張大安　　永淳二年（683）

《嚴州圖經》："張大安，永淳二年五月十九日自普州刺史拜。"兩《唐書》本傳未及。唯云"左授普州刺史。光宅中，卒於橫州司馬"。

章　亮　　高宗時？

《故武都侯右龍武大將軍章府君（令信）墓誌銘》（乾元元年）："曾祖慶，隨右金吾大將。祖亮，皇朝睦州太守。父謙，皇朝贈台州長史。"令信享年七十五，無卒年（《考古與文物》1981年第2期）。

陳　矩　　高宗時？

《新表一下》陳氏："矩，穆州刺史。"按"穆州"疑爲"睦州"之訛。又按陳矩伯父君範終隋温令；叔父君賓由陳、隋入唐，貞觀初至虔州刺史；父君通唐初爲淄州刺史。疑陳矩或仕至高宗時。

丘神福　　高宗時？

《姓纂》卷五河南丘氏："神福，睦州刺史。"乃首從義旗、貞觀時陜州刺史丘行恭子。

張　詳　　高宗時？

《全文》卷二五七蘇頲《章懷太子良娣張氏神道碑》："睦州刺史詳之孫、朝議郎行桂州都督府始安縣令明之女也。"

長孫誼　　約垂拱間

《姓纂》卷七河南洛縣（陽）長孫氏："誼，睦州刺史。"《新表二上》同。《嚴州圖經》："長孫誼，□年□月自江州。"次於張大安與李上善之間。

李上善　　天授元年（690）

　　《嚴州圖經》：“李上善，天授元年九月九日自唐州刺史拜。”

婁　薀　　天授二年（691）

　　《嚴州圖經》：“婁薀，天授二年八月十日自澧州刺史拜。”

謝　禧　　如意元年（692）

　　《嚴州圖經》：“謝禧，如意元年自吉州。”

元延壽　　萬歲通天二年（697）

　　《姓纂》卷四河南洛陽元氏：“延壽，睦州刺史。”《新表五下》同。《嚴州圖經》：“元延壽，通天二年正月十五日自徐州刺史拜。”

楊元亨　　久視元年（700）

　　《新表一下》楊氏越公房：“元亨，庫部郎中、睦州刺史。”《通鑑·久視元年》：八月，“左遷〔楊〕元亨睦州刺史”。《嚴州圖經》：“楊元亨，久視元年八月十一日自太府少卿拜。”又見兩《唐書》本傳。

孫　佺（孫詮）　　神龍二年（706）

　　《嚴州圖經》：“孫詮，神龍二年□月□日自右騎。”岑仲勉《姓纂四校記》謂即孫佺。

馮昭泰　　景龍元年（707）

　　《舊書·李尚隱傳》稱：景龍中，“有睦州刺史馮昭泰”。《新書·李尚隱傳》略同。《嚴州圖經》：“馮昭泰，景龍元年十月十九日自邢州刺史拜。”《全文》卷二二九張説《故括州刺史贈工部尚書馮公（昭泰）神道碑》：“以戚累移睦州刺史。復爲群小所譖，左授泉州司馬。未之任，又貶榮州司馬……旋除温州長史。俄復舊階，拜括州刺史。”景龍三年六月十三日卒，六十五歲。

張昭命　景龍二年(708)

《嚴州圖經》:"張昭命,景龍二年十月十三日自揚州司馬拜。"《郎官柱》户部員外有張昭命,在沈萬石、薛將茂後,韓朝宗、嚴挺之前。又户部郎中有張昭令,在狄光嗣後,李琇前。勞格疑即張昭命。户部員外有張昭命,在薛將茂後,韓朝宗前。

魏　洵(魏駒、魏詢)　景龍中?

《姓纂》卷八東祖魏氏:"洵,祠部郎中,睦州刺史。"《嚴州圖經》作"魏駒",次於張昭命與劉幽求之間;《郎官柱》作"魏詢";岑仲勉《姓纂四校記》疑即魏洵之訛。

路惟恕　景雲中?

《舊書・路隨傳》:"高祖節,高宗朝爲越王府東閣祭酒。曾祖惟恕,官至睦州刺史。祖俊之,仕終太子通事舍人。父泌,字安期……建中末,以長安尉從調。"《新表五下》路氏:"惟恕,睦州刺史。"

康希銑(康詵)　約先天中

《全文》卷三四四顔真卿《銀青光禄大夫海濮饒房睦台六州刺史康使君(希銑)神道碑銘》:"貶房州,轉睦州,遷台州,所至之邦必聞美政。開元初入計至京,抗表請致仕,玄宗不許,仍留三年,請歸鄉,敕書褒美,賜衣一襲,并雜綵等,仍給傳驛至本州。冬十月二十有二日不幸遘疾,薨於會稽覺允里第,春秋七十一。"《宋高僧傳》卷八《唐越州雲門寺道亮傳》:神龍二年,"詔於西園問道,朝廷欽貴。大都督李孝逸……祕書監賀知章、睦州刺史康詵,同心慕仰,請問禪心"。"康詵"當即康希銑。《嚴州圖經》失載。

陳　操　約開元前

《嚴陵集》卷九羅汝楫《重建兜率寺記》:"汝楫少時,以事過新定子城之北……實唐陳尊宿故居。陳得法於繼,當時緇素歸重,加姓其上,以尊宿稱。太守陳操師事之,親受法要。事見《傳燈録》。"按《景德傳燈録》卷一二《睦州龍興寺陳尊宿》："師看經次，陳操尚書問：'和尚看什么經?'師云：'《金剛經》。'"

劉幽求　　開元二年(714)

《舊書·玄宗紀》：開元二年閏月"丁亥，劉幽求爲睦州刺史"。《嚴州圖經》："開元二年三月二日自太子少保拜。"又見兩《唐書》本傳，《通鑑·開元二年》閏二月。

宋　璟　　開元三年(715)

《通鑑·開元三年》：正月，"御史大夫宋璟坐監朝堂杖人杖輕，貶睦州刺史"。又見兩《唐書》本傳。《嚴州圖經》："宋璟，開元三年五月十一日自御史大夫拜。"

李思絢　　開元四年(716)

《宋高僧傳》卷八《唐睦州龍興寺慧朗傳》："開元四年，本州牧李思絢於龍山之陽建伽藍，延以居之。"《嚴州圖經》失載。

薛　瑩　　開元七年(719)

《嚴州圖經》："薛瑩，開元七年四月十六日自邢州刺史拜。"按薛瑩開元三年爲杭州刺史，見《元龜》卷六〇一。

韋利器　　開元七年(719)

《宋高僧傳》卷八《唐睦州龍興寺慧朗傳》："開元七年，刺史韋利器深心歸向。八年，歙州長史許思恭請往治所。"《嚴州圖經》："韋利器，開元八年六月□日自博州別駕拜。"疑年代有誤。按韋利器開元三年時爲祕書少監，見《韋利器等造像銘》。終諫議大夫，見《姓纂》卷二東眷韋氏大雍州房。

侯莫陳涉　　開元九年(721)

《嘉泰吳興志》卷一四郡守題名："侯莫陳涉，神龍二年自睦州刺史授;遷商州刺史。《統記》云:開元九年。"今從《統記》。《嚴州圖經》失載。

李仲宣　　開元十三年(725)

《嚴州圖經》:"李仲宣,開元十三年九月十三日自德州刺史拜。"按《新表二上》趙郡李氏東祖房:"仲宣,德州刺史。"

楊承令　　開元十五年(727)

《嚴州圖經》:"楊承令,開元十五年五月□日自睦州別駕拜。"按楊承令開元十三年二月二十一日由尚書左丞出爲汾州刺史,見《通鑑》及《元龜》卷六七一。

柳齊物　　開元十□年

《姓纂》卷七河東解縣柳氏:"齊物,睦州刺史。"《新表三上》同。上圖藏拓片《大唐王屋山女道士柳尊師真宮誌銘》(開成五年十一月三十日):"曾祖齊物,萊、睦二州刺史。"《因話錄》卷一:"玄宗柳婕好……乃尚書左丞範之女、睦州刺史齊物之妹也。"《嚴州圖經》:"柳齊〔物〕,開元十□年□月□日自萊州。"

李無言　　開元十八年?（730?）

《新書·宗室世系表上》蜀王房:"睦州刺史無言。"《嚴州圖經》失載。按開元十七年李無言在蘇州刺史任。

崔　景(崔昊)　　開元十九年(731)

《嚴州圖經》:"崔景,開元十九年三月十日自眉州刺史拜。"按《新表二下》博陵安平崔氏大房有景,未署官職。其弟"昊,眉州刺史"。疑《嚴州圖經》或《新表》之間有一誤。

李　諒　　開元二十二年(734)

《嚴州圖經》:"李諒,開元二十二年十月九日自領軍衛將軍拜。"

王審禮　開元二十六年(738)

《嚴州圖經》:"王審禮,開元二十六年八月□日自温州刺史拜。"
按《全文》卷三五二樊衡《爲幽州長史薛楚玉破契丹露布》稱"侍御史
王審禮"。按《寶刻叢編》卷四引《訪碑録》有《唐睦州刺史王君碑》,史
惟則八分書,未知是王審禮否。

裴元明　開元中?

《新表一上》洗馬裴氏:"元明,睦州刺史。"乃中宗相裴炎子。

羅思崇　開元中?

《全文》卷五〇六權德輿《唐故太中大夫守太子賓客羅公(珦)墓
誌銘并序》:"祖思崇,韶、睦、常三州刺史。"又見卷四七八楊憑《唐廬
州刺史本州團練使羅珦德政碑》。珦卒元和四年十一月,其祖疑仕開
元中。

崔　瑶　約開元末

《隋唐五代墓誌匯編·洛陽卷》第十一册《唐故光禄卿崔公
(瑶)墓誌銘并序》(天寶八載十月二十三日):"除宣州刺史,内憂去
職,制闋轉兗州都督,又移睦州刺史……拜光禄卿。"天寶八載九月廿
五日卒,年七十二。

盧同宰　天寶元年(742)

《嚴州圖經》:"盧同宰,天寶元年六月二十八日自易州刺史拜。"
按天寶三載在明州刺史任。

張　愿　天寶三載(744)

《嚴州圖經》:"張愿,天寶三載九月十八日自台州刺史拜。"

韋南金　天寶五載—八載(746—749)

《嚴州圖經》:"韋南金,天寶五載九月□日自台州刺史拜。"《嘉泰

吳興志》卷一四郡守題名：“韋南金，天寶八年自睦州刺史授。”

李　宷　　天寶九載（750）

《嚴州圖經》：“李宷，天寶九載九月二十六日自江州刺史拜。”按《新表二上》趙郡李氏東祖房有“宷，江州刺史”。

張　漸　　天寶九載（750）

《嚴州圖經》：“張漸，天寶九載十月自饒州刺史拜。”兩《唐書·楊國忠傳》有“國忠之黨翰林學士張漸”。

張　朏　　天寶十載（751）

《嚴州圖經》：“張朏，天寶十載三月十日自撫州刺史拜。”《唐文拾遺》卷一九張回《唐故太中大夫守新定郡太守張公（朏）墓誌銘并序》：“又拜渠州刺史、涪陵郡太守、零陵郡太守、臨川郡太守、新定郡太守……以天寶十載六月廿四日遇疾薨於新定郡官舍。”《遼居稿》有《新定郡太守張朏墓誌跋》。

鄭　濟　　天寶十一載（752）

《嚴州圖經》：“鄭濟，天寶十一載七月十一日自徐州刺史拜。”《全文》卷六五五元稹《夏陽縣令陸翰妻河南元氏墓誌銘》：“我外祖睦州刺史滎陽鄭公濟，官族甲天下。”《白居易集》卷四二《唐河南元府君夫人滎陽鄭氏墓誌并序》：“父諱濟，睦州刺史。”

馮　臨　　天寶十二載（753）

《嚴州圖經》：“馮臨，天寶十二載十月十七日自上司禦副率拜。”

盧　渙　　天寶十□載

《嚴州圖經》：“盧渙，天寶十□載□月□日自歙州刺史拜。”次於馮臨、李伯成之間。《新安志》卷九牧守：“盧渙，天寶中刺史，後改刺睦州。”

李伯成　　天寶十五載(756)

《嚴州圖經》:"李伯成,天寶十五載正月十八日自吉州刺史拜。"《廣記》卷一一二引《異物志》:"唐李元平,故睦州刺史伯誠之子。"卷三三九引《廣異記》作"伯成"。

閭敬受(閭欽愛)　　至德二載(757)

《嚴州圖經》:"閭欽愛,至德二載十一月十日自蘇州別駕拜。"按《姓纂》卷五閭氏:閭眘止子敬受。岑仲勉《姓纂四校記》謂:《南部新書》庚"御史閭敬愛"及《嚴州圖經》之"欽愛"均即敬受;"欽"字殆宋人諱改;"愛"字乃"受"字之訛。《全文》卷三四六劉長卿《祭閭使君文》、《又祭閭使君文》稱:"謹以清酌之奠祭於故睦州刺史閭公之靈……長卿昔尉長洲,公爲半刺。"

韓　洄　　乾元中

《全文》卷五〇七權德輿《大中大夫守國子祭酒潁川縣開國男韓公(洄)行狀》:"乾元中……除睦州別駕知州事。"

張崇暉　　上元元年(760)

《嚴州圖經》:"張崇暉,上元元年□月□日自泗州刺史拜。"

張伯儀　　廣德元年—永泰元年(763—765)

《新書》本傳:"浙賊袁晁反,使伯儀討平之,功第一,擢睦州刺史。"又見《元龜》卷三五九。《嚴州圖經》失載。按永泰元年張伯儀爲杭州刺史。當是由睦刺轉任杭州,其任睦刺當至永泰元年。

賀若滔　　永泰元年(765)

《嚴州圖經》:"賀若滔,永泰元年八月十四日自義王傅拜。"

賈　琛　　大曆三年(768)

《嚴州圖經》:"賈琛,大曆三年十月二十五日自廬州刺史拜。"

陶　銑　　大曆四年(769)

《嚴州圖經》:"陶銑,大曆四年□月□日自江州刺史拜。"

韋　儇　　大曆四年(769)

《新表四上》韋氏逍遥公房:"儇,睦州刺史。"《全文》卷三九一獨孤及《前左驍衛兵曹參軍河南獨孤公故夫人韋氏墓誌》:"祕書省著作郎〔偉〕、睦州刺史儇之妹……廣德二年夏六月歸於我……大曆四年夏六月……乙卯殁於舒州……是歲九月甲申,以輤袶裳帷遷於洛陽。十一月丁巳,安宅兆於舅姑先塋之西南隅。"證知大曆四年韋儇正在睦州刺史任。韋儇當繼陶銑任睦刺。《全詩》卷二七三戴叔倫《贈韋評事儇》,亦即此人。

蕭　定　　大曆八年—十二年(773—777)

《舊書》本傳:"爲元載所擠,出爲祕書少監兼袁州刺史,歷信、湖、宋、睦、潤五州刺史。"又見《元龜》卷六八四。《全文》卷三四六劉長卿《仲秋奉餞蕭郎中使君赴潤州序》:"由是蕭公建隼兹地,化成五年……有南徐之命。"知蕭定在睦州五年。《宋高僧傳》卷八《唐睦州龍興寺慧朗傳》:"大曆十二年,新定太守蕭定述碑,司馬劉長卿書,刺史李揆篆額。"由大曆十二年上推五年,當爲大曆八年蕭定始爲睦州。《嚴州圖經》失載。

李　揆　　大曆十二年—十四年(777—779)

《舊書·代宗紀》:大曆十二年四月"癸巳,以前祕書監李揆爲睦州刺史"。又《德宗紀上》:大曆十四年六月,"睦州刺史李揆爲國子祭酒"。又見兩《唐書》本傳,《元龜》卷九一五,《宋高僧傳》卷八《唐睦州龍興寺慧朗傳》。《嚴州圖經》:"李揆,大曆十三年四月十三日自祕書監拜。"按"十三年"當爲"十二年"之訛。

林　披　　約大曆中

《閩書》卷一〇五《林披傳》:"以治行遷汀州別駕知州事,復以御史大夫李栖筠奏，授檢校太子詹事兼蘇州別駕、睦州刺史。”

王　縝　　建中元年（780）

《嚴州圖經》：“王縝，建中元年三月二十四日自吉州刺史拜。”《郎官柱》司封郎中有王縝，在郭晤後，杜黄裳前。户部郎中在徐演（縝）後，平昌、衛密前。户部員外在張賈後，裴澈前。

杜　亞　　建中元年—興元元年（780—784）

《舊書·德宗紀上》：建中元年八月“乙未，河中晉絳觀察使杜亞爲睦州刺史”。《通鑑·興元元年》：七月，“及上在興元，〔李〕泌爲杭州刺史，上急詔徵之，與睦州刺史杜亞俱詣行在”。又見兩《唐書》本傳，《元龜》卷九二五誤作“陸州刺史”。《全文》卷四八九權德輿有《與睦州杜給事書》。又卷四九七《唐故東都留守東都汝州防禦使杜公（亞）神道碑銘并序》稱：“繇睦州刺史入爲刑部侍郎。”《嚴州圖經》：“杜亞，建中元年八月〔自河〕中尹晉絳州（下闕）。”

崔　適　　約貞元初

《全文》卷五〇二權德輿《朝散大夫使持節饒州諸軍事守饒州刺史上柱國崔君（適）墓誌銘并序》：“其佐晉陵也，晉國韓公當撫封之重，署爲推官。輶傳所至，平反審克。假守新定，新定之人宜之，薄於進取，未數月引去。”貞元十四年卒。按韓滉建中二年至貞元三年在浙西觀察使任，崔適假守新定約在貞元初。

獨孤汜　　約貞元初

《新表五下》獨孤氏：“汜，睦州刺史。”《姓纂》卷一〇岑補獨孤氏同。《全詩》卷八一八皎然有《送韋向睦州謁獨孤使君汜》。按《嘉定赤城志》卷八郡守：“貞元六年，獨孤汜。”岑仲勉《唐集質疑·獨孤及繫年録》據《全文》卷五〇九權德輿《祭獨孤台州文》謂汜官終台刺，則其刺睦約在貞元初。《全文》卷五三三李觀有《與睦州獨孤使君論朱利見書》。《嚴州圖經》失載。

韋　贊　　貞元四年(788)

《嚴州圖經》："韋贊，貞元四年正月十六日自駕部郎中拜。"《全詩》卷二五二劉太真有《顧十二況左遷過韋蘇州房杭州韋睦州三使君》，韋蘇州指韋應物，房杭州指房孺復，韋睦州指韋贊。

張彙征　　貞元七年(791)

《嚴州圖經》："張彙征，貞元七年二月十一日自刑部郎中拜。"

李正臣　　貞元七年(791)

《嚴州圖經》："李正臣，貞元七年□月□日虔州刺史拜。"按《新表二上》江夏李氏有"正臣，大理卿"，乃北海太守李邕孫。

李　敷　　貞元十年(794)

《嚴州圖經》："李敷，貞元十年十月二十七日自濠州刺史拜。"

韋士勛　　貞元二十一年(805)

《嚴州圖經》："韋士勛，貞元二十一年四月二十二日自金州刺史拜。"按《姓纂》卷二襄陽韋氏及《新表四上》韋氏小逍遙公房有"士勛，河南少尹"，乃馮翊太守韋濟子。

李幼清　　元和元年(806)

《嚴州圖經》："李幼清，元和。"次於韋士勛與鄭膺甫之間。《兩浙金石志》卷二《唐李幼清題名》："睦州刺史李幼清，元和元年十一月二十□日遊。"《全文》卷五七八柳宗元《同吳武陵贈李睦州詩序》："潤之盜錡，竊貨財，聚徒黨，爲反謀十年。今天子即位三年，大立制度，於是盜恐且奮，將遂其不善，視部中良守不爲己用者，誣陷去之。睦州由是得罪……有間，盜遂作，而廷臣猶用其文斥睦州南海上……無幾，盜就禽，斬之於社垣之外，論者謂宜還睦以明其誣，既更大赦，始移永州。"按李錡反叛、伏誅事在元和二年十月。又卷五九〇《太府李卿外婦馬淑誌》："李君爲睦州，詆狂寇見誣，左官爲循州録，過而慕焉，納爲外

2029

婦。”又卷五七四有《與李睦州論服氣書》。“李睦州”，指李幼清。

鄭膺甫　　元和四年（809）

《嚴州圖經》：“鄭膺甫，元和四年三月二十五日自度支郎中拜。”《唐文拾遺》卷二九吕述《移城隍廟記》：“睦州城隍神廟，舊在城内西北隅。元和初年，刺史鄭膺甫移置於城北門樓上。”按《舊書》附《鄭餘慶傳》，未及睦刺。

李道古　　元和六年—八年（811—813）

《嚴州圖經》：“李道古，元和六年六月三日自唐州刺史拜。”《全文》卷五六三韓愈《昭武校尉守左金吾衛將軍李公（道古）墓誌銘》：“以選爲利隨唐睦州刺史，遷少宗正。元和九年，以御史中丞持節鎮黔中。”又卷五六一《曹成王碑》、兩《唐書》本傳略同。《全文》卷六八六皇甫湜《睦州録事參軍廳壁記》：“前刺史李君爲政，更年大惠……元和八年四月三日記。”《唐文拾遺》卷二六李道古《睦州大廳記》：“元和七年甲子歲記。”又見《寶刻叢編》卷一四引《集古録目》。

崔元方（崔元芳、崔元加）　　約元和九年（約 814）

《嚴州圖經》有“崔元芳”，次於李道古與羊士諤之間。北圖藏拓片《盧逢時妻李氏墓誌》（咸通四年五月二十九日）：“〔外〕王父尊諱元方，睦州刺史。”夫人咸通四年三月三日卒，年五十一。作“元方”。周紹良藏拓本《（闕九字）墓銘并序》（咸通四年五月廿九日）：“舅朝議郎前守河南少尹賜緋魚袋崔碣撰并書……夫人故涇州從事盧端公逢時之妻。碣□伯姊之女也……夫人……〔外〕高王父尊諱涣……曾王父尊諱縱……王父尊諱元加，睦州刺史，贈工部尚書。”按《新表二下》博陵安平大房崔氏：涣子縱，縱子元方，沔州刺史。無“元加”其人，則作“元方”爲是。

羊士諤　　元和十二年（817）

《嚴州圖經》：“羊士諤，元和十二年三月五日自洋州刺史拜。”

獨孤邁　　元和十四年(819)

《嚴州圖經》：“獨孤邁，元和十四年五月九日自户部員外郎拜。”

馮　某　　約元和中

《全詩》卷五〇六章孝標《送進士陳嶢往睦州謁馮郎中》：“太守憐才者，從容禮不輕。”此馮郎中當爲睦州刺史。熊飛云：章孝標所送之陳嶢，年紀應與自己差不多，都是没有取得功名的秀才，詩應爲中進士前所寫。

張　顗　　元和中？

《千唐誌·唐故正議大夫檢校太子詹事上柱國魏府君中山張氏夫人墓誌銘并序》(咸通九年七月十八日)：“曾祖顗，皇睦州刺史。”夫人卒咸通七年，享年三十二。

盧國佐　　元和中？

《新表三上》盧氏：“國佐，睦州刺史。”乃魏郡太守盧見義從姪孫。

孟　簡　　長慶元年—二年(821—822)

《舊書·穆宗紀》：長慶元年四月，“吉州司馬孟簡爲睦州刺史”。又本傳：“〔元和〕十五年，穆宗即位，貶吉州司馬員外置同正員……長慶元年大赦，量移睦州刺史。二年，移常州刺史。”《新書》本傳略同。按《嚴州圖經》稱：“孟簡，元和十□年□月□日自吉州刺史拜。”誤。

韋文恪(韋文悟)　　長慶三年(823)

《嚴州圖經》：“韋文恪，長慶三年二月七日自司門郎中拜。”《全文》卷六五四元稹《永福寺石壁法華經記》稱：“睦州刺史韋文悟”。按《新表四上》西眷韋氏平齊公房：“文恪，字敬之，將作監，充内作使。”乃陝虢觀察支使韋宗禮弟，當即其人。疑元稹文中“悟”字乃“恪”字之訛。

韓　泰　　長慶四年—大和元年（824—827）

《金石補正》卷六七《韓泰等題名》：“朝散大夫守睦州刺史韓泰……長慶元年三月自漳州刺史授郴州，四年六月轉睦州，八月九日沿流之任。”《嚴州圖經》：“韓泰，長慶四年六月二十五日自郴州刺史拜。”《嘉泰吳興志》卷一四郡守題名：“韓泰，大和元年七月三日自睦州刺史拜。”《全詩》卷三六五劉禹錫《遥和韓睦州元相公二君子》，“韓睦州”即指韓泰。

張　聿　　大和元年？（827？）

《嚴州圖經》：“張聿，寶曆□年□月□日自屯田郎中拜。”按寶曆中韓泰在睦刺任，疑張聿在大和初接韓泰任。又按《雲間志》卷中《知縣題名》有張聿。

張公儒　　大和六年（832）

《嚴州圖經》：“張公儒，大和六年十月五日自職方郎中拜。”《郎官柱》金部郎中有張公儒，在蕭澣後，劉茂復前。

王　琮　　大和九年（835）

《嚴州圖經》：“王琮，大和九年四月七日自洛陽縣令拜。”

李善白　　大和九年（835）

《嚴州圖經》：“李善白，大和九年十月□日自（闕）。”《白居易集》卷三四《憑李睦州訪徐凝山人》詩：“郡守輕詩客，鄉人薄釣翁。解憐徐處士，唯有李郎中。”乃白居易開成初以太子少傅分司東都時作。“李睦州”，當即李善白。

鄭仁弼　　開成二年（837）

《嚴州圖經》：“鄭仁弼，開成二年八月七日自衛尉少卿拜。”按鄭仁弼大和六年爲台州刺史。

吕　述　　開成三年—五年（838—840）

　　《嚴州圖經》："吕述，開成二年七月二十三日自鹽鐵推官、祠部郎中拜。"按前已有鄭仁弻於開成二年八月爲睦刺，此不當云"二年七月"，疑"二"爲"三"之訛。《唐文拾遺》卷二九吕述《移城隍廟記》："睦州城隍神廟，舊在城内西北隅。元和初年，刺史鄭膚甫移置於城北門樓上，其地舊置州獄及司法官廳。開成四年，刺史吕述移獄，就六司院東南之隙地，於廢址上立新廟……開成五年六月一日刺史吕述建。"又見《新安志》卷一祠廟。《全詩》卷六五〇方干有《睦州（一作"陸州"）吕郎中郡中（一作"内"）環溪亭》，"吕郎中"當即吕述。

滕　邁　　開成五年？（840？）

　　《全詩》卷五四九趙嘏有《送滕邁郎中赴睦州》。《咸淳毗陵志》卷二六："滕刺史邁墓在新橋門外半里荒莽間，有二石獸，刻云：唐尚書刑部郎官睦州刺史滕公之墓。"《嚴州圖經》失載。按《嘉定赤城志》卷八郡守："開成四年，滕邁。"疑其刺睦在開成末、會昌初。

薛　藴　　會昌初

　　《嚴州圖經》："薛藴，□年□月□日自明州刺史拜。"次於吕述與蘇滌之間。

孫公乂　　會昌二年（842）

　　《新表三下》孫氏："公乂，睦州刺史。"《千唐誌·唐故銀青光禄大夫工部尚書致仕孫府君（公乂）墓誌銘》（大中五年七月三日）："至會昌二年五月自饒移於睦。"

蘇　滌　　會昌三年（843）

　　《嚴州圖經》："蘇滌，會昌三年九月十四日自給事中拜。"按蘇滌會昌六年由舒州刺史貶連州刺史。

韋有翼　　會昌五年（845）

　　《嚴州圖經》："韋有翼，會昌五年三月二十四日自安州刺史拜。"

按韋有翼大中四年爲陝虢觀察使。

杜　牧　　會昌五年(845)

《嚴州圖經》:"杜牧,會昌六年十月□日自池州刺史拜。"《全文》卷七五四杜牧《自撰墓誌銘》:"出守黃、池、睦三州。"又卷七五五杜牧《唐故進士龔輅墓誌》:"會昌五年十二月某自秋浦守桐廬。"又《唐故歙州刺史邢君(群)墓誌銘并序》:"會昌五年……渙思(邢群字)罷處州授歙州,牧自池轉睦。"又見《新安志》卷九牧守。證知《嚴州圖經》有誤。

盧　鋼　　會昌、大中間?

《新表三上》盧氏:"鋼,睦州刺史。"乃太子太師盧鈞兄。

鄭承休　　大中三年(849)

《嚴州圖經》:"鄭承休,大中三年十月七日自果州刺史授。"

李文舉　　大中五年—六年(851—852)

《嚴州圖經》:"李文舉,大中六年四月十三日自宗正卿拜。"《全文》卷七四八杜牧有《李文舉除睦州刺史制》。又見《會要》卷一七,《元龜》卷一五三。《舊書·宣宗紀》:大中五年十二月,"貶宗正卿李文舉睦州刺史"。證知大中五年已任命。

厲　玄　　大中六年(852)

《嚴州圖經》:"厲玄,大中六年九月十日自□□使大理拜。"《全詩》卷五一六厲玄《寄婺州溫郎中》注:"時刺睦州。"

崔　彖　　大中六年(852)

《嚴州圖經》:"崔彖,大中六年十一月十一日自户部郎中拜。"《郎官柱》户部郎中有崔彖,在韋宙後,李荀前。主客郎中在韋博後,鄭澟前。

韓　瞻　　大中十二年(858)

《嚴州圖經》："韓瞻，大中十二年四月七日自雁州刺史兼本州鎮
遏使拜。"按"雁州"乃"鳳州"之訛。

牛　叢(牛藂)　　大中十二年(858)

《嚴州圖經》："牛叢，大中十二年十一月□日自司勳員外郎拜。"
《通鑑·大中八年》："叢，僧孺之子也。久之，叢自司勳員外郎出爲睦
州刺史。"《新書》本傳略同。《舊書》作"牛藂"，未及睦刺。又見《東觀
奏記》卷中，《唐語林》卷一。

許　渾　　大中時

《新書·藝文志四》"許渾《丁卯集》二卷"注："字用晦，圉師之後，
大中睦州、郢州二刺史。"又見《唐詩記事》卷五六，《唐才子傳》卷七。
《嚴州圖經》失載。

胡　某　　大中、咸通間？

《全詩》卷六五〇方干《德政上睦州胡中丞》云："上德由來合動
天，旌旗到日是豐年。群書已熟無人似，五字研成舉世傳。"同卷又有
《胡中丞早梅》詩。又《別胡中丞》云："二年朝夜見雙旌，心魄知恩夢
亦驚。"則此胡中丞在睦州任期當在兩年以上。其時間難以確定，疑
在大中、咸通間。

金仁規　　咸通三年(862)

《嚴州圖經》："金仁規，咸通三年十一月二日自太府少卿拜。"

陸　墉　　咸通五年(864)

《嚴州圖經》："陸墉，咸通五年十二月五日自鹽鐵江淮知後金部
郎中拜。"《全詩》卷六〇三許棠《寄睦州陸(一作侯)郎中》注："一作
《寄陸睦州》。"又卷六一九陸龜蒙《引泉詩》注："睦州龍興觀老君院
作。"詩云："上嗣位六載，吾宗刺桐川。"

侯　温　咸通六、七年（865、866）

《嚴州圖經》："侯温，咸通□年□月□日自郎中拜。"次於陸塘、馮巖之間。《全詩》卷六五一方干有《歸睦州中路寄侯郎中》詩，又有《初歸故里獻侯郎中》詩云："朝昏入閩春將逼，城邑多山夏却寒。"熊飛謂詩中有"閩春"語知爲咸通七年作。《全詩》卷五八九李頻有《送侯郎中任新定二首》："罷郎東出守，半路得浮舟。"證知乃從尚書郎出爲睦州刺史。

宋　震　咸通十一年（870）

《全詩》卷八三五貫休有《上新定宋使君》、卷八二九有《寄宋使君》、卷八三〇有《上宋使君》，《全詩續補遺》卷一七引《嚴陵集二》貫休有《宋使君罷新定移出東館二首》、《夏雨登干霄亭上宋使君》，《寄杭州宋使君》注："公初罷睦州。"《嚴州圖經》失載。據門人劉芳瓊考證，貫休諸詩作於咸通十一年，見其所著《貫休行踪考》（未刊）。

馮　巖　咸通十二年（871）

《嚴州圖經》："馮巖，咸通十二年十二月十三日自太府少卿拜。"《全詩》卷八三三貫休《追憶馮少常》、卷八三六《秋末寄上桐江馮使君》、卷八二七《擬齊梁體寄馮使君三首》、《上馮使君五首》、卷八二九《寄馮使君》、卷八三〇《上馮使君渡水僧障子》、《寄馮使君》、《早秋即事寄馮使君》、卷八三一《上馮使君山水障子》、卷八三五《對雪寄新定馮使君》等，皆指馮巖。

張　極　咸通十四年（873）

《嚴州圖經》："張極，咸通十四年十二月五日自長安縣令拜。"《郎官柱》户部郎中有張極，在韋保乂後，鄭博、盧紹前。

許　珂　乾符三年（876）

《嚴州圖經》："許珂，乾符三年自陳州刺史拜。"《舊書·僖宗紀》：乾符四年五月，"以陳州刺史許珂爲睦州刺史"。今從《嚴州圖經》。

柳　超　　乾符五年（878）

《嚴州圖經》：“柳超，乾符五年十月十四日自鹽鐵浙東院膳部郎中拜。”

韋　諸　　廣明元年—中和元年（880—881）

《嚴州圖經》：“韋諸，廣明元年八月二十二日自衡州刺史拜。”《新書·僖宗紀》：中和元年二月“戊戌，清平鎮使陳晟執睦州刺史韋諸，自稱刺史”。又《周寶傳》：“中和二年……明年，董昌據杭州，柳超自常熟入睦州，刺史韋諸殺之。”疑有誤。

陳　晟　　中和元年—光化三年（881—900）

《嚴州圖經》：“陳晟，中和元年二月二十日清平鎮□□拜，築羅城。”《新書·僖宗紀》略同。又《昭宗紀》：光化三年，“睦州刺史陳晟卒，其弟詢自稱刺史”。又《周寶傳》：“陳晟據睦州十八年死，弟詢代立。”按《通鑑·中和四年》：“是歲，餘杭鎮使陳晟逐睦州刺史柳超……朝廷因命爲刺史。”疑誤。

陳　詢　　光化三年—天祐二年（900—905）

《新書·昭宗紀》：光化三年，“睦州刺史陳晟卒，其弟詢自稱刺史”。《通鑑·天復三年》：七月，“睦州刺史陳詢叛錢鏐，舉兵攻蘭溪”。天祐二年十二月，“陳詢不能守睦州，奔于廣陵，淮南招討使陶雅入據其城”。又見《吳越備史》卷一《武肅王》，《九國志·陳璋傳》，《新書·周寶傳》，《十國春秋·吳太祖世家》、《吳越武肅王世家》。按《新書·哀帝紀》稱陳詢天祐三年六月奔淮南，疑誤。

金師會　　天祐二年（905）

《九國志·陶雅傳》：“天祐初，陳詢以睦州歸款，吳越遣萬衆攻詢，雅率兵救之……明年破婺州，虜越（婺）州刺史沈夏，以功遷衢睦團練使、江南都招討……乃令大將軍金師會領睦州事，遂班師新安。而越兵大至，衢、睦、婺三州復没。”

馬 綽　　天祐三年（906）

《吳越備史》卷一《武肅王》：天祐三年“二月辛卯，王至睦州……三月，命浙西營田副使馬綽權睦州刺史”。又見《十國春秋》本傳、《吳越武肅王世家》。

<h2 style="text-align:center">待考録</h2>

薛 夒

《新表三下》薛氏：“夒，睦州刺史。”乃通州刺史薛鈞子。

齊 顗

《全文》卷九八四闕名《對好鈎判》：“睦州刺史齊顗好鈎……齊顗承榮梓闕，作鎮桐廬。”

盧 某

《全詩》卷六八五吳融有《和睦州盧中丞題茅堂十韻》。

卷一四八　歙州（新安郡）

隋新安郡。武德四年改爲歙州，置總管府。後改爲都督府。貞觀元年罷都督府。天寶元年改爲新安郡。乾元元年復爲歙州。領縣五：歙、休寧、黟、北野（績溪）、婺源。

汪　華　　武德四年(621)

《通鑑·武德四年》：九月，“歙州賊汪華據黟、歙等五州，有衆一萬，自稱吳王。甲子，遣使來降，拜歙州總管”。《元龜》卷一六四同。《全文》卷一高祖《封汪華越國公制》：“汪華往因離亂，保據州鄉……識機慕化，遠送款誠。宜從襃寵，授以方牧。可使持節總管歙宣杭睦婺饒等六州諸軍事歙州刺史、上柱國、越國公，食邑三千户。”又見卷八六九汪台符《歙州重建汪王廟記》，《淳熙新安志》卷一、卷九牧守（以下簡稱《新安志》）。北圖藏拓片有《奉籍歸唐表》，唐高祖有制，末署“武德四年九月二十二日中書舍人顏師古”。又一制：“門下，前歙州都督汪華等或久經任使，或夙著款誠，並宜參掌禁兵，委師戎旅，可依前受，主者施行。貞觀二年四月五日中書舍人李百藥行。”

王雄誕　　武德四年(621)

《舊書》本傳：“以前後功授歙州總管，封宜春郡公。”《新書》本傳略同。《通鑑·武德四年》：十一月，“〔王〕雄誕以功除歙州總管”。又見《新安志》。

王大禮　　總章元年—二年（668—669）

《隋唐五代墓誌匯編·陝西卷》第一册《大唐故使持節歙州諸軍事歙州刺史駙馬都尉王君（大禮）墓誌銘并序》（咸亨元年十月四日）："爲使持節綏州諸軍事綏州刺史……詔除使持節歙州諸軍事歙州刺史。以總章二年二月廿六日卒於歙州之官第，春秋五十有七。"北圖藏拓片《大唐故中大夫行定州鼓城縣令王君（玄起）墓誌銘并序》（開元十一年十月十日）："父大禮，皇朝右千牛，尚遂安公主，駙馬都尉，綏、歙二州刺史……君即歙州府君之長子。"萬歲通天元年卒，春秋四十八。景龍三年十月二日葬。

韋　瑜　　高宗時？

《姓纂》卷二東眷韋氏郿公房："瑜，歙州刺史。"《新表四上》同。乃隋隴州刺史、唐陵州刺史韋津子。又見《新安志》。

蘇　瓌　　武后時

《全文》卷二三八盧藏用《太子少傅蘇瓌神道碑》："出爲朗州刺史，轉歙州刺史……檢校冀州刺史，累遷汾、鼎、同、汴、揚、陝……九爲牧而循良之績著於州郡。"卒景雲元年。《新書》本傳："歷朗、歙二州刺史。時來俊臣坐事貶州參軍，人懼復用，多致書請瓌。"又見《元龜》卷六七四。《舊書》本傳未及。按兩《唐書·來俊臣傳》未及貶歙州事，唯稱長壽中曾坐贓貶同州參軍。

王子麟　　約景雲中

北圖藏拓片《大唐故正議大夫行光禄寺少卿太原王府君（子麟）墓誌銘并序》（開元六年正月十四日）："歷……黄、沔、歙、果四州刺史，左衛中郎將，潭、越貳府都督，光禄少卿。"開元五年十二月十二日卒，春秋五十八。按開元二年由左衛中郎將遷越州都督，遷光禄少卿。

韋虛心　　約開元前期

《全文》卷三一三孫逖《東都留守韋虛心神道碑》："命公作歙、曹二州刺史，荆、潞、揚三州長史，以至於太原尹。"開元二十九年卒，享年七十。兩《唐書》本傳未及歙刺。按開元十三年虛心爲荆州長史，二十三年爲揚州長史。

郭茂貞　　開元中

《金石録》卷六："《唐歙州刺史郭茂貞碑》，賀知章撰，八分書，姓名殘缺，開元二十年十月。"又見《寶刻叢編》卷四引。

權若訥　　約開元中

《新表五下》權氏："若訥，桂、歙、梓三州刺史。"《全文》卷四九三權德輿《唐故通議大夫梓州諸軍事梓州刺史權公（若訥）文集序》："拜歙州刺史，遷桂州都督、梓州刺史。"又見卷五〇一《唐故東京安國寺契微和尚塔銘并序》、卷五〇三《再從叔故試大理評事兼徐州蘄縣令府君（有方）墓誌銘并序》。按《新書·藝文志四》著録《權若訥集》十卷，注云："開元梓州刺史。"則其刺歙亦約在開元中。

李聿　　開元中？

朱玉麒云，《歷世真仙體道通鑑》卷三九："李聿，唐宗室也。羅公遠於明皇燕間講論道妙，出入含元殿，曾試之。後授歙州刺史。"按：《新書·宗室世系表下》蔣王房有譙尉李聿，爲宗正主簿李嶷子，或即其人。

魏哲（魏喆）　　約開元、天寶間

《全文》卷三〇九孫逖《授魏哲等諸州刺史制》稱："前歙州刺史魏哲。"按孫逖於開元二十四年至天寶三載爲中書舍人，掌制誥八年。《芒洛四編》卷六《唐故秦州上邽縣令豆盧府君夫人（魏氏）墓誌》（貞元十七年十一月十四日）："先府君諱喆，正議大夫，巴、延、邛、歙、寧五州刺史，鉅鹿縣開國男之第四女也。"夫人三十四歲丁先府君憂。夫人卒貞元十七年，享年七十一，則魏哲卒廣德二年。

張　某　　天寶十載前(751 前)

《金石録》卷七："《唐新安郡太守張公碑》，韋述撰，徐浩正書，史惟則篆，天寶十載十一月。"又見《寶刻叢編》卷二〇引。

盧　渙　　天寶中

《新安志》："盧渙，天寶中刺史，後改刺睦州。"《嚴州圖經》卷一題名："盧渙，天寶十□載□月□日自歙州刺史拜。"

崔　渙　　天寶中

《全文》卷七八四穆員《相國崔公（渙）墓誌銘》："天寶中歷屯田、左司二員外郎，出爲歙州刺史，換綿州，錫金印紫授。大駕南巡……擢拜門下侍郎平章事。"按《舊書》本傳謂：楊國忠出不附己者，渙出爲劍州刺史；《新書》本傳謂"出爲巴西太守"，皆未及歙刺，未知誤否。

李　廣(季廣)　　上元中

《新安志》："季廣，上元中刺史。寶應元年改刺處州。"按"季廣"當爲"李廣"之誤。李廣約大曆中爲河南尹。

李　揆　　約寶應元年(約 762)

《舊書》本傳："揆在相位……深爲物議所非……乃貶揆萊州長史同正員……後累年，揆量移歙州刺史……及〔元〕載登相位，因揆嘗徙職，遂奏爲試祕書監。"《新書》本傳稱："貶袁州長史……累年乃徙歙州刺史。"《元龜》卷九一五同。《新安志》誤作"袁州刺史"。按李揆上元二年二月貶袁州長史，元載寶應元年建辰月同平章事，見《新書·宰相表中》。

龐　濬　　廣德中

《新書·代宗紀》：永泰元年正月，"歙州人殺其刺史龐濬"。《新安志》同。《全文》卷四〇九崔祐甫《廣喪朋友議》："永泰中，穆鄂州寧會客席，與故湖南觀察韋大夫之晉同宴，適值有發遠書者，知鄭郴州炅知（之）、龐歙州濟，或以疾而歿，或遇戕於盜，韋氏出涕沱若而言曰：二刺史，之晉之交友也。"

長孫全緒（公孫綽）　永泰元年—大曆二年（765—767）

《元和郡縣志》卷二八歙州祁門縣："永泰元年草賊方清於此僞置昌門縣，以爲守備，刺史長孫全緒討平之。"又績溪縣："大曆二年，刺史長孫全緒奏分歙縣置。"《全詩》卷二〇〇岑參有《送羽林長孫將軍赴歙州》，卷二四七獨孤及亦有《送長孫將軍拜歙州之任》。《新安志》："公孫綽，大曆初。"疑有誤。

蕭　復　約大曆六年（約771）

《新書》本傳："〔王〕縉憾之，由是廢。數歲，乃歷歙、池二州刺史。"《元龜》卷六七七："蕭復，大曆中爲歙州、池州刺史，以理化著聞。"又見《新安志》。《舊書》本傳未及。按蕭復大曆十年在池州刺史任。

薛　邕　大曆八年—十年（773—775）

《舊書·代宗紀》：大曆八年"五月乙酉，貶吏部侍郎徐浩明州別駕，薛邕歙州刺史，京兆尹杜濟杭州刺史，皆坐典選也"。《通鑑·大曆八年》同。又見《新書·徐浩傳》、《李泌傳》。《新安志》誤作"九年"。《全文》卷八六九汪台符《歙州重建汪王廟記》："大曆十年，刺史薛邕遷於烏聊東峰。"《全詩》卷一四八劉長卿有《送鄭說之歙州謁薛侍郎》。

陳　某　大曆中？

《全詩》卷一五一劉長卿有《哭陳（一作李）歙州》，又卷二〇七李嘉祐有《傷歙州陳二使君》。按岑仲勉《唐人行第錄》云："名未詳，但此陳二官終歙州刺史，與前條（陳兼）斷非同人。"

呂季重　大曆中？

《姓纂》卷六河東呂氏："季重，歙州刺史。"《新表五上》同。《新

書·地理志五》歙州歙縣：“東南十二里有呂公灘，本車輪灘，湍悍善
覆舟，刺史呂季重以俸募工鑿之，遂成安流。”又見《太平寰宇記》卷一
〇四，《新安志》卷三。《新安志》：“呂季重，河東人，蕭宗相諲之兄
子……不得其年。”按寶應元年季重任著作郎，見《元次山集》卷一〇。
則其爲歙州刺史或在大曆中歟？

劉　贊　　建中二年（781）

《舊書》本傳：“楊炎作相，擢爲歙州刺史，以勤幹聞……宣歙觀察
使韓滉表其異行，加金紫之服，再遷常州刺史。”按楊炎入相在建中二
年二月。又按大曆十四年廢宣歙池觀察使，以三州隸浙西，時韓滉爲
浙西觀察，“宣歙”二字誤。又見《新書》本傳，《元龜》卷六七二，《新安
志》。《全文》卷五三三李觀《與睦州獨孤使君論朱利見書》：“頃聞歙
州長史羅士詹亦朱利見同類，當時刺史劉公獨降不惠，羅士詹不盈一
年，旋踵西歸。”

崔　淙（崔琮）　　貞元三年（787）

《元龜》卷七〇一：“崔琮爲華原令……貞元三年五月詔，以……
琮爲歙州刺史……録善政也。”《新安志》作“淙”。《全文》卷六三一呂
溫《銀青光禄大夫守工部尚書致仕博陵崔公（淙）行狀》：“翠華既還，
拜殿中侍御史，轉侍御史，俄改歙州刺史……徵拜長安令……擢同州
刺史。”按“翠華既還”指德宗從興元回京。

潘逢時　　約貞元中期

上海圖書館潘景鄭先生家藏潘氏族譜謂其遠祖爲唐德宗時歙州
刺史潘逢時。

【陸　僔　　貞元十八年（802）（未之任）】

《全文》卷五〇三權德輿《唐故使持節歙州諸軍事守歙州刺史陸
君（僔）墓誌銘》：“〔貞元〕十六年徵拜祠部員外郎，居二年……遂拜歙
州刺史，在途發疬，夏四月二十日卒於京師，享年五十五。”又卷六三

八李翱《陸歙州述》：“出刺歙州，卒於道，貞元十八年四月二十八日也。”又見《韓昌黎文集校注》卷三《送陸歙州詩序》，《全文》卷四九一權德輿《送歙州陸使君員外赴任序》、卷六三五李翱《答韓侍郎書》，《全詩》卷三一七武元衡《酬陸員外歙州許員外郢州二使君》、卷三三九韓愈《哭楊兵部凝陸歙州參（俊）》、卷三四五《送陸歙州俊》，《新安志》等。《姓纂》卷一〇嘉興陸氏有“歙州刺史陸參”，據岑仲勉《姓纂四校記》考訂即陸俊。

崔　倰　　約貞元後期

《全文》卷六五四元稹《有唐贈太子少保崔公（俊）墓誌銘》：“罷授宣州錄事參軍，觀察使崔衍狀爲南陵……歙州闕刺史，府中賓皆願去，宣帥衍不遣去，以公攝理之，用能也。”按崔衍爲宣歙觀察在貞元十二年至永貞元年。《舊書》本傳未及攝歙刺。

薛　抃　　貞元中？

《新表三下》薛氏：“抃，歙州刺史。”乃玄宗相薛訥孫，相州刺史薛揖弟。又見《新安志》。

盧　瑗　　貞元二十年—二十一年（804—805）

《金石錄》卷九：“《唐歙州刺史盧瑗碑》，裴度撰，裴潾正書，元和元年。”又見《寶刻叢編》卷四引。《隋唐五代墓誌匯編·洛陽卷》第十二冊《有唐歙州刺史范陽盧公墓誌銘并序》（貞元二十一年三月卒），當即盧瑗，字迹漫漶不清。《千唐誌·盧氏女墓誌》（乾符五年五月十九日）：“曾祖諱瑗，皇歙州刺史。”乾符五年鐫。《新表三上》盧氏：“瑗，歙州刺史。”《新安志》卷八叙義民：“黃芮，歙縣人……貞元中父卒，廬墓號泣，晝夜不絕聲……刺史盧公上其事，詔旌表門閭。”疑貞元中刺史盧公即盧瑗。

范傳正　　元和元年—四年（806—809）

《舊書》本傳：“自比部員外郎出爲歙州刺史，轉湖州刺史。”《新書》本傳略同。又見《元龜》卷六七三,《新安志》。《全文》卷八○二張途《祁門縣新修閭門溪記》:"元和初,縣令路君常患之,聞於太守、故光禄大夫范卿,因修作斯處。"此"范卿"當即范傳正,又卷八六九汪台符《歙州重建汪王廟記》:"元和三年,刺史范傳正又遷於南阜。"《嘉泰吳興志》卷一四郡守題名:"范傳正,元和四年八月自歙州刺史拜。"

韋　綬　　元和四年(809)

《新安志》:"韋綬,元和四年。"按《姓纂》卷二韋氏及兩《唐書》有兩韋綬,一爲韋肇子,德宗朝翰林學士;一爲友信子,憲宗時爲屯田郎中,皆未及爲歙刺。《新表》則有三韋綬,另一即京兆韋氏,失父名,又未注官職。岑仲勉《姓纂四校記》謂《新安志》之韋綬即友信子,然無確證。

馮　宿　　元和十四年—十五年(819—820)

《舊書》本傳:"會韓愈論佛骨,時宰疑宿草疏,出爲歙州刺史。"又見《元龜》卷九二五,《新安志》。《新書》本傳未及。《全文》卷六四三王起《銀青光禄大夫使持節梓州諸軍事兼梓州刺史馮公(宿)神道碑銘并序》:"會韓文公愈以京師迎佛骨上書切諫,忌公者因上之怒也,誣公實爲之,出刺歙州……在歙周歲……徵拜刑部郎中,遷兵部郎中知制誥。"又卷六四九元稹有《授鄭涵尚書考功郎中馮宿刑部郎中制》。

崔玄亮　　元和十五年—長慶三年(820—823)

《新書》本傳:"元和初,召爲監察御史,累轉駕部員外郎……稍遷密、歙二州刺史。"又見《新安志》。《舊書》本傳未及。《廣記》卷一五四引《續定命録》:"元和十五年春,穆宗龍飛……時〔崔〕玄亮罷密州刺史,謁宰相……不數日,宣州奏歙州刺史闕,其日印在段相(文昌)宅,便除歙州刺史。明日,段入朝,都忘前事,到中書大怒,責吏房主事陽述云……崔玄亮何由得歙州刺史?"《全文》卷六四九元稹《授元巺等餘杭等州刺史制》稱:密州刺史崔玄亮爲歙州刺史。按元稹知制誥在元和十五年二月至長慶元年十月間，此制當爲元和十五年作。
《全文》卷六七九白居易《唐故虢州刺史贈禮部尚書崔公（玄亮）墓誌
銘并序》："換歙州刺史，其政如密。"

獨孤邁　　長慶三年—寶曆二年（823—826）

《嘉泰吴興志》卷一四郡守題名："獨孤邁，寶曆二年九月十三日
自歙州刺史拜。"《新安志》失載。按《嚴州圖經》卷一題名，獨孤邁於
元和十四年五月爲睦州刺史，則其爲歙刺當在長慶、寶曆年間。

盧弘止（盧弘正）　　開成中

《南部新書》乙："鄭滑盧宏正尚書《題柳泉驛》云：余自歙州刺史
除度支郎中，八月十七日午時過永濟渡，却自度支郎中除鄭州刺史，
亦以八月十七日午時過永濟渡。從吏部郎中除楚州刺史，以六月十
四宿湖城縣，今年從楚州刺史除給事中，計程亦合是六月十四日湖城
縣宿。"亦見《唐文拾遺》卷二九引。按杜牧有《歙州盧中丞見惠名醖》
詩，《全詩》卷五四九趙嘏有《抒懷上歙州盧中丞宣州杜侍郎（御）》，
"盧中丞"即盧弘止。

邢　群　　會昌六年（846）

《全文》卷七五五杜牧《唐故歙州刺史邢君（群）墓誌銘并序》："會
昌五年涣思（邢群字）由户部員外郎出爲處州時，牧守黄州。歲滿轉
池州……涣思罷處州，授歙州，牧自池轉睦。"按杜牧會昌五年十二月
自池州轉睦州，邢群爲歙刺亦當在是時。《全詩》卷五二三杜牧有《正
初酬歙州刺史邢群》。又見《新安志》。《廣記》卷三五一引《宣室志》：
"刑部員外邢群，大中二年，以前歙州刺史居洛中，疾甚。"

裴　休　　大中元年—二年（847—848）

《新安志》："裴休，字公美，河東聞喜人。大中初爲刺史，二年移
鎮宣州。"按兩《唐書》本傳均未及歙刺。《景德傳燈録》卷一二《裴休
傳》："守新安日，屬運禪師初……入大安精舍。"《寶刻叢編》卷一五引

《集古録目》：“《唐新興寺碑》，唐歙州刺史盧肇撰并書，越州刺史楊嚴篆額，新興寺在宣州。宣宗大中初，復悉武宗所毀佛寺。刺史裴休修之而立此碑，以大中二年立。”

李敬方　　大中四年—六年（850—852）

《新書·藝文志四》：“《李敬方詩》一卷。”注：“字中虔，大和歙州刺史。”又見《唐詩紀事》卷五八，《唐才子傳》卷七。《新安志》：“李敬方，字中虔，大中四年至六年。”注云：“《唐藝文志》云：‘大和中歙州刺史。’以敬方所題《黄山詩》考之，‘和’字誤也。”《全文》卷七三九李敬方《湯泉銘》：“唐大中五年，敬方患風疾，至湯池浸浴，六年十一月又入浴……刺郡二年，病不能興……王徭步將，陳顗歙丞，迭掌吾事。”按李敬方大中二年時爲明州刺史。

盧　潘　　大中九年（855）

《新安志》：“盧潘，大中九年。”按盧潘大中十一年爲廬州刺史，咸通六年爲黔中經略使。

于德晦　　大中十一年（857）

《新安志》：“于德晦，大中十一年。”又卷三：“問政山在縣東五里。唐有于方外者……時從弟德晦爲歙州刺史，方外來訪之，德晦爲選勝築室於此，號問政山。”按《廬山記》卷五《簡寂觀熊尊師碣》稱杭州刺史于德晦撰，惜已佚其年。《金石萃編》卷八有于德晦題名，在李虞仲題名之左，曰監察御史于德晦，題名後記“大中六年三月二十四日”。

崔　某　　咸通元年—三年（860—862）

《全文》卷八〇二張途《祁門縣新修閭門溪記》：“今則潁川陳甘節爲祁門，一年而政成……聞於太守清河崔公……公悦而從之。自咸通元年夏六月修，至三年春二月畢……咸通三年秋七月十八日歙州司馬張途述。”

劉允章　　咸通四年(863)

　　《重修承旨學士壁記》:"劉允章,咸通三年□月二十七日自起居郎入……四年三月二十四日授歙州刺史。"

盧　肇　　咸通四年—七年(863—866)

　　《全文》卷七六八盧肇《進海潮賦狀》:"去年五月,又蒙恩除歙州刺史。"又《震山巖記》:"宜春郡東五里有山,望之正若冠冕……咸通七年,予罷新安守……與郡守高公遊其下,公名厚……郡民相率言曰:二刺史俱好事者……是歲景(丙)戌十一月二十三日謹記。"《新安志》卷五婺源縣:"咸通六年,刺史盧肇奏於縣界內置弦高、五福二鎮。"《唐詩紀事》卷五五、《唐摭言》卷一〇有盧肇與姚巖傑事。

任　宇　　咸通七年(866)

　　《新安志》:"任宇,咸通七年。"按《姓纂》卷五渭州任氏有任宇,乃元和五年至九年真定節度任迪簡之子。《郎官柱》户部員外有任宇,在裴虔餘後,李嶽前。

蕭　遘　　乾符三年(876)

　　《舊書·僖宗紀》:乾符三年六月,"以歙州刺史蕭遘爲右司員外郎"。按《新表一下》蕭氏齊梁房有蕭遘,字鵬舉,未署官職,乃德宗時宰相蕭復孫。《新安志》失載。《郎官柱》户部員外有蕭遘,在裴弘後,鄭綮前。

崔　潼　　乾符三年(876)

　　《舊書·僖宗紀》:乾符三年六月,"右司員外郎崔潼爲歙州刺史。"《新安志》失載。按《新表二下》博陵第二房崔氏有崔潼,字爲中,未署官職。乃武宗相崔珙之子。《郎官柱》祠部員外有崔潼,在薛浐後,韋顔前。

張　裕　　乾符中

　　《新安志》:"張裕,乾符中。"《郎官柱》左司員外有張裕,在畢紹顔後，裴墇前；卷一一户部郎中在李磹後，周慎辭前。

【補遺】潘　名　　乾符至廣明間

　　湯顯祖《有明處士潘仲公暨配吳孺人合葬志銘》：“潘故周畢公高之後也。唐乾符間，有刺歙者，留家焉。宋建炎中，武節大夫珏實遷岩鎮。”汪道昆《潘氏宗祠碑記》：“潘氏自刺史守歙名名。刺史以善政得民，使者柳毗上卓异狀，上課之最，旌以璽書。子孫留歙黄墩，自唐乾符始。”《歙志》（明萬曆三十七年刻本）卷六《氏族》：“其寓公者：漢則方紘、汪文和也。……唐則長安中監察御史吳少微；大曆中兵曹陸傪；德宗時吕温以父渭爲州司馬，娶於邑中；廣明中刺史潘名；通判蔣莘。”據此，其爲歙州刺史當在乾符、廣明間。

李　曜（李擢）　　中和四年（884）

　　《廣記》卷二五二引《抒情詩》：“唐尚書李曜罷歙州，與吳圓交代。有佐酒録事名媚川，聰明敏慧，李頗留意……臨發洪飲，不勝離情。”《新安志》：“李擢，官尚書，吳圓代之。”

吳　圓　　中和四年—光啓三年（884—887）

　　《全文》卷八六九汪台符《歙州重建汪王廟記》：“中和四年，刺史吳公圖克荷冥應，復新棟宇。”按“圖”當爲“圓”之訛。《新安志》：“吳圓，光啓元年至三年，使檢校右散騎常侍兼御史大夫。”《廣記》卷二五二引《抒情詩》：“唐尚書李曜罷歙州，與吳圓交代。”

孫　緯　　約僖宗時

　　《新表三下》孫氏：“緯，字中隱，歙州刺史、吏部侍郎。”乃容府經略孫公器之孫，東都留守孫簡之姪。《唐詩紀事》卷六〇：“咸通八年，宏詞登科。”《新安志》：“孫緯，字中隱，武邑人，吏部侍郎。”

于　濤　　僖宗時？

　　《廣記》卷四三引《神仙感應傳》：“〔于〕濤自後授泗州防禦使、歙州刺史，佐淮南吳王楊公行密爲副使。”《新安志》：“于濤者，宰相琮之姪，授泗州防禦使、歙州刺史，佐淮南楊行密爲副使。”《十國春秋·聶師道傳》：“聶師道，歙州人也，少好道。唐末，于濤爲州刺史，其兄方外爲道士，結廬郡南山中，師道往事之。”

陸希聲　　約僖宗、昭宗間

《新書》本傳：“王仙芝反，株蔓數十州，遂不制。擢累歙州刺史。”《新安志》：“陸希聲，蘇州吳人，乾符初召爲右拾遺……明年王仙芝反……累〔遷〕歙州刺史。昭宗聞其名，召爲給事中。乾寧中遂以爲相。”

裴　樞　　大順二年—景福二年（891—893）

《舊書》本傳：“大順中，〔孔〕緯以用兵無功貶官，樞坐累爲右庶子，尋出爲歙州刺史。乾寧初，入爲右散騎常侍。”《新書》本傳：“龍紀初，進給事中，改京兆尹……出爲歙州刺史。”《通鑑·景福二年》：八月“丙辰，楊行密遣田頵將宣州兵攻歙州，歙州刺史裴樞城守，久不下……行密即以〔陶〕雅爲歙州刺史，歙人納之”。又見《舊書·楊行密傳》。

陶　雅　　景福二年—天祐四年（893—907）

《通鑑·景福二年》：八月，“〔楊〕行密即以〔陶〕雅爲歙州刺史，歙人納之”。又開平三年七月，“歙州刺史陶雅使其子敬昭及都指揮使徐章將兵襲饒、信”。又見《九國志》本傳，兩《唐書·楊行密傳》，《廣記》卷二七七引《稽神録》，《新安志》。

待考録

盧庭昌（盧廷昌）

《新表三上》盧氏：“庭昌，歙州刺史。”乃元亨子，庭言弟。《新安志》：“盧廷昌，范陽人。”

曹　愚

（明）林子爔《福寧府志》:昭宗景福二年癸丑,曹愚,字古直,在坊城西人,特奏進士,歙州刺史。按景福年間裴樞、陶雅相繼爲歙州刺史,不容插入。

卷一四九　括州（縉雲郡、處州）

隋永嘉郡。武德四年平李子通，置括州，設總管府。七年改爲都督府。貞觀元年廢都督府。天寶元年改爲縉雲郡。乾元元年復爲括州。大曆十四年夏五月改爲處州，避德宗諱。領縣五：括蒼（麗水）、松陽、縉雲、青田、遂昌。

任義方　　武德中

《廣記》卷三八二引《法苑珠林》：“唐括州刺史樂安任義方，武德年中，死經數日而蘇。”

周孝節　　武德中

《續高僧傳》卷一九《唐天台山國清寺釋普明傳》：“有括州都督周孝節，遙聞此事即施杉柱泛海送來。”按《姓纂》卷五永安周氏：“孝節，唐嘉州刺史。”《新表四下》同。又按武德四年五月真定令周法明遣族子孝節攻蘄春，見《通鑑》。

趙元楷　　貞觀十四年—十八年（640—644）

《通鑑·貞觀十四年》：“行軍總管趙元楷……左遷括州刺史。”又見《廣記》卷二四〇引《譚賓錄》。《元龜》卷九三八稱“武德中”“左遷括州刺史”，誤。又卷九八五：“〔貞觀〕十八年七月，太宗以高麗莫離支自殺其主，發兵擊新羅……於是敕……括州刺史趙元楷、宋州刺史王波利往洪、饒、江等州造船艦四萬艘。”

趙　瓌　　上元二年(675)

《新書·公主傳》:"常樂公主(高祖女)下嫁趙瓌,生女,爲周王妃,武后殺之。逐瓌括州刺史,徙壽州。"又見《后妃傳上》。《通鑑·上元二年》:"瓌自定州刺史貶括州刺史,令公主隨之官,仍絕其朝謁。"

徐　瑩　　武后時

《嘉泰吳興志》卷一四郡守題名:"貞觀十一年自括州刺史授。《統記》云:則天時。"今從《統記》。《姓纂》卷二諸郡徐氏有徐瑩,諫議大夫。

劉元助　　武后時?

《姓纂》卷五廣平陰城劉氏有劉元助,無官銜,爲祥道從孫。《新表一上》廣平劉氏:"元助,括州刺史。"乃中書侍郎劉林甫之孫,高宗宰相劉祥道之姪。

馮昭泰　　景龍三年(709)

《全文》卷二二九張説《故括州刺史贈工部尚書馮公神道碑》:"旋除温州長史,俄復舊階,拜括州刺史……告疾言歸,景龍三年六月十三日終於蘇州之逆旅,春秋六十有五。"《寶刻叢編》卷八引《集古録目》有《唐誠節公馮昭泰碑》,唐棣王洽撰,中書舍人内供奉梁昇卿八分書。云:"昭泰字遇聖,仕至括州刺史,諡曰誠,後以其子紹烈贈爲工部尚書,此其寢廟碑也。玄宗親爲題額,加諡哀節,碑以開元二十一年立。"按昭泰景龍元年爲睦刺。

孔　琮　　景雲二年(711)

《元和郡縣志》卷二六處州青田縣:"本麗水縣之鄉名也。景雲二年,刺史孔琮奏于此分置青田縣。"按《姓纂》卷六下博孔氏:"琮,洪州都督。"乃孔穎達孫。

郭山惲　景雲中

《新書·祝欽明傳》：“景雲初，侍御史倪若水劾奏……乃貶欽明饒州刺史，山惲括州刺史。”按《舊書》本傳謂：“景雲中，左授括州長史。開元初，復入爲國子司業。”《元龜》卷五二〇謂貶山惲沂州刺史，未知孰是。

姚　弈　開元初

《舊書·姚闓傳》：“父弈，開元初歷處州刺史。”按《新書·姚闓傳》：“父弈，楚州刺史”，《新表四下》陝郡姚氏作“弈，楚州長史”，均與此異。

封全禎　約開元三年—六年（約715—718）

《隋唐五代墓誌匯編·河北卷·唐故銀青光禄大夫行大理少卿上柱國渤海縣開國公封公（禎，字全禎）墓誌銘并序》（開元九年十一月六日）：“朝廷初置連率，拜襄州都督、按察山南道。使停，加銀青光禄大夫，累遷澤、括、常三州諸軍事三州刺史，以連最善績，入爲大理少卿。”享年八十二。未言卒年。

李　邕　開元二十三年—二十六年（735—738）

《舊書》本傳：“邕後於嶺南從中官楊思助討賊有功，又累轉括、淄、滑三州刺史。”《新書》本傳：“開元二十三年，起爲括州刺史。”《金石補正》卷五五《秦望山法華寺碑并序》：開元二十四年三月立，“括州刺史李邕撰并書”。《寶刻叢編》卷一九引《集古録目》：“《唐東山愛同寺懷道闍梨碑》，唐括州刺史李邕撰并書。闍梨姓陳氏，爲福州愛同寺僧，碑以開元二十五年七月立。”《兩浙金石志》卷二有《唐有道先生葉國重碑》、《唐贈歙州刺史葉慧明碑》，署銜稱“括州刺史李邕撰并書，開元五年立”。疑“五年”爲“二十五年”之奪。又見《宋高僧傳》卷八《唐温州龍興寺玄覺傳》。

王　昱　開元二十六年（738）

《舊書·吐蕃傳上》：開元二十六年“九月，吐蕃悉鋭以救安戎城，官軍大敗……〔王〕昱坐左遷括州刺史”。《通鑑·開元二十六年》：九月，“貶〔王〕昱括州刺史，再貶高要尉而死”。《全文》卷八太宗《宣慰劍南將士詔》：“古之用兵，在於責帥，王昱緣此，亦已貶官。”勞格《讀全唐文札記》云，“太宗”，疑是“玄宗”。

張守珪　　開元二十七年—二十八年（739—740）

《舊書·玄宗紀》：開元二十七年六月，“幽州節度使、兼御史大夫張守珪以賄貶爲括州刺史”。又見兩《唐書》本傳。《通鑑·開元二十七年》六月，《元龜》卷六六九，《廣記》卷一四七引《定命録》。《全文》卷二四玄宗有《貶張守珪括州刺史制》。《全詩》卷二一一高適《宋中送姪式顏序》：“時張大夫貶括州，使人召式顏，遂有此作。”張大夫即守珪。《隋唐五代墓誌匯編·洛陽卷》第十册《唐故輔國大將軍右羽林大將軍幽州長史兼御史大夫括州刺史（下闕）》（開元二十八年十月二十日）：“廿七年……乃貶公爲括州刺史，以廿八年五月六日遘疾薨於廨舍，春秋五十有七。”

温翁歸　　開元中？

《姓纂》卷四太原祁縣温氏：“翁歸，庫部郎中、括州刺史。”乃温彦博孫，疑其刺括在開元中。按《新表二中》作“庫部郎中”，未及括刺。

閭知言　　天寶二年（743）

《嘉泰吳興志》卷一四郡守題名：“閭知言，天寶二年自括州刺史授。”

韋　堅　　天寶五載（746）

《舊書·玄宗紀》：天寶五載正月，“刑部尚書韋堅貶括蒼太守”。七月，“殺括蒼郡太守韋堅”。又見兩《唐書》本傳，《新書·玄宗紀》，《通鑑·天寶五載》，《元龜》卷一五八。

苗奉倩　　天寶七載（748）

《全詩》卷一二五王維有《送縉雲苗太守》。（元）陳性定編《仙都志》卷上：“仙都山古名縉雲山……《太平寰宇記》：唐置縉雲縣，又以栝（括）州爲縉雲郡，蓋以其地有縉雲山故也。今縣在山之西二十三里。《圖經》云：唐天寶七年六月八日，有彩雲起於李溪源，覆繞縉雲山獨峰之頂。雲中仙樂響亮，鸞鶴飛舞。俄聞山呼‘萬歲’者九，諸山響應，自申至亥乃息。刺史苗奉倩上其事於朝，敕改今名。”又：“玉虛宮在仙都山中，即玄都祈仙洞天，黄帝飛升之地。自唐天寶戊子以獨峰彩雲仙樂之瑞，刺史苗奉倩奏聞，敕封仙都山，周迴三百里禁樵採捕獵。”天寶戊子歲即天寶七載（朱玉麒提供）。又按《浙江通志》卷一一三，縉雲郡太守有苗奉倩。

趙自勤　　天寶十二載（753）

《全文》卷四〇八趙自勤小傳：“〔天寶〕十二年自水部員外郎出爲括州刺史。”按《廣記》卷二二二引《定命録》謂自勤天寶十四年冬賜紫，卷二一七、卷二七七謂自勤嘗爲左拾遺。《新書·藝文志三》“趙自勤《定命論》十卷”注云：“天寶祕書監。”

任　瑗　　乾元元年（758）

《全文》卷四〇四任瑗小傳：“出爲明州刺史，乾元元年徙括州。”《郎官柱》左司員外有任瑗，在崔涣、李審後，孟匡朝、盧播前。主客員外在賀蘭進明後，楊宗前。

劉守謙　　上元中？

《閩書》卷九九：“劉守謙，肅宗朝討安禄山有功，授處州刺史。今〔建寧府浦城〕縣有刺史祠。”

李　廣（季廣）　　寶應元年（762）

《新安志》：“季廣，上元中刺史，寶應元年改刺處州。”按“季廣”當爲“李廣”之誤。

李　皋　　廣德中？

《舊書》本傳：“貶温州長史，無幾，攝行州事……改處州別駕，行

州事，以良政聞。徵至京，未召見，因上書言理道，拜衡州刺史。"又見
《元龜》卷六七一。按李皋於上元二年出爲温州長史，其改處州疑在
廣德中。

李景宣　　約永泰、大曆間

《嘉定赤城志》卷八郡守："廣德二年，李景宣。"注云："《括蒼志》
言景宣以上元二年自台州爲處州刺史，《壁記》乃云廣德二年，又不
可曉。"

崔　潛　　大曆初？

《新表二下》清河大房崔氏："潛，處州刺史。"刑部尚書崔隱甫
之子。

裴　某？　　約大曆四年前（約 769 前）

《全詩》卷二五〇皇甫冉有《送處州裴使君赴京》。據傅璇琮《皇
甫冉考》，其奉使江表約在大曆四五年。按其時不應稱"處州"，抑"虔
州"之訛歟？

柴少儒　　大曆四年（769）

《全文》卷四五七柴少儒小傳："少儒，大曆四年自揚州司馬除括
州刺史。"

第五琦　　大曆五年（770）

《舊書》本傳："魚朝恩伏誅，琦坐與款狎，出爲處州刺史，歷饒、湖
二州。"又見《新書》本傳，《元龜》卷九二五。按魚朝恩伏誅在大曆五
年三月。《金石萃編》卷七九《華嶽題名》："前相國京兆第五公自户部
侍郎出牧括州，子聳關内河東副元帥判官、禮部郎中兼侍御史虞當自
中都濟河於華陰，拜見從謁靈祠，因紀貞石。時大唐大曆五年六月四
日。"《關中金石記》卷三《第五琦題名》："大曆五年六月刻，正書。文
云：前相國第五公自户部侍郎出牧括州，蓋坐與魚朝恩善貶也。"按

《舊書‧代宗紀》：大曆五年五月“庚辰，貶禮儀使、禮部尚書裴士淹爲虔州刺史，户部侍郎、判度支第五琦爲饒州刺史”，乃誤將兩人官職互換，又誤“處州”爲“虔州”。

齊　玥（齊翔）　　約大曆十一年（約776）

《全詩》卷七九四清晝《建安寺西院喜王郎中遷恩命初至聯句》有齊翔，注云：“前吏部郎中兼括州刺史。”《郎官柱》吏部郎中有齊貢。按《新表五下》齊氏有“玥，吏部郎中”，乃齊澣子。勞格謂“玥疑當作珝，《集韻》一東玥或書作珝，珝與貢音同。石刻有齊貢，時代正合。疑即是”。《全詩》卷一四七劉長卿《送齊郎中典括州》，疑即齊玥，題中用“括州”，知在大曆十四年前。按參加聯句的有李縱，注稱“駕部員外”。據友人蔣寅考證，縱加員外在大曆十二年。由獨孤及《送李副使充賀正使赴上都序》可知，此序作於十一年冬，李端、盧綸等有送其加員外郎返江東之作。則此聯句當在是年。齊玥名下注云：“前吏部郎中兼括州刺史。”證知其時已罷任，則其任括刺或在大曆十一年。

賈　炎　　大曆十二年（777）

《兩浙金石志》卷二《唐宣陽觀鐘銘》：“維唐大曆十二年歲次丁巳正月甲寅朔廿五戊寅，宣陽觀奉爲國王聖化普及，道俗存亡，敬造洪鐘一口，用銅一千五百斤。□奏勒置觀。金紫光禄大夫、鴻臚卿、越國公道士葉法善，刺史賈炎，縣令李冲，市承鄭保進。”按銅鐘在宣平縣冲真觀内。宣平唐時屬括州。

王　縉　　大曆十二年—十四年（777—779）

《舊書‧代宗紀》：大曆十二年三月，“平章事王縉貶括州刺史”。又《德宗紀上》：大曆十四年六月，“處州刺史王縉、湖州刺史第五琦皆爲太子賓客”。又見《舊書》本傳、《元載傳》、《新書‧代宗紀》、《宰相表中》、《通鑑‧大曆十二年》、《廣記》卷四四〇引《宣室志》。《全文》卷四六代宗有《貶王縉括州刺史制》，《全詩》卷一五一劉長卿有《餞王相公出牧括州》。

李季貞 建中二年—四年（781—783）

《全文》卷六一八李季貞《石門山記》：“茲山惟揚東甌之地也……余因守此藩，行縣至（闕）遊憩永日。”小傳云：“季貞，建中二年自節度判官除括州刺史。”《寶刻叢編》卷一三引《復齋碑錄》：“《唐石門山記》，唐刺史李季貞篆，篆書，建中四年十一月立。”

李 舟 約建中三、四年（約 782、783）

《全文》卷五二一梁蕭《處州刺史李公（舟，字公受）墓誌銘》：“起家除陝（峽）州刺史，換處州刺史。累升至朝請大夫，爵隴西縣男。既受代，家於鄱陽。”未言卒年、享年。又卷五二二《祭李處州文》：“敬祭於故處州刺史隴西公之靈。”據胡大浚《梁蕭行年繫文補證》，李舟約建中三、四年在處州刺史任。謂《新表二上》、《廣記》卷一〇一引《國史補》、權德興《陸傪墓誌》所稱李舟爲虔州刺史均爲“處州刺史”之訛。

李 某 貞元五年（789）

《全文》卷五三二李觀《與處州李使君書》：“且士有才與藝而不北入洛，西入秦，終棄之矣。觀嘗言向同道，勉而速行。昨日遂有白衣少年，掉臂而往，連牆數子，祖離於吳閶門外。忽見巨舫齊軸……因詢路人。曰：處州使君移病屆此，曾歷京尹、琅邪大夫……伏惟十叔使君覽之。十叔典縉雲之日，美聲溢海內。”是李觀遇李處州在觀初入京應進士試時。《全文》卷五六六韓愈《李元賓墓銘》：“始來自江東，年二十四，舉進士，三年登上第。”李觀貞元八年進士，見《登科記考》卷一三，其初入京當在貞元五年。岑仲勉《唐人行第錄》云：“名待考。”

齊 抗 貞元五年—六年（789—790）

《舊書》本傳：“貞元初，爲水陸運副使，督江淮漕運以給京師。遷諫議大夫，歷處州刺史，轉潭州刺史、湖南都團練觀察使。”《新書》本傳：“爲處州刺史。歷蘇州，徙潭州觀察使。”《全文》卷四九九權德興

《唐故中書侍郎同中書門下平章事太子賓客贈户部尚書齊成公(抗)神道碑銘并序》:"出爲處州刺史……拜蘇州刺史……遷潭州刺史。"《元和郡縣志》卷二六處州:"貞元六年,刺史齊抗以舊州湫隘,屢有水灾,北移四里,就高原上。"《會要》卷五〇:"貞元五年八月十三日,處州刺史齊黄奏。"疑"齊黄"乃"齊抗"之訛。《全詩》卷八八七路應有《仙巖四瀑布即事寄上祕書包監侍郎七兄吏部李侍郎十七兄婺州趙中丞處州齊諫議明州李九郎十四韻》,同卷李繽、戴公懷亦有同題之作,"處州齊諫議"即齊抗。

李　銘　　貞元中

《輿地碑記目》卷一《處州碑記》有《刺史李銘送行記》,云:"貞元中,李爲刺史,朝士之贈行者二十三人,石刻今存。"

崔　濟　　貞元十八年?（802?）

《新表二下》清河小房崔氏:"濟,處州刺史。"《隋唐五代墓誌匯編·洛陽卷》第十三册《唐故朝議郎行大理評事上柱國范陽盧公(方)墓誌銘并序》(大和四年二月二十八日):"夫人清河崔氏,皇處州刺史濟之子,公之姑子也……不幸先公而殁逾三十載,至是合祔焉。"曲石藏《唐太常寺奉禮郎盧瞻故妻清河崔氏夫人墓誌》(貞元十六年二月五日):"父濟,庫部郎中。"夫人卒貞元十五年,年三十。證知其時濟在庫部郎中任。又《唐故處州刺史崔公後夫人竇氏墓誌并序》(元和十二年閏五月十三日):"既笄許嫁,而處州盧夫人薨……崔公致中饋之請,以備蘋蘩之職。琴瑟在室,逾二十年而處州薨。"夫人卒元和十二年三月二十三日,享年七十五。疑此"處州刺史崔公"即崔濟。

姚　駰(姚絪)　　貞元二十年—元和元年(804—806)

《嘉泰吳興志》卷一四郡守題名:"姚駰,元和元年四月自處州刺史授,卒官。"《全文》卷六二〇姚絪小傳:"絪,貞元二十年自水部員外郎除括州刺史,元和元年徙湖州,卒官。"

張　錫　　約元和十年（約 815）

《全文》卷六八六皇甫湜《吉州刺史廳壁記》："御史中丞張公，歷刺縉雲、潯陽……賜以金紫，移蒞於吉。"

李　繁　　元和十三年（818）

《韓昌黎集》卷三一《處州孔子廟碑》："獨處州刺史鄴侯李繁至官，能以爲先。"按兩《唐書》本傳未及。《全詩》卷五七四賈島《處州李使君改任遂州因寄贈》，當即李繁。《輿地碑記目》卷一《處州碑記》有《唐李繁孔子廟記》，云："唐元和中，刺史李繁建孔子廟，韓愈爲之碑，杜牧書其陰。"《金石萃編》卷一〇八《處州孔子廟碑》云："舊碑題元和十三年李使君繁經始碑文及置石，大和三年歲次己酉六月朔廿五日癸酉敬使君僚建立。"證知元和十三年在任。

苗　稷　　元和十四年（819）

《元龜》卷一六八：元和十二年"八月己巳，處州刺史苗稷進助軍錢絹及鞋等，詔曰……宜却還本州"。又卷三一三："崔群爲相，元和十四年誅李師道……會處州刺史苗稷直進羨餘錢七千貫，群請下令却賜本州。"又見《舊書·崔群傳》。《新書·崔群傳》誤作"苗積"。疑《元龜》之"十二年"或爲"十四年"、"十五年"之誤。

韋行立　　長慶元年（821）

《全文》卷六四九元稹《授韋行立處州刺史制》："敕守衛尉少卿襲邢國公韋行立……可使持節處州刺史。"按元稹知制誥在元和十五年至長慶元年。《全文》卷六五四元稹《永福寺石壁法華經記》有"處州刺史韋行立"。《全詩》卷五一五朱慶餘有《和處州韋使君新開南溪》，"處州韋使君"疑即韋行立。

陳　岵　　長慶四年（824）

《全文》卷六五四元稹《永福寺石壁法華經記》："以長慶四年白居易爲刺史時成厥事……既訖，又成二石爲二碑，其一碑：凡輸錢於經者，由十而上皆得名於碑……若右司郎中處州刺史陳岵。"《元氏長慶集》卷五一此文下注："長慶四年。"按陳岵元和五年爲台州刺史，寶曆中爲濠州刺史。

嚴　某　　寶曆、大和間？

《全詩》卷五一五朱慶餘有《和處州嚴郎中遊南溪》。

薛　某　　大和初？

《全詩》卷四九六姚合《送右司薛員外赴處州》："懷中天子書，腰下使君魚。"

敬　僚　　大和三年（829）

《金石萃編》卷一〇八《處州孔子廟碑》："舊碑題元和十三年李使君繁經始碑文及置石，大和三年歲次己酉六月朔廿五日癸酉敬使君僚建立。"

韋　紓　　大和五年（831）

《全文》卷六一三韋紓《括郡廳壁記》："處州溯浙江東南七百里……大和五年，紓自司駕員外郎奉符典州。"《郎官柱》户部郎中有韋紓，在姚合後，張鷟前。

奚　某　　大和六年—八年（832—834）

《全詩》卷三五八劉禹錫有《松江送處州奚使君》。卞孝萱《劉禹錫年譜》繫於大和六年至八年劉在蘇州刺史任作。

李方玄　　會昌五年前（845前）

《新書》本傳："累爲池州刺史……終處州刺史。"《全文》卷七五五杜牧《唐故處州刺史李君（方玄）墓誌銘并序》："會昌五年四月某日卒於宣城客舍。"又卷七五六有《祭故處州李使君文》。《又玄集》卷中杜牧有《哭處州李員外》。

邢　群　　會昌五年（845）

《全文》卷七五五杜牧《唐故歙州刺史邢君墓誌銘并序》：“亡友邢渙思諱群……會昌五年渙思由户部員外郎出爲處州時，牧守黄州，歲滿轉池州……渙思罷處州授歙州，牧自池轉睦。”《新安志》卷九牧守：“邢群，字渙思，河間人……會昌五年由户部員外郎出爲處州刺史。”

徐　鄘　　大中四年（850）

《全文》卷七三二張磻《新移麗陽廟記》：“大中四年，今齊州刺史徐公鄘理處之日，時屬亢陽，遍祈山川，罔有徵驗……方欲審像壯宇，以答神休，旋詔歸朝，事不克副。”《新表五下》北祖上房徐氏：“鄘，光、處、齊、淄、明、泗六州刺史。”

姜　肅　　大中八年（854）

《全文》卷七三二張磻《新移麗陽廟記》：“〔大中〕八年冬，郡闕守，時録事參軍姜公肅處紀綱之司，明糾察之務，當道觀察使御史大夫李公仰其清廉，委知軍州事。”

段成式　　大中九年—十年（855—856）

《全文》卷七八七段成式《好道廟記》：“縉雲郡之東南十五里，抵古祠曰好道……予大中九年到郡，越月方謁。至十年夏旱，懸祭沈祀……大中歲在景子季秋中丁日建。”按大中景子，爲大中十年。《輿地碑記目》卷一有《好道廟碑》。又見《新書·地理志五》處州麗水縣，《宋高僧傳》卷一二《唐杭州大慈山寰中傳》，《唐語林》卷二。《全詩》卷六五〇方干有《贈（一作上）處州段郎中》、卷八三六貫休有《上縉雲段使君》，皆爲段成式。卷六一四皮日休《寄題鏡巖周尊師所居并序》：“處州仙都山……黄老徒周君景復居焉……東牟段公柯昔爲州日，聞其名，梯其室以造之。”按段成式字“柯古”，此處“柯”下奪“古”字。

趙　璜　　咸通三年（862）

上圖藏拓片趙璘撰《唐故處州刺史趙府君（璜）墓誌》（咸通三年

十月十四日）：“〔璜〕刺縉雲也，余前此自祠部郎守信安……以咸通三年四月十一日遭大病於郡廨，享年五十九。”又《唐故處州刺史趙府君（璜）妻上邽縣君蘇氏夫人墓誌銘》（乾符元年十一月二十七日）：“咸通二年夏詔封上邽縣君。無何，府君剖符縉雲，遘疾不起，終於處州官舍。”夫人卒咸通十五年，享年五十六。

王通古　　咸通四年（863）

《金石萃編》卷一〇八《處州孔子廟碑》王昶按：“此碑據《金石録》及《廣川書跋》皆以爲任迪行書，而廣川則又云咸通四年刺史王通古重立。是此碑最初立者爲敬僚，在大和三年；重立者爲王通古，在咸通四年。”

盧虔灌　　咸通十四年（873）

《全文》卷八〇二盧虔瓘小傳：“虔瓘，宣武軍節度使盧宏正子，登進士第，爲括州刺史。”按兩《唐書·盧弘正傳》及《新表三上》四房盧氏皆作“虔灌”，此處“瓘”字訛。《全詩》卷六五二方干有《處州獻盧員外》，卷八三三貫休《懷洛下盧縉雲》，即指虔灌。朱玉麒云，《仙都志》卷上：“隱真劉先生名處静，字道遊……預築玄墟於盧後，自撰其誌，咸通十四年六月辛酉解化，當日歸封玄墟。刺史盧虔瓘（灌）贊其像……”

陳　侊(陳侁)　　廣明二年（881）

《雲笈七籤》卷一二二《仙都山陰君洞驗》：“廣明辛丑歲，刺史陳侊修置道場。”按據《元和郡縣志》，縉雲山又名仙都山。又按“侊”疑爲“侁”之誤，中和元年陳侁爲忠州刺史。

＊趙　玼　　中和時

《舊五代史》本傳：“及〔趙〕犨爲陳州刺史，以玼爲親從都知兵馬使。時巢黨東出商鄧，與蔡賊會，衆至百餘萬，掘長壕五百道攻陳……會太祖率大軍解其圍，玼兄弟拜泣感謝。其後朝廷議功，加檢校右僕射，遙領處州刺史。"又見《新書》本傳，《元龜》卷三八六。

華　造　　中和時？

《續仙傳》卷上鄧去奢："（鄧去奢）年三十餘便居處州松陽縣安和觀……時麗水縣人華造承中和年荒亂之後，擁土人據巖險。浙東帥具以上，朝廷議欲息兵，授造以爲刺史。"又見《歷世真仙體道通鑑》卷三七鄧去奢條。按中和三年至天祐四年處州刺史爲盧約，據此則上述二十餘年間盧氏未必盡在處州任也。

盧　約　　中和三年—天祐四年（883—907）

《新書·劉漢宏傳》：中和三年，"時鍾季文守明州；盧約處州"。《通鑑·天祐二年》：八月，"處州刺史盧約使其弟佶攻陷溫州"。又見《吳越備史·武肅王》、《文穆王》。《十國春秋·吳越武肅王世家》：天祐四年四月，"王以都監使吳璋爲溫州制置使，命傳璙等移兵討盧約於處州"。《宋高僧傳》卷一二《唐縉雲連雲院有緣傳》："乾符三年至縉雲龍泉大賚山立院……住十八載。安而能遷，止連雲院焉。太守盧約者，以諶諒之誠，請入州開元寺別院，四事供施焉。天祐丁卯歲四月八日示疾，至六月朔日終於廨署。"

待考録

崔道紀

《新表二下》博陵安平崔氏："道紀，字玄風，處州刺史。"太宗高宗時宰相崔仁師姪曾孫。

崔周衡

《新表二下》博陵安平第二房崔氏："周衡，字可權，處州刺史。"乃永淳二年越州都督崔承福之玄孫。

孔令斌

《姓纂》卷六常山孔氏："處州刺史孔令斌，代居恒州。"

江　勗

《祖堂集》卷一五大梅和尚："括州刺史江勗撰碑文。"

卷一五〇　温州(東嘉州、永嘉郡)

隋永嘉郡之永嘉縣。武德五年置東嘉州,領永嘉、永寧、安固、樂成、橫陽五縣。貞觀元年廢東嘉州,以縣屬括州。上元二年分括州之永嘉、安固二縣置温州。天寶元年改爲永嘉郡。乾元元年復爲温州。領縣四:永嘉、安固、橫陽、樂城。

周孝節?　　武德中

《姓纂》卷五永安周氏:"孝節,唐嘉州刺史。"《新表四下》同。按武德四年五月真定令周法明遣族子孝節攻蘄春,見《通鑑》。孝節曾爲括州都督,疑此嘉州當爲東嘉州,姑存疑。

李懷讓　　高宗時

《新書·宗室世系表上》梁王房:"温州刺史蔣國公懷讓。"乃梁王李澄之孫、京兆尹慎名之父。

王審禮　　開元二十六年(738)

《嚴州圖經》卷一題名:"王審禮,開元二十六年八月□日自温州刺史拜。"《全文》卷三五二樊衡《爲幽州長史薛楚玉破契丹露布》稱"侍御史王審禮"。《精舍碑》有王審禮,在裴令臣後,竹承構前。

張九章　　約天寶中

《全文》卷四四〇徐浩《唐尚書右丞相中書令張公(九齡)神道

碑》:"季弟九章,溫、吉、曹等州刺史。"九齡卒開元二十八年。按《舊書·張九齡傳》謂:弟九章歷吉、明、曹三州刺史,未及溫州。

李　江　　天寶十二載(753)

《廣記》卷二一六引《定命録》:"天寶十二載,永嘉人蔣直云:郡城内有白幕。太守李江忽丁憂。"

季廣琛　　乾元二年—上元二年(759—761)

《舊書·肅宗紀》:乾元二年四月,"貶季廣琛宣州刺史"("宣"疑"溫"之誤),上元二年,"溫州刺史季廣琛爲宣州刺史"。

康雲間　　上元二年—寶應元年(761—762)

《千唐誌·有唐山南東道節度使贈尚書右僕射嗣曹王(李皋)墓銘并序》(貞元八年五月十二日):"王在溫州時……又嘗與刺史康雲間攻袁晁。"按李皋貶溫州長史,乃上元元年事。

李　皋　　約廣德元年(約763)

《舊書》本傳:"上元初,京師旱……皋度俸不足養,亟請外官,不允,乃故抵微法,貶溫州長史。無幾,攝行州事。"《新書》本傳略同。《韓昌黎集》卷二八《曹成王碑》:"王姓李氏,諱皋,字子蘭……上元元年,除溫州長史,行刺史事……遷真於衡……貶潮州刺史……楊炎起道州,相德宗,還王於衡。"又見《元龜》卷六七五、卷九二三。按上元二年至寶應元年康雲間在任。李皋攝行州事當在康雲間離任後。

王　晃　　約代宗初

《新書·王涯傳》:"父晃,歷左補闕、溫州刺史。"《新表二中》太原王氏同。《舊書·王涯傳》未及晃爲溫刺事。《全文》卷六〇八劉禹錫《唐興元節度使王公先廟碑》:"第四室曰溫州刺史贈太尉府君諱晃……惟太尉府君生於治平時,以文學自奮……天寶中,歷右拾遺、左補闕……屬幽陵亂華……因佐閩粵……中原甫甯,江南爲吉地……乃以府君牧溫州。"按"冕"爲"晃"之訛。《廣記》卷二一七謂貶溫州司倉，與碑不合。《郎官柱》禮部員外有王晃，在陶翰後，李華前。

裴士淹　　大曆九年（774）

《全文》卷五三〇顧況《祭裴尚書文》："嗚呼，天禍甌邦，尚書告薨；哀哀甌民，罷市輟舂。"按"甌邦"指溫州。大曆九年顧況在溫州，《全文》卷五二九顧況《釋祀篇》："龍在甲寅，永嘉大水。"甲寅即大曆九年。裴尚書當即裴士淹，大曆元年至五年在禮部尚書任，見《舊書·代宗紀》。

孫　會　　大曆中？

《千唐誌·唐故銀青光禄大夫工部尚書致仕孫府君（公乂）墓誌銘》（大中五年七月三日）："父會，皇郴、溫、廬、宣、常五州刺史，贈工部尚書。"公乂卒大中五年，享年八十。《丙寅稿·孫瑝誌》："王父會，侍御史，郴、溫、廬、宣、常五州刺史，晉陽縣開國男，贈工部尚書。"按開元二十九年孫會爲郴州太守，貞元三年爲常州刺史，其爲溫州刺史疑在大曆中。【補遺】《唐故御史中丞汀州刺史孫公（鍠）墓誌並序》（咸通十三年八月）："王父諱會，皇侍御史、郴溫廬宣常五州刺史、晉陽縣開國男、贈工部尚書。"（周紹良、趙超《唐代墓誌匯編續集》，上海古籍出版社 2001 年版）

崔　淑　　建中時？

《新表二下》崔氏清河小房："淑，溫州刺史。"乃延州刺史崔玄弼曾孫。北圖藏拓片《唐河中府猗氏縣主簿盧公故夫人清河崔氏墓誌銘并序》（寶曆二年十一月九日）："溫州刺史淑之孫，夏州行軍司馬兼御史中丞放之季女。"寶曆二年四月十八日卒，春秋三十七。【補遺】《洛陽新獲墓誌 100·唐故隴西郡夫人李氏墓誌銘》："皇唐大和四年閏十二月十五日，檢校右僕射淮南節度使清河崔公夫人隴西郡夫人李氏終於揚州官舍。……夫人年十七歸於清河崔公。……清河公由憲丞再遷廉察陝服，四遷制興元，由興元入爲尚書左丞，出拜鄜坊節度。凡三年，入除吏部侍郎，太常卿，東都留守。……大和二年罷留守。……明年徵詣長安，拜淮南節度使。"按此"崔公"當爲崔從。此志又稱："王父諱溆，皇朝溫州刺史。"

裴希先　　貞元三年—六年（787—790）

《全文》卷五〇一權德輿《唐故朝議郎使持節溫州諸軍事溫州刺史充静海軍使河東裴府君（希先）神道碑銘并序》："後牧臨邛，乃遷永嘉……居三年，以疾受代……貞元六年冬十一月歿於鍾陵之私第。"《新表一上》東眷裴氏："希先，溫州刺史。"

路　應　　貞元六、七年（790、791）

《全詩》卷八一八皎然有《寄路溫州》，卷八八七有路應與李繽、戴公懷、孟翔唱和詩《仙巖四瀑布即事》，戴公懷詩云："今日永嘉守。"詩題中均有"寄上祕書包監、侍郎七兄、吏部李侍郎十七兄、婺州趙中丞、處州齊諫議、明州李九郎十四韻"。按處州齊諫議乃齊抗，其刺處在貞元五、六年。《寶刻叢編》卷一三溫州引《金石録》："《唐仙巖四瀑布詩》，路應等唱和，行書，貞元七年三月。"按貞元四年在虔州刺史任。

李　衆　　約元和初

《全文》卷六二八吕温《湖南都團練副使廳壁記》："元和三年冬，天子命御史中丞隴西李公以永嘉之清政，京兆之懿則，廷賜大斾，俾綏衡湘。"按《新表二上》隴西李氏姑藏房有"衆，字師，湖南團練觀察使、左散騎常侍"。

薛　乂　　元和中

《新表三下》薛氏："乂，溫州刺史。"乃元和末越州刺史薛戎及長慶間江西觀察薛放之兄。《全詩》卷三二三權德輿《送薛溫州》，疑即此人。

韋　宥　　元和中？

《廣記》卷四二二引《集異記》："唐元和，故都尉韋宥出牧溫州，忽忽不樂……宥，故駙馬也。"據《會要》卷六，韋宥尚德宗女唐安公主。《元龜》卷四七云：婚未成而主卒。《姓纂》卷二東眷韋氏彭城公房："宥，台州刺史。"《新表四上》作"宣州刺史"。

韓　武　　元和中？

《姓纂》卷四昌黎棘城縣韓氏："武，溫州刺史。"按《新表三上》昌黎棘城縣韓氏："武，右拾遺。"乃韓休之孫，韓滉、韓洄之姪，皋之從弟。

韓　襄　　大和末？

《全詩》卷七四五陳陶有《旅次銅山途中先寄溫州韓使君》，又卷七四六有《贈溫州韓使君》。《浙江通志》卷一二二：唐溫州刺史韓襄，文宗時任。友人陶敏云：陳陶大和五年前後在福建，大和末由福州至溫州。

張又新　　開成中

《全文》卷七二一張又新《煎茶水記》："〔余〕及刺永嘉，過桐廬江至嚴子瀬……及至永嘉，取仙巖瀑布用之，亦不下南零。"《全詩》卷五四九趙嘏有《送張又新除溫州》。《本事詩》卷一〇："李相紳鎮淮南，張郎中又新罷江南郡，素與李構隙。"按張又新大和元年爲汀州刺史，李紳開成末爲淮南，疑張又新罷江南郡指罷溫州。

孫景商　　會昌二年—四年（842—844）

《隋唐五代墓誌匯編・洛陽卷》第十四冊《唐故天平軍節度鄆曹濮等州觀察處置等使朝散大夫檢校禮部尚書使持節鄆□□諸軍事兼鄆州刺史御史大夫上柱國賜紫金魚袋贈兵部尚書孫府君（景商）墓誌銘并序》（大中十年十月二十七日）："時宰相李德裕專國柄，忿公不依己，黜爲溫州刺史，移滁州刺史。"

蘇　球　　會昌四年(844)

《閩中金石志》卷一《木龍贊》跋引《泉州府志》：“太守蘇球作《木龍贊》。刺史蘇球，以會昌元年六月任泉州清源郡，四年十月轉温州。”

韋　庸　　會昌中？

《閩書》卷五三：“〔韋〕庸自鄞州刺史兼檢校尚書祠部郎拜官(泉州刺史)，留心民瘼，轉温州刺史，鴻臚少卿。右開成中任。”

顔　某　　會昌、大中間？

《雲溪友議》卷下《雜嘲戲》：“温州顔郎中，儒士也。不知弧矢之能，張祐觀其騎獵馬上，以詩戲之。”

裴　閱　　大中五年(851)

《全文》卷七四九杜牧《裴閱除温州刺史等制》：“忠州刺史、上柱國裴閱等……可依前件。”

裴　開　　大中七年(853)

榮新江云，圓珍《請弘傳兩宗官牒案》：大中七年十、十一月間，“到永嘉郡，相看刺史、敕賜緋魚袋、將作監裴開”。又見《圓珍傳》。未知與裴閱有關否。

段　慶　　咸通十二年(871)

《隋唐五代墓誌匯編·陝西卷》第四册《大唐故鄉貢進士段府君(庚)墓誌銘并序》(咸通十二年十月二十四日)：“段氏將葬其季，事前十九日，其元兄新授温州刺史慶，謂諸父弟□曰……”

魯　寔　　乾符三年(876)

《通鑑·乾符三年》：十一月，“王郢因温州刺史魯寔請降”。

崔　紹　　乾符四年(877)

上圖藏拓片《唐故温州刺史清河崔府君(紹)墓誌銘并序》：“有唐

乾符紀元龍集丁酉故溫州太守崔府君終於鄭州滎陽縣之傳舍，享年四十四……以家道貧宴，求爲外任，乃拜永嘉太守……府君以季父方鎮宣城，盡室修覲，旋遇宣州府君薨背，府君護奉北歸，痢血於道，奄從大數，以乾符四年八月十六日告終。"

胡 璠 約中和初

《通鑑考異·天復二年》引薛史："朱褒，溫州人，兄弟皆爲本州牙校。刺史胡璠卒，朱誕據郡，褒逼誕而代之。"

朱 誕 中和時

見上條。

朱 褒 中和三年—天復二年（883—902）

《新書·劉漢宏傳》："中和二年……明年，漢宏屯黃嶺……時鍾季文守明州，盧約處州，蔣瓌婺州，杜雄台州，朱褒溫州。褒兵最強，故漢宏使褒治大艦習戰。"《吳越備史》卷一《武肅王》：中和四年四月，"〔劉〕漢宏因謀殺王人，密徵水師於溫州刺史朱褒，出戰船於望海"。天復二年五月"庚戌，溫州刺史朱褒卒，兄敖代之"。又見《通鑑·天復二年》五月。《新書·昭宗紀》作天復二年四月。《全詩》卷六九二杜荀鶴《寄溫州朱尚書并呈軍倅崔太傅》注："朱名褒。"

朱 敖 天復二年（902）

《吳越備史》卷一《武肅王》：天復二年五月"庚戌，溫州刺史朱褒卒，兄敖代之"。《新書·昭宗紀》：天復二年十二月"癸巳，溫州將丁章逐其刺史朱敖"。《通鑑·天復二年》同。

丁 章 天復二年—三年（902—903）

《吳越備史》卷一《武肅王》：天復二年十一月，"是月，溫州裨將丁章逐刺史朱敖，敖奔無諸，章遂據郡"。三年"夏四月，溫州丁章爲木工李彥斧殺之，裨將張惠據溫州"。

張　惠　　天復三年—天祐二年(903—905)

《通鑑·天復三年》:三月,"知温州事丁章爲木工李彦所殺"。注:"未有朝命爲刺史,止稱知州事。其將張惠據温州。"《天祐二年》:八月,"處州刺史盧約使其弟佶攻陷温州,張惠奔福州"。

盧　佶　　天祐二年—四年(905—907)

《吳越備史》附《吳越州考》:"温州,唐天祐二年八月盧佶寇擾,四年三月伐之,四月克之。"又卷一《武肅王》:"天祐四年三月……王命文穆王討温州,夏四月戊午,克温州,斬盧佶而還。"

吳　璋　　天祐四年(907)

《吳越備史》卷一《武肅王》:"天祐四年……王命都監使吳璋爲温州制置使。"

待考録

鄭　册

《廣記》卷四九引《原化記》:"温州刺史鄭册,好黄老之術。"

卷一五一　福州(泉州、閩州、長樂郡)

隋建安郡。武德初改爲泉州，置都督府。景雲二年改爲閩州。開元十三年改爲福州。天寶元年改爲長樂郡。乾元元年復改爲福州。領縣八：閩、侯官、長樂、萬安(福唐)、連江、長溪、古田、尤溪。

王義童　　武德四年—八年(621—625)

《楊炯集》卷七《唐恒州刺史建昌公王公神道碑》："公諱義童，字無稚……武德四年……詔除泉州都督。"《太平寰宇記》卷一〇二泉州："武德八年都督王義童遣使招撫，得其首領。"《淳熙三山志》卷二一郡守(以下簡稱《三山志》)："武德八年都督王義童。"

陳　弘　　武德中？

《姓纂》卷三河南陳氏："弘，唐泉州刺史。"乃後魏汾州刺史長蛇公陳紹之子。

薛士通　　貞觀元年(627)

《舊書·薛登傳》："父士通……貞觀初，歷遷泉州刺史，卒。"《新書·薛登傳》略同。又見《咸淳毗陵志》卷一六。按《三山志》謂："貞觀元年丁亥，薛登……永徽二年，薛士通。"大誤。

方叔述(方取述)　　貞觀二年(628)

《三山志》："貞觀二年，方叔述，自治中授。"〔宋〕蔡襄《光祿少卿方公(偕)神道碑》：“方姓，周方叔之後。東漢紘避地丹陽……唐泉州刺史取述者，紘之苗裔。”按“取述”當爲“叔述”之誤，或作“取名爲述”解，亦可。

柳　逖(柳遏)　　貞觀四年(630)

《千唐誌·大唐故處士河東柳君(侃)墓誌銘并序》(垂拱元年七月二十一日)：“父逖，皇朝屯田、職方二郎中，散騎常侍，泉州刺史，上柱國，樂平縣開國公……君即樂平公之第三子也。”侃卒年六十七，又見《大周常州司法參軍事柳君故太夫人京兆杜氏墓誌銘》(同上)，《芒洛四編》卷三《大唐故泉州刺史樂平公孫柳君(永錫)墓誌銘并序》。按《三山志》：“貞觀四年，柳遏。”“遏”即“逖”之異體字。

衛總持　　貞觀八年(634)

《三山志》：“貞觀八年，衛總持，授別駕。”疑衛總持是年以別駕知州事，故《三山志》列入“郡守”。

關長信　　貞觀十一年(637)

《三山志》：“貞觀十一年，關長信。”

劉伯瑛　　貞觀十六年(642)

《三山志》：“貞觀十六年，劉伯瑛。”按《嘉泰會稽志》有劉伯英，乾封元年五月自冀州長史授越州刺史，總章元年終於官，未知是否此人。

元　韶　　貞觀二十年(646)

《三山志》：“貞觀二十年，元韶。”按《姓纂》卷四河南洛陽元氏有“元韶，沙州刺史”。《新書·高祖紀》武德五年有瓜州道行軍總管元韶。

任弘毅　　貞觀二十三年(649)

《三山志》：“貞觀二十三年，任弘毅，授別駕。”疑任弘毅以別駕知州事，故列入"郡守"。

薛　獻　　貞觀中？

《金石補正》卷三六《大唐太子左衛杜長史故妻薛氏墓誌銘并序》："祖獻，工部侍郎，泉、資、定、隴四州刺史，贈洪州都督，内陽穆公。"夫人卒顯慶二年，年二十六。又見《唐文拾遺》卷六四。據《隋書·薛冑傳》及《新表三下》薛氏西祖房，知獻乃隋刑部尚書薛冑子，疑其刺泉州亦當在貞觀中。《三山志》失載。

王孝敬　　永徽四年（653）

《三山志》："永徽四年，王孝敬，授長史。"疑其以長史知州事，故列入"郡守"。

王大禮　　龍朔元年（661）

《三山志》："龍朔元年辛酉，王大禮。"

張臣合　　龍朔三年—麟德元年（663—664）

《隋唐五代墓誌匯編·陝西卷》第三册《大唐故正議大夫使持節兼泉州刺史潞城公（張臣合）墓誌銘并序》（總章元年十一月四日）："龍朔三年改授泉州刺史……麟德元年……行至府，遘疾彌留……十一月十五日薨於揚州之旅館，春秋七十有二。"又見《張智慧墓誌》（總章元年十一月四日）。

蕭嗣德　　咸亨元年（670）

《三山志》："咸亨元年庚午，蕭嗣德，授司馬。"疑其以司馬知州事，故列入"郡守"。

曹　某　　垂拱時

《開漳陳氏族譜》引《龍湖公集》錄陳元光詩有《喜雨次曹泉州二首》。按陳元光垂拱時爲漳州刺史。時泉州即後來的福州。

李　某　　武后時？

《全詩》卷九九張循之有《送泉州李使君之任》。按張循之武后時上書忤旨被誅。則此李使君當爲武后時任泉州刺史者。然卷二〇八包何名下又重出此詩。包何，大曆中人。未知孰是。

乙速孤行儼　　長安三年（703）

《全文》卷二三四劉憲《大唐故右衛將軍上柱國乙速孤府君（行儼）碑銘并序》：“長安三年，授使持節泉州諸軍事守泉州刺史。神龍元年授使持節都督黔辰沅等州諸軍事守黔州刺史。”《三山志》失載。

張承慶　　景雲元年（710）

《三山志》：“景雲元年庚戌，張承慶，承慶授都督。”

袁德仁　　景雲二年（711）

《三山志》：“景雲二年，袁德仁。”按是年泉州改爲閩州。

任乾英　　先天元年（712）

《三山志》：“先天元年壬子，任乾英。”

梁惟忠　　開元四年（716）

《三山志》：“開元四年，梁惟忠，惟忠授都督。”

傅黄中　　開元六年（718）

《三山志》：“開元六年，傅黄中。”按《新表四上》傅氏有“黄中，司勳郎中”，乃地官侍郎、冬官尚書元淑子，傅遊藝姪。《郎官柱》司勳郎中有傅黄中，在韋瑗後，李元璀前。

謝光庭　　開元九年（721）

王　峙　　開元十年（722）

以上二人，見《三山志》。

田義昌　　開元十年(722)

《三山志》:"開元十年,田義昌。是歲十一月授。"

辛子言　　開元十三年(725)

《三山志》:"開元十三年,辛子言。《進姥山詔》:開元中都督辛子言,自越授州牧閩。"按是年改閩州爲福州,仍置都督。

管元惠　　開元十七年—二十六年(729—738)

洛陽關林藏石刻《唐故中大夫福州刺史管府君神道碑并序》:"公諱元惠……〔開元〕十七年除使持節福州諸軍事福州刺史兼泉建等六州經略軍使……廿六年來朝京師,夏六月丁未至洛陽,遇疾薨毓德里第,春秋七十四……天寶元年歲次壬午二月十□朔十五日辛卯建。"《三山志》失載。

許　融　　開元二十三年?(735?)

《三山志》:"開元二十三年,許融。"按是時管元惠在福州都督任,疑有誤。《精舍碑》四處有許融:一在盧見義後,裴曠前。二在梁昇卿後,長孫處仁前。三在張倚後,趙彥晖前。四在魏季隨後,穆思泰前。

李亞丘　　開元二十七年(739)

《三山志》:"開元二十七年,李亞丘。《古田縣記》:二十八年都督李亞丘。"

徐　嶠　　開元二十八年(740)

《三山志》:"開元二十八年,徐嶠。"《新書》本傳未及刺福。按徐嶠開元間爲潤州刺史。

盧昇明　　天寶二年(743)

《千唐誌·唐桂州刺史兼御史中丞孫府君故夫人范陽郡君盧氏墓誌銘并序》(永貞元年十一月五日):"今之論甲門者曰興州刺史守

直,曰長樂太守昇明,即夫人之伯祖、叔祖也。"夫人卒永貞元年,享年
五十六。《新表三上》盧氏:"昇,福州刺史。"乃興州刺史守直之弟。
"昇",當爲"昇明"之誤。《三山志》:"天寶二年,盧昇明,授太守。改
長樂經略使。"

李　晄　　天寶五載(746)

《三山志》:"天寶五年,李晄。"按《新表二上》趙郡李氏東祖房有
"晄,冀州刺史"。乃隋晉王文學李孝基玄孫,時代相當,疑即此人。

裴　悟　　天寶六載(747)

《新表一上》東眷裴氏:"悟,長樂太守。"《三山志》:"天寶六年,
裴悟。"

高　璠　　天寶九載(750)

許　炅　　天寶十一載(752)

以上二人,見《三山志》。

【劉寡悔　　天寶十四載(755)(未之任)**】**

《三山志》:"天寶十四年,劉寡悔,授不至。"按寡悔仕至齊州刺
史,見《姓纂》卷五彭城劉氏及《新表一上》劉氏。

楊知古　　天寶十四載(755)

《三山志》:"天寶十四年,楊知古。"

吉　涗　　至德二載(757)

《三山志》:"至德二年,吉涗。《聖泉院記》:至德二載,郡太守吉公。"

董　玠　　乾元元年(758)

《三山志》:"乾元元年戊戌,董玠……涗至是卒,先授經略寧海軍

使。玠繼之，授福建防禦等使。"按是年復以長樂郡爲福州，改太守爲刺史。仍爲都督府。改福建經略使爲都防禦使兼寧海軍使。

李承昭　　上元二年—大曆七年（761—772）

《三山志》："上元二年至大曆七年，李承昭，以御史中丞爲福州刺史。《長樂縣嚴湖碑》：'寶應二年節度使李公。'升福建都防禦使爲節度使，承昭爲福、建、泉、汀、漳、潮六州節度使。"《元和郡縣志》卷二九福州永泰縣："永泰二年，觀察使李承昭開山洞置。"《舊書·代宗紀》：大曆四年正月"乙未，福建觀察使李承昭請徙汀州於長汀縣之白石村，從之"。《太平寰宇記》卷一〇二汀州："大曆十四年移理長汀白石村，去舊州理三百里，福州觀察使承昭所奏移也。"作"十四年"，衍"十"字。《全文》卷四二四于邵有《爲福建李中丞謝上表》。

李　椅（李琦、李錡）　　大曆七年—九年（772—774）

《舊書·代宗紀》：大曆七年十一月，"華州刺史李琦爲福州刺史、福建都團練觀察使"。《全文》卷三九〇獨孤及《福州都督府新學碑銘并序》："公諱椅……大曆七年冬十有一月，加御史大夫持節都督福、建、泉、汀、漳五州軍事領觀察處置都防禦等使。""大曆十年，歲在甲寅，公薨於位。"友人蔣寅謂：甲寅爲大曆九年，"十年"乃傳抄之誤。又按《閩中金石記》卷一《成公李椅去思碑》（大曆十年）："大曆七年冬十月一日，加御史大夫持節都督福、建、泉、汀、漳五州諸軍事領觀察處置都防禦等使。"《唐語林》卷四："閩自貞元以前，未有進士。觀察使李錡始建庠序，請獨孤常州及爲《新學記》。"《三山志》："大曆七年，李錡。"《新書·宗室世系表上》蜀王房："福建觀察使椅。"乃華原丞桐、黔州刺史樟、梓州刺史栝（後改名季貞）兄弟。則當從木作"椅"。

皇甫政　　大曆十年—十二年（775—777）

《全文》卷五一三吳與《漳州圖經序》："大曆十一年，福建觀察使皇甫政奏割汀州龍巖縣來屬。"《元和郡縣志》卷二九漳州龍巖縣："大曆十二年皇甫政奏改隸漳州。"《三山志》："大曆十年，皇甫政。政授刺史知留後。”《輿地碑記目》卷三《福州碑記》有《懷一塔碑》，注：“皇甫政撰，在閩縣聖泉院。”

高寬仁　大曆十二年?—十四年?（777?—779?）

《全文》卷三三七顏真卿《送福建觀察使高寬仁序》：“高君寬仁，初舉明經，歷任中外，克勤職務，政績昭著，升福建觀察使。”《三山志》及吳氏《方鎮年表》均失載。按《新書·方鎮表五》，大曆六年置福建都團練觀察處置使。顏真卿卒貞元元年，是高寬仁任福建必在大曆六年至貞元元年間。考大曆七年至十年乃李椅，十年至十二年乃皇甫政，十四年至建中元年乃鮑防，建中元年至四年乃常袞，四年至興元元年乃孟皞，興元元年至貞元元年乃王雍，其間惟大曆十二年至十四年間闕人，疑高寬仁刺福即在此期間。

鮑　防　大曆十四年—建中元年（779—780）

《舊書·德宗紀上》：大曆十四年五月“丁酉，以京畿觀察使鮑防爲福州刺史、福建都團練觀察使”。建中元年正月“己巳，福建觀察使鮑防、湖南觀察使蕭復讓憲官，從之”。又四月“戊申，以福建觀察使鮑防爲洪州刺史、江西團練觀察使”。又見兩《唐書》本傳。《全文》卷七八四穆員《鮑防碑》：“今上嗣位……俾之師長，統閩越，轉江南。”《三山志》：“大曆十四年，鮑防。建中元年，以防爲洪州刺史。”《全詩》卷一五〇劉長卿有《送秦侍御外甥張篆之福州謁鮑大夫秦侍御與大夫有舊》。

常　袞　建中元年—四年（780—783）

《舊書·德宗紀上》：建中元年五月，“潮州刺史常袞爲福建觀察使”。又建中四年正月“丙午，福建觀察使常袞卒”。又見兩《唐書》本傳。《全文》卷四一七常袞有《爲福州刺史謝上表》，又有《謝讓加銀青福建觀察使表》。又見《三山志》。

孟　皞　建中四年—興元元年（783—784）

《舊書·德宗紀上》：建中四年三月“癸未，以左散騎常侍孟皞爲

福建都團練觀察使"。《三山志》："建中四年，孟皞。"《全文》卷五二二
梁肅《爲雷使君祭孟尚書文》："敬祭於故福建觀察使、兵部尚書、贈右
僕射孟公之靈。"又卷四七〇陸贄《答論蕭復狀》謂德宗因孟皞年老，
欲除蕭復爲福建觀察。

王　雍　　興元元年—貞元元年（784—785）

《會要》卷六九："顯慶元年九月二十六日，制督府及上州各置執
刀五十人……至貞元元年廢，從福建觀察使王雍奏也。"

盧　慧　　貞元元年—二年（785—786）

《舊書·德宗紀上》：貞元元年正月"丁未，以饒州刺史盧慧爲福
州刺史、福建觀察使"。又本傳："改饒州刺史，遷福州刺史、福建觀察
使。貞元二年七月，以疾終。"《全文》卷五一三吳與《漳州圖經序》：
"興元二年，刺史柳少安請徙治龍溪，福建觀察使盧慧録奏。貞元元
年十一月十六日敕從之。"又見《三山志》。

吳　詵　　貞元三年—四年（787—788）

《舊書·德宗紀上》：貞元三年三月"丙午，鳳翔、隴右元帥副兵馬
使吳詵爲福建觀察使"。又《德宗紀下》：貞元四年四月，"福建兵亂，
逐觀察使吳詵"。又見《新書·德宗紀》。《元龜》卷一五三："貞元四
年四月，貶前福建觀察使吳詵爲涪州刺史。"又見《三山志》。

吳　湊　　貞元四年—七年（788—791）

《舊書·德宗紀下》：貞元四年五月"辛未，太子賓客吳湊爲福建
觀察使"。貞元七年十一月"丁酉，以前福建觀察使吳湊爲陝州長史、
陝虢觀察使"。《通鑑·貞元四年》五月同。又見兩《唐書》本傳，《三
山志》。

鄭叔則　　貞元七年—八年（791—792）

《舊書·德宗紀下》：貞元七年"秋七月庚午，以信州刺史鄭叔則

爲福建觀察使"。《全文》卷七八四穆員《福建觀察使鄭公(叔則)墓誌銘》："唐貞元八年四月十六日福建團練觀察使福州刺史兼御史中丞鄭公薨於位。"又卷七八五有《祭福建鄭大夫文》。又見《三山志》。

王　翃　　貞元八年—十一年(792—795)

《舊書·德宗紀下》：貞元八年五月"丙寅，以大理卿王翃爲福建觀察使"。又本傳："出爲福州刺史、福建觀察使，入爲太子賓客。貞元十二年，檢校禮部尚書。"《新書》本傳略同。《元龜》卷四八四："〔貞元〕九年五月，福建觀察使福州刺史王栩(翃)奏：諸州並設軍額防虞役使，更置執刀，甚爲煩費。"《三山志》："貞元八年，王翊。自大理卿出爲觀察使。"按"翊"乃"翃"之誤。

李若初　　貞元十一年—十三年(795—797)

《舊書·德宗紀下》：貞元十一年"二月癸卯，以衢州刺史李若初爲福建觀察使"。十三年三月"乙巳，以福建都團練使李若初爲明(越)州刺史、浙東觀察使"。又本傳同。《新書》本傳未及。《會稽掇英總集·唐太守題名》："李若初，貞元十三年三月自福建觀察使授。"《全文》卷八一七黃璞《林孝子傳》："林孝子攢，泉州莆田縣人……貞元癸酉歲李若初廉使兹地，深所嘉嘆。"按癸酉歲爲貞元九年，疑誤。又見《宋高僧傳》卷一八《唐會稽永欣寺後僧會傳》。

柳　冕　　貞元十三年—二十年(797—804)

《舊書·德宗紀下》：貞元十三年三月，"以婺州刺史柳冕爲福建觀察使"。貞元二十年七月"辛卯，福建觀察使柳冕奏置萬安監牧於泉州界"。又本傳："〔貞元〕十三年，兼御史中丞、福州刺史……以政無狀，詔以閻濟美代歸而卒。"《新書》本傳略同。又見《姓纂》卷七河東解縣東眷柳氏，《柳河東集》卷一二《先君石表陰先友記》，《三山志》。《全文》卷四八九權德輿有《答柳福州書》，又卷四九〇《韋賓客宅宴集詩序》稱："外有平陽、長樂二連帥韋君、柳君"。"柳福州"、"柳君"均指柳冕。《金石萃編》卷一〇四《無垢净光塔銘》："唐貞元己卯歲……觀察使柳公。"按"己卯歲"爲貞元十五年。

閻濟美　　貞元二十年—元和二年（804—807）

《舊書》本傳："自婺州刺史爲福建觀察使，復爲潤州刺史。"《新書》本傳："貞元末，縣婺州刺史爲福建觀察使，徙浙西。"《全文》卷五六〇韓愈《順宗實錄三》：永貞元年四月"景寅，罷閩中萬安監。先是福建觀察柳冕……請置監……百姓苦之，遠近以爲笑。至是觀察閻濟美奏罷之"。又見卷六五四元稹《唐故越州刺史浙江東道觀察使河東薛公（戎）神道碑文銘》。又卷五四〇令狐楚有《爲福建閻常侍奉慰德宗山陵表》。《三山志》："貞元二十年，閻濟美。"《會稽掇英總集·唐太守題名》："閻濟美，元和二年四月自前福建觀察使授。"

陸　庶（陸淮、陸初）　　元和二年—四年（807—809）

《新表三下》陸氏："庶，福建觀察使。"《三山志》："元和二年，陸庶。授觀察使。"《全文》卷六六四白居易《與陸庶詔》："省所奏，當管新開福建陸路四百餘里者具悉。"《太平寰宇記》卷一〇〇福州長樂縣："元和三年省，以地併入福唐，即觀察使陸淮奏省之，至五年復立縣。"《姓纂》卷一〇陸氏："生渭、澧、澗、潭、淮。"岑仲勉《姓纂四校記》云："陸淮，實陸庶之誤。"《會要》卷七一："元和三年三月，并侯官、長樂入閩縣、福唐兩縣……觀察使陸初准例省之。"按陸初即陸庶。

元義方　　元和四年—六年（809—811）

《舊書·憲宗紀上》：元和四年四月，"以商州刺史元義方爲福建觀察使"。六年四月，"以福建觀察使元義方爲京兆尹"。《新書》本傳略同。又見《三山志》、《元氏長慶集》卷五七《唐故建州浦城縣尉元君墓誌銘》。

裴次元　　元和六年—八年（811—813）

《舊書·憲宗紀上》：元和六年二月，"以太府卿裴次元爲福建觀察使"。又《憲宗紀下》：元和八年十一月"丙辰，以福建觀察使裴次元

爲河南尹”。又見《新表一上》洗馬裴氏，《三山志》。《寶刻叢編》卷一
九引《諸道石刻録》：“《唐毬場山亭二十詠并序》，唐福州刺史裴次元
作，大中十年刻。”

薛　謇　　元和八年—十年（813—815）

《舊書·憲宗紀下》：元和八年十一月“丁卯，以泗州刺史薛謇爲
福建觀察使”。《全文》卷六〇九劉禹錫《福建等州都團練觀察處置使
福州刺史薛公（謇）神道碑》：“俄遷福建團練觀察使……元和十年某
月日薨於位，年六十七。”《三山志》：“元和七年，薛謇。《聖泉院記》：
元和十年，中丞薛公。”按“七年”誤。

元　錫　　元和十年—十四年（815—819）

《三山志》：“元和十年，元錫。”《韓昌黎集》卷二七《衢州徐偃王廟
碑》注：“石刻……福州刺史元錫書。元和十年十二月九日立。”《舊
書·憲宗紀下》：元和十四年六月“癸丑，以福建觀察使元錫爲宣州刺
史、宣歙池觀察使”。《全文》卷六九三元錫有《福州刺史謝上表》。又
見《元龜》卷九一七。《宋高僧傳》卷一二《唐福州怡山院大安傳》：“釋
大安，姓陳氏，閩城人也。幼年入道，頓拂塵蒙。元和十二年……時
天雨桂子及地生朱草，刺史元錫手疏其瑞，上達冕旒。遂迴御札，詔
改鳳棲寺號靈感壇焉。”

裴　乂　　元和十四年—長慶三年（819—823）

《舊書·憲宗紀下》：元和十四年六月，“以鄭州刺史裴乂爲福州
刺史、福建觀察使”。《全文》卷六五五元稹《唐故福建等州都團練觀
察處置等使持節福州諸軍事福州刺史裴公墓誌銘》：“觀察福建……
持之五載，不失所逮……不幸薨於揚。”《隋唐五代墓誌匯編·洛陽
卷》第十三册《王汶墓誌》（寶曆元年四月十一日）：“〔元和〕十四年冬，
福建廉使裴公乂、魏博節制田公弘正繼以穆生之醴，將置公於席。”又
見《新書·裴坦傳》，《新表一上》中眷裴氏，《三山志》。

蔡 僖　　長慶四年？（824？）

《福建通志·職官志》卷二稱："蔡僖，元和間任觀察使。"按元和間觀察使從閻濟美、陸庶、元義方、裴次元、薛謇、元錫，到裴乂，史籍書之甚詳。惟裴乂長慶三年卒，徐晦寶曆元年來任，其間長慶四年缺，疑蔡僖刺福在長慶四年歟？其仕歷均不詳。吳氏《方鎮年表》亦不載。

林 葹　　寶曆元年？（825？）

《林邵州遺集·睦州刺史二府君神道碑》："饒州生府君贈睦州刺史披……次子邵州刺史蘊……季子福唐刺史葹……寶曆元年，敬宗皇帝以孝冶爲大，詔內外長吏追顯前門。蘊忝剖符竹，被沾雨露，哀榮所感，逮於幽明。"又見《續慶圖》，作"福唐州"。按福唐乃福州縣名。然福州刺史從大曆十四年至寶曆元年歷歷可考。疑有誤。

徐 晦　　寶曆元年—二年（825—826）

《舊書》本傳："寶曆元年，出爲福建觀察使。二年，入爲工部侍郎。出爲同州刺史。"又《敬宗紀》：寶曆二年八月，"以前福州觀察使徐晦爲工部侍郎"。《三山志》略同。《全文》卷七三六沈亞之《閩城開新池記》稱"高平公牧察之餘"，又卷七三五有《與福州使主徐中丞第一書》、《上使主第二書》、《上使主第三書》。徐中丞、高平公，當即徐晦。吳氏《方鎮年表》長慶四年下列徐晦，岑仲勉正補已指出其誤。

衛中行　　寶曆二年（826）

《舊書·敬宗紀》：寶曆二年正月甲午，"以國子祭酒衛中行爲福建觀察使"。《三山志》："寶曆二年，獨中行。"按"獨"字乃"衛"字之誤。上圖藏拓片《唐故鄂岳團練判官王公（譚）墓誌銘并序》（咸通五年十月二十日）謂其父因"閩帥衛中行婪穢莫救，遂表其狀以聞"。

【獨孤朗　　大和元年（827）（未之任）】

《舊書·文宗紀上》：大和元年"八月庚寅朔，以工部侍郎獨孤朗爲福建觀察使”。又本傳：“大和元年八月，出爲福州刺史、御史中丞、福建觀察使。是月赴官，暴卒於路，贈右散騎常侍。”《新書》本傳、《三山志》略同。《全文》卷六三九李翱《唐故福建等州都團練觀察處置等使獨孤公（朗）墓誌銘》：“大和元年八月爲福建等州都團練觀察等使……不克入謝，病二旬，九月壬子以瘠卒，年五十三。”又卷六四〇有《祭福建獨孤中丞文》。

張仲方　　大和元年—四年（827—830）

《舊書·文宗紀上》：大和元年八月“戊申，以諫議大夫張仲方爲福建觀察使”。又本傳：“大和初，出爲福州刺史、兼御史中丞、福建觀察使。三年，入爲太子賓客。”《新書》本傳略同。上圖藏拓片《唐故朝議郎行陝州硤石縣令上柱國侯公（續）墓誌銘并序》（大和九年十二月十一日）：“大和元年，爲福建觀察使張公辟授監察御史裏行，充觀察推官。”《全文》卷六七九白居易《唐故銀青光禄大夫祕書監曲江縣開國伯張公（仲方）墓誌銘并序》：“入爲諫議大夫，福建觀察使兼御史中丞，徵還爲太子賓客。”又見《三山志》。

桂仲武　　大和四年—五年（830—831）

《舊書·文宗紀下》：大和四年三月“丁亥，以衛尉卿桂仲武爲福建觀察使”。《三山志》同。《劉禹錫集》卷四〇《祭福建桂尚書文》：“維大和六年月日，蘇州刺史劉禹錫謹以清酌之奠，敬祭於故福建團練使桂公之靈。”《全詩》卷七四六陳陶有《投贈福建桂常侍二首》。

羅　讓　　大和五年—八年？（831—834？）

《舊書·文宗紀下》：大和五年七月“己未，以給事中羅讓爲福建觀察使”。又見兩《唐書》本傳。《三山志》：“大中四年，羅讓。”按“大中四年”誤。《全詩》卷七四六陳陶有《投贈福建路羅中丞》，即羅讓。

段百倫（段伯倫）　　大和八年—開成元年？（834—836？）

《舊書·文宗紀下》：大和八年七月“壬申，以右金吾衛大將軍段百倫檢校工部尚書，充福建觀察使”。《三山志》同。《舊書・段秀實傳》：“其子伯倫……〔大和〕八年七月，檢校工部尚書，充福建等州都團練觀察使，入爲太僕卿卒。”《新書・段秀實傳》略同。

唐　扶　　開成元年—四年（836—839）

《舊書・文宗紀下》：開成元年五月，“以中書舍人唐扶爲福建觀察使”。開成四年十一月“壬申，前福建觀察使唐扶卒”。又見兩《唐書》本傳，《新表四下》唐氏，《三山志》。《全文》卷七三三劉從諫《奏論二蕭真僞》：“今年二月，其蕭宏投臣當道，求臣上聞，自言：比者福建觀察使唐扶、監軍劉行立具審根源，已曾論奏。”

【李　玘（李記）　　開成四年（839）（未之任）】

《舊書・文宗紀下》：開成四年閏正月“辛丑，以司農卿李玘爲福建觀察使，諫官論其不可，乃罷之”。《三山志》作“李記”。

盧　貞　　開成四年（839）

《舊書・文宗紀下》：開成四年閏正月“丙午，以大理卿盧貞爲福建觀察使”。又見《三山志》。《全詩》卷三六五劉禹錫《夜燕福建盧侍郎（一作常侍）宅因送之鎮》，即盧貞。

黎　埴（黎植）　　會昌中？

《廣記》卷一七五引《閩川士傳》：“〔林〕傑五歲……日課所爲，未幾盈軸。明年，遂獻唐中丞扶……至九歲，謁盧大夫貞、黎常侍殖（埴），無不嘉獎。”似黎埴爲盧貞之後任。吳氏《方鎮年表》列黎植於會昌元年至三年，云：“《淳熙三山志》在大中八年，恐誤。按《唐會要》：開成五年，有御史中丞黎植。”岑仲勉正補云：“然開成末爲中丞，不能必其會昌初即出除福建也，宦途何常之有？”姑存疑。又按《寶刻類編》卷六《浯溪題名》有黎埴，大中元年七月二日。當是外任行此，抑罷福刺時路出此處？又，岑仲勉云：《郎官柱》、《浯溪題名》、《翰林學士壁記》、《新書・李德裕傳》等均作“埴”，從“木”者訛。

殷　儼　　大中二年（848）

《會要》卷二九：“大中二年七月十六日，福建觀察使殷儼進瑞粟十
一莖。”《三山志》失載。《全文》卷七五二杜牧《薦韓乂啓》：“及〔元〕晦得
越，乃棄產避之居常州。殷儼者，仰韓之道，自閩寄百縑遺之。及門，不
開書函而斥去之。”按元晦爲越州刺史在會昌五年至大中元年。

崔　于　　大中三年—四年（849—850）

《三山志》：“大中三年，崔于。見《神光寺碑》。”《廣記》卷一七五
引《閩川士傳》：“林傑字智周，幼而聰明秀異……時父蕭爲閩府大
將……及有是子，益大其門，廉使崔侍郎于吅與遷職，鄉人榮之。”《閩
書》：“林傑，大中四年舉童子科，觀察使崔于禮異之。”

李貽孫　　大中五年—六年（851—852）

《金石萃編》卷八〇《華嶽題名》：“福建都團練觀察處置等使兼御
史中丞李貽孫，大中五年七月廿七日□鎮，將男意承文蔚□復含昭謁
嶽而退。”《全文》卷七四九杜牧《白從道除東渭橋巡官陶祥除福建支
使等制》：“暨守臣貽孫等亦曰：〔陶〕祥、〔劉〕蛻文學温慎，可在賓階。”
又卷五四四李貽孫《故四門助教歐陽詹文集序》：“大和中，予爲福建
團練副使日……大中六年，予又爲觀察使，令訪其裔。”又見《三山
志》。按大中五年《華嶽題名》已署福建觀察，非六年始任。《寶刻叢
編》卷一九引《復齋碑錄》：“《唐新造上生院記》，唐李貽孫撰，正書無
名，大中六年四月十三日立，在神光寺。”

王源植　　大中七年（853）

《新表二中》王氏：“源植，福建觀察使。”乃武后時宰相王方慶玄
孫。《三山志》失載。唯於“長樂縣天王院”下云：“大中七年置，廉帥
王公奏賜額。”吳氏《方鎮年表》謂即源植，今從之。

韋　署　　大中七年（853）

榮新江云，圓珍《請弘傳兩宗官牒案》：大中七年八月十七日，“達

州下郭門……當時觀察使、金紫光禄大夫、御史中丞、福建都團練處
置等使、兼福州刺史韋署”。又見《圓珍傳》。

裴　煒（裴偉）　　大中時？

《福建通志·職官志二》：大中間，裴煒以福建團練觀察使兼泉州
刺史，見《閩書》。《八閩志》作“偉”。

楊　發　　大中十年—十二年（856—858）

《舊書》本傳：“改授太常少卿，出爲蘇州刺史……還，改福州刺
史、福建觀察使……移授廣州刺史、嶺南節度使。”《新書》本傳略同。
《舊書·宣宗紀》：大中十二年正月，“以太中大夫、福州刺史、御史中
丞、上柱國、賜紫金魚袋楊發檢校右散騎常侍、廣州刺史、御史大夫，
充嶺南東道節度觀察處置等使”。《全文》卷七九一濮陽寧《閩遷新社
記》：“大中十年夏六月，公命遷社於州坤，築四壇……功以十七日戊
子起，冬十一月庚子畢。”又曰：“元侯關西公既莅閩，其春由郡儀即
社。”《寶刻叢編》卷一九引《集古錄目》：“《唐閩遷新社記》，唐攝館驛
巡官前進士濮陽寧撰，書爲八分，不著名氏。福州刺史楊君（碑不著
名）……以歲月推之，關西公者，楊發也。”又見《三山志》。

王　鎮　　大中十二年—咸通二年（858—861）

《舊書·宣宗紀》：大中十二年正月，“以朝請大夫、檢校左散騎常
侍、右金吾大將軍，充右街使……王鎮爲檢校左散騎常侍、使持節都
督福州諸軍事、兼福州刺史、御史大夫，充福建等州都團練觀察處置
等使”。《三山志》同。

杜宣猷　　咸通二年—六年（861—865）

《三山志》：“杜宣猷，咸通二年。”《全文》卷八一七黃璞《王郎中
傳》：“王棨……咸通三年鄭侍郎讜下進士及第……成名歸覲，廉使杜
公宣猷請署團練巡官。”《通鑑·咸通六年》：正月，“福建觀察使杜宣
猷每寒食遣吏分祭其先壟，宦官德之。庚申，以宣猷爲宣歙觀察使，

時人謂之‘敕使墓戶’”。又見《玉泉子》,《廣記》卷二三九引。

李　播　　咸通六年(865)

《三山志》:“《舊紀》:李播,咸通六年授。《烏石感應王廟碑》:咸通間,蠻寇犯於交、廣,府帥李大夫播遣使運饋告廟而行。”

李　瓚　　咸通六年—八年(865—867)

《三山志》:“咸通六年,李瓚。是年《雙峰院記》:福建等州都團練觀察處置使、朝議郎、持節都督福州諸軍事、守福州刺史、兼御史中丞李瓚。七年作天王堂,亦有記。”又見《閩中金石志》卷二。

李景溫　　咸通八年—十年(867—869)

《新書·李景讓傳》:“弟景溫,字德己,歷諫議大夫、福建觀察使,徙華州刺史,以美政聞。”《三山志》:“咸通八年,李景溫。《西禪院記》:懿宗八年,福建廉使李景溫。《東禪院記》:咸通十年廉使李公。”按李景溫咸通七年十一月在禮部郎中任,見《舊書·懿宗紀》。

孟　彪　　咸通十一年—十四年(870—873)

《三山志》:“咸通三年,孟彪。”按咸通二年至六年乃杜宣猷在任,孟彪似無可能插入。吳氏《方鎮年表》列於咸通十一年至十四年,今從之。

皇甫珪(皇甫煥)　　乾符元年?(874?)

《姓纂》卷五壽春皇甫氏:“煥,中書舍人,福建觀察使。”按《姓纂》庫本校注:“又鎛子珪,字德卿,此作生煥,誤。”岑仲勉《姓纂四校記》云:“考《重修壁記》,珪於大中十二年八月拜中書舍人,十四年十月罷學士,改同州刺史,其官福建觀察,最早應在懿宗朝。”按《三山志》失載。吳氏《方鎮年表》以皇甫煥附大中九年,誤。今乾符元年缺,姑繫於此。

李　晦（李誨） 乾符二年—三年（875—876）

《舊書·僖宗紀》：乾符二年四月，"河南尹李晦檢校左散騎常侍、兼福州刺史、福建都團練觀察使"。《全詩》卷五五九薛能有《送福建李大夫》。《三山志》："乾符二年，李晦。"《宋高僧傳》卷一二《唐縉雲連雲院有緣傳》："及南遊至武夷山，時廉使李誨爲築禪室。乾符三年至縉雲龍泉大賽山立院。"《全文》卷八二九林嵩《周朴詩集序》："閩之廉問楊公發、李公誨……奇君之詩。"

李　播 乾符三年（876）

《舊書·僖宗紀》：乾符三年"六月，敕福建觀察使李播、荆州刺史楊權古……等九人授官之時，衆詞不可；王回等三人到郡無政，惟務貪求。實污方州，並宜停任"。《全文》卷八八僖宗有《停福建觀察使李播等任敕》。又見《三山志》。

韋　岫 乾符五年（878）

《新書》本傳："〔盧〕攜執政，岫自泗州刺史擢福建觀察使。"《全文》卷八二六黃滔《福州雪峰山故真覺大師碑銘》："乾符中，觀察使京兆韋公、中和中司空潁川陳公，每渴醍醐而不克就飲，交使馳懇，師爲之入府，從人願也。"又見《宋高僧傳》卷一二《唐福州雪峰廣福院義存傳》。韋公，即韋岫。《通鑑·乾符五年》："十二月甲戌，黃巢陷福州，觀察使韋岫棄城走。"又見《三山志》，《北夢瑣言》卷一四。

鄭　鎰 乾符六年—中和四年（879—884）

《通鑑·中和四年》："初，黃巢轉掠福建，建州人陳巖聚衆數千保鄉里，號九龍軍，福建觀察使鄭鎰奏爲團練副使。"知乾符末鄭録已爲福建觀察。《三山志》："廣明元年庚子，鄭鎰。"《全詩》卷八三七貫休《送鄭使君》："刺婺廉閩動帝臺。"《新書·僖宗紀》：中和四年五月"壬午，福建團練副使陳巖逐其觀察使鄭鎰，自稱觀察使"。

陳　巖 中和四年—大順三年（884—892）

《通鑑·中和四年》：十二月"壬寅，以〔陳〕巖爲福建觀察使。巖爲治有威惠，閩人安之"。又見《三山志》。《通鑑·大順二年》："福建觀察使陳巖疾病，遣使以書召泉州刺史王潮，欲授以軍政，未至而巖卒。"《隋唐五代墓誌匯編·北京大學卷》第二册《唐故福建觀察使檢校司徒兼御史大夫潁川郡□陳府君墓誌銘》（景福二年八月十四日）："府君以大順三年正月二十九日薨□，春秋四十有四。"按大順三年即景福元年。陳府君當即陳巖。

范　暉　　景福元年—二年（892—893）

《通鑑·大順二年》："〔陳〕巖卒，巖妻弟都將范暉諷將士推己爲留後。"《新五代史·王審知傳》："景福元年，〔陳〕巖卒，其婿范暉自稱留後。"《吳越備史》卷一《武肅王》：景福元年六月，"泉州王潮攻陷福州，殺范暉而有其地"。《新書·昭宗紀》：景福元年三月"丙寅，福建觀察使陳巖卒，護閩都將范暉自稱留後"。景福二年"五月庚子，王潮陷福州，范暉死之"。今從《新紀》。又見《三山志》。

王　潮　　景福二年—乾寧四年（893—897）

《通鑑·景福二年》：十月"戊戌，以泉州刺史王潮爲福建觀察使"。又《乾寧三年》："九月庚辰，升福建爲威武軍，以觀察使王潮爲節度使。"又《乾寧四年》：十一月，"潮寢疾，捨其子延興、延虹、延豐、延休，命審知知軍府事。十二月丁未，潮薨……審知自稱福建留後，表於朝廷"。又見《新五代史·王審知傳》。《英華》卷四五七張玄晏有《授王潮威武軍節度使制》。《三山志》："景福二年，王潮。"

王審知　　乾寧四年—天祐四年（897—907）

《新五代史》本傳："乾寧四年，〔王〕潮卒，審知代立。唐以福州爲威武軍，拜審知爲節度使……唐亡，梁太祖加拜審知中書令，封閩王。"又見《三山志》，《通鑑·光化元年》、《光化三年》二月。《全文》卷八四一于兢《琅邪忠懿王（王審知）德政碑》："乾寧三年，僕射遘疾，且付公以戎旅，仍具表奏。尋加刑部尚書威武軍留後，俄授金紫光禄大夫、右僕射、本軍節度使。"又見卷八九三錢昱《忠懿王廟碑文》、卷八二五黄滔《靈山塑北方毗沙門天王碑》。拓本《唐故威武軍節度使守中書令閩王（王審知）墓誌》："後六年，侍中（王潮）捐館舍。王子降璽書，授金紫光禄大夫、刑部尚書、充威武軍節度、觀察處置等使，當年兼三司發運使……加尚書左僕射，尋拜中書門下平章事，封琅邪郡開國侯，食邑一千户。天復初，恩降私第門戟，加光禄大夫、檢校司空，進封開國公，食邑二千户。彌歲，加特進、司徒、太保，進封本郡王……天祐中，特敕建德政碑……開平初，加開府儀同三司、檢校太尉。"

待考録

李 洵

《新表二上》李氏姑臧房："洵，福建觀察使。"《舊書·李蔚傳》："蔚三子：渥、洵、澤……洵至福建觀察使。"按乾符五年後福建觀察使韋岫、鄭鎰、陳巖、范暉、王潮、王審知相繼，無可能插入。乾符五年前李洵尚年輕，似亦無可能至觀察使。

卷一五二　建州（建安郡）

隋建安郡之建安縣。武德四年置建州。天寶元年改爲建安郡。乾元元年復爲建州。領縣六：建安、邵武、唐興（浦城）、建陽、將樂、沙。

葉　顒　　武德六年（623）

《元龜》卷一六八：“〔武德〕六年……建州刺史葉顒獻練布……帝以勞民，皆不受之。”《閩書》卷五五《文涖·建寧府》唐刺史（以下簡稱《閩書》）：“葉顒，顒爲刺史，會妖賊武遇作亂，嬰城捍之，城陷不屈死。建人立廟富沙祠焉，唐宋皆祠以爲神，封之侯爵，國朝定號曰：唐建州刺史葉顒公之神，令有司春秋祭。右武德中任。”

謝元治　　貞觀中

虞　韶　　貞觀中

李德仁　　貞觀中

陳行武　　貞觀中

王〔仁〕徹　　貞觀中

李寅義(李季義)　　貞觀中

以上見《福建通志·職官志二》引《八閩志》(以下簡稱《八閩志》)。

趙　環　　貞觀中

見《閩書》。

張　暉　　貞觀中?

《閩書》云:張暉,任年無考。

皇甫珍義　　貞觀中?

《白居易集》卷七〇《唐故銀青光禄大夫太子少保安定皇甫公墓誌銘》:"五代祖珍義,資、建二州刺史。"《新表五下》皇甫氏:"珍義,資、建二州刺史。"乃儀鳳三年給事中文亮之父,珍義刺建疑在貞觀時。

李公淹　　貞觀中?

《千唐誌·唐故許州扶溝縣主簿滎陽鄭道妻李夫人墓誌》:"父公淹,唐右司郎中,渭、建二州刺史。"夫人卒神龍三年,七十七歲。按《新表二上》趙郡李氏西祖房:"公淹,右司郎中。"乃杭州刺史李自挹之父。《郎官柱》吏部員外有李公淹,在宇文節後,封良客前。

張文琮　　永徽四年(653)

《舊書》本傳:"永徽初,表獻《太宗文皇帝頌》,優制褒美,賜絹百匹,徵拜户部侍郎。從母弟房遺愛以罪貶授房州刺史,文琮作詩祖餞;及遺愛誅,坐是出爲建州刺史。"《新書》本傳略同。又見《元龜》卷六八四、卷九二五,《唐詩紀事》卷五。按房遺愛於永徽四年二月乙酉被誅,則文琮刺建當在永徽四年。《全文》卷二一六陳子昂《唐故袁州參軍李府君妻張氏墓誌銘》:"父某,唐户部侍郎,復、亳、建三州刺史。"當即文琮。《閩書》:"〔張〕文琮,武城人。安靖有惠政,州尚淫祀,文琮下教,俾祭春秋二社,餘悉除去。右永徽中任。"

王　舉　　約高宗時

《千唐誌·唐故處士太原王府君（智言）墓誌銘并序》（開元二十七年十月二十五日）："曾祖亮,隋□城丞。祖舉,皇建州刺史。"智言卒開元十九年,年七十二。則其祖至遲仕至高宗時。

魏　明（魏朋）　　開元初

《全文》卷二五二蘇頲《授魏明彭王府長史制》："敕銀青光禄大夫使持節建州諸軍事建州刺史鉅鹿縣開國伯魏明……可行彭王府長史,散官、勳封如故。"按蘇頲開元初知制誥,魏明刺建約在開元初。《福建通志》列爲建中前,誤。《廣記》卷三四一引《玄怪録》："建州刺史魏朋,辭滿後,客居南昌,素無詩思,後遇病,迷惑失心,如有人相引接,忽索筆抄詩。""魏朋",疑爲"魏明"之誤。

姜神翊　　開元中?

《閩書》云"天寶前"。按《新表三下》姜氏："神翊,舒州刺史。"乃德宗時宰相姜公輔之祖。疑其刺建在開元中。

盧　廣　　天寶前

張隱之　　天寶前

李齊晏　　天寶前

姚仁訪　　天寶前

李克順　　天寶前

《閩書》云："以上天寶前。"

林　洋　　約天寶初

《八閩志》謂林洋任建刺在天寶前,《閩書》謂任年無考。按《姓纂》卷五濟南鄒縣林氏:"洋,密、衢、常、潤、蘇九州刺史。"天寶九載在蘇刺任,守潤在七至八載,守常在天寶六至七載,其守建約在天寶初。

許戒惑(許咸感)　　天寶中

《閩書》著録"許咸感",云"天寶前"。按"咸感"疑"戒惑"之訛。《姓纂》卷六安陸許氏有"戒惑,都官郎中、鴻臚少卿"。《新表三上》安陸許氏作"誡惑",乃梁州都督、安西大都護許欽明之子。時代相當。又按《全文》卷二五二蘇頲《授殿中侍御史許誡感太子司議郎制》,岑仲勉《姓纂四校記》謂"誡感"亦"誡惑"之訛。《精舍碑》三處有許誡惑,一在郭庭倩、何最後,常無欲、苗晉卿前。二在馬元直後,常無欲前。三在范正則後,鄭昉、魏方進前。

張　均　　天寶十三載(754)

《舊書·玄宗紀》:天寶十三載三月,"〔張〕垍兄憲部尚書均貶建安太守"。又見兩《唐書·張垍傳》,《通鑑·天寶十三載》三月。李肇《翰林志》:"天寶十二載,安禄山來朝,玄宗欲加同中書門下平章事,命張垍草制,不行。及其去也。怏怏滋甚。楊國忠曰:'此垍告之也',遂貶盧溪郡司馬;兄均建安郡太守。"《閩書》:"張均,在天寶中任。"

薛公兑　　肅宗時?

《新表三下》薛氏:"公兑,建州刺史。"乃餘杭太守薛自勉弟。《八閩志》及《閩書》謂元和中任,疑誤。

獨孤晞　　約代宗時

裴　潛　　約大曆中

陸藏器 約大曆中

魯 冽 約大曆中
以上四人，《八閩志》、《閩書》云"建中前"。

李 瑾 約大曆中
《八閩志》、《閩書》云"建中前"。按兩《唐書·李範傳》有子瑾，天寶中歷太僕卿，暴卒。時代不合。《新書·藝文志一》有"李瑾《春秋指掌》十五卷"，乃元和以後人，亦非此人。

陸 易 大曆中
《八閩志》、《閩書》云"建中前"。按《姓纂》卷一〇陸氏："易，司門員外。"《新表三下》陸氏："易，徐州刺史。"乃陸景融之子，陸象先、陸景倩之姪。《郎官柱》祠部員外有陸易，在薛據後，岑參前。

韓 玭 約大曆中
《八閩志》、《閩書》云"建中前"。

李 構 大曆中
《八閩志》、《閩書》云："以上建中前。"按《新表二上》姑臧李氏有兩李構；一爲元珍子，泉州刺史；一爲光遠子，未署官職。又南祖譙郡李氏有李構，乃武后時宰相李元素之孫，亦未署官銜。《新書·宗室世系表下》蔣王房又有"杭州刺史構"。

李 皆 大曆中
《八閩志》謂建中前，《閩書》云："右任年無考。"按《新表二上》姑臧李氏："皆，司封員外郎。"乃肅宗時宰相李揆之弟，泉州刺史李震之父。《隋唐五代墓誌匯編·洛陽卷》第十三册《唐故朝議郎行大理評事上柱國范陽盧公（方）墓誌銘并序》（大和四年二月二十八日）："外族隴西李氏，外祖皆，皇建州刺史。"

韋　復　　大曆中？

《姓纂》卷二東眷韋氏南皮公房："復，建州刺史。"《新表四上》同。乃至德二載左補闕韋少遊之子。疑其刺建在大曆中。

陸長源　　建中元年—四年（780—783）

《舊書》本傳："乾元中，陷河北諸賊，因爲昭義軍節度薛嵩從事，久之，歷建、信二州刺史。"《新書》本傳略同。《全文》卷六三六李翱《賀行軍陸大夫書》："昔閣下爲建州刺史，人足食與衣……其爲信州，猶建州也；其爲汝州，猶信州也。汴人苦其政失其心十五年矣……亦惟閣下孜孜不怠，致汴州猶汝州也。"《全詩》卷一五〇劉長卿有《送建州陸使君》，據蔣寅考證，長卿在建中元年春送陸，則長源建中元年始爲建州刺史。《兩浙金石志》卷二《唐東陽令戴叔倫去思頌碑并序》："朝散大夫前守建州刺史陸長源撰……興元元年歲次甲子五月。"稱"前守建州刺史"，證知興元元年已離任。興元元年權知湖州，旋又改信州，見皎然詩。《全詩》卷八七四《建州人歌》注："陸長源，建中初爲建州刺史，有惠政。"《閩書》："陸長源……右建中中任。"《輿地碑記目》卷一《婺州碑記》有《杜叔倫去思碑》，引《晏公類要》云："在東陽縣，前達州刺史陸長源文。""達州"當爲"建州"之誤，"杜叔倫"爲"戴叔倫"之誤。

崔　造　　約建中末—興元元年（約783—784）

《舊書》本傳："朱泚之逆，造爲建州刺史……及收京師，詔徵造。"《新書》本傳略同。又見《元龜》卷六八六、卷七九四。《全文》卷四五五張薦《答權載之書》："〔相國崔公〕其後作牧建安，屬京師難故……薦掌史者，嘗記興元元年三月甲子詔書，以建州使者舒鄧玢爲嘉王府諮議。玢之所奉，即相國丈也。"又卷四九〇權德輿《送建州趙使君序》："是邦爲東閩劇地，故相安平穆公嘗理焉。""相國崔公"、"故相安平穆公"均指崔造。

長孫會　　貞元初？

《八閩志》、《閩書》列於陸長源、崔造後。

王　淪（王瀹）　　貞元中

《八閩志》、《閩書》列於長孫會後。云：後遷泉州刺史。

裴孝智（裴孝初）　　貞元中

《芒洛遺文》卷中《劉栖楚墓誌蓋陰記》：“公夫人河東裴氏，祖諱孝智，建州刺史。”夫人卒元和十年，年二十四。按《新表一上》東眷裴氏：“孝智，都官郎中。”乃壽州刺史裴通之父。《八閩志》及《閩書》有裴孝初，列於王淪之後，爲貞元中刺史，疑即“裴孝智”之誤。

裴　鄙　　貞元中

《八閩志》、《閩書》列於裴孝初（智）後。

郝成隘　　貞元中

《八閩志》、《閩書》列於裴鄙後。

王　浦（王溥）　　貞元十年（794）

《嘉泰吳興志》卷一四郡守題名：“王浦，貞元十一年自建州刺史授；卒官。《統記》作十年。”《八閩志》、《閩書》作“王溥”，列於“郝成隘”之後，疑即“王浦”之訛。

孫　裔　　貞元中

《八閩志》、《閩書》列於王溥（浦）之後。

趙　某　　約元和初

《全文》卷四九〇權德輿《送建州趙使君序》：“趙侯……牧兹建人……是邦爲東閩劇地，故相安平穆公嘗理焉。”又云：“當孝文避狄時巡之際，移書四方。”“孝文”乃德宗諡號，則此序必作於德宗死後。友人蔣寅謂此文約作於元和元年。

敬　騫（殷騫）　　元和中

《姓纂》卷九河東敬氏：“騫，建州刺史。”《新表五上》同。乃大曆中御史大夫敬括子。《八閩志》、《閩書》有"殷寨"，疑即"敬騫"。按敬騫大曆二年進士；德宗時由御史貶高州電白尉，見《元龜》卷六一九；元和五年爲荆南節度判官，見《集古録目·神女廟詩》。其爲建刺亦當在元和中。

蔣 郍　元和九年？（814？）

北圖藏拓片《唐故朝散大夫守尚書吏部郎中兼侍御史知雜事琅邪王府君（袞）墓誌銘并序》（大和六年十月二十六日）："夫人樂安蔣氏，即忠公（蔣清）之孫，建州刺史郍之女。"夫人卒長慶元年，王袞卒大和六年，年五十二。按蔣清天寶十四載被安禄山所殺，見兩《唐書》本傳。蔣郍元和七年在施州刺史任，見《姓纂》卷七。元和十年卒於陝州司馬，見《芒洛續編·蔣氏子墓誌》。

鄭 騰　元和中？

李 咸（李減）　元和中

以上二人，見《八閩志》、《閩書》。

張 聿　約元和十三年（約 818）

《白居易集》卷四八《張聿可衢州刺史制》："以爾聿前領建溪有理行，次臨潑郡著能名，用爾所長，副我所急。宜輟郎署，往頒詔條……可使持節衢州刺史，散官、勳如故。"白居易元和十五年知制誥，張聿刺建在刺潑前，約在元和十三年。《八閩志》、《閩書》列李咸之後，李景儉前。

李景儉　元和十五年—長慶元年（820—821）

《舊書·穆宗紀》：元和十五年正月，"貶諫議大夫李景儉爲建州刺史"。長慶元年八月"庚寅，以建州刺史李景儉爲諫議大夫"。又見兩《唐書》本傳，《元龜》卷四八一、卷九一四。《全文》卷六四穆宗有《貶李景儉建州刺史制》。

裴克諒　　長慶元年—二年（821—822）

《八閩志》、《閩書》列裴克諒於李景儉後。《隋唐五代墓誌匯編·河南卷·唐故襄城縣尉范陽盧公□夫人河東裴氏墓誌銘并序》（長慶二年十一月十六日）：“叔父克諒……及叔父除建州刺史，夫人乃隨從之官……春秋始三十，以長慶元年十二月十七日終於建州官舍。”證知裴克諒長慶元、二年在任。

李公度　　寶曆中？

《八閩志》、《閩書》列李公度於裴克諒之後。云“以上大和前”。按李公度大中二年爲義武節度，咸通年間爲靈武節度。

嚴公貺　　大和中

《八閩志》、《閩書》列嚴公貺於李公度之後，以爲大和間任。按《姓纂》卷五廣漢嚴氏：嚴震之幼子公貺。《全文》卷五二三楊於陵《賀收劍門表》稱：嚴礪下告捷官嚴公貺。柳宗元有《送公貺下第歸興元覲省序》。

王　同　　大和中

《八閩志》、《閩書》列王同於嚴公貺之後，以爲大和間刺史。

鄭　襄　　大和中

《八閩志》、《閩書》列鄭襄於王同之後，以爲大和間刺史。

崔　耿　　大和末—開成初

《千唐誌·唐故邕管招討判官試右清道率府兵曹參軍清河崔公墓誌銘并序》（開成元年二月十四日）：“堂姪朝散大夫前守建州刺史上柱國耿撰……開成元年仲春甲申。”《閩書》謂崔耿大和中任。按崔耿會昌元年爲衢州刺史，大中五、六年間爲安南都護。

李元瑜　　開成中

《八閩志》、《閩書》列李元瑜於崔耿之後，以爲開成間刺史。按

《新表二上》趙郡李氏東祖房有元瑜，未署官職，未知是否此人。

湯克卿 開成中？

朱公敏 開成中？

王　翊 開成中？

以上三人，見《八閩志》、《閩書》。以爲大中前之刺史。按兩《唐書》有王翊，附見《王翃傳》，乃貞元時福建觀察使王翃之兄。王翊乾元中官京兆少尹、商州刺史、襄州刺史。如即此人，其刺建當在乾元之前，時代不合。或爲另一人。

常克儉 開成中？

《福建通志·職官志二》引《八閩志》、《閩書》，列於王翊之後，以爲大中前之刺史。

元　晦 約開成末—會昌初

《全文》卷七五二杜牧《薦韓乂啓》："韓乂第後歸越中，佐沈公江西宣城。府罷，唐扶中丞辟於閩中。罷府歸，路由建州，妻與元晦同高祖，扶惡晦爲人，不省之。及晦得越，乃棄産避之居常州。"證知元晦曾刺建州及官浙東觀察。按唐扶於開成元年至四年爲福建觀察使。又據《會稽掇英總集·唐太守題名》，元晦會昌五年三月自桂管爲浙東觀察使，其爲桂管在會昌三年，其刺建當在此之前，約在開成末至會昌初。

吳居易 會昌中

李　坦 會昌中

樊　綜 會昌中

李　俱　　　會昌中

陳思誨　　　會昌中

張居緒　　　大中前

杜　肱　　　大中前

以上七人，見《八閩志》、《閩書》，以爲大中前刺史。

李　回　　　大中五年（851）

《唐摭言》卷二："太和初，李相回任京兆府參軍，主試，不送魏相公謨，深銜之……後回謫牧建州，謨大拜，回有啓狀，謨悉不納。既而回怒一衙官，決杖勒停建州……其人切恨停廢，後因亡命至京師，接時相訴冤……於是爲魏相極力鍛成大獄。時李相已量移鄧州刺史，行次九江，遇御史鞫，却回建陽，竟坐貶撫州司馬，終於貶所。"按兩《唐書》本傳均未及刺建、移鄧事。據《新書・宰相表下》，大中五年十月戊辰，"戶部侍郎判戶部魏謨守本官同中書門下平章事"。則回刺建當在此時。《廣記》卷三一五引《稽神録》："建州梨山廟，土人云：故相李回之廟。回貶爲建州刺史，後卒於撫川，卒之歲，建安人咸夢回乘白馬入梨山。"

李　遠　　　大中時

《新書・藝文志四》："《李遠詩集》一卷。"注："字求古，大中建州刺史。"又見《唐詩紀事》卷五六，《唐才子傳》卷七。按李遠大中十二年爲杭州刺史，見《通鑑》。

于延陵　　　大中十二年（858）

《通鑑・大中十二年》："冬十月，建州刺史于延陵入辭……到官，竟以不職貶復州司馬。"又見《東觀奏記》卷下。

嚴士則 大中末

《劇談録》：“大中末，建州刺史嚴士則，本穆宗朝爲尚衣奉御……自梓州別駕作牧建溪，時年已九十。到郡才經周歲，即解印歸羅浮。及韋相公宙出鎮廣南，使人訪之，猶在山谷。大中十四年之任建安，路由江浙，時蕭相國觀風浙右，於桂樓開宴召之，唯酒數杯，他無所食矣。”《廣記》卷三七引作“文宗末”，誤。按蕭寘大中十至十二年在浙西，韋宙咸通二年節度嶺南。

崔　逢 大中、咸通間？

胡　竦 大中、咸通間？

宋　儔 咸通中？

爰　慶 咸通中？

彭　崇 咸通中？

王從初（王崇初） 咸通中？

袁　遠 咸通中？

賈　傭 咸通中？

陳　芬 咸通中？

以上九人，見《八閩志》、《閩書》，以爲乾符前刺史。按《咸淳臨安志》卷五一有陳芬。

王　諷 咸通十三年（872）

《通鑑考異·咸通十三年》：五月“十七日，又貶尚書左丞李當道州刺史，吏部侍郎王諷建州刺史”。

李　頻　乾符二年—三年（875—876）

《舊書·僖宗紀》：乾符二年正月，“都官員外郎李頻爲建州刺史”。又見《新書》本傳。《全文》卷八二九林嵩《周朴詩集序》：“與李建州頻、方處士干爲詩友。”《全詩》卷六五九羅隱《題方干詩》：“中間李建州、夏汭偶同遊。”又卷六七四鄭谷有《哭建州李員外頻》，卷七一六曹松有《林下書懷寄建州李頻員外》、《哭李頻員外》，卷七一七有《吊建州李員外》等。又見《唐文拾遺》卷三三鄭谷《雲臺編序》，《唐摭言》卷一〇。《宋高僧傳》卷二七《唐明州國寧寺宗亮傳》：“大中再造，國寧寺徵選清高者隸名，亮預住持。建州太守李頻爲寺碑。”

李仲章　乾符三年（876）

《舊書·僖宗紀》：乾符三年十一月，“度支分巡院使李仲章爲建州刺史。”

姚　某　乾符中？

《全詩》卷六〇四許棠有《寄建州姚員外》詩。按許棠乾符中嘗任江寧丞，此詩或是時作。

司馬保　乾符中

《八閩志》、《閩書》列司馬保於李仲章後，以爲乾符間刺史。

李乾祐　乾符末

《新表二上》趙郡李氏南祖房：“乾祐，建州刺史。”乃李紳之子。《十國春秋·李昊傳》：“自言唐相紳之後。祖乾祐，建州刺史。父羔，容管從事。昊生於關中，幼遇唐末之亂，隨父避地奉天。值昭宗遷洛，岐軍攻破奉天，父及弟妹皆被害。”《十國春秋·閩司空世家》：“先是，黃巢將竊有福州。”注：“時建州刺史李乾祐棄城走，後守李希聖與戰死。”

李希聖（李彥堅） 廣明間

《八閩志》、《閩書》列李彥堅（希聖）於司馬保、李乾祐後。《十國春秋‧閩司空世家》：“先是，黃巢將竊有福州。”注：“時建州刺史李乾祐棄城走，後守李希聖與戰死。”

熊 博 中和間—景福二年（？—893）

《廣記》卷三九二引《稽神録》：“熊博者，本建安津吏。岸崩，得一古冢，藤縵纏其棺，旁有石銘云……博後至建州刺史。”《閩書》列於李彥堅（希聖）後，以爲中和間刺史。《十國春秋‧閩司空世家》：景福二年五月，“潮入福州，自稱留後……建州人徐歸範以州應潮，刺史熊博死之”。注：“何喬遠《閩書》云：熊博，建陽人，有才勇，尚氣節，徐歸範據州應王潮，博遂遇害。”

徐歸範 景福二年（893）

《新書‧昭宗紀》：景福二年，“建州刺史徐歸範、汀州刺史鍾全慕叛附於王潮”。《永樂大典》卷七八九引《臨汀志‧郡守題名》：“景福元年，〔鍾〕全慕與建州刺史徐歸範俱附潮。”

高 惜 昭宗時？

王汝璠 昭宗時？

陳 伓 昭宗時？

以上三人，見《八閩志》、《閩書》，列於熊博後。按《姓纂》卷三馮翊陳氏有陳伓，天寶時人，時代不合。

魏 郜 昭宗時？

《閩書》列魏郜於徐歸範後，云“任年無考”。

卷一五三　泉州(豐州、武榮州、清源郡)

　　武德五年於南安縣置豐州。貞觀元年廢豐州。聖曆二年分泉州之南安、莆田、龍溪三縣置武榮州。三年州廢，三縣還泉州。久視元年又以三縣置武榮州。景雲二年改爲泉州。天寶元年改爲清源郡。乾元元年復爲泉州。領縣四：晉江、南安、莆田、清源(仙遊)。

劉懷恩　　武德中

　　《福建通志・職官志二》："劉懷恩，武德間豐州刺史。"《閩書》卷五三(以下簡稱《閩書》)稱："武德中任武榮州刺史。"

許輔乾　　景龍中

　　《福建通志・職官志二》謂：許輔乾，景龍間武榮州刺史。按《姓纂》卷六安陸許氏："輔乾，右金吾大將軍、光禄卿。"《新表三上》安陸許氏同。《舊書・許欽寂傳》謂：欽寂戰死，"則天下制褒美……又授其子輔乾左監門衛中候，仍爲海東慰勞使……輔乾，開元中官至光禄卿。"《閩書》稱："自括州長史拜官，任五月卒。"

楊承袞　　景龍中

　　《福建通志・職官志二》："許輔乾、楊承袞，以上俱景龍間任武榮州刺史。"《閩書》亦云："右景龍中任。"

趙睿微(趙謹徽)　　景雲二年(711)

　　《嘉泰吳興志》卷一四郡守題名："趙謹徽，長壽二年自洪州都督授。《統記》云：景雲二年自泉州刺史授。”按《姓纂》卷七諸郡趙氏有“湖州刺史趙睿微，陽翟人。”岑仲勉《姓纂四校記》云：“謹、睿爲連綿字，微、徽形相類，當即一人，唯未知孰是耳。”按《郎官柱》倉部員外作趙睿微。

馮敬言　　先天中

《閩書》謂先天中任。

馮仁知（馮仁智）　　開元六年（718）

《元和郡縣志》卷二九泉州晉江縣：“開元六年，刺史馮仁知緣州廓無縣，請析南安縣東置。在晉江之北，因名。”《閩書》作“仁智”，列於楊承裒前，謂景龍中任，誤。

張　琮　　開元中

《八閩志》列於馮敬言之後，以爲開元中刺史。《閩書》同。

雲　盈　　開元中

朱欽道　　開元中

尹　頊　　開元中

陰　儼　　開元中

以上見《八閩志》、《閩書》。

李元澄　　開元中

《新表二上》隴西李氏姑臧房：“元澄，泉州刺史。”《八閩志》列於陰嚴後，云“以上俱開元任”。

雲　遂　　開元中

《閩書》列雲遂於李元澄後，云“開元間任”。

賈長源　　開元中

　　《閩書》云：賈長源，“開元間任”。按天寶元年賈長源爲台州刺史。

尚獻忠　　開元中

昝慎交　　開元中

　　以上見《閩書》，稱“右開元中任”。

姚思禮　　天寶中

虞　渙　　天寶中

李仙舟　　天寶中

薛　昱　　天寶中

　　以上見《閩書》，稱“右天寶中任”。

林　鄂　　天寶中

　　《福建通志·職官志二》引《南安志》稱林鄂爲天寶間刺史。

暨克華　　乾元中

　　《輿地碑記目》卷三《泉州碑記》有《唐暨克華州廳壁記》，注：“趙曄記。”《八閩志》稱“乾元初”刺史。《閩書》稱“乾元中”。

侯令儀　　寶應中

　　《八閩志》稱侯令儀爲“寶應初”刺史，《閩書》於侯令儀下稱“右寶應中任”。按侯令儀乾元三年由杭州刺史遷昇州刺史。

李　偕　　廣德中

　　《八閩志》列李偕於侯令儀之後，以爲“廣德初”刺史。《閩書》稱

“廣德中任”。

韋友信　　永泰間

《新表四上》韋氏彭城公房：“友信，泉、吉、婺三州刺史。”《遼居稿·韋氏小女子誌》：“曾祖友信，吉、泉、婺三州刺史。祖綬，皇興元節度使，贈右僕射。”《八閩志》：“韋萬信，永泰間刺史。”按“萬信”當爲“友信”之訛。

陸　偃　　永泰間

《新表三下》陸氏：“偃，泉州刺史。”乃玄宗時宰相陸象先之子。《八閩志》稱陸偃爲永泰間刺史。《閩書》在陸偃後亦云：“右永泰中任。”

蘇　妙　　大曆中

《姓纂》卷三鄏西蘇氏：“妙，泉州刺史。”《新表四上》同。《八閩志》及《閩書》稱大曆間任。

王仲達　　大曆中

《八閩志》及《閩書》稱王仲達爲大曆間刺史。

李　構　　大曆中

《新表二上》李氏姑臧房：“構，泉州刺史。”《八閩志》、《閩書》稱大曆間刺史。

李行穆　　大曆中

《八閩志》稱李行穆爲大曆間泉州刺史。《閩書》謂泉州刺史兼觀察使。

薛　播　　約建中時

《舊書》本傳：“及〔崔〕祐甫輔政，用爲中書舍人。出汝州刺史，以公事貶泉州刺史。尋除晉州刺史，河南尹。”《新書》本傳略同。又《秦系傳》：“客泉州，南安有九日山……系結廬其上，穴石爲研，注《老子》，彌年不出。刺史薛播數往見之。”《全詩》卷二〇七李嘉祐有《答泉州薛播使君重陽日贈酒》，又卷二六〇秦系有同題詩。

丁　瓊　　建中時

《全詩》卷三四歐陽詹《旅次舟中對月寄姜公》注：“此公，丁泉州門客。”《八閩志》有“丁瓊”，列薛播後，以爲建中間刺史。《閩書》同。

賈　蓀（賈係、賈孫）　　貞元初

《姓纂》卷七長樂賈氏：“孫，泉州刺史。”按庫本《姓纂》及《古今姓氏書辯證》皆作“係”。《全文》卷八八五徐鉉《賈潭墓誌》：“五代祖蓀，衡州刺史。”岑仲勉《姓纂四校記》謂作“蓀”者是。《八閩志》、《閩書》列丁瓊之後，以爲貞元初刺史。

李　端　　貞元四年？（788？）

《全文》卷五三〇顧況《饒州刺史趙郡李府君（端）墓誌銘》：“官由臺省、興元少尹、少府監，出泉、饒二州刺史……貞元八年秋七月終於郡署，年六十一。”按《新表二上》趙郡李氏東祖房：“端，饒州刺史。”

趙　昌　　貞元五年（789）

《新書·地理志五》泉州晉江縣：“東一里有尚書塘，溉田三百餘頃，貞元五年刺史趙昌置，名常稔塘，後昌爲尚書，民思之，因更名。”又見《平寰宇記》卷一〇二。

李　堅（李絛）　　貞元六年？（790？）

《全文》卷五〇二權德輿《朝散大夫守司農少卿李公墓誌銘并序》：“公諱絛，字堅，後以字爲諱……貞元初，移蘄州長史，尋徵還京師……拜泉州刺史，泉人宜之，人爲宗正丞……九年授果州刺史。”《八閩志》、《閩書》列於趙昌之後。

席 相 貞元七年—九年（791—793）

《全文》卷五一八梁肅《奉送泉州席使君赴任序》："使君至德初以一命領太原尉……展轉禄仕三十餘年，乃以宰邑功次除晉安守……方將布王澤以牧閩人，得不謂重且遠乎！"又卷五九七歐陽詹《泉州北樓記》："邦牧安定席公貞元七年下車，至九年，牧之三祀……"又《泉州六曹新都堂記》："貞元八年，刺史安定席公爲邦之二祀冬，造六曹之都堂。"又卷五九六《泉州刺史席公宴邑中赴舉秀才於東湖亭序》："貞元癸酉歲，邑有秀才八人，公將首薦於闕下。"按癸酉歲，即貞元九年。《八閩志》、《閩書》稱：席相，貞元間任。《輿地碑記目》卷三《泉州碑記》有《席相新六曹都堂記》，注："貞元十一年歐陽詹撰，今謂之僉廳。"又有《席相北樓記》，注："唐貞元初歐陽詹撰。"

裴 涇 貞元中

《新表一上》東眷裴氏："涇，泉州刺史。"乃蘇州刺史裴澄之弟。《八閩志》、《閩書》謂貞元間任。

李 震 貞元中

《新表二上》隴西李氏姑臧房："震，泉州刺史。"乃肅宗時宰相李揆之姪，司封員外郎李皆之子。《八閩志》、《閩書》謂貞元間刺史。按《金石萃編》卷八九《劉感墓誌銘》稱：河東進士李震撰，天寶十二載十月三十日。

長孫湛 貞元中？

《八閩志》、《閩書》謂：長孫湛貞元間任泉州刺史。按《新表二上》長孫氏："湛，襄州刺史。"乃長孫無忌之子，常州刺史長孫濬之弟。長孫無忌卒高宗顯慶年間，其子決無可能仕至一百四十餘年後。疑《八閩志》、《閩書》誤，或"貞元"爲"貞觀"之誤，或貞元間別有一長孫湛歟？姑存疑。

穆 贊 貞元中

《新書·馬總傳》："貞元中，辟署滑州姚南仲幕府，監軍薛盈珍誣南仲不法，總坐貶泉州別駕。盈珍入用事，福建觀察使柳冕希旨欲殺之，會刺史穆贊保護乃免，徙恩王傅。”《福建通志·職官志二》列穆贊於薛戎前，以爲貞元中刺史。按兩《唐書》本傳未及泉刺。《舊書·馬總傳》：“福建觀察使柳冕希旨欲殺總，從事穆贊鞫總，贊稱無罪，總方免死。”亦未稱刺史。兩《唐書·薛戎傳》及元稹《薛戎碑》稱：柳冕欲害馬總，乃囑薛戎爲之。未知《新書·馬總傳》誤否。

薛　戎　　貞元十六年—永貞元年（800—805）

《舊書·薛戎傳》：“福建觀察使柳冕表爲從事，累月，轉殿中侍御史。會泉州闕刺史，冕署戎權領州事。是時，姚南仲節制鄭滑，從事馬總以其道直爲監軍使誣奏，貶泉州別駕。冕附會權勢，欲構成總罪，使戎按問曲成之。戎以總無辜，不從冕意。”《新書》本傳略同。又見《通鑑·貞元十六年》二月。《全文》卷六五四元稹《唐故越州刺史浙江東道觀察使河東薛公（戎）神道碑文銘》：“福建觀察使柳冕……俾公攝泉州刺史，時貞元中……馬總爲泉州別駕，冕諭公陷總，總無罪，公不忍陷，冕怒，並囚之……值冕病具得脱。”按柳冕永貞元年卒。據碑，閻濟美代冕，復請戎副團練事，則薛戎至永貞元年尚在泉州。

王　淪　　元和初

《八閩志》、《閩書》均列王淪於薛戎之後，以爲元和初泉州刺史。云：“曾任建州刺史。”其於“建州”下列爲貞元中刺史。

馬　摠（馬總）　　元和二年—四年（807—809）

《韓昌黎集》卷二三《祭馬僕射文》：“於泉於虔，始執郡符。”《全文》卷七一四李宗閔《馬公（總）家廟碑》：“憲宗即位，知公之賢，追刺泉、虔二州，以御史中丞都護日南，以國子祭酒觀察於桂。”《八閩志》列於王淪後。《輿地碑記》卷三《泉州碑記》有《馬懿公壁記》，注云：“元和二年，馬總撰。”按《閩中金石記》卷一《馬懿公壁記》：“元和二年，馬總撰。”又云：“案《贛州刺史廳壁記》。”云：“元和四年總自泉州移贛，則二年正知泉州時。”

李　誚　　元和中

《八閩志》、《閩書》列李誚於馬總後，謂元和中泉州刺史。

韋執中　　元和中

《姓纂》卷二京兆諸房韋氏："執中，泉州刺史。"《新表四上》韋氏龍門公房同。按韓愈有《同竇牟韋執中尋劉尊師不遇》詩。注云："公時任都官員外郎，同洛陽令竇牟、河南令韋執中以訪之，元和五年也。"《全詩》卷三一三韋執中有《陪韓退之竇貽周同尋劉尊師不遇得師字》。

張　浮　　元和中

《八閩志》、《閩書》列張浮於韋執中後，謂元和中任泉州刺史。

李　位　　元和十二年（817）

《柳河東集》卷一〇《唐故邕管經略招討等使朝散大夫持節都督邕州諸軍事守邕州刺史李公（位）墓銘并序》："陟刺泉州，會烏滸夷刺殺郡吏，毆縛農民，詔以公都督邕州兼御史中丞……居五月頃……薨，實元和十三年六月十五日，年五十七。"

韓　衢　　元和中

《八閩志》、《閩書》列韓衢於李位之後，謂元和間泉州刺史。《郎官柱》主客員外有韓衢，在李正辭後，員士矩前。《唐摭言》卷四稱：范陽盧東美少與韓衢爲友，江淮間號曰四夔。《全文》卷六〇九劉禹錫《唐故監察御史贈尚書右僕射王公（俊）神道碑》："季子彥威……娶潁川韓氏，主客員外郎衢之女。"

李　桔　　元和中

《福建通志·職官志二》引《八閩志》、《閩書》列李桔於韓衢之後，謂元和間任泉州刺史。

李　迥　　長慶中

《八閩志》、《閩書》列李迥於李桔之後，謂長慶間任泉州刺史。

田　渭（田謂）　　長慶、寶曆間

《元龜》卷九一四："田渭爲泉州刺史，寶曆二年，削渭官一任，徵本州鹽鐵院官裴汾銅四十斤。渭使酒與汾交争，爲本道廉使舉奏，因各懲罰。"《八閩志》、《閩書》有田謂，次於李迥之後，烏重儒之前，稱長慶間刺史。

烏重儒　　寶曆二年（826）

《兩浙金石志》卷二《唐烏重儒題名》："泉州刺史烏重儒，寶曆二年六月十八日赴任，過遊此寺。"《閩書》："烏重儒，右寶曆中任。"

趙　棨　　大和三年（829）

《新書·地理志五》泉州晉江縣："西南一里有天水淮，灌田百八十頃，大和三年刺史趙棨開。"《全詩》卷七四六陳陶有《泉州刺桐花詠兼呈趙使君》，當即趙棨。《閩書》："棨自康州刺史拜官。"

張　佋　　大和中

《八閩志》、《閩書》有張佋，次於趙棨之後，謂大和間任泉州刺史。按《新表二下》始興張氏有張佋，張浣之子。

李　震　　大和中

《八閩志》、《閩書》有大和間泉州刺史李震，次於張佋之後，與貞元間刺史李震爲另一人。

賈繼宗（魯繼宗）　　大和中

《閩書》列大和間泉州刺史有賈繼宗，次於李震之後。《福建通志》云：一作魯繼宗。

崔恭伯　　開成中

《閩書》列開成間泉州刺史有崔恭伯，次於李元宗之前。

李元宗　　開成中？

《閩書》列開成間泉州刺史有李元宗，稱以福建觀察使兼。考開成間福建觀察使無李元宗。《閩書》誤。

韋　庸　　開成中

《閩書》云："〔韋〕庸自鄆州刺史兼檢校尚書祠部郎拜官，留心民瘼，轉溫州刺史，鴻臚少卿。右開成中任。"

蘇　球　　會昌元年—四年（841—844）

《閩書》列會昌間泉州刺史有蘇球，列於韋庸後，鄭裦前。《全詩》卷七〇六黃滔《壺公山》："省郎求牧看，野老茸齋眠。"注："潘郎中存實詩云：'雙旌牧清源，吟看壺公翠。'又歐陽秬先輩自刺史蘇君書求泉山之爲畫屏云：'壺公之高，洛陽之深，夢魂所思。'"刺史蘇君，當即蘇球。《閩中金石記》卷一《木龍贊》引《泉州府志》云："太守蘇球作《木龍贊》。刺史蘇球，以會昌元年六月任泉州清源郡，四年十月轉溫州。"

鄭　裦　　會昌中

《閩書》列會昌間泉州刺史有鄭裦，次於蘇球之後。

王　固　　會昌、大中間

《閩書》列會昌間泉州刺史有王固，次於鄭裦之後。《全文》卷八二六黃滔《華嚴寺開山始祖碑銘》："莆之盛族也……及宣皇帝復寺（大中元年丁卯，師年六十七），刺史琅邪王公迎以幡花，舍於郡開元寺，俾爲監領。"

蔣　沼　　大中時

《八閩志》列於王固、鄭沼之間。

鄭　沼　　大中時

《八閩志》、《閩書》列大中間。按《新表五上》鄭氏有沼，未署官職，乃潁州司馬趨庭之子，未知是否此人。

裴　煒（裴偉）　　大中時

《八閩志》、《閩書》列於大中間，謂以福建團練觀察使兼。按大中間福建觀察無裴煒。

薛　凝　　大中六年（852）

《全文》卷八二六黃滔《華嚴寺開山始祖碑銘》：“莆之盛族也……大中六年（師年七十二）……刺史河東薛公仰其孤風，復馳開元之僧，衛以入郡，日扣華嚴大義，幾忘食寢。洎解印，與之偕至北巖，題爲華嚴院，以徹祠部焉。師咸通六年七月五日示滅。”《八閩志》、《閩書》列薛凝於大中間，裴煒之後。

盧全白　　大中時

《八閩志》、《閩書》列大中間，薛凝之後。《閩書》云：“全白自少府少監拜官，轉萊州刺史。其刺泉時，有僧無等居南安禪寺，四十載不出山，使人三請不至，遂造寺禮之。”

鄭孺復　　大中時

《八閩志》、《閩書》列大中間，盧全白之後。按《新表五上》鄭氏：“頊，廣文館助教。八子……孺復，復州刺史。”疑即此人。

竇師袞　　大中時

《八閩志》、《閩書》列大中間，鄭孺復之後。

崔　戩　　咸通中

《閩書》列咸通間泉州刺史有崔戩，云：由侍御史內供奉拜官，秩滿當遷，州人詣闕，特留一年。次於竇師袞之後。

邵　雄　　咸通中

成　丕　　咸通中

韋　翾　　咸通中

韋　薄　　咸通中
　　以上見《八閩志》、《閩書》，以爲咸通間刺史。

鄭公綽　　乾符中

裴宗夏　　乾符中

林　鄂　　乾符中
　　以上見《八閩志》、《閩書》，以爲乾符間刺史。

李　連　　約乾符、廣明間
　　《通鑑·中和四年》：“初，黄巢轉掠福建，建州人陳巖聚衆數千保
鄉里，號九龍軍，福建觀察使鄭鎰奏爲團練副使。泉州刺史、左厢都
虞候李連有罪，亡入溪洞，巖擊敗之。”

陳　巖　　中和元年—四年（881—884）
　　《通鑑考異·中和四年》引《實録》：“七月，泉州刺史陳巖逐福建
觀察使鄭鎰，自知留務。”

廖彦若　　中和四年—光啓二年（884—886）
　　《新書·王潮傳》：“會泉州刺史廖彦若貪暴，聞潮治軍有法，故州
人奉牛酒迎潮。乃圍城，歲餘克之，殺彦若，遂有其地。”又《僖宗紀》：
光啓二年“八月，王潮陷泉州，刺史廖彦若死之”。又見《通鑑·光啓
元年》八月、《光啓二年》八月，《元龜》卷二二三，兩《五代史·王審知

傳》,《十國春秋·閩司空世家》。

王　潮　　光啓二年—景福二年(886—893)

《通鑑·光啓二年》:八月,"王潮拔泉州,殺廖彥若。潮聞福建觀察陳巖有威名,不敢犯福州境,遣使降之,巖表潮爲泉州刺史"。又《大順二年》:十二月,"福建觀察使陳巖疾病,遣使以書召泉州刺史王潮,欲授以軍政,未至而巖卒,巖妻弟都將范暉諷將士推己爲留後"。《景福二年》:十月"戊戌,以泉州刺史王潮爲福建觀察使"。又見兩《五代史·王審知傳》,《元龜》卷二一九、卷二二三,《新書·昭宗紀》。《全文》卷八四一于兢《琅邪忠懿王德政碑》:"初,公兄潮……善於和衆,士多歸之,福建節度使陳巖既向其名,又以所屬泉州求牧,乃遣禮而請之。及到任,頗著嘉聲。後巖在軍病甚,不能視事……泉牧遂以郡委於仲弟審邽,而與公偕赴。"《唐故威武軍節度使守中書令閩王(王審知)墓誌》:"顯考諱恁,累贈太師……太師嗣子三人,皆卓異不群,時號'王家三龍',王其季也……時孟龍侍中以閩之軍民無帥,請統雄鎮……孟龍以温陵太守拜節制,仲龍代牧是州。"(《文史》第28輯)

王彥復　　景福二年(893)

《十國春秋·王彥復傳》:"太祖從弟也。景福初,彥復爲都統,同太祖攻范暉於福州,親犯矢石,指授方略,遂陷福州城,暉走死。頃之,官泉州刺史,終於其職。"《閩書》:"王彥復,右景福中任,在王審邽前。"

王審邽　　乾寧元年—天祐元年(894—904)

《新書》本傳:"審邽字次都,爲泉州刺史,檢校司徒。"《十國春秋》本傳:"乾寧元年權泉州刺史,三年實授。四年加工部尚書,五年加金紫光禄大夫檢校户部尚書。光化二年加兵部尚書琅邪郡開國男,三年加左僕射,進開國侯,尋授威武軍節度副使。天復二年加司空,三年加司徒,進封開國公,食邑七百户,在政十二年。"《全文》卷八四一于兢《琅邪忠懿王（王審知）德政碑》：“泉牧（王潮）遂以郡委於仲弟審邽，而與公偕赴……公之仲兄審邽自守泉郡，一紀於兹。”又卷八七五陳致雍《左威衛大將軍琅邪太尉侍中王府君（繼勳）墓誌銘并序》：“守泉州刺史、贈侍中、追謚武肅諱審邽，皇父也。”《通鑑·乾寧四年》：“十二月丁未，〔王〕潮薨。審知以讓其兄泉州刺史審邽，審邽以審知有功，辭不受。”

王延彬 天祐元年—四年（904—907）

《十國春秋》本傳：“天祐初，太祖承制加平盧節度使，權知泉州軍州事。二年實授。開平三年加金紫光禄大夫。”又《僧慧稜傳》：“天祐三年，太祖從子延彬守泉州，請住招慶院。”又見《閩太祖世家》。《景德傳燈録》卷一八《福州長慶慧稜禪師傳》：“師來往雪峰二十九載。天祐三年，受泉州刺史王延彬請住招慶。”《全詩》卷七○九徐夤有《賀清源太保王延彬》。

卷一五四　汀州(臨汀郡)

開元二十四年開福、撫二州山洞,置汀州。天寶元年改爲臨汀郡。乾元元年復爲汀州。領縣三:長汀、黃連(寧化)、雜羅(龍巖)。

元自虛　　開元中

《廣記》卷三六一引《會昌解頤録》:"開元中,元自虛爲汀州刺史。"《永樂大典》卷七八九三引《臨汀志·郡守題名》(以下簡稱《臨汀志》):"元自虛,唐開元中刺史,《廣記》所載。"《閩書》謂元自虛乃"元和間任,張籍有詩送之"。按張籍《送汀州源使君》作"源",疑另是一人,《閩書》誤。

樊　晃　　天寶中

《新書·林蘊傳》:"林蘊字復夢,泉州莆田人。父披,字茂彦……刺史樊晃奏署臨汀令,以治行遷别駕。"按大曆五年樊晃爲潤州刺史。《八閩志》、《閩書》謂"天寶間任"汀州刺史。《郎官柱》度支員外有樊晃,在王坌後,袁慎盈、王延昌前。祠部員外在韋少遊後,徐儀前。

林　披　　蕭宗、代宗間

《臨汀志》:"林披,爲臨汀郡曹掾,廉使李承昭表受别駕,知州事。"按李承昭蕭宗上元二年至大曆七年爲福建觀察,疑林披知汀州事在蕭宗、代宗間。《閩書》謂"天寶中任",誤。《林邵州遺集·睦州刺史二府君神道碑》:"府君諱披,字茂則……年二十以經業擢第,授臨汀郡曹掾……廉使李承昭器之,奏授臨汀郡別駕知州事。俗習人化,不肅而成。聲聞闕下,御史大夫李公栖筠奏授檢校太子詹事兼蘇州別駕。"又見《續慶圖》。按李栖筠大曆三年至六年爲蘇州刺史、浙西觀察使,六年爲御史大夫。

魏齊之　　代宗時?

《閩書》列魏齊之於林披後,謂天寶中汀州刺史。疑誤。

陳　劍　　大曆四年(769)

《臨汀志》:"陳劍,大曆四年爲刺史。迹見名宦。"《閩書》:"劍爲刺史。先是郡治在新羅几,兩遷至東坊口。劍始至,聞鼓角聲,堙鬱不邑,適年凶,民疫,吏民進狀,請復遷治,劍擇地卧龍山之陽曰白石村,請之朝,致築焉。右大曆中任。"

鄭　易　　元和四年(809)

《千唐誌·唐故鄭氏嫡長殤墓記》:元和十一年卒,享年十七。"朝散大夫守尚書工部郎中〔鄭〕易□(撰)。""始就外傅,余自長安令貶汀州刺史。"按"始就外傅"乃用《禮記》典,謂十歲。元和十一年十七歲,以此上推,十歲時乃元和四年。

源　寂　　元和中

《唐詩紀事》卷三四張籍有《送汀州源使君》詩,又見《全詩》卷三八五,陶敏疑爲源寂。《全文》卷五八白居易有《源寂可安王府長史制》。

韓　曄　　元和十年—長慶元年(815—821)

《舊書·憲宗紀下》:元和十年三月,"饒州司馬韓曄爲汀州刺史"。又《穆宗紀》:長慶元年三月乙丑,"汀州刺史韓曄爲永州刺史"。又本傳:"叔文敗,貶池州刺史,尋改饒州司馬,量移汀州刺史,又轉永州,卒。"

蔣　防　　長慶四年（824）

《舊書·敬宗紀》：長慶四年二月丙戌，“翰林學士、司封員外郎、知制誥蔣防爲汀州刺史”。又見兩《唐書·于敖傳》，《通鑑·長慶四年》二月，《元龜》卷四八〇。《重修承旨學士壁記》：“蔣防，長慶元年十一月十六日自右補闕充……四年二月六日貶汀州刺史。”《全文》卷七一九蔣防《連州静福山廖先生碑銘并序》：“長慶末，余自尚書司封郎知制誥、翰林學士得罪，出守臨汀，尋改此郡。”

張又新　　大和元年（827）

《舊書·文宗紀上》：大和元年四月己巳，“〔貶〕山南東道行軍司馬張又新爲汀州刺史，李逢吉黨也”。又見兩《唐書》本傳、《李逢吉傳》。《全文》卷七〇文宗《貶張又新李續之詔》：“又新可汀州刺史，續之可涪州刺史。”

牛僧孺　　會昌四年（844）

《通鑑·會昌四年》：九月“戊子，再貶〔牛〕僧孺汀州刺史……十一月，復貶牛僧孺循州長史”。

劉　岐　　大中時

《臨汀志》：“劉岐，大中初爲刺史，事迹見名宦。”《閩書》：“岐刺汀，築子、羅二城，完陳劍所遷壁壘。右大中中任。”

孫　瑝　　咸通十一年—十二年（870—871）

《舊書·懿宗紀》：咸通十一年九月，“正議大夫、御史中丞、上柱國、賜紫金魚袋孫瑝汀州刺史……並坐劉瞻親善，爲韋保衡所逐也”。《通鑑·咸通十一年》九月同。按《新表三下》孫氏：“瑝字子澤，鳳翔少尹。”乃睦州刺史公乂、河南尹彀、汀州刺史碧之弟。《千唐誌》有《唐御史中丞汀州刺史孫瑝妻李夫人墓誌》（大中十年十二月五日）。北圖藏拓片《唐故御史中丞汀州刺史孫公（瑝）墓誌銘并序》（咸通十二年十二月五日）：“咸通十二年六月三日歿於臨汀刺史之位。”《閩書》稱孫瑝“咸通中任”。

孫　碧　　咸通中？

《新表三下》孫氏：“碧，汀州刺史。”乃孫瑝之兄，弟兄相繼爲汀刺歟？抑《新表》誤耶？

王　緒　　約光啓中

《新書·王潮傳》：“僖宗入蜀，盜興江淮，壽春亡命王緒、劉行全合群盜據壽州。未幾，衆萬餘，自稱將軍，復取光州……緒提二州籍附秦宗權。它日，賦不如期，宗權切責，緒懼，與行全拔衆南走，略潯陽、贛水，取汀州，自稱刺史。”《舊五代史·王審知傳》：“蔡賊秦宗權以〔王〕緒爲光州刺史，尋遣兵攻之，緒率衆渡江……入臨汀，自稱刺史……〔王〕潮以豪首數輩共殺緒。”《閩書》卷二八《汀州》：“光啓元年，刺史王緒渡江，陷汀、漳二州，尋爲王潮所奪，其弟審知繼而有之。”

鍾全慕　　景福元年—天祐四年（892—907）

《新書·昭宗紀》：景福二年，“建州刺史徐歸範、汀州刺史鍾全慕叛附於王潮”。《臨汀志》：“鍾全慕，唐昭宗時爲刺史，會王潮爲威武節度使。景福元年，全慕與建州刺史徐歸範俱附潮。梁篡唐，封潮弟審知爲閩王，審知喜全慕驍勇有謀略，分汀使世守之。”由此知全慕刺汀至唐末。《十國春秋·閩司空世家》：景福二年五月，“潮入福州，自稱留後……汀州刺史鍾全慕舉籍聽命”。

＊汪　武　　光化三年（900）

《新安志》卷五婺源縣：“汪武者，唐乾符中仕州爲遊奕使……光化三年遙領汀、滁二州刺史。”按是時鍾氏世襲汀州，汪武僅爲遙領。

卷一五五　漳州(漳浦郡)

垂拱二年十二月九日置。天寶元年改爲漳浦郡。乾元元年復爲漳州。領縣三:漳浦、龍溪、懷恩。

陳元光　　垂拱四年(688)

《全文》卷一六四陳元光《漳州刺史謝上表》:"伏奉垂拱四年六月二十九日制,除臣中郎將、右鷹揚衛率府懷化大將軍、輕車大都尉兼朝散大夫持節漳州諸軍事守漳州刺史。"又卷五一三吳與《漳州圖經序》:"皇唐垂拱二年十二月九日,左玉鈐衛翊府左郎將陳元光平潮州寇,奏置漳州縣。"《輿地碑記目》卷三《漳州碑記》有《陳元光威烈廟記》,注云:"垂拱二年。"則似垂拱二年已在漳州。

陳　珦　　景雲中—開元二十五年(?—737)

《閩書·君長志》漳州:"〔陳〕珦字朝佩……丁父憂,朝命以嶺南多故,令奪情代州事。珦懇辭終喪。開元乙卯,率武勇銜枚緣阻夜襲巢峒,斬藍奉高首級并俘餘黨,父仇以復……二十五年乞衰齡,允之。天寶元年卒,謚文英。"按"乙卯"爲開元三年。

殳伯梁　　天寶中

《閩書·君長志》漳州:"珦既卒……刺史殳伯梁與偏將許平國俱以貪賂在位,漳人被毒者十餘年。"

梁令直　　天寶十四載（755）

　　《千唐誌·唐故朝散大夫使持節龍溪郡諸軍事守龍溪郡太守上柱國梁府君墓誌銘并序》（天寶十四載三月一日）："公諱令直，字元祥，安定人也……特授龍溪郡太守……何圖彼郡無福，途失國賢，遂於天寶十四載仲春二月五日薨於使亭里也。時春秋六十七。"按唐無龍溪郡，只有龍溪縣，屬漳州，姑繫於此。或疑"龍溪郡"爲"靈溪郡"之誤，"靈溪郡"即溪州，姑兩存以待考。

陳　酆　　天寶末—大曆十四年（?—779）

　　《閩書·君長志》漳州："耆老朱興家、余拱辰等數百人詣闕陳奏……朝命可之，授〔陳〕酆朝散大夫中郎將漳州刺史……歷任二十九年……大曆十四年卒，謐忠憲，命其子謨嗣。"

陸　向　　約大曆末

　　《新表三下》陸氏："向，漳州刺史。"乃開元時杭州刺史陸彦恭之子。《全詩》卷二四八郎士元《送陸員外赴潮州》，《文苑英華》卷二七二正作《送陸員外赴漳州》。詩云："含香臺上客，剖竹海邊州。楚地多歸信，閩溪足亂流。今朝永嘉興（一作路），重見謝公遊。"作漳州是。按郎士元約建中元年至三年爲郢州刺史，約建中末或貞元初卒。此詩或作於大曆末。《閩書》謂"陸□，元和間漳州刺史"，誤。

陳　謨　　建中初

　　《閩書·君長志》漳州："〔陳〕謨任中郎將刺史，行事剛率，不協輿情，耆民曾拱璧、賴習英等百餘人詣制司言之。建中三年詔柳少安來刺州事。仍命謨任中郎將檢校本州別駕。"

柳少安　　建中三年—貞元二年（782—786）

　　《全文》卷五一三吳與《漳州圖經序》："興元二年，刺史柳少安請徙治龍溪。"《福建通志·職官志二》引《閩書·君長志》漳州："柳少安，建中三年。"按《新表三上》柳氏："少安，撫州刺史。"乃元寂之子。

陳　謨　　貞元二年(786)

《閩書・君長志》："貞元二年,少安内召,謨自任事,白於觀察使盧謐(慈)以聞,制可……謨後以平廣寇功授中郎將兼漳州刺史。"

張　瑍(張遜)　　貞元三年(787)

《元龜》卷六〇："德宗貞元三年十月復降魚書:停刺史務之令。"注:"敕漳州:緣刺史張瑍有犯令,遣監察御史蘇弁往彼停務問推,宜知。"《會要》卷六九雜録:"貞元三年十月敕:刺史停務,則降魚書……漳州刺史張遜,坐事將鞫之,有司請舉舊制也。"

李之行?　　貞元中

《全文》卷五九七歐陽詹《送楊據見漳州李使君序》:"楊夫子是日之告謁漳浦李太守之行,行儒之事也……李太守天枝之英,金鏡之明,盛物之量,秤物之衡。"《閩書》謂名"之行",唐宗室,貞元間爲漳州刺史。

鄒　穎　　貞元中?

《姓纂》卷五南陽新野鄒氏:"彦先生穎,漳州刺史。"按鄒彦先開元時人,疑鄒穎刺漳在貞元中。

韋友剛　　貞元中?

《姓纂》卷二東眷韋氏彭城公房:"友剛,漳州刺史。"《新表四上》同。

張　登　　貞元十七年(801)

《全文》卷四九三權德輿《唐故漳州刺史張君集序》:"清河張登……授漳州刺史。居七年,坐公事受劾。"《新書・藝文志四》"《張登集》六卷"注:"貞元漳州刺史。"又見《郡齋讀書志》四中,《元龜》卷六九八。又卷七〇〇:"張登爲漳州刺史,貞元十七年死於州獄。"按《福建通志・職官志二》漳州有李登,貞元間刺史,疑爲"張登"之誤。

《閩書》謂元和間刺史，誤。《全詩》卷二六四顧況《酬漳州張九使君》，岑仲勉《唐人行第録》云：名未詳。今按當即張登。又卷三六五劉禹錫有《揚州春夜李端公益張侍御登段侍御平仲對酒聯句》，此詩爲貞元十七年作，時顧況亦在揚州。友人陶敏謂劉禹錫貞元十七年春尚呼張登爲侍御，則十七年春後始赴任爲漳刺，權《序》“居七年”必誤。此説甚是。王得臣《麈史》卷中《論文》：“予在開封時，長子渝遊相國寺，得唐漳州刺史張登文集一册六卷，權文公爲之序。”

鄭　敬　　約貞元末

《千唐誌・唐故朝散大夫絳州刺史上柱國賜紫金魚袋鄭公（敬）墓誌銘并叙》：“後至京師，授漳州刺史……徵授尚書金部員外郎，遷户部郎中、左司郎中……改虢州刺史……入爲京兆少尹。時貝、魏新喪元帥……出爲絳州刺史。”元和十年卒。按元和四年正月鄭敬在左司郎中任，見《會要》卷七七。則刺漳約在貞元末。

竇　庠　　約元和五年（約 810）

《新表一下》竇氏平陵房：“庠字胄卿，漳、登、信、婺四州刺史。”按《舊書》本傳：“吏部侍郎韓皋出鎮武昌，辟爲推官。皋移鎮浙西，奏庠爲節度副使、殿中侍御史，遷澤州刺史，又爲宣歙副使，除奉天令、登州刺史、東都留守判官，歷信、婺二州刺史。卒年六十三。”此“澤州刺史”必爲“漳州刺史”之誤。按韓皋元和三年至五年爲浙西觀察，竇庠必在罷浙西幕後出爲漳州刺史，時當在元和五年。

韓　泰　　元和十年—長慶元年（815—821）

《舊書・憲宗紀下》：元和十年三月，“以虔州司馬韓泰爲漳州刺史”。又《穆宗紀》：長慶元年三月，“以漳州刺史韓泰爲郴州刺史”。又本傳：“深爲〔王〕伾、〔王〕叔文之所重，坐貶，自虔州司馬量移漳州刺史，遷郴州。”《金石補正》卷六七《韓泰等題名》：“朝散大夫守睦州刺史韓泰……長慶元年三月自漳州刺史授郴州，四年六月轉睦州，八月九日沿流之任。”《全詩》卷三五二柳宗元《韓漳州書報徹上人亡因

寄二絶》，“韓漳州”即韓泰。《韓昌黎集》卷三九《袁州舉韓泰自代狀》
（元和十五年春）：“使持節漳州諸軍事守漳州刺史韓泰……早登科
第，亦更臺省，往因遇犯貶黜，至今十五餘年。自領漳州，悉心爲
治……臣在潮州之日，與其州界相接，臣之政事，遠所不如。”按韓泰
永貞元年貶虔州司馬。

【李景儉　　長慶元年(821)(未之任)】

《舊書》本傳：長慶元年“十二月，景儉朝退，與兵部郎中知制誥馮
宿、庫部郎中知制誥楊嗣復、起居舍人温造、司勳員外郎李肇、刑部員
外郎王鎰等同謁史官獨孤朗，乃於史館飲酒。景儉乘醉詣中書謁宰
相……辭頗悖慢，宰相遜言止之，旋奏貶漳州刺史。是日同飲於史館
者皆貶逐。景儉未至漳州而元稹作相，改授楚州刺史”。《新書》本傳
略同。又見《元龜》卷四八一。《全文》卷六五穆宗有《貶李景儉漳州
刺史詔》。按《舊書·獨孤朗傳》誤以爲獨孤朗出爲漳州刺史。

鄭　紳　　寶曆元年(825)

《芒洛遺文》卷中《唐故鄉貢進士范陽盧府君(字子鷟)墓誌》：“朝
散大夫權知漳州刺史鄭紳撰……寶曆元年八月二日。”《芒洛遺文補
遺·唐故邵州鄭使君(珧)墓誌》：“烈考譽繼伯父留守公(叔則)……
歷守漳、邵、□、夔、淄五州，諱紳。”珧卒大中景子(十)年。

張　怡　　大和中

《全詩》卷七四六陳陶《贈漳州張怡(一作貽)使君》。《閩書》謂大
中間刺史。友人陶敏謂“大中”當爲“大和”。大和中陳陶在福建，大
中初在嶺南，後即返洪州西山定居。

李　軻　　大和中？

《新書·宗室世系表下》紀王房：“漳州刺史軻。”乃紀王李慎玄
孫，汝州刺史李行休孫，宗正少卿睨子。

呂　炅(呂穎?)　　大和九年(835)

《白居易集》卷二九《送呂漳州》詩:"今朝一壺酒,言送漳州牧。"《閩書》謂元和間刺史。朱金城《白居易年譜》繫於大和九年,云:"按'呂漳州',名未詳。《古今圖書集成》卷一一〇四《職方典·漳州府部·雜錄》云:'白居易《長慶集·送呂漳州》詩……詩意自豪,但遺其名……唐事已如晨星,載以待考。'清《漳州府志》卷八《秩官志》一云:'呂某,失名。白居易《長慶集》有《送呂漳州牧》詩。'考元稹《酬哥舒大少府寄同年科第》詩注:'同年科第:宏詞呂二炅,王十一起,拔萃白二十二居易,平判李十一復禮,呂四頫(穎)、哥舒大煩、崔十八玄亮逮不肖八人,皆奉榮養。'呂漳州或即呂炅、呂穎兄弟中之一人。"

李宗閔　　會昌四年(844)

《新書》本傳:"乃拜宗閔湖州刺史。〔劉〕積敗,得交通狀,貶漳州長史,流封州。宣宗即位,徙郴州司馬,卒。"《通鑑·會昌四年》:九月,"以〔牛〕僧孺爲太子少保、分司,宗閔爲漳州刺史;戊子,再貶僧孺汀州刺史,宗閔漳州長史"。《嘉泰吳興志》卷一四郡守題名:"李宗閔,會昌三年五月十日自東都分司太子賓客授;尋貶漳州刺史,續貶漳州長史。"

鄭　薰　　大中初

《全文》卷七九一王諷《漳州三平大師碑銘并序》:"大師寶曆初到漳州,州有三平山……至宣宗皇帝稍復佛法,有巡禮僧常肇、惟建等二十人、刺史故太子鄭小師薰俾葳其事。"按鄭薰大中十年自河南尹擢宣歙觀察,其刺漳約在大中初。《閩書》卷二九《漳州》:"有大魅身毛毿毿毦師,戲擒往隨侍指使曰毛侍者。大中三年,本州刺史鄭薰奏號廣濟禪師。"按大中三年九月十八日自考功郎中充翰林學士,見《重修承旨學士壁記》。

林簡言　　大中時

《全詩》卷四九〇陳去疾有《送林刺史簡言之漳州》。《閩書》卷七九："林簡言，字欲訥，慕韓退之之爲人，上書自通……官終漳州刺史。"

李正己(李匡文?) 大中時

《福建通志・職官志二》稱李正己，大中間漳州刺史。云："字濟翁，見所著《資暇録》。《文獻通考》正作匡。"按《資暇録》作者乃李匡文(一作匡乂)，字濟翁。今本《資暇録》無"爲漳州刺史"字。

崔 袞 咸通四年(863)

《金石補正》卷四八《王制尊勝幢題名》："朝議郎使持節漳州諸軍事守漳州刺史崔袞……維唐咸通四年歲在癸未八月辛酉朔廿一日辛巳建立。"《閩書》謂崔袞咸通間爲漳刺。

黄 碣 咸通間

《新書》本傳："初爲閩小將……後戰安南有功，高駢表其能，爲漳州刺史，徙婺州，治有績。"按高駢咸通五至九年爲安南都護，其表黄碣刺漳亦當在此期間。《閩書》卷六九謂黄碣咸通中爲漳刺。

于 某 咸通中?

《全詩》卷六五〇方干《漳州于使君罷郡如之任漳南去上國二十四州使君無非親故》："漳南罷郡如之任，二十四州相次迎。"又卷六五一方干有《陽亭言事獻漳州于使君》。

王 諷(王珮) 咸通十三年(872)

《舊書・懿宗紀》：咸通十三年五月，"吏部侍郎王珮貶漳州刺史"。《全文》卷七九一王諷《漳州三平大師碑銘并序》："〔大師〕咸通十三年十一月六日宴坐示滅……諷自吏部侍郎以旁累謫守漳浦，至止二日訪之，但和容瞪目久而無言。"按《全文》卷八〇四王景風小傳："景風，咸通中官吏部侍郎，後謫守漳浦。"按此即王諷之仕歷，《全文》誤分爲兩人。

李　璟　　僖宗、昭宗間？

《新書·宗室世系表上》大鄭王房：“漳州刺史璟。”乃咸通、乾符間湖南觀察使李庾之姪。

陳　某　　大順三年（892）

《唐文拾遺》卷三三黃璞《唐故觀察使檢校司徒兼侍御史陳巖墓誌》（景福二年八月十四日）：“府君以大順三年正月二十九日薨……孫男三人……次曰□，檢校工部尚書守漳州刺史兼御史大夫。”按大順無三年，疑即景福元年。

崔　某　　昭宗時？

《全詩》卷七〇二張蠙有《逢漳州崔使君北歸》，又卷八七〇黎瓘有《贈漳州崔使君鄉飲翻韻》。《雲溪友議》卷下《雜嘲戲》：“麻衣黎瓘者，南海狂生也，遊於漳州，頻於席上喧酗……作翻韻詩贈崔使君……崔使君馳騎迎之。”疑昭宗時刺史。